노인장기요양기관 설립입문서

노인요양사업
성공창업전략

노인장기요양기관 설립입문서

노인요양사업 성공창업전략

서대석 저

시설 유형별 과학적 수익분석
규정에 맞춘 지정심사서류 수록

dm 동문사

머리말

노인장기요양보험제도는 사회복지사업에 비영리법인뿐 아니라 개인이나 단체 그리고 기업의 참여까지 가능한 사회복지 민영화의 대표적인 모델입니다. 2008년 7월부터 제도가 시행되었으므로 벌써 15년이 흘렀습니다. 그 사이 노인장기요양기관(시설 및 재가)은 2만8천여 개로서 국내 사회복지기관 중 가장 많은 수를 차지하고 있고, 서비스 혜택을 받는 대상자만 100만 명을 훌쩍 넘어섰습니다. 이제 노인장기요양보험제도는 일반 국민들의 생활에 가장 영향력을 미치는 제도 중 하나로 자리매김하고 있습니다.

이에 따라 노인요양시설을 비롯하여 재가노인복지센터를 설립하려는 사람들도 끊임없이 증가하고 있습니다. 이미 수많은 시설과 센터가 설립되었고, 폐업과 휴업을 하는 곳이 늘어나고 있음에도 노인요양사업에 뛰어드는 사람이 줄어들지 않는 이유는 무엇일까요?

우리 사회의 고질적인 문제가 되고 있는 고령화가 원인입니다. 노인 인구가 지나치게 늘어나고 있고, 고령 인구의 증가로 인해 돌봄 수요가 끊임없이 증가하고 있기 때문입니다. 지금까지 노인장기요양 등급을 받고 서비스를 받는 대상자와 이들에게 서비스를 제공하는 노인요양시설과 재가노인복지센터, 그리고 요양보호사와 같은 노인요양 종사자들이 지속적으로 늘어났고, 정부의 지원금 역시 매년 증가하고 있습니다. 이런 현상은 당분간 지속될 것이므로 향후에도 더 많은 시설과 센터가 새롭게 설립되더라도 수요가 충분하다고 보기 때문입니다.

문제는 기존에 사회복지사업을 경험해보지 못한 분들이 이쪽 사업에 뛰어들다 보니 관련된 업무를 이해하지 못하여 어려움을 겪는 경우가 많습니다. 노인요양사업이 과연 전망이 있는지, 자신의 적성이나 경험과 맞는지, 어떻게 해야 원하는 만큼의 수익을 거둘지 있는지 등에 관해 충분한 정보를 얻기가 쉽지 않습니다. 이미 수많은 사람들이 노인요양사업에 종사하고 있으며 인터넷으로 검색하면 수많은 자료를 얻을 수 있음에도 불구하고 여전히 어렵기는 마찬가지입니다.

당장 지정 신청용 서류를 만드는 것조차 쉽지 않습니다. 과거에 신청만 하면 곧바로 사업 권한을 주던 것과 달리 요즘에는 지정 심사를 통과해야 비로소 사업을 할 수 있기 때문에 심사 서류를 매우 전문적이고 꼼꼼하게 만들어야만 합니다. 그러나 사업계획서나 예산서 그리고 운영규정과 같은 서류는 매우 전문적인 영역이므로 경험이 없으면 매우 어려운 작업일 수 있습니다.

무엇보다도 자신이 하고자 하는 사업이 어느 정도 사업성이 있는지 따져보지도 않고 주변인들의 말만 듣고 섣불리 뛰어드는 경우가 많습니다. 그러나 안타깝게도 지금까지 어디에서도 사업 수익에 대한 과학적인 정보를 제공해주는 곳은 없습니다. 따라서 지금까지 노인요양사업을 하고 있는 사람들은 운에 맡기거나 불굴의 의지로 버텨온 경우가 많습니다.

노인요양사업은 정부 주도로 추진되는 사업이므로 실패 가능성은 상대적으로 낮은 편입니다. 그러나 준비 없이 뛰어들면 세상 모든 일이 그렇듯 순조롭게 흘러가기는 어려운 법입니다.

본 교재를 만든 목적은 노인요양시설 또는 재가노인복지센터를 설립하고자 하는 분들이 해당 사업을 통해 얻을 수 있는 수익이 정확히 어느 정도인지 과학적으로 밝혀주고, 시군구에 제출할 지정 심사 서류를 작성하는 방법을 안내해 주기 위함입니다. 따라서 본 교재를 참고해야 할 사람들은 노인요양시설 또는 재가노인복지센터를 신규 설치하고자 하는 분들입니다. 아울러 기존 신고제로 운영해 오다가 지정 심사를 받아야 하는 기존 사업자들도 해당이 됩니다.

교재의 양은 매우 방대하지만 주제는 비교적 간단합니다.

첫째, 노인요양시설 또는 재가노인복지시설(방문요양, 방문목욕, 주야간보호)을 설치해서 운영했을 때 수급자 수에 따라 순수익(잉여금)이 얼마나 나오는지 과학적으로 분석해서 알려주는 것입니다. 누군가가 아무런 근거 없이 제시하는 수익이 아니라 근거가 명확하고 과학적으로 산출한 정보라는 점에서 지금까지 이런 자료는 유일무이합니다. 이런 정보를 알고 사업을 한다면, 상황 변화에 스스로 대처할 수 있는 안목이 생길 것이므로 사업 전략을 세울 때 매우 유용하게 사용될 것입니다.

둘째, 지정 심사 서류작성 방법을 알려줄 뿐 아니라 샘플을 제시했습니다. 즉 서류작성에 어려움이 있을 때, 본 교재의 샘플을 참고로 작성해도 무방합니다.

다만, 본 교재에서 제시한 것은 전국 어디에서나 통할 수 있는 기본 서류이므로 지역마다, 심사위원마다 요구하는 사항은 달라질 수 있습니다. 그러나 교재에 제시된 샘플 서류는 이미 100개 이상의 시설 및 센터에서 테스트한 것으로서 모두 지정 심사에 통과되었다는 점에서 신뢰할 만한 자료라고 할 수 있습니다.

필자는 국내 최초로 노인장기요양기관 "설립편"과 "운영편"을 출간했으며, 설립편은 제2판이 출간되었고, 운영편은 제3판까지 출간되었습니다. 본 교재는 기존 책자에서 자세히 다루지 못했던 내용을 보완함으로써 시설이나 센터를 설립하고자 하는 분들에게 직접적으로 도움을 주기 위해서 새롭게 제작한 것입니다.

보다 자세한 사항은 목차를 보시면 어떤 내용을 다루고 있는지 알 수 있을 것입니다. 모쪼록 본 교재를 활용하여 노인요양사업의 신규 진입 및 운영에 도움이 되기를 바랍니다.

차례

▸ 머리말 _ 5

Chapter 1 노인요양사업의 전망

01 노인요양사업의 전망 17
- 1) 노인 인구의 증가 현황 17
- 2) 노인요양사업의 전망 18

02 노인요양사업 개업과 폐업 현황 22

Chapter 2 노인요양사업의 수익구조

01 수입 구조 27
- 1) 노인요양사업의 기본적인 수입 구조 27
- 2) 노인요양사업의 추가적인 수입 구조 28

02 서비스 종류별 월 매출 29
- 1) 노인요양시설 급여비용 29
- 2) 재가서비스 월 한도액 32
- 3) 방문요양서비스 비용 및 월 매출 32
- 4) 방문목욕서비스 비용 및 월 매출 35
- 5) 주야간보호서비스 비용 및 월 매출 37

03 인건비의 중요성 40
- 1) 지출 중 인건비 비중 40
- 2) 노인요양기관의 직원배치기준 41
- 3) 직종별 최저임금 수준 43

04 노인장기요양기관의 인건비 지출비율 45
1) 인건비 지출비율의 개념 45
2) 시설(기관) 유형별 인건비 지출비율 46
3) 인건비 지출비율 적용의 원칙 48

Chapter 3 방문요양기관의 수익계산 방법

01 방문요양 월 예상 수입(월 매출) 53
1) 재가서비스 매출 확대 전략 53
2) 방문요양 월 예상 수입(매출) 54
3) 방문요양보호사의 임금구성 형태 55
02 주휴수당을 포함시킨 시급 계산 56
03 연차수당을 포함시킨 시급 계산 59
1) 방문요양보호사의 연차유급휴가 59
2) 방문요양보호사의 연차수당 및 포괄시급 계산 62
04 사회보험부담금, 퇴직적립금, 각종 수당 66
1) 사회보험료 납부 기준 66
2) 퇴직적립금, 연장/야간/휴일근로수당 68
05 방문요양보호사 월 임금 계산 70
06 지출 항목 분석 73
1) 사무실 임대료 73
2) 사무실 냉난방 및 기타 연료비 75
3) 사무용품 등 비품 구입 76
4) 홍보비 76
5) 협회비, 인터넷, 전화, 팩스 요금 등 79
6) 책임보험 및 기타 보험료 80
7) 주유비 및 차량 정비 83
8) 시설비 84

07 수입(매출)과 지출 수준 및 사회복지사 가산금 84
1) 방문요양 월 평균 매출 84
2) 방문요양 월 지출내역 산정 87
3) 수급자 15명 여부가 중요한 이유 87
08 수급자 수에 따른 방문요양 월 수익 분석 89

Chapter 4 방문목욕기관의 수익계산 방법

01 방문목욕의 수익구조 97
1) 방문목욕 종류에 따른 수입 구조 97
2) 차량 방문목욕의 예상 수입(매출) 98
02 방문목욕 사업의 지출 영역 100
1) 방문목욕 요양보호사의 인건비 특성 100
2) 방문목욕의 인건비 지출비율 100
3) 인건비 외 지출 항목 101
4) 방문목욕 고유의 지출 항목 102
03 방문목욕 건수에 따른 수익계산 103

Chapter 5 주야간 보호기관의 수익계산 방법

01 주야간보호의 수익구조 117
1) 등급별 서비스 제공 가능일 수 117
2) 주야간보호 예상 수입(매출) 119
02 주야간보호기관의 인건비 121
1) 주야간보호기관의 인건비 특성 121

2) 주야간보호기관의 인건비 지출 비율 122

03 인건비 외 지출항목 123

1) 임대료 123
2) 은행 대출 이자 125
3) 수용비 및 수수료 125
4) 공공요금 및 제세공과금 126
5) 차량비 및 기타 운영비 127
6) 시설비 127
7) 의료비 및 연료비 128
8) 프로그램 및 행사비 129

04 이용자 수에 따른 주야간보호기관 수익계산 129

Chapter 6 노인요양시설의 수익계산 방법

01 노인요양시설의 수익구조 143

1) 하루 및 한 달 수입(매출) 143
2) 시설 유형별 월 평균 수입(매출) 144

02 노인요양시설의 인건비 146

1) 노인요양시설 인건비 특성 146
2) 노인요양시설의 인건비 지출비율 147
3) 요양보호사의 월급 149

03 인건비 외 지출항목 156

1) 대출 이자 156
2) 수용비 및 수수료 158
3) 공공요금 및 제세공과금 159
4) 차량비 및 기타 운영비 160
5) 시설비 160
6) 운영비 161
7) 프로그램 사업비 162

04 입소자 10명 이상 99명 이하 수익 분석 163

Chapter 7 장기요양기관 설치기준

01 노인장기요양기관의 종류 177

02 노인요양기관의 설치 시 공통사항 178

1) 설치기준 검색방법 178

2) 설치기준 유의사항 179

3) 주방 설치 시 유의사항 181

4) 휴게시설 및 CCTV 설치 의무화 181

03 노인요양시설/노인요양공동생활가정 설치기준 183

04 재가노인복지시설 설치기준 188

Chapter 8 노인요양시설의 설립서류 작성

01 장기요양기관 지정갱신제도 195

1) 지정갱신제 배경 195

2) 지정갱신제 행정절차 196

02 시설 명칭과 관련 법의 관계 201

1) 시설급여와 재가급여의 차이 201

2) 노인복지법과 노인장기요양보험법의 관계 202

03 노인요양시설 설치신고서 204

1) 설치신고 서류 구분 204

2) 노인의료복지시설 설치신고서 작성방법 204

3) 첨부서류 1 : 위치도, 평면도, 설비구조내역서 207

4) 첨부서류 2 : 이용료 등 수급자 비용부담 관계서류 208
5) 첨부서류 3 : 사업계획서 209
6) 첨부서류 4 : 소유권증명서류 및 전기안전점검확인서 250

04 노인요양시설 장기요양기관 지정신청서 251

1) 장기요양기관 지정신청서 작성방법 251
2) 첨부서류 1 : 일반현황 작성방법 253
3) 첨부서류 2 : 인력현황 작성방법 254
4) 첨부서류 3 : 시설현황 작성방법 255
5) 첨부서류 4 : 운영규정 작성방법 257

05 시설 지정신청 공문작성 299

1) 공문 작성 전 준비사항 299
2) 공문 양식 만들기 300

06 시군구 담당자 현지실사 301

Chapter 9 재가노인시설의 설립서류 작성

01 재가노인복지시설 설치 시 주의사항 305

02 재가노인복지시설 설치신고서 작성방법 308

1) 재가노인복지시설 설치신고서 308
2) 첨부서류 1 : 이용료 등 수급자 비용부담 관계서류 310
3) 첨부서류 2 : 사업계획서 312
4) 첨부서류 3 : 근로계약서 362

03 재가노인복지시설 장기요양기관 지정서 작성 368

1) 재가노인복지시설 장기요양기관 지정서 368
2) 첨부서류 1과 2 : 일반현황 및 인력현황 370
3) 첨부서류 3 : 시설현황 작성방법 373
4) 첨부서류 4 : 운영규정 작성방법 376

Chapter 10 시설 지정받은 직후 필수업무

01 공인인증서 및 시설 코드 등록 421

1) 공인인증서 등록 421

2) 시설코드 및 기관기호 427

02 장기요양기관 정보 게시 429

03 업무용 통장 만들기 432

04 인력(변경) 신고 435

1) 노인요양시설 종사자 보고 436

2) 노인요양시설 인력변경공문 439

3) 재가노인복지시설 사회복지시설정보시스템 441

05 전문직업인 배상책임보험 가입 442

1) 방문요양, 방문목욕, 방문간호 442

2) 노인요양시설, 주야간보호, 단기보호 444

06 이동서비스를 위한 차량등록 447

1) 시군구 차량등록 448

2) 직원차량 임대계약 체결 450

3) 송영 시 동승자 규정 452

▸ 참고문헌 _ 455

01

CHAPTER

노인요양사업의 전망

01 노인요양사업의 전망

1) 노인 인구의 증가 현황

노인요양사업의 전망에 대해 구체적으로 살펴보기 전에 노인 인구의 증가 현황부터 살펴보고자 한다. 현재의 노인 그리고 미래의 노인은 잠재적으로 노인요양사업의 대상 또는 고객이 될 가능성이 높기 때문이다.

2022년 기준으로 우리나라 총인구는 5,163만 명인데, 2020년 이후부터 3년째 감소 추세를 이어가고 있다. 그런데 문제는 노인 인구는 지속적으로 늘어나고 있다는 것이다. 2024년이면 노인인구가 1천만 명을 넘고, 2025년이 되면 1,059만 명이 되어 초고령사회에 진입하고, 2030년이 되면 고령화율이 25%에 도달할 것으로 예상되어 세계에서 가장 빠른 고령화 속도를 보이고 있다.[1)]

노인 인구가 증가하는 것은 식습관 및 의료 기술의 발달 등으로 수명이 늘어난 것과 관련이 있을 것이다. 75세 이상 인구는 2023년 399만 명(총인구 대비 7.7%)이지만, 2027년이면 473만 명(9.2%), 2030년이면 550만 명(10.7%)으로 증가할 것으로 전망되고 있다. 또한 85세 이상 인구는 2023년 102만 명이지만 2027년이면 137만 명, 2030년이면 158만 명으로 늘어갈 것으로 예상된다.

인간의 수명이 길어진 것은 축복일 수 있지만 건강하지 못한 상태에서 노후를 보내는 것은 오히려 불행일 수 있다. 현대 의료 기술은 비약적으로 발전했지만 극복하지 못한 영역은 여전히 많다. 기대수명이 증가(2021년 83.6세)하고 있음에도 건강수명의 증가 폭은 낮은 편이어서 건강하지 못한 노후가 길어지고 의료 또는 돌봄서비스에 대한 복합적 욕구가 증가하고 있다. 건강수명과 기대수명 간의 차이가 무려 12년이나 차이가 난다.[2)]

그중에서도 치매는 원인이 정확히 밝혀지지 않았고, 치료 기술 역시 한계가 있어서 노후에 가장 두려운 질병 중 하나라고 할 수 있다. 65세 이상 치매환자는 2020년 84만 명이지만 통계청에 따르면, 2025년 108만 명(치매 유병률 10.3%), 2030년이면 136만 명(10.5%), 2050년이면 302만 명(15.9%)으로 증가할 것으로 전망

1) 보건복지부(2023년). 제3차 장기요양기본계획.
2) 2021년 국내 R&D 연구 기준, 제5차 국민건강증진종합계획.

된다.[3)]

2020년 노인실태조사에 따르면, 상대적으로 돌봄이 필요한 노인 단독가구(독거+부부)가 2008년에는 66.8%이었으나 2020년에는 78.2%로 증가했다. 노인 혼자서 사는 경우, 아플 때 간호(23.7%), 경제적 불안감(13.3%), 일상생활 혼자 처리(9.9%) 등의 어려움을 호소하고 있다.

이처럼 독거노인이 증가하고 있지만 부모에 대한 부양의식은 오히려 떨어지고 있는 것이 현실이다. 2022년 통계청 사회조사에 따르면, 부모 부양이 정부나 사회의 책임이라는 생각이 2012년 34.8%에서 2022년 56.7%로 크게 증가했다. 자신의 부모라 할지라도 마땅히 부양을 해야 한다는 생각이 줄어드는 것은 결국 정부의 제도적 차원의 대책이 필요함을 시사한다.

2) 노인요양사업의 전망

노인 인구의 증가 및 돌봄이 필요한 노인의 증가는 우리 사회 전체의 과제인 만큼 모두가 책임감을 가질 필요가 있을 것이다. 반면, 돌봄 노인을 대상으로 하는 사업 영역은 갈수록 커질 것이고, 우리 사회에서 매우 중요한 역할을 수행하게 될 것이다. 이런 점에서 향후 노인요양사업의 전망을 살펴볼 필요가 있다.

노인요양사업의 전망을 보려면 지금까지 수급자 수나 장기요양기관 수의 변화를 보면 가늠할 수 있다. 즉, 제도가 시작된 2008년부터 최근까지 수급자가 계속 늘어나고 있는지, 노인장기요양기관 역시 증가하고 있는지 등을 확인해 볼 필요가 있다.

우선, 장기요양대상자(수급자)는 지속적으로 늘어나고 있다. 전체 노인 중 1명 이상은 노인장기요양등급을 받았으며, 그 수가 2023년도에는 100만 명을 넘었다. 심지어 등급판정 신청 대비 인정률도 계속 늘어나서 최근에는 86.9%에 달한다. 즉, 몸이 불편해서 장기요양등급 신청을 하는 노인이 10명이라면 이 중 9명은 등급판정을 받게 된다는 의미이다.

향후 장기요양 수급자는 2027년 145만 명까지 늘어날 전망이며, 85세 이상 후기고령자가 2022년 94만 명에서 2027년 137만 명, 2030년 160만 명으로 증가할 것을 고려하면 장기요양서비스의 수요는 지속적으로 확대될 것이다.[4)]

---

3) 2016 치매역학조사, 통계청 장래인구추계.

▼ 표 1-1 장기요양대상자 수 추이[5)]

구 분	2008년	2012년	2018년	2019년	2020년	2021년
노인인구(65세 이상)	5,086,195	5,921,977	7,611,770	8,003,418	8,480,208	8,912,785
신청자	376,032	643,409	1,009,209	1,113,093	1,183,434	1,281,244
판정자	265,371	495,445	831,512	929,003	1,007,423	1,097,462
인정자 (판정대비인정률)	214,480 (80.8%)	341,788 (69.0%)	670,810 (80.7%)	772,206 (83.1%)	857,984 (85.2%)	953,511 (86.9%)
노인인구대비 인정률	4.2%	5.8%	8.8%	9.6%	10.1%	10.7%

▼ 표 1-2 최근 등급 인정자 분석[6)]

등급 신청자	등급 인정자 (2023년 3월 31일 기준)							등급외
	계	1등급	2등급	3등급	4등급	5등급	인지등급	
1,371,081	1,036,483	51,447	95,581	284,512	465,897	115,720	23,326	139,665
3,119,798명 중 사망자 1,748,717명 제외								

두 번째로 살펴볼 사항은 요양원을 비롯해서 재가노인센터 등이 줄지 않고 계속 늘어나고 있는지에 대한 것이다. 만약 노인요양사업이 전망이 좋지 않다면 신규 설립자가 줄어들어야 할 것이다. 반대로 노인장기요양기관이 계속 늘어난다면 분명 사업성이 있다는 증거라고 할 수 있을 것이다.

▼ 표 1-3 노인장기요양기관 수[7)]

구분	2017		2018		2019		2020		2021	
	재가	시설	재가	시설	재가	시설	재가	시설	재가	시설
계	15,073	5,304	15,970	5,320	19,410	5,543	19,621	5,762	20,559	5,988
서울	2,516	524	2,606	515	2,990	514	3,005	512	3,110	511
부산	939	116	1,033	110	1,348	114	1,289	115	1,291	119
대구	808	257	859	244	1,102	252	1,093	260	1,116	266
인천	870	355	892	367	1,131	398	1,146	428	1,176	467
광주	562	100	582	95	775	95	769	94	746	97
대전	548	119	587	124	699	128	691	136	696	144

4) 2022년 기준으로 장기요양 재가급여 이용자의 38.6%, 시설급여 이용자의 50.8%가 85세 이상이다.
5) 2022 노인장기요양보험통계연보.
6) 노인장기요양보험 홈페이지(http://www.longtermcare.or.kr)
7) 2022 노인장기요양보험통계연보.

구분	2017		2018		2019		2020		2021	
	재가	시설	재가	시설	재가	시설	재가	시설	재가	시설
울산	193	46	207	47	277	50	277	50	310	49
세종	41	10	42	11	58	13	67	15	73	15
경기	3,173	1,680	3,410	1,705	4,088	1,812	4,144	1,924	4,429	2,042
강원	465	305	480	306	545	320	544	330	584	331
충북	456	282	499	283	617	295	643	304	681	315
충남	729	297	771	300	940	310	972	318	1,048	334
전북	839	235	879	227	1,087	230	1,106	241	1,188	248
전남	818	303	876	305	964	314	990	313	1,016	312
경북	1,049	382	1,099	384	1,303	395	1,352	414	1,454	424
경남	935	229	1,010	232	1,338	238	1,387	242	1,484	245
제주	132	64	138	65	148	65	146	66	157	69

위 표에서 확인할 수 있듯이 요양원과 재가센터(주야간보호 포함) 모두 지속적으로 늘어났음을 확인할 수 있다. 이런 현상은 전국적인 것이며, 2008년 제도 시작 이후부터 한 번도 떨어진 적이 없다. 그렇다면, 향후에도 장기요양기관은 계속해서 늘어날 것인가?

보건복지부의 제3차 장기요양기본계획에 따르면, 주 · 야간보호기관은 2030년도 예상되는 주 · 야간보호 이용자 수는 25.9만 명이라고 하였다.[8] 이런 예측치에 따르면, 2022년 대비 약 8.2만 명의 대상자가 추가로 이용해야 하는 기관이 필요하다는 결과가 나온다.[9] 즉, 평균 26명 규모의 기관이 3,100개소가 추가로 필요하다.

노인요양시설은 2030년도에 예상되는 시설 수급자 34.7만 명의 입소를 위해 2022년 대비 약 11.2만 명에 대한 추가 침상(bed)이 필요하다. 즉, 70명 규모의 시설을 고려할 때 1,600개소가 추가로 필요한 상황이다.

기존 사업자들은 어렵다고 하면서도 사업을 계속 유지했으며, 신규 설립자들은 계속 늘어났다. 만약 노인요양사업이 전망이 없다면 이런 현상을 설명할 방법이 없을 것이다. 다음으로 종사자 현황도 살펴볼 필요가 있다. 종사자 역시 지속적으로 늘어난 것을 알 수 있다. 요양보호사의 경우, 이미 50만 명을 넘어섰다.

---

8) 전체 재가 이용자 103.4만 명 중 주야간보호기관 이용자는 25.1% 차지할 것으로 예상된다.
9) 2022년 12월 기준 주 · 야간보호기관 정원 17.8만 명, 현원 10.6만 명(충족률 59.4%)

표 1-4 종사자 수 추이[10]

구분		2017	2018	2019	2020	2021
계	사회복지사	18,535	22,305	26,395	30,268	33,736
	의사(촉탁 포함)	2,198	2,210	2,358	2,312	2,349
	간호사	2,791	2,999	3,312	3,504	3,645
	간호조무사	9,845	10,726	12,054	13,221	14,196
	치과위생사	7	10	7	14	12
	물리(작업)치료사	2,024	2,122	2,350	2,558	2,723
	요양보호사	340,624	379,822	444,525	450,970	507,473
	영양사	1,160	1,132	1,131	1,136	1,147

정부 지원금도 살펴볼 필요가 있다. 2021년 기준으로 10조 957억 원이며, 불과 5년 전인 2017년의 5조 원에 비해 2배나 늘었다. 이를 정부 지원금과 본인부담금을 합산한 급여비 기준으로 보면, 2022년에 총 114,442억 원이 사용되었으며, 이 중 재가급여에 70,977억 원(62.0%), 시설급여에 43,465억 원(38.0%)이 사용되었다.

표 1-5 정부 지원금 현황[11]

구분	2017		2018		2019		2020		2021	
	금액	비율	금액	비율	금액	비율	금액	비율	금액	비율
공단부담금 계	50,937	–	62,992	–	77,363	–	88,827	–	100,957	–
재가급여	26,417	100.0	34,344	100.0	43,702	100.0	52,302	100.0	61,907	100.0
-방문요양	18,916	71.6	24,364	70.9	30,071	68.8	35,889	68.6	42,145	68.1
-방문목욕	892	3.4	1,003	2.9	1,162	2.7	1,362	2.6	1,631	2.6
-방문간호	132	0.5	177	0.5	221	0.5	261	0.5	315	0.5
-주야간보호	5,119	19.4	7,361	21.4	10,444	23.9	12,726	24.3	15,366	24.8
-단기보호	134	0.5	123	0.4	112	0.3	88	0.2	73	0.1
-복지용구	1,223	4.6	1,315	3.8	1,692	3.9	1,976	3.8	2,377	3.8
시설급여	24,520	100.0	28,648	100.0	33,661	100.0	36,525	100.0	39,040	100.0
-노인요양시설	21,971	89.6	25,879	90.3	30,634	91.0	33,416	91.5	35,917	92.0
-노인요양공동생활가정	2,549	10.4	2,769	9.7	3,027	9.0	3,109	8.5	3,123	8.0

결론적으로, 장기요양대상자(수급자)도 늘었으며, 장기요양기관도 증가했으며, 종사자들도 늘고, 정부 지원금도 모두 다 늘었다. 이 말은 노인요양사업이 전망이

10) 2022 노인장기요양보험통계연보
11) 2022 노인장기요양보험통계연보

있다는 것일까? 아니면 사양사업이라는 뜻일까? 지금까지 현황 조사 및 정부의 전망에 따르면, 노인장기요양사업은 여전히 전망이 좋다고 할 수 있다.

02 노인요양사업 개업과 폐업 현황

앞에서 살펴본 것처럼 향후 노인요양사업의 전망이 좋은 것 같기는 하지만 그 와중에도 폐업한 곳도 있기 마련이다. 노인장기요양보험제도가 실시되기 시작한 2008년 7월 직후라면 그야말로 황금알을 낳는 거위처럼 손해를 본 사업자는 별로 없었다. 그러나 최근 몇 년 동안 경쟁이 치열해진 만큼 경쟁에서 도태된 사업자들도 늘고 있는 실정이다.

2021년 국민건강보험공단 건강보험연구원에서 발간한 「장기요양기관 특성 심층분석 연구」에 따르면, 2020년 한 해 동안 개업한 곳은 3,450개(요양시설 397개, 공생 182개, 방문요양 1,345개, 방문목욕 739개, 방문간호 49개, 주야간보호 639개, 단기보호 9개)로 집계되었다. 반면, 폐업한 곳은 2,832개(요양시설 186개, 공생 195개, 방문요양 1,155개, 방문목욕 789개, 방문간호 67개, 주야간보호 286개, 단기보호 30개)로 파악되었다.

단순히 개업 대비 폐업 비율을 계산하면, 약 82%로 나타나지만 이것은 1년 내 개업한 곳 중에서 폐업한 곳의 비율을 나타내는 것이 아니라 기존 기관 중에서 폐업한 곳도 포함시킨 것이다. 즉, 1년도 못 버티고 폐업한 곳이 2,832개나 된다는 의미가 아니다. 이 중에는 기존 기관과 1년 내 개업한 곳이 포함된 것이다. 따라서 엄밀하게 폐업률을 계산하려면 전체 기관 대비 폐업한 곳을 따져야 한다. 즉, 전체 기관을 대비하면 폐업률이 약 6.5%로 떨어지게 된다.

상대적으로 폐업을 많이 한 기관은 단기보호기관(16.39%)과 공동생활가정(9.11%)인 것을 알 수 있다. 반면, 상대적으로 개업을 많이 한 기관은 주야간보호기관(12.92%)과 요양시설(9.79%)인 것을 알 수 있다. 이런 통계를 통해 유추할 수 있는 것은 최근 주야간보호기관과 요양시설의 인기가 높아지는 반면 단기보호기관과 노인요양공동생활가정을 설립하려는 사람들이 줄어들고 있다는 것이다. 그 이유는 수익구조 측면에서 단기보호기관과 공동생활가정이 불리하기 때문이다.

표 1-6 장기요양기관 개 · 폐업 현황

단위: 개소, %

장기요양급여	전체		기존		개업		폐업	
	빈도	%	빈도	%	빈도	%	빈도	%
전체	43,410	100	37,128	85.53	3,480	7.95	2,832	6.52
시설	4,056	100	3,473	85.63	397	9.79	186	4.59
공공생활가정	2,140	100	1,763	82.38	182	8.50	195	9.11
방문요양	16,994	100	14,494	85.29	1,345	7.91	1,155	6.8
방문목욕	12,139	100	10,611	87.41	739	6.09	789	6.5
방문간호	863	100	747	86.56	49	5.68	67	7.76
주야간보호	4,946	100	4,021	81.3	639	12.92	286	5.78
단기보호	183	100	144	78.69	9	4.92	30	16.39
복지용구	2,089	100	1,875	89.76	9	4.31	124	5.94

최근 3년 동안 코로나19와 우크라이나-러시아 전쟁 등으로 건축자재비 상승에도 불구하고 노인요양시설 설립이 늘어나고 있는 것에 주목할 필요가 있다. 노인요양시설은 다른 기관 유형과 비교할 수 없을 정도로 설립비용이 많이 들지만 수익 측면에서도 월등하게 높기 때문에 설립비용을 상쇄하고도 남는다. 또한 입소자 유치가 다른 유형에 비해 비교적 용이하므로 적자 운영 기간을 단축할 수 있는 장점도 있다.

02

CHAPTER

노인요양사업의 수익구조

01 수입 구조

1) 노인요양사업의 기본적인 수입 구조

노인요양사업의 수입은 크게 보면, 건강보험공단에서 받는 '공단 부담금'과 수급자 또는 보호자들로부터 받는 '본인부담금'으로 구분된다. 즉, 장기요양등급을 받은 수급자에게 서비스를 제공한 후 한 달 뒤 건강보험공단에 청구할 때 서비스 비용의 몇 %는 공단으로부터 받고, 나머지 부분은 수급자 또는 보호자에게 받는 형식이다.

단, 노인요양시설과 노인요양공동생활가정의 '공단 부담금'은 80%이고 '본인부담금'은 20%로 책정되어 있지만, 방문요양을 비롯한 재가서비스는 '공단 부담금'이 85%이고 '본인부담금'은 15%로 차이가 있다.

'공단 부담금'과 '본인부담금'이 핵심적인 수입이기는 하나 기타 수입에 해당되는 몇 가지가 추가된다. 우선, 식비가 있다. 노인요양시설이나 단기보호기관과 같이 24시간 생활하는 수급자들은 하루 3끼의 식사를 하게 되므로 한 달(30일 기준)이면 90끼니가 된다. 그리고 하루에 1번 정도는 간식을 제공한다. 이처럼 식사와 간식에 소요되는 비용은 '비급여' 항목이기 때문에 공단 부담금이나 본인부담금과는 별도로 수납해야 한다.

주야간보호기관에서도 식사를 하는 경우가 일반적이다. 주야간보호기관은 수급자들이 이용하는 시간이 일정치 않으므로 정확하게 추산하기는 어렵지만 보통 오전에 기관에 와서 오후까지 보내는 경우가 많기 때문에 하루에 1끼 정도는 식사를 한다고 볼 수 있다. 그리고 하루 1회 정도는 간식을 제공해준다.

식비와 같이 별도 수납해야 하는 '비급여 항목'에는 상급침실 이용료와 이·미용비, 기저귀 사용료, 기타 생활용품 구입비가 있다. 노인요양시설은 서비스 비용에 기저귀 구입비용이 포함되어 있지만 재가서비스를 이용하는 대상자에게 기저귀를 제공했다면 별도 수납할 수 있다. 시설 유형별 수입 구조는 아래 표와 같다.

표 2-1 시설(기관) 유형별 수입 구조

<table>
<tr><th colspan="2" rowspan="2">구분</th><th colspan="2">서비스 제공 수입</th><th colspan="2">기타 수입</th></tr>
<tr><th>건강보험공단 부담금</th><th>본인부담금</th><th>식비</th><th>서비스 이용료</th></tr>
<tr><td rowspan="2">시설</td><td>노인요양 시설</td><td rowspan="2">월 한도액의 80%</td><td rowspan="2">월 한도액의 20%</td><td rowspan="2">시설별로 책정</td><td rowspan="2">상급침실 이용료
이·미용비
기저귀 사용료
생활용품 구입비</td></tr>
<tr><td>노인요양 공동생활가정</td></tr>
<tr><td rowspan="6">재가</td><td>방문요양</td><td rowspan="6">월 한도액의 85%</td><td rowspan="6">월 한도액의 15%</td><td>수급자와 상의하여 책정</td><td>–</td></tr>
<tr><td>방문목욕</td><td>–</td><td>–</td></tr>
<tr><td>방문간호</td><td rowspan="3">시설별로 책정</td><td>이·미용비
생활용품 구입비</td></tr>
<tr><td>주야간보호</td><td rowspan="2">상급침실 이용료
이·미용비
기저귀 사용료
생활용품 구입비</td></tr>
<tr><td>단기보호</td></tr>
<tr><td>복지용구</td><td>–</td><td>–</td></tr>
</table>

2) 노인요양사업의 추가적인 수입 구조

노인요양사업을 한다 보면 공단으로부터 추가적으로 지원받는 금액이 있다. 이것을 '가산'이라고 하는데, 법적으로 채용해야 할 필수인력 이외에 추가적으로 채용했다면 추가인력에 대한 인건비의 일부를 지원해 준다거나 1등급이나 2등급인 수급자에게 방문요양서비스를 제공할 때 하루 1회에 한해 3천 원씩 가산해주거나 프로그램을 진행할 때 자격증을 가진 외부 강사를 활용하면 강사비 일부를 지원해 주는 등 매우 다양한 가산 제도가 운영되고 있다.

'가산'은 아니지만 원거리에 위치한 수급자 가정에 방문하는 요양보호사에게 교통비를 일부 지원해 주기도 하고, 3년 이상 근무자에 대해 '장기근속장려금'을 지급하고 있다.

노인장기요양보험제도상에서 지원받는 가산금 외에 타 법령에 따라 지원받는 혜택들도 있다. 예를 들어, 최저임금 상승에 따라 인건비 부담이 커진 기관에 지원해주는 '일자리 안정자금'이나 60세 이상 고령 종사자가 늘어났거나 계속 고용할 경우 지원해주는 '고령자 고용지원금' 및 '고령자 계속고용장려금'이 있고, 장애인이나 청년을 채용했을 때 지원되는 '장애인 고용장려금'과 '청년고용장려금' 등이 있다.

이 외에도 종사자가 일정 기준 미만일 때 사회보험료를 경감시켜주는 제도 등 타 법령에 따라 지원을 받을 수 있는 영역이 의외로 많다. 물론 지원을 받기 위한 조건이 충족되어야 하겠지만 장기요양사업을 최초로 시작하는 기관들은 대부분 열악한 상황이기 때문에 웬만해서는 지원받을 가능성이 높다.

따라서 앞서 살펴본 기본적인 수입 구조 외에도 추가적인 수입 구조에 대한 이해를 바탕으로 전체적인 수입 규모를 예측할 수 있어야 할 것이다.

02 서비스 종류별 월 매출

1) 노인요양시설 급여비용

'노인요양시설'과 9인 이하의 소규모 요양시설인 '노인요양공동생활가정'은 '월 한도액'이라는 용어를 사용하지 않고 '시설급여 비용'이라는 용어를 사용한다. 쉽게 말해서, 하루 이용 단가라고 볼 수 있는데, 한 달로 계산하면 월 한도액과 사실상 차이가 없다.

여기에서 '시설급여'라는 용어를 사용하는 이유는 재가서비스와 달리 24시간 생활하는 기관을 '시설'이라고 표현하며, 서비스라는 용어의 행정적 표현이 '급여'이기 때문이다.

우리가 흔히, 급여라고 하면 근로자의 봉급을 떠올리기 쉬운데 사회복지 영역에서는 급여라는 표현이 서비스의 다른 용어라고 보면 된다. 본 교재에서는 누구나 이해하기 쉽게 '단가'라는 표현을 사용하겠다.

그런데, 최근 정부에서는 노인요양시설 요양보호사들의 업무 과중을 고려하여 요양보호사 1인당 돌봄 대상 입소자의 수를 줄이려는 노력을 하고 있다. 기존에는 입소자 2.5명당 요양보호사를 1인만 배치해도 되었지만 이제는 입소자 2.3명당 요양보호사를 1인 배치하는 것으로 바뀌고 있는 추세이다. 향후 2025년이 되면 입소자 2.1명당 요양보호사 1인 배치 기준으로 바뀔 예정이다.

이런 변화가 예고되어 있지만 노인요양시설의 혼란을 막기 위해 현재는 두 가지 방식 중 하나를 선택하도록 하고 있다. 즉, 입소자 2.5명당 1명의 요양보호사

배치 또는 입소자 2.3명당 1명의 요양보호사 배치 중 택일하는 것이다. 입소자 2.3명당 1명의 요양보호사를 배치하면 당연히 시설의 인건비 부담이 늘어나기 때문에 입소자 1인당 단가가 더 높게 책정되어 있다. 따라서 노인요양시설은 시설 상황과 비용 등을 고려하여 두 가지 방식 중 하나를 선택해야 한다.

그리고 노인요양공동생활가정의 입소자 단가는 노인요양시설에 비해 더 낮게 책정되어 있다. 아무래도 노인요양시설의 다양한 인력 및 시설의 혜택이 부족하다고 판단했을 것으로 보인다. 이런 점 때문에 노인요양공동생활가정의 수입(매출)이 상대적으로 적고, 순수익(잉여금) 역시 노인요양시설에 비해 낮을 수밖에 없다.

표 2-2 1일당 시설급여 비용(2023년 기준)

		등급	1일 단가	전체 이용 한도(단위: 원)		
				29일	30일	31일
노인 요양 시설	2.3명당 1명	1등급	81,750	2,370,750	2,452,500	2,534,250
		2등급	75,840	2,199,360	2,275,200	2,351,040
		3등급	71,620	2,076,980	2,148,600	2,220,220
		4등급				
		5등급				
	2.5명당 1명	1등급	78,250	2,269,250	2,347,500	2,425,750
		2등급	72,600	2,105,400	2,178,000	2,250,600
		3등급	66,950	1,941,550	2,008,500	2,075,450
		4등급				
		5등급				
노인요양 공동생활 가정		1등급	68,780	1,994,620	2,063,400	2,132,180
		2등급	63,820	1,850,780	1,914,600	1,978,420
		3등급	58,830	1,706,070	1,764,900	1,823,730
		4등급				
		5등급				

특이한 점은 3등급, 4등급, 5등급의 단가가 동일하다는 점이다. 그 이유도 여러 가지가 있겠지만 3등급부터 5등급까지는 원래 시설이 아닌 재가서비스 대상이었다.

그러나 3등급부터 5등급 수급자 중 재가서비스를 받을 수 없거나 부득이 시설 입소를 해야 하는 경우도 있기 때문에 별도 단가가 정해져 있는 것이다. 다만, 재가서비스 대상에 포함되어 있는 '인지지원등급'은 시설에 입소할 수 있는 자격이 없다. 이뿐 아니라 다른 재가서비스를 이용하는 데에도 제한이 있다. 다시 말해서, 노인장기요양기관 중 주야간보호서비스만 일부 이용할 수 있고, 노인장기요양기관이 아닌 노인복지관 등에서 '인지서비스'라는 것을 받게 된다. 한마디로 치매예방 프로그램을 의미한다. 따라서 노인장기요양기관에서 인지지원등급을 대상으로 수익을 창출하기는 사실상 어렵다고 볼 수 있다.

그렇다면, 재가서비스의 월 한도액이나 노인요양시설의 1일당 시설급여액(통상적으로 수가라고 부른다)은 어떻게 정해지는 것일까? 이 수가는 보건복지부 내에 '장기요양위원회'에서 정하는 것이다. 보건복지부 차관이 위원장이니만큼 중요한 의제를 다루는 곳인데, 이곳에서 재가 및 시설 수가를 정해서 발표하는 것이다.

장기요양위원회에서 해마다 수가를 정하면 이 결과가 장기요양보험 홈페이지 법령 자료실에 올라온다. 문제는 이 수가가 발표되는 시점이 일정치 않다는 것이다. 주로 12월 말에 게시되지만 어떤 해는 2번 변경이 되기도 하고, 1월 또는 4월 또는 8월에 게시되기도 한다. 수가는 「장기요양급여 제공기준 및 급여비용 산정방법 등에 관한 고시」에 자세하게 나와 있다.

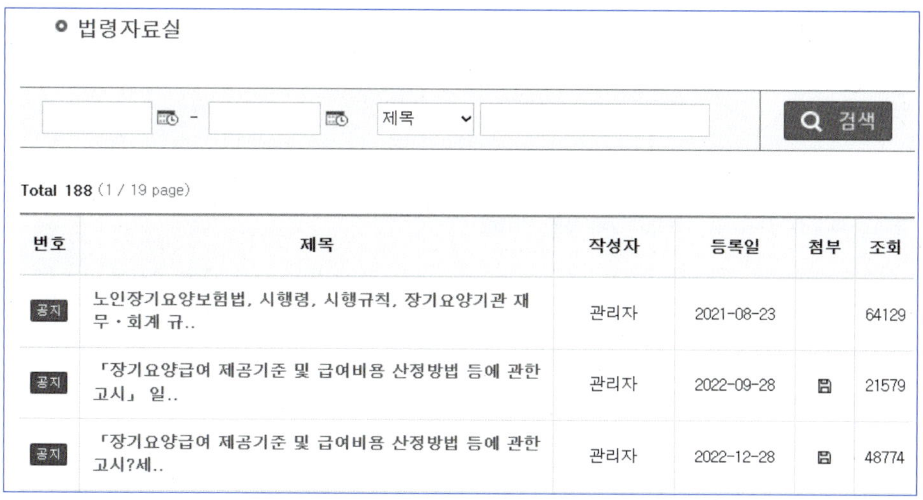

| 그림 2-1 | 장기요양보험 법령자료실

2) 재가서비스 월 한도액

일반 병원에서는 질환 및 치료에 따라 가격이 매겨져 있고 환자가 원하고 의사가 필요한다고 판단하면 그에 따라 의료서비스를 제공하고 비용을 지불하고 있다.

그러나 노인요양서비스는 수급자가 원하는 만큼 또는 기관에서 제공하고 싶은 만큼 주는 것이 아니라 월 한도액이 정해져 있다. 즉, 수급자가 돈이 많든 적든 상관이 없으며, 증상이 심하건 약하건 상관없이 적용되는 원칙이다.

'월 한도액'은 방문요양, 방문목욕, 방문간호 그리고 주야간보호와 단기보호, 복지용구 등 재가서비스에 적용하고 있다. 요양등급이 높을수록(중증일수록) 높게 책정되어 있는데, 수급자가 이 한도를 초과해서 서비스를 받고자 한다면 공단의 지원을 받을 수 없다.

따라서 대부분 이 한도 내에서 서비스 제공 계획을 세우게 된다. 결국, 수급자 한 분당 발생하는 수익은 월 한도액을 넘을 수 없다.

표 2-3 재가서비스 월 한도액(2023년 기준)

1등급	2등급	3등급	4등급	5등급	인지지원등급
1,885,000원	1,690,000원	1,417,200원	1,306,200원	1,121,100원	624,600원

3) 방문요양서비스 비용 및 월 매출

방문요양서비스는 30분 간격으로 촘촘하게 단가가 정해져 있다. 30분 이상(30분부터 59분까지) 서비스를 제공하면 16,190원의 수입이 발생하고, 60분 이상(60분부터 89분까지)이면 23,480원의 수입이 생긴다.

주의할 점은 서비스 제공시간이 2배가 되었다고 해서 단가 역시 2배가 되는 것은 아니다. 예를 들어, 60분 서비스 단가는 23,480원이지만 그 2배의 시간인 120분 단가는 40,280원이다. 즉, 2배가 되지 않는다. 210분 이상 서비스는 1등급과 2등급만 해당되고 3, 4, 5등급은 하루에 210분 이상 서비스를 제공할 수 없지만 한 사람의 수급자에게 하루 3회까지 서비스 제공이 가능하다. 예를 들어, 홍길동 어르신에게 오전에 90분 서비스를 제공한 후 2시간이 지난 후 120분 서비스를 제공할 수 있다.

방문요양서비스를 제공할 때는 아래 시간에 따른 급여비용을 참고해서 〈표 2-4〉의 월 한도액이 넘지 않도록 계획을 세워야 한다. 제공 시간대별 방문요양 한 달 수입(매출)을 살펴보면, 먼저 평일만 제공하는지 아니면 토요일까지 제공하는지에 따라 달라진다.

경우에 따라서는 일요일까지 제공할 수도 있을 것이다. 현실적으로 일요일까지 서비스를 제공하면 요양보호사들에게 평일 인건비의 2.5배를 지급해야 하므로 기관 입장에서 이익이라고 볼 수 없다.

표 2-4 방문요양 시간에 따른 급여비용(2023년 기준)

분류		상세 시간	단가(원)
3, 4, 5등급	30분 이상	30분 ~ 59분 59초	16,190원
	60분 이상	60분 ~ 89분 59초	23,480원
	90분 이상	90분 ~ 119분 59초	31,650원
	120분 이상	120분 ~ 149분 59초	40,280원
	150분 이상	150분 ~ 179분 59초	46,970원
	180분 이상	180분 ~ 209분 59초	52,880원
1, 2등급	210분 이상	210분 ~ 239분 59초	58,930원
	240분 이상	240분 이상	65,000원

일반적으로는 월요일부터 금요일까지 주 5일 제공할 경우 한 달은 4.34주이므로 5일×4.34주 = 21.7일이 된다. 월요일부터 토요일까지 주 6일 제공하면 6일×4.34주 = 26.04일이 된다. 〈표 2-5〉는 하루에 방문요양서비스를 제공한 시간에 따라 한 달 동안 발생할 수 있는 수입(매출)을 나타낸 것이다. 표에 따르면 일요일까지 포함할 경우 매출이 크지 않을뿐더러 인건비 부담이 크므로 사실상 고려하지 않는 것이 좋다. 그리고 월 한도액을 넘지 않아야 한다.

다음 표에서 수입이 가장 큰 경우는 1등급 수급자를 대상으로 토요일까지 주 6일 서비스를 제공할 경우 월 1,716,000원이다. 그러나 이것이 최대 수입은 아니다. 이 금액은 1등급 월 한도액인 1,885,000원보다 169,000원(1,885,000원-1,716,000원)이 적기 때문에 서비스를 조금 더 제공할 수 있다.

표 2-5 방문요양 월 예상 수입(매출)

분 류		금액(원)			
		단가	평일 제공 (월 21.7회)	평일+토요일 (월 26.4회)	평일+토+일 (월 30.4회)
3등급 ~ 5등급	30분 이상	16,190	351,323	427,416	492,176
	60분 이상	23,480	509,516	619,872	713,792
	90분 이상	31,650	686,805	835,560	962,160
	120분 이상	40,280	874,076	1,063,392	1,224,512
	150분 이상	46,970	1,019,249	1,240,008	
	180분 이상	52,880	1,147,496	1,396,032	
1등급 2등급	210분 이상	58,930	1,278,781	1,555,752	
	240분 이상	65,000	1,410,500	1,716,000	

위의 표에서 차액인 169,000원을 소진하고자 한다면, 240분 2회 더 서비스 제공해서 130,000원과 남은 금액인 39,000원 한도 내에서 90분 31,650원을 더 제공해야 수익에 도움이 된다. 정리하면, 1등급 수급자를 대상으로 토요일까지 주 6일 서비스를 제공하여 월 1,716,000원의 수입을 창출하고, 240분 이상 서비스를 2회 더 제공하고, 90분 이상을 1회 더 제공하여 161,650원의 수입이 추가되면 총 1,877,650원이 최대 수입이라고 할 수 있다.

2등급 역시 동일한 방법으로 수입을 산출하면 된다. 그런데 여기에서 짚고 넘어가야 할 것이 있다. 1등급과 2등급 수급자들은 주로 요양시설에 입소해 있을 가능성이 높아서 방문요양서비스를 이용하는 경우는 많지 않다. 따라서 방문요양의 월수입(매출)을 예상할 때는 1등급과 2등급은 고려하지 않는 편이 나을 수 있다.

3등급은 월 한도액이 1,417,200원이므로 월요일부터 토요일까지 하루 180분 이상 서비스를 제공하여 1,396,032원의 수입을 얻을 수 있다.

월 한도액과의 차이는 21,168원이 되므로 위의 표에서 30분 이상 서비스를 1회 더 제공할 수 있다. 그런데, 이미 월요일부터 토요일까지 서비스를 제공해왔기 때문에 90분 이상 1회 더 제공하려면 일요일에 서비스를 제공해야 한다. 문제는 일요일 인건비는 2.5배로 계산해야 하므로 오히려 손해일 수 있다는 점이다. 이런 점을 고려하면 21,168원은 포기하고 180분 이상 서비스 비용인 1,396,032원을 예상 가능한 월 최대 수입(매출)으로 보는 것이 좋겠다.

수입 산출 결과, 최대의 수입이 가능하려면 월요일부터 토요일까지 일을 해야 한다는 것을 알 수 있다. 문제는 수급자 또는 보호자들이 토요일 서비스 제공을 원하지 않거나 요양보호사들이 반대할 수 있다는 점이다. 따라서 이들을 얼마나 잘 설득하는가가 관건이라고 할 수 있다.

〈표 2-5〉에서 제시된 수입(매출)은 순수한 이익(잉여금)은 아니다. 여기에서 인건비, 사무실 운영비, 차량관리비 등 지출 항목을 빼야 하기 때문이다. 지출에 대해서는 다음 장에서 다루도록 하겠다.

4) 방문목욕서비스 비용 및 월 매출

방문목욕서비스는 세 가지 종류가 있다. '차량 내 목욕'은 차량 안에서 직접 목욕하는 방식이고, '차량이용 가정목욕'은 승합차에서 온수를 제공하여 수급자 가정에서 목욕하는 것이며, '가정목욕'은 수급자 가정의 욕실을 활용하는 형태이다.

차량을 이용하면 수급자 가정의 수도나 기타 물품을 사용하지 않고 차량 구매 및 유류비 등 지출이 발생하므로 가정 목욕에 비해 단가가 높은 편이다. 차량 내 목욕의 경우 60분(1시간) 목욕 비용이 82,160원이나 한다. 대중목욕탕 비용을 생각하면 상당히 비싼 금액이다.

그러나 사업주는 5천만 원 상당의 차량을 구입하고 유지 · 관리해야 하며 이동 및 온수 가열에 유류비가 들어가고 2명의 요양보호사 인건비를 지급해야 하므로 단가가 비싸질 수밖에 없다. 그러나 수급자 입장에서는 본인부담금(15%)인 12,324원만 지급하는 것이므로 큰 부담은 또 아니다.

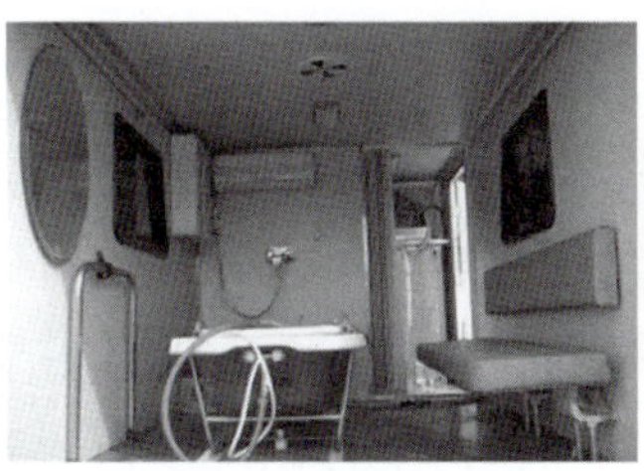
차량 내 목욕

차량이용 가정목욕

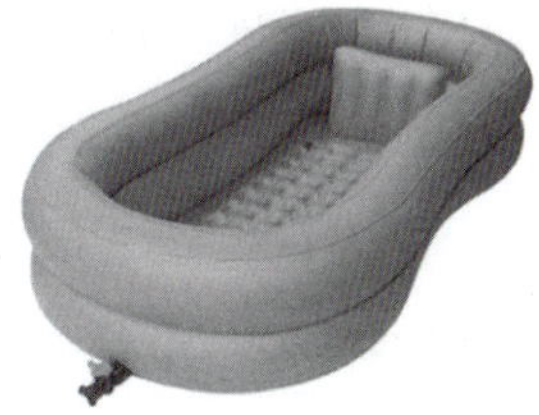
가정목욕

그림 2-2 방문목욕 종류

방문목욕은 60분(1시간) 서비스를 제공하면 단가의 100%가 적용되지만 40분에서 60분만 제공하면 단가의 80%가 적용된다. 따라서 대부분의 기관에서는 60분을 채우려고 할 것이다.

그렇지만 60분 동안 목욕만 하는 것은 아니고, 차량까지 수급자를 이동하고 혈압 체크 등 준비과정에 20분 정도 그리고 목욕 후 뒷정리 등에 20분 정도 소요되기 때문에 실제 목욕하는 시간은 20분에서 25분 정도라고 볼 수 있다. 방문목욕은 주 1회 제공되기 때문에 한 달이면 4.34회 제공이라 할 수 있다. 따라서 1회 단가가 높긴 하지만 수급자 1명으로부터 발생할 수 있는 수익이 가장 적은 편이다.

표 2-6 방문목욕 급여비용 및 월 예상매출(2023년 기준)

분 류	금액(원)		
	시간 구분	단가(주 1회)	월수입(주 4.34회)
방문목욕차량 (차량 내 목욕)	60분 이상	82,160	356,574
	40분~60분	65,728	285,260
방문목욕차량 (가정 내 목욕)	60분 이상	74,070	321,464
	40분~60분	59,256	257,171
차량 없는 경우 (가정 내 목욕)	60분 이상	46,250	200,725
	40분~60분	37,000	160,580

반면, 여러 명의 수급자를 확보하여 하루 평균 7~8명에게 서비스를 제공하게 되면 상당한 수익이 발생하기 때문에 무시할 수 없다.

차량 목욕을 예로 들면, 보통 오전 8시부터 시작하는 경우가 많은데, 하루에 7명의 수급자에게 60분 이상 목욕서비스를 제공하고, 금요일까지 한다면 82,160원×7명×5일×4.34주=12,480,104원이 된다. 조금 무리해서 토요일까지 일을 한다면 월 14,976,124원의 수입(매출)을 올릴 수 있다. 물론, 수급자를 35명 또는 42명까지 확보해야 하며, 수급자들이 매주 목욕서비스를 이용해야 한다.

어떤 수급자는 주 2회 또는 3회 이용하는 경우도 있기 때문에 보통 45명 이상의 수급자를 확보해야 최대 수입을 올릴 수 있을 것이다. 수입(매출)은 지출을 고려하지 않은 것이므로 진정한 수익(잉여금)은 요양보호사 2명의 인건비, 차량운행 및 온수 가열에 소요되는 유류비, 차량관리비, 사무실 운영비 등의 지출을 고려해야 한다. 나중에 자세하게 살펴보겠지만 요양보호사 2명의 인건비는 전체 수입(매출)에서 50.1%를 지급해야 한다는 규정이 있다.

인건비 수준이 상당히 높기도 하지만 사업주가 가져갈 수 있는 수익도 상당한 편이다. 관건은 목욕차량 1대가 수용할 수 있는 만큼의 수급자를 최대한 확보하는 일일 것이다.

5) 주야간보호서비스 비용 및 월 매출

주야간보호서비스는 오전 8시부터 밤 10시까지 운영할 수 있기 때문에 방문요양에 비해 장시간 서비스 제공이 가능하다. 주야간보호는 재가서비스이지만 노인요양시설과 비슷하게 요양등급별로 단가가 정해져 있다. 당연히 중증일수록 단가가 높다.

또 하나 특징은 다른 시설과는 달리 '인지지원등급'도 서비스를 제공한다는 점이다. 다만, 월 한도액이 624,600원이므로 한 달 동안 주야간보호기관을 이용할 수 있는 횟수나 시간이 매우 제한적이라 수입(매출) 창출에 크게 기여하지는 못한다.

1등급이나 2등급 대상자도 주야간보호서비스 단가에 포함되어 있기는 하지만 현실적으로 중증이신 분들은 주야간보호와 맞지 않다. 왜냐하면, 집에서 기관까지 차로 이동할 수 있는 상태가 아니고, 기관에 도착하셨더라도 프로그램에 참여할 수 있는 체력이 되지 않기 때문이다. 엄밀하게 따져보면, 주야간보호의 주 대상은 4등급과 5등급이라고 보는 것이 타당하다. 이 말은 주야간보호기관을 설립하기 전 수익을 추정할 때 1등급부터 3등급까지는 포함시키지 않는 것이 현실적이라는 것이다.

그리고 주야간보호기관을 이용하는 수급자들은 보통 9시에 기관에 도착해서 점심을 드시고 오후 5시 즈음 가정으로 복귀한다. 대략 8시간이 평균적인 이용시간이라고 할 수 있다. 물론 그 전에 가정으로 복귀할 수도 있고 밤 10시까지 계시는 경우도 있다만 평균적인 이용시간은 종사자들의 근무시간과 거의 비슷하다.

아래 〈표 2-7〉은 주야간보호 급여비용(단가)과 월 예상 수입(매출)을 산출한 것이다. 표 안에 대각선(/) 표기가 되어있는 것은 등급별 월 한도액을 초과한 것이므로 고려할 필요가 없음을 나타낸 것이다.

표를 살펴보면, 주야간보호 이용시간이 길어지면서 토요일까지 이용하면 월 한도액을 초과하는 구간이 많이 나타난다. 즉, 토요일까지 주야간보호기관을 오픈

해서 운영할 것 같으면, 하루 8시간을 넘기지 않도록 조절할 필요가 있다.

만약, 하루 기관 이용 시간을 10시 가까이 늘리고자 한다면, 토요일은 운영할 수 없을 가능성이 높다. 또한, 앞에서 설명했듯이 1등급부터 3등급까지는 주야간 보호서비스를 이용하기에 어려움이 있기 때문에 4등급, 5등급, 인지지원등급 수급자들의 예상 수입을 살펴보는 것이 현실적이다.

아래 표에 따르면, 4등급과 5등급 수급자로부터 최대의 월수입(매출)을 끌어낼 수 있는 첫 번째 방법은 6시간 이상 8시간 미만의 서비스를 월요일부터 토요일까지 제공하는 것이며, 두 번째 방법은 4등급은 월요일부터 금요일까지 8시간 이상 10시간 미만까지만 이용하게 하는 것이다.

5등급은 월요일부터 금요일까지 8시간 이상 10시간 미만까지 이용하는 것을 기본으로 하되 2~3회 정도는 6시간 이상 8시간 미만으로 조절해야 월 한도액을 초과하지 않을 수 있다.

▼ 표 2-7 주야간보호 급여비용 및 월 매출(2023년 기준)

분류		금액(원)		
		단가	평일 제공 (월 21.7회)	평일+토요일 (월 26.4회)
3시간 이상 ~ 6시간 미만	장기요양 1등급	38,630	838,271	1,019,832
	장기요양 2등급	35,760	775,992	944,064
	장기요양 3등급	33,010	716,317	871,464
	장기요양 4등급	31,510	683,767	831,864
	장기요양 5등급	30,000	651,000	792,000
	인지지원등급	30,000	651,000	792,000
6시간 이상 ~ 8시간 미만	장기요양 1등급	51,780	1,123,626	1,366,992
	장기요양 2등급	47,960	1,040,732	1,266,144
	장기요양 3등급	44,270	960,659	1,168,728
	장기요양 4등급	42,770	928,109	1,129,128
	장기요양 5등급	41,240	894,908	1,088,736
	인지지원등급	41,240	894,908	1,088,736
8시간 이상 ~ 10시간 미만	장기요양 1등급	64,400	1,397,480	1,700,160
	장기요양 2등급	59,660	1,294,622	1,575,024
	장기요양 3등급	55,080	1,195,236	1,454,112
	장기요양 4등급	53,580	1,162,686	1,414,512
	장기요양 5등급	52,050	1,129,485	1,374,120
	인지지원등급	52,050	1,129,485	1,374,120

분류		금액(원)		
		단가	평일 제공 (월 21.7회)	평일+토요일 (월 26.4회)
10시간 이상 ~ 13시간 이하	장기요양 1등급	70,950	1,539,615	1,873,080
	장기요양 2등급	65,720	1,426,124	1,735,008
	장기요양 3등급	60,720	1,317,624	1,603,008
	장기요양 4등급	59,190	1,284,423	1,562,616
	장기요양 5등급	57,690	1,251,873	1,523,016
	인지지원등급	52,050	1,129,485	1,374,120
13시간 초과	장기요양 1등급	76,080	1,650,936	2,008,512
	장기요양 2등급	70,480	1,529,416	1,860,672
	장기요양 3등급	65,110	1,412,887	1,718,904
	장기요양 4등급	63,600	1,380,120	1,679,040
	장기요양 5등급	62,100	1,347,570	1,639,440
	인지지원등급	52,050	1,129,485	1,374,120

주야간보호는 밤 10시까지 제공할 수 있으므로 저녁 6시부터 10시까지 근무하는 종사자에게는 연장근로수당을 추가로 지급해줘야 한다. 즉, 평상시 급여를 시간급으로 계산한 금액의 50%를 더 지급해야 한다.

이 경우 기관 측의 지출이 늘어나므로 가급적 저녁 6시 이전에 수급자들을 가정으로 복귀시키려고 할 것이다. 그럼에도 불구하고 저녁 6시 이후에 수급자를 돌봐줘야 할 상황이 있을 것이다. 이런 점을 고려해서 건강보험공단에서는 저녁 6시부터 10시까지는 서비스 단가를 20% 올려주고 있다.

예를 들어, 서비스 단가가 55,180원이라면 이것의 20%인 11,036원을 추가하여 66,216원으로 단가가 올라간다. 이렇게 되면 종사자들에게 연장근로수당을 충분히 줄만큼은 아니지만 기관에 도움이 될 것이다.

또한, 주야간보호서비스를 토요일이나 일요일 또는 공휴일에 서비스를 제공할 경우에는 어떻게 될까? 주야간보호기관 중 토요일에도 서비스를 하는 곳이 많다.

토요일에 일을 하면 종사자들에게 연장근로수당을 50%씩 더 주어야 하고, 일요일이라면 평일 임금에다가 150%씩 더 주어야 한다. 인건비 지출이 과도해지는 것이다. 이런 상황에서 공단 지원금이 또 있을까? 안타깝게도 토요일 근로에 대한 지원은 전혀 없다. 다만, 공휴일에 서비스를 제공했다면 기존 단가에 30%를 추가로 올려주고 있다. 종사자들에게 주어야 할 추가수당이 150%나 증가하는 것에 비하면 턱없이 낮은 금액이다. 따라서 토요일, 일요일, 공휴일에는 주야간보호기관을 쉬는 것이 수익적인 측면에서는 유리할 것 같다.

03 인건비의 중요성

1) 지출 중 인건비 비중

노인요양사업의 수익은 수급자(또는 입소자) 수에 따라 건강보험공단으로부터 받는 비용과 본인부담금을 합산한 금액에서 각종 지출을 뺀 것이다. 지출 중에서 가장 많은 비중을 차지하는 것은 단연코 인건비이다. 그다음은 냉·난방비를 포함한 시설관리비가 차지하고, 건축을 위해 대출을 한 경우 대출금과 이자, 주야간보호기관의 임대료, 그리고 각종 비품과 소모품 구입비로 구분할 수 있다.

노인요양사업을 통해서 수익을 내려면 우선적으로 수급자를 확보해야 하겠지만 지출을 잘 관리할 수 있어야 한다. 그러자면 지출 규모가 어느 정도인지 예측할 수 있어야 한다. 다행히 인건비는 예측이 가능하다. 수급자 수에 따라 채용해야 하는 인력 기준이 정해져 있기 때문에 그에 맞추어 계산하면 된다.

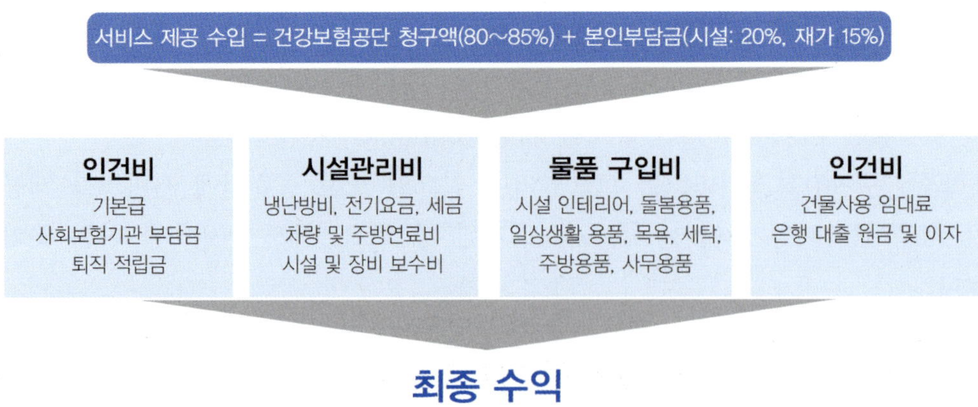

그림 2-3 노인요양사업의 수익구조

문제는 냉·난방비와 같은 시설관리비는 시설 상황에 따라, 관리방식에 따라 천차만별이기 때문에 예측하는 것이 쉽지 않다. 또한 은행 대출을 받을 경우 원금 및 이자 상환 규모가 어느 정도인지 알 수 없고, 임대료의 경우 대도시 혹은 중소도시에 따라 달라지며, 비품이나 소모품 역시 어떤 제품을 사용했는지에 따라 지출 규모가 달라진다는 점이다.

결론적으로 지출 규모를 정확히 파악할 수 없기 때문에 수익 또한 정확히 산출하는 것은 어렵다고 봐야 한다. 다만, 가장 규모가 큰 인건비 수준을 어느 정도 파악할 수 있고, 노인요양사업을 하고 있는 시설(또는 기관)로부터 대략적인 지출 수준을 조사하여 지출 수준을 대략적으로 추정할 수는 있다.

2) 노인요양기관의 직원배치기준

노인요양기관의 지출 중 가장 규모가 큰 인건비를 계산하려면 직원배치기준을 먼저 알아야 한다. 노인요양기관의 인력은 임의대로 필요한 만큼 채용하는 것이 아니라 수급자 수에 따라 직종별 인원이 정해져 있다. 예를 들면, 노인요양시설의 요양보호사는 수급자 2.5명당 1명을 배치해야 하지만 노인요양공동생활가정은 수급자 3명당 1명을 배치하고, 주야간보호기관은 수급자 7명당 1명이 배치되어야 한다.

▼ 표 2-8 노인요양시설 직원배치기준

<table>
<tr><th colspan="2">직종별 / 시설별</th><th>시설의 장</th><th>사무국장</th><th>사회복지사</th><th>의사 또는 계약의사</th><th>간호사 또는 간호조무사</th><th>물리치료사 또는 작업치료사</th><th>요양보호사</th><th>사무원</th><th>영양사</th><th>조리원</th><th>위생원</th><th>관리인</th></tr>
<tr><td rowspan="2">노인요양시설</td><td>입소자 30명 이상</td><td>1명</td><td>1명 (입소자 50명 이상인 경우로 한정함)</td><td>1명 (입소자 100명 초과할 때마다 1명 추가)</td><td>1명 이상</td><td>입소자 25명당 1명</td><td>1명 (입소자 100명 초과할 때마다 1명 추가)</td><td>입소자 2.5명당 1명 (치매전담실은 2명당 1명)</td><td>1명 (입소자 50명 이상인 경우로 한정)</td><td>1명 (1회 급식 인원이 50명 이상인 경우로 한정)</td><td>입소자 25명당 1명</td><td>1명 (입소자 100명 초과할 때마다 1명 추가)</td><td>1명 (입소자 50명 이상인 경우로 한정)</td></tr>
<tr><td>입소자 30명 미만 10명 이상</td><td>1명</td><td colspan="2">1명</td><td>1명</td><td>1명</td><td></td><td>입소자 2.5명당 1명 (치매전담실은 2명당 1명)</td><td></td><td></td><td>1명</td><td></td><td></td></tr>
</table>

시설별 \ 직종별	시설의 장	사무 국장	사회 복지사	의사 또는 계약 의사	간호사 또는 간호 조무사	물리 치료사 또는 작업 치료사	요양 보호사	사무원	영양사	조리원	위생원	관리인
노인요양 공동생활 가정	1명				1명		입소자 3명당 1명 (치매 전담형은 2.5명당 1명)					

※ 노인복지법 시행규칙 별표4

노인요양시설의 규모를 정할 때 직원배치기준은 반드시 알고 있어야 한다. 만약, 50명 정원의 요양시설을 설립하고자 한다면, 49명이었을 때는 배치하지 않아도 되는 직원을 상당히 많이 채용해야 한다.

즉, 입소자가 50명이 될 때 사무국장 1명, 간호사 또는 조무사 1명 추가, 사무원 1명, 영양사 1명, 조리원 1명, 관리인 1명, 즉 입소자가 49명일 때보다 50명일 때 6명의 직원을 추가로 채용해야 하므로 그만큼 인건비 부담이 늘어나게 된다. 따라서 정원 규모를 정할 때 25명, 50명, 75명, 100명 단위로 끊어지게 설계하지 않고, 24명, 49명, 74명, 99명과 같이 입소자 1명을 뺀 정원으로 설계하는 것이 일반적이다.

이런 원리는 재가노인복지시설에도 그대로 적용된다. 따라서 직원배치기준을 보면서 정원을 정하고 그에 따라 건축을 하거나 임대로 들어갈 건물의 크기를 가늠할 수 있어야 한다.

그런데, 수익 측면만 고려하는 것이 아니라 시설을 잘 운영하고 수급자인 어르신들에게 더 나은 서비스를 제공하고자 한다면 직원배치기준 이상으로 직원을 채용해도 된다. 그럴 경우, 기준 이상으로 채용한 직원의 인건비 전체는 아니더라도 상당한 수준의 "인력추가배치 가산금"을 받을 수 있다.

표 2-9 재가노인복지시설 직원배치기준

<table>
<tr><th colspan="2">구분</th><th>시설장</th><th>사회
복지사</th><th>간호사
또는
간호조무사</th><th>물리치료사
또는
작업치료사</th><th>치과
위생사</th><th>요양
보호사</th><th>사무원</th><th>조리원</th><th>보조원
(운전사)</th></tr>
<tr><td colspan="2">방문요양</td><td>1명</td><td>1명
(수급자
15명
이상)</td><td></td><td></td><td></td><td>15명 이상
(농어촌지역의
경우에는 5명 이상)</td><td></td><td></td><td></td></tr>
<tr><td colspan="2">방문목욕</td><td>1명</td><td></td><td></td><td></td><td></td><td>2명 이상</td><td></td><td></td><td></td></tr>
<tr><td rowspan="2">주·
야간
보호</td><td>이용자
10명
이상</td><td>1명</td><td>1명 이상</td><td colspan="2">1명 이상</td><td rowspan="2"></td><td rowspan="2">이용자 7명당 1명
이상(치매전담실은
4명당 1명 이상)</td><td>1명
(이용자
25명
이상)</td><td>1명</td><td>1명</td></tr>
<tr><td>이용자
10명
미만</td><td>1명</td><td></td><td colspan="2">1명 이상</td><td></td><td>1명</td><td></td></tr>
<tr><td rowspan="2">단기
보호</td><td>이용자
10명
이상</td><td>1명</td><td>1명 이상</td><td>이용자
30명당 1명</td><td>1명
(이용자
30명 이상)</td><td rowspan="2"></td><td rowspan="2">이용자 4명당
1명 이상</td><td></td><td>1명</td><td></td></tr>
<tr><td>이용자
10명
미만</td><td>1명</td><td></td><td>1명</td><td></td><td></td><td>1명</td><td></td></tr>
<tr><td colspan="2">재가노인지원</td><td>1명</td><td>1명</td><td></td><td></td><td></td><td></td><td>1명</td><td></td><td></td></tr>
<tr><td colspan="2">방문간호</td><td>1명</td><td></td><td>1명 이상</td><td></td><td>1명
이상</td><td></td><td></td><td></td><td></td></tr>
</table>

※ 노인복지법 시행규칙 별표9

3) 직종별 최저임금 수준

인건비를 계산하려면 직종별 월 임금 수준을 가늠해야 한다. 월 임금은 시설(또는 기관)에 따라 월급으로 줄 수도 있지만 시급으로 계산해야 하는 경우도 있다. 즉, 방문요양, 방문목욕, 방문간호는 보통 시급으로 계산하게 되고, 나머지는 월급으로 계산한다.

그런데, 24시간 생활하는 시설의 경우 연장근로가 많고 밤 10시부터 새벽 6시까지 근무하면 야간근로에 따른 수당이 붙고, 휴일에 근로하면 역시 수당이 붙기 때문에 인건비를 계산하는 것이 다소 복잡해질 수 있다.

무엇보다도 먼저 기억해야 할 것은 근무연수에 따라 임금이 올라가는 호봉제가 아니라는 점이다. 즉, 근무연수가 많아지면 시설 대표자 재량으로 급여를 올려줄 수도 있으나 의무사항은 아니라는 것이다. 이 때문에 오랫동안 일해도 월 임금이 오르지 않아 종사자들의 불만이 쌓이는 원인이 되기도 한다.

현재 대부분의 노인장기요양기관들은 종사자들의 임금을 최저시급 또는 최저임금을 기준으로 하고 있다. 다만, 시설장, 사무국장과 같이 직급이 높은 종사자들은 책임성 정도를 고려하여 최저임금보다 높은 금액을 주기도 하고, 간호사나 물리치료사 그리고 영양사 등 전문 인력을 고용하기 위해서는 최저임금으로 어렵기 때문에 다소 높은 급여를 주고 있다. 2023년 기준의 최저시급은 9,620원이며, 하루 8시간 기준으로 보면 76,960원, 한 달 기준으로 보면 2,010,580원이다.

표 2-10 최저시급 및 임금

구분	시급	월급
2024년	9,860원(2023 대비 2.5% 인상)	2,060,740원
2023년	9,620원(2022 대비 5.0% 인상)	2,010,580원
2022년	9,160원	1,914,440원
2021년	8,720원	1,822,480원

위에서 일급과 주급은 사실 큰 의미는 없다. 노인장기요양기관에서는 보통 시간급과 월급만 적용한다. 방문요양, 방문목욕, 방문간호는 하루에 8시간 이상 일하는 경우가 드물고, 하루에 정해진 근무시간도 변동이 많은 편이다. 따라서 이 경우 시급으로 계산을 한다.

반면, 주야간보호, 단기보호, 요양시설, 요양공동생활가정 등은 월급이 책정되어 있고, 근로 형태에 따라 연장근로수당, 야간근로수당, 휴일근로수당이 추가되는 구조이다. 최저임금은 노인장기요양기관들이 종사자에게 급여를 줄 때 반드시 지켜야 하는 최소한의 기준이다.

그런데, 인건비에서 최저임금 외에도 세금과 사회보험료 그리고 퇴직적립금을 고려하고 있어야 한다. 세금은 개인소득세이므로 종사자 임금에서 공제하면 되지만 사회보험료는 사용자와 종사자가 50:50으로 나누어 납부하고 있다. 즉, 종사자의 사회보험료가 한 달에 18만 원이라면 시설(기관)에서도 약 18만 원의 보험료를 추가 지출해야 한다는 이야기이다. 마지막으로 퇴직적립금은 종사자 한 달 임금의 8.3%에 해당하는 금액을 다달이 적립해 놓아야 한다.

예를 들어, 한 달 월급이 2,010,580원(최저임금)이라면, 사회보험료 기관 부담금(9.47%)과 퇴직적립금(8.3%)에 해당하는 36만 원 정도가 추가되어 한 달에 1인당 약 2,367,860원의 인건비가 나갈 것을 예상하고 있어야 한다.

표 2-11 사회보험료 납부 비율

	기준액	보험료(%)		납부연령
		근로자	사용자	
국민연금	보수월액	4.5	4.5	만 60세까지
건강보험	보수월액	3.545	3.545	연령 제한 없음
장기요양보험	건강보험료	0.455	0.455	
고용보험	보수월액	0.9	1.15	
산재보험	보수월액	–	0.006	
합계		9.4	9.656	

04 노인장기요양기관의 인건비 지출비율

1) 인건비 지출비율의 개념

인건비를 예상할 때 최저임금은 가장 기본적으로 생각해야 할 사항이지만 한 가지 더 고려해야 할 것이 있다. 바로 “인건비 지출비율”인데, 이것은 노인장기요양기관에만 적용된다.

쉽게 말해서 전체 매출(수입)에서 특정 종사자들의 인건비로 지급해줘야 할 비율이 정해져 있다는 것이다. 여기에서 특이한 점은 모든 종사자가 해당되지 않고 특정 종사자, 즉 사회복지사, 요양보호사, 간호사 또는 간호조무사, 물리치료사 또는 작업치료사, 치과위생사만 해당된다. 이는 자격증을 가진 전문 직종을 보호하기 위함이라 할 수 있다.

인건비 지출비율은 “장기요양급여 제공기준 및 급여비용 산정방법 등에 관한 고시”에 나와 있다. 그 내용은 아래와 같다.

표 2-12 인건비 지출비율 규정(2023년 기준)

제11조의2(인건비 지출비율) ① 장기요양기관의 장은 법 제38조 제6항에 따라 급여유형별로 지급받은 장기요양급여비용 중 다음 표에 명시된 비율(이하 '인건비 지출비율'이라 한다)에 따라 그 일부를 장기요양요원에 대한 인건비로 지출하여야 한다.

구분	장기요양요원	인건비 지출비율(%)
노인요양시설	간호(조무)사, 물리(작업)치료사, 사회복지사, 요양보호사	61.4
노인요양공동생활가정	간호(조무)사, 물리(작업)치료사, 사회복지사, 요양보호사	65.8
주야간보호	간호(조무)사, 물리(작업)치료사, 사회복지사, 요양보호사	49.0
단기보호	간호(조무)사, 물리(작업)치료사, 사회복지사, 요양보호사	59.3
방문요양	요양보호사, 사회복지사	86.6
방문목욕	요양보호사	50.1
방문간호	간호(조무)사, 치과위생사	60.9

여기에서 말하는 인건비란 단지 기본급만을 의미하지 않고 해당 종사자에게 지급한 모든 형태의 수당을 포함한다. 즉, 종사자에게 지급된 기본급여(월급 또는 시급), 수당 등을 포함한 일체의 임금(시간외 근무수당, 야간근로수당, 휴일근로수당, 기타 수당), 장기근속장려금, 사회보험기관부담금, 퇴직적립금 등이 해당되며, 기타 수당에는 명절수당, 가족수당, 성과상여금, 정액급식비, 교통비 등 종사자에게 직접 지급하는 정기적인 비용이다. 단, 복리후생, 업무추진 및 기관운영비 성격의 유니폼비, 회식비, 회의비, 경조사비, 자녀학비보조금, 교육훈련비, 배상책임보험료 등은 인건비에 포함되지 않는다.

2) 시설(기관) 유형별 인건비 지출비율

노인요양시설을 예로 들면, 공단부담금과 본인부담금 그리고 각종 가산금 등을 합한 전체 수입에서 사회복지사와 요양보호사, 간호 및 조무사, 물리 및 작업치료사에게 지급해야 할 인건비 비율이 61.4%이므로 나머지 종사자에 대한 인건비와 각종 운영관리비 그리고 수익을 다 합한 비율이 38.6%가 된다.

노인요양시설은 입소자 2.5명(또는 2.3명)당 요양보호사가 1명씩 필요하므로 요양보호사의 수가 워낙 많은 편이다. 따라서 인건비 지출비율도 높게 책정되어 있다. 9인 이하 시설인 노인요양공동생활가정은 인건비 비율이 65.8%로 높아지게 된다. 시설장을 제외한 대부분의 직종이 해당되므로 상대적으로 부담이 줄어드는 측면도 있지만, 노인요양시설에 비해 하루 단가가 낮아지기 때문에 수익 측면에서 결코 유리한다고 보기는 어렵다.

방문요양의 경우에는 사회복지사와 요양보호사에게 전체 수입의 86.6%를 인건비로 지출해야 하며, 나머지 비율인 13.4%에서 시설장의 급여와 기타 관리운영비를 지출해야 한다. 인건비 지출비율이 가장 높다고 할 수 있다. 따라서 수급자가 많지 않을 때는 적자 운영이 불가피해 보인다. 방문요양기관에서 흑자를 보려면 대략 25명에서 30명 정도의 수급자가 필요할 것이므로 이때까지는 종사자들도 기관의 어려움을 이해해 줄 필요가 있는 것 같다.

방문목욕은 요양보호사들만 인건비 지출비율이 적용되기 때문에 다른 기관에 비해 상대적으로 낮은 50.1%의 비율이 적용된다. 하지만 서비스 횟수가 많지 않기 때문에 수급자를 상당히 많이 확보하지 않는 이상 수익을 얻기가 쉽지 않다. 그래서 보통 방문요양과 함께하는 것이다.

방문간호는 간호사 또는 간호조무사와 치과위생사가 인건비 지출비율 적용 대상이다. 이들에게 전체 수입의 60.9%를 인건비로 지급해줘야 한다. 주야간보호기관의 인건비 지출비율은 수급자 7명당 요양보호사가 1명이면 되기 때문에 인건비 지출비율이 49.0%로 낮은 편이다. 단기보호기관 역시 인건비 지출비율 적용 대상은 사회복지사, 요양보호사, 간호 또는 조무사, 물리 또는 작업치료사가 해당되며, 이들에 대한 인건비 지출비율은 59.3%이다.

결국, 노인장기요양기관들은 종사자들에게 인건비를 지급할 때 최저임금뿐 아니라 인건비 지출비율을 모두 맞추어야 한다. 만약, 인건비 지출비율에 맞추지 않으면 처음에는 1개월 이상의 영업정지에 처해지고, 그다음부터는 3개월로 늘어나기 때문에 기관 입장에서 큰 타격이 아닐 수 없다. 또한 영업이익, 즉 수익에 해당하는 기타 전출금을 챙기기 위해서는 인건비 지출비율을 맞추어야 하는 조건이 있다.

이 제도로 인해 종사자들의 처우가 나아질 것으로 기대했으나 소규모 시설이나 기관들은 인건비 부담이 가중되어 장기요양사업을 어렵게 하는 요인이 되기도 한다.

3) 인건비 지출비율 적용의 원칙

인건비 지출비율과 관련해서 몇 가지 원칙이 있다. 우선, 인건비를 지급할 때 개별 종사자마다 지출비율에 맞추어 지급하는 것으로 생각할 수 있다.

예를 들어, 방문요양의 경우 심청이라는 요양보호사에게 86.6% 이상, 성춘향에게도 86.6% 이상 지급하는 것으로 생각할 수 있다. 그러나 인건비 지출비율은 개별 종사자에게 적용하지 않고 전체 종사자에게 적용하는 것이다. 즉, 6명의 종사자 중에서 86.6%의 인건비 지출비율을 맞추지 못한 사람이 2명이 있지만 전체 평균은 86.8%가 나오므로 기준 비율을 충족했다고 볼 수 있다.

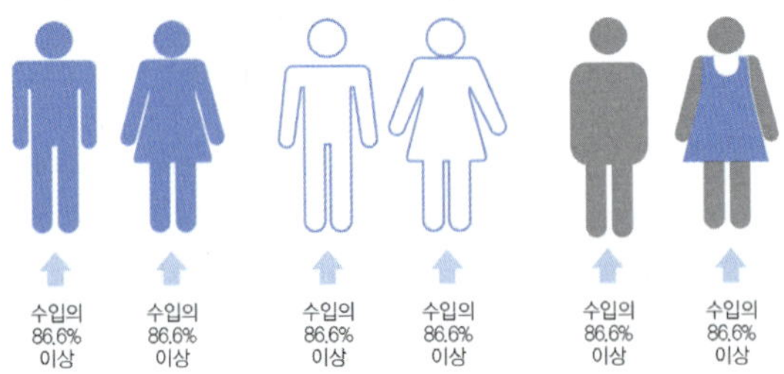

| 그림 2-4 | 인건비 지출비율에 대한 오해

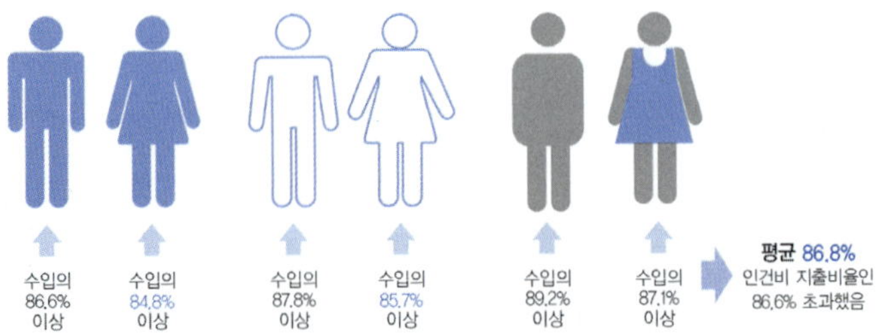

| 그림 2-5 | 전체 종사자 인건비의 평균 고려

그렇다면 인건비 지출비율은 매달 맞추어 지급해야 할까? 꼭 그렇지는 않다. 매달 이 비율에 맞추어 지급하면 더욱 좋겠지만 1년 전체 평균이 인건비 지출비율 이상이면 된다. 아래 그림에서 1년 기준에 미달하는 달이 세 번이나 있지만 전체 평균이 인건비 지출비율을 넘었기 때문에 괜찮다.

1월	2월	3월	4월	5월	6월	7월	8월	9월	10월	11월	12월
86.6	86.8	87.0	86.6	88.1	87.2	86.9	86.8	87.5	87.7	89.0	86.6
매달 방문요양기관의 인건비 지출 86.6% 이상인 경우 (OK)											

1월	2월	3월	4월	5월	6월	7월	8월	9월	10월	11월	12월
84.6	86.8	87.0	85.6	88.1	87.2	85.2	86.8	87.5	87.7	89.0	86.6
평균 86.84											
인건비 지출비율을 맞추지 못한 달이 있어도 1년 평균이 기준 비율을 초과하는 경우 (OK)											

그림 2-6 1년 단위로 비율 계산(단위: %)

만약, 대표자가 홍길동으로 동일한 기관에서 요양보호사가 오전에는 방문요양서비스를 제공하고 오후에는 방문목욕서비스를 제공한다면 인건비 지출비율은 어느 쪽에 맞추어 지급되어야 할까?

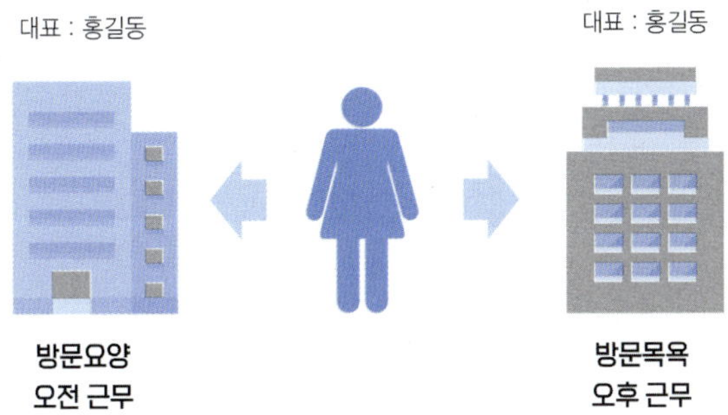

그림 2-7 동일한 기관에서 근무할 경우

동일한 요양보호사가 하나의 기관에서 방문요양과 방문목욕을 제공하는 경우에는 요양보호사가 급여유형별로 지급받은 인건비를 각각 입력하여 인건비 지출비율을 맞추어야 한다. 즉, 방문요양 인건비는 86.6%에 맞추고 방문목욕은 49.8%에 각각 맞추어 지급해야 한다.

그림 2-8 시설 유형에 따라 비율 적용

03

CHAPTER

방문요양기관의 수익계산 방법

01 방문요양 월 예상 수입(월 매출)

1) 재가서비스 매출 확대 전략

재가서비스는 방문요양, 방문목욕, 방문간호, 주야간보호, 단기보호, 복지용구 등이 해당되며, 서비스 비용은 월 한도액 내에서 이용하게 된다. 만약, 수급자가 더 많은 서비스를 희망하여 월 한도액을 초과할 경우에는 공단 지원금 없이 서비스 요금 전체를 지불해야 한다. 따라서 수급자들은 월 한도액 내에서 서비스를 받는 경우가 대부분이다.

표 3-1 재가서비스 월 한도액(2023년 기준)

구분	월 한도액	공단지원금(85%)	본인부담금(15%)
1등급	1,885,000	1,602,250	282,750
2등급	1,690,000	1,436,500	253,500
3등급	1,417,200	1,204,620	212,580
4등급	1,306,200	1,110,270	195,930
5등급	1,121,100	952,935	168,165
인지등급	624,600	530,910	93,690

수급자 중 재가대상자들은 방문요양서비스만 이용할 수도 있고, 방문목욕이나 방문간호를 동시에 이용하는 경우도 있다. 경우에 따라서는 주야간보호서비스를 함께 이용하기도 한다. 이럴 경우, 방문요양서비스만 제공하는 기관의 경우 월 한도액에서 일부 비용이 다른 기관의 서비스 이용료로 빠져나가 수입이 줄어들게 된다.

예를 들어, 3등급 수급자의 월 한도액은 1,417,200원인데, 방문목욕으로 36만 원이 빠져나가고, 방문간호로 38만 원이 빠져나가면, 방문요양으로 약 67만 원 정도의 수입만 생긴다. 이런 문제 때문에 방문요양기관들이 방문목욕을 같이 운영하는 경우가 많다. 그러나 방문간호는 간호사가 아니면 설립이 불가능하므로 함께하는 경우는 극히 드물다. 어떤 기관은 방문요양, 방문목욕, 주야간보호를 함께 운영함으로써 한 명의 수급자로부터 얻을 수 있는 수입을 최대한 높이려고 한다.

이런 점을 고려하면, 한 명의 수급자로부터 한 달에 어느 정도의 수입이 생길 것인지 정확히 예측하기는 어렵다. 다만, 재가 대상 수급자들은 방문요양만 이용하는 경우가 다른 서비스를 함께 이용하는 경우보다 많은 편이다. 따라서 여기에서는 다른 재가서비스를 함께 이용하는 것이 아니라 방문요양만 이용할 경우 수입을 예측하려고 한다.

2) 방문요양 월 예상 수입(매출)

수급자들이 방문요양서비스를 이용하는 방식은 크게 월요일부터 금요일까지 주 5일 이용하는 것과 토요일까지 주 6일 이용하는 방식을 선택한다. 그리고 하루에 방문요양서비스를 이용하는 시간은 30분 단위로 구분되어 있는데, 보통 2시간 이상 이용하는 경우가 많다. 요양보호사가 수급자 가정에 도착해서 청소나 빨래 그리고 음식 준비 등 가사지원 업무를 기본으로 하기 때문에 2시간 이상을 선호하는 것이다.

그러나 수급자가 원하는 시간은 매우 다양하고 기관 측에서 서비스 제공 계획을 어떻게 수립하는가에 따라 한 달 매출이 달라지기 때문에 여러 경우의 수를 고려할 필요가 있다. 아래 표는 단순히 평일만 서비스를 제공했을 때, 토요일까지 주 6회 제공했을 때, 일요일까지 제공했을 때 대략적인 수입(매출)을 산출한 것이다.

표 3-2 방문요양 월 예상 수입(매출)

분 류		금액(원)			
		단가	평일 제공 (월 21.7회)	평일+토요일 (월 26.4회)	평일+토+일 (월 30.4회)
3등급 ~ 5등급	30분 이상	16,190	351,323	427,416	492,176
	60분 이상	23,480	509,516	619,872	713,792
	90분 이상	31,650	686,805	835,560	962,160
	120분 이상	40,280	874,076	1,063,392	1,224,512
	150분 이상	46,970	1,019,249	1,240,008	
	180분 이상	52,880	1,147,496	1,396,032	
1등급 2등급	210분 이상	58,930	1,278,781	1,555,752	
	240분 이상	65,000	1,410,500	1,716,000	

방문요양서비스는 제공시간 단위가 30분 간격으로 구분되어 있기 때문에 수입(매출)이 월 한도액과 일치하기 어렵다. 따라서 방문요양기관은 월 한도액에 근접한 수입(매출)을 창출하기 위해 서비스 제공 시간을 면밀하게 계획해야 한다.

3) 방문요양보호사의 임금구성 형태

방문요양사업을 통해서 얻을 수 있는 수익은 수입(매출)에서 각종 지출 비용을 빼야 한다. 지출 비용 중 가장 큰 것은 인건비라 할 수 있는데, 인건비를 산출하면 수익을 어느 정도 가늠할 수 있게 된다.

방문요양기관의 종사자는 시설장과 사회복지사 그리고 요양보호사로 구성되어 있다. 시설장과 사회복지사는 보통 오전 9시부터 저녁 6시까지 근무하기 때문에 인건비 계산이 어렵지 않다. 문제는 방문요양보호사인데, 이들은 시급으로 임금을 계산해야 한다. 방문요양보호사는 하루에 한 가정에서 서비스할 수 있는 시간이 최대 4시간 30분 정도이다. 그것도 수급자가 1등급이나 2등급일 때 가능하다. 3, 4, 5등급은 하루에 방문요양 서비스를 3시간 정도 제공하게 된다. 따라서 이들은 월급제가 아닌 시급제로 임금을 줄 수밖에 없다.

표 3-3 방문요양기관 종사자 배치 기준

구분	시설장	사회복지사	요양보호사
방문요양	1명	1명(수급자 15명 이상)	15명 이상(농어촌지역은 5명 이상)

방문요양보호사의 임금은 일한 시간에 따라 책정되는 기본급과 연차휴가를 사용하지 못했을 때 받는 연차수당, 유급휴일인 일요일의 주휴수당, 공휴일에 근로할 경우 받는 휴일근로수당, 토요일 무급휴일에 일할 경우 연장근로수당 등이 있으며, 3년 이상자에게 주는 장기근로수당 등의 기타 수당으로 구성된다.

그림 3-1 방문요양보호사의 임금 구성

02 주휴수당을 포함시킨 시급 계산

주휴일이란 「근로기준법」 제55조에 의해 평균 1주 1회 이상 근로자에게 주는 유급휴일을 말한다. 일반적으로 일요일이 주휴일인 경우가 많으므로 주휴일은 일요일이라고 생각하면 될 것이다.

유급휴일이므로 일하지 않아도 하루분의 임금을 주어야 하는데, 이것을 주휴수당이라고 한다. 일반적인 직장인은 주 5일 근무를 하면서 오전 9시에 출근해서 오후 6시에 퇴근을 하게 되는데, 이 같은 월급제 직장인들의 임금에는 주휴수당이 포함되어 있다.

이런 직장인들의 한 달 동안 근무시간은 주휴일을 포함해서 209시간이 된다. 그래서 정부에서 최저시급을 발표할 때 시간당 최저시급과 함께 월급으로 환산한 최저임금을 함께 발표한다. 2023년 기준으로 시간당 최저시급이 9,620원이고, 이를 월급으로 환산하면 2,010,580원이 된다. 바로 이 한 달 최저임금은 주휴수당까지 포함한 금액이다.

방문요양기관에서 일하는 사회복지사는 2023년 기준으로 2,010,580원 이상의 월급을 받아야 하며, 주야간보호센터에서 근무하는 월급제 직원들도 마찬가지로 적용된다. 이들은 월급에 주휴수당이 녹아 있기 때문에 별도로 주휴수당을 줄 필요가 없다.

그러나 방문요양 요양보호사들은 시간제로 일하기 때문에 주휴수당을 별도로 책정해서 지급해줘야 한다. 다만, 1주 평균 소정근로시간이 15시간 이상 일하고 개근해야 주휴수당 수령 자격이 된다. 즉, 방문요양보호사들의 경우, 하루에 3시간씩 주 5일 이상 근로하거나 2시간 30분씩 주 6일 이상 근로해야 자격이 된다.

만약, 수급자가 하루에 2시간 30분 미만으로 방문요양서비스를 받겠다고 하면 기관 입장에서는 주휴수당을 주지 않아도 되기 때문에 이득이라고 생각할 수 있다. 그러나 방문요양서비스를 받는 시간이 줄어듦에 따라 기관의 수익도 그만큼 줄어든다는 점에서 이익이라고 보기도 어렵다.

기관에서는 월 한도액에 가깝게 서비스 일정을 잡아야 수익이 늘어날 것인데, 그러자면 방문요양보호사의 근무시간도 늘어나서 주휴수당을 지급하지 않을 수 없게 된다.

수익을 극대화하려면 아래와 같이 하루 3시간씩 서비스 제공을 하는 수밖에 없다. 이럴 경우, 3등급 수급자에게 월 26.8일의 서비스를 제공해야 하고, 4등급은 24.7일, 5등급은 21.2일이 된다.

표 3-4 하루 3시간 근로 시 등급별 서비스 제공일

구분	월 한도액	3시간 수가	월 근로일
3등급	1,350,800원	50,400원	26.8일
4등급	1,244,900원	50,400원	24.7일
5등급	1,068,500원	50,400원	21.2일

아래 그림처럼 주휴일은 보통 일요일이며 유급휴일이다. 따라서 이날 일을 하지 않아도 하루분의 임금을 요양보호사에게 지급해야 한다. 그럼, 무급휴일인 토요일은 어떻게 될까? 토요일에 일을 하지 않았으면 당연히 임금을 줄 필요는 없다. 그러나 아래 그림처럼 부득이 토요일에 일할 경우 평상시 임금의 1.5배를 주어야 한다. 무급휴일에 일하는 경우에는 연장근로로 보기 때문이다.

그림 3-2 무급휴일과 유급휴일

그렇다면 주휴수당이 포함된 시급은 어느 정도가 될까? 여기에서는 편의상 시급을 최저임금으로 계산을 했다. 주휴수당은 간단하게 계산할 수 있다. 즉, 1시간분의 주휴수당을 계산하는 식에 대입하면 된다. 아래처럼 최저시급에 하루에 근무하는 시간을 곱한 후 이것을 한주 근로시간으로 나누면 된다.

▼ 표 3-5 주휴수당 계산식

1시간분 주휴수당 계산식 (최저시급 × 1일 소정근로시간) ÷ 1주 근무시간

주휴수당 계산식에 맞추어 계산해 보면 아래 표와 같이 하루에 몇 시간씩 근무했는지에 관계없이 2023년 1시간당 주휴수당은 1,924원인 것을 확인할 수 있다. 따라서 방문요양 시간당 임금을 계산할 때 2023년도 최저시급에 1,924원의 주휴수당을 합산해서 지급해야 제대로 된 최저시급이 된다. 즉, 2023년 최저시급인 9,620원과 1,924원을 합한 11,544원이 진정한 최저시급이라고 볼 수 있다.

▼ 표 3-6 근무시간에 따른 1시간 주휴수당 계산 결과

월 근로일	근무시간		주휴수당	
	하루	1주일	1주일	시간
20		5	9,620	1,924
21		5	9,620	1,924
22		5	9,620	1,924
23	1 시간	5	9,620	1,924
24		5	9,620	1,924
25		5	9,620	1,924
26		5	9,620	1,924

월 근로일	근무시간		주휴수당	
	하루	1주일	1주일	시간
20		10	19,240	1,924
21		10	19,240	1,924
22		10	19,240	1,924
23	2 시간	10	19,240	1,924
24		10	19,240	1,924
25		10	19,240	1,924
26		10	19,240	1,924

월 근로일	근무시간		주휴수당	
	하루	1주일	1주일	시간
20		15	28,860	1,924
21		15	28,860	1,924
22		15	28,860	1,924
23	3 시간	15	28,860	1,924
24		15	28,860	1,924
25		15	28,860	1,924
26		15	28,860	1,924

월 근로일	근무시간		주휴수당	
	하루	1주일	1주일	시간
20		20	38,480	1,924
21		20	38,480	1,924
22		20	38,480	1,924
23	4 시간	20	38,480	1,924
24		20	38,480	1,924
25		20	38,480	1,924
26		20	38,480	1,924

03 연차수당을 포함시킨 시급 계산

1) 방문요양보호사의 연차유급휴가

연차수당은 기관 사정으로 기간이 지나 사용하지 못한 연차휴가를 수당으로 받는 것을 의미한다. 연차수당을 이해하려면 먼저 연차의 개념부터 알아야 한다.

연차는 '연차유급휴가'의 줄임말이며, 연차유급휴가란 쉬고서도 출근한 것으로 간주되어 임금이 지급되는 휴가로서 1년을 단위로 근로자에게 휴가를 부여함으로써 노동의 생산성을 높이고 근로자의 일과 가정의 양립을 지원하기 위한 것이다.

근로기준법 제60조에 의하면 사용자는 1년간 80% 이상 출근한 근로자에게 15일의 유급휴가를 주어야 한다. 그리고 1년 미만 근로자 또는 1년간 80% 미만 출근한 근로자가 1개월 개근하면 1일의 유급휴가를 주어야 하고, 근로자가 3년 이상 근속하면 2년마다 1일의 가산휴가를 받되 최대 25일까지를 한도로 한다.

쉽게 설명하면, 입사한 지 1년이 넘지 않은 근로자는 1년 동안 연차휴가가 11개(또는 11일) 발생된다. 1개월을 개근해야 1개의 연차휴가가 발생하기 때문이다. 그렇지만 2년 차에는 1년에 11개가 아니라 15개(또는 15일)의 연차휴가가 발생한다. 이렇게 해서 입사 2년 차까지 발생되는 연차휴가는 총 26개가 된다.

표 3-7 입사 1, 2년차 연차유급휴가

입사 1년 차											
4월	5월	6월	7월	8월	9월	10월	11월	12월	1월	2월	3월
	휴가	휴가	휴가	휴가	휴가	휴가	휴가	휴가	휴가	휴가	휴가
	1년 미만에는 총 11일 유급휴가 발생										

입사 2년 차											
4월	5월	6월	7월	8월	9월	10월	11월	12월	1월	2월	3월
15일의 유급휴가 추가 발생											

그러다가 3년 이상 근속하면 2년마다 1일의 가산 휴가가 생겨서 입사 4년 차와 5년 차는 1년에 16개의 연차휴가가 발생하고, 입사 6년 차와 7년 차는 17개의 연차휴가가 발생한다. 이런 방식으로 연차가 늘어나게 되는데, 22년 차가 되면 1년

에 25개의 연차가 발생하게 되고 이후부터는 근무 경력이 늘어나도 연차는 25개로 고정된다.

표 3-8 근속연수에 따른 연차휴가 개수

1년	2년	3년	4년	5년	6년	7년	…	22년	23년	24년	25년
11일	15일	15일	16일	16일	17일	17일	…	25일	25일	25일	25일

연차는 원래 돈으로 주고받는 것이 아니라 휴가를 받아 쉬는 것이 원칙이다. 따라서 근로자는 자신의 권리인 연차를 사용해야 하는데, 문제는 일하다 보면 여러 가지 사정으로 연차를 사용하지 못할 수 있다. 방문요양을 예로 들면, 방문요양보호사가 연차휴가를 사용하고 싶어도 수급자 또는 보호자가 이해를 안 해줄 수 있고, 이 때문에 기관 입장에서도 연차 사용을 꺼릴 수 있으며, 이런 이유로 요양보호사 스스로도 연차 사용을 어려워할 가능성이 크다.

표 3-9 입사 1년 차부터 6년 차까지 연차휴가 개수

<table>
<tr><td colspan="12">입사 1년 차</td><td colspan="12">입사 2년 차</td></tr>
<tr><td colspan="9">2021년</td><td colspan="12">2022년</td><td colspan="3">2023년</td></tr>
<tr><td>4.4~5.3</td><td>5.4~6.3</td><td>6.4~7.3</td><td>7.4~8.3</td><td>8.4~9.3</td><td>9.4~10.3</td><td>10.4~11.3</td><td>11.4~12.3</td><td>12.4~1.3</td><td>1.4~2.3</td><td>2.4~3.3</td><td>3.4~4.3</td><td>4.4~5.3</td><td>5.4~6.3</td><td>6.4~7.3</td><td>7.4~8.3</td><td>8.4~9.3</td><td>9.4~10.3</td><td>10.4~11.3</td><td>11.4~12.3</td><td>12.4~1.3</td><td>1.4~2.3</td><td>2.4~3.3</td><td>3.4~4.3</td></tr>
<tr><td></td><td>1개</td><td>1개</td><td>1개</td><td>1개</td><td>1개</td><td>1개</td><td>1개</td><td>1개</td><td>1개</td><td>1개</td><td>1개</td><td colspan="12">4월 4일 연차 15개</td></tr>
<tr><td colspan="9">2023년</td><td colspan="12">2024년</td><td colspan="3">2025년</td></tr>
<tr><td colspan="12">입사 3년 차</td><td colspan="12">입사 4년 차</td></tr>
<tr><td>4.4~5.3</td><td>5.4~6.3</td><td>6.4~7.3</td><td>7.4~8.3</td><td>8.4~9.3</td><td>9.4~10.3</td><td>10.4~11.3</td><td>11.4~12.3</td><td>12.4~1.3</td><td>1.4~2.3</td><td>2.4~3.3</td><td>3.4~4.3</td><td>4.4~5.3</td><td>5.4~6.3</td><td>6.4~7.3</td><td>7.4~8.3</td><td>8.4~9.3</td><td>9.4~10.3</td><td>10.4~11.3</td><td>11.4~12.3</td><td>12.4~1.3</td><td>1.4~2.3</td><td>2.4~3.3</td><td>3.4~4.3</td></tr>
<tr><td colspan="12">4월 4일 연차 15개</td><td colspan="12">4월 4일 연차 16개 (연차 가산)</td></tr>
<tr><td colspan="9">2025년</td><td colspan="12">2026년</td><td colspan="3">2027년</td></tr>
<tr><td colspan="12">입사 5년 차</td><td colspan="12">입사 6년 차</td></tr>
<tr><td>4.4~5.3</td><td>5.4~6.3</td><td>6.4~7.3</td><td>7.4~8.3</td><td>8.4~9.3</td><td>9.4~10.3</td><td>10.4~11.3</td><td>11.4~12.3</td><td>12.4~1.3</td><td>1.4~2.3</td><td>2.4~3.3</td><td>3.4~4.3</td><td>4.4~5.3</td><td>5.4~6.3</td><td>6.4~7.3</td><td>7.4~8.3</td><td>8.4~9.3</td><td>9.4~10.3</td><td>10.4~11.3</td><td>11.4~12.3</td><td>12.4~1.3</td><td>1.4~2.3</td><td>2.4~3.3</td><td>3.4~4.3</td></tr>
<tr><td colspan="12">4월 4일 연차 16개</td><td colspan="12">4월 4일 연차 17개 (연차 가산)</td></tr>
</table>

연차는 휴일이 아닌 날에 사용해야 하므로 주휴일(일요일)은 물론이고, 공휴일을 연차로 사용할 수 없다. 토요일은 연차로 대체하는 것이 가능할 수도 있고 아닐 수도 있다. 즉, 토요일이 원래 일하던 날이었다면, 다른 말로 소정 근로일에 토요일이 포함된다면 연차로 대체할 수 있지만 평상시 금요일까지만 일한다면 토요일은 무급휴일이므로 연차로 대체할 수 없다.

연차휴가는 방문요양보호사 입장에서 환영할 일이지만 기관 입장에서는 부담스러운 존재일 것이다. 그러나 근로기준법에 명시된 것인 만큼 지키지 않을 수 없다. 그래서 기관에서는 요양보호사에게 미리 연차를 사용하도록 독려해야 하는데, 6월 이전까지 서면으로 연차 사용에 대한 촉구를 해야 한다. 서면으로 통보를 받은 요양보호사는 연차를 언제 사용할 것인지에 대한 계획을 기관에 제출해야 한다.

기관에서 연차 사용 통보를 했음에도 요양보호사가 연차 사용계획을 제출하지 않으면 기관에서 연차사용 시기를 정해서 요양보호사에게 통보하게 된다.

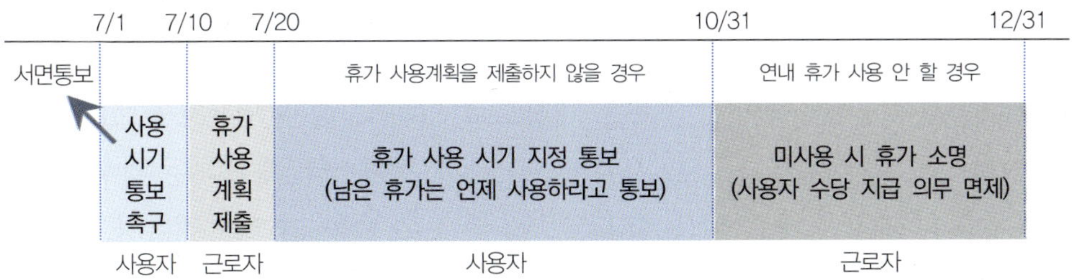

| 그림 3-3 | 연차유급휴가 사용촉진 규정

이처럼 기관에서 연차를 사용할 수 있도록 적극적으로 촉구했음에도 불구하고 요양보호사들이 연말까지 연차를 사용하지 않으면 연차는 소멸하게 된다. 즉, 사용할 수 없다. 그러나 많은 기관들이 방문요양보호사들의 연차 사용을 꺼리는 경우가 있다. 앞서 설명한 것처럼 요양보호사의 연차 사용으로 수급자들이 다른 기관으로 옮기거나 불만을 표하는 경우가 많기 때문이다. 즉, 요양보호사는 연차를 쓰고 싶었고 쓸 계획이었으나 기관 사정으로 쓰지 못했다면 수당으로 지급받을 수 있는데, 이것이 바로 '연차수당'이다.

방문요양기관에서 근무하는 요양보호사들은 연차휴가를 거의 사용하지 못하다 보니 사전에 연차수당을 계산해서 시급에 추가하는 경우가 많다. 즉, 2023년 기준으로 최저시급인 9,620원에 주휴수당인 1,924원 그리고 1시간당 연차수당까지 합산한 금액을 최종적인 시급으로 책정하여 지급하는 것이다.

2) 방문요양보호사의 연차수당 및 포괄시급 계산

그렇다면 방문요양보호사도 연차유급휴가 대상이 될까? 연차를 주려면 종사자가 5인 이상이어야 하고, 해당 종사자가 한 주에 15시간 이상 일을 해야 한다. 방문요양보호사들은 근무시간이 동일하지 않다. 하루에 60분 또는 90분씩 일을 하는 가족요양보호사부터 하루에 한 명의 수급자에게만 서비스를 제공하는 경우도 있고, 하루에 2명 또는 3명의 수급자에게 서비스를 제공하기도 한다.

연차를 부여받으려면 한 주에 15시간 이상은 근무해야 한다고 했으니 가족요양보호사는 연차 혜택을 받기 어렵다. 그리고 월요일부터 금요일까지 주 5일 근무할 경우 하루에 3시간 이상 일을 해야 하고, 월요일부터 토요일까지 주 6일 근무한다면 하루에 2.5시간 이상 일을 해야 연차를 사용할 자격이 된다.

그런데, 하루에 한 명의 수급자만 대상으로 일하고 싶은 방문요양보호사는 드물 것이다. 오전에 수급자 1명, 오후에 1명에게 서비스를 제공하는 경우가 많고, 그 외에도 다양한 형태로 일을 할 것인데, 주 15시간을 넘기는 경우가 대부분이다. 연차는 유급휴가이기 때문에 방문요양보호사가 일을 하지 않아도 그날 일한 것과 동일하게 시급 계산을 해줘야 한다. 문제는 방문요양보호사가 연차로 쉬게 되면 서비스를 제공하지 않은 만큼 수입이 줄어든다는 점이다. 공단지원금과 본인부담금은 모두 서비스 제공한 날만큼 들어오기 때문이다. 이처럼 방문요양보호사가 쉬었기 때문에 하루치 수입이 들어오지 않았음에도 기관에서는 방문요양보호사의 하루치 임금을 지급해줘야 한다.

또 다른 문제는 정기적으로 서비스를 받고 있는 수급자 입장에서는 방문요양보호사가 휴가라고 하면서 나오지 않으면 서비스 만족도가 떨어질 수밖에 없다. 수급자들은 연차의 개념을 이해할 리 없고, 보호자 역시 별로 달가운 상황은 아니다. 자연스럽게 하루라도 빠지지 않고 방문하는 요양보호사를 선호하게 되고 그런 기관으로 눈을 돌리게 될 것이다.

기관에서는 법을 지키려다가 수급자를 빼앗길 수도 있다는 생각이 들 것이고, 그러지 않기 위해서 방문요양보호사에게 연차를 주고 싶지 않을 것이다. 물론, 모든 기관이 다 그런 것은 아니지만 방문요양서비스의 속성상 요양보호사의 연차 사용은 다소 부담스러운 것이 사실이다.

결국 연차를 주지 않기로 결정했다면 어떻게 해야 할까? 방문요양보호사와 합의하여 수당으로 지급하는 방법이 있다. 만약, 이마저도 무시하고 수당조차 주지 않는다면 임금체불이 되어 상당한 손해를 감수해야 한다. 연차수당 계산방식은 근로시간을 하루, 1주일, 1개월, 1년으로 나누어 계산한 뒤 연차수당을 1년, 1개월, 1시간으로 역 계산하는 방식으로 이루어진다.

표 3-10 연차수당 계산 예시

【예시】 주 5일 하루 3시간 근무 2년 차 방문요양보호사의 경우
〈원칙적인 연차수당 산정방식〉
9,620원(통상시급) × 3시간(근무시간) × 15일(연차일수) = 432,900원(1년 연차수당)
15시간(1주 근무시간) / 7일(1주일) × 365일(1년) = 782.1428... (1년 근무시간)
432,900원(1년 연차수당) / 782.1328..(1년 근무시간) = 553.47..(554원) (시간급 연차수당)

문제는 요양보호사들이 해당 센터에서 근무한 연수에 따라 발생되는 연차 개수가 다르기 때문에 근무연수에 따라 모두 계산해 놓아야 한다는 것이다. 아래 표는 1년이 되지 않은 방문요양보호사들의 1시간당 연차수당을 계산해 놓은 것이다. 한 달 근로일이나 근로시간과 관계없이 연차수당은 시간당 406원이 나오는 것을 확인할 수 있다.

표 3-11 1년 차 요양보호사(연차 11일) 1시간당 연차수당

월 근로일	근로시간				연차수당		
	하루	1주일	1개월	1년	1년치	1개월	시간
20	1시간	5	60	261	105,820	8,818	406
21		5	63	261	105,820	8,818	406
22		5	66	261	105,820	8,818	406
23		5	69	261	105,820	8,818	406
24		5	72	261	105,820	8,818	406
25		5	75	261	105,820	8,818	406
26		5	78	261	105,820	8,818	406
20	2시간	10	80	521	211,640	17,637	406
21		10	84	521	211,640	17,637	406
22		10	88	521	211,640	17,637	406
23		10	92	521	211,640	17,637	406
24		10	96	521	211,640	17,637	406
25		10	100	521	211,640	17,637	406
26		10	104	521	211,640	17,637	406
20	3시간	15	60	782	317,460	26,455	406
21		15	63	782	317,460	26,455	406
22		15	66	782	317,460	26,455	406
23		15	69	782	317,460	26,455	406
24		15	72	782	317,460	26,455	406
25		15	75	782	317,460	26,455	406
26		15	78	782	317,460	26,455	406
20	4시간	20	80	1,043	423,280	35,273	406
21		20	84	1,043	423,280	35,273	406
22		20	88	1,043	423,280	35,273	406
23		20	92	1,043	423,280	35,273	406
24		20	96	1,043	423,280	35,273	406
25		20	100	1,043	423,280	35,273	406
26		20	104	1,043	423,280	35,273	406

다음은 근무연차별 요양보호사 시간당 연차수당을 계산해 놓은 것이다. 2년 차와 3년 차는 553원, 4년 차와 5년 차는 590원과 같이 아래 표에 나와 있는 금액을 사용하면 된다. 2024년도 역시 최저시급을 반영하여 계산한 것이다.

근무연차별 연차수당까지 계산되었으므로 최저시급에 주휴수당과 연차수당을 합산하면 방문요양보호사의 실제 최저시급(포괄 시급이라고 표현함)이 된다. 즉, 방문요양보호사에게 임금을 줄 때 2023년 최저시급인 9,620원으로 계산하는 것이 아니라 최저시급(9,620원) + 주휴수당 + 연차수당을 합한 금액을 책정해야 한다.

표 3-12 근무연차별 요양보호사 1시간당 연차수당

	1년 차	2년 차 3년 차	4년 차 5년 차	6년 차 7년 차	8년 차 9년 차	10년 차 11년 차	12년 차 13년 차	14년 차 15년 차
연차 수	11일	15일	16일	17일	18일	19일	20일	21일
2024년	416	567	605	643	681	719	756	794
2023년	406	553	590	627	664	701	738	775
2022년	386	527	562	597	632	668	703	738
2021년	368	502	535	569	602	635	669	702

대부분의 방문요양기관에서는 2023년 기준 포괄시급을 12,100원으로 책정하여 주고 있는데, 이것은 잘 못 된 것이다. 최저시급(9,620원) + 주휴수당 + 연차수당이라고 했을 때 연차수당은 요양보호사의 근무연수에 따라 달라지기 때문이다. 아래 표에서 알 수 있듯이 12,100원은 2년 차 또는 3년 차 요양보호사들의 시급이며, 그보다 연차가 많은 요양보호사는 이보다 조금 더 높게 책정해야 한다.

표 3-13 근무연차별 방문요양보호사 포괄시급(2023년)

구분	1년 차	2~3년 차	4~5년 차	6~7년 차	8~9년 차	10~11년 차	12~13년 차	14~15년 차
최저시급	9,620	9,620	9,620	9,620	9,620	9,620	9,620	9,620
주휴수당	1,924	1,924	1,924	1,924	1,924	1,924	1,924	1,924
연차수당	406	553	590	627	664	701	738	775
합계	11,950	12,097	12,134	12,171	12,208	12,245	12,282	12,319

만약에 기관에서 방문요양보호사의 연차휴가를 제대로 사용하게 한다면 시급으로 환산한 연차수당은 포함시키지 않아야 한다. 그러나 연차휴가를 정상적으로 줄 수 있는 기관이 많지 않을 것이다.

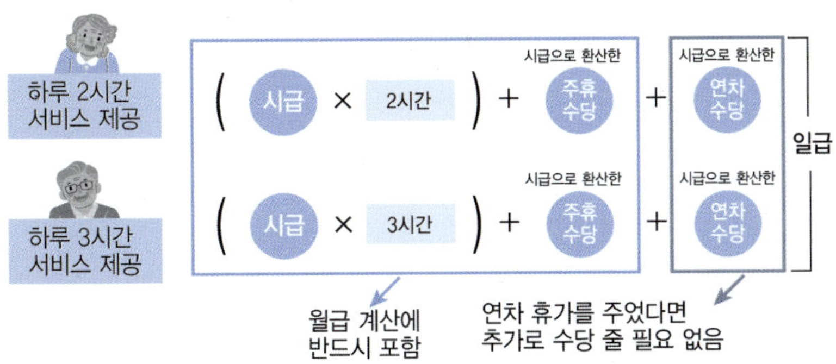

그림 3-4 하루 2명의 수급자 방문 시 일급

따라서 2023년을 기준으로 방문요양보호사들의 시급은 최소한 11,950원에서 12,319원 정도가 될 것이다. 즉, 정부에서 발표한 2023년 최저시급인 9,620원으로 지급하면 곤란하다.

04 사회보험부담금, 퇴직적립금, 각종 수당

1) 사회보험료 납부 기준

사회보험 기관부담금은 방문요양보호사뿐 아니라 시설장과 사회복지사 등 모든 종사자에게 해당되는 사항이다. 시설장과 사회복지사는 오전 9시에 출근하여 저녁 6시에 퇴근하는 상용근로자에 해당된다. 따라서 주휴수당, 연차휴가(또는 연차수당), 퇴직금, 사회보험 등의 조건에 부합하다.

반면, 방문요양보호사들은 단시간근로자와 초단시간근로자가 존재한다. 그 기준은 한 달 근무시간이 60시간이 안 되면 초단시간근로자가 되고 60시간 이상이면 단시간근로자가 된다.

앞서 살펴본 것처럼 가족요양보호사는 월 60시간이 미달되는 반면, 대부분의 방문요양보호사들은 월 60시간 이상(또는 주 15시간 이상)일 것이므로 단시간근로자에 해당될 것이다.

단시간근로자들은 상용근로자와 마찬가지로 주휴수당, 연차휴가(또는 연차수당), 퇴직금, 사회보험 등의 조건에 부합하지만 초단시간근로자가 되면 국민연금과 건강보험은 가입 제한이 되고, 고용보험도 3개월 이상 근무해야 대상이 된다(고용보험법 시행령 제3조).

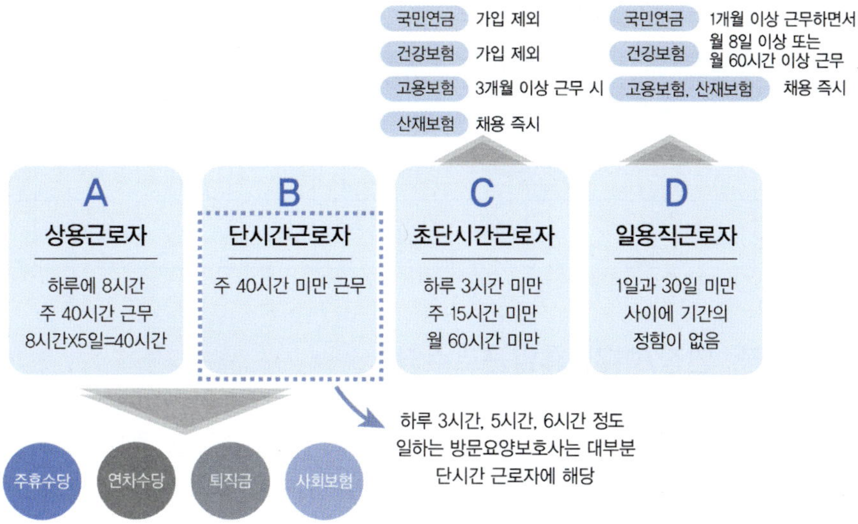

그림 3-5 사회보험 가입 대상자

국민연금과 건강보험 기관부담금과 퇴직적립금이 적지 않은 점을 고려하면 기관 입장에서는 유리한 편이다. 사회보험료 중 국민연금은 전체 9%이고 사용자(또는 기관) 부담금이 4.5%인 것은 변함이 없지만, 2023년부터 건강보험료는 7.09%, 장기요양보험료는 12.81%(소득대비 0.91%), 고용보험료 기관부담금은 1.15%(150인 미만 기준)이다. 2023년 기준으로 기관에서 종사자들에게 지급하는 기본급의 9.655%를 사회보험료로 추가 지출한다고 할 수 있다.

기관 측에서는 사회보험료에 대한 부담이 상당하다고 느낄 것이다. 반면, 방문요양보호사 중 65세 이상자가 있을 경우 국민연금 보험금은 납부하지 않아도 된다.

표 3-14 사회보험료 사용자 및 근로자 부담비율

	기준액	보험료(%)		납부연령
		근로자	사용자	
국민연금	보수월액	4.5	4.5	만 60세까지
건강보험	보수월액	3.545	3.545	연령 제한 없음
장기요양보험	건강보험료	0.454	0.454	
고용보험	보수월액	0.9	1.15	
산재보험	보수월액	–	0.006	
합계		9.399	9.655	

표 3-15 65세 전후 사회보험료 납부 의무

	국민연금		건강보험		고용보험		산재보험	
	사용자	근로자	사용자	근로자	사용자	근로자	사용자	근로자
65세 이상 계속근로자	×	×	납부	납부	납부	납부	납부	×
65세 이상 신규채용자	×	×	납부	납부	납부	×	납부	×

2) 퇴직적립금, 연장/야간/휴일근로수당

다음으로 퇴직적립금에 대해 알아보겠다. 우선, 퇴직금이란 계속 근로한 기간이 1년을 넘겼을 때 30일분 이상의 평균임금을 지급해주는 것을 말한다. 퇴직금을 주기 위해서는 종사자가 일하는 동안 일정액을 적립시켜 놓아야 하는데 이것이 바로 '퇴직적립금'이다.

예를 들어, 월 임금이 200만 원이고 1년을 근무했다면 퇴직금 역시 200만 원이다. 이 금액이 되려면 매달 1/12에 해당하는 금액을 적립시켜 놓아야 하는데, 그 비율은 8.33%가 된다. 따라서 200만 원의 1/12인 166,600원을 퇴직적립금으로 마련해 놓아야 한다. 그런데 퇴직금을 받기 위해서는 상시적으로 주 15시간 이상을 근무해야 하므로 가족요양보호사와 같은 초단시간근로자는 해당되지 않는다.

다음으로 연장근로, 야간근로, 휴일근로에 대해 알아보겠다. 방문요양보호사들에게 연장근로는 사실상 토요일 근무와 관련이 있다. 연장근로는 소정근로시간 이상 일했을 때를 말하는데, 하루 8시간씩 일하는 직장인들이 저녁 6시 이후에도 일한다면 일반적으로 연장근로라고 할 수 있다.

그런데, 방문요양보호사들은 하루에 정해진 시간 이상으로 일하는 경우가 많지 않고, 조금 초과하더라도 기관에서 지시했다기보다는 수급자의 요청에 의한 것이며, 초과 시간에 따라 시급이 증가하기 때문에 연장근로에 대한 논의 자체가 의미가 없다.

문제는 무급휴일인 토요일에 일을 하면 일반적으로 연장근로라 하여 시급에서 50%를 가산하여 지급해야 한다. 그런데, 주 40시간을 넘지 않는 단시간근로자들은 소정근로시간에 따라 토요일 근무를 연장근로로 볼 수도 있고 아닐 수도 있다. 방문요양보호사가 근로계약을 맺을 때 토요일도 근무하기로 했으면 토요일까지 소정 근무일이 되어 토요일에 일하더라도 50%를 가산해주지 않는다.

반면, 월요일부터 금요일까지만 근무하기로 계약을 맺은 상태인데 갑자기 토요일에 근무하라고 하면 소정 근로일이 아닌 휴일에 근무한 셈이 되어 시급에 50%를 가산해주어야 한다.

방문요양에서 밤 10시부터 새벽 6시까지 야간근로를 하는 경우는 매우 드물지만 치매가족휴가제 등 종일 방문요양을 하는 경우가 있다. 이때 건강보험공단에서는 야간 시간대에 서비스를 제공했으므로 단가의 30%를 가산해 준다.

문제는 근로기준법에 따라 임금을 줄 때 야간근로수당은 30%가 아닌 50%라는 점이다. 즉, 공단에서 지원해주는 비율이 임금보다 낮기 때문에 기관 입장에서는 오히려 손해라는 것이다. 따라서 부득이한 경우가 아니라면 방문요양보호사들이 야간에 일을 하지 않도록 하는 것이 유리하다고 하겠다.

휴일근로수당은 2022년부터 노인장기요양기관에 큰 이슈가 되고 있다. 과거의 공휴일 개념은 주휴일과 근로자의 날 뿐이었다. 따라서 명절이나 국경일 등 빨간 날에 근무해도 별도 수당 지급을 하지 않아도 되었고, 이런 날을 연차로 대체해도 문제되지 않았다.

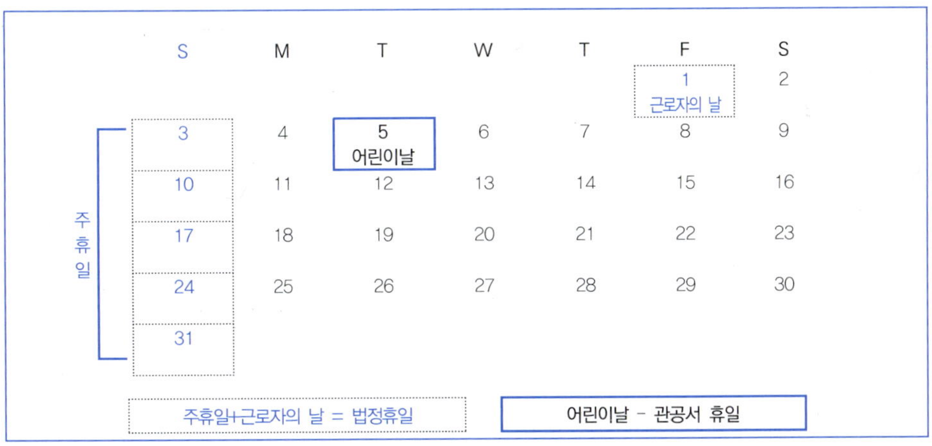

그림 3-6 과거 공휴일 개념

그런데, 최근 변화가 생겼다. 근로기준법상 휴일이 공휴일까지 확대되어 공휴일을 연차로 대체하는 것이 불가능해졌기 때문이다. 근로자 30명 이상 300명 미만 사업장은 2021년 1월 1일부터 시행되었고, 5인 이상 30명 미만 사업장은 2022년 1월 1일부터 시행되었다. 즉, 거의 모든 노인장기요양기관이 2022년부터 적용 대상이 된 것이다.

공교롭게도 2022년은 공휴일이 19일로 늘어나 요양기관들의 부담이 매우 커졌다. 2022년 공휴일이 많은 이유는 3월 9일 대통령 선거, 6월 1일 지방선거, 9월 12일 추석대체휴일, 10월 10일 한글날 대체휴일 등 4일이 늘어났기 때문이다.

공휴일이 늘어나면 종사자들은 반가운 일이지만 재가기관들에게 큰 타격이 아닐 수 없다. 일을 할 수 없으니 그만큼 수입은 줄어드는데, 종사자들에게 거의 매달 하루치의 임금을 지급해야 하기 때문이다. 이런 문제 때문에 공휴일에도 방문요양보호사들에게 일을 강요하는 기관이 생기기 마련인데, 이럴 경우 시급을 평소 임금의 2.5배나 지급해야 한다. 이를 어기면 당연히 근로기준법 위반이 된다.

일부 기관에서는 방문요양보호사들이 법에 대해 잘 모르는 점을 악용하여 공휴일에 연차를 사용하게끔 서명을 받는다고 한다. 그러나 이 경우도 근로기준법 위반이 되므로 나중에 사업 운영이 어려워질 수 있다.

정리하면, 유급휴일에 방문요양보호사가 일을 하면 통상임금의 2.5배를 주어야 한다. 유급휴일에는 주휴일(일요일), 근로자의 날, 그리고 공휴일(일명 빨간날)이 해당된다.

05 방문요양보호사 월 임금 계산

2023년 기준 방문요양 등급별 서비스 시간에 따른 단가는 아래 표와 같다. 여기에서는 계산 편의상 하루에 1시간, 2시간, 3시간 서비스를 제공한 경우를 가정했다. 방문요양보호사가 하루 1시간 서비스를 제공하면 23,480원, 2시간은 40,280원, 3시간은 52,880원의 수입(매출)이 발생하게 된다.

2023년은 공휴일이 부쩍 많은 편인데, 공휴일에 서비스를 제공하면 공단에서는 50%의 가산만 제공하고 있다. 반면, 근로기준법에 따르면 공휴일에 일을 할 경우 종사자에게 2.5배의 임금을 주어야 한다. 따라서 공휴일에 서비스를 제공하는 것은 기관 입장에서 손해일 수 있지만 수급자 또는 보호자의 요청을 거절하기도 어렵기 때문에 부득이 서비스를 제공하는 경우가 있다.

표 3-16 방문요양 시간에 따른 급여비용(2023년 기준)

분류		상세 시간	단가(원)
3, 4, 5등급	30분 이상	30분 ~ 59분 59초	16,190원
	60분 이상	60분 ~ 89분 59초	23,480원
	90분 이상	90분 ~ 119분 59초	31,650원
	120분 이상	120분 ~ 149분 59초	40,280원
	150분 이상	150분 ~ 179분 59초	46,970원
	180분 이상	180분 ~ 209분 59초	52,880원
1, 2등급	210분 이상	210분 ~ 239분 59초	58,930원
	240분 이상	240분 이상	65,000원

이에 따라 여기에서도 한 달에 한 번씩 공휴일에 서비스를 제공하는 것으로 가정하고 방문요양보호사의 월 임금을 계산해 보았다. 그리고 수입(매출)을 최대한 끌어올리기 위해 토요일에도 서비스를 제공하는 것으로 산출했다. 만약, 방문요양보호사와 근로계약을 맺을 때 토요일에도 일하는 것으로 했다면, 소정근로시간에 토요일이 포함되므로 평일과 동일한 시급을 적용할 수 있다.

그러나 근로계약서에 토요일은 근무하지 않은 것으로 했다면 토요일은 소정근로시간에 포함시킬 수 없으므로 평일 대비 1.5배의 시급을 지급해야 한다. 여기에서는 토요일을 소정근로시간에 포함시키지 않아서 평일에 비해 1.5배의 시급을 지급하는 것으로 우선 계산해보았다.

그리고 시급은 2023년 최저임금으로 하지 않고, 앞서 살펴본 것처럼 주휴수당을 시급으로 환산한 금액과 연차수당을 시급으로 환산한 금액을 합한 포괄시급으로 계산했다. 포괄시급은 방문요양보호사가 하루에 몇 시간 근무했는지 상관없이 11,950원부터 12,319원이 나왔다. 산출 결과, 하루에 1시간씩 월 26일 서비스를 제공하면 임금은 월 350,813원이 나오고, 2시간이면 701,626원, 3시간이면 1,052,439원, 4시간이면 1,137,118원이 나왔다. 이 금액은 공제 전이므로 세금과 사회보험료 본인부담액을 빼 주어야 실수령액을 알 수 있다.

▼ 표 3-17 근무시간별 포괄시급

하루 일한 시간	수가(원)		근로일				근로시간				최저시급 +주휴수당 +연차수당 (2,3년차 기준)	월 임금(세전)			
	평일	공휴일	평일	공휴일	토요일	소계	평일 일한 시간	공휴일 일한 시간	토요일 일한 시간	소계		평일 임금	공휴일 임금	토요일 임금	소계
1시간	23,480	35,220	19	1	–	20일	19	1	–	20	12,097원	229,843	30,243	–	260,086
	23,480	35,220	20	1	–	21일	20	1	–	21		241,940	30,243	–	272,183
	23,480	35,220	21	1	–	22일	21	1	–	22		254,037	30,243	–	284,280
	23,480	35,220	22	1	–	23일	22	1	–	23		266,134	30,243	–	296,377
	23,480	35,220	22	1	1	24일	22	1	1	24		266,134	30,243	18,146	314,522
	23,480	35,220	22	1	2	25일	22	1	2	25		266,134	30,243	36,291	332,668
	23,480	35,220	22	1	3	26일	22	1	3	26		266,134	30,243	54,437	350,813
2시간	40,280	60,420	19	1	–	20일	38	2	–	40	12,097원	459,686	60,485	–	520,171
	40,280	60,420	20	1	–	21일	40	2	–	42		483,880	60,485	–	544,365
	40,280	60,420	21	1	–	22일	42	2	–	44		508,074	60,485	–	568,559
	40,280	60,420	22	1	–	23일	44	2	–	46		532,268	60,485	–	592,753
	40,280	60,420	22	1	1	24일	44	2	2	48		532,268	60,485	36,291	629,044
	40,280	60,420	22	1	2	25일	44	2	4	50		532,268	60,485	72,582	665,335
	40,280	60,420	22	1	3	26일	44	2	6	52		532,268	60,485	108,873	701,626
3시간	52,880	79,320	19	1	–	20일	57	3	–	60	12,097원	689,529	90,728	–	780,257
	52,880	79,320	20	1	–	21일	60	3	–	63		725,820	90,728	–	816,548
	52,880	79,320	21	1	–	22일	63	3	–	66		762,111	90,728	–	852,839
	52,880	79,320	22	1	–	23일	66	3	–	69		798,402	90,728	–	889,130
	52,880	79,320	22	1	1	24일	66	3	3	72		798,402	90,728	54,437	943,566
	52,880	79,320	22	1	2	25일	66	3	6	75		798,402	90,728	108,873	998,003
	52,880	79,320	22	1	3	26일	66	3	9	78		798,402	90,728	163,310	1,052,439
4시간	65,000	97,500	19	1		20일	57	4		60	12,097원	689,529	120,970	–	810,499
	65,000	97,500	20	1		21일	60	4		63		725,820	120,970	–	846,790
	65,000	97,500	21	1		22일	63	4		66		762,111	120,970	–	883,081
	65,000	97,500	22	1		23일	66	4		69		798,402	120,970	–	919,372
	65,000	97,500	22	1	1	24일	66	4	4	72		798,402	120,970	72,582	991,954
	65,000	97,500	22	1	2	25일	66	4	8	75		798,402	120,970	145,164	1,064,536
	65,000	97,500	22	1	3	26일	66	4	12	78		798,402	120,970	217,746	1,137,118

공제금액은 갑근세와 사회보험료가 있으며, 갑근세는 공제 대상 가족 수를 계산 편의상 1인(본인)으로 가정한 것이며 월 소득이 1,060,000원 미만인 경우 세금이 없다. 사회보험료는 방문요양보호사들의 연령대에 따라 공제금액이 달라진다. 즉, 보험료 납부연령인 60세를 넘었으면 국민연금 보험료는 생략하고, 60세를 넘지 않았으면 사용자 측에서 9.649%의 보험료를 납부해야 한다.

그리고 한 기관에서 계속 일하다가 65세를 넘을 경우에는 고용보험료를 납부해 주어야 하지만, 65세 이상자를 신규 채용한 경우에는 고용보험료를 납부하지 않아도 된다.

▼ 표 3-18 공제금액 및 실수령액

하루 일한 시간	근로일				월 임금 (세전)	사회보험료 본인 납부액				갑근세	실수령액			
						60세 미만	61~64	65세 이상			60세 미만	61~64	65세 이상	
	평일	공휴일	토요일	소계				계속 근로	신규 채용				계속 근로	신규 채용
1시간	19	1	–	20일	260,086	25,096	13,392	13,392	9,236	0	234,990	246,694	246,694	250,850
	20	1	–	21일	272,183	26,263	14,015	14,015	9,665	0	245,920	258,168	258,168	262,517
	21	1	–	22일	284,280	27,430	14,638	14,638	10,095	0	256,849	269,642	269,642	274,185
	22	1	–	23일	296,377	28,597	15,260	15,260	10,524	0	267,779	281,116	281,116	285,852
	22	1	1	24일	314,522	30,348	16,195	16,195	11,169	0	284,174	298,327	298,327	303,353
	22	1	2	25일	332,668	32,099	17,129	17,129	11,813	0	300,568	315,538	315,538	320,854
	22	1	3	26일	350,813	33,850	18,063	18,063	12,457	0	316,963	332,750	332,750	338,356
2시간	19	1	–	20일	520,171	50,191	26,784	26,784	18,471	0	469,980	493,387	493,387	501,700
	20	1	–	21일	544,365	52,526	28,029	28,029	19,330	0	491,839	516,336	516,336	525,035
	21	1	–	22일	568,559	54,860	29,275	29,275	20,190	0	513,699	539,284	539,284	548,369
	22	1	–	23일	592,753	57,195	30,521	30,521	21,049	0	535,558	562,232	562,232	571,704
	22	1	1	24일	629,044	60,696	32,389	32,389	22,337	0	568,348	596,655	596,655	606,707
	22	1	2	25일	665,335	64,198	34,258	34,258	23,626	0	601,137	631,077	631,077	641,709
	22	1	3	26일	701,626	67,700	36,127	36,127	24,915	0	633,926	665,499	665,499	676,711
3시간	19	1	–	20일	780,257	75,287	40,175	40,175	27,707	0	704,970	740,081	740,081	752,550
	20	1	–	21일	816,548	78,789	42,044	42,044	28,996	0	737,759	774,503	774,503	787,552
	21	1	–	22일	852,839	82,290	43,913	43,913	30,284	0	770,548	808,926	808,926	822,554
	22	1	–	23일	889,130	85,792	45,781	45,781	31,573	0	803,337	843,348	843,348	857,557
	22	1	1	24일	943,566	91,045	48,584	48,584	33,506	0	852,521	894,982	894,982	910,060
	22	1	2	25일	998,003	96,297	51,387	51,387	35,439	0	901,705	946,615	946,615	962,563
	22	1	3	26일	1,052,439	101,550	54,190	54,190	37,372	0	950,889	998,249	998,249	1,015,067
4시간	19	1	–	20일	810,499	78,205	41,733	41,733	28,781	0	732,294	768,766	768,766	781,718
	20	1	–	21일	846,790	81,707	43,601	43,601	30,070	0	765,083	803,189	803,189	816,720
	21	1	–	22일	883,081	85,208	45,470	45,470	31,358	0	797,873	837,611	837,611	851,723
	22	1	–	23일	919,372	88,710	47,338	47,338	32,647	0	830,662	872,034	872,034	886,725
	22	1	1	24일	991,954	95,714	51,076	51,076	35,224	0	896,240	940,878	940,878	956,730
	22	1	2	25일	1,064,536	102,717	54,813	54,813	37,802	1,040	961,819	1,009,723	1,009,723	1,026,734
	22	1	3	26일	1,137,118	109,721	58,550	58,550	40,379	2,160	1,027,397	1,078,568	1,078,568	1,096,739

06 지출 항목 분석

1) 사무실 임대료

노인복지법 시행규칙 [별표 9]에 따르면, 방문요양, 방문목욕 및 방문간호를 제공하는 시설은 시설전용면적 16.5제곱미터(4.99125평) 이상이면 된다. 쉽게 말해서 5평 이상의 사무실 하나만 있으면 설립이 가능하다는 것이다. 그렇다면 5평짜리 사무실로 운영이 가능할까? 가능할 수도 아닐 수도 있는데 그 기준은 사무실에 들어갈 집기와 비품 그리고 사무실에 상주할 인력이 몇 명인지에 따라 달라진다.

우선, 방문요양은 시설장과 사회복지사만 사무실에 상주하고 요양보호사는 사무실로 출근하지 않아도 된다. 즉, 본인 집에서 수급자 가정으로 출퇴근을 한다는 것이다. 간혹, 요양보호사가 개인적인 용무로 사무실에 오더라도 업무용 책상이나 컴퓨터가 비치되는 경우는 거의 없다. 다만, 전체 직원회의를 할 때 회의용 탁자와 의자가 필요할 수는 있지만 요양보호사가 6명 이상이 되면 사무실이 비좁아서 별도의 공간에서 회의를 진행하는 편이 이득이다.

결국, 시설장과 사회복지사의 책걸상, 회의용 탁자(대략 6인용) 또는 상담용 소파, 서류 보관함, 냉장고, 냉·난방기 등의 집기만 있어도 되므로 사무실이 5평이라도 운영이 가능하다. 그렇지만 현실적으로 5평은 매우 비좁게 느껴질 것이다. 위에서 열거한 집기 외에도 일하다 보면 필요한 비품이 늘어나게 되고 사람들이 드나들다 보면 여유 공간이 필요하게 된다.

필자의 경우, 최소 8평에서 10평 정도의 공간이 필요했고, 다른 사무실을 방문해보더라도 10평 전후가 일반적이었다. 그렇다면 10평 정도 되는 사무실의 한 달 임대료는 어느 정도일까? 한마디로 말해서 정확하게 알 수가 없다. 지역에 따라, 건물 상태나 관리에 따라, 사무실 주인의 성향에 따라 천차만별이기 때문이다.

아래 표는 KOSIS 국가통계포털(https://kosis.kr/search/search.do)에서 상권별 소규모 상가 임대료를 파악한 것이다. 실제 통계는 지역별로 보다 상세하게 조사되어 있으나 편의상 광역시·도 중심으로 임대료를 파악해 보았다. 조사 시점은 2023년 1월 현황이다.

아래 조사된 임대료는 도심지역과 농어촌지역, 그리고 도심지역 중에서도 유동인구가 많은 지역과 아닌 지역이 모두 섞여 있고, 사무실 용도보다는 상가를 기준으로 했으며, 방문요양이나 방문목욕 사무실이 주로 도심지에 위치하고 있음을 감안할 때 조금 높은 가격을 예상하는 것이 현실적일 것 같다.

본 교재에서 방문요양과 방문목욕사업의 지출 수준을 파악할 때 지역 전체 사무실 임대료를 따로 설명드릴 수 없는 관계로 서울을 제외한 지역 전체의 평균을 기준으로 삼고자 한다. 아래 표를 보면, 서울과 지방의 임대료 차이가 지나치게 높기 때문이다.

서울 외 지역의 5평 상가 임대료는 25만 원 정도이고 10평은 50만 원 정도이다. 이를 기반으로 수익 계산할 때 사무실 임대료는 10평 기준 50만 원으로 책정했다. 보증금은 매달 지출되는 항목이 아니므로 여기에서는 생략했다.

표 3-19 지역별 소규모 상가 임대료 현황

지역 구분		1m²/천 원	16.5m²/원 (5평)	33m²/원 (10평)
전국	소계	19	313,500	627,000
서울	소계	49.2	811,800	1,623,600
	도심지역	68.0	1,122,000	2,244,000
	강남지역	57.9	955,350	1,910,700
	영등포/신촌지역	44.9	740,850	1,481,700
서울 외 지역	부산	26.1	430,650	861,300
	대구	20.7	330,000	683,100
	인천	21.2	349,800	699,600
	광주	16.1	265,650	531,300
	대전	13.0	214,500	429,000
	울산	13.9	229,350	458,700
	세종	15.0	247,500	495,000
	경기	22.4	369,600	739,200
	강원	12.4	204,600	409,200
	충북	12.4	204,600	409,200
	충남	12.0	198,000	396,000
	전북	9.9	163,350	326,700
	전남	9.6	158,400	316,800
	경북	12.3	202,950	405,900
	경남	12.8	211,200	422,400
	제주	12.6	207,900	415,800
서울 외 지역 평균		15.15	249,253	499,950

출처 : KOSIS 국가통계포털, 상권별 소규모 상가 임대료

2) 사무실 냉난방 및 기타 연료비

사무실을 사용하면 관리비를 납부하는 경우가 많지만 그렇지 않은 경우도 있기 때문에 여기에서는 생략했다. 대신, 사무실 냉난방비는 고려해야 한다. 여름철 냉방과 겨울철 난방에 소요되는 전기요금 또는 기타 연료비가 해당된다. 물론, 전기요금은 다른 전기 사용액과 분리되어 징수하지 않지만 예산서에는 이를 구분해야 한다.

사무실 규모와 냉난방 방식 등에 따라 차이가 있겠지만 봄과 가을을 제외하고

8개월 동안 7만 원 정도의 냉/난방비를 책정하고, 취사 등에 월 15,000원 정도 소요될 것으로 예상된다.

표 3-20 사무실 냉난방 및 연료비

연료비	사무실 냉/난방비	8회 × 70,000원	560,000
	취사(가스요금)	12회 × 15,000원	180,000
	소계		740,000

3) 사무용품 등 비품 구입

사무용품 및 소모품 구입비를 알아보겠다. 의외로 지출이 많은 부분이 바로 사무용품 및 소모품 구입이다. 노인요양사업은 주로 서류로 일을 한다고 볼 수 있다. 따라서 A5 용지 소모량이 상당하다. 아울러 카트리지 소모량이 많아지므로 사무용 소모품 지출이 많은 편이다.

또한 서류 보관용 파일, 필기도구, 컴퓨터 소모품 등이 있으며, 차나 커피 구입, 기타 소모성 물품 구입비가 추가된다. 여기에 컴퓨터(데스크톱), 노트북, 복합기 등 전자기기 교체나 AS 등을 고려해야 한다. 결론적으로 사무용품이나 소모품 구입 및 관리비에 월 평균 10만 원은 예상하고 있어야 할 것이다.

사무실 필수 비품 중에 정수기가 있다. 대부분 정수기 렌탈을 하게 될 것인데, 요즘은 렌탈료가 많이 저렴해져서 장기 계약할 때 월 3만 원이면 충분할 것이다. 간혹 공기정화기도 있어야 하는 것 아니냐고 할 수 있지만 이는 선택사항일 뿐 필수항목은 아니라고 보인다.

표 3-21 수용비 및 수수료

수용비 및 수수료	사무용품 구입	12회 × 100,000원	1,200,000
	기타 용품구입	12회 × 30,000원	360,000
	각종 수수료	6회 × 50,000원	300,000
	소계		1,860,000

4) 홍보비

방문요양과 방문목욕을 홍보방법은 많을 것 같으면서도 한계가 많다. 바로 자금 투여 대비 효과를 따져야 하기 때문이다. 일반적인 홍보도구로는 명함, 전단지, 현수막, 차량 스티커 또는 랩핑, 버스, 인터넷 등이 있다. 가장 흔한 것이 바로 전단지인데, 전단지를 보고 문의해오거나 계약이 성사되는 비율은 높지 않은 편이지만 하지 않을 수도 없는 것이 바로 전단지이다. 전단지는 보통 2천 부 이상 인쇄해야 하기 때문에 초창기에 한번 인쇄하면 매달 인쇄할 일은 많지 않다.

명함 역시 필수적으로 만들어야 하는데 한번 인쇄하면 500개 정도 만드는 것이 일반적이다. 전단지가 사업 초기 반짝 활용되는 반면에 명함은 지속적으로 사용해야 하므로 새로 인쇄할 경우가 생긴다. 방문요양 수급자를 100명 이상 보유하고 있는 기관의 센터장 말로는 초창기에 명함을 10번 인쇄했다고 한다. 대략 5천 부를 길거리에 뿌렸다는 것이다. 즉, 사업 초기에는 명함 소모가 많지만 이 역시도 매달 지출되는 항목이라고 보기는 어렵다.

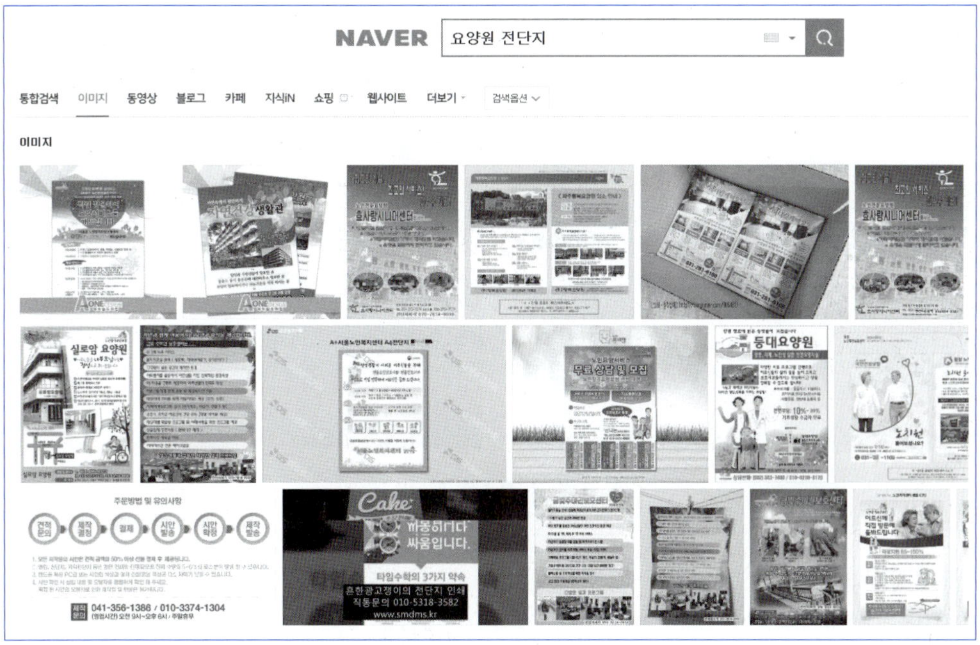

| 그림 3-7 | 홍보 전단지

방문요양과 방문목욕 사업을 할 때 거의 필수적으로 하는 것이 차량에 문구를 입히는 홍보 방법이다. 아래 그림처럼 로고와 센터 이름, 전화번호만 넣는 방법이 흔하고 차량 전체를 랩핑하는 경우도 있다. 이런 홍보비용은 일회성이므로 고정지출로 보기는 어렵다.

| 그림 3-8 | 차량홍보방법

다음으로 버스광고가 있다. 버스 옆면에 현수막 크기의 홍보문구를 넣는 것은 상당한 비용이 들겠지만 버스 좌석 뒤편에 작은 사이즈로 홍보를 하는 것은 기간에 따라 다르겠지만 5만 원 정도로 예상된다.

| 그림 3-9 | 버스 광고

마지막으로 인터넷 홍보가 있는데, 아래 그림처럼 파워링크나 비즈 사이트 등 유료 광고비가 들어가는 형태가 있는가 하면 카페, 블로그, 밴드 등을 활용한 무료 홍보도 있다.

┃그림 3-10┃인터넷 홍보

위에 열거한 홍보 외에도 더 있겠지만 가장 효과가 있고 열심히 해야 할 홍보 방식은 직접 발로 뛰는 것이다. 수급자 확보에 도움이 될 만한 장소, 사람을 파악하고 접촉하자면 차량을 활용해야 하고 그에 따라 주유비가 만만치 않게 들어갈 것이다. 사실상 차량을 가지고 이동하는 자체가 홍보이며, 누군가를 만나는 것 자체가 홍보활동이 된다.

5) 협회비, 인터넷, 전화, 팩스 요금 등

방문요양센터를 운영하다 보면 지역의 경쟁 업체와 협력을 해야 할 때가 생기기 마련이다. 경쟁과 협력이라는 상이한 관계이지만 대부분의 지역에서 재가노인센터 협회를 운영하고 있다. 매월 모임을 갖기도 하고 다양한 방식으로 소통을 하고 있다. 따라서 협회비를 별도로 생각하고 있어야 한다.

전화 및 팩스요금 그리고 인터넷 역시 고정 지출 중 하나이다. 전화 역시 사용하는 만큼 요금이 나오기 때문에 정확히 예측하기는 어렵다. 그런데, 사무실 전화는 주로 받는 용도로 사용할 가능성이 높다. 왜냐하면 개인 스마트폰으로 무제한 통화가 가능하기 때문에 업무와 관련하여 사무실 전화만 사용한다고 보기 어렵기 때문이다. 요즘에는 통신 3사(KT, SK, LG) 모두 발신번호 표시, 착신전환은 무료로 제공하고 있으며, 통화 3분당 38원 정도가 책정되는 것이 일반적이다.

요즘에는 인터넷과 전화 그리고 팩스까지 패키지로 가입하는 경우가 늘고 있다. 어차피 사업을 하려면 인터넷, 전화, 팩스 모두 필요하기 때문에 패키지로 가입하는 것이 비용 측면에서 유리할 것이데, 상품의 종류가 워낙 다양하므로 대략적인 수준으로 예측할 수밖에 없다. 즉, 인터넷 따로, 전화와 팩스 따로 하던지 이 모두를 하나의 패키지로 하던지 대략 월 10만 원 정도 지출이 예상된다.

방문요양과 방문목욕을 함께 운영한다면 별도로 사무실을 갖추는 것이 아니라 사무실 하나로 운영할 수 있다. 따라서 사무실을 유지하고 관리하는 데 소요되는 전기요금, 전화 및 팩스 요금, 인터넷 요금, 냉·난방비, 사무 비품 및 소모품 구입비가 이중으로 들어가지 않는다.

사무실 유지관리비에서 가장 비중이 많은 것은 전기요금일 것이다. 대부분의 냉·난방용품이 전기를 사용하기 때문이다. 그런데 전기요금은 계절에 따라, 사무실 크기, 상주하는 시간, 가전제품 수, 전기사용 습관 등에 따라 차이가 크기 때문에 예측하는 것이 쉽지 않다. 특히, 여름에는 에어컨을 작동시켜야 하고, 겨울에는 난방기를 켜야 하니 계절에 따라 편차가 매우 크다.

방문재가센터의 사무실 전기요금에 대한 조사 자료는 찾아보기 어렵다. 그럼에도 고정 지출에 속하는 만큼 대략적으로 예상하자면 월평균 5만 원에서 7만 원 정도 소요될 것이다. 여름과 겨울에 요금이 많이 나오더라도 봄과 가을에 감소할 것을 예상한 금액이다.

6) 책임보험 및 기타 보험료

사업을 하는 사람은 각종 보험에 가입해야 한다는 정도는 알고 있을 것이다. 사회복지사업 역시 마찬가지이다. 사회복지사업법 제34조의3에 따르면 ① 시설의 운영자는 다음 각호의 손해배상책임을 이행하기 위하여 손해보험회사의 책임보험에 가입하거나 「사회복지사 등의 처우 및 지위 향상을 위한 법률」 제4조에 따른 한국사회복지공제회의 책임공제에 가입하여야 한다.

1. 화재로 인한 손해배상책임
2. 화재 외의 안전사고로 인하여 생명·신체에 피해를 입은 보호대상자에 대한 손해배상책임

책임공제에는 매우 다양한 것들이 있다. ① 기업의 배상책임보험(시설소유자·도급업자·여객상해·수탁자·임대차자, 승강기·생산물·프로판 가스 판매업자 등), ② 개인배상

책임보험, ③ 전문직업인배상책임보험(의사 · 변호사 · 공인회계사 등), ④ 근로자재해배상책임보험, ⑤ 자동차손해배상책임보험, ⑥ 선박배상책임보험, ⑦ 항공기배상책임보험, ⑧ 원자력배상책임보험 등이 있다.

이 중에서 방문요양과 방문목욕 사업자는 전문직업인배상책임보험만 가입하면 된다. 별도 시설을 갖추고 있지 않기 때문이다.

「장기요양급여 제공기준 및 급여비용 산정방법 등에 관한 고시」 제10조에 따르면, "종사자가 장기요양급여를 제공하는 과정에서 발생할 수 있는 수급자의 상해 등에 대비하여 다음 각 호에 따라 법률상 배상하여야 하는 손해를 보상하는 보험(이하 "전문인 배상책임보험"이라 한다)에 가입하여야 한다"고 명시하고 있다.

만약 가입하지 않으면 해당일 급여비용의 90%를 산정한다고 되어 있다. 이 말은 방문서비스를 제공한 후 받게 되는 공단 및 본인부담금 수입에서 10%를 감산해서 준다는 것이다. 예를 들어, 한 달 동안 방문요양과 방문목욕서비스를 제공한 결과, 전체 수입(매출)이 5백만 원이 나왔는데 보험에 가입하지 않으면 10%인 5십만 원을 뺀 4백5십만 원만 수입으로 받게 되므로 손해라는 의미이다.

이뿐 아니라 3년마다 실시하는 사회복지시설 평가에서 낮은 점수를 받게 되고, 무엇보다도 사고가 발생했을 때 막대한 처리비용을 감당해야 하므로 반드시 가입해야 하는 보험이다.

전문인배상책임보험은 주로 의사, 약사, 회계사, 세무사, 감리사, 변호사, 법무사, 변리사와 같은 소위 '전문직'들이 가입했던 보험이다. 즉, 피보험자가 전문인 자격으로 업무수행상 과실로 인해 제3자 또는 고객에게 손해를 끼친 결과에 대해 부담하는 법률상의 손해배상책임을 보상해주는 보험을 말한다. 쉽게 말해서, 전문적인 업무에 따르는 사고나 업무상의 부주의, 태만 또는 실수로 타인에게 준 피해를 보상해준다는 것이다.

일반배상책임보험에서는 변호사비용, 소송비용 등 부대비용을 보상한도액과 별도로 설정하는 반면, 전문인배상책임보험은 이런 비용까지 보상한도액에 포함시켜 놓고 있다. 가정방문급여(방문요양, 목욕, 간호)를 제공하는 기관은 급여를 제공하는 종사자를 기준으로 전문인 배상책임보험에 가입하게 된다.

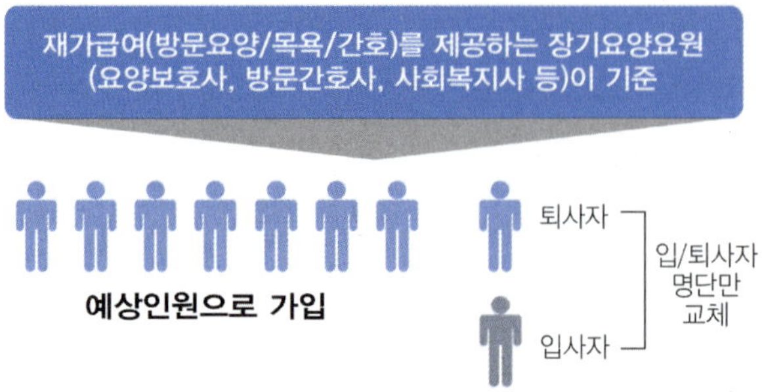

| 그림 3-11 | 전문인배상책임보험 가입기준

2021년을 기준으로 현대해상 전문인배상책임보험에서는 장기요양요원 1인당 1년 동안의 보험료가 21,370원이었다. 그렇다면 10명이면 21,370원×10명으로 계산하면 이해가 쉬울 텐데 보험료 책정은 그렇게 되어 있지 않고 다소 복잡하다. 정확히 말하면 기관 측에서 계산할 수 있는 것이 아니라 보험회사에서 정해놓은 기준에 맞추어 계약을 해야 한다. 아래 표를 보면, 1인 보험료가 종사자 수에 따라 불규칙적으로 늘어나고 있음을 확인할 수 있다.

주의할 사항은 최소인원이 5명으로 되어 있기 때문에 사업 초창기에 요양보호사가 5명이 되지 않아도 5명에 해당되는 보험료를 납부해야 한다는 점이다.

최초인원		적용보험료	1인보험료	최초인원		적용보험료	1인보험료	최초인원		적용보험료	1인보험료
1명	1	21,370	21,370	29명~30명	30	577,120	19,237	181명~190명	190	3,595,270	18,922
2명	2	38,470	19,235	31명~35명	35	641,250	18,321	191명~200명	200	3,766,270	18,831
3명	3	59,850	19,950	36명~40명	40	726,750	18,169	201명~215명	215	4,022,770	18,711
4명	4	76,950	19,238	41명~45명	45	833,620	18,525	216명~225명	225	4,343,400	19,304
5명	5	98,320	19,664	46명~50명	50	944,770	18,895	226명~239명	239	4,557,150	19,068
6명	6	119,700	19,950	51명~60명	60	1,073,020	17,884	240명~259명	259	4,959,000	19,147
7명	7	132,520	18,931	61명~70명	70	1,252,570	17,894	260명~279명	279	5,215,500	18,694
8명	8	153,900	19,238	71명~80명	80	1,457,770	18,222	280명~299명	299	5,557,500	18,587
9명	9	175,270	19,474	81명~90명	90	1,645,870	18,287	300명~319명	320	6,070,500	18,970
10명	10	192,370	19,237	91명~100명	100	1,842,520	18,425	320명~334명	334	6,412,500	19,199
11명~12명	12	218,020	18,168	101명~110명	110	2,039,170	18,538	335명~350명	350	6,647,620	18,993
13명~14명	14	252,220	18,016	111명~120명	120	2,184,520	18,204	351명~365명	365	6,887,020	18,869
15명~16명	16	294,970	18,436	121명~130명	130	2,441,020	18,777	366명~380명	380	7,105,050	18,698
17명~18명	18	337,720	18,762	131명~140명	140	2,654,770	18,963	381명~395명	395	7,357,270	18,626
19명~20명	20	371,920	18,596	141명~150명	150	2,825,770	18,838	396명~400명	400	7,635,150	19,088
21명~22명	22	406,120	18,460	151명~160명	160	3,039,520	18,997	401명 이상		7,951,500	
23명~25명	25	474,520	18,981	161명~170명	170	3,210,520	18,885				
26명~28명	28	513,000	18,321	171명~180명	180	3,424,270	19,024				

| 그림 3-12 | 2021년 전문인배상책임보험(현대해상)

또한 과거에는 종사자가 1명이라도 증가 또는 감소할 때마다 보험계약을 갱신했으나 얼마 전부터는 10명 단위로 구분하여 계약을 맺고 있다. 즉, 요양보호사가 현재 13명이라면 13명분에 해당하는 보험료만 납부하는 것이 상식인데 20명분으로 계약을 해야 한다는 의미이다.

전문인배상책임료는 매달 지출되는 것은 아니지만 여기에서는 매달 고정지출 수준을 가늠하는 것이 목적이므로 대략적으로 월 지출 규모를 예상하고자 한다. 예컨대, 수급자가 증가하여 요양보호사 역시 매달 2~3명씩 증가하면 사업 시작연도에 24명에서 36명까지 증가할 것이다. 이보다 더 크게 성장할 수도 있지만 방문요양과 방문목욕을 함께 하더라도 요양보호사 증가가 엄청나게 증가하기는 어려울 것이다. 따라서 한 달에 2~3명의 요양보호사를 기준으로 한 배상책임보험료는 대략 월 5만 원에서 6만 원을 예상할 수 있다.

전문인 배상책임보험 외에 영업배상 책임보험에도 가입해야 하는데, 요즘에는 전문인 배상책임보험과 영업배상 책임보험을 통합한 보험이 등장하고 있어서 정확히 책정하기는 어렵지만 편의상 월 10만 원 정도로 잡았다. 재정보증보험은 회계 업무를 보는 사람이 사고를 치거나 의도치 않게 회계상 손해를 입힌 경우를 대비하여 들어두는 보험이다. 자동차보험은 차종 및 연식에 따라 달라지겠지만 편의상 50만 원으로 잡아보았다.

표 3-22 공공요금 및 제세공과금

<table>
<tr><td rowspan="9">공공요금 및 제세공과금</td><td colspan="2">협회비</td><td>6회 × 30,000원</td><td>180,000</td></tr>
<tr><td colspan="2">우편/전화/팩스</td><td>12회 × 100,000원</td><td>1,200,000</td></tr>
<tr><td colspan="2">인터넷 사용료</td><td>12회 × 30,000원</td><td>360,000</td></tr>
<tr><td colspan="2">전기요금</td><td>12회 × 50,000원</td><td>600,000</td></tr>
<tr><td rowspan="3">보험</td><td>책임보험(전문인+영업배상)</td><td>12회 × 100,000원</td><td>1,200,000</td></tr>
<tr><td>재정보증</td><td>1회 × 40,000원</td><td>40,000</td></tr>
<tr><td>자동차보험</td><td>1회 × 500,000원</td><td>500,000</td></tr>
<tr><td colspan="2">자동차 세금</td><td>2회 × 700,000원</td><td>1,400,000</td></tr>
<tr><td colspan="2">소계</td><td></td><td>5,480,000</td></tr>
</table>

7) 주유비 및 차량 정비

방문요양사업을 하다 보면 수급자 확보를 위한 홍보를 위해 차량 이동이 잦을 수밖에 없고, 수급자 및 보호자 관리를 위해 차량 사용량이 많은 편이다. 또한 정기적인 차량 관리 및 고장에 따른 수리 등 예상되는 비용을 예산에 포함시키는 것이 좋다.

표 3-23 차량비

차량비	주유비	12회 × 150,000원	1,800,000
	차량 정비/소모품	4회 × 300,000원	1,200,000
	소계		3,000,000

8) 시설비

다음으로 사무기기 또는 사무가구 구입에 소요되는 비용을 예상해야 한다. 방문요양사업은 자산이라고 할만한 것이 많지 않지만 주로 컴퓨터 및 전산 업무가 많기 때문에 컴퓨터와 관련된 기기를 구입하거나 수선하는 데 비용이 들어갈 수 있다. 비품 수선비에는 프린터(복합기)와 같은 전자 장비의 잦은 고장으로 비용이 들어갈 수 있다.

표 3-24 시설비

자산취득비	사무기기 구입	2회 × 500,000원	1,000,000
	기타 자산 취득	2회 × 100,000원	200,000
시설장비 유지비	비품 수선비	6회 × 30,000원	180,000
	소계		1,380,000

07 수입(매출)과 지출 수준 및 사회복지사 가산금

1) 방문요양 월 평균 매출

앞에서 살펴본 것처럼, 이론적으로 따졌을 때 1등급부터 5등급 수급자에게 방문요양을 제공하는 것이 가능하며, 월 한도액까지 방문요양서비스를 제공할 수 있지만 현실은 조금 차이가 있다. 일단 1, 2등급 수급자에게 서비스를 제공하는 경우는 매우 드물고, 월 한도액까지 제공하고 싶어도 공단으로부터 수급자 개별 제공계획에 맞추라고 압력을 받거나 수급자 또는 보호자와 의견 차이가 있을 수 있다.

방문요양 대상자는 주로 3, 4, 5등급이 해당되므로 방문요양 대상자 중 1등급과 2등급은 제외시키는 것이 현실적이며, 3등급은 30%, 4등급은 40%씩, 5등급은 30%로 가정하는 것이 적절할 것이다. 이렇게 가정하면 1명의 수급자에게 서비스를 제공했을 때 발생할 수 있는 평균적인 매출은 1,283,970원이 된다.

표 3-25 가족요양을 제외한 수급자 1인당 한 달 매출 추정치

구분		1개월분 수입	수급자 비율(%), 금액		1인당 평균 월매출
요양 수입 평균 산출	1등급	1,885,000	0	0	1,283,970원
	2등급	1,690,000	0	0	
	3등급	1,417,200	30	425,160	
	4등급	1,306,200	40	522,480	
	5등급	1,121,100	30	336,330	

그런데, 한 가지 더 고려할 사항이 있다. 바로 가족요양이다. 가족요양은 요양보호사가 자신의 가족을 24시간 돌보고 있지만 한 달동안 인정되는 시간은 20시간에 불과하다. 만약, 돌봄 대상자가 치매가 있다면 조금 더 인정되어 하루 1시간 30분씩 한 달 동안 가능하므로 월 45시간이 인정된다.

가족요양시간이 1시간 30분이 인정되려면, 65세 이상인 요양보호사가 배우자에게 방문요양급여를 제공하거나 수급자가 폭력성향, 피해망상, 부적절한 성적행동 양상을 보이거나 치매병상이 있거나 최근 2년 이내에 치매진료내역이 있어야 한다. 현재 수급자 100만 명 중 10만 명 정도가 가족요양 서비스를 받고 있다고 하니 가족요양의 규모를 무시할 수 없다.

가족요양은 요양보호사뿐 아니라 기관 입장에서도 수익에 큰 도움이 되지 않는다. 그렇다고 이를 포기하고 일반 방문요양만 하기도 어렵다. 따라서 수입(매출) 규모를 예측할 때 가족요양을 어느 정도 감안할 필요가 있다.

가족요양을 1시간씩 월 20회 제공할 경우, 수급자 1인당 월 234,800(23,480원×20일)원의 수입(매출)이 생기고, 1시간 30분씩 월 30회 제공하면, 수급자 1인당 월 949,500원(31,650원×30일)이 나온다. 그런데 현재 요양보호사의 50% 이상이 65세

이상인 점을 감안하면, 가족요양을 하는 요양보호사 중 50% 이상은 65세 이상일 것이다. 또한 수급자 중에 치매가 있는 경우도 많을 것이므로 가족요양으로 1시간 30분이 인정되는 비율은 대략 70%로 예상된다. 이를 기반으로 계산하면 아래 표와 같이 가족요양 대상 수급자 1명당 월 수입(매출)은 734,994원이 된다.

표 3-26 가족요양 한 달 평균 수입(매출)

구분	1시간 수가	1개월 수입	인정비율	산정액	합산액
60분	23,480원	234,480원	30%	70,344원	734,994원
90분	31,650원	949,500원	70%	664,650원	

이 금액은 일반 방문요양 수입(매출)인 1,283,970원의 57%에 해당된다. 가족요양 대상 수급자는 전체 수급자의 10% 정도이고, 요양보호사를 기준으로 전체 방문요양보호사의 25%가 가족요양보호사로 파악된다.[1] 따라서 이런 현황을 반영하여 방문요양의 월 수입(매출)을 다시 산출해야 한다.

표 3-27 가족요양을 포함한 수급자 1인당 한 달 매출 추정치

구분	1인당 월수입	인정비율	산정액	합산액
일반 방문요양	1,283,970원	75%	962,977원	1,146,722원
가족 방문요양	734,994원	25%	183,745원	

일반 방문요양 수입은 75%를 반영하고, 가족요양 수입은 25% 반영하여 산출한 결과, 수급자 1인당 월 수입(매출)은 약 1,146,722원으로 나타났다. 이 금액은 나름 과학적으로 분석하여 산출한 것이지만 어디까지나 추정치이며, 지역이나 기관 상황에 따라 얼마든지 달라질 수 있다. 그러나 지금까지 이처럼 많은 요소를 고려하여 과학적으로 월 수입(매출)을 분석한 경우는 없다고 자부한다.

정리하자면, 방문요양 수급자가 몇 등급일지, 일반 방문요양일지 가족요양일지 알 수 없는 상황에서 1명의 수급자로부터 발생할 수 있는 월 수입(매출)은 1,146,722원으로 나타났다. 이 금액을 조금 단순화해서 추정하면, 대략 115만 원이라고 할 수 있겠다.

1) 임은정 외(2021). 노인장기요양제도에서 가족요양 선택이유와 관련 요인 연구. 사회복지연구, 52(4), 131-164.

2) 방문요양 월 지출내역 산정

방문요양의 수익을 산출하려면 인건비 외 지출내역을 빼야 한다. 방문요양에서 인건비는 방문요양보호사와 사회복지사 그리고 시설장의 임금을 의미한다. '인건비 지출비율'에서 살펴본 것처럼 방문요양에서 요양보호사와 사회복지사 인건비는 전체 매출에서 86.6%를 지급하도록 되어 있다. 따라서 이 부분은 복잡하게 계산할 필요 없이 전체 매출에서 86.6%를 빼면 된다.

반면, 시설장 인건비는 기본급을 정해주고 사회보험 기관부담금과 퇴직적립금을 추가로 빼야 한다. 여기에서 주의할 점은 시설장 인건비는 전체 종사자 중 가장 높게 책정해야 한다는 점이다. 물론 같게 해도 상관은 없다.

대개 방문요양 또는 방문목욕 사업만 하는 경우에는 대표자와 시설장이 같은 경우가 일반적이다. 대표자가 사회복지사 2급 자격증을 취득한 후 기관장(시설장) 역할을 하는 방식이다. 이 경우, 시설장 월급은 책정해 놓기는 했으나 사실상 대표자의 몫이라 할 수 있으며, 순수한 수익(잉여금)과 함께 대표자의 영업이익이라 할 수 있다.

3) 수급자 15명 여부가 중요한 이유

방문요양은 수급자가 15명 이상이 되면 사회복지사를 의무적으로 배치해야 한다. 따라서 15명 이전까지는 요양보호사들만의 인건비가 전체 매출에서 86.6%를 차지하지만 수급자 15명이 되면 사회복지사를 포함한 인건비가 매출의 86.6%를 차지해야 한다. 즉, 수급자 15명 이상 또는 미만의 차이가 매우 크다는 것을 알 수 있다.

표 3-28 방문요양 인력배치기준

구분	시설장	사회복지사	요양보호사
방문요양	1명	1명(수급자 15명 이상)	15명 이상

수급자 15명 이상이 되어 사회복지사를 의무 채용함에 따라 인건비 부담이 늘어나게 되는데, 이때 공단에서 '사회복지사 가산'이라는 지원을 해줄 수 있다. 가산 조건은 의무 배치 사회복지사가 사무실에서만 일하는 것이 아니라 수급자 가

정을 월 1회 이상 방문한 뒤 업무수행일지를 작성해야 한다.

여기에서 수급자 전체 가정을 방문하면 가산금을 100% 지원하고, 수급자 가정의 90%만 방문하면 가산금이 80%로 줄어들며, 수급자 가정의 80%만 방문하면 가산금이 50%로 줄어들게 된다.

사회복지사가 사무실에서 사무행정 업무만 보는 것이 아니라 수급자 가정을 돌아보게 되면 요양보호사 관리에도 이롭고 수급자 또는 보호자들의 의견을 들을 수 있는 기회가 된다. 계산방식은 아래와 같다.

가산금액 = 해당 월 가산 기준금액 × (종사자 직종별 가산점수의 합 ÷ 수급자 수) × 서비스유형 점수

위 식에서 가산기준금액은 수급자별 급여비용 합의 85%이다. 즉, 이전 달에 방문요양서비스를 제공한 것을 건강보험공단에 청구하면 받게 될 금액을 말한다. 종사자 직종별 가산점수는 수급자 15명당 의무적으로 배치해야 할 사회복지사는 1.8점, 추가인력은 1.2점이고, 서비스유형 점수는 1.8점이다.

예를 들어 계산해보면, 수급자가 15명일 때 해당 월 가산금액은 17,250,000원의 85%인 14,662,500원이다. 종사자 직종별 가산점수는 1.8이며 이것을 수급자 15명으로 나눈 뒤 서비스 유형 점수인 1.8을 곱하면 된다.

가산금액(100%) = 14,662,500원 × (1.8÷15) × 1.8 = 3,167,100원 가산금액(90%) = 14,662,500원 × (1.8×0.8÷15) × 1.8 = 2,533,680원

위 계산식에서 가산 사회복지사가 수급자 가정을 모두 돌아본다면 100% 가산을 받지만 경우에 따라서는 그러지 못할 경우가 있다. 실제로 실무현장에서는 전체 수급자 중 90% 이상 돌아볼 수는 있지만 여러 사정으로 인해 100% 방문하기가 어렵다고 한다. 수급자가 30명 이상이면 가산 사회복지사를 1명 더 채용할 수 있다. 이때는 종사자 직종별 가산 점수가 1.2로 줄어들게 되므로 가산금 역시 첫 가산 사회복지사 때보다 줄어들게 된다.

표 3-29 가산 인정 수

수급자 수	가산 인정 인원수
15명 이상 30명 미만	1명
30명 이상 60명 미만	2명
60명 이상 90명 미만	3명
90명 이상	4명

수급자가 15명일 때는 가산 여부를 떠나서 사회복지사를 무조건 채용해야 하지만 수급자가 30명, 60명, 90명 될 때 사회복지사를 추가로 채용해야 하는 규정은 없다. 그러나 수급자가 계속 늘어날 때마다 적절한 시기에 사회복지사를 채용하지 않으면 수급자 관리와 각종 행정업무를 수행하기가 어렵다. 어차피 사회복지사를 추가하면 가산금이 지원되기 때문에 인건비 부담이 줄어들게 된다.

보통 수급자 30~40명 당시에 사회복지사를 추가 채용하는 경우는 많지 않다. 왜냐하면 가산금이 있더라도 전체 수익이 많지 않기 때문에 인건비 부담을 지고 싶지 않기 때문이다. 그래서 수급자 50명쯤 되었을 때 2번째 사회복지사를 채용하는 것이 일반적이다.

08 수급자 수에 따른 방문요양 월 수익 분석

수급자가 1명에서 5명까지는 예상대로 적자 상태이다. 이 시기를 버티기 위해서는 당초 사업자금을 일부 확보해 놓아야 한다. 수급자가 10명이 되더라도 적자 상황은 여전하다. 그러나 대표가 시설장을 하면 자신의 월급 명목으로 일부를 가져가기 때문에 아주 비관적으로 볼 필요는 없어 보인다. 즉, 수급자가 8명 되면서부터는 대표 겸 시설장의 월급 때문에 적자에서 흑자로 전환되고 있다.

수급자 11명부터 15명까지는 적자 상황에서 벗어나기 시작한다. 수급자 15명이 되면 사회복지사 1인을 채용하게 되는데, 이때 가산금 2,826,706원이 지원되면서 수익이 조금 늘었다.

수급자 21명부터는 수익이 정상적인 수준으로 조금씩 상승하는 모습을 볼 수 있다. 27명이 되면 시설장이 가져갈 수 있는 수익이 3백만 원을 넘게 된다. 수급자가 30명이 되면 시설장 월급을 포함할 경우 평균 직장인 급여 수준에 도달하게 된다. 즉, 월 350만 원 정도의 수익이 생기면서 안정권에 들게 된다.

수급자 40명이 되면서 월 수익이 5백만 원을 넘게 된다. 수급자가 36명에서 40명까지 확보되면 개인차가 있겠지만 방문요양사업을 통해서 충분히 생계가 가능하다는 느낌을 받게 될 것이다. 문제는 수급자가 늘어난 만큼 관리 및 행정업무가 많아질 것이므로 시설장과 사회복지사 1명만으로 업무 과중을 느끼기 시작할 것이다.

수급자가 늘어나더라도 사무실 임대료는 차이가 없지만 사무실 유지관리비와 차량운행 경비 그리고 전문인 배상책임보험료는 지속적으로 상승하게 된다. 그렇더라도 수급자가 46명부터는 월 수익이 6백만 원이 넘기 때문에 웬만한 직장인보다 월수입이 높아질 수 있다.

수급자가 50명을 넘어서면 수급자 관리 및 행정업무의 과중이 매우 커지기 때문에 사회복지사를 추가 채용하지 않을 수 없을 것이다. 2번째 사회복지사 채용에 따른 가산금은 상황에 따라 다소 차이가 있지만 188만 원 정도가 예상된다. 가산금으로 인해 인력을 추가했음에도 수익이 줄지 않을 수 있다.

수급자 및 사회복지사가 늘어남에 따라 사무용품 구입비가 증가할 수 있다. 최소한 책걸상이나 컴퓨터 등은 추가로 마련해야 하기 때문이다.

수급자가 68명쯤 되면 시설장의 월급을 고려하지 않더라도 월 수익이 7백만 원을 넘을 정도가 된다. 수급자 71명이 되면 예상되는 수익이 드디어 1천만 원을 넘어서게 된다.

수급자가 80명이 되면 순수익이 1천1백만 원을 넘게 된다. 물론 모든 일이 계획대로, 예상대로 순조롭게 진행되리라고 볼 수는 없지만 여러 요소를 다 고려하여 나온 값이므로 신빙성이 있다고 볼 수 있다.

전국적으로 따졌을 때, 수급자가 80명 이상인 방문요양센터는 많지 않다. 그러나 시군구 단위에 2~3곳은 이러한 규모 이상으로 성장한 곳이 분명 있다. 결국 관건은 수급자 확보 및 유지라고 할 수 있겠다.

방문요양사업을 지속할 수 있을지 여부는 수급자 30명을 확보하는지에 달려 있다고 판단된다. 최소한 월 350만 원 정도의 수익이 발생해야 이 사업에 대한 의지가 생겨날 수 있을 것이다.

표 3-30 수급자 1명~10명, 방문요양 월 순수익

	2023년		수급자 수									
			1	2	3	4	5	6	7	8	9	10
수입	요양서비스 수입(사업매출)		1,150,000	2,300,000	3,450,000	4,600,000	5,750,000	6,900,000	8,050,000	9,200,000	10,350,000	11,500,000
지출	인건비1	요양보호사 + 사회복지사	995,900	1,991,800	2,987,700	3,983,600	4,979,500	5,975,400	6,971,300	7,967,200	8,963,100	9,959,000
	인건비2	시설장	2,000,000	2,000,000	2,000,000	2,000,000	2,000,000	2,000,000	2,000,000	2,000,000	2,000,000	2,000,000
		사회보험 기관부담(9.473%)	189,460	189,460	189,460	189,460	189,460	189,460	189,460	189,460	189,460	189,460
		퇴직적립금(8.3%)	166,000	166,000	166,000	166,000	166,000	166,000	166,000	166,000	166,000	166,000
		인건비2 소계	2,355,460	2,355,460	2,355,460	2,355,460	2,355,460	2,355,460	2,355,460	2,355,460	2,355,460	2,355,460
	사무실 임대료 + 연료비		570,000	570,000	570,000	570,000	570,000	570,000	570,000	570,000	570,000	570,000
	사무용품, 기타용품, 각종 수수료		160,000	160,000	160,000	160,000	160,000	160,000	160,000	160,000	160,000	160,000
	우편, 전화, 팩스, 인터넷, 전기요금		180,000	180,000	180,000	180,000	180,000	180,000	180,000	180,000	180,000	180,000
	주유비 및 차량정비		250,000	250,000	250,000	250,000	250,000	250,000	250,000	250,000	250,000	250,000
	책임보험 및 각종 보험료 월 환산		200,000	200,000	200,000	200,000	200,000	200,000	200,000	200,000	200,000	200,000
합계	수익 (매출-인건비-기타 경비)		-3,561,360	-3,407,260	-3,253,160	-3,099,060	-2,944,960	-2,790,860	-2,636,760	-2,482,660	-2,328,560	-2,174,460
	시설장이 사업주인 경우		-1,205,900	-1,051,800	-897,700	-743,600	-589,500	-435,400	-281,300	-127,200	26,900	181,000

표 3-31 수급자 11명~20명, 방문요양 월 순수익

	2023년		수급자 수									
			11	12	13	14	15	16	17	18	19	20
수입	요양서비스 수입(사업매출)		12,650,000	13,800,000	14,950,000	16,100,000	17,250,000	18,400,000	19,550,000	20,700,000	21,850,000	23,000,000
	사회복지사 가산금(1인) 90% 적용						2,533,680	2,533,680	2,533,680	2,533,680	2,533,680	2,533,680
지출	인건비1	요양보호사 + 사회복지사	10,954,900	11,950,800	12,946,700	13,942,600	17,132,667	18,128,567	19,124,467	20,120,367	21,116,267	22,112,167
	인건비2	시설장	2,000,000	2,000,000	2,000,000	2,000,000	2,000,000	2,000,000	2,000,000	2,000,000	2,000,000	2,000,000
		사회보험 기관부담(9.473%)	189,460	189,460	189,460	189,460	189,460	189,460	189,460	189,460	189,460	189,460
		퇴직적립금(8.3%)	166,000	166,000	166,000	166,000	166,000	166,000	166,000	166,000	166,000	166,000
		인건비2 소계	2,355,460	2,355,460	2,355,460	2,355,460	2,355,460	2,355,460	2,355,460	2,355,460	2,355,460	2,355,460
	사무실 임대료 + 연료비		570,000	570,000	570,000	570,000	570,000	570,000	570,000	570,000	570,000	570,000
	사무용품, 기타용품, 각종 수수료		160,000	160,000	160,000	160,000	160,000	160,000	160,000	160,000	160,000	160,000
	우편, 전화, 팩스, 인터넷, 전기요금		180,000	180,000	180,000	180,000	180,000	180,000	180,000	180,000	180,000	180,000
	주유비 및 차량정비		250,000	250,000	250,000	250,000	250,000	250,000	250,000	250,000	250,000	250,000
	책임보험 및 각종 보험료 월 환산		200,000	200,000	200,000	200,000	200,000	200,000	200,000	200,000	200,000	200,000
합계	수익(매출-인건비-기타 경비)		-2,020,360	-1,866,260	-1,712,160	-1,558,060	-1,064,447	-910,347	-756,247	-602,147	-448,047	-293,947
	시설장이 사업주인 경우		335,100	489,200	643,300	797,400	1,291,013	1,445,113	1,599,213	1,753,313	1,907,413	2,061,513

표 3-32 수급자 21명~30명, 방문요양 월 순수익

	2023년		수급자 수									
			21	22	23	24	25	26	27	28	29	30
수입	요양서비스 수입(사업매출)		24,150,000	25,300,000	26,450,000	27,600,000	28,750,000	29,900,000	31,050,000	32,200,000	33,350,000	34,500,000
	사회복지사 가산금(1인) 90% 적용		2,533,680	2,533,680	2,533,680	2,533,680	2,533,680	2,533,680	2,533,680	2,533,680	2,533,680	2,533,680
지출	인건비1	요양보호사 + 사회복지사	23,108,067	24,103,967	25,099,867	26,095,767	27,091,667	28,087,567	29,083,467	30,079,367	31,075,267	32,071,167
	인건비2	시설장	2,000,000	2,000,000	2,000,000	2,000,000	2,000,000	2,000,000	2,000,000	2,000,000	2,000,000	2,000,000
		사회보험 기관부담 (9.473%)	189,460	189,460	189,460	189,460	189,460	189,460	189,460	189,460	189,460	189,460
		퇴직적립금(8.3%)	166,000	166,000	166,000	166,000	166,000	166,000	166,000	166,000	166,000	166,000
		인건비2 소계	2,355,460	2,355,460	2,355,460	2,355,460	2,355,460	2,355,460	2,355,460	2,355,460	2,355,460	2,355,460
	사무실 임대료 + 연료비		570,000	570,000	570,000	570,000	570,000	570,000	570,000	570,000	570,000	570,000
	사무용품, 기타용품, 각종 수수료		180,000	180,000	180,000	180,000	180,000	180,000	180,000	180,000	180,000	180,000
	우편, 전화, 팩스, 인터넷, 전기요금		180,000	180,000	180,000	180,000	180,000	180,000	180,000	180,000	180,000	180,000
	주유비 및 차량정비		250,000	250,000	250,000	250,000	250,000	250,000	250,000	250,000	250,000	250,000
	책임보험 및 각종 보험료 월 환산		200,000	200,000	200,000	200,000	200,000	200,000	200,000	200,000	200,000	200,000
합계	수익(매출-인건비-기타 경비)		-159,847	-5,747	148,353	302,453	456,553	610,653	764,753	918,853	1,072,953	1,227,053
	시설장이 사업주인 경우		2,195,613	2,349,713	2,503,813	2,657,913	2,812,013	2,966,113	3,120,213	3,274,313	3,428,413	3,582,513

표 3-33 수급자 31명~40명, 방문요양 월 순수익

	2023년		수급자 수									
			31	32	33	34	35	36	37	38	39	40
수입	요양서비스 수입(사업매출)		35,650,000	36,800,000	37,950,000	39,100,000	40,250,000	41,400,000	42,550,000	43,700,000	44,850,000	46,000,000
	사회복지사 가산금(1인) 90% 적용		2,533,680	2,533,680	2,533,680	2,533,680	2,533,680	2,533,680	2,533,680	2,533,680	2,533,680	2,533,680
지출	인건비1	요양보호사 + 사회복지사	33,067,067	34,062,967	35,058,867	36,054,767	37,050,667	38,046,567	39,042,467	40,038,367	41,034,267	42,030,167
	인건비2	시설장	2,000,000	2,000,000	2,000,000	2,000,000	2,000,000	2,000,000	2,000,000	2,000,000	2,000,000	2,000,000
		사회보험 기관부담 (9.473%)	189,460	189,460	189,460	189,460	189,460	189,460	189,460	189,460	189,460	189,460
		퇴직적립금(8.3%)	166,000	166,000	166,000	166,000	166,000	166,000	166,000	166,000	166,000	166,000
		인건비2 소계	2,355,460	2,355,460	2,355,460	2,355,460	2,355,460	2,355,460	2,355,460	2,355,460	2,355,460	2,355,460
	사무실 임대료 + 연료비		570,000	570,000	570,000	570,000	570,000	570,000	570,000	570,000	570,000	570,000
	사무용품, 기타용품, 각종 수수료		190,000	190,000	190,000	190,000	190,000	190,000	190,000	190,000	190,000	190,000
	우편, 전화, 팩스, 인터넷, 전기요금		180,000	180,000	180,000	180,000	180,000	180,000	180,000	180,000	180,000	180,000
	주유비 및 차량정비		250,000	250,000	250,000	250,000	250,000	250,000	250,000	250,000	250,000	250,000
	책임보험 및 각종 보험료 월 환산		200,000	200,000	200,000	200,000	200,000	200,000	200,000	200,000	200,000	200,000
합계	수익(매출-인건비-기타 경비)		1,371,153	1,525,253	1,679,353	1,833,453	1,987,553	2,141,653	2,295,753	2,449,853	2,603,953	2,758,053
	시설장이 사업주인 경우		3,726,613	3,880,713	4,034,813	4,188,913	4,343,013	4,497,113	4,651,213	4,805,313	4,959,413	5,113,513

표 3-34 수급자 41명~50명, 방문요양 월 순수익

2023년			수급자 수									
			41	42	43	44	45	46	47	48	49	50
수입	요양서비스 수입(사업매출)		47,150,000	48,300,000	49,450,000	50,600,000	51,750,000	52,900,000	54,050,000	55,200,000	56,350,000	57,500,000
	사회복지사 가산금(1인) 90% 적용		2,533,680	2,533,680	2,533,680	2,533,680	2,533,680	2,533,680	2,533,680	2,533,680	2,533,680	2,533,680
지출	인건비1	요양보호사 + 사회복지사	43,026,067	44,021,967	45,017,867	46,013,767	47,009,667	48,005,567	49,001,467	49,997,367	50,993,267	51,989,167
	인건비2	시설장	2,000,000	2,000,000	2,000,000	2,000,000	2,000,000	2,000,000	2,000,000	2,000,000	2,000,000	2,000,000
		사회보험 기관부담(9.473%)	189,460	189,460	189,460	189,460	189,460	189,460	189,460	189,460	189,460	189,460
		퇴직적립금(8.3%)	166,000	166,000	166,000	166,000	166,000	166,000	166,000	166,000	166,000	166,000
		인건비2 소계	2,355,460	2,355,460	2,355,460	2,355,460	2,355,460	2,355,460	2,355,460	2,355,460	2,355,460	2,355,460
	사무실 임대료 + 연료비		570,000	570,000	570,000	570,000	570,000	570,000	570,000	570,000	570,000	570,000
	사무용품, 기타용품, 각종 수수료		200,000	200,000	200,000	200,000	200,000	200,000	200,000	200,000	200,000	200,000
	우편, 전화, 팩스, 인터넷, 전기요금		180,000	180,000	180,000	180,000	180,000	180,000	180,000	180,000	180,000	180,000
	주유비 및 차량정비		250,000	250,000	250,000	250,000	250,000	250,000	250,000	250,000	250,000	250,000
	책임보험 및 각종 보험료 월 환산		200,000	200,000	200,000	200,000	200,000	200,000	200,000	200,000	200,000	200,000
합계	수익(매출-인건비-기타 경비)		2,902,153	3,056,253	3,210,353	3,364,453	3,518,553	3,672,653	3,826,753	3,980,853	4,134,953	4,289,053
	시설장이 사업주인 경우		5,257,613	5,411,713	5,565,813	5,719,913	5,874,013	6,028,113	6,182,213	6,336,313	6,490,413	6,644,513

표 3-35 수급자 51명~60명, 방문요양 월 순수익

2023년			수급자 수									
			51	52	53	54	55	56	57	58	59	60
수입	요양서비스 수입(사업매출)		58,650,000	59,800,000	60,950,000	62,100,000	63,250,000	64,400,000	65,550,000	66,700,000	67,850,000	69,000,000
	사회복지사 가산금(1인) 90% 적용		2,533,680	2,533,680	2,533,680	2,533,680	2,533,680	2,533,680	2,533,680	2,533,680	2,533,680	2,533,680
	사회복지사 가산금(1인) 90% 적용		1,689,120	1,689,120	1,689,120	1,689,120	1,689,120	1,689,120	1,689,120	1,689,120	1,689,120	1,689,120
지출	인건비1	요양보호사 + 사회복지사	54,447,845	55,443,745	56,439,645	57,435,545	58,431,445	59,427,345	60,423,245	61,419,145	62,415,045	63,410,945
	인건비2	시설장	2,100,000	2,100,000	2,100,000	2,100,000	2,100,000	2,100,000	2,100,000	2,100,000	2,100,000	2,100,000
		사회보험 기관부담 (9.473%)	198,933	198,933	198,933	198,933	198,933	198,933	198,933	198,933	198,933	198,933
		퇴직적립금(8.3%)	174,300	174,300	174,300	174,300	174,300	174,300	174,300	174,300	174,300	174,300
		인건비2 소계	2,473,233	2,473,233	2,473,233	2,473,233	2,473,233	2,473,233	2,473,233	2,473,233	2,473,233	2,473,233
	사무실 임대료 + 연료비		570,000	570,000	570,000	570,000	570,000	570,000	570,000	570,000	570,000	570,000
	사무용품, 기타용품, 각종 수수료		210,000	210,000	210,000	210,000	210,000	210,000	210,000	210,000	210,000	210,000
	우편, 전화, 팩스, 인터넷, 전기요금		180,000	180,000	180,000	180,000	180,000	180,000	180,000	180,000	180,000	180,000
	주유비 및 차량정비		250,000	250,000	250,000	250,000	250,000	250,000	250,000	250,000	250,000	250,000
	책임보험 및 각종 보험료 월 환산		200,000	200,000	200,000	200,000	200,000	200,000	200,000	200,000	200,000	200,000
합계	수익(매출-인건비-기타 경비)		4,541,722	4,695,822	4,849,922	5,004,022	5,158,122	5,312,222	5,466,322	5,620,422	5,774,522	5,928,622
	시설장이 사업주인 경우		7,014,955	7,169,055	7,323,155	7,477,255	7,631,355	7,785,455	7,939,555	8,093,655	8,247,755	8,401,855

표 3-36 수급자 61명~70명, 방문요양 월 순수익

2023년			수급자 수									
			61	62	63	64	65	66	67	68	69	70
수입	요양서비스 수입(사업매출)		70,150,000	71,300,000	72,450,000	73,600,000	74,750,000	75,900,000	77,050,000	78,200,000	79,350,000	80,500,000
	사회복지사 가산금(1인) 90% 적용		2,533,680	2,533,680	2,533,680	2,533,680	2,533,680	2,533,680	2,533,680	2,533,680	2,533,680	2,533,680
	사회복지사 가산금(1인) 90% 적용		1,689,120	1,689,120	1,689,120	1,689,120	1,689,120	1,689,120	1,689,120	1,689,120	1,689,120	1,689,120
지출	인건비1	요양보호사 + 사회복지사	64,406,845	65,402,745	66,398,645	67,394,545	68,390,445	69,386,345	70,382,245	71,378,145	72,374,045	73,369,945
	인건비2	시설장	2,200,000	2,200,000	2,200,000	2,200,000	2,200,000	2,200,000	2,200,000	2,200,000	2,200,000	2,200,000
		사회보험 기관부담 (9.473%)	208,406	208,406	208,406	208,406	208,406	208,406	208,406	208,406	208,406	208,406
		퇴직적립금(8.3%)	182,600	182,600	182,600	182,600	182,600	182,600	182,600	182,600	182,600	182,600
		인건비2 소계	2,591,006	2,591,006	2,591,006	2,591,006	2,591,006	2,591,006	2,591,006	2,591,006	2,591,006	2,591,006
	사무실 임대료 + 연료비		570,000	570,000	570,000	570,000	570,000	570,000	570,000	570,000	570,000	570,000
	사무용품, 기타용품, 각종 수수료		220,000	220,000	220,000	220,000	220,000	220,000	220,000	220,000	220,000	220,000
	우편, 전화, 팩스, 인터넷, 전기요금		180,000	180,000	180,000	180,000	180,000	180,000	180,000	180,000	180,000	180,000
	주유비 및 차량정비		250,000	250,000	250,000	250,000	250,000	250,000	250,000	250,000	250,000	250,000
	책임보험 및 각종 보험료 월 환산		200,000	200,000	200,000	200,000	200,000	200,000	200,000	200,000	200,000	200,000
합계	수익(매출-인건비-기타 경비)		5,954,949	6,109,049	6,263,149	6,417,249	6,571,349	6,725,449	6,879,549	7,033,649	7,187,749	7,341,849
	시설장이 사업주인 경우		8,545,955	8,700,055	8,854,155	9,008,255	9,162,355	9,316,455	9,470,555	9,624,655	9,778,755	9,932,855

표 3-37 수급자 71명~80명, 방문요양 월 순수익

2023년			수급자 수									
			71	72	73	74	75	76	77	78	79	80
수입	요양서비스 수입(사업매출)		81,650,000	82,800,000	83,950,000	85,100,000	86,250,000	87,400,000	88,550,000	89,700,000	90,850,000	92,000,000
	사회복지사 가산금(1인) 90% 적용		2,533,680	2,533,680	2,533,680	2,533,680	2,533,680	2,533,680	2,533,680	2,533,680	2,533,680	2,533,680
	사회복지사 가산금(1인) 90% 적용		1,689,120	1,689,120	1,689,120	1,689,120	1,689,120	1,689,120	1,689,120	1,689,120	1,689,120	1,689,120
지출	인건비1	요양보호사 + 사회복지사	74,365,845	75,361,745	76,357,645	77,353,545	78,349,445	79,345,345	80,341,245	81,337,145	82,333,045	83,328,945
	인건비2	시설장	2,300,000	2,300,000	2,300,000	2,300,000	2,300,000	2,300,000	2,300,000	2,300,000	2,300,000	2,300,000
		사회보험 기관부담 (9.473%)	217,879	217,879	217,879	217,879	217,879	217,879	217,879	217,879	217,879	217,879
		퇴직적립금(8.3%)	190,900	190,900	190,900	190,900	190,900	190,900	190,900	190,900	190,900	190,900
		인건비2 소계	2,708,779	2,708,779	2,708,779	2,708,779	2,708,779	2,708,779	2,708,779	2,708,779	2,708,779	2,708,779
	사무실 임대료 + 연료비		570,000	570,000	570,000	570,000	570,000	570,000	570,000	570,000	570,000	570,000
	사무용품, 기타용품, 각종 수수료		230,000	230,000	230,000	230,000	230,000	230,000	230,000	230,000	230,000	230,000
	우편, 전화, 팩스, 인터넷, 전기요금		180,000	180,000	180,000	180,000	180,000	180,000	180,000	180,000	180,000	180,000
	주유비 및 차량정비		250,000	250,000	250,000	250,000	250,000	250,000	250,000	250,000	250,000	250,000
	책임보험 및 각종 보험료 월 환산		200,000	200,000	200,000	200,000	200,000	200,000	200,000	200,000	200,000	200,000
합계	수익(매출-인건비-기타 경비)		7,368,176	7,522,276	7,676,376	7,830,476	7,984,576	8,138,676	8,292,776	8,446,876	8,600,976	8,755,076
	시설장이 사업주인 경우		10,076,955	10,231,055	10,385,155	10,539,255	10,693,355	10,847,455	11,001,555	11,155,655	11,309,755	11,463,855

04

CHAPTER

방문목욕기관의 수익계산 방법

01 방문목욕의 수익구조

1) 방문목욕 종류에 따른 수입 구조

방문목욕은 차량을 이용한 경우와 차량을 이용하지 않는 경우로 나뉘고, 차량을 이용하더라도 차량 내에서 목욕을 실시하는 유형과 차량에서 공급하는 온수를 사용하여 수급자 가정에서 목욕을 하는 유형으로 구분된다.

아래 방문목욕 급여비용을 살펴보면, 차량 목욕 중 '차량 내 목욕' 단가가 '가정 내 목욕'에 비해 높은 것을 확인할 수 있는데, 그 이유는 장비 구입 및 유지비용의 차이라고 볼 수 있다. 즉, '차량 내 목욕'을 위한 차량의 구입비용이 월등히 높기 때문이다.

표 4-1 방문목욕 급여비용 및 월 예상매출(2023년 기준)

분 류	금액(원)		
	시간 구분	단가(주 1회)	월수입(주 4.34회)
방문목욕차량 (차량 내 목욕)	60분 이상	82,160	356,574
	40분~60분	65,728	285,260
방문목욕차량 (가정 내 목욕)	60분 이상	74,070	321,464
	40분~60분	59,256	257,171
차량 없는 경우 (가정 내 목욕)	60분 이상	46,250	200,725
	40분~60분	37,000	160,580

노인요양 사업자 중에 방문목욕만 전문으로 하는 경우는 많지 않고, 방문요양을 하면서 방문목욕을 추가하는 경우가 대부분이다. 아래 표를 보면, 방문요양기관이 17,204개인데 방문목욕이 11,742개나 된다는 것을 알 수 있다. 이런 방식으로 하는 방문목욕은 대개 차량 없이 요양보호사들이 수급자 가정에 가서 목욕을 실시하기 때문에 차량 등 장비 구입에 대한 부담이 없다.

표 4-2 재가기관 현황(2023년 6월)

재가급여 기관 수	재가급여 종류별 기관 수						
	소계	방문요양	방문목욕	방문간호	주야간보호	단기보호	복지용구
21,777	37,082	17,204	11,742	824	5,166	119	2,027

현재 공공데이터에서 차량을 이용한 방문목욕 기관의 수는 파악이 되지 않지만 차량 구입비만 5천만 원가량 소요되고, 유지 및 관리가 쉽지 않기 때문에 차량 목욕을 하는 곳은 전체의 10% 내외일 것으로 추정된다.

방문요양을 주력 사업으로 하고 방문목욕(가정)을 주변 사업으로 할 경우 방문목욕에서 발생할 수 있는 수익은 그리 많지 않다. 요양보호사 2명이 한 팀이 되어 수급자 1명을 대상으로 가정 목욕을 하면 1회 단가인 46,250원의 수입이 발생하지만, 여기에서 인건비로 50.1%를 제외한 49.9%(23,078원)의 수익이 남는다. 이런 형태의 가정 목욕은 비용이 거의 들지 않지만 수요가 많지 않기 때문에 수익이 많지 않다.

따라서 방문목욕으로 수익을 기대하자면 가정 목욕이 아닌 차량 목욕에 도전하는 것이 필요하고 그 중에서도 차량 내 목욕을 해야 기대한 만큼의 수익을 거둘 수 있다.

2) 차량 방문목욕의 예상 수입(매출)

방문목욕은 방문요양이나 주야간보호와 같이 요양등급별로 수가가 정해진 것이 아니라 〈표 4-3〉에 제시된 것처럼 어떤 형태의 목욕을 하는가에 따라 책정되어 있다.

그리고 재가급여 월 한도액의 영향을 크게 받지 않는다. 왜냐하면, 한 명의 수급자에게 주 1회 이상 목욕을 할 수 없으므로 한 달에 많아도 4.34회 정도 서비스를 제공하게 되기 때문이다. 따라서 한 명의 수급자로부터 발생되는 수입(매출)은 한 달에 356,574원을 넘지 못한다.

표 4-3 재가서비스 월 한도액(2023년 기준)

구분	월 한도액	공단지원금(85%)	본인부담금(15%)
1등급	1,885,000	1,602,250	282,750
2등급	1,690,000	1,436,500	253,500
3등급	1,417,200	1,204,620	212,580
4등급	1,306,200	1,110,270	195,930
5등급	1,121,100	952,935	168,165
인지등급	624,600	530,910	93,690

즉, 1, 2등급과 같은 중증은 말할 것도 없이 5등급 수급자에게 차량목욕을 실시해도 월 한도액을 넘지 않는다. 이런 이유 때문에 재가서비스 월 한도액의 구애를 덜 받는다고 하는 것이다.

그러나 재가 대상 수급자가 매주 방문목욕을 하는 것도 아니다. 수급자들은 월 한도액 내에서 방문요양, 방문목욕, 방문간호 및 주야간보호서비스까지 모두 이용할 수 있기 때문에 방문목욕이 아닌 다른 서비스 이용으로 월 한도액을 소진해버리면 방문목욕을 할 기회가 없어진다. 또는 다른 서비스 이용에 중점을 두다 보니 방문목욕은 월 2회 정도만 받을 수도 있다. 그렇게 되면 방문목욕의 수입(매출)은 기대한 만큼 나오지 않게 될 것이므로 어떻게든 수급자들이 방문목욕을 우선 이용하도록 유도하는 전략이 필요하다.

이처럼 한 명의 수급자가 한 달에 이용하는 방문목욕 횟수가 모두 다르기 때문에 수입(매출)을 예상할 때 수급자 수로 계산하는 것은 의미가 없다. 바로 이용 횟수(또는 건수)로 계산을 해야 한다.

아래 표는 방문목욕 유형에 따라 한 달 동안의 예상 수입(매출)을 나타낸 것이다. 차량을 이용할 경우, 평균적으로 한 달에 150회(건) 정도를 제공하지만 하루에 7건씩 주 6일 동안 서비스를 제공하면 한 달에 180건까지 가능하다. 이런 방식으로 산출하면 차량 방문목욕으로 최대 발생시킬 수 있는 수입(매출)은 14,788,800원이 된다.

표 4-4 방문목욕 급여비용 및 월 예상매출(2023년 기준)

분 류	금액(원)					
	시간 구분	단가	50건	100건	150건	180건
차량 내 목욕	60분 이상	82,160	4,108,000	8,216,000	12,324,000	14,788,800
	40분~60분	65,728	3,286,400	6,572,800	9,859,200	11,831,040
차량(가정) 내 차량	60분 이상	74,070	3,703,500	7,407,000	11,110,500	13,332,600
	40분~60분	59,256	2,962,800	5,925,600	8,888,400	10,666,080
가정 내 목욕	60분 이상	46,250	2,312,500	4,625,000	6,937,500	8,325,000
	40분~60분	37,000	1,850,000	3,700,000	5,550,000	6,660,000

이 금액은 오로지 수입(매출)만 계산한 것이므로 정확한 수익을 계산하기 위해서는 지출을 따져봐야 한다. 가장 큰 지출은 인건비이며, 그다음은 사무실 운영비, 마지막으로 차량 유지관리비를 고려해야 한다.

02 방문목욕 사업의 지출 영역

1) 방문목욕 요양보호사의 인건비 특성

방문요양보호사들은 대부분 정부에서 정한 최저시급을 기준으로 하기 때문에 주휴수당과 연차수당을 꼼꼼하게 계산해주어야 한다. 그러나 방문목욕을 전담하는 요양보호사들은 이 제도가 실시될 당시부터 정부의 최저시급을 훨씬 뛰어넘는 임금을 받아왔다. 이것은 거의 전국적인 현상이며, 지금도 그 전통은 이어지고 있다.

워크넷에서 '방문목욕 요양보호사'로 검색해보면, 시급이 보통 15,000원에서 17,000원 사이인 것을 확인할 수 있다. 방문요양보호사들은 주휴수당과 연차수당까지 합쳐도 12,100원에서 12,500원 사이인 것과 비교하면 상대적으로 높은 편이다. 그 이유는 방문요양에 비해 업무 강도가 높다고 알려져 있기 때문이다.

방문목욕 요양보호사들의 시급은 사업주가 더 주고 싶거나 덜 주고 싶더라도 정부의 최저시급보다 훨씬 높기 때문에 이들에게는 주휴수당이나 연차수당이 사실상 무의미하다. 만약, 주휴수당을 책정해야 한다면, 당초 정한 시급을 조금 낮춘 후 주휴수당을 책정하면 되기 때문에 사업주 입장에서 부담될 것이 없다. 이런 원리는 연차수당에도 마찬가지로 적용된다. 그보다는 요양보호사들에게 휴가를 어떻게 줄 것인가가 현실적인 고민거리일 것이다.

따라서 방문목욕 요양보호사의 인건비는 방문요양과 같이 복잡하게 계산하지 않고, 인건비 지출비율만 고려하면 될 것이다.

2) 방문목욕의 인건비 지출비율

방문목욕에서 인건비 지출비율이 적용되는 직종은 요양보호사뿐이다. 그리고 다른 급여 유형에 비해 인건비 지출비율이 50.1%로 가장 낮다. 즉, 사업 수입(매출)의 절반은 요양보호사 2인의 몫이라고 보면 된다.

이런 특성 때문에 방문요양의 수익을 계산할 때 인건비 부분은 복잡하게 계산할 것이 아니라 인건비 지출비율인 50.1%를 적용해서 간단하게 계산하는 것이

유리하다. 50.1% 안에는 주휴수당, 연차수당은 물론이고, 연장근로 및 휴일수당 그리고 사회보험료, 퇴직금, 세금까지 포함되어 있다고 보면 된다.

실제 운영을 할 때는 방문요양보호사의 시급이나 각종 수당, 사회보험료, 퇴직 적립금 등을 정확히 산출해야 하겠지만 여기에서는 방문목욕 사업을 했을 때 예상되는 수익을 알아보는 것이므로 인건비 지출비율로 계산하는 것이 가장 정확하다고 할 수 있다. 특히, 모든 지출 항목을 제외한 잉여금 또는 수익금을 가져가기 위해서는 인건비 지출비율을 반드시 지켜야 하기 때문에 인건비 지출비율을 기준으로 수익 계산하는 것이 여러모로 간편하다고 할 수 있다.

표 4-5 인건비 지출비율

구분	장기요양요원	인건비 지출비율(%)
노인요양시설	간호(조무)사, 물리(작업)치료사, 사회복지사, 요양보호사	61.4
노인요양공동생활가정	간호(조무)사, 물리(작업)치료사, 사회복지사, 요양보호사	65.8
주야간보호	간호(조무)사, 물리(작업)치료사, 사회복지사, 요양보호사	49.0
단기보호	간호(조무)사, 물리(작업)치료사, 사회복지사, 요양보호사	59.3
방문요양	요양보호사, 사회복지사	86.6
방문목욕	요양보호사	50.1
방문간호	간호(조무)사, 치과위생사	60.9

3) 인건비 외 지출 항목

방문목욕 사업은 대부분 방문요양과 함께 운영하는 경우가 많지만, 경우에 따라서는 방문목욕만 하는 경우도 있다. 이 경우, 사무실을 별도로 구해야 하므로 사무실 유지비용이 발생한다.

노인복지법 시행규칙 [별표 9]의 '재가노인복지시설의 시설기준 및 인력배치기준'을 보면, 방문요양, 방문목욕 및 방문간호를 제공하는 시설은 시설전용면적 16.5제곱미터 이상(연면적 기준)이면 된다고 나와 있다. 즉, 5평 이상이면 된다는 의미이다.

방문요양 수익계산 편에서 지역별 소규모 상가 임대료 현황을 살펴보았듯이 방문목욕 사무실 역시 월 50만 원 정도의 임대료를 예상할 수 있을 것이다. 사무실 임대료 외 지출 예상 항목을 살펴보면, 사무실 냉난방 등 연료비, 사무용품 등 비품 구입, 홍보비, 인터넷 · 전화 · 팩스 비용, 책임보험 등 각종 보험료 등이 있다.

이런 항목들은 방문요양을 할 때와 차이가 없다. 따라서 방문목욕만 하는 것이 아니라 방문요양을 함께 운영할 경우 사무실 유지 · 관리비를 절약할 수 있는 장점이 있다.

4) 방문목욕 고유의 지출 항목

사무실 유지 · 관리비는 방문요양과 방문목욕이 중복되지만 차량을 이용한 방문목욕이라면 추가적으로 소요되는 비용이 있다. 바로, 목욕차량을 운행하면서 발생하는 주유비와 차량 유지 · 관리비가 그것이다.

문제는 목욕 차량의 주유비는 예측이 쉽지 않다. 그 이유는 목욕 건수에 따라 다르고, 방문할 수급자 가정의 위치, 도로 상태 등에 영향을 받으며, 무엇보다도 변동이 심한 석유 가격의 특성 때문이다.

목욕 차량은 등유와 경유 모두를 사용하게 된다. 경유는 차량 운행용이고, 등유는 온수를 데우고 유지하기 위한 보일러 가동에 사용된다. 따라서 경유와 등유 가격에 따라 차량 유지비가 크게 영향을 받게 된다.

이 외에도 목욕 차량의 보험료 및 세금이 추가되고, 매일 상당량의 물을 공급받아야 함에 따라 수도요금도 감안해야 한다. 특히, 목욕 차량은 1톤 포터 차량 위에 탑을 씌우고 그 안에 보일러 장치 및 목욕 시설을 임의로 갖추게 되는데, 이 과정이 모두 수작업이라 실력이 좋은 기술자가 작업을 하지 않으면 잦은 고장과 부속 교체가 발생하여 추가적인 비용이 발생되는 경우가 많다.

마지막으로 매일 5건에서 8건의 반복적인 목욕을 하다 보면 목욕용품 및 소모품을 대량으로 구입해서 사용해야 한다. 이런 비용도 만만치 않게 소요되기 때문에 지출 항목에 반드시 포함시킬 필요가 있다.

표 4-6 방문목욕 운영비 현황

운영비	공공요금 및 제세공과금	수도요금		12회 × 20,000원	240,000
		보험	전문인배상	3명 × 40,000원	120,000
			자동차보험	1회 × 500,000원	500,000
		자동차 세금		2회 × 700,000원	1,400,000
		소계			2,260,000
	차량비	목욕차량 주유비		12회 × 500,000원	6,000,000
		차량 정비/소모품		4회 × 300,000원	1,200,000
		소계			7,200,000
운영비 소계					9,460,000

표 4-7 방문목욕 사업비 현황

사업비	수용기관 경비	목욕용품 구입	12회 × 100,000원	1,200,000
		기타 물품 구입	12회 × 50,000원	600,000
		소계		1,800,000
운영비 소계				1,800,000

03 방문목욕 건수에 따른 수익계산

방문목욕 수익계산은 수급자 수가 아닌 목욕 횟수(건수)로 계산했다. 그 이유는 이미 설명했듯이 수급자들이 한 달에 목욕을 하는 횟수가 일정치 않기 때문이다. 목욕 차량 1대로 한 달에 처리할 수 있는 목욕 횟수(건수)는 정해진 것이 없다. 다만, 실제 차량을 이용한 목욕 사업을 하는 센터들의 의견을 참고해서 월 최고 180건으로 계산을 했다.

장기요양급여 및 본인부담금의 산출 근거가 되는 73,944원은 방문목욕을 하는 3종류 방식 중 목욕차량을 이용한 차량 내 목욕을 기준으로 하고, 1회 목욕 시 60분 이상인 경우와 40~60분 목욕에 따른 비용 차이를 감안하여 평균값으로 정했다. 그 이유는 수급자들이 한 번 목욕을 할 때 60분을 할지 아니면 40분만 원할지 알 수 없기 때문이다.

표 4-8 방문목욕 1건당 수입의 산출근거(2023년 기준)

구분		1회(건수) 목욕 비용		
		60분 이상	40분~60분	평균
차량 목욕	차량 내	82,160	65,728	73,944
	가정 내	74,070	59,256	66,663
차량 미이용 목욕		46,250	37,000	41,625

이런 원리를 반영하여 산출한 차량 방문목욕의 목욕 횟수(건수)에 따른 수익은 아래 표와 같다.

표 4-9 목욕 1건부터 10건까지의 수익

구분			목욕 건수									
			1	2	3	4	5	6	7	8	9	10
수입	요양서비스 수입(사업매출)		73,944	147,888	221,832	295,776	369,720	443,664	517,608	591,552	665,496	739,440
지출	인건비1	요양보호사 (매출의 50.1%)	37,046	74,092	111,138	148,184	185,230	222,276	259,322	296,368	333,413	370,459
	인건비2	시설장	2,100,000	2,100,000	2,100,000	2,100,000	2,100,000	2,100,000	2,100,000	2,100,000	2,100,000	2,100,000
		사회보험 기관부담 (9.473%)	198,933	198,933	198,933	198,933	198,933	198,933	198,933	198,933	198,933	198,933
		퇴직적립금(8.3%)	174,300	174,300	174,300	174,300	174,300	174,300	174,300	174,300	174,300	174,300
	인건비 소계		2,510,279	2,547,325	2,584,371	2,621,417	2,658,463	2,695,509	2,732,555	2,769,601	2,806,646	2,843,692
	사무실 임대료		500,000	500,000	500,000	500,000	500,000	500,000	500,000	500,000	500,000	500,000
	사무실 유지관리비		150,000	150,000	150,000	150,000	150,000	150,000	150,000	150,000	150,000	150,000
	차량운행비		30,000	37,000	44,000	51,000	58,000	65,000	72,000	79,000	86,000	93,000
	시설, 장비 유지비		100,000	110,000	120,000	130,000	140,000	150,000	160,000	170,000	180,000	190,000
	전문인배상책임보험		50,000	50,000	50,000	50,000	50,000	50,000	50,000	50,000	50,000	50,000
	기타 지출 소계		830,000	847,000	864,000	881,000	898,000	915,000	932,000	949,000	966,000	983,000
수익(수입-인건비-기타 지출)			-3,266,335	-3,246,437	-3,226,539	-3,206,641	-3,186,743	-3,166,845	-3,146,947	-3,127,049	-3,107,150	-3,087,252
시설장이 사업주인 경우			-793,102	-773,204	-753,306	-733,408	-713,510	-693,612	-673,714	-653,816	-633,917	-614,019

표 4-10 목욕 11건부터 20건까지의 수익

구분			목욕 건수									
			11	12	13	14	15	16	17	18	19	20
수입	요양서비스 수입(사업매출)		813,384	887,328	961,272	1,035,216	1,109,160	1,183,104	1,257,048	1,330,992	1,404,936	1,478,880
지출	인건비1	요양보호사 (매출의 50.1%)	407,505	444,551	481,597	518,643	555,689	592,735	629,781	666,827	703,873	740,919
	인건비2	시설장	2,100,000	2,100,000	2,100,000	2,100,000	2,100,000	2,100,000	2,100,000	2,100,000	2,100,000	2,100,000
		사회보험 기관부담 (9.473%)	198,933	198,933	198,933	198,933	198,933	198,933	198,933	198,933	198,933	198,933
		퇴직적립금(8.3%)	174,300	174,300	174,300	174,300	174,300	174,300	174,300	174,300	174,300	174,300
	인건비 소계		2,880,738	2,917,784	2,954,830	2,991,876	3,028,922	3,065,968	3,103,014	3,140,060	3,177,106	3,214,152
	사무실 임대료		500,000	500,000	500,000	500,000	500,000	500,000	500,000	500,000	500,000	500,000
	사무실 유지관리비		170,000	170,000	170,000	170,000	170,000	170,000	170,000	170,000	170,000	170,000
	차량운행비		100,000	107,000	114,000	121,000	128,000	135,000	142,000	149,000	156,000	163,000
	시설, 장비 유지비		200,000	210,000	220,000	230,000	240,000	250,000	260,000	270,000	280,000	290,000
	전문인배상책임보험		50,000	50,000	50,000	50,000	50,000	50,000	50,000	50,000	50,000	50,000
	기타 지출 소계		1,020,000	1,037,000	1,054,000	1,071,000	1,088,000	1,105,000	1,122,000	1,139,000	1,156,000	1,173,000
수익(수입-인건비-기타 지출)			−3,087,354	−3,067,456	−3,047,558	−3,027,660	−3,007,762	−2,987,864	−2,967,966	−2,948,068	−2,928,170	−2,908,272
시설장이 사업주인 경우			−614,121	−594,223	−574,325	−554,427	−534,529	−514,631	−494,733	−474,835	−454,937	−435,039

표 4-11 목욕 21건부터 30건까지의 수익

구분			목욕 건수									
			21	22	23	24	25	26	27	28	29	30
수입	요양서비스 수입(사업매출)		1,552,824	1,626,768	1,700,712	1,774,656	1,848,600	1,922,544	1,996,488	2,070,432	2,144,376	2,218,320
지출	인건비1	요양보호사 (매출의 50.1%)	777,965	815,011	852,057	889,103	926,149	963,195	1,000,240	1,037,286	1,074,332	1,111,378
	인건비2	시설장	2,100,000	2,100,000	2,100,000	2,100,000	2,100,000	2,100,000	2,100,000	2,100,000	2,100,000	2,100,000
		사회보험 기관부담 (9.473%)	198,933	198,933	198,933	198,933	198,933	198,933	198,933	198,933	198,933	198,933
		퇴직적립금(8.3%)	174,300	174,300	174,300	174,300	174,300	174,300	174,300	174,300	174,300	174,300
	인건비 소계		3,251,198	3,288,244	3,325,290	3,362,336	3,399,382	3,436,428	3,473,473	3,510,519	3,547,565	3,584,611
	사무실 임대료		500,000	500,000	500,000	500,000	500,000	500,000	500,000	500,000	500,000	500,000
	사무실 유지관리비		200,000	200,000	200,000	200,000	200,000	200,000	200,000	200,000	200,000	200,000
	차량운행비		170,000	177,000	184,000	191,000	198,000	205,000	212,000	219,000	226,000	233,000
	시설, 장비 유지비		300,000	300,000	300,000	300,000	300,000	300,000	300,000	300,000	300,000	300,000
	전문인배상책임보험		50,000	50,000	50,000	50,000	50,000	50,000	50,000	50,000	50,000	50,000
	기타 지출 소계		1,220,000	1,227,000	1,234,000	1,241,000	1,248,000	1,255,000	1,262,000	1,269,000	1,276,000	1,283,000
수익(수입-인건비-기타 지출)			−2,918,374	−2,888,476	−2,858,578	−2,828,680	−2,798,782	−2,768,884	−2,738,985	−2,709,087	−2,679,189	−2,649,291
시설장이 사업주인 경우			−445,141	−415,243	−385,345	−355,447	−325,549	−295,651	−265,752	−235,854	−205,956	−176,058

표 4-12 목욕 31건부터 40건까지의 수익

구분			목욕 건수									
			31	32	33	34	35	36	37	38	39	40
수입	요양서비스 수입(사업매출)		2,292,264	2,366,208	2,440,152	2,514,096	2,588,040	2,661,984	2,735,928	2,809,872	2,883,816	2,957,760
지출	인건비1	요양보호사 (매출의 50.1%)	1,148,424	1,185,470	1,222,516	1,259,562	1,296,608	1,333,654	1,370,700	1,407,746	1,444,792	1,481,838
	인건비2	시설장	2,100,000	2,100,000	2,100,000	2,100,000	2,100,000	2,100,000	2,100,000	2,100,000	2,100,000	2,100,000
		사회보험 기관부담 (9.473%)	198,933	198,933	198,933	198,933	198,933	198,933	198,933	198,933	198,933	198,933
		퇴직적립금(8.3%)	174,300	174,300	174,300	174,300	174,300	174,300	174,300	174,300	174,300	174,300
	인건비 소계		3,621,657	3,658,703	3,695,749	3,732,795	3,769,841	3,806,887	3,843,933	3,880,979	3,918,025	3,955,071
	사무실 임대료		500,000	500,000	500,000	500,000	500,000	500,000	500,000	500,000	500,000	500,000
	사무실 유지관리비		220,000	220,000	220,000	220,000	220,000	220,000	220,000	220,000	220,000	220,000
	차량운행비		240,000	247,000	254,000	261,000	268,000	275,000	282,000	289,000	296,000	303,000
	시설, 장비 유지비		300,000	300,000	300,000	300,000	300,000	300,000	300,000	300,000	300,000	300,000
	전문인배상책임보험		50,000	50,000	50,000	50,000	50,000	50,000	50,000	50,000	50,000	50,000
	기타 지출 소계		1,310,000	1,317,000	1,324,000	1,331,000	1,338,000	1,345,000	1,352,000	1,359,000	1,366,000	1,373,000
수익(수입-인건비-기타 지출)			−2,639,393	−2,609,495	−2,579,597	−2,549,699	−2,519,801	−2,489,903	−2,460,005	−2,430,107	−2,400,209	−2,370,311
시설장이 사업주인 경우			−166,160	−136,262	−106,364	−76,466	−46,568	−16,670	13,228	43,126	73,024	102,922

표 4-13 목욕 41건부터 50건까지의 수익

구분			목욕 건수									
			41	42	43	44	45	46	47	48	49	50
수입	요양서비스 수입(사업매출)		3,031,704	3,105,648	3,179,592	3,253,536	3,327,480	3,401,424	3,475,368	3,549,312	3,623,256	3,697,200
지출	인건비1	요양보호사 (매출의 50.1%)	1,518,884	1,555,930	1,592,976	1,630,022	1,667,067	1,704,113	1,741,159	1,778,205	1,815,251	1,852,297
	인건비2	시설장	2,100,000	2,100,000	2,100,000	2,100,000	2,100,000	2,100,000	2,100,000	2,100,000	2,100,000	2,100,000
		사회보험 기관부담 (9.473%)	198,933	198,933	198,933	198,933	198,933	198,933	198,933	198,933	198,933	198,933
		퇴직적립금(8.3%)	174,300	174,300	174,300	174,300	174,300	174,300	174,300	174,300	174,300	174,300
	인건비 소계		3,992,117	4,029,163	4,066,209	4,103,255	4,140,300	4,177,346	4,214,392	4,251,438	4,288,484	4,325,530
	사무실 임대료		500,000	500,000	500,000	500,000	500,000	500,000	500,000	500,000	500,000	500,000
	사무실 유지관리비		250,000	250,000	250,000	250,000	250,000	250,000	250,000	250,000	250,000	250,000
	차량운행비		310,000	317,000	324,000	331,000	338,000	345,000	352,000	359,000	366,000	373,000
	시설, 장비 유지비		300,000	300,000	300,000	300,000	300,000	300,000	300,000	300,000	300,000	300,000
	전문인배상책임보험		50,000	50,000	50,000	50,000	50,000	50,000	50,000	50,000	50,000	50,000
	기타 지출 소계		1,410,000	1,417,000	1,424,000	1,431,000	1,438,000	1,445,000	1,452,000	1,459,000	1,466,000	1,473,000
수익(수입-인건비-기타 지출)			−2,370,413	−2,340,515	−2,310,617	−2,280,719	−2,250,820	−2,220,922	−2,191,024	−2,161,126	−2,131,228	−2,101,330
시설장이 사업주인 경우			102,820	132,718	162,616	192,514	222,413	252,311	282,209	312,107	342,005	371,903

표 4-14 목욕 51건부터 60건까지의 수익

구분			목욕 건수									
			51	52	53	54	55	56	57	58	59	60
수입	요양서비스 수입(사업매출)		3,771,144	3,845,088	3,919,032	3,992,976	4,066,920	4,140,864	4,214,808	4,288,752	4,362,696	4,436,640
지출	인건비1	요양보호사 (매출의 50.1%)	1,889,343	1,926,389	1,963,435	2,000,481	2,037,527	2,074,573	2,111,619	2,148,665	2,185,711	2,222,757
	인건비2	시설장	2,100,000	2,100,000	2,100,000	2,100,000	2,100,000	2,100,000	2,100,000	2,100,000	2,100,000	2,100,000
		사회보험 기관부담 (9.473%)	198,933	198,933	198,933	198,933	198,933	198,933	198,933	198,933	198,933	198,933
		퇴직적립금(8.3%)	174,300	174,300	174,300	174,300	174,300	174,300	174,300	174,300	174,300	174,300
	인건비 소계		4,362,576	4,399,622	4,436,668	4,473,714	4,510,760	4,547,806	4,584,852	4,621,898	4,658,944	4,695,990
	사무실 임대료		500,000	500,000	500,000	500,000	500,000	500,000	500,000	500,000	500,000	500,000
	사무실 유지관리비		270,000	270,000	270,000	270,000	270,000	270,000	270,000	270,000	270,000	270,000
	차량운행비		380,000	387,000	394,000	401,000	408,000	415,000	422,000	429,000	436,000	443,000
	시설, 장비 유지비		300,000	300,000	300,000	300,000	300,000	300,000	300,000	300,000	300,000	300,000
	전문인배상책임보험		50,000	50,000	50,000	50,000	50,000	50,000	50,000	50,000	50,000	50,000
	기타 지출 소계		1,500,000	1,507,000	1,514,000	1,521,000	1,528,000	1,535,000	1,542,000	1,549,000	1,556,000	1,563,000
수익(수입-인건비-기타 지출)			-2,091,432	-2,061,534	-2,031,636	-2,001,738	-1,971,840	-1,941,942	-1,912,044	-1,882,146	-1,852,248	-1,822,350
시설장이 사업주인 경우			381,801	411,699	441,597	471,495	501,393	531,291	561,189	591,087	620,985	650,883

표 4-15 목욕 61건부터 70건까지의 수익

구분			목욕 건수									
			61	62	63	64	65	66	67	68	69	70
수입	요양서비스 수입(사업매출)		4,510,584	4,584,528	4,658,472	4,732,416	4,806,360	4,880,304	4,954,248	5,028,192	5,102,136	5,176,080
지출	인건비1	요양보호사 (매출의 50.1%)	2,259,803	2,296,849	2,333,894	2,370,940	2,407,986	2,445,032	2,482,078	2,519,124	2,556,170	2,593,216
	인건비2	시설장	2,100,000	2,100,000	2,100,000	2,100,000	2,100,000	2,100,000	2,100,000	2,100,000	2,100,000	2,100,000
		사회보험 기관부담 (9.473%)	198,933	198,933	198,933	198,933	198,933	198,933	198,933	198,933	198,933	198,933
		퇴직적립금(8.3%)	174,300	174,300	174,300	174,300	174,300	174,300	174,300	174,300	174,300	174,300
	인건비 소계		4,733,036	4,770,082	4,807,127	4,844,173	4,881,219	4,918,265	4,955,311	4,992,357	5,029,403	5,066,449
	사무실 임대료		500,000	500,000	500,000	500,000	500,000	500,000	500,000	500,000	500,000	500,000
	사무실 유지관리비		300,000	300,000	300,000	300,000	300,000	300,000	300,000	300,000	300,000	300,000
	차량운행비		450,000	457,000	464,000	471,000	478,000	485,000	492,000	499,000	506,000	513,000
	시설, 장비 유지비		300,000	300,000	300,000	300,000	300,000	300,000	300,000	300,000	300,000	300,000
	전문인배상책임보험		50,000	50,000	50,000	50,000	50,000	50,000	50,000	50,000	50,000	50,000
	기타 지출 소계		1,600,000	1,607,000	1,614,000	1,621,000	1,628,000	1,635,000	1,642,000	1,649,000	1,656,000	1,663,000
수익(수입-인건비-기타 지출)			-1,822,452	-1,792,554	-1,762,655	-1,732,757	-1,702,859	-1,672,961	-1,643,063	-1,613,165	-1,583,267	-1,553,369
시설장이 사업주인 경우			650,781	680,679	710,578	740,476	770,374	800,272	830,170	860,068	889,966	919,864

표 4-16 목욕 71건부터 80건까지의 수익

구분			목욕 건수									
			71	72	73	74	75	76	77	78	79	80
수입	요양서비스 수입(사업매출)		5,250,024	5,323,968	5,397,912	5,471,856	5,545,800	5,619,744	5,693,688	5,767,632	5,841,576	5,915,520
지출	인건비1	요양보호사 (매출의 50.1%)	2,630,262	2,667,308	2,704,354	2,741,400	2,778,446	2,815,492	2,852,538	2,889,584	2,926,630	2,963,676
	인건비2	시설장	2,100,000	2,100,000	2,100,000	2,100,000	2,100,000	2,100,000	2,100,000	2,100,000	2,100,000	2,100,000
		사회보험 기관부담 (9.473%)	198,933	198,933	198,933	198,933	198,933	198,933	198,933	198,933	198,933	198,933
		퇴직적립금(8.3%)	174,300	174,300	174,300	174,300	174,300	174,300	174,300	174,300	174,300	174,300
	인건비 소계		5,103,495	5,140,541	5,177,587	5,214,633	5,251,679	5,288,725	5,325,771	5,362,817	5,399,863	5,436,909
	사무실 임대료		500,000	500,000	500,000	500,000	500,000	500,000	500,000	500,000	500,000	500,000
	사무실 유지관리비		320,000	320,000	320,000	320,000	320,000	320,000	320,000	320,000	320,000	320,000
	차량운행비		520,000	527,000	534,000	541,000	548,000	555,000	562,000	569,000	576,000	583,000
	시설, 장비 유지비		300,000	300,000	300,000	300,000	300,000	300,000	300,000	300,000	300,000	300,000
	전문인배상책임보험		50,000	50,000	50,000	50,000	50,000	50,000	50,000	50,000	50,000	50,000
	기타 지출 소계		1,690,000	1,697,000	1,704,000	1,711,000	1,718,000	1,725,000	1,732,000	1,739,000	1,746,000	1,753,000
수익(수입-인건비-기타 지출)			−1,543,471	−1,513,573	−1,483,675	−1,453,777	−1,423,879	−1,393,981	−1,364,083	−1,334,185	−1,304,287	−1,274,389
시설장이 사업주인 경우			929,762	959,660	989,558	1,019,456	1,049,354	1,079,252	1,109,150	1,139,048	1,168,946	1,198,844

표 4-17 목욕 81건부터 90건까지의 수익

구분			목욕 건수									
			81	82	83	84	85	86	87	88	89	90
수입	요양서비스 수입(사업매출)		5,989,464	6,063,408	6,137,352	6,211,296	6,285,240	6,359,184	6,433,128	6,507,072	6,581,016	6,654,960
지출	인건비1	요양보호사 (매출의 50.1%)	3,000,721	3,037,767	3,074,813	3,111,859	3,148,905	3,185,951	3,222,997	3,260,043	3,297,089	3,334,135
	인건비2	시설장	2,100,000	2,100,000	2,100,000	2,100,000	2,100,000	2,100,000	2,100,000	2,100,000	2,100,000	2,100,000
		사회보험 기관부담 (9.473%)	198,933	198,933	198,933	198,933	198,933	198,933	198,933	198,933	198,933	198,933
		퇴직적립금(8.3%)	174,300	174,300	174,300	174,300	174,300	174,300	174,300	174,300	174,300	174,300
	인건비 소계		5,473,954	5,511,000	5,548,046	5,585,092	5,622,138	5,659,184	5,696,230	5,733,276	5,770,322	5,807,368
	사무실 임대료		500,000	500,000	500,000	500,000	500,000	500,000	500,000	500,000	500,000	500,000
	사무실 유지관리비		350,000	350,000	350,000	350,000	350,000	350,000	350,000	350,000	350,000	350,000
	차량운행비		590,000	597,000	604,000	611,000	618,000	625,000	632,000	639,000	646,000	653,000
	시설, 장비 유지비		300,000	300,000	300,000	300,000	300,000	300,000	300,000	300,000	300,000	300,000
	전문인배상책임보험		50,000	50,000	50,000	50,000	50,000	50,000	50,000	50,000	50,000	50,000
	기타 지출 소계		1,790,000	1,797,000	1,804,000	1,811,000	1,818,000	1,825,000	1,832,000	1,839,000	1,846,000	1,853,000
수익(수입-인건비-기타 지출)			−1,274,490	−1,244,592	−1,214,694	−1,184,796	−1,154,898	−1,125,000	−1,095,102	−1,065,204	−1,035,306	−1,005,408
시설장이 사업주인 경우			1,198,743	1,228,641	1,258,539	1,288,437	1,318,335	1,348,233	1,378,131	1,408,029	1,437,927	1,467,825

표 4-18 목욕 91건부터 100건까지의 수익

구분			목욕 건수									
			91	92	93	94	95	96	97	98	99	100
수입	요양서비스 수입(사업매출)		6,728,904	6,802,848	6,876,792	6,950,736	7,024,680	7,098,624	7,172,568	7,246,512	7,320,456	7,394,400
지출	인건비1	요양보호사 (매출의 50.1%)	3,371,181	3,408,227	3,445,273	3,482,319	3,519,365	3,556,411	3,593,457	3,630,503	3,667,548	3,704,594
	인건비2	시설장	2,100,000	2,100,000	2,100,000	2,100,000	2,100,000	2,100,000	2,100,000	2,100,000	2,100,000	2,100,000
		사회보험 기관부담 (9.473%)	198,933	198,933	198,933	198,933	198,933	198,933	198,933	198,933	198,933	198,933
		퇴직적립금(8.3%)	174,300	174,300	174,300	174,300	174,300	174,300	174,300	174,300	174,300	174,300
	인건비 소계		5,844,414	5,881,460	5,918,506	5,955,552	5,992,598	6,029,644	6,066,690	6,103,736	6,140,781	6,177,827
	사무실 임대료		500,000	500,000	500,000	500,000	500,000	500,000	500,000	500,000	500,000	500,000
	사무실 유지관리비		350,000	350,000	350,000	350,000	350,000	350,000	350,000	350,000	350,000	350,000
	차량운행비		660,000	667,000	674,000	681,000	688,000	695,000	702,000	709,000	716,000	723,000
	시설, 장비 유지비		300,000	300,000	300,000	300,000	300,000	300,000	300,000	300,000	300,000	300,000
	전문인배상책임보험		50,000	50,000	50,000	50,000	50,000	50,000	50,000	50,000	50,000	50,000
	기타 지출 소계		1,860,000	1,867,000	1,874,000	1,881,000	1,888,000	1,895,000	1,902,000	1,909,000	1,916,000	1,923,000
수익(수입-인건비-기타 지출)			-975,510	-945,612	-915,714	-885,816	-855,918	-826,020	-796,122	-766,224	-736,325	-706,427
시설장이 사업주인 경우			1,497,723	1,527,621	1,557,519	1,587,417	1,617,315	1,647,213	1,677,111	1,707,009	1,736,908	1,766,806

표 4-19 목욕 101건부터 110건까지의 수익

구분			목욕 건수									
			101	102	103	104	105	106	107	108	109	110
수입	요양서비스 수입(사업매출)		7,468,344	7,542,288	7,616,232	7,690,176	7,764,120	7,838,064	7,912,008	7,985,952	8,059,896	8,133,840
지출	인건비1	요양보호사 (매출의 50.1%)	3,741,640	3,778,686	3,815,732	3,852,778	3,889,824	3,926,870	3,963,916	4,000,962	4,038,008	4,075,054
	인건비2	시설장	2,100,000	2,100,000	2,100,000	2,100,000	2,100,000	2,100,000	2,100,000	2,100,000	2,100,000	2,100,000
		사회보험 기관부담 (9.473%)	198,933	198,933	198,933	198,933	198,933	198,933	198,933	198,933	198,933	198,933
		퇴직적립금(8.3%)	174,300	174,300	174,300	174,300	174,300	174,300	174,300	174,300	174,300	174,300
	인건비 소계		6,214,873	6,251,919	6,288,965	6,326,011	6,363,057	6,400,103	6,437,149	6,474,195	6,511,241	6,548,287
	사무실 임대료		500,000	500,000	500,000	500,000	500,000	500,000	500,000	500,000	500,000	500,000
	사무실 유지관리비		350,000	350,000	350,000	350,000	350,000	350,000	350,000	350,000	350,000	350,000
	차량운행비		730,000	737,000	744,000	751,000	758,000	765,000	772,000	779,000	786,000	793,000
	시설, 장비 유지비		300,000	300,000	300,000	300,000	300,000	300,000	300,000	300,000	300,000	300,000
	전문인배상책임보험		50,000	50,000	50,000	50,000	50,000	50,000	50,000	50,000	50,000	50,000
	기타 지출 소계		1,930,000	1,937,000	1,944,000	1,951,000	1,958,000	1,965,000	1,972,000	1,979,000	1,986,000	1,993,000
수익(수입-인건비-기타 지출)			-676,529	-646,631	-616,733	-586,835	-556,937	-527,039	-497,141	-467,243	-437,345	-407,447
시설장이 사업주인 경우			1,796,704	1,826,602	1,856,500	1,886,398	1,916,296	1,946,194	1,976,092	2,005,990	2,035,888	2,065,786

표 4-20 목욕 111건부터 120건까지의 수익

구분			목욕 건수									
			111	112	113	114	115	116	117	118	119	120
수입	요양서비스 수입(사업매출)		8,207,784	8,281,728	8,355,672	8,429,616	8,503,560	8,577,504	8,651,448	8,725,392	8,799,336	8,873,280
지출	인건비1	요양보호사 (매출의 50.1%)	4,112,100	4,149,146	4,186,192	4,223,238	4,260,284	4,297,330	4,334,375	4,371,421	4,408,467	4,445,513
	인건비2	시설장	2,100,000	2,100,000	2,100,000	2,100,000	2,100,000	2,100,000	2,100,000	2,100,000	2,100,000	2,100,000
		사회보험 기관부담 (9.473%)	198,933	198,933	198,933	198,933	198,933	198,933	198,933	198,933	198,933	198,933
		퇴직적립금(8.3%)	174,300	174,300	174,300	174,300	174,300	174,300	174,300	174,300	174,300	174,300
	인건비 소계		6,585,333	6,622,379	6,659,425	6,696,471	6,733,517	6,770,563	6,807,608	6,844,654	6,881,700	6,918,746
	사무실 임대료		500,000	500,000	500,000	500,000	500,000	500,000	500,000	500,000	500,000	500,000
	사무실 유지관리비		350,000	350,000	350,000	350,000	350,000	350,000	350,000	350,000	350,000	350,000
	차량운행비		800,000	807,000	814,000	821,000	828,000	835,000	842,000	849,000	856,000	863,000
	시설, 장비 유지비		300,000	300,000	300,000	300,000	300,000	300,000	300,000	300,000	300,000	300,000
	전문인배상책임보험		50,000	50,000	50,000	50,000	50,000	50,000	50,000	50,000	50,000	50,000
	기타 지출 소계		2,000,000	2,007,000	2,014,000	2,021,000	2,028,000	2,035,000	2,042,000	2,049,000	2,056,000	2,063,000
수익(수입-인건비-기타 지출)			-377,549	-347,651	-317,753	-287,855	-257,957	-228,059	-198,160	-168,262	-138,364	-108,466
시설장이 사업주인 경우			2,095,684	2,125,582	2,155,480	2,185,378	2,215,276	2,245,174	2,275,073	2,304,971	2,334,869	2,364,767

표 4-21 목욕 121건부터 130건까지의 수익

구분			목욕 건수									
			121	122	123	124	125	126	127	128	129	130
수입	요양서비스 수입(사업매출)		8,947,224	9,021,168	9,095,112	9,169,056	9,243,000	9,316,944	9,390,888	9,464,832	9,538,776	9,612,720
지출	인건비1	요양보호사 (매출의 50.1%)	4,482,559	4,519,605	4,556,651	4,593,697	4,630,743	4,667,789	4,704,835	4,741,881	4,778,927	4,815,973
	인건비2	시설장	2,100,000	2,100,000	2,100,000	2,100,000	2,100,000	2,100,000	2,100,000	2,100,000	2,100,000	2,100,000
		사회보험 기관부담 (9.473%)	198,933	198,933	198,933	198,933	198,933	198,933	198,933	198,933	198,933	198,933
		퇴직적립금(8.3%)	174,300	174,300	174,300	174,300	174,300	174,300	174,300	174,300	174,300	174,300
	인건비 소계		6,955,792	6,992,838	7,029,884	7,066,930	7,103,976	7,141,022	7,178,068	7,215,114	7,252,160	7,289,206
	사무실 임대료		500,000	500,000	500,000	500,000	500,000	500,000	500,000	500,000	500,000	500,000
	사무실 유지관리비		350,000	350,000	350,000	350,000	350,000	350,000	350,000	350,000	350,000	350,000
	차량운행비		870,000	877,000	884,000	891,000	898,000	905,000	912,000	919,000	926,000	933,000
	시설, 장비 유지비		300,000	300,000	300,000	300,000	300,000	300,000	300,000	300,000	300,000	300,000
	전문인배상책임보험		50,000	50,000	50,000	50,000	50,000	50,000	50,000	50,000	50,000	50,000
	기타 지출 소계		2,070,000	2,077,000	2,084,000	2,091,000	2,098,000	2,105,000	2,112,000	2,119,000	2,126,000	2,133,000
수익(수입-인건비-기타 지출)			-78,568	-48,670	-18,772	11,126	41,024	70,922	100,820	130,718	160,616	190,514
시설장이 사업주인 경우			2,394,665	2,424,563	2,454,461	2,484,359	2,514,257	2,544,155	2,574,053	2,603,951	2,633,849	2,663,747

표 4-22 목욕 131건부터 140건까지의 수익

구분			목욕 건수									
			131	132	133	134	135	136	137	138	139	140
수입	요양서비스 수입(사업매출)		9,686,664	9,760,608	9,834,552	9,908,496	9,982,440	10,056,384	10,130,328	10,204,272	10,278,216	10,352,160
지출	인건비1	요양보호사 (매출의 50.1%)	4,853,019	4,890,065	4,927,111	4,964,156	5,001,202	5,038,248	5,075,294	5,112,340	5,149,386	5,186,432
	인건비2	시설장	2,100,000	2,100,000	2,100,000	2,100,000	2,100,000	2,100,000	2,100,000	2,100,000	2,100,000	2,100,000
		사회보험 기관부담 (9.473%)	198,933	198,933	198,933	198,933	198,933	198,933	198,933	198,933	198,933	198,933
		퇴직적립금(8.3%)	174,300	174,300	174,300	174,300	174,300	174,300	174,300	174,300	174,300	174,300
	인건비 소계		7,326,252	7,363,298	7,400,344	7,437,389	7,474,435	7,511,481	7,548,527	7,585,573	7,622,619	7,659,665
	사무실 임대료		500,000	500,000	500,000	500,000	500,000	500,000	500,000	500,000	500,000	500,000
	사무실 유지관리비		350,000	350,000	350,000	350,000	350,000	350,000	350,000	350,000	350,000	350,000
	차량운행비		940,000	947,000	954,000	961,000	968,000	975,000	982,000	989,000	996,000	1,003,000
	시설, 장비 유지비		300,000	300,000	300,000	300,000	300,000	300,000	300,000	300,000	300,000	300,000
	전문인배상책임보험		50,000	50,000	50,000	50,000	50,000	50,000	50,000	50,000	50,000	50,000
	기타 지출 소계		2,140,000	2,147,000	2,154,000	2,161,000	2,168,000	2,175,000	2,182,000	2,189,000	2,196,000	2,203,000
수익(수입-인건비-기타 지출)			220,412	250,310	280,208	310,107	340,005	369,903	399,801	429,699	459,597	489,495
시설장이 사업주인 경우			2,693,645	2,723,543	2,753,441	2,783,340	2,813,238	2,843,136	2,873,034	2,902,932	2,932,830	2,962,728

표 4-23 목욕 141건부터 150건까지의 수익

구분			목욕 건수									
			141	142	143	144	145	146	147	148	149	150
수입	요양서비스 수입(사업매출)		10,426,104	10,500,048	10,573,992	10,647,936	10,721,880	10,795,824	10,869,768	10,943,712	11,017,656	11,091,600
지출	인건비1	요양보호사 (매출의 50.1%)	5,223,478	5,260,524	5,297,570	5,334,616	5,371,662	5,408,708	5,445,754	5,482,800	5,519,846	5,556,892
	인건비2	시설장	2,100,000	2,100,000	2,100,000	2,100,000	2,100,000	2,100,000	2,100,000	2,100,000	2,100,000	2,100,000
		사회보험 기관부담 (9.473%)	198,933	198,933	198,933	198,933	198,933	198,933	198,933	198,933	198,933	198,933
		퇴직적립금(8.3%)	174,300	174,300	174,300	174,300	174,300	174,300	174,300	174,300	174,300	174,300
	인건비 소계		7,696,711	7,733,757	7,770,803	7,807,849	7,844,895	7,881,941	7,918,987	7,956,033	7,993,079	8,030,125
	사무실 임대료		500,000	500,000	500,000	500,000	500,000	500,000	500,000	500,000	500,000	500,000
	사무실 유지관리비		350,000	350,000	350,000	350,000	350,000	350,000	350,000	350,000	350,000	350,000
	차량운행비		1,110,000	1,117,000	1,124,000	1,131,000	1,138,000	1,145,000	1,152,000	1,159,000	1,166,000	1,173,000
	시설, 장비 유지비		300,000	300,000	300,000	300,000	300,000	300,000	300,000	300,000	300,000	300,000
	전문인배상책임보험		50,000	50,000	50,000	50,000	50,000	50,000	50,000	50,000	50,000	50,000
	기타 지출 소계		2,310,000	2,317,000	2,324,000	2,331,000	2,338,000	2,345,000	2,352,000	2,359,000	2,366,000	2,373,000
수익(수입-인건비-기타 지출)			419,393	449,291	479,189	509,087	538,985	568,883	598,781	628,679	658,577	688,475
시설장이 사업주인 경우			2,892,626	2,922,524	2,952,422	2,982,320	3,012,218	3,042,116	3,072,014	3,101,912	3,131,810	3,161,708

표 4-24 목욕 151건부터 160건까지의 수익

구분			목욕 건수									
			151	152	153	154	155	156	157	158	159	160
수입	요양서비스 수입(사업매출)		11,165,544	11,239,488	11,313,432	11,387,376	11,461,320	11,535,264	11,609,208	11,683,152	11,757,096	11,831,040
지출	인건비1	요양보호사 (매출의 50.1%)	5,593,938	5,630,983	5,668,029	5,705,075	5,742,121	5,779,167	5,816,213	5,853,259	5,890,305	5,927,351
	인건비2	시설장	2,100,000	2,100,000	2,100,000	2,100,000	2,100,000	2,100,000	2,100,000	2,100,000	2,100,000	2,100,000
		사회보험 기관부담 (9.473%)	198,933	198,933	198,933	198,933	198,933	198,933	198,933	198,933	198,933	198,933
		퇴직적립금(8.3%)	174,300	174,300	174,300	174,300	174,300	174,300	174,300	174,300	174,300	174,300
	인건비 소계		8,067,171	8,104,216	8,141,262	8,178,308	8,215,354	8,252,400	8,289,446	8,326,492	8,363,538	8,400,584
	사무실 임대료		500,000	500,000	500,000	500,000	500,000	500,000	500,000	500,000	500,000	500,000
	사무실 유지관리비		350,000	350,000	350,000	350,000	350,000	350,000	350,000	350,000	350,000	350,000
	차량운행비		1,180,000	1,187,000	1,194,000	1,201,000	1,208,000	1,215,000	1,222,000	1,229,000	1,236,000	1,243,000
	시설, 장비 유지비		300,000	300,000	300,000	300,000	300,000	300,000	300,000	300,000	300,000	300,000
	전문인배상책임보험		50,000	50,000	50,000	50,000	50,000	50,000	50,000	50,000	50,000	50,000
	기타 지출 소계		2,380,000	2,387,000	2,394,000	2,401,000	2,408,000	2,415,000	2,422,000	2,429,000	2,436,000	2,443,000
수익(수입-인건비-기타 지출)			718,373	748,272	778,170	808,068	837,966	867,864	897,762	927,660	957,558	987,456
시설장이 사업주인 경우			3,191,606	3,221,505	3,251,403	3,281,301	3,311,199	3,341,097	3,370,995	3,400,893	3,430,791	3,460,689

표 4-25 목욕 161건부터 170건까지의 수익

구분			목욕 건수									
			161	162	163	164	165	166	167	168	169	170
수입	요양서비스 수입(사업매출)		11,904,984	11,978,928	12,052,872	12,126,816	12,200,760	12,274,704	12,348,648	12,422,592	12,496,536	12,570,480
지출	인건비1	요양보호사 (매출의 50.1%)	5,964,397	6,001,443	6,038,489	6,075,535	6,112,581	6,149,627	6,186,673	6,223,719	6,260,765	6,297,810
	인건비2	시설장	2,100,000	2,100,000	2,100,000	2,100,000	2,100,000	2,100,000	2,100,000	2,100,000	2,100,000	2,100,000
		사회보험 기관부담 (9.473%)	198,933	198,933	198,933	198,933	198,933	198,933	198,933	198,933	198,933	198,933
		퇴직적립금(8.3%)	174,300	174,300	174,300	174,300	174,300	174,300	174,300	174,300	174,300	174,300
	인건비 소계		8,437,630	8,474,676	8,511,722	8,548,768	8,585,814	8,622,860	8,659,906	8,696,952	8,733,998	8,771,043
	사무실 임대료		500,000	500,000	500,000	500,000	500,000	500,000	500,000	500,000	500,000	500,000
	사무실 유지관리비		350,000	350,000	350,000	350,000	350,000	350,000	350,000	350,000	350,000	350,000
	차량운행비		1,250,000	1,257,000	1,264,000	1,271,000	1,278,000	1,285,000	1,292,000	1,299,000	1,306,000	1,313,000
	시설, 장비 유지비		300,000	300,000	300,000	300,000	300,000	300,000	300,000	300,000	300,000	300,000
	전문인배상책임보험		50,000	50,000	50,000	50,000	50,000	50,000	50,000	50,000	50,000	50,000
	기타 지출 소계		2,450,000	2,457,000	2,464,000	2,471,000	2,478,000	2,485,000	2,492,000	2,499,000	2,506,000	2,513,000
수익(수입-인건비-기타 지출)			1,017,354	1,047,252	1,077,150	1,107,048	1,136,946	1,166,844	1,196,742	1,226,640	1,256,538	1,286,437
시설장이 사업주인 경우			3,490,587	3,520,485	3,550,383	3,580,281	3,610,179	3,640,077	3,669,975	3,699,873	3,729,771	3,759,670

표 4-26 목욕 171건부터 180건까지의 수익

구분			목욕 건수									
			171	172	173	174	175	176	177	178	179	180
수입	요양서비스 수입(사업매출)		12,644,424	12,718,368	12,792,312	12,866,256	12,940,200	13,014,144	13,088,088	13,162,032	13,235,976	13,309,920
지출	인건비1	요양보호사 (매출의 50.1%)	6,334,856	6,371,902	6,408,948	6,445,994	6,483,040	6,520,086	6,557,132	6,594,178	6,631,224	6,668,270
	인건비2	시설장	2,100,000	2,100,000	2,100,000	2,100,000	2,100,000	2,100,000	2,100,000	2,100,000	2,100,000	2,100,000
		사회보험 기관부담 (9.473%)	198,933	198,933	198,933	198,933	198,933	198,933	198,933	198,933	198,933	198,933
		퇴직적립금(8.3%)	174,300	174,300	174,300	174,300	174,300	174,300	174,300	174,300	174,300	174,300
	인건비 소계		8,808,089	8,845,135	8,882,181	8,919,227	8,956,273	8,993,319	9,030,365	9,067,411	9,104,457	9,141,503
	사무실 임대료		500,000	500,000	500,000	500,000	500,000	500,000	500,000	500,000	500,000	500,000
	사무실 유지관리비		350,000	350,000	350,000	350,000	350,000	350,000	350,000	350,000	350,000	350,000
	차량운행비		1,320,000	1,327,000	1,334,000	1,341,000	1,348,000	1,355,000	1,362,000	1,369,000	1,376,000	1,383,000
	시설, 장비 유지비		300,000	300,000	300,000	300,000	300,000	300,000	300,000	300,000	300,000	300,000
	전문인배상책임보험		50,000	50,000	50,000	50,000	50,000	50,000	50,000	50,000	50,000	50,000
	기타 지출 소계		2,520,000	2,527,000	2,534,000	2,541,000	2,548,000	2,555,000	2,562,000	2,569,000	2,576,000	2,583,000
수익(수입-인건비-기타 지출)			1,316,335	1,346,233	1,376,131	1,406,029	1,435,927	1,465,825	1,495,723	1,525,621	1,555,519	1,585,417
시설장이 사업주인 경우			3,789,568	3,819,466	3,849,364	3,879,262	3,909,160	3,939,058	3,968,956	3,998,854	4,028,752	4,058,650

05

CHAPTER

주야간 보호기관의 수익계산 방법

01 주야간보호의 수익구조

1) 등급별 서비스 제공 가능일 수

주야간보호서비스는 이론상 아침 8시부터 22시까지 서비스가 가능하고 다른 재가서비스를 함께 받을 수 있다. 그러나 실질적으로는 하루 10시간 이상 서비스를 이용하기가 어렵고, 다른 재가서비스를 병행해서 제공받기도 쉽지 않다. 예컨대, 같은 날 주야간보호와 방문목욕을 이용하고자 한다면, 한 종류의 급여비용만 산정되므로 각 서비스 날짜를 달리할 수밖에 없다.

실질적으로 따져보면, 주야간보호서비스를 거의 매일 받을 경우 방문요양, 방문목욕, 방문간호 등이 사실상 불필요하다고 여겨진다. 왜냐하면, 주야간보호기관에서 식사 및 목욕 그리고 간단한 간호서비스를 제공해주기 때문이다. 수급자에 따라서는 집 청소나 빨래 등으로 방문요양이 꼭 필요한 사람도 있고, 집에 돌아와서 방문간호를 받는 경우도 있지만 일반적이지는 않다.

주야간보호서비스는 보통 평일(월~금요일) 운영이 많지만 요즘은 토요일까지 운영되는 곳이 늘고 있다. 그러나 등급별 월 한도액이 있기 때문에 8시간 이상 서비스를 제공한다면 주 6일 제공은 현실적으로 어렵다. 1, 2등급은 주야간보호서비스 대상으로 적합하지 않고, 다른 재가서비스를 함께 받는 수급자인 경우 주야간보호서비스 제공시간이 더욱 줄어들 수밖에 없다.

표 5-1 2023년 주야간보호서비스 제공시간 및 제공일별 매출

시간	등급	수가(원)	한 달 동안 서비스 제공 일			
			22일(주 5일)	23일	24일	25일
3시간 이상~6시간 미만	1등급	38,630	849,860	888,490	927,120	965,750
	2등급	35,760	786,720	822,480	858,240	894,000
	3등급	33,010	726,220	759,230	792,240	825,250
	4등급	31,510	693,220	724,730	756,240	787,750
	5등급	30,000	660,000	690,000	720,000	750,000
6시간 이상~8시간 미만	1등급	51,780	1,139,160	1,190,940	1,242,720	1,294,500
	2등급	47,960	1,055,120	1,103,080	1,151,040	1,199,000
	3등급	44,270	973,940	1,018,210	1,062,480	1,106,750
	4등급	42,770	940,940	983,710	1,026,480	1,069,250
	5등급	41,240	907,280	948,520	989,760	1,031,000
8시간 이상~10시간 미만	1등급	64,400	1,416,800	1,481,200	1,545,600	1,610,000
	2등급	59,660	1,312,520	1,372,180	1,431,840	1,491,500
	3등급	55,080	1,211,760	1,266,840	1,321,920	1,377,000
	4등급	53,580	1,178,760	1,232,340	1,285,920	1,339,500
	5등급	52,050	1,145,100	1,197,150	1,249,200	1,301,250
10시간 이상~12시간 미만	1등급	70,950	1,560,900	1,631,850	1,702,800	1,773,750
	2등급	65,720	1,445,840	1,511,560	1,577,280	1,643,000
	3등급	60,720	1,335,840	1,396,560	1,457,280	1,518,000
	4등급	59,190	1,302,180	1,361,370	1,420,560	1,479,750
	5등급	57,690	1,269,180	1,326,870	1,384,560	1,442,250
12시간 이상	1등급	76,080	1,673,760	1,749,840	1,825,920	1,902,000
	2등급	70,480	1,550,560	1,621,040	1,691,520	1,762,000
	3등급	65,110	1,432,420	1,497,530	1,562,640	1,627,750
	4등급	63,600	1,399,200	1,462,800	1,526,400	1,590,000
	5등급	62,100	1,366,200	1,428,300	1,490,400	1,552,500

※ 음영 구간은 월 한도액을 초과하여 서비스 제공이 불가능하다.

표 5-2 2023년 주야간보호서비스 제공시간 및 제공일별 매출

시간	등급	수가(원)	한 달 동안 서비스 제공 일			
			26일(주 6일)	27일	28일	29일
3시간 이상~ 6시간 미만	1등급	38,630	1,004,380	1,043,010	1,081,640	1,120,270
	2등급	35,760	929,760	965,520	1,001,280	1,037,040
	3등급	33,010	858,260	891,270	924,280	957,290
	4등급	31,510	819,260	850,770	882,280	913,790
	5등급	30,000	780,000	810,000	840,000	870,000
6시간 이상~ 8시간 미만	1등급	51,780	1,346,280	1,398,060	1,449,840	1,501,620
	2등급	47,960	1,246,960	1,294,920	1,342,880	1,390,840
	3등급	44,270	1,151,020	1,195,290	1,239,560	1,283,830
	4등급	42,770	1,112,020	1,154,790	1,197,560	1,240,330
	5등급	41,240	1,072,240	1,113,480	1,154,720	1,195,960
8시간 이상~ 10시간 미만	1등급	64,400	1,674,400	1,738,800	1,803,200	1,867,600
	2등급	59,660	1,551,160	1,610,820	1,670,480	1,730,140
	3등급	55,080	1,432,080	1,487,160	1,542,240	1,597,320
	4등급	53,580	1,393,080	1,446,660	1,500,240	1,553,820
	5등급	52,050	1,353,300	1,405,350	1,457,400	1,509,450
10시간 이상~ 12시간 미만	1등급	70,950	1,844,700	1,915,650	1,986,600	2,057,550
	2등급	65,720	1,708,720	1,774,440	1,840,160	1,905,880
	3등급	60,720	1,578,720	1,639,440	1,700,160	1,760,880
	4등급	59,190	1,538,940	1,598,130	1,657,320	1,716,510
	5등급	57,690	1,499,940	1,557,630	1,615,320	1,673,010
12시간 이상	1등급	76,080	1,978,080	2,054,160	2,130,240	2,206,320
	2등급	70,480	1,832,480	1,902,960	1,973,440	2,043,920
	3등급	65,110	1,692,860	1,757,970	1,823,080	1,888,190
	4등급	63,600	1,653,600	1,717,200	1,780,800	1,844,400
	5등급	62,100	1,614,600	1,676,700	1,738,800	1,800,900

※ 음영 구간은 월 한도액을 초과하여 서비스 제공이 불가능하다.

2) 주야간보호 예상 수입(매출)

주야간보호서비스는 수급자 가정에서 센터까지 이동을 해야 하므로 1, 2등급 수급자는 현실적으로 이용이 어렵다. 3등급 수급자 역시 주야간보호 대상으로는 적합하지 않다. 그러나 간혹 3등급 수급자도 주야간보호서비스를 이용하는 경우가 있기 때문에 수급자(이용자) 1인당 수입(매출)을 산출하려면 3, 4, 5등급 수급자

를 모두 고려하는 편이 낫다.

아울러, 이용자가 하루 동안 이용하는 시간에 따라 수입(매출)이 달라지기 때문에 최고 매출을 예상하려면 6시간 이상 8시간 미만 이용할 때 수입과 8시간 이상 10시간 미만일 때 수입의 평균을 계산할 필요가 있다.

표 5-3 이용자 1인당 일일 평균 매출

구분	월 한도액	매출(6시간 이상~8시간 미만)			매출(8시간 이상~10시간 미만)		
		일 매출	주 5일 이용	주 6일 이용	일 매출	주 5일 이용	주 6일 이용
1등급	1,885,000	51,780	1,139,160	1,346,280	64,400	1,416,800	1,674,400
2등급	1,690,000	47,960	1,055,120	1,246,960	59,660	1,312,520	1,551,160
3등급	1,417,200	44,270	973,940	1,151,020	55,080	1,211,760	~~1,432,080~~
4등급	1,306,200	42,770	940,940	1,112,020	53,580	1,178,760	~~1,393,080~~
5등급	1,121,100	41,240	907,280	1,072,240	52,050	1,145,100	~~1,353,300~~
3, 4, 5등급 평균		42,760	940,720	1,111,760	53,570	1,178,540	–
시간별 평균		8시간 미만	1,026,240		8시간 이상	1,178,540	–
수급자 1인당 일일 평균 월 매출 : 1,102,390원							

그런데, 여기에서 또 하나 고려해야 할 것은 3, 4, 5등급 수급자들은 8시간 이상 10시간 미만의 서비스를 주 6일 동안 이용할 수 없다는 점이다. 즉, 월 한도액을 초과하기 때문에 8시간 이상 10시간 미만의 서비스는 주 5일만 이용할 수밖에 없다.

이런 상황을 모두 고려할 때 가능한 방법은 6시간 이상 8시간 미만 서비스를 주 5일 이용할 때와 주 6일 이용할 때의 하루 평균 비용과 8시간 이상 10시간 미만 서비스를 주 5일 이용할 때의 하루 비용을 평균하여 산출하는 것이다. 이렇게 산출하면, 수급자(이용자) 1인당 하루 평균을 월 매출은 2023년 기준 1,102,390원이 나온다.

이처럼 복잡하게 계산해야 하는 이유는 본격적으로 사업을 시작하기 전에는 몇 등급 수급자가 주로 기관을 이용할지 예상하기 어렵기 때문이다. 아울러 이들이 하루에 평균 몇 시간 동안 기관에 머물면서 서비스를 이용할 것인지도 예측할 수 없다. 수입(매출)이 오르려면 5등급보다는 4등급 수급자가, 5등급이나 4등급보다는 3등급 수급자가 하루 8시간 이상 서비스를 이용하는 것이 유리하다. 그러나 이것은 희망 사항일 뿐 실제는 다를 수 있다.

수급자(이용자) 1인당 월간 평균 매출이 1,102,390원이므로 수급자(이용자)가 10명이라면 여기에 10을 곱하고, 20명이면 여기에 20명을 곱하면 손쉽게 주야간보호센터의 월간 평균 매출을 구할 수 있다.

그러나 이 금액이 주야간보호센터의 순수익은 아니다. 인건비를 포함하여 다양한 지출 영역을 살펴봐야 하고, 수입(매출)에서 지출 비용을 빼야 순수익(잉여금)이 된다.

02 주야간보호기관의 인건비

1) 주야간보호기관의 인건비 특성

주야간보호기관의 직원은 이용자 10명 이상일 때와 10명 미만일 때 차이가 있다. 10명 이상인 경우, 시설장, 사회복지사, 간호(조무)사 또는 물리(작업)치료사, 요양보호사, 사무원, 조리원, 보조원으로 구성된다.

주야간보호기관에서 물리치료사나 작업치료사를 배치할 경우 간호조무사에 비해 월 30~40만 원 정도 추가 투입되기 때문에 이용자가 많지 않을 경우 간호조무사를 선호하는 경향이 있다.

다른 직종은 1명씩 배치하면 되지만 요양보호사는 이용자 7명당 1명 이상 필요하므로 상대적으로 요양보호사의 인건비 비중이 크다고 할 수 있다.

표 5-4 주야간보호기관의 직원배치기준

<table>
<tr><th colspan="2">구분</th><th>시설장</th><th>사회
복지사</th><th>간호사 또는
간호조무사</th><th>물리치료사
또는
작업치료사</th><th>요양
보호사</th><th>사무원</th><th>조리원</th><th>보조원
(운전사)</th></tr>
<tr><td rowspan="2">주·
야간
보호</td><td>이용자
10명 이상</td><td>1명</td><td>1명 이상</td><td colspan="2">1명 이상</td><td rowspan="2">이용자 7명당 1명
이상(치매 전담실은
4명당 1명 이상)</td><td>1명
(이용자
25명 이상)</td><td>1명</td><td>1명</td></tr>
<tr><td>이용자
10명 미만</td><td>1명</td><td></td><td colspan="2">1명 이상</td><td></td><td>1명</td><td></td></tr>
</table>

주야간보호기관의 인건비 계산은 방문요양과 같이 주휴수당이나 연차수당의 계산이 복잡하지 않다. 왜냐하면, 대부분의 직종이 주간 근무자이기 때문에 하루 8

시간, 주 40시간이 기준이 되므로 그 이상 근무하면 연장근로수당을 지급하고, 야간(22시~06시)에 운영되는 경우가 거의 없기 때문에 야간근로수당을 고려할 필요가 없다. 다만, 공휴일에 근무할 경우 휴일근로에 따른 추가 임금 및 휴일수당을 책정해야 한다.

각 직종별 월급은 기관마다 정하기 나름이지만 최저임금에 미달될 수는 없기 때문에 아래 표에 제시된 것처럼 해당 연도 최저임금을 참고해서 월급을 책정해야 한다.

표 5-5 최저시급 및 임금

구분	시급	월급	연장근로 추가수당 (1시간 기준)	휴일근로 추가수당 (1시간 기준)
2024년	9,860원	2,060,740원	4,930원	14,790원
2023년	9,620원	2,010,580원	4,810원	14,430원

2) 주야간보호기관의 인건비 지출 비율

주야간보호기관 역시 최저임금 외에도 인건비 지출 비율을 고려해야 한다. 2023년 기준 주야간보호기관의 인건비 지출비율은 49.0%로 다른 장기요양기관 중 가장 낮다. 즉, 요양보호사와 사회복지사 그리고 간호(조무)사와 물리(작업)치료사들의 인건비 총합이 전체 수입(매출)에서 49.0% 이상 지출되어야 한다. 여기에서 49.0%는 직접 서비스 제공 인력의 인건비 비중을 의미하고, 시설장, 사무원, 조리원, 보조원의 인건비는 49.0%에 포함되지 않으므로 추가 인건비 부담을 예상해야 한다.

표 5-6 주야간보호기관의 인건비 지출 비율

<table>
<tr><th colspan="2">지출 비중 비교</th><th>지출비율(%)</th></tr>
<tr><td rowspan="2">인건비</td><td>간호(조무)사, 물리(작업)치료사, 사회복지사, 요양보호사</td><td>49.0%</td></tr>
<tr><td>시설장, 사무원, 조리원, 보조원</td><td rowspan="2">51.0%</td></tr>
<tr><td colspan="2">기타 지출 항목</td></tr>
</table>

인건비에는 기본급, 각종 수당, 장기근속 장려금, 사회보험 부담금, 퇴직적립금 등 정기적으로 지급하는 부분이 해당된다. 기관 운영 초기에는 당연히 수입(매출)

대비 인건비 비중이 매우 높을 수밖에 없다. 그러나 이용자가 증가하기 시작하면 수입(매출)이 증가하여 인건비 지출 비율의 적용을 받는 종사자(요양보호사, 사회복지사, 간호(조무)사, 물리(작업)치료사)의 인건비 비중이 수입(매출) 대비 낮아지게 된다.

만약, 종사자들의 월급이 최저임금 수준이라면, 이용자 25명부터는 인건비 지출 비율이 대략 49%에 미치지 못하게 될 수 있다. 이를 예방하기 위해서는 교통비나 식비 또는 명절 휴가비 등 추가 수당을 지급해주거나 종사자를 추가로 배치하거나 기존 종사자들의 월급을 올려주는 방법을 고민해야 한다.

워크넷에서 주야간보호기관 사회복지사, 요양보호사, 간호조무사, 물리치료사로 검색해보면, 물리치료사를 제외한 직종의 월급이 대부분 최저임금에서 조금 많은 수준임을 알 수 있다. 따라서 사업 초기 이용자가 많지 않을 때는 최저임금 수준의 임금을 지급한 후 점차 상향시켜주는 방법으로 인건비를 관리하는 곳이 많다.

03 인건비 외 지출항목

1) 임대료

주야간보호기관은 이용자 기준 10명 이상과 10명 이하에 따라 인력 기준뿐 아니라 시설기준도 바뀌게 된다. 그런데, 이용자 10명 이하로 운영할 경우 적자 운영이 거의 불가피하기 때문에 현실적으로 10명 이상을 염두에 두고 건물을 알아볼 필요가 있다. 만약, 자가 건물을 사용한다면 부담이 덜 하겠지만 임대 건물에서 사업을 하고자 한다면 이용자 수에 따른 시설 규모와 임대료 수준을 고려해야 한다.

주야간보호기관의 최소 면적은 $90m^2$이지만 갖추어야 할 시설 중 생활실은 이용자 1인당 $6.6m^2$이라는 기준을 맞추어야 한다. 예컨대, 정원이 30명이라면, 생활실 면적만 30명×$6.6m^2$ = $198m^2$(59.895평)이 된다. 주야간보호기관은 생활실 외에도 사무실 및 간호사실, 프로그램실 및 물리치료실, 식당 및 조리실, 화장실, 세면장 및 목욕실과 세탁장을 갖추어야 하므로 최소 $350m^2$(105.875평) 이상의 공간이 필요할 것이다.

▼ 표 5-7 주야간보호기관 시설 현황

<table>
<tr><th colspan="2">구분</th><th>생활실</th><th>사무실</th><th>의료 및 간호사실</th><th>프로그램실</th><th>물리(작업) 치료실</th><th>식당 및 조리실</th><th>화장실</th><th>세면장 및 목욕실</th><th>세탁장 및 건조장</th></tr>
<tr><td rowspan="2">주·야간 보호</td><td>이용자 10명 이상</td><td>○</td><td colspan="2">○</td><td colspan="2">○</td><td>○</td><td>○</td><td colspan="2">○</td></tr>
<tr><td>이용자 10명 미만</td><td>○</td><td colspan="2">○</td><td colspan="2">○</td><td>○</td><td colspan="3">○</td></tr>
</table>

주야간보호기관은 노인요양시설처럼 건축주가 계획을 해서 건축하는 것이 아니라 기존 건물을 임대하여 사용해야 하므로 희망하는 면적을 갖춘 건물을 찾기가 쉽지 않다.

설사 원하는 크기의 건물을 찾았다고 해도 노유자 시설기준에 맞추어 리모델링이 가능해야 하고 임대료가 감당할 수 있는 수준이어야 한다. 또한 건물 크기와 조건이 같더라도 해당 건물이 상가 지역인지 주택가인지에 따라 임대료 차이가 발생하고, 대도시, 중소도시, 소도시 지역에 따라 가격이 천차만별일 수밖에 없다.

이런 점에서 주야간보호기관의 임대료를 예상하는 것은 거의 불가능에 가깝다. 다만, 특정 지역을 잘 알고 있는 예비 설립자라면 해당 지역의 임대료 시세를 가늠할 수는 있을 것이다.

주야간보호기관의 월 임대료와 관련된 또 다른 이슈는 이용자 수의 변화에 따라 건물 크기를 조정할 수 없다는 점이다. 즉, 사업 초기에 이용자가 적더라도 목표 정원을 30명으로 정했다면, 처음부터 30명이 이용할 수 있는 건물을 임대해야 하고, 이용자가 적은 사업 초기에도 30명 수준의 건물 임대료를 감당해야 한다.

목표 정원이 30명이라면 면적이 105평에서 110평 정도로 예상되며, 임대료는 지역과 건물 유형, 유동인구, 건물 상태 등을 고려할 때 최소 150만 원에서 400만 원까지 매우 다양할 것으로 예상된다. 물론, 서울시의 번화가에서 이 사업을 하고자 한다면, 임대료는 천정부지로 오르겠지만 이처럼 무모하게 사업을 하는 경우는 없을 것이다.

따라서 임대료만 생각한다면, 대도시에서 주야간보호기관을 운영한다면 매우 불리한 구조라 할 수 있다. 군 단위 지역에서 이용자가 30명인 경우 임대료가

150만 원인 기관과 서울이나 광역시에서 이용자가 30명으로 동일하다면, 수입(매출)은 같지만 임대료는 250만 원 이상 차이 날 수 있기 때문이다.

2) 은행 대출 이자

기존에 주야간보호기관으로 운영했던 곳을 인수받는다면 인테리어 비용이 상대적으로 적게 들 수 있지만 전혀 다른 업종으로 사용되었던 건물에서 사업을 한다면 부득이 인테리어를 새로 해야 한다. 경우에 따라서는 간이 스프링클러와 같은 소방시설이나 단열 공사를 해야 할 수도 있기 때문에 초기 비용이 만만치 않다.

이뿐 아니라 사업에 필요한 각종 기자재를 구입해야 하고, 사업 초기에는 이용자가 많지 않음에도 필수인력은 채용하여 배치해야 하므로 종사자 인건비 지급에 따른 비용 부담이 커지게 된다. 이런 비용부담을 예상하고 현금을 준비해 놓았다면 그나마 다행이지만 그렇지 않았을 경우 은행 대출로 충당해야 한다.

이용자 40명 목표의 주야간보호기관을 중소도시에서 설립한다고 했을 때, 인테리어 및 각종 공사비와 기자재 구입을 합하면 대략 2억 5천만 원에서 3억 원 정도를 예상할 수 있다. 여기에 초기 3~6개월 동안 인건비를 지급할 수 있는 여력을 생각한다면, 2,500만 원에서 6,000만 원 정도의 여유 자금이 필요하다.

결국 정원 40명 목표인 경우, 초기 사업자금은 3억에서 3억 5천만 원 정도가 예상되는 만큼 은행 대출에 따른 이자를 매달 납부해야 하고, 매달 지출 항목에 은행 이자 납부를 추가해야 할 것이다.

3) 수용비 및 수수료

주야간보호기관을 운영하려면, 각종 사무용품을 매달 구입해야 하며, 복사기, 세단기, 정수기, 공기 청정기 등 각종 기기를 구입하거나 렌탈을 해야 한다. 홍보를 위해 전단지를 만들고 현수막도 걸어야 한다. 이런 비용만 해도 한 달에 대략 30만 원 정도 소요될 것으로 예상된다.

▼ 표 5-8 수용비 및 수수료

구분	항목		산출내역	금액
수용비 및 수수료	사무용품 구입		12회×100,000원	1,200,000
	렌탈료	복사기	12회×30,000원	360,000
		세단기	12회×30,000원	360,000
		정수기	12회×20,000원	240,000
		공기 청정기	12회×30,000원	360,000
	인쇄	전단/명함	1회×150,000원	150,000
		현수막	4회×50,000원	200,000
	기타 용품구입		12회×100,000원	1,200,000
	소계			4,070,000

4) 공공요금 및 제세공과금

다음으로 각종 보험료와 세금, 통신요금, 전기 및 인터넷 요금, 협회비 등도 고려해야 한다. 주야간보호기관은 노인요양시설과 같이 365일 24시간 운영하지 않고, 주간에 8시간에서 10시간 정도 운영하며, 바닥이 아닌 의자나 소파 등을 이용함에 따라 바닥 난방 대신 시스템 냉난방 장치 등 전기 장비를 사용하기도 한다. 따라서 가스 등의 연료를 통한 난방비 외에도 전기 사용에 대한 지출 부분을 예상할 필요가 있다. 각종 보험료는 연 1회 납부가 많고, 협회비 또한 매달 납부하는 것이 아니기 때문에 이 부분을 고려하면 월 100만 원 정도의 지출이 예상된다.

▼ 표 5-9 공공요금 및 제세공과금

구분	항목		산출내역	금액
공공요금 및 제세공과금	협회비		6회×50,000원	300,000
	우편/전화/팩스		12회×100,000원	1,200,000
	인터넷 사용료		12회×50,000원	600,000
	전기요금		12회×500,000원	4,800,000
	보험	화재	1회×500,000원	500,000
		영업배상	1회×800,000원	800,000
		전문인배상	50명×40,000원	2,000,000
		재정보증	1회×40,000원×2명	80,000
		자동차보험	1회×500,000원×2대	1,000,000
	자동차 세금		2회×700,000원×2대	2,800,000
	소계			14,080,000

5) 차량비 및 기타 운영비

주야간보호서비스는 송영서비스를 해야 하므로 차량이 많이 필요하다. 그러나 현실적으로 여러 대의 차량을 구입하는 것도 관리하는 것도 어려운 일이다. 따라서 이용자가 많아지면 직원들과 차량 임대차 계약을 맺어서 직원들의 출퇴근에 맞추어 송영을 하는 것이 일반적이다.

이 경우, 직원들에게 주유비를 지원해 주는 등의 보상이 뒤따라야 하는데, 센터와 이용자 가정까지의 거리를 가늠할 수 없기 때문에 주유비 또한 예상이 불가능하다. 따라서 이 부분은 상황에 맞게 대처하는 수밖에 없다.

직원 피복비 지원 또는 직원들의 작업복을 구입해야 하는 원칙은 따로 없다. 그러나 대부분의 기관들에서 직원과 직원 아닌 사람을 구분하고, 업무에 관한 일체감을 주기 위해 피복비를 지원하는 경우가 많다.

그리고 거의 대부분의 기관들이 회계세무사무소에 기장을 맡기고 있으며, 매달 10만 원 정도의 기장료를 납부하고 있으므로 이 부분의 지출도 예상할 필요가 있다.

표 5-10 차량비 및 기타 운영비

차량비	주유비	12회×400,000원×2대	9,600,000
	차량 정비/소모품	4회×300,000원	1,200,000
	소계		10,800,000
기타 운영비	직원 피복비	16명×50,000원	800,000
	회계 세무 기장	12회×100,000원	1,200,000
	소계		2,000,000

6) 시설비

시설비는 기관을 어떻게 운영하는지에 따라 달라질 수 있는 지출 항목이라 할 수 있다. 고가의 사무기기나 주방용품은 구입할 수도 아닐 수도 있으며, 가구나 기타 자산의 경우 구입이 필요한 물품이 명확하지 않기 때문에 예상이 쉽지 않다. 그러나 비품수선이나 CCTV 관리비, 건물 보안 및 방역에 소요되는 비용은 예상할 수 있어야 한다.

이런 점들을 고려할 때 시설비는 매달 50만 원에서 70만 원 정도 예상하는 것이 필요하다고 할 수 있다.

▼ 표 5-11 시설비

자산취득비	사무기기 구입	1,000,000원×2회	2,000,000
	주방 용품 구입	1,000,000원×2회	2,000,000
	시설 내 가구	500,000원×2회	1,000,000
	기타 자산 취득	1,000,000원×2회	2,000,000
	소계		7,000,000
시설장비 유지비	비품수선비	12회×100,000원	1,200,000
	CCTV 관리비	12회×100,000원	1,200,000
	건물 보안	12회×30,000원	360,000
	시설 방역/소독	12회×100,000원	1,200,000
	소계		3,960,000

7) 의료비 및 연료비

연료비는 난방과 취사에 사용되는 도시가스 또는 LPG를 기준으로 한 것이며 전기를 사용한 시스템 난방을 겸하기 때문에 매달 80만 원 정도로 예상했다. 의료비는 주로 상비약품이나 기타 소모품 구입비가 해당되며, 물리치료 용품도 기존 장비의 보조 또는 소모성 용품 구입비를 예상했다. 의료비와 연료비는 매달 90만 원에서 100만 원 정도 소요될 것으로 예상된다.

▼ 표 5-12 의료비 및 연료비

의료비	의료용품	30,000원×12개월	360,000
	간호기구	30,000원×12개월	360,000
	물리치료 용품	100,000원×12개월	1,200,000
	소계		1,920,000
연료비	난방(가스요금)	12회×500,000원	6,000,000
	취사(가스요금)	12회×300,000원	3,600,000
	소계		9,600,000

8) 프로그램 및 행사비

프로그램 및 행사 비용은 기관에서 어떻게 운영하는지에 따라 비용 차이가 커질 것이다. 다만, 주야간보호기관의 주요 서비스 중에는 다양한 여가문화 프로그램이 포함된 만큼 여기에 지출되는 부분을 무시할 수 없다. 행사는 반드시 실시해야 하는 것도 아니며 행사 규모에 따라 지출되는 비용이 매우 차이가 날 것이다. 이처럼 여러 가지 사항을 고려할 때, 프로그램 재료구입과 생신 잔치만 고려하더라도 매월 30만 원 전후의 지출이 예상된다.

표 5-13 프로그램 사업비

프로그램 사업비	프로그램 재료구입	12월×150,000원	1,800,000
	공연팀 초청	4회×500,000원	2,000,000
	생신 잔치	12월×150,000원	1,800,000
	개원기념행사	1회×1,500,000원	1,500,000
	어버이날 행사	1회×500,000원	500,000
	노인의날 행사	1회×500,000원	500,000
	성탄송년 행사	1회×500,000원	500,000
	소계		8,600,000

04 이용자 수에 따른 주야간보호기관 수익계산

주야간보호기관의 수입 구조와 지출 항목을 고려하여 이용자 수에 따른 수익을 계산하였다. 최종적인 수익은 대표자가 시설장인 경우, 시설장 월급을 포함시킨 것이다. 계산 결과, 이용자 10명까지 순수익이 마이너스인 것을 확인할 수 있다. 그러나 이용자 31명부터 흑자로 전환되면서 수익이 급격하게 상승하는 것을 알 수 있다.

그 결과, 이용자 49명이면 순수익이 1천만 원을 넘게 되고, 이후에도 계속 상승하다가 이용자 68명이 되면 순수익이 2천만 원, 84명이면 3천만 원이 되고, 이용자가 100명이 되면 3천7백만 원 이상의 수익이 발생한다.

이런 결과는 어디까지나 추정치이기 때문에 추가 인력 배치를 하지 않거나 지출 항목에서 변화가 있을 경우 결과는 달라질 것이다. 특히, 이용자 30명까지는 수익이 전혀 발생하지 않은 것으로 계산되었으나 실제 현장에서는 지출 규모를 최대한 줄이기 위해 노력할 것이므로 마이너스 상황을 조금 일찍 탈출할 수도 있을 것이다.

주의할 점은 인건비에 추가된 가산 사회복지사와 간호조무사는 반드시 배치해야 하는 것이 아니라 이용자 증가에 따른 기관 운영의 어려움을 해소하기 위해 임의로 추가한 것이다. 즉, 가산 인력을 배치하지 않을 수도 있고, 배치하더라도 언제 할 것인지는 기관에서 판단해야 한다. 이런 점들을 고려하여 계산한 결과는 아래 표와 같다.

표 5-14 이용자 1~10명 주야간보호기관 수익

구분		이용자 수(요양보호사 수)									
		1(1)	2(1)	3(1)	4(1)	5(1)	6(1)	7(1)	8(2)	9(2)	10(2)
수입	이용자 수입	1,102,390	2,204,780	3,307,170	4,409,560	5,511,950	6,614,340	7,716,730	8,819,120	9,921,510	11,023,900
	인력 추가 배치 가산										
	수입 합계	1,102,390	2,204,780	3,307,170	4,409,560	5,511,950	6,614,340	7,716,730	8,819,120	9,921,510	11,023,900
인건비1	사회복지사1										2,100,000
	사회복지사(가산1)										
	사회복지사(가산2)										
	사회복지사(가산3)										
	요양보호사	2,020,000	2,020,000	2,020,000	2,020,000	2,020,000	2,020,000	2,020,000	4,040,000	4,040,000	4,040,000
	간호조무사1	2,020,000	2,020,000	2,020,000	2,020,000	2,020,000	2,020,000	2,020,000	2,020,000	2,020,000	2,020,000
	간호조무사(가산)										
	사회보험(9.32%)	376,649	376,649	376,649	376,649	376,649	376,649	376,649	564,974	564,974	760,757
	퇴직적립금(8.3%)	335,320	335,320	335,320	335,320	335,320	335,320	335,320	502,980	502,980	677,280
	인건비1 소계	4,751,969	4,751,969	4,751,969	4,751,969	4,751,969	4,751,969	4,751,969	7,127,954	7,127,954	9,598,037
	인건비 지출비율(%)	431.1	215.5	143.7	107.8	86.2	71.8	61.6	80.8	71.8	87.1
인건비2	시설장	2,100,000	2,100,000	2,100,000	2,100,000	2,100,000	2,100,000	2,100,000	2,100,000	2,100,000	2,150,000
	사무원										
	운전 보조원										2,020,000
	조리원	2,020,000	2,020,000	2,020,000	2,020,000	2,020,000	2,020,000	2,020,000	2,020,000	2,020,000	2,020,000
	사회보험(9.32%)	384,108	384,108	384,108	384,108	384,108	384,108	384,108	384,108	384,108	577,094
	퇴직적립금(8.3%)	341,960	341,960	341,960	341,960	341,960	341,960	341,960	341,960	341,960	513,770
	인건비2 소계	4,846,068	4,846,068	4,846,068	4,846,068	4,846,068	4,846,068	4,846,068	4,846,068	4,846,068	7,280,864
기타지출	은행 이자	1,500,000	1,500,000	1,500,000	1,500,000	1,500,000	1,500,000	1,500,000	1,500,000	1,500,000	1,500,000
	임대료	1,000,000	1,000,000	1,000,000	1,000,000	1,000,000	1,000,000	1,000,000	1,000,000	1,000,000	1,300,000
	의료비 및 연료비	1,000,000	1,020,000	1,040,000	1,060,000	1,080,000	1,100,000	1,120,000	1,140,000	1,160,000	1,180,000
	수용비 및 수수료	300,000	300,000	300,000	300,000	300,000	300,000	300,000	300,000	300,000	300,000
	공공요금 및 제세공과금	700,000	730,000	760,000	790,000	820,000	850,000	880,000	910,000	940,000	970,000
	차량비 및 기타운영비	400,000	420,000	440,000	460,000	480,000	500,000	520,000	540,000	560,000	580,000
	시설비	300,000	300,000	300,000	300,000	300,000	300,000	300,000	300,000	300,000	350,000
	프로그램 운영비	200,000	210,000	220,000	230,000	240,000	250,000	260,000	270,000	280,000	290,000
	지출 소계	5,400,000	5,480,000	5,560,000	5,640,000	5,720,000	5,800,000	5,880,000	5,960,000	6,040,000	6,470,000
대표(=시설장) 최종수익		-11,425,627	-10,403,237	-9,380,847	-8,358,457	-7,336,067	-6,313,677	-5,291,287	-6,644,881	-5,622,491	-9,796,171

표 5-15 이용자 11~20명 주야간보호기관 수익

구분		이용자 수(요양보호사 수)									
		11(2)	12(2)	13(2)	14(2)	15(3)	16(3)	17(3)	18(3)	19(3)	20(3)
수입	이용자 수입	12,126,290	13,228,680	14,331,070	15,433,460	16,535,850	17,638,240	18,740,630	19,843,020	20,945,410	22,047,800
	인력 추가 배치 가산										
	수입 합계	12,126,290	13,228,680	14,331,070	15,433,460	16,535,850	17,638,240	18,740,630	19,843,020	20,945,410	22,047,800
인건비1	사회복지사1	2,100,000	2,100,000	2,100,000	2,100,000	2,100,000	2,100,000	2,100,000	2,100,000	2,100,000	2,100,000
	사회복지사(가산1)										
	사회복지사(가산2)										
	사회복지사(가산3)										
	요양보호사	4,040,000	4,040,000	4,040,000	4,040,000	6,060,000	6,060,000	6,060,000	6,060,000	6,060,000	6,060,000
	간호조무사1	2,020,000	2,020,000	2,020,000	2,020,000	2,020,000	2,020,000	2,020,000	2,020,000	2,020,000	2,020,000
	간호조무사(가산)										
	사회보험(9.32%)	760,757	760,757	760,757	760,757	949,081	949,081	949,081	949,081	949,081	949,081
	퇴직적립금(8.3%)	677,280	677,280	677,280	677,280	844,940	844,940	844,940	844,940	844,940	844,940
	인건비1 소계	9,598,037	9,598,037	9,598,037	9,598,037	11,974,021	11,974,021	11,974,021	11,974,021	11,974,021	11,974,021
	인건비 지출비율(%)	79.2	72.6	67.0	62.2	72.4	67.9	63.9	60.3	57.2	54.3
인건비2	시설장	2,150,000	2,150,000	2,150,000	2,150,000	2,150,000	2,150,000	2,150,000	2,150,000	2,150,000	2,150,000
	사무원										
	운전 보조원	2,020,000	2,020,000	2,020,000	2,020,000	2,020,000	2,020,000	2,020,000	2,020,000	2,020,000	2,020,000
	조리원	2,020,000	2,020,000	2,020,000	2,020,000	2,020,000	2,020,000	2,020,000	2,020,000	2,020,000	2,020,000
	사회보험(9.32%)	577,094	577,094	577,094	577,094	577,094	577,094	577,094	577,094	577,094	577,094
	퇴직적립금(8.3%)	513,770	513,770	513,770	513,770	513,770	513,770	513,770	513,770	513,770	513,770
	인건비2 소계	7,280,864	7,280,864	7,280,864	7,280,864	7,280,864	7,280,864	7,280,864	7,280,864	7,280,864	7,280,864
기타지출	은행 이자	1,500,000	1,500,000	1,500,000	1,500,000	1,500,000	1,500,000	1,500,000	1,500,000	1,500,000	1,500,000
	임대료	1,300,000	1,300,000	1,300,000	1,300,000	1,300,000	1,300,000	1,300,000	1,300,000	1,300,000	1,600,000
	의료비 및 연료비	1,200,000	1,220,000	1,240,000	1,260,000	1,280,000	1,300,000	1,320,000	1,340,000	1,360,000	1,380,000
	수용비 및 수수료	300,000	300,000	300,000	300,000	300,000	300,000	300,000	300,000	300,000	300,000
	공공요금 및 제세공과금	1,000,000	1,030,000	1,060,000	1,090,000	1,120,000	1,150,000	1,180,000	1,210,000	1,240,000	1,270,000
	차량비 및 기타운영비	600,000	620,000	640,000	660,000	680,000	700,000	720,000	740,000	760,000	780,000
	시설비	350,000	350,000	350,000	350,000	350,000	350,000	350,000	350,000	350,000	400,000
	프로그램 운영비	300,000	310,000	320,000	330,000	340,000	350,000	360,000	370,000	380,000	390,000
	지출 소계	6,550,000	6,630,000	6,710,000	6,790,000	6,870,000	6,950,000	7,030,000	7,110,000	7,190,000	7,620,000
대표(=시설장) 최종수익		-8,773,781	-7,751,391	-6,729,001	-5,706,611	-7,060,205	-6,037,815	-5,015,425	-3,993,035	-2,970,645	-2,298,255

표 5-16 이용자 21~30명 주야간보호기관 수익

구분		이용자 수(요양보호사 수)									
		21(3)	22(4)	23(4)	24(4)	25(4)	26(4)	27(4)	28(4)	29(5)	30(5)
수입	이용자 수입	23,150,190	24,252,580	25,354,970	26,457,360	27,559,750	28,662,140	29,764,530	30,866,920	31,969,310	33,071,700
	인력 추가 배치 가산										
	수입 합계	23,150,190	24,252,580	25,354,970	26,457,360	27,559,750	28,662,140	29,764,530	30,866,920	31,969,310	33,071,700
인건비1	사회복지사1	2,100,000	2,100,000	2,100,000	2,100,000	2,100,000	2,100,000	2,100,000	2,100,000	2,100,000	2,200,000
	사회복지사 (가산1)										
	사회복지사 (가산2)										
	사회복지사 (가산3)										
	요양보호사	6,060,000	8,080,000	8,080,000	8,080,000	8,080,000	8,080,000	8,080,000	8,080,000	10,100,000	10,100,000
	간호조무사1	2,020,000	2,020,000	2,020,000	2,020,000	2,020,000	2,020,000	2,020,000	2,020,000	2,020,000	2,100,000
	간호조무사 (가산)										
	사회보험 (9.32%)	949,081	1,137,406	1,137,406	1,137,406	1,137,406	1,137,406	1,137,406	1,137,406	1,325,731	1,342,512
	퇴직적립금 (8.3%)	844,940	1,012,600	1,012,600	1,012,600	1,012,600	1,012,600	1,012,600	1,012,600	1,180,260	1,195,200
	인건비1 소계	11,974,021	14,350,006	14,350,006	14,350,006	14,350,006	14,350,006	14,350,006	14,350,006	16,725,991	16,937,712
	인건비 지출비율(%)	51.7	59.2	56.6	54.2	52.1	50.1	48.2	46.5	52.3	51.2
인건비2	시설장	2,150,000	2,150,000	2,150,000	2,150,000	2,150,000	2,150,000	2,150,000	2,150,000	2,150,000	2,300,000
	사무원					2,020,000	2,020,000	2,020,000	2,020,000	2,020,000	2,020,000
	운전 보조원	2,020,000	2,020,000	2,020,000	2,020,000	2,020,000	2,020,000	2,020,000	2,020,000	2,020,000	2,020,000
	조리원	2,020,000	2,020,000	2,020,000	2,020,000	2,020,000	2,020,000	2,020,000	2,020,000	2,020,000	2,020,000
	사회보험 (9.32%)	577,094	577,094	577,094	577,094	765,418	765,418	765,418	765,418	765,418	779,403
	퇴직적립금 (8.3%)	513,770	513,770	513,770	513,770	681,430	681,430	681,430	681,430	681,430	693,880
	인건비2 소계	7,280,864	7,280,864	7,280,864	7,280,864	9,656,848	9,656,848	9,656,848	9,656,848	9,656,848	9,833,283
기타지출	은행 이자	1,500,000	1,500,000	1,500,000	1,500,000	1,500,000	1,500,000	1,500,000	1,500,000	1,500,000	1,500,000
	임대료	2,000,000	2,000,000	2,000,000	2,000,000	2,000,000	2,000,000	2,000,000	2,000,000	2,000,000	2,500,000
	의료비 및 연료비	1,400,000	1,420,000	1,440,000	1,460,000	1,480,000	1,500,000	1,520,000	1,540,000	1,560,000	1,580,000
	수용비 및 수수료	300,000	300,000	300,000	300,000	300,000	300,000	300,000	300,000	300,000	300,000
	공공요금 및 제세공과금	1,300,000	1,330,000	1,360,000	1,390,000	1,420,000	1,450,000	1,480,000	1,510,000	1,540,000	1,570,000
	차량비 및 기타운영비	800,000	820,000	840,000	860,000	880,000	900,000	920,000	940,000	960,000	980,000
	시설비	400,000	400,000	400,000	400,000	400,000	400,000	400,000	400,000	400,000	500,000
	프로그램 운영비	400,000	410,000	420,000	430,000	440,000	450,000	460,000	470,000	480,000	490,000
	지출 소계	8,100,000	8,180,000	8,260,000	8,340,000	8,420,000	8,500,000	8,580,000	8,660,000	8,740,000	9,420,000
대표(=시설장) 최종수익		-1,675,865	-3,029,460	-2,007,070	-984,680	-2,338,274	-1,315,884	-293,494	728,896	-624,699	-414,035

표 5-17 이용자 31~40명 주야간보호기관 수익

구분		이용자 수(요양보호사 수)									
		31(5)	32(5)	33(5)	34(5)	35(5)	36(6)	37(6)	38(6)	39(6)	40(6)
수입	이용자 수입	34,174,090	35,276,480	36,378,870	37,481,260	38,583,650	39,686,040	40,788,430	41,890,820	42,993,210	44,095,600
	인력 추가 배치 가산										1,967,766
	수입 합계	34,174,090	35,276,480	36,378,870	37,481,260	38,583,650	39,686,040	40,788,430	41,890,820	42,993,210	46,063,366
인건비1	사회복지사1	2,200,000	2,200,000	2,200,000	2,200,000	2,200,000	2,200,000	2,200,000	2,200,000	2,200,000	2,200,000
	사회복지사(가산1)										2,100,000
	사회복지사(가산2)										
	사회복지사(가산3)										
	요양보호사	10,100,000	10,100,000	10,100,000	10,100,000	10,100,000	12,120,000	12,120,000	12,120,000	12,120,000	12,120,000
	간호조무사1	2,100,000	2,100,000	2,100,000	2,100,000	2,100,000	2,100,000	2,100,000	2,100,000	2,100,000	2,100,000
	간호조무사(가산)										2,100,000
	사회보험(9.32%)	1,342,512	1,342,512	1,342,512	1,342,512	1,342,512	1,530,837	1,530,837	1,530,837	1,530,837	1,922,403
	퇴직적립금(8.3%)	1,195,200	1,195,200	1,195,200	1,195,200	1,195,200	1,362,860	1,362,860	1,362,860	1,362,860	1,711,460
	인건비1 소계	16,937,712	16,937,712	16,937,712	16,937,712	16,937,712	19,313,697	19,313,697	19,313,697	19,313,697	24,253,863
	인건비 지출비율(%)	49.6	48.0	46.6	45.2	43.9	48.7	47.4	46.1	44.9	52.7
인건비2	시설장	2,300,000	2,300,000	2,300,000	2,300,000	2,300,000	2,300,000	2,300,000	2,300,000	2,300,000	2,300,000
	사무원	2,020,000	2,020,000	2,020,000	2,020,000	2,020,000	2,020,000	2,020,000	2,020,000	2,020,000	2,020,000
	운전 보조원	2,020,000	2,020,000	2,020,000	2,020,000	2,020,000	2,020,000	2,020,000	2,020,000	2,020,000	2,020,000
	조리원	2,020,000	2,020,000	2,020,000	2,020,000	2,020,000	2,020,000	2,020,000	2,020,000	2,020,000	2,020,000
	사회보험(9.32%)	779,403	779,403	779,403	779,403	779,403	779,403	779,403	779,403	779,403	779,403
	퇴직적립금(8.3%)	693,880	693,880	693,880	693,880	693,880	693,880	693,880	693,880	693,880	693,880
	인건비2 소계	9,833,283	9,833,283	9,833,283	9,833,283	9,833,283	9,833,283	9,833,283	9,833,283	9,833,283	9,833,283
기타지출	은행 이자	1,500,000	1,500,000	1,500,000	1,500,000	1,500,000	1,500,000	1,500,000	1,500,000	1,500,000	1,500,000
	임대료	2,500,000	2,500,000	2,500,000	2,500,000	2,500,000	2,500,000	2,500,000	2,500,000	2,500,000	3,000,000
	의료비 및 연료비	1,600,000	1,620,000	1,640,000	1,660,000	1,680,000	1,700,000	1,720,000	1,740,000	1,760,000	1,780,000
	수용비 및 수수료	300,000	300,000	300,000	300,000	300,000	300,000	300,000	300,000	300,000	350,000
	공공요금 및 제세공과금	1,600,000	1,630,000	1,660,000	1,690,000	1,720,000	1,750,000	1,780,000	1,810,000	1,840,000	1,870,000
	차량비 및 기타운영비	1,000,000	1,020,000	1,040,000	1,060,000	1,080,000	1,100,000	1,120,000	1,140,000	1,160,000	1,180,000
	시설비	500,000	500,000	500,000	500,000	500,000	500,000	500,000	500,000	500,000	600,000
	프로그램 운영비	500,000	510,000	520,000	530,000	540,000	550,000	560,000	570,000	580,000	590,000
	지출 소계	9,500,000	9,580,000	9,660,000	9,740,000	9,820,000	9,900,000	9,980,000	10,060,000	10,140,000	10,870,000
대표(=시설장) 최종수익		608,355	1,630,745	2,653,135	3,675,525	4,697,915	3,344,321	4,366,711	5,389,101	6,411,491	3,811,481

표 5-18 이용자 41~50명 주야간보호기관 수익

구분		이용자 수(요양보호사 수)									
		41(6)	42(6)	43(7)	44(7)	45(7)	46(7)	47(7)	48(7)	49(7)	50(8)
수입	이용자 수입	45,197,990	46,300,380	47,402,770	48,505,160	49,607,550	50,709,940	51,812,330	52,914,720	54,017,110	55,119,500
	인력 추가 배치 가산	1,967,766	1,967,766	1,967,766	1,967,766	1,967,766	1,967,766	1,967,766	1,967,766	1,967,766	1,967,766
	수입 합계	47,165,756	48,268,146	49,370,536	50,472,926	51,575,316	52,677,706	53,780,096	54,882,486	55,984,876	57,087,266
인건비1	사회복지사1	2,200,000	2,200,000	2,200,000	2,200,000	2,200,000	2,200,000	2,200,000	2,200,000	2,200,000	2,300,000
	사회복지사 (가산1)	2,100,000	2,100,000	2,100,000	2,100,000	2,100,000	2,100,000	2,100,000	2,100,000	2,100,000	2,100,000
	사회복지사 (가산2)										
	사회복지사 (가산3)										
	요양보호사	12,120,000	12,120,000	14,140,000	14,140,000	14,140,000	14,140,000	14,140,000	14,140,000	14,140,000	16,160,000
	간호조무사1	2,100,000	2,100,000	2,100,000	2,100,000	2,100,000	2,100,000	2,100,000	2,100,000	2,100,000	2,100,000
	간호조무사 (가산)	2,100,000	2,100,000	2,100,000	2,100,000	2,100,000	2,100,000	2,100,000	2,100,000	2,100,000	2,100,000
	사회보험 (9.32%)	1,922,403	1,922,403	2,110,727	2,110,727	2,110,727	2,110,727	2,110,727	2,110,727	2,110,727	2,308,375
	퇴직적립금 (8.3%)	1,711,460	1,711,460	1,879,120	1,879,120	1,879,120	1,879,120	1,879,120	1,879,120	1,879,120	2,055,080
	인건비1 소계	24,253,863	24,253,863	26,629,847	26,629,847	26,629,847	26,629,847	26,629,847	26,629,847	26,629,847	29,123,455
	인건비 지출비율(%)	51.4	50.2	53.9	52.8	51.6	50.6	49.5	48.5	47.6	51.0
인건비2	시설장	2,300,000	2,300,000	2,300,000	2,300,000	2,300,000	2,300,000	2,300,000	2,300,000	2,300,000	2,500,000
	사무원	2,020,000	2,020,000	2,020,000	2,020,000	2,020,000	2,020,000	2,020,000	2,020,000	2,020,000	2,020,000
	운전 보조원	2,020,000	2,020,000	2,020,000	2,020,000	2,020,000	2,020,000	2,020,000	2,020,000	2,020,000	2,020,000
	조리원	2,020,000	2,020,000	2,020,000	2,020,000	2,020,000	2,020,000	2,020,000	2,020,000	2,020,000	2,020,000
	사회보험 (9.32%)	779,403	779,403	779,403	779,403	779,403	779,403	779,403	779,403	779,403	798,049
	퇴직적립금 (8.3%)	693,880	693,880	693,880	693,880	693,880	693,880	693,880	693,880	693,880	710,480
	인건비2 소계	9,833,283	9,833,283	9,833,283	9,833,283	9,833,283	9,833,283	9,833,283	9,833,283	9,833,283	10,068,529
기타지출	은행 이자	2,000,000	2,000,000	2,000,000	2,000,000	2,000,000	2,000,000	2,000,000	2,000,000	2,000,000	2,000,000
	임대료	3,000,000	3,000,000	3,000,000	3,000,000	3,000,000	3,000,000	3,000,000	3,000,000	3,000,000	3,500,000
	의료비 및 연료비	1,810,000	1,840,000	1,870,000	1,900,000	1,930,000	1,960,000	1,990,000	2,020,000	2,050,000	2,080,000
	수용비 및 수수료	350,000	350,000	350,000	350,000	350,000	350,000	350,000	350,000	350,000	350,000
	공공요금 및 제세공과금	1,900,000	1,930,000	1,960,000	1,990,000	2,020,000	2,050,000	2,080,000	2,110,000	2,140,000	2,170,000
	차량비 및 기타운영비	1,200,000	1,220,000	1,240,000	1,260,000	1,280,000	1,300,000	1,320,000	1,340,000	1,360,000	1,380,000
	시설비	600,000	600,000	600,000	600,000	600,000	600,000	600,000	600,000	600,000	600,000
	프로그램 운영비	600,000	610,000	620,000	630,000	640,000	650,000	660,000	670,000	680,000	690,000
	지출 소계	11,460,000	11,550,000	11,640,000	11,730,000	11,820,000	11,910,000	12,000,000	12,090,000	12,180,000	12,770,000
대표(=시설장) 최종수익		4,323,871	5,336,261	3,972,666	4,985,056	5,997,446	7,009,836	8,022,226	9,034,616	10,047,006	8,065,783

표 5-19 이용자 51~60명 주야간보호기관 수익

구분		이용자 수(요양보호사 수)									
		51(8)	52(8)	53(8)	54(8)	55(8)	56(8)	57(9)	58(9)	59(9)	60(9)
수입	이용자 수입	56,221,890	57,324,280	58,426,670	59,529,060	60,631,450	61,733,840	62,836,230	63,938,620	65,041,010	66,143,400
	인력 추가 배치 가산	1,967,766	1,967,766	1,967,766	1,967,766	1,967,766	1,967,766	1,967,766	1,967,766	1,967,766	3,935,532
	수입 합계	58,189,656	59,292,046	60,394,436	61,496,826	62,599,216	63,701,606	64,803,996	65,906,386	67,008,776	70,078,932
인건비1	사회복지사1	2,300,000	2,300,000	2,300,000	2,300,000	2,300,000	2,300,000	2,300,000	2,300,000	2,300,000	2,300,000
	사회복지사(가산1)	2,100,000	2,100,000	2,100,000	2,100,000	2,100,000	2,100,000	2,100,000	2,100,000	2,100,000	2,100,000
	사회복지사(가산2)										2,100,000
	사회복지사(가산3)										
	요양보호사	16,160,000	16,160,000	16,160,000	16,160,000	16,160,000	16,160,000	18,180,000	18,180,000	18,180,000	18,180,000
	간호조무사1	2,100,000	2,100,000	2,100,000	2,100,000	2,100,000	2,100,000	2,100,000	2,100,000	2,100,000	2,100,000
	간호조무사(가산)	2,100,000	2,100,000	2,100,000	2,100,000	2,100,000	2,100,000	2,100,000	2,100,000	2,100,000	2,100,000
	사회보험(9.32%)	2,308,375	2,308,375	2,308,375	2,308,375	2,308,375	2,308,375	2,496,699	2,496,699	2,496,699	2,692,482
	퇴직적립금(8.3%)	2,055,080	2,055,080	2,055,080	2,055,080	2,055,080	2,055,080	2,222,740	2,222,740	2,222,740	2,397,040
	인건비1 소계	29,123,455	29,123,455	29,123,455	29,123,455	29,123,455	29,123,455	31,499,439	31,499,439	31,499,439	33,969,522
	인건비 지출비율(%)	50.0	49.1	48.2	47.4	46.5	45.7	48.6	47.8	47.0	48.5
인건비2	시설장	2,500,000	2,500,000	2,500,000	2,500,000	2,500,000	2,500,000	2,500,000	2,500,000	2,500,000	2,500,000
	사무원	2,020,000	2,020,000	2,020,000	2,020,000	2,020,000	2,020,000	2,020,000	2,020,000	2,020,000	2,020,000
	운전 보조원	2,020,000	2,020,000	2,020,000	2,020,000	2,020,000	2,020,000	2,020,000	2,020,000	2,020,000	2,020,000
	조리원	2,020,000	2,020,000	2,020,000	2,020,000	2,020,000	2,020,000	2,020,000	2,020,000	2,020,000	2,020,000
	사회보험(9.32%)	798,049	798,049	798,049	798,049	798,049	798,049	798,049	798,049	798,049	798,049
	퇴직적립금(8.3%)	710,480	710,480	710,480	710,480	710,480	710,480	710,480	710,480	710,480	710,480
	인건비2 소계	10,068,529	10,068,529	10,068,529	10,068,529	10,068,529	10,068,529	10,068,529	10,068,529	10,068,529	10,068,529
기타지출	은행 이자	2,000,000	2,000,000	2,000,000	2,000,000	2,000,000	2,000,000	2,000,000	2,000,000	2,000,000	2,000,000
	임대료	3,500,000	3,500,000	3,500,000	3,500,000	3,500,000	3,500,000	3,500,000	3,500,000	3,500,000	4,000,000
	의료비 및 연료비	2,110,000	2,140,000	2,170,000	2,200,000	2,230,000	2,260,000	2,290,000	2,320,000	2,350,000	2,380,000
	수용비 및 수수료	350,000	350,000	350,000	350,000	350,000	350,000	350,000	350,000	350,000	350,000
	공공요금 및 제세공과금	2,200,000	2,230,000	2,260,000	2,290,000	2,320,000	2,350,000	2,380,000	2,410,000	2,440,000	2,470,000
	차량비 및 기타운영비	1,400,000	1,420,000	1,440,000	1,460,000	1,480,000	1,500,000	1,520,000	1,540,000	1,560,000	1,580,000
	시설비	1,000,000	1,000,000	1,000,000	1,000,000	1,000,000	1,000,000	1,000,000	1,000,000	1,000,000	1,100,000
	프로그램 운영비	700,000	710,000	720,000	730,000	740,000	750,000	760,000	770,000	780,000	790,000
	지출 소계	13,260,000	13,350,000	13,440,000	13,530,000	13,620,000	13,710,000	13,800,000	13,890,000	13,980,000	14,670,000
대표(=시설장) 최종수익		8,678,173	9,690,563	10,702,953	11,715,343	12,727,733	13,740,123	12,376,528	13,388,918	14,401,308	14,311,381

표 5-20 이용자 61~70명 주야간보호기관 수익

구분		이용자 수(요양보호사 수)									
		61(9)	62(9)	63(9)	64(10)	65(10)	66(10)	67(10)	68(10)	69(10)	70(10)
수입	이용자 수입	67,245,790	68,348,180	69,450,570	70,552,960	71,655,350	72,757,740	73,860,130	74,962,520	76,064,910	77,167,300
	인력 추가 배치 가산	3,935,532	3,935,532	3,935,532	3,935,532	3,935,532	3,935,532	3,935,532	3,935,532	3,935,532	3,935,532
	수입 합계	71,181,322	72,283,712	73,386,102	74,488,492	75,590,882	76,693,272	77,795,662	78,898,052	80,000,442	81,102,832
인건비1	사회복지사1	2,300,000	2,300,000	2,300,000	2,300,000	2,300,000	2,300,000	2,300,000	2,300,000	2,300,000	2,300,000
	사회복지사(가산1)	2,100,000	2,100,000	2,100,000	2,100,000	2,100,000	2,100,000	2,100,000	2,100,000	2,100,000	2,100,000
	사회복지사(가산2)	2,100,000	2,100,000	2,100,000	2,100,000	2,100,000	2,100,000	2,100,000	2,100,000	2,100,000	2,100,000
	사회복지사(가산3)										
	요양보호사	18,180,000	18,180,000	18,180,000	20,200,000	20,200,000	20,200,000	20,200,000	20,200,000	20,200,000	20,200,000
	간호조무사1	2,100,000	2,100,000	2,100,000	2,100,000	2,100,000	2,100,000	2,100,000	2,100,000	2,100,000	2,100,000
	간호조무사(가산)	2,100,000	2,100,000	2,100,000	2,100,000	2,100,000	2,100,000	2,100,000	2,100,000	2,100,000	2,100,000
	사회보험(9.32%)	2,692,482	2,692,482	2,692,482	2,880,807	2,880,807	2,880,807	2,880,807	2,880,807	2,880,807	2,880,807
	퇴직적립금(8.3%)	2,397,040	2,397,040	2,397,040	2,564,700	2,564,700	2,564,700	2,564,700	2,564,700	2,564,700	2,564,700
	인건비1 소계	33,969,522	33,969,522	33,969,522	36,345,507	36,345,507	36,345,507	36,345,507	36,345,507	36,345,507	36,345,507
	인건비 지출비율(%)	47.7	47.0	46.3	48.8	48.1	47.4	46.7	46.1	45.4	44.8
인건비2	시설장	2,500,000	2,500,000	2,500,000	2,500,000	2,500,000	2,500,000	2,500,000	2,500,000	2,500,000	2,500,000
	사무원	2,020,000	2,020,000	2,020,000	2,020,000	2,020,000	2,020,000	2,020,000	2,020,000	2,020,000	2,020,000
	운전 보조원	2,020,000	2,020,000	2,020,000	2,020,000	2,020,000	2,020,000	2,020,000	2,020,000	2,020,000	2,020,000
	조리원	2,020,000	2,020,000	2,020,000	2,020,000	2,020,000	2,020,000	2,020,000	2,020,000	2,020,000	2,020,000
	사회보험(9.32%)	798,049	798,049	798,049	798,049	798,049	798,049	798,049	798,049	798,049	798,049
	퇴직적립금(8.3%)	710,480	710,480	710,480	710,480	710,480	710,480	710,480	710,480	710,480	710,480
	인건비2 소계	10,068,529	10,068,529	10,068,529	10,068,529	10,068,529	10,068,529	10,068,529	10,068,529	10,068,529	10,068,529
기타 지출	은행 이자	2,000,000	2,000,000	2,000,000	2,000,000	2,000,000	2,000,000	2,000,000	2,000,000	2,000,000	2,000,000
	임대료	4,000,000	4,000,000	4,000,000	4,000,000	4,000,000	4,000,000	4,000,000	4,000,000	4,000,000	5,000,000
	의료비 및 연료비	2,410,000	2,440,000	2,470,000	2,500,000	2,530,000	2,560,000	2,590,000	2,620,000	2,650,000	2,680,000
	수용비 및 수수료	350,000	350,000	350,000	350,000	350,000	350,000	350,000	350,000	350,000	350,000
	공공요금 및 제세공과금	2,500,000	2,530,000	2,560,000	2,590,000	2,620,000	2,650,000	2,680,000	2,710,000	2,740,000	2,770,000
	차량비 및 기타운영비	1,600,000	1,620,000	1,640,000	1,660,000	1,680,000	1,700,000	1,720,000	1,740,000	1,760,000	1,780,000
	시설비	1,100,000	1,100,000	1,100,000	1,100,000	1,100,000	1,100,000	1,100,000	1,100,000	1,100,000	1,200,000
	프로그램 운영비	800,000	810,000	820,000	830,000	840,000	850,000	860,000	870,000	880,000	890,000
	지출 소계	14,760,000	14,850,000	14,940,000	15,030,000	15,120,000	15,210,000	15,300,000	15,390,000	15,480,000	16,670,000
대표(=시설장) 최종수익		15,323,771	16,336,161	17,348,551	15,984,957	16,997,347	18,009,737	19,022,127	20,034,517	21,046,907	20,959,297

표 5-21 이용자 71~80명 주야간보호기관 수익

구분		이용자 수(요양보호사 수)									
		71(11)	72(11)	73(11)	74(11)	75(11)	76(11)	77(11)	78(12)	79(12)	80(12)
수입	이용자 수입	78,269,690	79,372,080	80,474,470	81,576,860	82,679,250	83,781,640	84,884,030	85,986,420	87,088,810	88,191,200
	인력 추가 배치 가산	3,935,532	3,935,532	3,935,532	3,935,532	3,935,532	3,935,532	3,935,532	3,935,532	3,935,532	3,935,532
	수입 합계	82,205,222	83,307,612	84,410,002	85,512,392	86,614,782	87,717,172	88,819,562	89,921,952	91,024,342	92,126,732
인건비 1	사회복지사1	2,300,000	2,300,000	2,300,000	2,300,000	2,300,000	2,300,000	2,300,000	2,300,000	2,300,000	2,300,000
	사회복지사(가산1)	2,100,000	2,100,000	2,100,000	2,100,000	2,100,000	2,100,000	2,100,000	2,100,000	2,100,000	2,100,000
	사회복지사(가산2)	2,100,000	2,100,000	2,100,000	2,100,000	2,100,000	2,100,000	2,100,000	2,100,000	2,100,000	2,100,000
	사회복지사(가산3)										
	요양보호사	22,220,000	22,220,000	22,220,000	22,220,000	22,220,000	22,220,000	22,220,000	24,240,000	24,240,000	24,240,000
	간호조무사1	2,100,000	2,100,000	2,100,000	2,100,000	2,100,000	2,100,000	2,100,000	2,100,000	2,100,000	2,100,000
	간호조무사(가산)	2,100,000	2,100,000	2,100,000	2,100,000	2,100,000	2,100,000	2,100,000	2,100,000	2,100,000	2,100,000
	사회보험(9.32%)	3,069,132	3,069,132	3,069,132	3,069,132	3,069,132	3,069,132	3,069,132	3,257,456	3,257,456	3,257,456
	퇴직적립금(8.3%)	2,732,360	2,732,360	2,732,360	2,732,360	2,732,360	2,732,360	2,732,360	2,900,020	2,900,020	2,900,020
	인건비1 소계	38,721,492	38,721,492	38,721,492	38,721,492	38,721,492	38,721,492	38,721,492	41,097,476	41,097,476	41,097,476
	인건비 지출비율(%)	47.1	46.5	45.9	45.3	44.7	44.1	43.6	45.7	45.1	44.6
인건비 2	시설장	2,500,000	2,500,000	2,500,000	2,500,000	2,500,000	2,500,000	2,500,000	2,500,000	2,500,000	2,500,000
	사무원	2,020,000	2,020,000	2,020,000	2,020,000	2,020,000	2,020,000	2,020,000	2,020,000	2,020,000	2,020,000
	운전 보조원	2,020,000	2,020,000	2,020,000	2,020,000	2,020,000	2,020,000	2,020,000	2,020,000	2,020,000	2,020,000
	조리원	2,020,000	2,020,000	2,020,000	2,020,000	2,020,000	2,020,000	2,020,000	2,020,000	2,020,000	2,020,000
	사회보험(9.32%)	798,049	798,049	798,049	798,049	798,049	798,049	798,049	798,049	798,049	798,049
	퇴직적립금(8.3%)	710,480	710,480	710,480	710,480	710,480	710,480	710,480	710,480	710,480	710,480
	인건비2 소계	10,068,529	10,068,529	10,068,529	10,068,529	10,068,529	10,068,529	10,068,529	10,068,529	10,068,529	10,068,529
기타 지출	은행 이자	2,000,000	2,000,000	2,000,000	2,000,000	2,000,000	2,000,000	2,000,000	2,000,000	2,000,000	2,000,000
	임대료	5,000,000	5,000,000	5,000,000	5,000,000	5,000,000	5,000,000	5,000,000	5,000,000	5,000,000	5,000,000
	의료비 및 연료비	2,710,000	2,740,000	2,770,000	2,800,000	2,830,000	2,860,000	2,890,000	2,920,000	2,950,000	2,980,000
	수용비 및 수수료	350,000	350,000	350,000	350,000	350,000	350,000	350,000	350,000	350,000	400,000
	공공요금 및 제세공과금	2,800,000	2,830,000	2,860,000	2,890,000	2,920,000	2,950,000	2,980,000	3,010,000	3,040,000	3,070,000
	차량비 및 기타운영비	1,800,000	1,820,000	1,840,000	1,860,000	1,880,000	1,900,000	1,920,000	1,940,000	1,960,000	1,980,000
	시설비	1,200,000	1,200,000	1,200,000	1,200,000	1,200,000	1,200,000	1,200,000	1,200,000	1,200,000	1,300,000
	프로그램 운영비	900,000	910,000	920,000	930,000	940,000	950,000	960,000	970,000	980,000	990,000
	지출 소계	16,760,000	16,850,000	16,940,000	17,030,000	17,120,000	17,210,000	17,300,000	17,390,000	17,480,000	17,720,000
대표(=시설장) 최종수익		19,595,702	20,608,092	21,620,482	22,632,872	23,645,262	24,657,652	25,670,042	24,306,447	25,318,837	26,181,227

표 5-22 이용자 81~90명 주야간보호기관 수익

구분		이용자 수(요양보호사 수)									
		81(12)	82(12)	83(12)	84(12)	85(13)	86(13)	87(13)	88(13)	89(13)	90(13)
수입	이용자 수입	89,293,590	90,395,980	91,498,370	92,600,760	93,703,150	94,805,540	95,907,930	97,010,320	98,112,710	99,215,100
	인력 추가 배치 가산	3,935,532	3,935,532	3,935,532	3,935,532	3,935,532	3,935,532	3,935,532	3,935,532	3,935,532	3,935,532
	수입 합계	93,229,122	94,331,512	95,433,902	96,536,292	97,638,682	98,741,072	99,843,462	100,945,852	102,048,242	103,150,632
인건비1	사회복지사1	2,300,000	2,300,000	2,300,000	2,300,000	2,300,000	2,300,000	2,300,000	2,300,000	2,300,000	2,300,000
	사회복지사 (가산1)	2,100,000	2,100,000	2,100,000	2,100,000	2,100,000	2,100,000	2,100,000	2,100,000	2,100,000	2,100,000
	사회복지사 (가산2)	2,100,000	2,100,000	2,100,000	2,100,000	2,100,000	2,100,000	2,100,000	2,100,000	2,100,000	2,100,000
	사회복지사 (가산3)										
	요양보호사	24,240,000	24,240,000	24,240,000	24,240,000	26,260,000	26,260,000	26,260,000	26,260,000	26,260,000	26,260,000
	간호조무사1	2,100,000	2,100,000	2,100,000	2,100,000	2,100,000	2,100,000	2,100,000	2,100,000	2,100,000	2,100,000
	간호조무사 (가산)	2,100,000	2,100,000	2,100,000	2,100,000	2,100,000	2,100,000	2,100,000	2,100,000	2,100,000	2,100,000
	사회보험 (9.32%)	3,257,456	3,257,456	3,257,456	3,257,456	3,445,781	3,445,781	3,445,781	3,445,781	3,445,781	3,445,781
	퇴직적립금 (8.3%)	2,900,020	2,900,020	2,900,020	2,900,020	3,067,680	3,067,680	3,067,680	3,067,680	3,067,680	3,067,680
	인건비1 소계	41,097,476	41,097,476	41,097,476	41,097,476	43,473,461	43,473,461	43,473,461	43,473,461	43,473,461	43,473,461
	인건비 지출비율(%)	44.1	43.6	43.1	42.6	44.5	44.0	43.5	43.1	42.6	42.1
인건비2	시설장	2,500,000	2,500,000	2,500,000	2,500,000	2,500,000	2,500,000	2,500,000	2,500,000	2,500,000	2,500,000
	사무원	2,020,000	2,020,000	2,020,000	2,020,000	2,020,000	2,020,000	2,020,000	2,020,000	2,020,000	2,020,000
	운전 보조원	2,020,000	2,020,000	2,020,000	2,020,000	2,020,000	2,020,000	2,020,000	2,020,000	2,020,000	2,020,000
	조리원	2,020,000	2,020,000	2,020,000	2,020,000	2,020,000	2,020,000	2,020,000	2,020,000	2,020,000	2,020,000
	사회보험 (9.32%)	798,049	798,049	798,049	798,049	798,049	798,049	798,049	798,049	798,049	798,049
	퇴직적립금 (8.3%)	710,480	710,480	710,480	710,480	710,480	710,480	710,480	710,480	710,480	710,480
	인건비2 소계	10,068,529	10,068,529	10,068,529	10,068,529	10,068,529	10,068,529	10,068,529	10,068,529	10,068,529	10,068,529
기타 지출	은행 이자	2,000,000	2,000,000	2,000,000	2,000,000	2,000,000	2,000,000	2,000,000	2,000,000	2,000,000	2,000,000
	임대료	5,000,000	5,000,000	5,000,000	5,000,000	5,000,000	6,000,000	6,000,000	6,000,000	6,000,000	6,000,000
	의료비 및 연료비	3,010,000	3,040,000	3,070,000	3,100,000	3,130,000	3,160,000	3,190,000	3,220,000	3,250,000	3,280,000
	수용비 및 수수료	400,000	400,000	400,000	400,000	400,000	400,000	400,000	400,000	400,000	400,000
	공공요금 및 제세공과금	3,100,000	3,130,000	3,160,000	3,190,000	3,220,000	3,250,000	3,280,000	3,310,000	3,340,000	3,370,000
	차량비 및 기타운영비	2,000,000	2,020,000	2,040,000	2,060,000	2,080,000	2,100,000	2,120,000	2,140,000	2,160,000	2,180,000
	시설비	1,300,000	1,300,000	1,300,000	1,300,000	1,300,000	1,300,000	1,300,000	1,300,000	1,300,000	1,400,000
	프로그램 운영비	1,000,000	1,010,000	1,020,000	1,030,000	1,040,000	1,050,000	1,060,000	1,070,000	1,080,000	1,090,000
	지출 소계	17,810,000	17,900,000	17,990,000	18,080,000	18,170,000	19,260,000	19,350,000	19,440,000	19,530,000	19,720,000
대표(=시설장) 최종수익		27,193,617	28,206,007	29,218,397	30,230,787	28,867,193	28,879,583	29,891,973	30,904,363	31,916,753	32,829,143

표 5-23 이용자 91~100명 주야간보호기관 수익

구분		이용자 수(요양보호사 수)									
		91(13)	92(14)	93(14)	94(14)	95(14)	96(14)	97(14)	98(14)	99(15)	100(15)
수입	이용자 수입	100,317,490	101,419,880	102,522,270	103,624,660	104,727,050	105,829,440	106,931,830	108,034,220	109,136,610	110,239,000
	인력 추가 배치 가산	5,903,298	5,903,298	5,903,298	5,903,298	5,903,298	5,903,298	5,903,298	5,903,298	5,903,298	5,903,298
	수입 합계	106,220,788	107,323,178	108,425,568	109,527,958	110,630,348	111,732,738	112,835,128	113,937,518	115,039,908	116,142,298
인건비1	사회복지사1	2,300,000	2,300,000	2,300,000	2,300,000	2,300,000	2,300,000	2,300,000	2,300,000	2,300,000	2,300,000
	사회복지사(가산1)	2,100,000	2,100,000	2,100,000	2,100,000	2,100,000	2,100,000	2,100,000	2,100,000	2,100,000	2,100,000
	사회복지사(가산2)	2,100,000	2,100,000	2,100,000	2,100,000	2,100,000	2,100,000	2,100,000	2,100,000	2,100,000	2,100,000
	사회복지사(가산3)	2,100,000	2,100,000	2,100,000	2,100,000	2,100,000	2,100,000	2,100,000	2,100,000	2,100,000	2,100,000
	요양보호사	26,260,000	28,280,000	28,280,000	28,280,000	28,280,000	28,280,000	28,280,000	28,280,000	30,300,000	30,300,000
	간호조무사1	2,100,000	2,100,000	2,100,000	2,100,000	2,100,000	2,100,000	2,100,000	2,100,000	2,100,000	2,100,000
	간호조무사(가산)	2,100,000	2,100,000	2,100,000	2,100,000	2,100,000	2,100,000	2,100,000	2,100,000	2,100,000	2,100,000
	사회보험(9.32%)	3,641,564	3,829,888	3,829,888	3,829,888	3,829,888	3,829,888	3,829,888	3,829,888	4,018,213	4,018,213
	퇴직적립금(8.3%)	3,241,980	3,409,640	3,409,640	3,409,640	3,409,640	3,409,640	3,409,640	3,409,640	3,577,300	3,577,300
	인건비1 소계	45,943,544	48,319,528	48,319,528	48,319,528	48,319,528	48,319,528	48,319,528	48,319,528	50,695,513	50,695,513
	인건비 지출비율(%)	43.3	45.0	44.6	44.1	43.7	43.2	42.8	42.4	44.1	43.6
인건비2	시설장	2,500,000	2,500,000	2,500,000	2,500,000	2,500,000	2,500,000	2,500,000	2,500,000	2,500,000	2,500,000
	사무원	2,020,000	2,020,000	2,020,000	2,020,000	2,020,000	2,020,000	2,020,000	2,020,000	2,020,000	2,020,000
	운전 보조원	2,020,000	2,020,000	2,020,000	2,020,000	2,020,000	2,020,000	2,020,000	2,020,000	2,020,000	2,020,000
	조리원	2,020,000	2,020,000	2,020,000	2,020,000	2,020,000	2,020,000	2,020,000	2,020,000	2,020,000	2,020,000
	사회보험(9.32%)	798,049	798,049	798,049	798,049	798,049	798,049	798,049	798,049	798,049	798,049
	퇴직적립금(8.3%)	710,480	710,480	710,480	710,480	710,480	710,480	710,480	710,480	710,480	710,480
	인건비2 소계	10,068,529	10,068,529	10,068,529	10,068,529	10,068,529	10,068,529	10,068,529	10,068,529	10,068,529	10,068,529
기타지출	은행 이자	2,000,000	2,000,000	2,000,000	2,000,000	2,000,000	2,000,000	2,000,000	2,000,000	2,000,000	2,000,000
	임대료	6,000,000	6,000,000	6,000,000	6,000,000	6,000,000	6,000,000	6,000,000	6,000,000	6,000,000	6,000,000
	의료비 및 연료비	3,310,000	3,340,000	3,370,000	3,400,000	3,430,000	3,460,000	3,490,000	3,520,000	3,550,000	3,580,000
	수용비 및 수수료	400,000	400,000	400,000	400,000	400,000	400,000	400,000	400,000	400,000	400,000
	공공요금 및 제세공과금	3,400,000	3,430,000	3,460,000	3,490,000	3,520,000	3,550,000	3,580,000	3,610,000	3,640,000	3,670,000
	차량비 및 기타운영비	2,200,000	2,220,000	2,240,000	2,260,000	2,280,000	2,300,000	2,320,000	2,340,000	2,360,000	2,380,000
	시설비	1,400,000	1,400,000	1,400,000	1,400,000	1,400,000	1,400,000	1,400,000	1,400,000	1,400,000	1,400,000
	프로그램 운영비	1,100,000	1,110,000	1,120,000	1,130,000	1,140,000	1,150,000	1,160,000	1,170,000	1,180,000	1,190,000
	지출 소계	19,810,000	19,900,000	19,990,000	20,080,000	20,170,000	20,260,000	20,350,000	20,440,000	20,530,000	20,620,000
대표(=시설장) 최종수익		33,339,216	31,975,621	32,988,011	34,000,401	35,012,791	36,025,181	37,037,571	38,049,961	36,686,367	37,698,757

06

CHAPTER

노인요양시설의 수익계산 방법

01 노인요양시설의 수익구조

1) 하루 및 한 달 수입(매출)

노인요양시설은 노인복지법에 '노인의료복지시설'로 구분하고 있으며, 입소자 9인 이하의 노인요양공동생활가정과 10인 이상의 노인요양시설로 구분된다. 노인요양시설은 시설기준에 따라 30명 이상과 미만으로 또 한 번 구분된다.

▼ 표 6-1 노인요양시설 구분

<table>
<tr><th colspan="2">구분
시설별</th><th>침실</th><th>사무실</th><th>요양보호사실</th><th>자원봉사자실</th><th>의료 및 간호사실</th><th>물리(작업)치료실</th><th>프로그램실</th><th>식당 및 조리실</th><th>비상재해대비시설</th><th>화장실</th><th>세면장 및 목욕실</th><th>세탁장 및 세탁물건조장</th></tr>
<tr><td rowspan="2">노인요양시설</td><td>입소자 30명 이상</td><td>○</td><td>○</td><td>○</td><td>○</td><td>○</td><td>○</td><td>○</td><td>○</td><td>○</td><td>○</td><td>○</td><td>○</td></tr>
<tr><td>입소자 30명 미만 10명 이상</td><td>○</td><td colspan="3">○</td><td>○</td><td>○</td><td>○</td><td>○</td><td>○</td><td>○</td><td colspan="2">○</td></tr>
<tr><td colspan="2">노인요양 공동생활가정</td><td>○</td><td colspan="4">○</td><td colspan="2">○</td><td>○</td><td>○</td><td colspan="3">○</td></tr>
</table>

개인이 노인요양시설을 설치할 경우, 다른 사람의 토지나 건물을 사용하는 것이 가능하기는 하지만 조건이 매우 까다롭기 때문에 현실적으로 어렵다고 볼 수 있다. 따라서 재가노인복지시설과 비교할 때 상대적으로 많은 투자 비용이 소요될 수밖에 없다.

문제는 입소정원이 같더라도 어떤 지역에 어떤 방식으로 건축하는지에 따라 건축비 차이가 매우 크기 때문에 최초 설립 비용을 예상하기가 쉽지 않다. 따라서 이 영역은 부동산 및 건축 전문가들의 자문을 필요로 하므로 여기에서 다루기는 어렵다.

노인요양시설의 수익은 시설의 건축비나 토지 그리고 각종 설비 장비를 다루는 것이 아니라 사업 수행 시 수입(매출)과 지출 규모를 따져서 매월 발생되는 수익(또는 잉여금)을 산출하는 것이다.

노인요양시설의 수입(매출)은 재가노인복지시설과 비교할 때 매우 단순하고 명확한 편이다. 왜냐하면, 등급별 입소자들의 일일 서비스 비용에 입소 기간을 곱하면 손쉽게 구할 수 있기 때문이다. 노인요양시설 입소자들은 주말이나 명절 등 보호자들이 방문하는 날을 제외하면 24시간 시설에서 생활하기 때문에 수입(매출) 변동이 거의 없는 편이다.

표 6-2 1일당 시설급여 비용(2023년 기준)

<table>
<tr><th colspan="2" rowspan="2"></th><th rowspan="2">등급</th><th rowspan="2">1일 단가</th><th colspan="3">전체 이용 한도(단위: 원)</th></tr>
<tr><th>29일</th><th>30일</th><th>31일</th></tr>
<tr><td rowspan="10">노인
요양
시설</td><td rowspan="5">2.3명당
1명</td><td>1등급</td><td>81,750</td><td>2,370,750</td><td>2,452,500</td><td>2,534,250</td></tr>
<tr><td>2등급</td><td>75,840</td><td>2,199,360</td><td>2,275,200</td><td>2,351,040</td></tr>
<tr><td>3등급</td><td rowspan="3">71,620</td><td rowspan="3">2,076,980</td><td rowspan="3">2,148,600</td><td rowspan="3">2,220,220</td></tr>
<tr><td>4등급</td></tr>
<tr><td>5등급</td></tr>
<tr><td rowspan="5">2.5명당
1명</td><td>1등급</td><td>78,250</td><td>2,269,250</td><td>2,347,500</td><td>2,425,750</td></tr>
<tr><td>2등급</td><td>72,600</td><td>2,105,400</td><td>2,178,000</td><td>2,250,600</td></tr>
<tr><td>3등급</td><td rowspan="3">66,950</td><td rowspan="3">1,941,550</td><td rowspan="3">2,008,500</td><td rowspan="3">2,075,450</td></tr>
<tr><td>4등급</td></tr>
<tr><td>5등급</td></tr>
<tr><td colspan="2" rowspan="5">노인요양
공동생활
가정</td><td>1등급</td><td>68,780</td><td>1,994,620</td><td>2,063,400</td><td>2,132,180</td></tr>
<tr><td>2등급</td><td>63,820</td><td>1,850,780</td><td>1,914,600</td><td>1,978,420</td></tr>
<tr><td>3등급</td><td rowspan="3">58,830</td><td rowspan="3">1,706,070</td><td rowspan="3">1,764,900</td><td rowspan="3">1,823,730</td></tr>
<tr><td>4등급</td></tr>
<tr><td>5등급</td></tr>
</table>

위 표에서 1일 단가는 이해를 돕기 위해 편의상 표현한 것이고, 현장에서는 '수가'라고 표현하지만, 정식 명칭은 '1인당 시설급여 비용'이라고 한다. 이 내용은 노인복지법이나 노인장기요양보험법에 나와 있지 않고, 노인장기요양보험 홈페이지의 법령 자료실에서 「장기요양급여 제공기준 및 급여비용 산정방법 등에 관한 고시」를 다운받아 확인할 수 있다.

2) 시설 유형별 월 평균 수입(매출)

노인요양시설의 입소자들은 주로 1등급이나 2등급과 같은 중증 수급자가 많지만 3, 4, 5등급 수급자도 입소가 가능하다. 따라서 노인요양시설의 입소자 수가 많으면 수입(매출)이 많은 것은 당연하지만 몇 등급 수급자가 몇 명인지에 따라 달라지게 된다.

수입(매출)만 생각한다면, 3, 4, 5등급 수급자가 입소자인 경우보다 1등급 수급자가 입소해 있으면 수입(매출)에 더 도움이 될 것이다. 현재 노인요양시설을 운영하고 있다면, 입소자 중 등급별 입소자 비율을 파악할 수 있겠지만, 시설 설립 전이라면 등급별 수급자 비율을 예상하기는 어렵다. 다시 말해서 1, 2등급이 많을지 3~5등급이 많을지 알 수 없다는 것이다.

표 6-3 시설급여 평균 비용(2023년 기준)

		등급	1일 단가(원)		전체 이용 한도(원)		
			책정	평균	29일	30일	31일
노인요양시설	2.3명당 1명	1등급	81,750	76,430	2,216,470	2,292,900	2,369,330
		2등급	75,840				
		3등급	71,620				
		4등급					
		5등급					
	2.5명당 1명	1등급	78,250	72,600	2,105,400	2,178,000	2,250,600
		2등급	72,600				
		3등급	66,950				
		4등급					
		5등급					
노인요양 공동생활 가정		1등급	68,780	63,810	1,850,490	1,914,300	1,978,110
		2등급	63,820				
		3등급	58,830				
		4등급					
		5등급					

따라서 위 표와 같이 1등급, 2등급, 3~5등급에 따른 단가(수가)의 평균을 산출하는 것이 현실적이다. 3~5등급 수급자들은 1일 단가(수가)가 동일하므로 1등급, 2등급, 3등급 단가(수가)를 합한 다음 3으로 나누면 평균 단가가 나올 것이다.[1)]

입소자 2.3명당 1명의 요양보호사를 배치할 경우, 이 금액은 2023년 기준 76,430원이 되고, 한 달 평균 30일을 곱하면 2,292,900원이 나오는데, 이 금액이

1) 81,750원+75,840원+71,620원)/3=76,430원

입소자 1인당 수입(매출)이 된다.

만약 49인 정원을 목표로 하는 노인요양시설을 설립하고자 한다면, 목표 정원이 다 채워졌을 때 2,292,900원×49명=112,352,100원의 한 달 수입(매출)을 예상할 수 있다. 그러나 이 금액이 순수익이 될 수는 없다. 인건비와 각종 지출 항목을 뺀 금액이 비로소 순수익(잉여금)이 된다.

02 노인요양시설의 인건비

1) 노인요양시설 인건비 특성

노인요양시설의 인건비는 시설 규모에 따라 차이가 크고, 입소자 수에 크게 영향을 받는다. 입소자 수에 영향을 받는 이유는 재가시설과 달리 입소자 수가 25명, 50명, 100명일 때 추가 배치해야 하는 인력이 발생하기 때문이다.

즉, 입소자 수에 따라 요양보호사를 추가 배치하는 것은 기본이며, 사무국장과 사무원, 영양사, 관리인은 입소자가 50명이 되는 순간 1명씩 필수 배치해야 하고, 간호(조무)사와 조리원은 입소자 25명일 때마다 1명씩 추가 배치해야 한다.

이런 현상은 주야간보호기관이나 단기보호기관에서도 조금씩 나타나지만 노인요양시설에서 두드러지게 나타난다. 따라서 입소자가 25명, 30명, 50명, 75명, 100명이 되는 순간 인건비 부담이 크게 증가하므로 처음부터 입소정원을 정할 때 이런 특성을 반드시 고려해야 한다.

노인요양시설 인건비의 또 다른 특성은 24시간 돌봄 체계로 운영해야 하는 시설의 특성 때문에 요양보호사들이 부득이 야간에 근무해야 하므로 근무시간을 어떻게 편성하는지에 따라 인건비 수준이 크게 달라질 수 있다는 점이다. 예컨대, 2교대(퐁당당, 주주야야비비) 또는 3교대 근무 편성에 따른 근로 인정 시간이 달라지므로 연장근로, 야간근로, 휴일근로에 따른 수당이 추가될 수 있기 때문이다.

표 6-4 노인요양시설 직원배치기준

시설별 \ 직종별		시설장	사무국장	사회복지사	의사 또는 계약의사	간호사 또는 간호조무사	물리치료사 또는 작업치료사	요양보호사	사무원	영양사	조리원	위생원	관리인
노인요양시설	입소자 30명 이상	1명	1명 (입소자 50명 이상인 경우로 한정함)	1명 (입소자 100명 초과할 때마다 1명 추가)	1명 이상	입소자 25명당 1명	1명 (입소자 100명 초과할 때마다 1명 추가)	입소자 2.5명당 1명 (치매 전담실은 2명당 1명)	1명 (입소자 50명 이상인 경우로 한정)	1명 (1회 급식 인원이 50명 이상인 경우로 한정)	입소자 25명당 1명	1명 (입소자 100명 초과할 때마다 1명 추가)	1명 (입소자 50명 이상인 경우로 한정)
	입소자 30명 미만 10명 이상	1명	1명		1명	1명		입소자 2.5명당 1명 (치매 전담실은 2명당 1명)			1명		
노인요양공동생활가정		1명				1명		입소자 3명당 1명 (치매 전담형은 2.5명당 1명)					

※ 노인복지법 시행규칙 별표4

요양보호사를 제외하면 대부분의 직종이 주간 근무를 하기 때문에 인건비 계산이 양호하지만, 간혹 간호(조무)사와 조리원들도 연장, 야간, 휴일근로가 발생하는 경우가 있다. 이런 경우에도 각종 수당을 고려해야 하므로 인건비 계산이 다소 복잡한 편이다.

2) 노인요양시설의 인건비 지출비율

노인요양시설 역시 인건비 지출 비율을 맞추어야 한다. 노인요양공동생활가정은 사회복지사가 필수 배치 인력이 아니지만 배치할 경우 사회복지사와 간호(조무)사 또는 물리(작업)치료사 그리고 요양보호사의 인건비가 전체 수입(매출)의 65.8% 이상이어야 한다. 노인요양시설 역시 사회복지사, 간호(조무)사, 물리(작업)치료사, 요양보호사의 인건비 총액이 전체 수입(매출)의 61.4% 이상이어야 한다.

그런데, 노인요양공동생활가정은 간접 인력이 시설장뿐이지만 노인요양시설은 시설장, 사무국장, 사무원, 영양사, 조리원, 위생원, 관리인 등 요양 업무를 하지 않는 직종이 많지만 이들의 인건비는 인건비 지출비율에 포함되지 않는다. 따라서 전체 수입(매출)에서 직접 인력의 인건비인 61.4%를 제외한 38.6%에서 간접 인력의 인건비와 기타 지출 비용을 충당해야 한다.

표 6-5 노인요양시설의 인건비 지출 비율

지출 비중 비교		지출비율(%)
노인요양시설	간호(조무)사, 물리(작업)치료사, 사회복지사, 요양보호사	61.4%
	시설장, 사무국장, 사무원, 영양사, 조리원, 위생원, 관리인	38.6%
	기타 지출 항목	
노인요양 공동생활 가정	간호(조무)사, 물리(작업)치료사, 사회복지사, 요양보호사	65.8%
	시설장	34.2%
	기타 지출 항목	

요양 업무를 하지 않는 간접 인력이 많은 노인요양시설은 사업 초기에 입소자가 적어서 수입(매출)이 많지 않음에도 필수배치인력의 인건비 부담이 매우 크므로 적자 운영이 불가피하다.

이처럼 사업 초기에는 노인요양시설의 인건비 부담이 워낙 크기 때문에 대부분의 시설에서는 종사자 인건비를 최저임금 수준에 맞추는 경향이 있다. 아울러, 경력에 따라 임금이 올라가는 호봉제에 대한 규정이 따로 없기 때문에 연차가 많아도 임금을 올리지 않는 경향이 지배적이다.

이런 점 때문에 임금에 대한 종사자들의 불만이 많지만 임금가이드라인과 같은 기준이 따로 없기 때문에 이와 같은 현상은 계속 유지되고 있는 실정이다.

노인요양시설의 임금 기준은 주야간보호기관과 마찬가지로 정부에서 정한 최저임금이며, 연장근로 또는 야간근로의 경우 최저임금의 0.5배, 휴일근로의 경우 1.5배 추가 지급이 원칙이다.

표 6-6 최저시급 및 임금

구분	시급	월급	연장근로 추가수당 (1시간 기준)	휴일근로 추가수당 (1시간 기준)
2024년	9,860원	2,060,740원	4,930원	14,790원
2023년	9,620원	2,010,580원	4,810원	14,430원

그러나 이마저도 지키는 시설이 많지 않다. 연장근로수당과 야간근로수당은 애초에 줄 필요가 없도록 야간 휴게시간을 과도하게 지정하여 임금 지급 단위인 근

로 시간을 임의로 조정하는 곳이 대부분이다. 휴일근로의 경우, 2022년부터 휴일근로에 대한 수당 지급이 강제화됨에 따라 아직까지 심리적 거부감이 심한 편이다. 다시 말해서 2021년까지는 지급하지 않았던 휴일근로수당을 2022년부터 지급해야 한다는 것에 대해 많은 시설들이 거부하고 있는 현실이다. 이는 법을 위반한 것임에도 불구하고 노인장기요양보험의 현실과 맞지 않다는 등의 이유로 맞서고 있는 형국이다. 결국, 종사자들만 중간에서 피해를 보고 있다고 할 수 있다.

3) 요양보호사의 월급

(1) 요양보호사의 다양한 근무형태

노인요양시설에서 요양보호사 외의 직종은 주로 주간에 근무하기 때문에 법정 근무시간 및 최저임금을 고려하여 월급을 계산하면 되지만 요양보호사들은 야간에도 근무해야 하므로 매우 복잡한 근무형태가 존재한다. 예를 들어, 주간만 일하거나 야간만 일하는 경우가 있는가 하면, 일명 '주주야야비비'라고 하여 6일 중 2일은 주간, 2일은 야간, 2일은 비번인 형태로 일하는 형태가 있다.

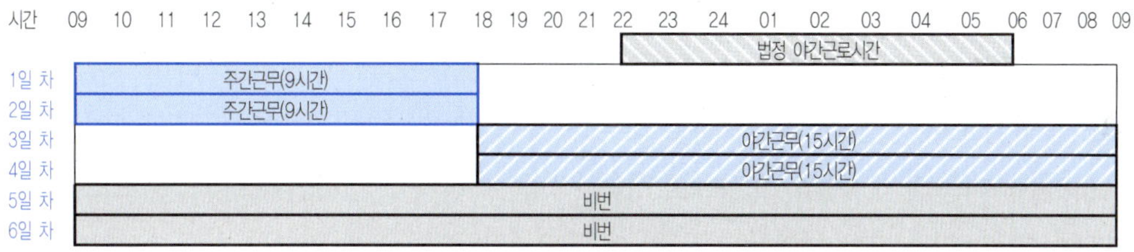

그림 6-1 주주야야비비 근무형태

또 다른 형태인 일명 '퐁당당'은 3일 중 하루 일하고 2일 쉬는 방식이며, 하루 24시간을 8시간씩 구분해서 일하는 3교대 형태도 있다.

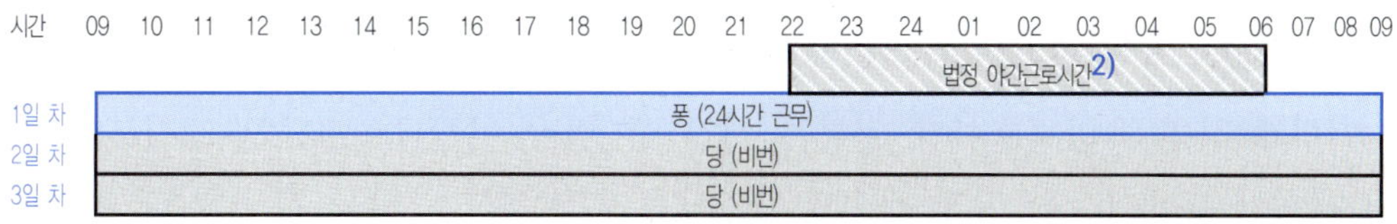

그림 6-2 퐁당당 근무형태

2) 근로기준법 제56조(야간 근로) 사용자는 야간근로(오후 10시부터 다음 날 오전 6시 사이의 근로를 말한다)에 대하여는 통상임금의 100분의 50 이상을 가산하여 근로자에게 지급하여야 한다.

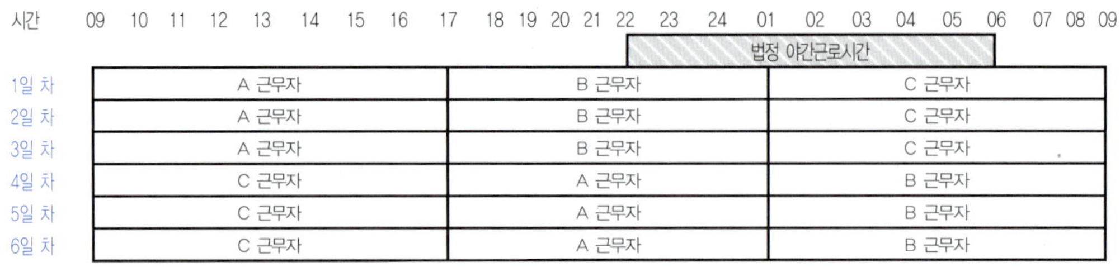

| 그림 6-3 | 3교대 근무형태

(2) 주주야야비비 근무자의 각종 수당과 휴게시간

단순하게 생각하면, 근무한 시간 만큼 최저임금 이상의 시급을 주면 될 것이다. 그러나 노인요양시설은 24시간 근무 체제이기 때문에 요양보호사들이 야간에도 근무해야 하며, 야간 근무 시 근로시간이 15시간 또는 그 이상으로 길어지기 때문에 연장근로가 발생할 수밖에 없고, 휴일에도 쉬기 어려운 구조라 할 수 있다. 다시 말해서, 요양보호사들은 연장근로, 야간근로, 휴일근로가 수시로 발생되므로 연장/야간근로수당은 통상임금의 0.5배, 휴일근로수당은 1.5배 추가 지급해야 한다.

그러나 수당 지급 산정 시간이 워낙 많기 때문에 요양보호사의 인건비 부담이 커질 수밖에 없다. 일반적으로 종사자 중 직책이나 직급이 높은 근로자에게 임금을 더 주기 마련인데, 요양보호사에게 각종 수당을 모두 지급하고 나면 사무국장이나 팀장급보다 임금이 높아지는 경우가 생길 수도 있다. 따라서 시설에서는 이런 문제에 대응하기 위해 요양보호사의 각종 수당을 덜 지급하는 방향으로 행정처리를 하고 있다.

행정 처리 방법은 요양보호사가 야간에 15시간 또는 그 이상 근무해야 할 경우, 휴게시간을 다소 과도하게 책정하는 것이다. 근로기준법 제54조에 따르면 근로시간이 4시간인 경우에 30분 이상, 8시간인 경우에는 1시간 이상의 휴게시간을 근로시간 도중에 주어야 한다는 규정이 있다. 휴게시간의 한도는 정해져 있지 않지 않기 때문에 1시간이 아니라 7시간을 주더라도 법적으로 문제가 되지 않는다.

이렇게 하면 요양보호사가 일하는 시간 중 법정 야간근로시간인 22시부터 06시 사이에 휴게시간을 길게 잡으면 연장근로가 발생하지 않을 뿐 아니라 야간근로 역시 상당 부분 줄어드는 효과가 나타날 수 있다.

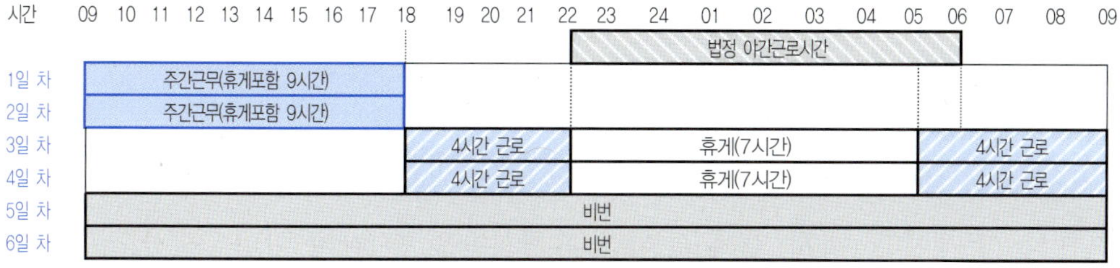

| 그림 6-4 | 주주야야비비 휴게시간 설정

주주야야비비로 일하는 요양보호사가 18시부터 다음 날 09시까지 일하면 근로시간은 15시간이지만, 중간에 22시부터 05시까지 7시간을 휴게시간으로 처리하면 15시간 중 8시간만 근로시간으로 인정된다. 즉, 15시간이 아닌 8시간에 해당되는 임금만 지급해도 된다. 연장근로도 피하고 야간근로도 최대한 피하기 위한 방편이라 할 수 있다. 그럼에도 새벽 05시부터 06시까지는 법정 야간근로시간이므로 이 시간 만큼은 통상임금의 50%를 더 지급해 주어야 한다.

(3) 월 기준 근무시간

그런데 이와 같이 야간 휴게시간을 7시간으로 처리할 경우 '월 기준 근무시간'에 미달되는 사태가 발생할 수 있다. 「장기요양급여 제공기준 및 급여비용 산정방법 등에 관한 고시」 제49조에 따르면, 종사자 1인의 월 기준 근무시간은 해당 월에 공휴일, 근로자의 날, 토요일을 제외한 근무 가능 일수×8시간이라고 명시하고 있다.

이런 규정에 따르면, 한 달이 30일이고 공휴일(빨간날)이 없는 달의 경우 근무 가능 일수가 보통 22일이므로 22일×8시간=176시간이 된다. 즉, 주주야야비비로 일하는 요양보호사의 실 근무시간인 160시간은 여기에 한참 못 미친다. 만약 공휴일(빨간날)이 하루 있는 달이라도 실 근무시간은 168시간이므로 8시간이 부족하다.

이런 문제 때문에 요양보호사 근무를 주주야야비비로 운영하는 일부 노인요양시설에서는 월 기준 근무시간을 맞추기 위해 요양보호사에게 주간 8시간 또는 야간 8시간의 추가 근무를 요구하기도 한다. 이렇게 하면 요양보호사들은 주주야야비비라는 동일한 패턴대로 일하다가 어떤 달은 갑자기 8시간을 더 일하라고 하거나 16시간을 더 일해야 한다고 하므로 당황스러울 수밖에 없고, 이해되지 않아 사용자 측을 의심하게 된다. 요양보호사 입장에서는 부당하다고 느낄 것이므로 사용자 측과 갈등이 생길 여지는 충분하다.

(4) 야간 휴게시간의 조정

사실 이런 문제는 애초에 시설에서 야간 휴게시간을 적절하게 책정하지 않아서 나타나는 문제이다. 다시 말해서, 야간 휴게시간을 7시간이 아닌 6시간으로 책정하면 요양보호사가 야간에 근무할 경우 실 근무시간이 8시간이 아닌 9시간으로 인정되므로 한 달에 최소한 10시간의 실 근무시간으로 늘어나게 된다.

| 그림 6-5 | 주주야야비비 휴게시간 설정

위 그림을 보면, 야간 휴게시간이 기존 7시간에서 6시간으로 줄어듦에 따라 근로시간은 9시간(통상근로 7시간+야간근로 2시간)으로 늘어났다. 이렇게 되면, 한 달 동안 주간 근무 80시간, 야간 근무 90시간이므로 실제 근무시간이 총 170시간이 되어 160시간이었을 때보다 월 기준 근무시간에 가까워진다. 이때 법정 야간근로시간(22시~06시) 중에 실제 근로하는 시간이 2시간(04시~06시)이 되므로 이 2시간은 통상임금의 50%를 추가 지급해 주어야 한다.

이처럼 야간 휴게시간을 6시간으로 처리하여 야간근로에 따른 50% 가산 임금까지 포함시켜서 요양보호사의 임금을 계산하면 아래와 같다.

표 6-7 2023년 최저임금(9,620원)으로 월급 계산(주주야야비비 근무)

구분	주간근로	야간근로		주휴일	합계
		통상	50% 가산		
시간	80시간	70시간	20시간	34.72시간	204.72시간
임금	769,600원	673,400원	288,600원	334,006원	2,065,606원

위 표에서 야간근로의 50% 가산은 앞에서 설명한 법정 야간근로시간(22시~06시)

중에 실제 근로하는 시간이 2시간(04시~06시)일 때, 50% 추가 지급해야 하므로 20시간×1.5×9,620원=288,600원이 된다.

주휴일은 1주일 동안 하루 8시간씩 발생하는 유급휴일이며, 일하지 않아도 임금을 주도록 하는 날이다. 주휴일은 한 달에 4번이 아닌 4.34회이므로 여기에 8시간을 곱하면 34.72시간이 된다.

이런 방식으로 계산하면, 주주야야비비로 근무하는 요양보호사의 월급은 2,065,606원이 되어 2023년 기준 최저임금인 2,010,580원에 비해서 55,026원이 많다. 이렇게 하지 않고 야간 휴게시간을 무리하게 7시간으로 처리했을 때는 월급이 1,969,406원이 되어 최저임금 2,010,580원에 미치지 못하여 최저임금 위반이 된다. 물론, 최저시급을 9,620원이 아닌 조금 높은 금액으로 책정하여 2,010,580원에 맞출 수는 있다. 그러나 매우 복잡한 과정을 거쳐야 하고, 무엇보다도 요양보호사들의 사기에 도움이 되지 않는다. 따라서 야간 휴게시간을 과도하게 처리하지 않으면서 요양보호사 월급을 현실성 있게 맞추어 지급하는 방안을 연구할 필요가 있다.

(5) 퐁당당 근무자의 월급

퐁당당 형태로 근무하는 요양보호사들은 3일 중 하루 근무할 때 24시간을 온전히 시설에서 지내게 되는데, 24시간 중 17시간은 근무시간으로 인정해야 월 기준 근로시간에 거의 지장이 없어진다. 퐁당당은 한 달에 10번만 근무하기 때문에 17시간×10회=170시간이 된다. 월 기준 근무시간에 지장이 없게 하려면 24시간 중 휴게시간을 7시간 이상으로 처리하면 곤란하다. 그리고 근로기준법에 따라 4시간 근무하면 30분 이상 휴게시간을 주어야 하므로 주간 시간에도 휴게시간을 주지 않을 수 없다. 따라서 주간에 1시간씩 2번, 야간에 5시간을 휴게시간으로 처리하면 휴게시간은 7시간이 되고 근로시간은 17시간으로 인정되어 문제가 되지 않는다.

| 그림 6-6 | 퐁당당 근무형태

월 기준 근로시간은 어느 정도 맞추었지만 요양보호사 월급을 계산하면 아래 표와 같다. 주주야야비비와 비교할 때 법정 야간근로시간(22시~06시) 사이에 부득이 근로시간으로 인정해야 하는 시간이 3시간으로 조금 늘어났다. 이것을 감안하여 계산하면, 요양보호사의 월급은 2,113,706원이 되어 주주야야비비로 근무할 때보다 조금 상승했다.

표 6-8 2023년 최저임금(9,620원)으로 월급 계산(퐁당당 근무)

구분	주·야간 통상근로	야간근로 50% 가산	주휴일	합계
시간	140시간	30시간	34.72시간	204.72시간
임금	1,346,800원	432,900원	334,006원	2,113,706원

이처럼 2023년 최저시급인 9,620원으로 요양보호사의 월급을 계산해본 결과, 주주야야비비로 근무하면 2,065,606원이 되고, 퐁당당으로 근무하면 2,113,706원이 된다. 이것만으로 단순 비교하면 시설 측에서 유리한 근무형태는 월급을 적게 줄 수 있는 주주야야비비가 유리하다고 할 수 있다.

(6) 월 기준 근로시간이 176시간일 때 대비 방법

지금까지 계산한 월급은 한 달 동안 근무시간을 170시간이라고 가정하고 산출한 것이다. 다시 말하면, 월 기준 근무시간이 176시간인 경우에는 6시간에 해당하는 임금을 추가해야 한다. 6시간이면, 6시간×9,620원=57,720원이 된다. 즉, 공휴일(빨간날)이 전혀 없는 달에는 앞서 계산한 월급인 2,065,606원(주주야야비비)과 2,113,706원(퐁당당)에 57,720원이 추가되어야 한다는 것이다. 이런 상황을 고려할 때, 시설 측에서는 요양보호사의 월급을 어느 정도로 정하는 것이 좋을지 판단해야 한다.

먼저 고려해야 할 것은 노인요양시설 요양보호사들은 시급제가 아닌 월급제이므로 근로계약서를 작성할 때 월급이 얼마라고 정확히 작성하고 안내해 줘야 한다는 점이다. 공휴일이 있는 달은 얼마를 주고, 없는 달은 얼마를 주겠다고 하면 서로가 헷갈리고 복잡해지기 때문이다.

3) 근로기준법 제56조(야간근로) 사용자는 야간근로(오후 10시부터 다음 날 오전 6시 사이의 근로를 말한다)에 대하여는 통상임금의 100분의 50 이상을 가산하여 근로자에게 지급하여야 한다.

두 번째로 고려할 사항은 건강보험공단에서 정한 월 기준 근로시간에 무조건 맞추어야 하므로 처음부터 근로시간이 부족하지 않게 근무 체계를 만드는 것이다. 이를 위해 가장 손쉬운 방법은 근무형태는 그대로 두되 야간 휴게시간을 1시간 더 줄이는 방법이다. 그렇다면, 주주야야비비의 야간 휴게시간이 1시간으로 줄고, 퐁당당은 2시간으로 줄어들게 되어 야간근로수당으로 50% 추가 지급해주어야 할 시간이 늘어나게 된다. 이렇게 늘어난 수당은 48,100원이 되는데, 앞서 살펴본 57,720원과 별반 차이가 없다.

이 경우, 주주야야비비 요양보호사는 2,065,606원+48,100원=2,113,706원이 되고, 퐁당당 요양보호사는 2,113,706원+48,100원=2,161,806원이 된다. 이 금액이 2023년 기준 최저시급인 9,620원으로 계산한 요양보호사들의 최소한의 월급 수준이 된다. 다른 상황은 고려하지 않고 시설의 인건비 부담을 줄이고자 한다면, 퐁당당 형태보다는 주주야야비비 형태가 조금 유리하다는 것을 알 수 있다.

(7) 휴일근로수당 계산

마지막으로 고려할 사항이 있는데 그것은 바로 휴일근로수당이다. 2023년만 해도 공휴일과 대체공휴일을 합하여 18일이었다. 공무원들에게 해당되었던 국가공휴일이 2022년부터 종사자 5인 이상 민간 사업장에도 적용되면서 공휴일에 근무할 경우 통상임금의 2.5배의 임금을 추가 지급하게 되었다.

방문요양기관이나 주야간보호기관은 공휴일을 피해서 종사자들에게 근무를 시킬 수 있는 여력이 있지만 노인요양시설은 24시간 365일 운영되는 특성 때문에 요양보호사들은 공휴일에도 일할 수밖에 없는 구조라고 할 수 있다.

그런데, 공휴일이 연간 18일이더라도 노인요양시설의 모든 요양보호사들이 근무하리라는 보장이 없다. 주주야야비비 또는 퐁당당 형태로 근무하다 보면 비번이 많은 편이고, 비번일과 공휴일이 겹치면 추가적인 수당을 지급할 필요가 없다. 즉, 근무표가 어떻게 되는지에 따라 공휴일에 근무할 수도 있고 아닐 수도 있다. 따라서 1명의 요양보호사가 공휴일에 일을 할 가능성은 50% 전후라고 볼 수 있다.

이처럼 공휴일 근무 횟수 또는 시간을 정확히 예측할 수 없기 때문에 휴일근로수당을 정확히 계산하기는 어렵다. 특히, 법정 야간근로시간과 공휴일이 겹치면 2.5배가 아니라 3배의 임금을 주어야 하기 때문에 더욱 계산이 복잡하고 어려워진다.

따라서 요양보호사 한 명이 1년 동안 공휴일에 일하는 횟수는 50%라고 하고 계산하면 약 9번이 되고, 한 번 일할 때 인정되는 근로시간을 넉넉하게 9시간이라고 하면, 1년에 9번×9시간=81시간이 된다. 이것을 월 단위로 환산하면, 81시간/12월=6.75시간이 된다. 즉, 요양보호사 1명이 매월 휴일근로를 평균 6.75시간 한다고 가정할 수 있다.

휴일근로를 하면 월급 이외에도 추가로 수당을 주어야 하는데, 통상임금의 1.5배에 해당한다. 그렇다면, 6.75시간×9,620원×1.5배=97,420원이 된다. 매월 휴일근로수당으로 거의 10만 원 정도를 추가 지급해 주어야 한다는 결론이 나온다. 지금까지의 과정을 거쳐 계산한 요양보호사의 최종 월급은 아래 표와 같다.

표 6-9 근무형태별 요양보호사 최종 월급

구분		주·야간 통상근로	야간근로 50% 가산	주휴일	176시간 계산	휴일근로수당	합계
주주야야비비	시간	150시간	20시간	34.72시간	6시간	6.75시간	217.47시간
	임금	1,443,000원	288,600원	334,006원	48,100원	97,420원	2,211,126원
퐁당당	시간	140시간	30시간	34.72시간	6시간	6.75시간	217.47시간
	임금	1,346,800원	432,900원	334,006원	48,100원	97,420원	2,259,226원

지금까지 노인요양시설 요양보호사들의 보편적인 근무형태인 주주야야비비와 퐁당당 방식으로 월급을 계산했지만 이 외에도 시설 사정에 따라 다양한 방식으로 근무할 수는 있다. 이때 주의할 사항은 최저임금, 월 기준 근무시간, 각종 수당 등을 반드시 고려해야 한다는 점이다.

03 인건비 외 지출항목

1) 대출 이자

현행 노인복지법 시행규칙에는 '노인의료복지시설 기준상 10인 이상의 노인요양시설을 설치할 경우, 시설 설치자는 반드시 토지 및 건물의 소유권을 확보해야 한다'라고 규정돼 있다. 이는 다른 사람의 토지나 건물을 사용하는 임대는 어렵다는 뜻이다. 여기에서 주야간보호기관과 차이가 있다. 다만 30인 미만의 요양시설은 국가 또는 지방자치단체가 소유한 토지 및 건물을 임차하는 '공공임차'가 가능하고, 입소자 9인 이하의 노인요양공동생활가정은 임대가 가능하다.

이런 규정 때문에 노인요양시설을 설치하려면 자금력이 있어야 하는데, 상당한 규모의 토지와 건물을 갖추기란 쉬운 일이 아니다. 가장 규모가 작은 노인요양공동생활가정만 해도 실면적이 56평 이상이어야 하고, 입소자 1인당 $6.6m^2$ 이상의 침실 공간을 필요로 한다. 사업주가 직접 토지를 매입하고 건축하는 방법도 있지만 기존 노인요양시설을 매입하는 방법도 있다. 요즘에는 노인요양시설이나 주야간보호센터의 매매나 임대를 전문적으로 취급하는 사이트가 있으니 어느 정도 비용을 예상할 수 있다.

아래 그림에서 확인할 수 있듯이 입소정원이 약 30명인 경우 15억 원에서 20억 원 이상이며, 50명이면 35억 원에서 40억 원 정도로 매매가 되고 있다. 이는 권리금이 포함된 가격이므로 토지 및 건축 비용을 정확히 알 수 없지만, 기존 건물을 매매하는 것이 건축하는 것보다 비용이 적게 든다는 것이 통념이다. 이런 상황이다 보니 시설을 설립하고자 하는 분들은 대부분 금융기관의 도움을 받는 것이 현실이다.

요양시설의 담보대출은 요양시설 운영에 필요한 자금을 조달하기 위해 부동산이나 기타 재산을 담보로 대출하는 것이 일반적이다. 제1금융권에서 대출이 어렵다면 제2금융권에서 다소 높은 이자로 대출을 받기도 한다. 대출한도는 부동산 담보의 경우 지역이나 금융기관에 따라 차이는 있지만 정식감정가 대비 80%까지 가능하고, 건강보험급여 채권도 고려하는데 월평균 공단보조금의 350%까지 가능한 곳도 있다. 또한 개인의 신용도나 건물 상태 등에 따라 대출한도나 이자가 달라질 수도 있다. 대출 이자는 5%에서 20%까지 매우 다양하며, 대출 기간은 보통 5년인 경우가 많다.

표 6-10 요양원 매매 사이트

요양원 최근매물 ※단위 : 보증금, 월세, 권리금(만원) / 면적 : (평)

번호	지역	분류	금액	권리금	면적	인가	등록일
35864	경기 남양주시	단독요양원 매매	52억/매매	포함	600평	80인내외	10.19
35863	경기 남양주시	공동생활가정 임대	4,500만/230만	1억5천	80평	9+주간	10.19
35862	경기 양주시	단독요양원 매매	64억/매매	포함	700평	100인이상	10.19
35861	경기 광주시	주간보호 임대	6,000만/350만	협의	120평	45인내외	10.19
35860	인천 연수구	주간보호 임대	3,000만/250만	협의	95평	45인내외	10.19
35859	인천	단독요양원 매매	34억/매매	포함	380평	50인전후	10.19
35858	인천	단독요양원 매매	38억/매매	포함	350평	50인전후	10.19
35857	경기 수원시	상가요양원 매매	15억/매매	포함	200평	30인전후	10.19
35856	경기 시흥시	단독요양원 매매	23억/매매	포함	270평	30인전후	10.19
35855	경기 안산시	단독요양원 매매	80억/매매	포함	110평	130인전후	10.19
35839	경기 안산시	단독요양원 매매	17억/매매	포함	160평	25인전후	10.18
35838	인천	상가요양원 매매	15억/매매	포함	200평	30인전후	10.18
35837	경기 수원시	상가요양원 매매	15억/매매	포함	210평	30인전후	10.18
35836	경기 양주시	단독요양원 매매	57억/매매	포함	700평	100인전후	10.18

노인요양시설은 9인 시설부터 30인, 50인, 100인, 200인 등 설립 의도에 따라 천차만별이고, 마련된 설립자금 정도, 설립자의 개인 신용도, 담보 인정 수준 등 고려해야 할 사항이 너무 많기 때문에 한 달 대출 이자가 어느 정도라고 예측하는 것이 불가능하다. 대출이 20억 원이고 이자가 5%로 낮더라도 한 달 이자만 수백만 원이 소요되므로 대출에만 의존하기보다는 어느 정도 투자 자금을 확보해 둘 필요가 있다.

2) 수용비 및 수수료

노인요양시설을 운영하려면, 각종 사무용품을 매달 구입해야 하며, 복사기, 세단기, 정수기, 공기 청정기 등 각종 기기를 구입하거나 렌탈을 해야 한다. 홍보를 위해 전단지를 만들고 현수막도 걸어야 한다. 여기에서 렌탈 대신 기기를 직접 구입하거나 홍보 횟수를 조정하면 매월 지출 비용을 아낄 수는 있을 것이다. 이런 점들을 고려하면 수용비 및 수수료로 매달 35만 원에서 40만 원 정도가 소요될 것으로 예상된다.

▼ 표 6-11 수용비 및 수수료

구분	항목	세부	산출	금액
수용비 및 수수료	사무용품 구입		12 회 × 100,000 원	1,200,000
	렌탈료	복사기	12 회 × 30,000 원	360,000
		세단기	12 회 × 30,000 원	360,000
		정수기	12 회 × 20,000 원 × 2 개	480,000
		청정기	12 회 × 30,000 원 × 2 개	720,000
	인쇄	전단/명함	2 회 × 150,000 원	300,000
		현수막	4 회 × 50,000 원 × 3 개	600,000
	각종 수수료		12 회 × 100,000 원	1,200,000
	기타 용품구입		12 회 × 50,000 원	600,000
	소계			5,820,000

3) 공공요금 및 제세공과금

노인요양시설은 규모에 따라 공공요금과 제세공과금이 다르겠지만 입소정원 49명 수준에서 따져보면, 지역 내 요양기관 협회비, 우편/전화/팩스/인터넷 사용료, 상하수도와 오물수거 비용, 전기요금 등의 공공요금 지출을 예상해야 하며, 매달 지출되지는 않지만 각종 보험료와 세금 등도 지출 규모가 꽤 큰 편이다. 이와 같은 비용을 월별로 환산하면, 대략 150만 원에서 170만 원 소요될 것으로 예상된다.

▼ 표 6-12 공공요금 및 제세공과금

구분	항목	세부	산출	금액
공공요금 및 제세공과금	협회비		6 회 × 50,000 원	300,000
	우편/전화/팩스		12 회 × 100,000 원	1,200,000
	인터넷 사용료		12 회 × 50,000 원	600,000
	상하수도/오물수거		12 회 × 150,000 원	1,800,000
	전기요금		12 회 × 700,000 원	8,400,000
	보험	화재	1 회 × 500,000 원	500,000
		영업배상	1 회 × 800,000 원	800,000
		전문인배상	50 명 × 40,000 원	2,000,000
		재정보증	1 회 × 40,000 원 × 2 명	80,000
		자동차보험	1 회 × 500,000 원 × 2 대	1,000,000
	자동차 세금		2 회 × 700,000 원 × 2 대	2,800,000
	기타 보험료 등		2 회 × 200,000 원	400,000
	소계			19,880,000

4) 차량비 및 기타 운영비

노인요양시설은 주야간보호센터에 비해 차량 운행이 많은 편은 아니지만 업무를 수행하자면 기본적으로 차량 운행 경비가 소요된다. 또한 전체 수입과 지출 규모가 큰 편이므로 부득이 회계 및 세무 기장을 맡겨야 하고, 아울러 노무 자문도 받는 것이 필요하다. 또한 직접 돌봄 종사자들에게 앞치마 또는 티셔츠를 단체복으로 입는 것이 일반적이므로 이런 비용도 생각해야 한다. 따라서 차량비 및 기타 운영비는 월 70만 원 정도 소요될 것으로 예상된다.

표 6-13 차량비 및 기타 운영비

차량비	주유비	12 회 × 100,000 원 × 2 대	2,400,000
	정비 및 소모품	4 회 × 300,000 원 × 2 대	2,400,000
	소계		4,800,000
기타운영비	직원 피복비	30 명 × 50,000 원	1,500,000
	노무관리 자문	12 회 × 100,000 원	1,200,000
	회계세무 기장	12 회 × 100,000 원	1,200,000
	소계		3,900,000

5) 시설비

시설비에는 자산취득비와 시설장비 유지비가 있다. 자산취득비에는 사업 및 업무에 필요한 시설이나 장비를 추가 구입할 때 발생되는 비용이다. 본격적인 사업에 앞서 필요한 거의 모든 시설과 장비를 갖추었다면 1, 2년 이내에 추가 구입이 불필요할 수 있으나 처음에는 생각하지 못했던 시설 및 장비를 구입해야 하는 경우가 생기기 마련이므로 미리 지출 예상을 해두는 것이 좋다.

시설장비 유지비에는 비품 수선, CCTV나 승강기 등의 주요 시설관리비, 방역이나 소독비용, 청소 및 환경관리 비용이 해당된다. 건물 보안을 위한 비용이 추가 소요될 수도 있지만 24시간 근무 체제이므로 당장 설치하지 않을 수도 있을 것이다.

시설비는 매월 약 150만 원에서 180만 원이 소요될 것으로 예상된다.

▼ 표 6-14 시설비

구분	항목	횟수			단가		금액
자산취득비	사무기기 구입	4	회	×	1,000,000	원	4,000,000
	주방 용품 구입	4	회	×	1,000,000	원	4,000,000
	시설 내 가구	4	회	×	500,000	원	2,000,000
	기타 자산 취득	4	회	×	1,000,000	원	4,000,000
	소계						14,000,000
시설장비 유지비	환경조성비	12	회	×	100,000	원	1,200,000
	비품수선비	12	회	×	100,000	원	1,200,000
	CCTV 관리비	12	회	×	100,000	원	1,200,000
	건물 보안(텔레캅)						
	시설 방역/소독	12	회	×	100,000	원	1,200,000
	승강기 안전대행	12	회	×	200,000	원	2,400,000
	저수조 청소	2	회	×	300,000	원	600,000
	소계						7,800,000

6) 운영비

운영비에는 수용기관 경비, 의료비, 연료비가 해당되는데, 수용기관 경비는 입소자 생활용품이지만 많은 비중은 기저귀 구입비라 할 수 있다. 사업 첫해에는 입소자 수가 많지 않으므로 수용기관 경비로 지출이 많지 않지만 입소자가 많아질수록 매월 지출 비용이 커진다. 의료비는 간호(조무)사 또는 물리(작업)치료사의 업무에 필요한 용품이나 약품 구입에 쓰인다.

노인요양시설에서 인건비 외에 단일 지출 항목으로 규모가 가장 큰 것은 냉·난방비일 것이다. 냉방 비용은 앞서 전기요금에 포함시켰다면, 난방비는 별도의 난방 재료비에 따른 비용이 발생한다. 도시라면 도시가스, 도시가스가 들어가지 않는 지역에서는 기름보일러나 LPG가스 또는 전기 난방에 따른 지출 비용을 예상해야 한다.

아울러, 취사에 들어가는 연료비도 감안해야 한다. 만약, 급식업체에 식사를 의뢰한다면 취사 연료비는 대폭 줄어들겠지만 그렇지 않다면 매월 상당한 연료비 지출이 예상된다.

이와 같은 운영비는 매월 350만 원에서 400만 원 정도가 소요될 것으로 예상된다.

표 6-15 운영비

구분	항목	수량	단위		단가		금액
수용기관 경비	1월	5	명	×	50,000	원	250,000
	2월	10	명	×	50,000	원	500,000
	3월	15	명	×	50,000	원	750,000
	4월	20	명	×	50,000	원	1,000,000
	5월	25	명	×	50,000	원	1,250,000
	6월	29	명	×	50,000	원	1,450,000
	7월	35	명	×	50,000	원	1,750,000
	8월	40	명	×	50,000	원	2,000,000
	9월	45	명	×	50,000	원	2,250,000
	10월	49	명	×	50,000	원	2,450,000
	11월	49	명	×	50,000	원	2,450,000
	12월	49	명	×	50,000	원	2,450,000
	소계						18,550,000
의료비	의료용품	12	회	×	50,000	원	600,000
	간호기구	12	회	×	50,000	원	600,000
	물리치료 용품	12	회	×	150,000	원	1,800,000
	소계						3,000,000
연료비	난방(가스요금)	12	회	×	1,500,000	원	18,000,000
	취사(가스요금)	12	회	×	500,000	원	6,000,000
	소계						24,000,000

7) 프로그램 사업비

노인요양시설은 주야간보호기관처럼 매일 다양한 프로그램을 진행하지 않지만 기본적인 프로그램을 운영해야 하고, 시설 홍보 차원에서라도 시기에 맞는 행사를 개최하는 것이 필요하다.

즉, 개원식부터 시작해서 어버이날, 노인의날, 성탄절과 같은 특별한 날을 그냥 넘어가기는 어렵고, 입소 어르신의 생신잔치 역시 무시할 수 없다. 가끔 공연팀도 불러야 하고, 봉사자들을 관리하는 데도 비용이 들어간다. 이와 같은 프로그램 사업비용은 월로 환산하면 대략 60만 원 정도가 예상된다.

▼ 표 6-16 프로그램 사업비

구분	항목	수량	단위		단가	단위	금액
프로그램 사업비	프로그램 재료구입	12	월	×	100,000	원	1,200,000
	공연팀 초청	2	회	×	500,000	원	1,000,000
	생신잔치	12	월	×	100,000	원	1,200,000
	개원기념행사	1	회	×	1,500,000	원	1,500,000
	어버이날 행사	1	회	×	500,000	원	500,000
	노인의날 행사	1	회	×	500,000	원	500,000
	성탄송년 행사	1	회	×	500,000	원	500,000
	봉사자 관리비	12	월	×	100,000	원	1,200,000
	소계						7,600,000

04 입소자 10명 이상 99명 이하 수익 분석

지금까지 노인요양시설의 수입(매출)과 인건비를 비롯한 지출 항목을 살펴본 것을 바탕으로 입소자 수에 따른 월 수익을 분석하였으며, 분석 기준은 아래와 같다.

첫째, 노인요양시설 설치비용은 제외했다. 즉, 건축비용 및 내·외부 시설과 장비 구입비는 제외하고, 매월 시설 운영에 소요되는 비용만 산정하였다. 시설 설치 및 지정받은 직후부터 입소자 증가에 따른 수입과 지출을 비교하여 최종 순수익을 산출했다.

둘째, 수입(매출) 산출은 우선 입소자 2.3명당 1명의 요양보호사를 배치했을 때 책정된 수가로 분석한 뒤 마지막에 2.5명당 1명의 요양보호사를 배치했을 때 수가와 비교하였다. 분석 결과, 입소자 2.3명당 1명의 요양보호사를 배치했을 때 순수익이 조금 많은 편이었고, 조금씩 증가하여 입소자가 49명일 때 월 순수익이 약 125만 원 더 많았고, 99명일 때 순수익은 240만 원 정도 더 많았다. 따라서 조금이라도 수익이 더 나려면 입소자 2.3명당 1명의 요양보호사를 배치하는 것이 더 유리하다.

셋째, 입소자가 40명일 때 그리고 80명일 때 사회복지사 1명씩 추가 배치하여 가산금은 수입금에 합산하고, 인건비는 지출에 합산하였다.

넷째, 노인복지법 규정에 따라 노인요양시설 인력 배치 기준에 맞추어 인력을 배치하였다. 즉, 입소자 10명부터 29명까지는 노인요양시설 분류 기준에 따라 '30명 미만 시설' 기준에 맞추어 인력을 배치했고, 입소자가 30명부터 '30명 이상 시설' 기준에 맞추었다.

넷째, 입소자 49명을 기준으로 보면, 매월 순수익은 2천 2백만 원에서 2천 3백만 원 수준이며, 99명일 때 순수익은 매월 4천만 원에서 4천 2백만 원 정도라고 예측할 수 있다.

표 6-17 입소자 10인~19인 수익분석

구분	직책	배치기준	입소자 수									
			10	11	12	13	14	15	16	17	18	19
수입(매출)			22,921,000	25,213,100	27,505,200	29,797,300	32,089,400	34,381,500	36,673,600	38,965,700	41,257,800	43,549,900
인력추가배치 가산금												
수입(매출) 소계			22,921,000	25,213,100	27,505,200	29,797,300	32,089,400	34,381,500	36,673,600	38,965,700	41,257,800	43,549,900
인건비1	사회복지사1	1명	2,100,000	2,100,000	2,100,000	2,100,000	2,100,000	2,100,000	2,100,000	2,100,000	2,100,000	2,100,000
	사회복지사2	1명										
	사회복지사3	1명										
	간호조무사1	1명	2,100,000	2,100,000	2,100,000	2,100,000	2,100,000	2,100,000	2,100,000	2,100,000	2,100,000	2,100,000
	간호조무사2	1명										
	간호조무사3	1명										
	물리치료사	1명										
	요양보호사		9,613,591	10,574,950	11,536,310	12,497,669	13,459,028	14,420,387	15,381,746	16,343,105	17,304,464	18,265,823
	사회보험(10.112%)		1,396,830	1,494,043	1,591,256	1,688,468	1,785,681	1,882,894	1,980,106	2,077,319	2,174,531	2,271,744
	퇴직적립금(8.3%)		1,146,528	1,226,321	1,306,114	1,385,907	1,465,699	1,545,492	1,625,285	1,705,078	1,784,871	1,864,663
	인건비 소계		16,356,950	17,495,314	18,633,679	19,772,043	20,910,408	22,048,773	23,187,137	24,325,502	25,463,866	26,602,231
	인건비 지출비율(%)		71.4	69.4	67.7	66.4	65.2	64.1	63.2	62.4	61.7	61.1
인건비2	시설장	1명	2,100,000	2,100,000	2,100,000	2,100,000	2,100,000	2,100,000	2,100,000	2,100,000	2,100,000	2,100,000
	사무국장	1명										
	사무원	1명										
	영양사	1명										
	관리인	1명										
	조리원1	1명	2,020,000	2,020,000	2,020,000	2,020,000	2,020,000	2,020,000	2,020,000	2,020,000	2,020,000	2,020,000
	조리원2	1명										
	조리원3	1명										
	조리원4	1명										
	위생원	1명										
	사회보험(9.32%)		384,108	384,108	384,108	384,108	384,108	384,108	384,108	384,108	384,108	384,108
	퇴직적립금(8.3%)		341,960	341,960	341,960	341,960	341,960	341,960	341,960	341,960	341,960	341,960
	인건비 소계		4,846,068	4,846,068	4,846,068	4,846,068	4,846,068	4,846,068	4,846,068	4,846,068	4,846,068	4,846,068
매출-인건비			1,717,983	2,871,718	4,025,454	5,179,189	6,332,924	7,486,660	8,640,395	9,794,131	10,947,866	12,101,602
기타 지출 내역	대출이자(원금 일부)		6,000,000	6,000,000	6,000,000	6,000,000	6,000,000	6,000,000	6,000,000	6,000,000	6,000,000	6,000,000
	난방비 및 운영비		1,500,000	1,600,000	1,700,000	1,800,000	1,900,000	2,000,000	2,100,000	2,200,000	2,300,000	2,400,000
	공공요금/공과금		1,200,000	1,210,000	1,220,000	1,230,000	1,240,000	1,250,000	1,260,000	1,270,000	1,280,000	1,290,000
	수용비 및 수수료		350,000	360,000	370,000	380,000	390,000	400,000	410,000	420,000	430,000	440,000
	시설설치/유지비		500,000	500,000	500,000	500,000	500,000	600,000	600,000	600,000	600,000	600,000
	차량비/기타운영비		300,000	300,000	300,000	300,000	300,000	300,000	300,000	300,000	300,000	300,000
	프로그램 사업비		600,000	600,000	600,000	600,000	600,000	600,000	600,000	600,000	600,000	600,000
	예비비		0	0	0	0	0	0	0	0	0	0
매출-인건비-기타지출			-8,732,017	-7,698,282	-6,664,546	-5,630,811	-4,597,076	-3,663,340	-2,629,605	-1,595,869	-562,134	471,602

표 6-18 입소자 20인~29인 수익분석

구분	직책	배치기준	입소자 수									
			20	21	22	23	24	25	26	27	28	29
수입(매출)			45,842,000	48,134,100	50,426,200	52,718,300	55,010,400	57,302,500	59,594,600	61,886,700	64,178,800	66,470,900
인력추가배치 가산금												
수입(매출) 소계			45,842,000	48,134,100	50,426,200	52,718,300	55,010,400	57,302,500	59,594,600	61,886,700	64,178,800	66,470,900
인건비1	사회복지사1	1명	2,100,000	2,100,000	2,100,000	2,100,000	2,100,000	2,100,000	2,100,000	2,100,000	2,100,000	2,100,000
	사회복지사2	1명										
	사회복지사3	1명										
	간호조무사1	1명	2,100,000	2,100,000	2,100,000	2,100,000	2,100,000	2,100,000	2,100,000	2,100,000	2,100,000	2,100,000
	간호조무사2	1명										
	간호조무사3	1명										
	물리치료사	1명										
	요양보호사		19,227,183	20,188,542	21,149,901	22,111,260	23,072,619	24,033,978	24,995,337	25,956,697	26,918,056	27,879,415
	사회보험(10.112%)		2,368,957	2,466,169	2,563,382	2,660,595	2,757,807	2,855,020	2,952,233	3,049,445	3,146,658	3,243,870
	퇴직적립금(8.3%)		1,944,456	2,024,249	2,104,042	2,183,835	2,263,627	2,343,420	2,423,213	2,503,006	2,582,799	2,662,591
	인건비 소계		27,740,595	28,878,960	30,017,325	31,155,689	32,294,054	33,432,418	34,570,783	35,709,147	36,847,512	37,985,877
	인건비 지출비율(%)		60.5	60.0	59.5	59.1	58.7	58.3	58.0	57.7	57.4	57.1
인건비2	시설장	1명	2,100,000	2,100,000	2,100,000	2,100,000	2,100,000	2,100,000	2,100,000	2,100,000	2,100,000	2,100,000
	사무국장	1명										
	사무원	1명										
	영양사	1명										
	관리인	1명										
	조리원1	1명	2,020,000	2,020,000	2,020,000	2,020,000	2,020,000	2,020,000	2,020,000	2,020,000	2,020,000	2,020,000
	조리원2	1명						2,020,000	2,020,000	2,020,000	2,020,000	2,020,000
	조리원3	1명										
	조리원4	1명										
	위생원	1명										
	사회보험(9.32%)		384,108	384,108	384,108	384,108	384,108	572,432	572,432	572,432	572,432	572,432
	퇴직적립금(8.3%)		341,960	341,960	341,960	341,960	341,960	509,620	509,620	509,620	509,620	509,620
	인건비 소계		4,846,068	4,846,068	4,846,068	4,846,068	4,846,068	7,222,052	7,222,052	7,222,052	7,222,052	7,222,052
매출-인건비			13,255,337	14,409,072	15,562,808	16,716,543	17,870,279	16,648,029	17,801,765	18,955,500	20,109,236	21,262,971
기타 지출 내역	대출이자(원금 일부)		6,000,000	6,000,000	6,000,000	6,000,000	6,000,000	6,000,000	6,000,000	6,000,000	6,000,000	6,000,000
	난방비 및 운영비		2,500,000	2,600,000	2,700,000	2,800,000	2,900,000	3,000,000	3,100,000	3,200,000	3,300,000	3,400,000
	공공요금/공과금		1,300,000	1,310,000	1,320,000	1,330,000	1,340,000	1,350,000	1,360,000	1,370,000	1,380,000	1,390,000
	수용비 및 수수료		450,000	460,000	470,000	480,000	490,000	500,000	510,000	520,000	530,000	540,000
	시설설치/유지비		700,000	700,000	700,000	700,000	700,000	800,000	800,000	800,000	800,000	800,000
	차량비/기타운영비		300,000	500,000	500,000	500,000	500,000	500,000	500,000	500,000	500,000	500,000
	프로그램 사업비		600,000	600,000	600,000	600,000	600,000	600,000	600,000	600,000	600,000	600,000
	예비비		0	0	0	0	0	0	0	0	0	0
매출-인건비-기타지출			1,405,337	2,239,072	3,272,808	4,306,543	5,340,279	3,898,029	4,931,765	5,965,500	6,999,236	8,032,971

표 6-19 입소자 30인~39인 수익분석

구분	직책	배치기준	입소자 수									
			30	31	32	33	34	35	36	37	38	39
수입(매출)			68,763,000	71,055,100	73,347,200	75,639,300	77,931,400	80,223,500	82,515,600	84,807,700	87,099,800	89,391,900
인력추가배치 가산금												
수입(매출) 소계			68,763,000	71,055,100	73,347,200	75,639,300	77,931,400	80,223,500	82,515,600	84,807,700	87,099,800	89,391,900
인건비1	사회복지사1	1명	2,100,000	2,100,000	2,100,000	2,100,000	2,100,000	2,100,000	2,200,000	2,200,000	2,200,000	2,200,000
	사회복지사2	1명										
	사회복지사3	1명										
	간호조무사1	1명	2,200,000	2,200,000	2,200,000	2,200,000	2,200,000	2,200,000	2,200,000	2,200,000	2,200,000	2,200,000
	간호조무사2	1명										
	간호조무사3	1명										
	물리치료사	1명	2,300,000	2,300,000	2,300,000	2,400,000	2,400,000	2,400,000	2,400,000	2,400,000	2,400,000	2,400,000
	요양보호사		28,840,774	29,802,133	30,763,492	31,724,851	32,686,210	33,647,570	34,608,929	35,570,288	36,531,647	37,493,006
	사회보험(10.112%)		3,583,771	3,680,984	3,778,196	3,885,521	3,982,734	4,079,946	4,187,271	4,284,484	4,381,696	4,478,909
	퇴직적립금(8.3%)		2,941,584	3,021,377	3,101,170	3,189,263	3,269,055	3,348,848	3,436,941	3,516,734	3,596,527	3,676,320
	인건비 소계		41,966,129	43,104,494	44,242,858	45,499,635	46,638,000	47,776,364	49,033,141	50,171,505	51,309,870	52,448,234
	인건비 지출비율(%)		61.0	60.7	60.3	60.2	59.8	59.6	59.4	59.2	58.9	58.7
인건비2	시설장	1명	2,100,000	2,300,000	2,300,000	2,300,000	2,300,000	2,300,000	2,300,000	2,300,000	2,300,000	2,300,000
	사무국장	1명										
	사무원	1명										
	영양사	1명										
	관리인	1명										
	조리원1	1명	2,020,000	2,020,000	2,020,000	2,020,000	2,020,000	2,020,000	2,020,000	2,020,000	2,020,000	2,020,000
	조리원2	1명	2,020,000	2,020,000	2,020,000	2,020,000	2,020,000	2,020,000	2,020,000	2,020,000	2,020,000	2,020,000
	조리원3	1명										
	조리원4	1명										
	위생원	1명	1,300,000	1,300,000	1,300,000	1,300,000	1,300,000	1,300,000	1,300,000	1,300,000	1,300,000	1,300,000
	사회보험(9.32%)		572,432	591,078	591,078	591,078	591,078	591,078	591,078	591,078	591,078	591,078
	퇴직적립금(8.3%)		509,620	526,220	526,220	526,220	526,220	526,220	526,220	526,220	526,220	526,220
	인건비 소계		8,522,052	8,757,298	8,757,298	8,757,298	8,757,298	8,757,298	8,757,298	8,757,298	8,757,298	8,757,298
매출-인건비			18,274,819	19,193,308	20,347,043	21,382,367	22,536,102	23,689,838	24,725,161	25,878,897	27,032,632	28,186,367
기타지출내역	대출이자(원금 일부)		6,000,000	6,000,000	6,000,000	6,000,000	6,000,000	6,000,000	6,000,000	6,000,000	6,000,000	6,000,000
	난방비 및 운영비		3,450,000	3,500,000	3,550,000	3,600,000	3,650,000	3,700,000	3,750,000	3,800,000	3,850,000	3,900,000
	공공요금/공과금		1,400,000	1,410,000	1,420,000	1,430,000	1,440,000	1,450,000	1,460,000	1,470,000	1,480,000	1,490,000
	수용비 및 수수료		550,000	560,000	570,000	580,000	590,000	600,000	610,000	620,000	630,000	640,000
	시설설치/유지비		900,000	900,000	900,000	900,000	900,000	1,000,000	1,000,000	1,000,000	1,000,000	1,000,000
	차량비/기타운영비		510,000	520,000	530,000	540,000	550,000	560,000	570,000	580,000	590,000	600,000
	프로그램 사업비		610,000	620,000	630,000	640,000	650,000	660,000	670,000	680,000	690,000	700,000
	예비비		300,000	300,000	300,000	310,000	320,000	330,000	340,000	350,000	360,000	370,000
매출-인건비-기타지출			4,554,819	5,383,308	6,447,043	7,382,367	8,436,102	9,389,838	10,325,161	11,378,897	12,432,632	13,486,367

표 6-20 입소자 40인~49인 수익분석

구분	직책	배치기준	입소자 수									
			40	41	42	43	44	45	46	47	48	49
수입(매출)			91,684,000	93,976,100	96,268,200	98,560,300	100,852,400	103,144,500	105,436,600	107,728,700	110,020,800	112,312,900
인력추가배치 가산금			2,567,152	2,567,152	2,567,152	2,567,152	2,567,152	2,567,152	2,567,152	2,567,152	2,567,152	2,567,152
수입(매출) 소계			94,251,152	96,543,252	98,835,352	101,127,452	103,419,552	105,711,652	108,003,752	110,295,852	112,587,952	114,880,052
인건비1	사회복지사1	1명	2,200,000	2,200,000	2,200,000	2,200,000	2,200,000	2,200,000	2,200,000	2,200,000	2,200,000	2,200,000
	사회복지사2	1명	2,200,000	2,200,000	2,200,000	2,200,000	2,200,000	2,200,000	2,200,000	2,200,000	2,200,000	2,200,000
	사회복지사3	1명										
	간호조무사1	1명	2,200,000	2,200,000	2,200,000	2,200,000	2,200,000	2,200,000	2,200,000	2,200,000	2,200,000	2,200,000
	간호조무사2	1명										
	간호조무사3	1명										
	물리치료사	1명	2,400,000	2,400,000	2,400,000	2,400,000	2,400,000	2,400,000	2,400,000	2,400,000	2,400,000	2,400,000
	요양보호사		38,454,365	39,415,724	40,377,083	41,338,443	42,299,802	43,261,161	44,222,520	45,183,879	46,145,238	47,106,597
	사회보험(10.112%)		4,798,585	4,895,798	4,993,011	5,090,223	5,187,436	5,284,649	5,381,861	5,479,074	5,576,286	5,673,499
	퇴직적립금(8.3%)		3,938,712	4,018,505	4,098,298	4,178,091	4,257,884	4,337,676	4,417,469	4,497,262	4,577,055	4,656,848
	인건비 소계		56,191,663	57,330,028	58,468,392	59,606,757	60,745,121	61,883,486	63,021,850	64,160,215	65,298,580	66,436,944
	인건비 지출비율(%)		61.3	61.0	60.7	60.5	60.2	60.0	59.8	59.6	59.4	59.2
인건비2	시설장	1명	2,400,000	2,400,000	2,400,000	2,400,000	2,400,000	2,400,000	2,400,000	2,400,000	2,400,000	2,400,000
	사무국장	1명										
	사무원	1명										
	영양사	1명										
	관리인	1명										
	조리원1	1명	2,020,000	2,020,000	2,020,000	2,020,000	2,020,000	2,020,000	2,020,000	2,020,000	2,020,000	2,020,000
	조리원2	1명	2,020,000	2,020,000	2,020,000	2,020,000	2,020,000	2,020,000	2,020,000	2,020,000	2,020,000	2,020,000
	조리원3	1명										
	조리원4	1명										
	위생원	1명	1,300,000	1,300,000	1,300,000	1,300,000	1,300,000	1,300,000	1,300,000	1,300,000	1,300,000	1,300,000
	사회보험(9.32%)		600,401	600,401	600,401	600,401	600,401	600,401	600,401	600,401	600,401	600,401
	퇴직적립금(8.3%)		534,520	534,520	534,520	534,520	534,520	534,520	534,520	534,520	534,520	534,520
	인건비 소계		8,874,921	8,874,921	8,874,921	8,874,921	8,874,921	8,874,921	8,874,921	8,874,921	8,874,921	8,874,921
매출-인건비			29,184,568	30,338,303	31,492,039	32,645,774	33,799,510	34,953,245	36,106,980	37,260,716	38,414,451	39,568,187
기타지출내역	대출이자(원금 일부)		6,000,000	6,000,000	6,000,000	6,000,000	6,000,000	6,000,000	6,000,000	6,000,000	6,000,000	6,000,000
	난방비 및 운영비		3,950,000	4,000,000	4,050,000	4,100,000	4,150,000	4,200,000	4,250,000	4,300,000	4,350,000	4,400,000
	공공요금/공과금		1,500,000	1,510,000	1,520,000	1,530,000	1,540,000	1,550,000	1,560,000	1,570,000	1,580,000	1,590,000
	수용비 및 수수료		650,000	660,000	670,000	680,000	690,000	700,000	710,000	720,000	730,000	740,000
	시설설치/유지비		1,100,000	1,100,000	1,100,000	1,100,000	1,100,000	1,200,000	1,200,000	1,200,000	1,200,000	1,200,000
	차량비/기타운영비		610,000	620,000	630,000	640,000	650,000	660,000	670,000	680,000	690,000	700,000
	프로그램 사업비		710,000	720,000	730,000	740,000	750,000	760,000	770,000	780,000	790,000	800,000
	예비비		380,000	390,000	400,000	410,000	420,000	430,000	440,000	450,000	460,000	470,000
매출-인건비-기타지출			14,284,568	15,338,303	16,392,039	17,445,774	18,499,510	19,453,245	20,506,980	21,560,716	22,614,451	23,668,187

표 6-21 입소자 50인~59인 수익분석

구분	직책	배치기준	입소자 수									
			50	51	52	53	54	55	56	57	58	59
수입(매출)			114,605,000	116,897,100	119,189,200	121,481,300	123,773,400	126,065,500	128,357,600	130,649,700	132,941,800	135,233,900
인력추가배치 가산금			2,567,152	2,567,152	2,567,152	2,567,152	2,567,152	2,567,152	2,567,152	2,567,152	2,567,152	2,567,152
수입(매출) 소계			117,172,152	119,464,252	121,756,352	124,048,452	126,340,552	128,632,652	130,924,752	133,216,852	135,508,952	137,801,052
인건비1	사회복지사1	1명	2,200,000	2,200,000	2,200,000	2,200,000	2,200,000	2,200,000	2,200,000	2,200,000	2,200,000	2,200,000
	사회복지사2	1명	2,200,000	2,200,000	2,200,000	2,200,000	2,200,000	2,200,000	2,200,000	2,200,000	2,200,000	2,200,000
	사회복지사3	1명										
	간호조무사1	1명	2,200,000	2,200,000	2,200,000	2,200,000	2,200,000	2,200,000	2,200,000	2,200,000	2,200,000	2,200,000
	간호조무사2	1명	2,200,000	2,200,000	2,200,000	2,200,000	2,200,000	2,200,000	2,200,000	2,200,000	2,200,000	2,200,000
	간호조무사3	1명										
	물리치료사	1명	2,400,000	2,400,000	2,400,000	2,400,000	2,400,000	2,400,000	2,400,000	2,400,000	2,400,000	2,400,000
	요양보호사		48,067,957	49,029,316	49,990,675	50,952,034	51,913,393	52,874,752	53,836,111	54,797,470	55,758,830	56,720,189
	사회보험(10.112%)		5,993,176	6,090,388	6,187,601	6,284,814	6,382,026	6,479,239	6,576,452	6,673,664	6,770,877	6,868,089
	퇴직적립금(8.3%)		4,919,240	4,999,033	5,078,826	5,158,619	5,238,412	5,318,204	5,397,997	5,477,790	5,557,583	5,637,376
	인건비 소계		70,180,373	71,318,737	72,457,102	73,595,466	74,733,831	75,872,196	77,010,560	78,148,925	79,287,289	80,425,654
	인건비 지출비율(%)		61.2	61.0	60.8	60.6	60.4	60.2	60.0	59.8	59.6	59.5
인건비2	시설장	1명	2,500,000	2,500,000	2,500,000	2,500,000	2,500,000	2,500,000	2,500,000	2,500,000	2,500,000	2,500,000
	사무국장	1명	2,400,000	2,400,000	2,400,000	2,400,000	2,400,000	2,400,000	2,400,000	2,400,000	2,400,000	2,400,000
	사무원	1명	2,100,000	2,100,000	2,100,000	2,100,000	2,100,000	2,100,000	2,100,000	2,100,000	2,100,000	2,100,000
	영양사	1명	2,300,000	2,300,000	2,300,000	2,300,000	2,300,000	2,300,000	2,300,000	2,300,000	2,300,000	2,300,000
	관리인	1명	2,010,000	2,010,000	2,010,000	2,010,000	2,010,000	2,010,000	2,010,000	2,010,000	2,010,000	2,010,000
	조리원1	1명	2,100,000	2,100,000	2,100,000	2,100,000	2,100,000	2,100,000	2,100,000	2,100,000	2,100,000	2,100,000
	조리원2	1명	2,020,000	2,020,000	2,020,000	2,020,000	2,020,000	2,020,000	2,020,000	2,020,000	2,020,000	2,020,000
	조리원3	1명	2,020,000	2,020,000	2,020,000	2,020,000	2,020,000	2,020,000	2,020,000	2,020,000	2,020,000	2,020,000
	조리원4	1명										
	위생원	1명	2,100,000	2,100,000	2,100,000	2,100,000	2,100,000	2,100,000	2,100,000	2,100,000	2,100,000	2,100,000
	사회보험(9.32%)		1,438,539	1,438,539	1,438,539	1,438,539	1,438,539	1,438,539	1,438,539	1,438,539	1,438,539	1,438,539
	퇴직적립금(8.3%)		1,280,690	1,280,690	1,280,690	1,280,690	1,280,690	1,280,690	1,280,690	1,280,690	1,280,690	1,280,690
	인건비 소계		22,269,229	22,269,229	22,269,229	22,269,229	22,269,229	22,269,229	22,269,229	22,269,229	22,269,229	22,269,229
매출-인건비			24,722,550	25,876,286	27,030,021	28,183,757	29,337,492	30,491,228	31,644,963	32,798,698	33,952,434	35,106,169
기타 지출 내역	대출이자(원금 일부)		6,000,000	6,000,000	6,000,000	7,000,000	7,000,000	7,000,000	7,000,000	7,000,000	7,000,000	7,000,000
	난방비 및 운영비		4,450,000	4,500,000	4,550,000	4,600,000	4,650,000	4,700,000	4,750,000	4,800,000	4,850,000	4,900,000
	공공요금/공과금		1,600,000	1,610,000	1,620,000	1,630,000	1,640,000	1,650,000	1,660,000	1,670,000	1,680,000	1,690,000
	수용비 및 수수료		750,000	760,000	770,000	780,000	790,000	800,000	810,000	820,000	830,000	840,000
	시설설치/유지비		1,300,000	1,300,000	1,300,000	1,300,000	1,300,000	1,300,000	1,300,000	1,300,000	1,300,000	1,300,000
	차량비/기타운영비		710,000	720,000	730,000	740,000	750,000	760,000	770,000	780,000	790,000	800,000
	프로그램 사업비		810,000	820,000	830,000	840,000	850,000	860,000	870,000	880,000	890,000	900,000
	예비비		480,000	490,000	500,000	510,000	520,000	530,000	540,000	550,000	560,000	570,000
매출-인건비-기타지출			8,622,550	9,676,286	10,730,021	10,783,757	11,837,492	12,891,228	13,944,963	14,998,698	16,052,434	17,106,169

표 6-22 입소자 60인~69인 수익분석

구분	직책	배치기준	입소자 수									
			60	61	62	63	64	65	66	67	68	69
수입(매출)			137,526,000	139,818,100	142,110,200	144,402,300	146,694,400	148,986,500	151,278,600	153,570,700	155,862,800	158,154,900
인력추가배치 가산금			2,567,152	2,567,152	2,567,152	2,567,152	2,567,152	2,567,152	2,567,152	2,567,152	2,567,152	2,567,152
수입(매출) 소계			140,093,152	142,385,252	144,677,352	146,969,452	149,261,552	151,553,652	153,845,752	156,137,852	158,429,952	160,722,052
인건비 1	사회복지사1	1명	2,200,000	2,200,000	2,200,000	2,200,000	2,200,000	2,200,000	2,200,000	2,200,000	2,200,000	2,200,000
	사회복지사2	1명	2,200,000	2,200,000	2,200,000	2,200,000	2,200,000	2,200,000	2,200,000	2,200,000	2,200,000	2,200,000
	사회복지사3	1명										
	간호조무사1	1명	2,200,000	2,200,000	2,200,000	2,200,000	2,200,000	2,200,000	2,200,000	2,200,000	2,200,000	2,200,000
	간호조무사2	1명	2,200,000	2,200,000	2,200,000	2,200,000	2,200,000	2,200,000	2,200,000	2,200,000	2,200,000	2,200,000
	간호조무사3	1명										
	물리치료사	1명	2,400,000	2,400,000	2,400,000	2,400,000	2,400,000	2,400,000	2,400,000	2,400,000	2,400,000	2,400,000
	요양보호사		57,681,548	58,642,907	59,604,266	60,565,625	61,526,984	62,488,343	63,449,703	64,411,062	65,372,421	66,333,780
	사회보험(10.112%)		6,965,302	7,062,515	7,159,727	7,256,940	7,354,153	7,451,365	7,548,578	7,645,791	7,743,003	7,840,216
	퇴직적립금(8.3%)		5,717,168	5,796,961	5,876,754	5,956,547	6,036,340	6,116,133	6,195,925	6,275,718	6,355,511	6,435,304
	인건비 소계		81,564,018	82,702,383	83,840,748	84,979,112	86,117,477	87,255,841	88,394,206	89,532,570	90,670,935	91,809,300
	인건비 지출비율(%)		59.3	59.1	59.0	58.8	58.7	58.6	58.4	58.3	58.2	58.1
인건비 2	시설장	1명	2,600,000	2,600,000	2,600,000	2,600,000	2,600,000	2,600,000	2,600,000	2,600,000	2,600,000	2,600,000
	사무국장	1명	2,500,000	2,500,000	2,500,000	2,500,000	2,500,000	2,500,000	2,500,000	2,500,000	2,500,000	2,500,000
	사무원	1명	2,100,000	2,100,000	2,100,000	2,100,000	2,100,000	2,100,000	2,100,000	2,100,000	2,100,000	2,100,000
	영양사	1명	2,300,000	2,300,000	2,300,000	2,300,000	2,300,000	2,300,000	2,300,000	2,300,000	2,300,000	2,300,000
	관리인	1명	2,010,000	2,010,000	2,010,000	2,010,000	2,010,000	2,010,000	2,010,000	2,010,000	2,010,000	2,010,000
	조리원1	1명	2,100,000	2,100,000	2,100,000	2,100,000	2,100,000	2,100,000	2,100,000	2,100,000	2,100,000	2,100,000
	조리원2	1명	2,020,000	2,020,000	2,020,000	2,020,000	2,020,000	2,020,000	2,020,000	2,020,000	2,020,000	2,020,000
	조리원3	1명	2,020,000	2,020,000	2,020,000	2,020,000	2,020,000	2,020,000	2,020,000	2,020,000	2,020,000	2,020,000
	조리원4	1명										
	위생원	1명	2,100,000	2,100,000	2,100,000	2,100,000	2,100,000	2,100,000	2,100,000	2,100,000	2,100,000	2,100,000
	사회보험(9.32%)		1,457,185	1,457,185	1,457,185	1,457,185	1,457,185	1,457,185	1,457,185	1,457,185	1,457,185	1,457,185
	퇴직적립금(8.3%)		1,297,290	1,297,290	1,297,290	1,297,290	1,297,290	1,297,290	1,297,290	1,297,290	1,297,290	1,297,290
	인건비 소계		22,504,475	22,504,475	22,504,475	22,504,475	22,504,475	22,504,475	22,504,475	22,504,475	22,504,475	22,504,475
매출-인건비			36,024,659	37,178,394	38,332,130	39,485,865	40,639,600	41,793,336	42,947,071	44,100,807	45,254,542	46,408,278
기타 지출 내역	대출이자(원금 일부)		7,000,000	7,000,000	7,000,000	8,000,000	8,000,000	8,000,000	8,000,000	8,000,000	8,000,000	8,000,000
	난방비 및 운영비		4,950,000	5,000,000	5,050,000	5,100,000	5,150,000	5,200,000	5,250,000	5,300,000	5,350,000	5,400,000
	공공요금/공과금		1,700,000	1,710,000	1,720,000	1,730,000	1,740,000	1,750,000	1,760,000	1,770,000	1,780,000	1,790,000
	수용비 및 수수료		850,000	860,000	870,000	880,000	890,000	900,000	910,000	920,000	930,000	940,000
	시설설치/유지비		1,500,000	1,500,000	1,500,000	1,500,000	1,500,000	1,500,000	1,500,000	1,500,000	1,500,000	1,500,000
	차량비/기타운영비		810,000	820,000	830,000	840,000	850,000	860,000	870,000	880,000	890,000	900,000
	프로그램 사업비		910,000	920,000	930,000	940,000	950,000	960,000	970,000	980,000	990,000	1,000,000
	예비비		580,000	590,000	600,000	610,000	620,000	630,000	640,000	650,000	660,000	670,000
매출-인건비-기타지출			17,724,659	18,778,394	19,832,130	19,885,865	20,939,600	21,993,336	23,047,071	24,100,807	25,154,542	26,208,278

표 6-23 입소자 70인~79인 수익분석

구분	직책	배치기준	입소자 수									
			70	71	72	73	74	75	76	77	78	79
수입(매출)			160,447,000	162,739,100	165,031,200	167,323,300	169,615,400	171,907,500	174,199,600	176,491,700	178,783,800	181,075,900
인력추가배치 가산금			2,567,152	2,567,152	2,567,152	2,567,152	2,567,152	2,567,152	2,567,152	2,567,152	2,567,152	2,567,152
수입(매출) 소계			163,014,152	165,306,252	167,598,352	169,890,452	172,182,552	174,474,652	176,766,752	179,058,852	181,350,952	183,643,052
인건비 1	사회복지사1	1명	2,200,000	2,200,000	2,200,000	2,200,000	2,200,000	2,200,000	2,200,000	2,200,000	2,200,000	2,200,000
	사회복지사2	1명	2,200,000	2,200,000	2,200,000	2,200,000	2,200,000	2,200,000	2,200,000	2,200,000	2,200,000	2,200,000
	사회복지사3	1명										
	간호조무사1	1명	2,200,000	2,200,000	2,200,000	2,200,000	2,200,000	2,200,000	2,200,000	2,200,000	2,200,000	2,200,000
	간호조무사2	1명	2,200,000	2,200,000	2,200,000	2,200,000	2,200,000	2,200,000	2,200,000	2,200,000	2,200,000	2,200,000
	간호조무사3	1명						2,200,000	2,200,000	2,200,000	2,200,000	2,200,000
	물리치료사	1명	2,400,000	2,400,000	2,400,000	2,400,000	2,400,000	2,400,000	2,400,000	2,400,000	2,400,000	2,400,000
	요양보호사		67,295,139	68,256,498	69,217,857	70,179,217	71,140,576	72,101,935	73,063,294	74,024,653	74,986,012	75,947,371
	사회보험(10.112%)		7,937,428	8,034,641	8,131,854	8,229,066	8,326,279	8,645,956	8,743,168	8,840,381	8,937,594	9,034,806
	퇴직적립금(8.3%)		6,515,097	6,594,889	6,674,682	6,754,475	6,834,268	7,096,661	7,176,453	7,256,246	7,336,039	7,415,832
	인건비 소계		92,947,664	94,086,029	95,224,393	96,362,758	97,501,122	101,244,551	102,382,916	103,521,280	104,659,645	105,798,009
	인건비 지출비율(%)		57.9	57.8	57.7	57.6	57.5	58.9	58.8	58.7	58.5	58.4
인건비 2	시설장	1명	2,700,000	2,700,000	2,700,000	2,700,000	2,700,000	2,700,000	2,700,000	2,700,000	2,700,000	2,700,000
	사무국장	1명	2,600,000	2,600,000	2,600,000	2,600,000	2,600,000	2,600,000	2,600,000	2,600,000	2,600,000	2,600,000
	사무원	1명	2,200,000	2,200,000	2,200,000	2,200,000	2,200,000	2,200,000	2,200,000	2,200,000	2,200,000	2,200,000
	영양사	1명	2,300,000	2,300,000	2,300,000	2,300,000	2,300,000	2,300,000	2,300,000	2,300,000	2,300,000	2,300,000
	관리인	1명	2,010,000	2,010,000	2,010,000	2,010,000	2,010,000	2,010,000	2,010,000	2,010,000	2,010,000	2,010,000
	조리원1	1명	2,100,000	2,100,000	2,100,000	2,100,000	2,100,000	2,100,000	2,100,000	2,100,000	2,100,000	2,100,000
	조리원2	1명	2,020,000	2,020,000	2,020,000	2,020,000	2,020,000	2,020,000	2,020,000	2,020,000	2,020,000	2,020,000
	조리원3	1명	2,020,000	2,020,000	2,020,000	2,020,000	2,020,000	2,020,000	2,020,000	2,020,000	2,020,000	2,020,000
	조리원4	1명						2,020,000	2,020,000	2,020,000	2,020,000	2,020,000
	위생원	1명	2,100,000	2,100,000	2,100,000	2,100,000	2,100,000	2,100,000	2,100,000	2,100,000	2,100,000	2,100,000
	사회보험(9.32%)		1,485,154	1,485,154	1,485,154	1,485,154	1,485,154	1,485,154	1,485,154	1,485,154	1,485,154	1,485,154
	퇴직적립금(8.3%)		1,322,190	1,322,190	1,322,190	1,322,190	1,322,190	1,322,190	1,322,190	1,322,190	1,322,190	1,322,190
	인건비 소계		22,857,344	22,857,344	22,857,344	22,857,344	22,857,344	24,877,344	24,877,344	24,877,344	24,877,344	24,877,344
매출-인건비			47,209,144	48,362,879	49,516,615	50,670,350	51,824,086	48,352,757	49,506,493	50,660,228	51,813,963	52,967,699
기타지출내역	대출이자(원금 일부)		8,000,000	8,000,000	8,000,000	9,000,000	9,000,000	9,000,000	9,000,000	9,000,000	9,000,000	9,000,000
	난방비 및 운영비		5,450,000	5,500,000	5,550,000	5,600,000	5,650,000	5,700,000	5,750,000	5,800,000	5,850,000	5,900,000
	공공요금/공과금		1,800,000	1,810,000	1,820,000	1,830,000	1,840,000	1,850,000	1,860,000	1,870,000	1,880,000	1,890,000
	수용비 및 수수료		950,000	960,000	970,000	980,000	990,000	1,000,000	1,010,000	1,020,000	1,030,000	1,040,000
	시설설치/유지비		1,500,000	1,600,000	1,600,000	1,600,000	1,600,000	1,600,000	1,600,000	1,600,000	1,600,000	1,600,000
	차량비/기타운영비		910,000	920,000	930,000	940,000	950,000	960,000	970,000	980,000	990,000	1,000,000
	프로그램 사업비		1,010,000	1,020,000	1,030,000	1,040,000	1,050,000	1,060,000	1,070,000	1,080,000	1,090,000	1,100,000
	예비비		680,000	690,000	700,000	710,000	720,000	730,000	740,000	750,000	760,000	770,000
매출-인건비-기타지출			26,909,144	27,862,879	28,916,615	28,970,350	30,024,086	26,452,757	27,506,493	28,560,228	29,613,963	30,667,699

표 6-24 입소자 80인~89인 수익분석

구분	직책	배치기준	입소자 수 80	81	82	83	84	85	86	87	88	89
수입(매출)			183,368,000	185,660,100	187,952,200	190,244,300	192,536,400	194,828,500	197,120,600	199,412,700	201,704,800	203,996,900
인력추가배치 가산금			2,567,152	4,400,832	4,400,832	4,400,832	4,400,832	4,400,832	4,400,832	4,400,832	4,400,832	4,400,832
수입(매출) 소계			185,935,152	190,060,932	192,353,032	194,645,132	196,937,232	199,229,332	201,521,432	203,813,532	206,105,632	208,397,732
인건비1	사회복지사1	1명	2,200,000	2,200,000	2,200,000	2,200,000	2,200,000	2,200,000	2,200,000	2,200,000	2,200,000	2,200,000
	사회복지사2	1명	2,200,000	2,200,000	2,200,000	2,200,000	2,200,000	2,200,000	2,200,000	2,200,000	2,200,000	2,200,000
	사회복지사3	1명		2,200,000	2,200,000	2,200,000	2,200,000	2,200,000	2,200,000	2,200,000	2,200,000	2,200,000
	간호조무사1	1명	2,200,000	2,200,000	2,200,000	2,200,000	2,200,000	2,200,000	2,200,000	2,200,000	2,200,000	2,200,000
	간호조무사2	1명	2,200,000	2,200,000	2,200,000	2,200,000	2,200,000	2,200,000	2,200,000	2,200,000	2,200,000	2,200,000
	간호조무사3	1명	2,200,000	2,200,000	2,200,000	2,200,000	2,200,000	2,200,000	2,200,000	2,200,000	2,200,000	2,200,000
	물리치료사	1명	2,500,000	2,500,000	2,500,000	2,500,000	2,500,000	2,500,000	2,500,000	2,500,000	2,500,000	2,500,000
	요양보호사		76,908,730	77,870,090	78,831,449	79,792,808	80,754,167	81,715,526	82,676,885	83,638,244	84,599,603	85,560,963
	사회보험(10.112%)		9,142,131	9,461,807	9,559,020	9,656,233	9,753,445	9,850,658	9,947,871	10,045,083	10,142,296	10,239,509
	퇴직적립금(8.3%)		7,503,925	7,766,317	7,846,110	7,925,903	8,005,696	8,085,489	8,165,281	8,245,074	8,324,867	8,404,660
	인건비 소계		107,054,786	110,798,214	111,936,579	113,074,944	114,213,308	115,351,673	116,490,037	117,628,402	118,766,766	119,905,131
	인건비 지출비율(%)		58.4	59.7	59.6	59.4	59.3	59.2	59.1	59.0	58.9	58.8
인건비2	시설장	1명	2,800,000	2,800,000	2,800,000	2,800,000	2,800,000	2,800,000	2,800,000	2,800,000	2,800,000	2,800,000
	사무국장	1명	2,700,000	2,700,000	2,700,000	2,700,000	2,700,000	2,700,000	2,700,000	2,700,000	2,700,000	2,700,000
	사무원	1명	2,200,000	2,200,000	2,200,000	2,200,000	2,200,000	2,200,000	2,200,000	2,200,000	2,200,000	2,200,000
	영양사	1명	2,300,000	2,300,000	2,300,000	2,300,000	2,300,000	2,300,000	2,300,000	2,300,000	2,300,000	2,300,000
	관리인	1명	2,010,000	2,010,000	2,010,000	2,010,000	2,010,000	2,010,000	2,010,000	2,010,000	2,010,000	2,010,000
	조리원1	1명	2,200,000	2,200,000	2,200,000	2,200,000	2,200,000	2,200,000	2,200,000	2,200,000	2,200,000	2,200,000
	조리원2	1명	2,020,000	2,020,000	2,020,000	2,020,000	2,020,000	2,020,000	2,020,000	2,020,000	2,020,000	2,020,000
	조리원3	1명	2,020,000	2,020,000	2,020,000	2,020,000	2,020,000	2,020,000	2,020,000	2,020,000	2,020,000	2,020,000
	조리원4	1명	2,020,000	2,020,000	2,020,000	2,020,000	2,020,000	2,020,000	2,020,000	2,020,000	2,020,000	2,020,000
	위생원	1명	2,100,000	2,100,000	2,100,000	2,100,000	2,100,000	2,100,000	2,100,000	2,100,000	2,100,000	2,100,000
	사회보험(9.32%)		1,513,123	1,513,123	1,513,123	1,513,123	1,513,123	1,513,123	1,513,123	1,513,123	1,513,123	1,513,123
	퇴직적립금(8.3%)		1,347,090	1,347,090	1,347,090	1,347,090	1,347,090	1,347,090	1,347,090	1,347,090	1,347,090	1,347,090
	인건비 소계		25,230,213	25,230,213	25,230,213	25,230,213	25,230,213	25,230,213	25,230,213	25,230,213	25,230,213	25,230,213
매출-인건비			53,650,153	54,032,505	55,186,240	56,339,975	57,493,711	58,647,446	59,801,182	60,954,917	62,108,653	63,262,388
기타지출내역	대출이자(원금 일부)		9,000,000	10,000,000	10,000,000	10,000,000	10,000,000	10,000,000	10,000,000	10,000,000	10,000,000	10,000,000
	난방비 및 운영비		5,950,000	6,000,000	6,050,000	6,100,000	6,150,000	6,200,000	6,250,000	6,300,000	6,350,000	6,400,000
	공공요금/공과금		1,900,000	1,910,000	1,920,000	1,930,000	1,940,000	1,950,000	1,960,000	1,970,000	1,980,000	1,990,000
	수용비 및 수수료		1,050,000	1,060,000	1,070,000	1,080,000	1,090,000	1,100,000	1,110,000	1,120,000	1,130,000	1,140,000
	시설설치/유지비		1,600,000	1,700,000	1,700,000	1,700,000	1,700,000	1,700,000	1,700,000	1,700,000	1,700,000	1,700,000
	차량비/기타운영비		1,010,000	1,020,000	1,030,000	1,040,000	1,050,000	1,060,000	1,070,000	1,080,000	1,090,000	1,100,000
	프로그램 사업비		1,110,000	1,120,000	1,130,000	1,140,000	1,150,000	1,160,000	1,170,000	1,180,000	1,190,000	1,200,000
	예비비		780,000	790,000	800,000	810,000	820,000	830,000	840,000	850,000	860,000	870,000
매출-인건비-기타지출			31,250,153	30,432,505	31,486,240	32,539,975	33,593,711	34,647,446	35,701,182	36,754,917	37,808,653	38,862,388

표 6-25 입소자 90인~99인 수익분석

구분	직책	배치기준	입소자 수 90	91	92	93	94	95	96	97	98	99
수입(매출)			206,289,000	208,581,100	210,873,200	213,165,300	215,457,400	217,749,500	220,041,600	222,333,700	224,625,800	224,625,800
인력추가배치 가산금			4,400,832	4,400,832	4,400,832	4,400,832	4,400,832	4,400,832	4,400,832	4,400,832	4,400,832	4,356,379
수입(매출) 소계			210,689,832	212,981,932	215,274,032	217,566,132	219,858,232	222,150,332	224,442,432	226,734,532	229,026,632	228,982,179
인건비1	사회복지사1	1명	2,200,000	2,200,000	2,200,000	2,200,000	2,200,000	2,200,000	2,200,000	2,200,000	2,200,000	2,200,000
	사회복지사2	1명	2,200,000	2,200,000	2,200,000	2,200,000	2,200,000	2,200,000	2,200,000	2,200,000	2,200,000	2,200,000
	사회복지사3	1명	2,200,000	2,200,000	2,200,000	2,200,000	2,200,000	2,200,000	2,200,000	2,200,000	2,200,000	2,200,000
	간호조무사1	1명	2,200,000	2,200,000	2,200,000	2,200,000	2,200,000	2,200,000	2,200,000	2,200,000	2,200,000	2,200,000
	간호조무사2	1명	2,200,000	2,200,000	2,200,000	2,200,000	2,200,000	2,200,000	2,200,000	2,200,000	2,200,000	2,200,000
	간호조무사3	1명	2,200,000	2,200,000	2,200,000	2,200,000	2,200,000	2,200,000	2,200,000	2,200,000	2,200,000	2,200,000
	물리치료사	1명	2,500,000	2,500,000	2,500,000	2,500,000	2,500,000	2,500,000	2,500,000	2,500,000	2,500,000	2,500,000
	요양보호사		86,522,322	87,483,681	88,445,040	89,406,399	90,367,758	91,329,117	92,290,477	93,251,836	94,213,195	95,174,554
	사회보험(10.112%)		10,336,721	10,433,934	10,531,146	10,628,359	10,725,572	10,822,784	10,919,997	11,017,210	11,114,422	11,211,635
	퇴직적립금(8.3%)		8,484,453	8,564,246	8,644,038	8,723,831	8,803,624	8,883,417	8,963,210	9,043,002	9,122,795	9,202,588
	인건비 소계		121,043,496	122,181,860	123,320,225	124,458,589	125,596,954	126,735,318	127,873,683	129,012,048	130,150,412	131,288,777
	인건비 지출비율(%)		58.7	58.6	58.5	58.4	58.3	58.2	58.1	58.0	57.9	58.4
인건비2	시설장	1명	2,900,000	2,900,000	2,900,000	2,900,000	2,900,000	2,900,000	2,900,000	2,900,000	2,900,000	2,900,000
	사무국장	1명	2,800,000	2,800,000	2,800,000	2,800,000	2,800,000	2,800,000	2,800,000	2,800,000	2,800,000	2,800,000
	사무원	1명	2,200,000	2,200,000	2,200,000	2,200,000	2,200,000	2,200,000	2,200,000	2,200,000	2,200,000	2,200,000
	영양사	1명	2,300,000	2,300,000	2,300,000	2,300,000	2,300,000	2,300,000	2,300,000	2,300,000	2,300,000	2,300,000
	관리인	1명	2,010,000	2,010,000	2,010,000	2,010,000	2,010,000	2,010,000	2,010,000	2,010,000	2,010,000	2,010,000
	조리원1	1명	2,200,000	2,200,000	2,200,000	2,200,000	2,200,000	2,200,000	2,200,000	2,200,000	2,200,000	2,200,000
	조리원2	1명	2,020,000	2,020,000	2,020,000	2,020,000	2,020,000	2,020,000	2,020,000	2,020,000	2,020,000	2,020,000
	조리원3	1명	2,020,000	2,020,000	2,020,000	2,020,000	2,020,000	2,020,000	2,020,000	2,020,000	2,020,000	2,020,000
	조리원4	1명	2,020,000	2,020,000	2,020,000	2,020,000	2,020,000	2,020,000	2,020,000	2,020,000	2,020,000	2,020,000
	위생원	1명	2,100,000	2,100,000	2,100,000	2,100,000	2,100,000	2,100,000	2,100,000	2,100,000	2,100,000	2,100,000
	사회보험(9.32%)		1,531,769	1,531,769	1,531,769	1,531,769	1,531,769	1,531,769	1,531,769	1,531,769	1,531,769	1,531,769
	퇴직적립금(8.3%)		1,363,690	1,363,690	1,363,690	1,363,690	1,363,690	1,363,690	1,363,690	1,363,690	1,363,690	1,363,690
	인건비 소계		25,465,459	25,465,459	25,465,459	25,465,459	25,465,459	25,465,459	25,465,459	25,465,459	25,465,459	25,465,459
매출-인건비			64,180,877	65,334,613	66,488,348	67,642,084	68,795,819	69,949,555	71,103,290	72,257,025	73,410,761	72,227,943
기타 지출 내역	대출이자(원금 일부)		12,000,000	12,000,000	12,000,000	12,000,000	12,000,000	14,000,000	14,000,000	14,000,000	14,000,000	14,000,000
	난방비 및 운영비		6,450,000	6,500,000	6,550,000	6,600,000	6,650,000	6,700,000	6,750,000	6,800,000	6,850,000	6,900,000
	공공요금/공과금		2,000,000	2,010,000	2,020,000	2,030,000	2,040,000	2,050,000	2,060,000	2,070,000	2,080,000	2,090,000
	수용비 및 수수료		1,150,000	1,160,000	1,170,000	1,180,000	1,190,000	1,200,000	1,210,000	1,220,000	1,230,000	1,240,000
	시설설치/유지비		1,700,000	1,800,000	1,800,000	1,800,000	1,800,000	1,800,000	1,800,000	1,800,000	1,800,000	1,800,000
	차량비/기타운영비		1,110,000	1,120,000	1,130,000	1,140,000	1,150,000	1,160,000	1,170,000	1,180,000	1,190,000	1,200,000
	프로그램 사업비		1,210,000	1,220,000	1,230,000	1,240,000	1,250,000	1,260,000	1,270,000	1,280,000	1,290,000	1,300,000
	예비비		880,000	890,000	900,000	910,000	920,000	930,000	940,000	950,000	960,000	970,000
매출-인건비-기타지출			37,680,877	38,634,613	39,688,348	40,742,084	41,795,819	40,849,555	41,903,290	42,957,025	44,010,761	42,727,943

표 6-26 입소자 2.5명당 요양보호사 1인 배치 시 수익

구분	직책	배치기준	입소자 수									
			10	19	29	39	49	59	69	79	89	99
수입(매출)			21,780,000	41,382,000	63,162,000	84,942,000	106,722,000	128,502,000	150,282,000	172,062,000	193,842,000	213,444,000
인력추가배치 가산금							2,439,360	2,439,360	2,439,360	2,439,360	4,181,760	4,139,520
수입(매출) 소계			21,780,000	41,382,000	63,162,000	84,942,000	109,161,360	130,941,360	152,721,360	174,501,360	198,023,760	217,583,520
인건비1	사회복지사1	1명	2,100,000	2,100,000	2,100,000	2,200,000	2,200,000	2,200,000	2,200,000	2,200,000	2,200,000	2,200,000
	사회복지사2	1명					2,200,000	2,200,000	2,200,000	2,200,000	2,200,000	2,200,000
	사회복지사3	1명									2,200,000	2,200,000
	간호조무사1	1명	2,100,000	2,100,000	2,100,000	2,200,000	2,200,000	2,200,000	2,200,000	2,200,000	2,200,000	2,200,000
	간호조무사2	1명						2,200,000	2,200,000	2,200,000	2,200,000	2,200,000
	간호조무사3	1명								2,200,000	2,200,000	2,200,000
	물리치료사	1명				2,400,000	2,400,000	2,400,000	2,400,000	2,400,000	2,500,000	2,500,000
	요양보호사		8,844,504	16,804,558	25,649,062	34,493,566	43,338,070	52,182,574	61,027,078	69,871,582	78,716,086	87,560,590
	사회보험(10.112%)		1,319,060	2,123,981	3,018,337	4,175,605	5,292,426	6,409,246	7,303,602	8,420,422	9,547,355	10,441,711
	퇴직적립금(8.3%)		1,082,694	1,743,378	2,477,472	3,427,366	4,344,060	5,260,754	5,994,847	6,911,541	7,836,535	8,570,629
	인건비 소계		15,446,258	24,871,917	35,344,871	48,896,537	61,974,555	75,052,573	85,525,527	98,603,545	111,799,975	122,272,929
	인건비 지출비율(%)		70.9	60.1	56.0	57.6	58.1	58.4	56.9	57.3	57.7	57.3
인건비2	시설장	1명	2,100,000	2,100,000	2,100,000	2,300,000	2,400,000	2,500,000	2,600,000	2,700,000	2,800,000	2,900,000
	사무국장	1명						2,400,000	2,500,000	2,600,000	2,700,000	2,800,000
	사무원	1명						2,100,000	2,100,000	2,200,000	2,200,000	2,200,000
	영양사	1명						2,300,000	2,300,000	2,300,000	2,300,000	2,300,000
	관리인	1명						2,010,000	2,010,000	2,010,000	2,010,000	2,010,000
	조리원1	1명	2,020,000	2,020,000	2,020,000	2,020,000	2,020,000	2,100,000	2,100,000	2,100,000	2,200,000	2,200,000
	조리원2	1명			2,020,000	2,020,000	2,020,000	2,020,000	2,020,000	2,020,000	2,020,000	2,020,000
	조리원3	1명						2,020,000	2,020,000	2,020,000	2,020,000	2,020,000
	조리원4	1명								2,020,000	2,020,000	2,020,000
	위생원	1명				1,300,000	1,300,000	2,100,000	2,100,000	2,100,000	2,100,000	2,100,000
	사회보험(9.32%)		384,108	384,108	572,432	591,078	600,401	1,438,539	1,457,185	1,485,154	1,513,123	1,531,769
	퇴직적립금(8.3%)		341,960	341,960	509,620	526,220	534,520	1,280,690	1,297,290	1,322,190	1,347,090	1,363,690
	인건비 소계		4,846,068	4,846,068	7,222,052	8,757,298	8,874,921	22,269,229	22,504,475	24,877,344	25,230,213	25,465,459
매출-인건비			1,487,674	11,664,016	20,595,077	27,288,165	38,311,884	33,619,558	44,691,358	51,020,471	60,993,572	69,845,132
기타 지출 내역	대출이자(원금 일부)		6,000,000	6,000,000	6,000,000	6,000,000	6,000,000	7,000,000	8,000,000	9,000,000	10,000,000	14,000,000
	난방비 및 운영비		1,500,000	2,400,000	3,400,000	3,900,000	4,400,000	4,900,000	5,400,000	5,900,000	6,400,000	6,900,000
	공공요금/공과금		1,200,000	1,290,000	1,390,000	1,490,000	1,590,000	1,690,000	1,790,000	1,890,000	1,990,000	2,090,000
	수용비 및 수수료		350,000	440,000	540,000	640,000	740,000	840,000	940,000	1,040,000	1,140,000	1,240,000
	시설설치/유지비		500,000	600,000	800,000	1,000,000	1,200,000	1,300,000	1,500,000	1,600,000	1,700,000	1,800,000
	차량비/기타운영비		300,000	300,000	500,000	600,000	700,000	800,000	900,000	1,000,000	1,100,000	1,200,000
	프로그램 사업비		600,000	600,000	600,000	700,000	800,000	900,000	1,000,000	1,100,000	1,200,000	1,300,000
	예비비		0	0	0	370,000	470,000	570,000	670,000	770,000	870,000	970,000
매출-인건비-기타지출			-8,962,326	34,016	7,365,077	12,588,165	22,411,884	15,619,558	24,491,358	28,720,471	36,593,572	40,345,132

07

CHAPTER

장기요양기관 설치기준

01 노인장기요양기관의 종류

노인요양기관의 정식 명칭은 노인장기요양기관이라고 하며 이는 노인장기요양보험법(법률 제8403호, 2007.4.27. 제정/법률 제18610호 2021.12.21. 일부개정) 제31조(장기요양기관의 지정) 및 제32조의4(장기요양기관 지정의 갱신)에 따른 지정 또는 지정의 갱신을 받은 기관으로써 장기요양 급여(재가급여, 시설급여)를 제공하는 기관을 말한다.

보건복지부 소관 노인복지시설은 아래 표와 같이 생활시설과 이용시설로 구분되며, 생활시설에서는 노인의료복지시설, 이용시설에서는 재가노인복지시설이 노인장기요양기관에 해당된다.

표 7-1 노인복지시설 종류

소관 부처	시설종류	세부종류		관련법
		생활시설	이용시설	
보건복지부	노인복지시설	노인주거복지시설 **노인의료복지시설** 학대피해노인전용쉼터	**재가노인복지시설** 노인여가복지시설 노인보호전문기관 노인일자리지원기관	노인복지법

노인의료복지시설은 바로 노인요양시설과 노인요양공동생활가정을 의미하며, 재가노인복지시설은 방문요양, 방문목욕, 방문간호, 주야간보호, 단기보호, 복지용구를 의미한다.

표 7-2 노인장기요양기관의 종류

기관 종류	관련 법령	
시설급여 제공기관	노인복지법 제34조	노인요양시설 노인요양공동생활가정
재가급여 제공기관	노인복지법 제38조	방문요양 방문목욕 방문간호 주·야간보호 단기보호
		복지용구사업소

02 노인요양기관의 설치 시 공통사항

1) 설치기준 검색방법

노인복지법은 아래 그림처럼 국가법령정보센터에서 노인복지법 시행규칙을 검색하거나 네이버와 같은 포털사이트에서 검색 가능하다.

| 그림 7-1 | 국가법령정보센터

노인요양시설 설치기준은 노인복지법 시행규칙 [별표4]의 '노인의료복지시설의 시설기준 및 직원배치기준(제22조 제1항 관련)'에 나와 있으며, 방문요양이나 주야간 보호와 같은 재가복지시설의 설치기준은 [별표9]의 '재가노인복지시설의 시설기준 및 직원배치기준(제29조 제1항 관련)'을 확인하면 된다.

⊞ [별표 1] 인권교육기관의 지정취소ㆍ업무정지 처분의 기준(제1조의3제4항 관련)
⊞ [별표 1의2] 노인일자리지원기관의 시설 및 인력 기준(제2조 관련)
⊞ [별표 1의3] 독거노인종합지원센터의 설치 및 운영 기준(제9조의2제1항 관련)
⊞ [별표 1의4] 노인복지시설의 건축기준공정표(제15조제8항 및 제19조제7항관련)
⊞ [별표 2] 노인주거복지시설의 시설기준 및 직원배치기준(제17조제1항 관련)
⊞ [별표 3] 노인주거복지시설의 운영기준(제17조제2항 관련)
⊞ [별표 4] 노인의료복지시설의 시설기준 및 직원배치기준(제22조제1항 관련)
⊞ [별표 5] 노인의료복지시설의 운영기준(제22조제2항관련)
[별표 6] 삭제 <2011.12.8>
⊞ [별표 7] 노인여가복지시설의 시설기준 및 직원배치기준(제26조제1항 관련)
⊞ [별표 8] 노인여가복지시설의 운영기준(제26조제2항 관련)
⊞ [별표 9] 재가노인복지시설의 시설기준 및 직원배치기준(제29조제1항 관련)
⊞ [별표 10] 재가노인복지시설의 운영기준(제29조제2항 관련)

그림 7-2 설치기준 찾기

2) 설치기준 유의사항

노인요양시설과 재가노인복지시설의 설치기준을 해석할 때 주의할 사항 및 추가적으로 알고 있어야 하는 사항은 아래와 같다.

첫째, 전체 시설 면적과 침실 면적 기준을 맞추어야 한다. 노인요양시설의 전체 면적은 입소정원 1명당 연면적 23.6m^2 이상의 공간을 확보해야 하며, 1인당 침실 면적은 6.6m^2 이상이어야 한다. 예컨대, 입소정원이 29명이라면 684.4m^2가 되고(207평), 침실만 191.4m^2(58평)가 필요하다. 즉, 58평을 제외한 나머지 면적으로 침실 외 시설을 갖추어야 한다.

둘째, 노인요양시설 내 재가복지시설을 병설 운영하더라도 각 시설의 총면적과 침실 또는 생활실 면적은 지켜야 한다. 예컨대, 29인 정원의 노인요양시설에 25인 정원의 주야간보호센터를 병설로 설치한다면, 684.4m^2 이상의 면적에서 사무실 등 기타 공간은 함께 사용이 가능하지만 29인의 침실과 25인의 생활실은 각각 설치해야 한다.

셋째, 주차장 면적은 주차장법에서 정하는 노유자시설에 의무적으로 설치하여야 할 주차장 면적에 대해서만 시설 설치 면적으로 포함하게 된다. 옥외 주차장의 경우도 주차장법상 노유자시설에 설치하여야 하는 주차장 면적에 대하여 시설 설치 면적으로 포함 가능하다.

▼ 표 7-3 주차장법 시행령 별표1

종교시설·의료시설 등	근린생활시설	그 밖의 건축물(노유자시설 등)
시설면적 150㎡당 1대	시설면적 200㎡당 1대	시설면적 300㎡당 1대

넷째, 공동주택에 설치되는 노인요양공동생활가정의 침실은 1층에 두어야 한다. 공동주택이란 아파트, 연립주택, 다세대주택, 기숙사가 해당되며, 공동주택에 노인의료복지시설을 설치할 경우에는 「집합건물의 소유 및 관리에 관한 법률」을 고려하여 설치신고를 해야 한다(노인요양공동생활가정의 건축물 용도는 노유자시설 또는 단독주택 · 공동주택).

다섯째, 노인복지시설과 위락시설(유흥주점 등), 위험물저장 및 처리시설, 공장 또는 자동차 관련 시설(정비공장만 해당) 그리고 판매시설 중 도매시장 또는 소매시장은 같은 건축물에 함께 설치할 수 없다.

여섯째, 「화재예방, 소방시설 설치 유지 및 안전관리에 관한 법률」 시행령 제15조 [별표5]에 따라 소규모 노인복지시설(300㎡ 이하)도 화재초기진압장비인 "간이스프링클러, 자동화재 탐지설비, 자동화재 속보설비"를 반드시 설치해야 한다.

일곱째, 출입문 자동열림장치를 설치해야 한다. 이 장치는 치매노인의 낙상을 방지하기 위하여 계단의 출입구에 출입문을 설치하고, 그 출입문에 잠금장치를 갖추되, 화재 등 비상시에 자동으로 열릴 수 있도록 하는 장치를 말한다.

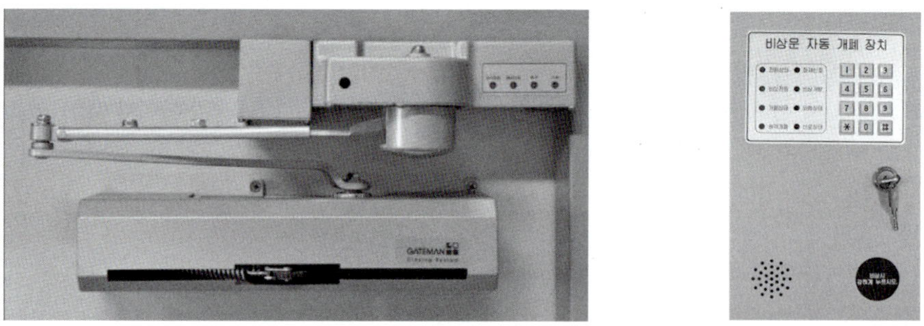

▌그림 7-3 ▌자동 개폐 장치

여덟째, 「먹는물관리법」 제5조에 따른 먹는 물의 수질기준에 적합한 지하수 등을 공급할 수 있는 설비를 갖추어야 하며, 시설에서 사용되는 음용수의 경우에는 「수도법」 또는 「먹는물관리법」에 따라 수질검사를 받아야 한다. 구체적으로,

「먹는물 수질기준 및 검사 등에 관한 규칙」의 [별표1] '먹는 물의 수질기준'을 따라야 한다. 생활용수는 각 도에서 허가한 '수질측정대행업체'에 의뢰하고, 식수는 국립환경과학원이 허가한 '먹는물 수질 검사기관'에 의뢰할 수 있다.

3) 주방 설치 시 유의사항

첫째, 식품위생법상 1회 50명 이상(종사자 포함)에게 식사를 제공하는 경우 집단급식소 신고대상이므로 설치신고 전 관할 시 · 군 · 구 식품위생 담당과에 문의하여 관련 준수사항을 확인해야 한다.[1)]

둘째, 만약 영양사와 조리원이 소속되어 있는 업체에 급식을 위탁하는 경우에는 영양사와 조리원을 두지 않아도 된다. 급식을 위탁(계약)할 때는 아래와 같은 사항을 점검해야 한다.

① 식품위생법 시행령 제21조(영업의 종류)에 따른 식품제조, 음식물 조리 등의 영업을 하는 업체(식품제조가공업, 일반음식점영업, 위탁급식영업 등)에 위탁하거나 계약해야 한다.

② 시설 내에는 조리업무 등을 수행할 종사자가 없게 되므로 전량위탁하는 것이 원칙이며, 영양사가 배치된 위탁업체를 통해 입소자에 대한 체계적인 영양관리 계획 수립 및 급식 질 관리가 이루어지도록 해야 한다. 다만, 위탁을 하더라도 시설에서 조리원을 별도로 채용하고 있는 경우 해당 조리원이 수행할 수 있는 업무를 제외하고 부분 위탁할 수 있다(예: 시설에서 조리원이 밥만 준비하는 경우).

③ 시설에서는 위탁 관련 서류 일체(계약서, 사업자등록증 등)를 해당 시군구에 제출해야 하며, 담당 공무원은 계약업체, 종사자 배치 여부 등의 적절성을 확인해야 한다.

4) 휴게시설 및 CCTV 설치 의무화

첫째, 2022년 8월 18일부터 산업안전보건법 개정에 따라 휴게시설 설치가 의무화되었다. 일반적인 사업장의 경우, 상시근로자가 20명 이상(건설업은 공사금액 20억

1) "1회 급식인원 50명 이상"이란, 통상 1회에 급식을 제공하는 인원(종사자 포함)으로 1일 조 · 중 · 석식 중 가장 많은 급식인원을 1개월간 평균하여 '1회 급식인원이 50인 이상'인 경우를 말한다.

원 이상)이어야 하지만 노인장기요양기관은 요양보호사 등 돌봄종사자가 2명 이상일 경우 의무 설치해야 한다.2)

휴게시설을 설치하지 않은 경우 1,500만 원 이하의 과태료가 부과되고, 고용노동부 장관이 정한 휴게시설 설치 · 관리기준을 준수하지 않은 경우에도 1,000만 원 이하의 과태료가 부과된다. 과태료는 2023년 8월 17일까지 유예되었지만 8월 18일부터 적용된다.

표 7-4 휴게시설 설치관리기준

❖ (크기 및 위치) 최소면적은 6㎡, 바닥에서 천장까지 높이는 2.1m 이상
- 근로자의 휴식 주기, 성별, 동시 사용인원을 고려하여 근로자대표와 협의하여 6㎡ 이상으로 정한 경우 해당 면적이 최소면적

❖ 위치는 이용이 편리하고 가까운 곳에 설치, 다만, 화재·폭발 위험, 분진, 소음 및 유해물질 취급 장소에서 떨어져야 함

❖ (온도, 습도, 조명, 환경) 온도는 18~28℃ 수준 유지 (냉난방 구비), 습도(50~55%) 및 조명(100~200Lux)을 유지할 수 있는 기능, 환기 기능

❖ (비품 및 설비) 의자 등과 음용이 가능한 물 제공(또는 해당 설비 구비), 물품 보관 등 휴게시설 목적 외 사용금지
※ 둘 이상의 사업장이 공동으로 휴게시설 설치 가능

정부는 상시근로자 20인 미만이거나 7개 취약 직종(돌봄서비스 종사원 포함)이 근무하는 사업장에 2023년에 한해 최대 3,000만 원까지 설치비용을 지원해준다. 예컨대, 사업장의 건축물 내부에 공간이 있는 경우에는 휴게시설 설치를 위한 인테리어나 리모델링 비용, 건축물 내부에 공간이 없는 경우에는 컨테이너 하우스 또는 조립식 휴게시설 구입비용을 지원한다. 또한, 휴게시설이 실질적인 근로자들의 휴게공간으로 기능을 갖출 수 있도록 냉 · 난방시설, 의자 · 소파, 탁자 등의 구입비용도 지원한다.

둘째, 「노인장기요양보험법 시행령 일부 개정령안」이 4월 11일(화) 국무회의에서 의결되어 6월 22일부터 노인학대 방지 등 수급자의 안전을 위해 노인요양시설과 노인요양공동생활가정 내 폐쇄회로(CC) TV 설치 · 관리가 의무화되었다. CCTV를 설치하지 않거나 설치 · 관리의무를 위반한 경우, 열람 요청에 응하지 않은 경우에 대한 과태료를 내야 한다. CCTV 미설치의 경우 100만~300만 원, 설치 · 관리기준 위반은 25만~150만 원, 열람 요청 거부는 50만~150만 원의 과태료가 부

2) 아래 7개 직종은 2명 이상 사용하는 상시근로자 10인 이상 사업장
① 전화상담원, ② 돌봄서비스 종사원, ③ 텔레마케터, ④ 배달원, ⑤ 청소원 및 환경미화원, ⑥ 아파트경비원, ⑦ 건물 경비원

과된다. 다만, 수급자 전원 또는 그 보호자 전원으로부터 동의서를 받아 지방자치단체의 장에게 신고하면 CCTV를 설치 · 관리하지 않을 수도 있다.

CCTV는 각 공동거실(침실과 연결되는 복도 포함), 침실, 현관(외부에서 출입이 가능한 출입로), 물리(작업)치료실, 프로그램실, 식당, 시설 자체 운영 엘리베이터에 1대 이상씩 설치하되 사각지대의 발생을 최소화할 수 있도록 설치돼야 한다. 다만, 각 침실은 침실별로 수급자 전원 또는 그 보호자 전원의 동의를 받은 경우에만 촬영할 수 있다.

CCTV는 공동거실 등 일정한 장소에 일정한 방향을 지속적으로 촬영할 수 있도록 설치돼야 하고, 임의로 조작이 가능하거나 녹음기능이 있도록 설치되면 안 된다. 그리고 화면 속 인물의 행동 등이 용이하게 식별될 수 있도록 고해상도[HD(High Definition)]급 이상의 성능을 보유해야 하고, 저장장치는 영상정보를 폐쇄회로 텔레비전의 화질 기준 이상의 화질로 60일 이상 저장할 수 있는 용량을 갖춘 것으로 해야 한다.

갑작스러운 법령 개정을 의식해서인지 정부는 제도의 안정적 시행을 위해 기존 장기요양기관에 CCTV 설치비용을 지원할 예정이다. 노인요양시설은 16채널(단가 495만 원), 노인요양공동생활가정은 8채널(단가 275만 원) 한도 내 국비와 지방비를 각각 40%로 지원하며, 나머지 20%는 자부담으로 한다.[3)]

03 노인요양시설/노인요양공동생활가정 설치기준

노인요양시설과 노인요양공동생활가정의 시설기준은 노인복지법 시행규칙 [별표4]에 상세하게 안내되어 있다.

노인요양시설의 설치기준에서 몇 가지 유념할 사항은 아래와 같다.

사무실은 실제 업무수행에 필요한 공간을 확보하는 것이 중요하다. 즉, 사무행정을 위한 각종 기기(컴퓨터, 복합기 등)와 사무용 가구(책상, 의자, 책장 등)를 예상할 때, 사무실 내 상주 인력을 감안해야 한다. 필수인력 외 가산 인력추가 배치를 생각하고 약간 여유 있게 설계할 필요가 있다.

---

3) 고용노동부(2013). "휴게시설 설치비용 지원사업 시행 안내". 고용노동부 보도자료.

요양보호사실은 휴게실 설치 의무화에 따라 입소자 29인 미만인 시설도 필수로 갖추어야 한다. 휴게실 설치기준이 최소 6㎡ 이상으로 지정되어 있으므로 상주 인력을 감안하여 휴게실(또는 요양보호사실)을 갖추면 된다.

규정에는 없지만 원장실 또는 상담실을 둘 것인지에 대한 고민도 필요하다. 시설 면적이 매우 협소하지 않다면 원장실을 따로 두는 것이 좋다. 각종 업무를 보기 위함도 있지만 입소자 상담실과 병용할 수 있는 이점이 있다. 상담실을 별도로 설치하고자 할 경우 서비스 계약 등 사무처리를 위해서 사무실 내 또는 인접 위치에 두는 것이 좋다.

침실은 노인요양시설 내 설비 중 유일하게 바닥 면적이 정해져 있으므로 상급 침실료를 수납할 수 있는 1인실과 2인실의 개수와 3, 4인실의 개수를 몇 개로 만들 것인지 고민해야 한다. 1인실과 2인실은 상급침실료를 받을 수 있지만 공간이 매우 협소해질 수 있고 요양보호사들의 업무 부담이 커지는 단점이 있다. 반면, 3인실과 4인실은 공용 공간이 넓어짐으로써 답답함이 덜 하고 요양보호사들의 업무 부담이 줄어들지만 입소자 간 특성 차이 및 갈등 유발 요인이 되기도 한다.

침실 규격이 좁은 편이므로 실내 가구 또는 집기는 단순화할 필요가 있다. 침대와 개인용 수납장 그리고 TV 정도가 일반적으로 배치되며, 상급침실의 경우 소형 냉장고가 추가되기도 한다. 입소자의 외출용 의복(계절별)이나 기타 개인용품 그리고 계절별 침구 등은 침실에 둘 수 있는 공간이 없으므로 별도 보관 장소를 마련해야 한다.

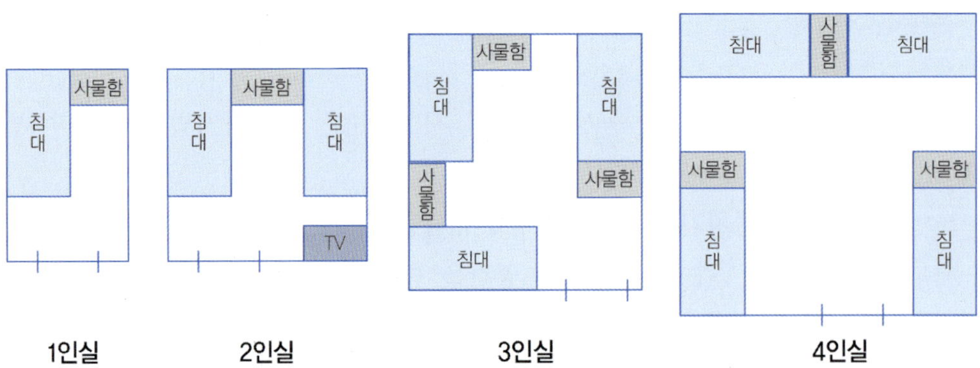

그림 7-4 인당 침실 배치 및 여유공간

물리(작업)치료실과 프로그램실 그리고 의료 및 간호사실이 별도 공간으로 구분되어 있지만 규모가 크지 않은 시설의 경우 개별 공간을 갖추는 것은 별로 효율적이지 않다. 대개 프로그램실에서 물리(작업)치료가 이루어지는 경우도 많고, 간호사실에서는 간호(조무)사들이 문서 작성할 때 사용하는 책걸상과 약품 및 서류 보관함 정도면 충분하다. 그리고 상황에 따라서 각 공간의 크기를 합치거나 줄이는 등의 융통성 있는 활용이 필요하다. 따라서 각 공간을 벽으로 고정하기보다는 파티션 등으로 구분하는 정도면 충분하다.

주방은 급식업체에 전량 위탁할 경우 설치하지 않아도 되지만 음식을 데우거나 보관해야 할 때가 있고 간단한 간식 준비 공간이 없으면 매우 불편하다. 또한, 운영 중 급식업체 위탁이 적절하지 않다고 판단되면 직접 조리해야 하므로 주방은 필히 갖추어 놓는 것이 좋다.

화장실은 침실별 1개씩 두는 것이 좋지만 설치 면적을 많이 차지하므로 신중하게 판단해야 한다. 일부 시설에서는 2개의 침실 사이 공간에 화장실을 두고 양쪽에서 사용하기도 한다. 경우에 따라서는 목욕실이 아닌 화장실에서 간단한 목욕을 진행해야 할 때도 있으며 입소자들이 거동 불편한 점을 고려하여 좁지 않게 설계하는 것이 필요하다.

목욕실 크기는 최소 2명의 종사자가 1명의 입소자를 목욕시키는 데 불편함이 없어야 하며, 한쪽에 변기를 설치하고 세탁기를 둘 만한 공간을 확보할 필요가 있다. 욕조를 설치하는 경우도 있지만 안전사고 위험이 높기 때문에 앉거나 누운 상태에서 목욕할 수 있는 장비를 갖추는 것이 일반적이다.

마지막으로 노인요양시설의 모든 시설은 「장애인·노인·임산부 등의 편의증진 보장에 관한 법률 시행규칙」의 [별표]의 “편의시설의 구조·재질 등에 관한 세부기준”에 맞추어 설치되어야 한다. 여기에는 장애인 등의 통행이 가능한 접근로, 장애인전용주차구역, 출입구, 복도 및 통로, 계단, 승강기, 에스컬레이터, 휠체어리프트, 경사로, 화장실, 욕실, 샤워실 및 탈의실, 침실, 점자블록, 시각장애인 유도·안내설비 등에 대한 정확한 규격과 기준이 제시되어 있다. 따라서 건축설계 및 시공 과정에서 이 법에 따라 작업이 진행되는지 여부를 확인할 필요가 있다.

표 7-5 노인의료복지시설의 시설기준(노인복지법 시행규칙 별표4)

1. 공통사항
  가. 시설의 규모
    노인의료복지시설(이하 이 표에서 "시설"이라 한다)은 다음 각 호의 구분에 따른 인원이 입소할 수 있는 시설을 갖춰야 한다. 이 경우 입소정원 1명당 연면적 산정 시 「주차장법」에 따른 설치기준을 초과하는 주차장의 면적은 제외하며, 그 밖에 연면적의 산정에 필요한 세부 사항은 보건복지부장관이 정한다.
    (1) 노인요양시설: 입소정원 10명 이상(입소정원 1명당 연면적 23.6㎡ 이상의 공간을 확보해야 한다). 다만, 노인요양시설 안에 치매전담실을 두는 경우에는 치매전담실 1실당 정원을 16명 이하로 한다.
    (2) 노인요양공동생활가정: 입소정원 5명 이상 9명 이하(입소정원 1명당 연면적 20.5㎡ 이상의 공간을 확보해야 한다)
  나. 시설의 구조 및 설비
    (1) 시설의 구조 및 설비는 일조·채광·환기 등 입소자의 보건위생과 재해방지 등을 충분히 고려해야 한다.
    (2) 복도·화장실·침실 등 입소자가 통상 이용하는 설비는 휠체어 등이 이동 가능한 공간을 확보해야 하며 문턱 제거, 손잡이시설 부착, 바닥 미끄럼 방지 등 노인의 활동에 편리한 구조를 갖춰야 한다.
    (3) 「화재예방, 소방시설 설치·유지 및 안전관리에 관한 법률」이 정하는 바에 따라 소화용 기구를 비치하고 비상구를 설치해야 한다. 다만, 입소자가 10명 미만인 시설의 경우에는 소화용 기구를 갖추는 등 시설의 실정에 맞게 비상재해에 대비해야 한다.
    (4) 입소자가 건강한 생활을 영위하는 데 도움이 되는 도서관, 스포츠·레크리에이션 시설 등 적정한 문화·체육부대시설을 설치하되, 지역사회와 시설 간의 상호교류 촉진을 통한 사회와의 유대감 증진을 위하여 입소자가 이용하는데 지장을 주지 않는 범위에서 외부에 개방하여 운영할 수 있다.
  다. 재가노인복지시설의 병설·운영
    시설의 장은 시설의 개방성을 높여 지역사회와의 교류를 증진하고 입소자가 외부사회와의 단절감을 느끼지 않도록 재가노인복지시설을 병설·운영할 수 있다.

2. 시설 설치에 관한 특례
  가. 시설 설치자는 시설을 설치할 토지 및 건물의 소유권을 확보해야 하고, 시설 설치목적 외의 목적에 따른 저당권, 그 밖에 시설로서의 이용을 제한할 우려가 있는 권리를 해당 토지 및 건물에 설정해서는 안 된다. 이 경우 시설의 설치목적에 따른 저당권을 설정하는 경우에는 저당권의 피담보채권액과 입소보증금의 합이 건설원가의 80퍼센트 이하여야 한다.
  나. 가목에도 불구하고 입소자로부터 입소비용의 전부를 수납하여 운영하는 노인요양시설을 설치하는 경우, 보건복지부장관이 지정하여 고시하는 지역에 입소자 30명 미만의 노인요양시설을 설치하는 경우, 국가 또는 지방자치단체가 소유한 토지 및 건물을 사용하여 노인요양시설을 설치하는 경우 및 국가 또는 지방자치단체가 노인요양시설을 설치하는 경우에는 다음 (1)부터 (4)까지의 규정에 따른 요건을 모두 갖춘 경우에만 타인 소유의 토지 및 건물을 사용하여 설치할 수 있고, 노인요양공동생활가정을 설치하는 경우에는 다음 (1), (3) 및 (4)의 규정에 따른 요건을 모두 갖춘 경우에만 타인 소유의 토지 및 건물을 사용하여 설치할 수 있다.
    (1) 사용하려는 토지 및 건물에 선순위 권리자 및 그 밖에 시설로서의 이용을 제한할 우려가 있는 권리가 설정되어 있지 않을 것
    (2) 임대차계약·지상권설정계약 등 사용계약의 양 당사자가 법인일 것
    (3) 토지 또는 건물에 대한 등기 등 법적 대항요건을 갖출 것
    (4) 사용계약서에 다음의 내용이 포함되어 있을 것
      (가) 토지 또는 건물의 사용목적이 시설의 설치·운영을 위한 것이라는 취지의 내용
      (나) 계약기간의 연장을 위한 자동갱신조항
      (다) 무단 양도(매매·증여 그 밖에 권리의 변동을 수반하는 일체의 행위를 포함한다) 및 전대의 금지조항
      (라) 장기간에 걸친 임차료 등의 인상방법(무상으로 사용하는 경우는 제외한다)
      (마) 토지 또는 건물에 대한 사용권자의 우선 취득권에 관한 내용
  다. 시설을 설치하려는 자는 입소자에 대한 보증금 반환채무의 이행을 보장하기 위하여 입소계약 체결 후 보증금 수납일부터 10일 이내에 다음 각 호의 요건에 적합한 인·허가보증보험에 가입해야 한다. 다만, 시설 개원 이후 입소자별로 전세권 또는 근저당권 설정 등의 조치를 한 경우에는 인·허가보증보험에 가입하지 않을 수 있다.
    (1) 보증내용: 입소자의 입소보증금 반환채무 이행보증
    (2) 보증가입금액: 입소보증금 합계의 50퍼센트 이상

(3) 보증가입기간: 보증금 납부일부터 퇴소 시까지
(4) 보증가입관계: 시장·군수·구청장을 피보험자로 함
(5) 보험금 수령방법: 시장·군수·구청장의 확인 하에 입소자가 보험금을 직접 수령함

3. 시설기준

<table>
<tr><th colspan="2">구분
시설별</th><th>침실</th><th>사무실</th><th>요양보호사실</th><th>자원봉사자실</th><th>의료 및 간호사실</th><th>물리(작업)치료실</th><th>프로그램실</th><th>식당 및 조리실</th><th>비상재해대비시설</th><th>화장실</th><th>세면장 목욕실</th><th>세탁장 및 세탁물 건조장</th></tr>
<tr><td rowspan="2">요양시설</td><td>입소자 30명 이상</td><td>○</td><td>○</td><td>○</td><td>○</td><td>○</td><td>○</td><td>○</td><td>○</td><td>○</td><td>○</td><td>○</td><td>○</td></tr>
<tr><td>입소자 10~29명</td><td>○</td><td colspan="3">○</td><td>○</td><td>○</td><td>○</td><td>○</td><td>○</td><td>○</td><td colspan="2">○</td></tr>
<tr><td colspan="2">공동생활가정</td><td>○</td><td colspan="4">○</td><td colspan="2">○</td><td>○</td><td>○</td><td colspan="3">○</td></tr>
</table>

1. 세탁물을 전량 위탁하여 처리하는 경우에는 세탁장 및 세탁물 건조장을 두지 않을 수 있다.
2. 의료기관의 일부를 시설로 신고하는 경우에는 물리(작업)치료실, 조리실, 세탁장 및 세탁물 건조장을 공동으로 사용할 수 있다. 다만, 공동으로 사용하려는 물리(작업)치료실이 시설의 침실과 다른 층에 있는 경우에는 입소자의 이동이 가능하도록 경사로 또는 엘리베이터를 설치해야 한다.
3. 노인요양시설 안에 두는 치매전담실은 다음의 요건을 갖춰야 한다.
   가. 정원 1명당 면적이 1.65㎡ 이상인 공동거실을 갖출 것
   나. 치매전담실 입구에 출입문을 두어 공간을 구분하되, 화재 등 비상시에 열 수 있도록 할 것
   다. 공동으로 사용할 수 있는 화장실과 간이욕실(세면대를 포함한다. 이하 같다)을 갖출 것. 다만, 침실마다 화장실과 간이욕실이 있는 경우에는 그렇지 않다.
4. 치매전담형 노인요양공동생활가정은 다음의 요건을 갖춰야 한다.
   가. 1층에 설치할 것. 다만, 엘리베이터가 설치된 경우에는 2층 이상에도 설치할 수 있다.
   나. 정원 1명당 면적이 1.65㎡ 이상인 공동거실을 갖출 것

4. 설비기준

가. 침실
(1) 독신용·합숙용·동거용 침실을 둘 수 있다.
(2) 남녀공용인 시설의 경우에는 합숙용 침실을 남실 및 여실로 각각 구분해야 한다.
(3) 입소자 1명당 침실면적은 6.6㎡ 이상이어야 한다. 다만, 치매전담실의 경우에는 다음의 구분에 따른다.
(가) 가형: 1인실 9.9㎡ 이상, 2인실 16.5㎡ 이상, 3인실 23.1㎡ 이상, 4인실 29.7㎡ 이상
(나) 나형: 1인실 9.9㎡ 이상, 다인실 1명당 6.6㎡ 이상
(4) 합숙용 침실 1실의 정원은 4명 이하여야 한다.
(5) 합숙용 침실에는 입소자의 생활용품을 각자 별도로 보관할 수 있는 보관 시설을 설치해야 한다.
(6) 적당한 난방 및 통풍장치를 갖춰야 한다.
(7) 채광·조명 및 방습설비를 갖춰야 한다.
(8) 노인질환의 종류 및 정도에 따른 특별침실을 입소정원의 5퍼센트 이내의 범위에서 두어야 한다.
(9) 침실바닥 면적의 7분의 1 이상의 면적을 창으로 하여 직접 바깥 공기에 접하도록 하고, 열고 닫을 수 있도록 한다.
(10) 노인들이 자유롭게 침대에 오르내릴 수 있어야 한다.
(11) 안전설비를 갖춰야 한다.
(12) 공동주택에 설치되는 노인요양공동생활가정의 침실은 1층에 두어야 한다.

나. 식당 및 조리실: 조리실 바닥재는 내수 소재이고, 조리실은 세척 및 배수에 편리한 구조여야 한다.

다. 세면장 및 목욕실
(1) 바닥재는 미끄럽지 않은 소재여야 한다.
(2) 욕조를 설치하는 경우에는 욕조에 노인의 전신이 잠기지 않는 깊이로 하고, 욕조 출입이 편리하도록 최소한 1개 이상의 보조봉과 수직의 손잡이 기둥을 설치해야 한다.

(3) 급탕을 자동 온도조절 장치로 하는 경우에는 물의 최고온도는 섭씨 40도 이상이 되지 않도록 해야 한다.
라. 프로그램실: 자유롭게 이용할 수 있는 적당한 문화시설과 오락기구를 갖춰야 한다.
마. 물리(작업)치료실: 기능회복 또는 기능감퇴를 방지하기 위한 훈련 등에 지장이 없는 면적과 필요한 시설 및 장비를 갖춰야 한다.
바. 의료 및 간호사실: 진료 및 간호에 필요한 상용의약품·위생재료 또는 의료기구를 갖춰야 한다.
사. 그 밖의 시설
(1) 복도, 화장실, 그 밖의 필요한 곳에 야간 상용등을 설치해야 한다.
(2) 계단의 경사는 완만해야 하며, 치매노인의 낙상을 방지하기 위하여 계단의 출입구에 출입문을 설치하고, 그 출입문에 잠금장치를 갖추되, 화재 등 비상시에 자동으로 열릴 수 있도록 해야 한다.
(3) 바닥재는 부드럽고 미끄럽지 않은 소재여야 한다.
(4) 주방 등 화재 위험이 있는 곳에는 치매노인이 임의로 출입할 수 없도록 잠금장치를 설치해야 한다.
(5) 배회환자의 실종 등을 예방할 수 있도록 외부 출입구에 잠금장치를 갖추되, 화재 등 비상시에 자동으로 열릴 수 있도록 해야 한다.
아. 경사로: 침실이 2층 이상에 있는 경우 경사로를 설치해야 한다. 다만, 「승강기 안전관리법 시행규칙」에 따른 승객용 엘리베이터를 설치한 경우에는 경사로를 설치하지 않을 수 있다.

04 재가노인복지시설 설치기준

재가노인복지시설의 시설기준은 노인복지법 시행규칙 [별표9]의 '재가노인복지시설의 시설기준 및 인력배치기준(제29조 제1항 관련)'을 따라야 한다.

재가노인복지시설을 설치할 수 있는 건축물의 용도는 노유자시설, 단독주택 또는 공동주택이다(노인복지법 제55조). 다만, 방문서비스(방문요양, 방문목욕, 재가노인지원서비스)의 경우에는 건축허가권자의 판단에 따라 제1종 근린생활시설(「국토의 계획 및 이용에 관한 법률」 등 관계 법률에서 정하는 용도 제한에 적합한 경우), 제2종 근린생활시설 및 업무시설에도 설치가 가능하다.

공동주택의 경우 「집합건물법」 제5조에서는 각 구분 소유자에게 '공동의 이익에 반하는 행위'를 하지 못하도록 규정하고 있으므로 공동주택에 재가급여를 제공하는 장기요양기관을 설치하기 위해서는 다른 구분소유자의 동의를 얻어야 하며, 동의 비율은 관리규약에서 정한 바를 따르되, 규약에 별도로 정함이 없는 경우 관리단 집회의 결의 또는 구분소유자 5분의 4의 서면동의를 얻어야 한다.[4)]

4) 보건복지부(2023). 노인보건복지 사업안내(1).

표 7-6 재가노인복지시설의 시설기준(노인복지법 시행규칙 별표9)

1. 시설의 규모
   가. 방문요양, 방문목욕 및 방문간호를 제공하는 시설: 시설전용면적 16.5제곱미터 이상(연면적 기준)
   나. 주·야간보호, 단기보호를 제공하는 시설: 시설 연면적 90제곱미터 이상(이용정원이 6명 이상인 경우에는 1명당 6.6제곱미터 이상의 생활실 또는 침실 공간을 추가로 확보하여야 함). 다만, 주·야간보호시설 안에 치매전담실을 두는 경우에는 치매전담실 1실당 이용정원을 25명 이하로 하여야 한다.
   다. 재가노인지원서비스: 시설전용면적 33제곱미터 이상(연면적 기준)
   라. 복지용구를 제공하거나 대여하는 시설: 복지용구 진열·체험 공간 23.1제곱미터 이상 및 복지용구 세정·소독·수선 공간 56.2제곱미터 이상

2. 시설 및 설비 기준
   가. 방문요양, 방문목욕 및 방문간호를 제공하는 시설
      1) 다음 기준에 해당하는 시설·설비를 갖추어야 한다.

구분	사무실	통신설비, 집기 등 사업에 필요한 설비 및 비품	이동용 욕조 또는 이동목욕차량	혈압계, 온도계 등 방문간호에 필요한 비품
방문요양	○	○	–	–
방문목욕	○	○	○	–
방문간호	○	○	–	○

가) "이동목욕 차량"이란 욕조, 급탕기, 물탱크, 호스릴 등을 갖춘 차량으로써 자동차등록증 상 차량용도에 "이동목욕용"으로 표시되어 있거나 이동목욕용으로 구조변경한 내용을 기재·등록한 차량을 말한다.
나) 의료기관(의사가 배치된 「지역보건법」에 따른 보건소, 보건의료원 또는 보건지소와 「농어촌 등 보건의료를 위한 특별조치법」에 따른 보건진료소를 포함한다. 이하 이 표에서 같다)을 개설·운영하는 자가 방문간호를 제공하는 경우에는 시설·설비 및 비품 등을 해당 의료기관과 공동으로 사용할 수 있다.

   나. 주·야간보호, 단기보호를 제공하는 시설
      1) 시설의 입지조건
      보건·위생·안전·환경 및 교통편의 등을 충분히 고려하여 이용자가 쉽게 접근하고 편리하게 이용할 수 있는 쾌적한 환경의 부지를 선정하여야 한다.
      2) 다음 기준에 해당하는 시설을 갖추어야 한다.

<table>
<tr><th colspan="2">구분</th><th>생활실</th><th>침실</th><th>사무실</th><th>의료 및 간호사실</th><th>프로그램실</th><th>물리(작업) 치료실</th><th>식당 및 조리실</th><th>화장실</th><th>세면장 및 목욕실</th><th>세탁장 및 건조장</th></tr>
<tr><td rowspan="2">주·야간 보호</td><td>이용자 10명 이상</td><td>○</td><td></td><td colspan="2">○</td><td colspan="2">○</td><td>○</td><td>○</td><td colspan="2">○</td></tr>
<tr><td>이용자 10명 미만</td><td>○</td><td></td><td colspan="2">○</td><td colspan="2">○</td><td>○</td><td colspan="3">○</td></tr>
<tr><td rowspan="2">단기 보호</td><td>이용자 10명 이상</td><td></td><td>○</td><td colspan="2">○</td><td colspan="2">○</td><td>○</td><td>○</td><td colspan="2">○</td></tr>
<tr><td>이용자 10명 미만</td><td></td><td>○</td><td colspan="2">○</td><td colspan="2">○</td><td>○</td><td colspan="3">○</td></tr>
</table>

비고
1. 주 · 야간보호 이용자가 10명 이상인 경우, 사무실과 의료 및 간호사실은 공간을 함께 사용할 수 있으나 각각의 시설에 대한 기능은 모두 갖추고 있어야 한다.
   (가) 사무실과 의료 및 간호사실은 공간을 함께 사용할 수 있으나, 각각의 시설에 대한 기능은 모두 갖추고

있어야 한다.

(나) 프로그램실과 물리(작업)치료실은 공간을 함께 사용할 수 있으나, 각각의 시설에 대한 기능은 모두 갖추고 있어야 한다.

2. 주·야간보호시설 내 치매전담실에는 프로그램실을 두어야 한다.
3. 주·야간보호시설 내 치매전담실 입구에는 출입문을 두어 공간을 구분하되, 화재 등 비상시에 열 수 있도록 하여야 한다.

3) 설비기준

가) 시설의 규모·구조 및 설비는 이용자가 쾌적한 일상생활을 하는 데 적합하여야 하며, 일조·채광·환기 등 이용자의 보건위생과 재해방지 등을 충분히 고려하여야 한다.

나) 복도·화장실·생활실·침실 등 이용자가 통상 이용하는 시설은 휠체어 등의 이동이 가능한 공간을 확보하여야 하며, 문턱을 제거하고, 손잡이 설비를 부착하며, 바닥의 미끄럼을 방지하는 등 이용자의 활동에 편리한 구조를 갖추어야 한다.

다) 「화재예방, 소방시설 설치·유지 및 안전관리에 관한 법률」이 정하는 바에 따라 소화용 기구를 비치하고 비상구를 설치하여야 한다.

라) 급·배수 설비

(1) 급수설비는 상수도에 의한다. 다만, 상수도에 의할 수 없는 경우에는 「먹는물관리법」 제5조에 따른 먹는 물의 수질기준에 적합한 지하수 등을 공급할 수 있는 설비를 갖추어야 한다.

(2) 시설에서 사용되는 먹는물의 경우에는 「수도법」 또는 「먹는물관리법」에 따라 수질검사를 받아야 한다.

(3) 빗물·오수 등의 배수에 지장이 없도록 배수설비를 갖추어야 한다.

마) 건물 내 경사로: 침실이 2층 이상인 경우 건물 내에 경사로를 설치하여야 한다. 다만, 「승강기시설 안전관리법」에 따른 승객용 엘리베이터를 설치한 경우에는 경사로를 설치하지 아니할 수 있다.

바) 그 밖의 설비

(1) 복도·화장실, 그 밖의 필요한 곳에 야간 상용등을 설치하여야 한다.

(2) 계단의 경사는 완만하여야 하며, 이용자의 낙상을 방지하기 위하여 계단의 출입구에 출입문을 설치하고, 그 출입문에 잠금장치를 갖추되, 화재 등 비상시에 자동으로 열릴 수 있도록 하여야 한다.

(3) 바닥은 부드럽고 미끄럽지 아니한 바닥재를 사용하여야 한다.

(4) 주방 등 화재위험이 있는 곳에는 치매노인이 임의로 출입할 수 없도록 잠금장치를 설치하여야 한다.

(5) 배회이용자의 실종 등을 예방할 수 있도록 외부 출입구에 잠금장치를 갖추되, 화재 등 비상시에 자동으로 열릴 수 있도록 하여야 한다.

사) 다음의 설비기준을 갖추어야 한다.

(1) 생활실

(가) 이용자가 자유롭게 활동할 수 있는 공간과 안전설비를 갖춘 생활실을 두어야 한다.

(나) 적당한 난방 및 통풍장치, 채광·조명 및 방습설비를 갖추어야 한다.

(2) 침실

(가) 독신용·동거용·합숙용 침실을 둘 수 있다.

(나) 남녀공용인 시설의 경우에는 합숙용 침실을 남실 및 여실로 각각 구분하여야 한다.

(다) 이용자 1명당 침실 면적은 6.6제곱미터 이상이어야 한다.

(라) 합숙용 침실 1실의 정원은 4명 이하이어야 한다.

(마) 합숙용 침실에는 이용자의 생활용품을 각자 별도로 보관할 수 있는 보관설비를 설치하여야 한다.

(바) 침실 바닥 면적의 7분의 1 이상의 면적을 창으로 하여 직접 바깥 공기에 접하도록 하며, 개폐가 가능하여야 한다.

(사) 침대를 사용하는 경우에는 이용자들이 자유롭게 오르내릴 수 있어야 한다.

(아) 이용자가 자유롭게 활동할 수 있는 공간과 안전설비를 갖춘 침실을 두어야 한다.

(자) 적당한 난방 및 통풍장치, 채광·조명 및 방습설비를 갖추어야 한다.

(3) 사무실: 사무를 위한 적당한 집기·비품 및 탈의 공간을 갖추어야 한다.

(4) 의료 및 간호사실: 진료 및 간호에 필요한 상용의약품·위생재료 또는 의료기구를 갖추어야 한다.

(5) 프로그램실: 자유로이 이용할 수 있는 적당한 문화설비와 오락기구를 갖추어두어야 한다.

(6) 물리(작업)치료실: 기능회복 또는 기능감퇴를 방지하기 위한 훈련 등에 지장이 없는 면적과 필요한 설비 및 장비를 갖추어야 한다.
(7) 식당 및 조리실
(가) 조리실 바닥재는 내수 소재이고, 조리실은 세척 및 배수에 편리한 구조여야 한다.
(나) 채광 및 환기가 잘되도록 하고, 창문에는 방충망을 설치하여야 한다.
(다) 식기를 소독하고 위생적으로 취사 및 조리를 할 수 있는 설비를 갖추어야 한다.
(라) 급식제공을 외부기관에 위탁하는 경우에는 조리실을 두지 않을 수 있다.
(8) 세면장 및 목욕실
(가) 바닥은 미끄럽지 아니하여야 한다.
(나) 욕탕샤워기 및 세면설비와 깨끗한 물을 사용할 수 있는 설비를 갖추어야 한다.
(다) 욕조를 설치하는 경우에는 욕조에 이용자의 전신이 잠기지 아니하는 깊이로 하고 욕조 출입이 자유롭도록 최소한 1개 이상의 보조봉과 수직의 손잡이 기둥을 설치하여야 한다.
(라) 급탕을 자동온도조절 장치로 하는 경우에는 물의 최고온도는 섭씨 40도 이상이 되지 아니하도록 하여야 한다.
(9) 세탁장 및 건조장: 세탁 및 세탁물을 건조할 수 있는 설비를 갖추어야 한다. 다만, 세탁물을 전량 위탁 처리하는 경우에는 두지 아니할 수 있다.

다. 재가노인지원서비스: 사무실, 상담실, 교육실, 자원봉사자실을 갖추어야 한다.
라. 복지용구를 제공하거나 대여하는 시설: 다음의 시설 및 설비를 모두 갖추어야 한다. 다만, 3) 및 4)는 다른 사업자와 같이 사용할 수 있다.
1) 사무실. 이 경우 복지용구 외의 재가급여를 제공하는 데 필요한 사무실과 같이 사용할 수 없다.
2) 복지용구 진열·체험 공간
3) 복지용구 세정에 필요한 수도·배수시설 및 소독·수선에 필요한 용구를 갖춘 공간
4) 복지용구 보관·관리·대여 공간

재가노인복지시설은 종류가 다양하여 노인요양시설과 동일한 규정을 따라야 하는 경우도 있지만 완화된 규정 또는 생략된 경우가 있으므로 잘 구분할 필요가 있다.

우선, 노인요양시설과 마찬가지로 재가노인복지시설 역시 「장애인 · 노인 · 임산부 등의 편의증진 보장에 관한 법률 시행규칙」의 [별표]의 “편의시설의 구조 · 재질 등에 관한 세부기준”을 따라야 한다. 다만, 방문서비스 기관은 서비스 장소가 가정이기 때문에 이 기준을 따르지 않아도 된다.

휴게실은 돌봄 종사자 2인 이상이면 설치하도록 되어 있으므로 대부분의 기관이 의무 설치 대상이며, CCTV는 재가노인복지시설은 설치 제외된다.

노인요양시설의 전체 면적은 입소자 1인당 23.6m^{2}로 지정되어 있어서 입소자 수에 따라 총면적이 달라진다. 그러나 주야간보호 및 단기보호는 1인당 연면적이 제시되지 않은 채 90m^2(27.2평) 이상으로 지정되어 있다. 이 기준에 따르면 일반 아파트 단지에 설치가 가능할 것 같지만 이용자 1인당 생활실 면적이 6.6m^{2}로 정해져 있기 때문에 현실적으로는 보다 큰 공간이 필요하다. 노인요양시설이 침실 면적을 기준으로 입소정원을 가늠하듯이 주야간보호기관은 생활실 면적이 기준이

된다. 즉, 생활실 외 시설은 사용 가능한 수준에서 공간 구성을 하되 생활실은 이용자 1인당 6.6m^2로 계산하여 이용자 정원을 예측할 수 있다.

주야간보호기관의 프로그램실과 물리(작업)치료실은 같은 공간에서 사용 가능하지만 생활실은 분리시키도록 규정하고 있다. 그러나 실제 현장에서는 생활실과 프로그램실의 구분이 사실상 없는 편이다. 생활실은 상황에 따라 프로그램실이 되고, 물리(작업)치료실이 되며, 식당이 되기도 한다. 또한 최근 트렌드는 생활실 한쪽에 평상과 같은 구조물을 갖추고 이용자들이 낮잠을 자거나 누워서 쉴 수 있는 장소를 마련해두고 있다. 즉, 주야간보호기관의 핵심 공간은 생활실이라 할 수 있고, 생활실을 다양한 용도로 융통성 있게 활용할 필요가 있다. 이런 점에서 지정받는 시점에는 생활실과 프로그램실을 임의적으로 구분하되 실제 사용은 상황에 맞게 융통성 있게 하는 것이 필요하다.

노인요양시설은 24시간 생활하는 특성 때문에 바닥 난방이 필수이지만 노인주야간보호기관은 주간 시간에만 이용하므로 바닥 난방 대신 시스템 난방을 하는 경우가 있다. 이때는 시설 내 단열과 일조량을 고려해야 한다. 즉, 시설 내 햇빛이 들어오는 방향과 머무는 시간, 햇빛으로 인한 난방 효과 등을 모두 확인할 필요가 있다.

겨울철 적정 실내온도는 18~20℃, 실내습도는 최소 40% 수준이지만 만성질환자 중 만성 심혈관계, 호흡기계, 신부전, 당뇨병환자들에게는 실내온도를 26~28℃, 습도 40~50% 정도로 유지시켜 주어야 한다.

방문목욕 중 가정 목욕에서 휴대용 욕조는 보통 튜브 형태의 욕조이나 지정받을 때를 제외하면 실제로 사용할 일이 많지 않고, 가정 내 욕조 역시 물을 채우는 시간이 많이 소요되기 때문에 주로 수급자를 앉힌 상태에서 샤워식 목욕을 하는 경우가 많다.

현장에서 사용하는 이동목욕차량은 물 공급만 차량에서 하고 목욕은 가정에서 실시하는 승합형과 차량에서 직접 목욕을 하는 탑차형이 있다. 승합형은 대상자 가정에서 차량 없이 진행하는 목욕과 차별성이 크지 않고, 탑차형 목욕차량은 제작비가 상대적으로 비싸지만 수가가 상대적으로 높아서 대부분의 방문목욕기관에서 선호하는 방식이다.

08

CHAPTER

노인요양시설의 설립서류 작성

01 장기요양기관 지정갱신제도

1) 지정갱신제 배경[1)]

당초 장기요양기관은 '지정제'로 설치신고가 가능했으나 2019년 12월 12일부로 '지정갱신제'로 변경되었다. 지정제란 시설 및 인력기준만 갖추면 지방자치단체장이 반드시 지정하도록 되어 있어 사실상 '신고제'라 할 수 있다.

지정갱신제로의 개편 배경은 신규 진입단계의 심사를 강화하고 주기적인 지정갱신 심사를 통해 부실기관을 퇴출할 수 있도록 하여 장기요양기관 난립을 방지하고 서비스 질 관리를 강화하고자 하는 것이다. 이로 인해 심사 기간이 종전 7일에서 30일로 크게 늘어났다.

지정갱신제의 주요 내용은 아래와 같다.

첫째, 신규로 진입하려는 기관에 강화된 지정요건 및 절차를 적용하여 지정 여부를 결정하게 된다. 기존에는 시설·인력 기준을 충족하면 장기요양기관으로 지정받을 수 있었으나, 지정갱신제에서는 지정 신청자의 과거 행정제재처분 내용, 급여제공 이력, 운영계획 등을 종합적으로 고려하여 지정 여부를 결정하게 된다.

둘째, 심사를 위해 각 지방자치단체에 노인복지 또는 장기요양 관련 전문가 등으로 구성된 '지정 심사위원회'를 설치하고, 각 지방자치단체장은 위원회의 심사결과를 토대로 지정 여부를 결정한다.

셋째, 부당청구, 노인학대 등으로 행정제재처분을 받은 이력이 있거나 행정처분 또는 평가를 회피하기 위해 휴·폐업을 반복하는 등 양질의 서비스 제공이 어렵다고 판단되는 기관은 지방자치단체장이 지정을 거부할 수 있게 된다.

넷째, 재가장기요양기관의 경우 설치신고만으로 지정이 가능했으나, 앞으로는 동일한 절차에 따라 지정받도록 하는 등 진입을 엄격히 관리한다.

다섯째, 장기요양기관 지정 시 유효기간을 6년으로 설정하고 6년마다 지정 갱신 여부를 심사하게 된다.

여섯째, 기존에는 장기요양기관 지정에 유효기간이 없어 한 번 지정을 받으면 행정처분에 따른 퇴출 또는 스스로 폐업 신고를 하지 않는 한 서비스 질적 수준

---

1) 보건복지부 보도자료(2019.12.11) "앞으로 부실한 장기요양기관 개설 어려워진다!"

이 낮아도 서비스 제공기관으로 지정·유지되는 문제가 있었다. 지정갱신제부터는 주기적인 지정 갱신 심사를 통해 시설 및 인력 기준 등 지정요건 준수 여부를 재점검하고, 행정처분의 내용, 급여 제공 이력, 평가결과 등을 고려하여 서비스의 질이 현저히 낮다고 판단되는 기관에 대해서는 지정 갱신을 거부할 수 있게 된다.

일곱째, 장기요양급여평가를 거부·방해하는 기관, 1년 이상 장기요양급여 미제공 기관, 사업자등록 말소 기관 등에 대해서는 직권으로 업무정지 또는 지정취소를 통한 퇴출이 가능해진다.

2) 지정갱신제 행정절차

첫째, 지정갱신제의 심사 기준은 기존 시설·인력 기준 외 지정 신청자의 사업계획, 급여제공 이력, 행정처분 이력, 운영계획 등을 종합적으로 심사한다.[2)]

① 처분 이력 : 설치·운영자 및 장기요양종사자의 부당청구, 노인학대, 재무회계 규칙 위반, 평가·조사 거부 등으로 인한 행정처분 이력 등

② 급여 제공이력 : 설치·운영자의 평가나 행정제재처분을 회피하기 위한 의도적인 설치·폐업 반복 이력 등

③ 운영계획 : 사업계획서 및 운영규정 등 운영계획이 적정하게 마련되었는지 여부

④ 입지조건 : 해당 지역의 노인인구 수 및 장기요양급여 수요 등 지역 특성 (지자체장은 해당 지역의 노인인구 수 및 장기요양급여 수요 등을 고려하여 시설이 난립하지 않도록 확인)

둘째, 심사 절차는 시·군·구별 '지정 심사위원회'에서 시설·인력 기준, 급여제공이력, 행정처분 내용, 운영계획 입지조건 등에 대한 적합 여부를 심사한다. 이때 시·군·구청장은 위원회의 심사 결과를 고려하여 지정 여부를 결정한다.

노인요양기관을 신규로 설치신고하고자 하는 자는 시설 설치 관련 법령 외에도 각 지자체별 지정 심사기준 및 심사 절차 등을 사전에 상담 요청할 수 있다. 즉, 건물 매입(임대) 또는 신축 이전에 해당 지자체 담당 공무원과 개별 접촉하여 설치 가능성을 조율할 필요가 있다.

---

2) 보건복지부(2019). 장기요양기관 지정제 강화 및 지정갱신제 운영안내. 보건복지부 보도자료.

기존에 시설을 운영하다가 지정갱신을 하고자 하는 법인 및 개인의 경우 이전에 타 지자체로부터 행정처분을 받은 후 노인장기요양보험법 제37조 제6항에 따라 지정취소 또는 폐쇄명령을 받은 후 3년이 지나지 않았거나 업무정지명령을 받고 업무정지기간이 지나지 않은 경우는 재지정이 어려울 수 있다.

행정처분에는 설치 · 운영자 및 장기요양 종사자의 급여비용 부당청구, 노인학대, 재무회계규칙 위반, 평가 · 조사 거부와 요양보호사 자격취소(노인복지법 제39조의14), 장기요양요원의 급여제공제한(노인장기요양보험법 제37조의5) 등 종사자 행정처분 등이 있다.

지정갱신제에서는 사업계획서나 운영규정 등의 서류작성에 신중을 기해야 한다. 운영규정이나 사업계획서가 노인복지법 등 관련 법령에 적합한지, 시설 설치 목적에 의한 차입금액, 차입사유 및 용도, 상환계획 또는 방법 등에 관한 「장기요양기관 차입금 사전신고서」도 반드시 확인하고 있다. 여기에서는 시설 설치 부채비율 준수 여부, 상환계획의 적절성(시설회계 납부 불가) 등을 확인한다.

사업계획서와 운영규정 작성 시 보건복지부에서 제시한 "지정심사위원회 심사 기준"을 참고할 필요가 있다. "지정심사위원회 심사 기준"은 사업계획서와 운영규정에 반영시켜야 할 사항들이며, 지자체마다 기준이 다소 차이가 있더라도 보건복지부에서 예시로 제시한 만큼 반드시 고려해야 한다.

표 8-1 지정심사위원회 심사 기준(예시)

<table>
<tr><th>항목</th><th>세부 기준(안)</th><th>배점</th></tr>
<tr><td rowspan="3">설치운영자 및
장기요양
요원의 서비스
제공 능력 (50점)</td><td colspan="2">심사자료 : 행정처분 내용 및 급여제공 이력 등</td></tr>
<tr><td>ㅁ 대표자(법인) 또는 장기요양요원의 행정제재 처분이력 : 부당청구, 노인학대, 재무회계규칙 위반(예·결산 미승인 등), 평가·조사 거부 등으로 인한 행정처분이 내려진 경우

〈행정처분 경중에 따른 감점 기준(예시)〉
① 대표자(법인) 또는 장기요양요원의 기관 행정제재 처분 이력
△ 업무정지일이 총(누적) 180일 이상인 경우(지정취소, 폐쇄명령 포함) 또는 노인학대, 평가·조사 거부에 따른 행정처분 발생 시 : 20점
△ 업무정지일이 총 91일~180인 경우 : 감점 15점
△ 업무정지일이 총 31~90일 이하인 경우 : 감점 10점
△ 업무정지일이 총 30일 이하인 경우 : 감점 5점
※ 위 감점기준은 6년 이내 업무정지 일수의 합으로 산출
② 장기요양요원의 행정처분 이력
△ 급여제공제한 처분이 6개월인 경우 : 종사자 인당 감점 5점
△ 급여제공제한 처분이 1년인 경우 : 종사자 인당 감점 10점</td><td rowspan="2"></td></tr>
<tr><td>ㅁ 급여제공 이력 : 장기요양기관은 운영하려는 자의 잦은 휴폐업사유가 행정제재처분</td></tr>
</table>

	또는 평가회피로 추정되는 경우 (예: 현지조사 실시 직후 부당청구 사실이 적발되었으나 폐업 또는 매매 등을 통해 처분을 회피한 경우) 〈급여제공 이력 감점 기준(예시)〉 △ 휴폐업 이력이 3번 이상이며, 휴폐업 이전 현지조사 시 부당청구 등의 위반사실 적발 또는 평가 회피 등이 확인된 경우 : 감점 20점 △ 휴폐업 이력이 2번 이상이며, 휴폐업 이전 현지조사 시 부당청구 등의 위반사실 적발 또는 평가 회피 등이 확인된 경우 : 감점 15점 △ 휴폐업 이력이 1번 이상이며, 휴폐업 이전 현지조사 시 부당청구 등의 위반사실 적발 또는 평가 회피 등이 확인된 경우 : 감점 10점	
	□ 설치 기관의 운영이념, 사업목표 등의 공익성 □ 대표자 또는 시설장의 요양, 의료 등 노인복지 관련 서비스 제공 관련 전문성 □ 대표자의 이전 기관 평가결과 등	
서비스 제공계획의 충실성 및 적절성 (15점)	심사자료 : 운영규정, 사업계획	
	□ 운영규정, 급여제공지침 등이 노인복지법 시행규칙 등에 따라 적정하게 마련되었는지 여부 □ 급여제공지침 및 운영규정 관련 직원 교육계획이 적정하게 수립되었는지 여부(예: 연 1회 이상) □ 이용자 고충처리계획 마련 여부	
자원 관리의 체계성 및 적절성 (15점)	심사자료 : 사업계획, 시설 현황 등	
	□ 운영위원회 구성이 사회복지사업법 등에 따라 적정하게 구성되었으며, 개최 및 활용 계획이 적정한지 여부 □ 사업 계획에 따라 예산을 수립하였는지 여부 및 재무회계규칙 위반사항이 있는지 여부 □ 지역사회 보건의료복지 서비스자원 연계계획 □ 지역사회자원 활용 및 교류를 통한 다양한 서비스 제공 계획이 마련되었는지 여부 (예: 자원봉사자 활용 계획, 보호자 또는 지역주민이 참여하는 행사 개최 계획 등) □ 시설 설치 부채비율 준수 등 재무상태가 건전하여 시설이 정상적으로 운영 가능한지 여부(차입금 사전신고서 상 부채상환 계획의 적정성, 등기부등본, 자산현황서 등 관련 서류 확인)	
인력 관리의 체계성 및 적절성 (15점)	심사자료 : 사업계획, 인력 현황 등	
	□ 표준근로계약서 사용 등 근로계약서에 필수사항 포함 여부 및 요양보호사와 월급제로 근로계약을 체결하였는지 여부 □ 장기요양요원의 4대 보험, 상해보험, 배상책임 보험가입 계획이 적정한지 여부 □ 퇴직급여 제도 운영계획이 근로자 퇴직급여지급법 등에 따라 적정하게 마련되었는지 여부 □ 직원의 처우개선을 위한 다양한 복지제도(포상, 휴가 제도 등)를 마련하였는지 여부 □ 시설장 및 종사자 채용 절차의 투명성 확보 계획(예: 공개모집 여부 등) □ 장기요양요원 추가 배치 등 인력 확보 계획 □ 직원의 건강검진, 근골격계 질환 검사(연 1회 이상) 및 조치계획 등 직원의 건강관리를 위한 계획마련 여부 □ 직원 의견 및 고충 처리절차 마련 여부 등	
지자체별 심사 기준		
지자체별 심사항목 등 (20점)	□ 예) 소방 안전 보완장치 마련 여부 등	
※장기요양기관으로 지정하고자 하는 기관은 심사점수 평균이 80점 이상(예시)이어야 함		

마지막으로 확인하는 것은 노인요양기관 대표자의 결격사유이다. 결격사유는 아래 표와 같다.

표 8-2 노인요양기관 대표자 결격사유

노인장기요양보험법 제32조의2(결격사유) 다음 각 호의 어느 하나에 해당하는 자는 제31조에 따른 장기요양기관으로 지정받을 수 없다. 1. 미성년자, 피성년후견인 또는 피한정후견인 2. 「정신건강증진 및 정신질환자 복지서비스 지원에 관한 법률」 제3조 제1호의 정신질환자. 다만, 전문의가 장기요양기관 설립·운영 업무에 종사하는 것이 적합하다고 인정하는 사람은 그러하지 아니하다. 3. 「마약류 관리에 관한 법률」 제2조 제1호의 마약류에 중독된 사람 4. 파산선고를 받고 복권되지 아니한 사람 5. 금고 이상의 실형을 선고받고 그 집행이 종료(집행이 종료된 것으로 보는 경우를 포함한다)되거나 집행이 면제된 날부터 5년이 경과되지 아니한 사람 6. 금고 이상의 형의 집행유예를 선고받고 그 유예기간 중에 있는 사람 7. 대표자가 제1호부터 제6호까지의 규정 중 어느 하나에 해당하는 법인

지정신청 접수	● 접수대장에 접수등록 → 전산등록 대체 ※ 전산입력 후, 건보공단 운영센터(지사)에 '지정 심사자료' 제공 요청 문서 시행 ● 제출서류 적정여부 검토(기재사항, 첨부서류 구비여부)
서류 심사	● 지정 신청자의 급여제공 이력, 행정처분 내용, 운영계획 등 확인 ※ 행복e음 전국조회 기능 및 공단 "장기요양기관 지정 심사자료" 활용
현 지 확 인	● 시설 및 인력기준 충족여부 등 현지 확인점검
지정 심사위원회 개최	● 서류 심사 및 현지 확인 결과 바탕으로 지정 심사위원회에서 지정 기준 적합 여부 심사
지정여부 결정	● 지정 심사위원회의 심사 결과를 바탕으로 지정 및 신고수리(지정서 작성) ● 미충족시 제출서류 반려(복사본 보관)
전 산 입 력	● 장기요양기관 지정 관련 일체 정보 입력 (지정 수리된 기관만)
지정서 발송	● 지정서 발급 (등기우송/인편, 접수일로부터 30일 이내) ● 시설정보 공단 홈페이지 게시안내문 동봉
지정 명세 공단통보	● 지정신청 관련 일체서류의 전산등록 및 복사본 송부(등기우송/FAX)
사 후 관 리	● 시설 현원 변동에 따른 인력 적정성 여부 등을 관리

| 그림 8-1 | 지정 갱신제 업무절차[3)]

3) 보건복지부(2019). 장기요양기관 지정제 강화 및 지정갱신제 운영 안내.

02 시설 명칭과 관련 법의 관계

1) 시설급여와 재가급여의 차이

사회복지시설은 다양하게 분류할 수 있는데, 그 중 하나가 생활시설과 이용시설이다. 생활시설은 이용자가 시설에 입소하여 24시간 숙식을 해결하면서 시설 서비스를 이용하는 것을 말한다. 아동양육시설, 장애유형별 거주시설, 노인양로원 등이 대표적인 생활시설이며, 노인장기요양기관 중 노인요양시설과 노인요양공동생활가정이 생활시설에 해당된다.

반면, 이용시설은 서비스 이용자가 집이나 서비스 이용기관에서 24시간 동안 생활하는 것이 아니라 일정 시간 동안 서비스를 이용한 후 가정으로 복귀하는 형태이다. 노인복지관, 어린이집, 지역아동센터 등이 대표적인 이용시설이라 할 수 있다. 노인장기요양기관 중에는 방문요양, 방문목욕, 방문간호, 주야간보호, 단기보호, 복지용구가 이용시설에 해당된다.

이용시설은 서비스 대상자들이 시설에 의존하지 않고 가정과 지역사회의 보호를 받을 수 있다는 점에서 생활시설과 차별성을 갖는다. 이런 점에서 이용시설은 재가시설과 유사한 의미로 사용되는 경우가 많다. 즉, 노인장기요양기관 중에는 방문요양, 방문목욕, 방문간호, 주야간보호, 단기보호, 복지용구는 이용시설이면서 동시에 재가시설이라고 할 수 있다.

노인요양시설과 노인요양공동생활과 같은 생활시설은 대상자 가정에서 서비스가 이루어지는 재가서비스와 구분하기 위해 '시설급여'라는 용어를 사용한다. 다시 말해서 노인요양시설과 노인요양공동생활가정은 '시설급여'라고 하고, 방문요양, 방문목욕, 방문간호, 주야간보호, 단기보호, 복지용구는 '재가급여'라는 용어를 사용한다.

여기에서 급여(給與)란 봉급생활자들의 임금에 사용되는 말이지만 사회보장제도의 혜택을 받는 수급자들에게 지급하는 현금이나 현물을 지칭할 때도 사용되는 용어이다. 유사한 예로 실업급여, 요양급여, 생계급여 등이 있다.

또한 노인요양시설과 노인요양생활가정은 '노인의료복지시설'로 분류되어 있다. 이는 노인복지시설을 분류하는 방식에 따르는 것으로서, 노인주거복지시설과 노인여가복지시설 등과 구분하기 위함이다. 노인주거복지시설은 양로시설과 실버타운 등이 있고, 노인여가복지시설에는 노인복지관과 경로당 등이 해당된다. 이런 시설을 이용하는 노인들은 요양서비스가 필요하지 않은 거동 가능 노인들이다.

이에 비해 노인요양시설과 노인요양공동생활가정에서 생활하는 노인들은 모두 노인성 질환 등으로 인해 거동이 불편하고 치료와 돌봄이 필요한 대상자들이다. 따라서 2주에 한 번씩 찾아오는 계약의사와 간호(조무)사, 물리(작업)치료사 등 의료인력이 상주하여 서비스를 제공하고 있다. 이런 시설은 요양병원과 같이 의료서비스만 제공하는 것이 아니라 주로 돌봄서비스를 제공하고 일부 의료서비스가 병행되고 있기 때문에 의료기관이라 하지 않고 의료복지시설이라고 한다. 즉, 사회복지시설이지만 의료서비스가 일부 제공되고 있는 시설인 것이다.

정리하면, 노인요양시설과 노인요양공동생활가정은 생활시설에 해당하고 노인복지시설 유형 중 노인의료복지시설로 분류된다. 그리고 방문요양, 방문목욕, 방문간호, 주야간보호, 단기보호, 복지용구는 이용시설에 해당하고 노인복지시설 유형 중 재가노인복지시설로 분류된다. 따라서 노인요양시설과 노인요양공동생활가정은 '시설급여'라고 하고, 나머지는 '재가급여'라고 한다.

2) 노인복지법과 노인장기요양보험법의 관계

우리나라에서 노인요양시설이나 재가복지시설은 2008년 7월부터 노인장기요양보험제도가 실시되기 전부터 운영되어왔다. 노인장기요양보험제도 이전의 노인요양시설은 노인복지법에 따라 유료노인요양시설, 실비노인요양시설, 무료노인요양시설로 구분되어 운영되었다. 그러다가 2008년 7월부터 노인장기요양보험제도가 실시되면서 노인복지법에 따라 설치되었던 노인요양시설은 장기요양기관으로 전환되었고, 이때부터 유료, 실비, 무료라는 기준은 사라지고 장기요양등급을 받은 노인을 대상으로 한 노인요양시설과 노인요양공동생활가정으로 분류되었다.

재가노인복지시설의 경우, 1991년부터 가정간호사업, 1992년부터 주간보호사업, 단기보호사업 등 여러 가지 형태의 재가노인복지사업이 시작되었고, 1992년부터 사회복지관 부설 재가복지봉사센터가 운영되었으며, 2003년부터는 중산 · 서민층 노인보호를 위한 "실비주간보호사업"도 실시되었다. 2008년 4월 4일 이후 재가노인복지시설로 명칭을 통일하고, 가정봉사원파견시설, 주간보호시설, 단기보호시설과 같이 서비스 종류로 구분하기 시작했으며, 가정봉사원파견시설은 노인돌보미 바우처사업으로 바뀐 뒤 최근에는 '노인맞춤돌봄서비스'로 재정립되었고, 나머지 재가노인복지시설은 2008년 6월 노인장기요양보험제도 이후 방문요양, 방문목욕, 방문간호, 주・야간보호, 단기보호로 운영되고 있다.

이처럼 노인장기요양보험제도가 실시되기 전부터 노인요양시설과 재가노인복지시설이 운영되었고, 이에 대한 근거 법령이 바로 '노인복지법'이다. 그러나 시대적 변화에 따라 불가피하게 '노인장기요양보험법'이 만들어지면서 기존 시설들과 신규 시설들의 정체성이 모호해지는 현상이 나타났다. 즉, 노인장기요양보험법 이전 시설은 노인복지법의 규율을 받고 새로 생긴 시설은 노인장기요양보험법의 적용을 받아야 하는지에 대한 것이다.

결과적으로 노인요양기관들은 노인복지법과 노인장기요양보험법 양쪽의 규율과 적용을 받게 되었다. 주로, 시설 지정과 심사 등은 노인복지법의 규율을 받고 운영 등은 노인장기요양보험법의 적용을 받는 방식이라 할 수 있다.

따라서 노인장기요양보험법에 따른 노인요양시설과 노인요양공동생활가정이 노인복지법에 의하면 '노인의료복지시설'로 분류되고, 방문요양, 방문목욕, 방문간호, 주야간보호, 단기보호, 복지용구는 노인복지법에 의하면 '재가노인복지시설'로 구분된다.

이런 모호한 설정 때문에 시설을 새로 지정받고자 할 경우, 노인복지법에 따른 설치기준을 맞추고 노인장기요양보험법에 규정한 서식에 맞추어 신청해야 한다. 즉, 노인요양시설과 재가시설 모두 노인장기요양보험법이 아닌 노인복지법 시행규칙에서 규정하고 있는 설치기준을 따라야 한다.

시설 설립과 관계된 법은 노인복지법이므로 설립주무관청은 지자체(시・군・구)가 되고 운영과 관련된 사무는 건강보험공단이 책임지고 있다. 이런 구분에 따라 추후 행정 사무를 위한 전산 시스템 역시 이중적이다. 즉, 시설관리, 인사관리, 회계관리 등 사회복지시설 관리와 관계된 업무는 「사회복지시설정보시스템(w4c)」에서 처리하고, 서비스계약, 서비스 제공 및 이용자 관리, 청구 등 장기요양에 특화된 업무는 「장기요양정보시스템」을 사용해야 한다.

03 노인요양시설 설치신고서

1) 설치신고 서류 구분

노인요양시설의 설치신고는 노인복지법에서 정한 시설과 인력을 갖춘 상태에서 이루어져야 한다. 설치신고 서류는 노인복지법 시행규칙 [별지 제16호]의 '노인의료복지시설 설치신고서'와 노인장기요양보험법 시행규칙 [별지 제19호]의 '장기요양기관 지정신청서'를 모두 준비해야 한다. 설치신고서와 지정신청서를 함께 제출하는 이유는 노인복지법의 적용을 받는 시설이면서 동시에 노인장기요양보험법의 적용을 받는 장기요양기관이기 때문이다.

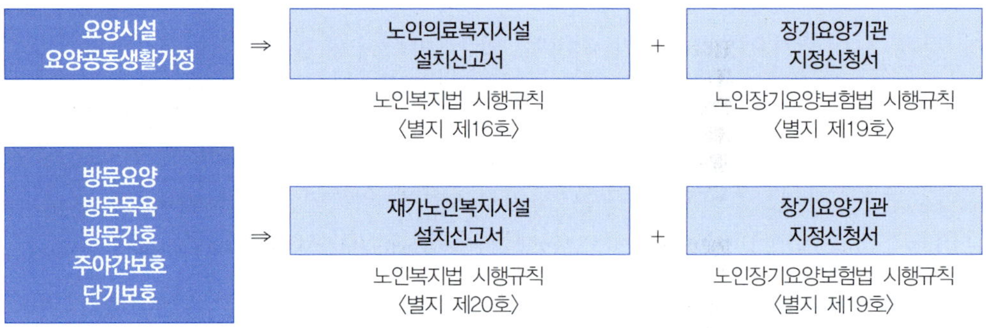

| 그림 8-2 | 설치신고서류 구분

2) 노인의료복지시설 설치신고서 작성방법

신고인은 시설장이 아닌 사업주, 즉 대표자 이름을 기입한다. 대표자는 시설의 대표 역할일 뿐 실무를 맡지 않기 때문에 조건이 까다롭지 않다. 예컨대, 대표자의 주소지는 시설 설치지역과 무관하며, 노인요양시설뿐 아니라 재가노인복지시설 대표를 동시에 맡을 수 있고, 장기요양기관이 아닌 다른 사업체 대표를 맡고 있어도 무방하다.

시설 명칭은 반드시 '요양'이라는 단어가 들어가야 하며, 관할 지역(해당 시 · 군 · 구) 내 다른 기관과 이름이 겹치지 않도록 주의해야 한다. 관할 지역 요양시설의 명칭은 '노인장기요양보험' 홈페이지 메인 화면 오른쪽에 '기관검색'으로 확인할 수 있다.

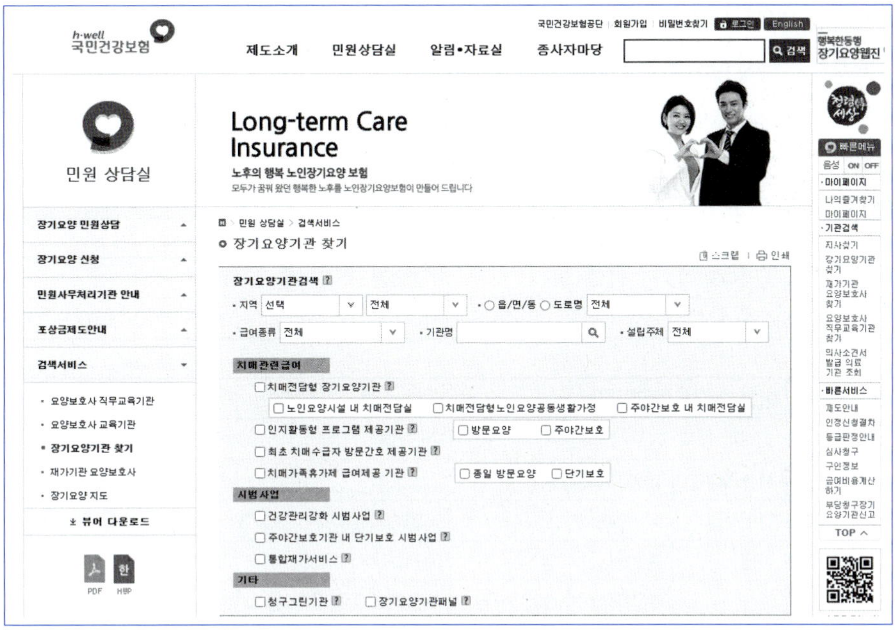

| 그림 8-3 | 관할 지역 내 타 기관 이름 검색방법

입소정원은 설치단계에서 이미 결정된 사항이지만 배상책임보험료를 고려하여 작성할 필요가 있다. "전문인배상책임보험"의 보험료는 실입소자 수에 따라 책정되지만 "영업배상책임보험"의 보험료는 입소정원에 따라 책정된다.

표 8-3 노인요양시설 설치신고서 작성 방법

■ 노인복지법 시행규칙 [별지 제16호 서식] 〈개정 2019.7.05.〉

노인의료복지시설 설치신고서

접수번호	접수일	처리기간 7일

신고인	성명(대표자) 성 춘 향	법인명
	주소 충북 청주시 청원구 ○○동 348-100	전화번호 043)100-2000

복지시설	명칭 ○○노인요양원			시설의 종류 노인요양시설
	소재지 충북 청주시 청원구 ○○동 169-165			
	시설의장	성명 이 몽 룡		주민등록번호 6250000-
	입소정원 29 명		사업개시예정일 2023. 01. 01	
	직원	총인원 14 명	자격보유자 14 명	비고
	예산	수입액 100,000천 원	지출액 90,000천 원	비고

「노인복지법」 제35조 제2항 및 같은 법 시행규칙 제20조에 따라 위와 같이 신고합니다.

2023 년 01 월 01 일

신고인(담당자) 이 몽 룡 (서명 또는 인)

특별자치도지사·시장·군수·구청장 귀하

신고인(대표자) 제출서류	1. 설치하려는 자가 법인인 경우에는 법인의 정관 1부 2. 위치도·평면도 및 설비구조내역서 각 1부 3. 입소보증금·이용료 그 밖에 입소자의 비용부담 관계서류 1부 4. 사업계획서(제공되는 서비스의 내용 및 의료기관과의 연계에 관한 사항을 포함합니다) 1부 5. 시설을 설치할 토지 및 건물의 소유권을 증명할 수 있는 서류(노인요양공동생활가정, 입소자로부터 입소비용의 전부를 수납하여 운영하려는 노인요양시설 및 보건복지부장관이 지정하여 고시하는 지역에 설치하는 입소자 30명 미만의 노인요양시설의 경우에는 사용권을 증명할 수 있는 서류로 갈음할 수 있으며, 행정정보의 공동이용을 통하여 소유권 또는 사용권에 대한 정보를 확인할 수 있는 경우에는 그 확인으로 첨부서류를 갈음합니다) 각 1부	수수료 없음
담당공무원 확인사항	1. 법인 등기사항증명서(법인인 경우만 해당합니다) 2. 건물등기부 등본 3. 토지등기부 등본 4. 전기안전점검확인서	

노인요양시설의 정원은 30명이더라도 사업 초기에는 정원 미달 상태가 일정 기간 이어질 것이다. 만약, 설치신고서의 입소정원에 입소 가능한 전체 인원으로 작성할 경우 영업배상책임보험료는 입소정원으로 책정될 것이고 그만큼의 부담을 떠안아야 한다. 이런 점 때문에 입소 가능한 인원이 30명이더라도 보험료를 감안

하여 그보다 적은 인원으로 신고한 후 추후 정원 변경신청서를 제출하는 경우가 많다.

사업개시일은 일반적으로 설치신고 이후 3, 4일 후로 작성하지만 입소 대기 중인 수급자가 있고 신고필증을 받은 직후 입소 예정이라면 입소 예정일로 사업개시일을 정한다.

직원 총인원은 노인복지법 시행규칙 [별표4와 9]의 '직원배치기준'에 맞게 작성해주어야 하고, 자격증 보유자는 사회복지사, 간호(조무)사, 물리(작업)치료사 등의 인원을 작성하면 된다.

수입액과 지출액은 사업 개시 이전에 파악하기 어려운 측면이 있지만 예상치를 작성해주면 된다. 특히, 사업계획서의 예산 내역과 일치해야 한다.

노인의료복지시설 설치신고서는 한 장이지만 첨부 서류를 함께 제출해야 한다.

3) 첨부서류 1 : 위치도, 평면도, 설비구조내역서

설치하려는 자가 법인인 경우 법인 정관을 설치신고서에 첨부해야 하며, 설치하려는 자가 법인이든 개인이든 위치도, 평면도, 설비구조내역서 각 1부씩 첨부해야 한다.

위치도는 시설(기관)의 위치를 알기 쉽게 알려주는 '약도'로 이해할 수 있다.

평면도는 건물을 수평방향으로 잘라서 위에서 내려다본 도면을 말한다. 각 방이나 시설의 넓이와 배치, 출입구, 창의 위치와 벽의 배치를 표시한 도면으로 설계도 중 가장 기본이 된다. 평면도는 건축사사무소에 요청하면 된다. 시군구 담당 공무원은 평면도를 보고서 시설설립기준에 맞는지 여부를 판단한다.

설비구조내역서는 특별한 양식이 없다. 건축법 제2조에 따르면, 건축설비란 '전기, 전화설비, 초고속 정보통신 설비, 지능형 홈 네트워크 설비, 가스, 급수·배수(配水)·배수(排水), 환기, 난방, 소화(燒火), 배연(排煙) 및 오물처리의 설비, 굴뚝, 승강기, 피뢰침, 국기 게양대, 공동시청 안테나, 유선방송 수신시설, 우편함, 저수조, 그 밖에 국토해양부령으로 정하는 설비'로 되어 있다.

그러나 건축법 규정은 참고만 할 뿐 반드시 이에 맞출 필요는 없다. 노인요양시설의 설비구조내역서는 노인복지법 시행규칙 [별표 4]의 설치기준에 맞추어 각 시설의 규격 또는 면적을 표로 작성하거나 각 시설에 설치 또는 배치된 설비나 전자기기, 가구 등을 요약하는 정도면 충분하다.

표 8-4 설비구조내역서

구분	설비구조	면적(m^2)	설비내역	총 수량	비고
1층	식당	23.14m^2	냉장고 식기세척기 LPG가스 시스템	3	-
1층	세탁실	10.78m^2	세탁기	1	-
장애인용	화장실1	6.611m^2	좌변기 안전손잡이 비상벨	3	입소자용
일반용	화장실2	5.00m^2	좌변기, 소변기 샤워부스	1	직원용
1층	침실(3인실)	20.00m^2	침대, 수납장 TV, 에어컨	7	-
2층	침실(2인실)	14.00m^2	침대, 수납장, TV, 에어컨, 냉장고	3	상급침실

4) 첨부서류 2 : 이용료 등 수급자 비용부담 관계서류

이용료 및 수급자의 비용부담과 관계된 서류를 작성하고 제출해야 한다. 여기에는 본인부담금, 식비 및 간식비, 기저귀 구입비, 이미용비, 상급병실 이용료, 속옷 등 피복비, 기타 소모품 구입비가 해당되며, 병원 진료 또는 입원비 그리고 약값을 대납해 준 경우 상환 방식 등을 작성하면 된다.

표 8-5 수급자 비용부담 관계서 예시(2023년)

1. 일일단가, 이용한도, 대상별 본인부담금

등급	1일 단가	전체 이용 한도(단위: 원)		
		29일	30일	31일
1등급	81,750	2,370,750	2,452,500	2,534,250
2등급	75,840	2,199,360	2,275,200	2,351,040
3등급	71,620	2,076,980	2,148,600	2,220,220
4등급	71,620	2,076,980	2,148,600	2,220,220
5등급	71,620	2,076,980	2,148,600	2,220,220

본인부담금(단위: 원)								
일반 수급자			40% 경감 수급자			60% 경감 수급자		
29일	30일	31일	29일	30일	31일	29일	30일	31일
355,613	367,875	380,138	142,245	147,150	152,055	213,368	220,725	228,083
329,904	400,260	413,602	131,962	160,104	165,441	197,942	240,156	248,161
311,547	369,120	381,424	124,619	147,648	152,570	186,928	221,472	228,854
311,547	369,120	381,424	124,619	147,648	152,570	186,928	221,472	228,854
311,547	369,120	381,424	124,619	147,648	152,570	186,928	221,472	228,854

2. 식비 및 간식비
- ㅇ 식 비 : 1일 3식 제공, 1끼 3,000원(월 평균 부담 비용 : 30일×3끼×3,000원=270,000원)
- ㅇ 간식비 : 1일 1회 제공 기준(1회 1,000원 : 월 평균 부담 비용 : 30일×1회×1,000원=30,000원)
- ㅇ 기저귀 : 수가에 포함되어 별도 수납 없음(기초생활수급권자는 보건소에서 수령)

3. 기타 일상생활용품 무료 제공
- ㅇ 이동보조기구(휠체어 등), 간이용변기구 : 수급자별 필요에 따라 제공시 무료 제공
- ㅇ 취침 관련 기구(침대, 침구 등) 및 소모품, 세면(목욕포함)도구 및 소모품, 개인사물함 및 수납장 무료 제공
- ㅇ 냉난방비 및 전기·수도 사용료 : 무료 제공
- ㅇ 피복비 : 수급자용 생활의복 제공시 무료 제공

5) 첨부서류 3 : 사업계획서

사업계획서 작성 시 보건복지부에서 제시한 “지정심사위원회 심사 기준”을 참고할 필요가 있다. “지정심사위원회 심사 기준”은 사업계획서와 운영 규정에 반영시켜야 할 사항들이며, 지자체마다 기준이 다소 차이가 있더라도 보건복지부에서 예시로 제시한 만큼 반드시 고려해야 한다.

▼ 표 8-6 지정심사위원회 심사 기준(예시)

항목	세부 기준(안)	배점
설치운영자 및 장기요양 요원의 서비스 제공 능력 (50점)	심사자료 : 행정처분 내용 및 급여제공 이력 등	
	ㅁ 대표자(법인) 또는 장기요양요원의 행정제재 처분이력 : 부당청구, 노인학대, 재무회계규칙 위반(예·결산 미승인 등), 평가·조사 거부 등으로 인한 행정처분이 내려진 경우 〈행정처분 경중에 따른 감점 기준(예시)〉 ① 대표자(법인) 또는 장기요양요원의 기관 행정제재 처분 이력 △ 업무정지일이 총(누적) 180일 이상인 경우(지정취소, 폐쇄명령 포함) 또는 노인학대, 평가·조사 거부에 따른 행정처분 발생 시 : 20점 △ 업무정지일이 총 91일~180인 경우 : 감점 15점 △ 업무정지일이 총 31~90일 이하인 경우 : 감점 10점 △ 업무정지일이 총 30일 이하인 경우 : 감점 5점 ※ 위 감점기준은 6년 이내 업무정지 일수의 합으로 산출 ② 장기요양요원의 행정처분 이력 △ 급여제공제한 처분이 6개월인 경우 : 종사자 인당 감점 5점 △ 급여제공제한 처분이 1년인 경우 : 종사자 인당 감점 10점	
	ㅁ 급여제공 이력 : 장기요양기관은 운영하려는 자의 잦은 휴폐업 사유가 행정제재처분 또는 평가회피로 추정되는 경우 (예: 현지조사 실시 직후 부당청구 사실이 적발되었으나 폐업 또는 매매 등을 통해 처분을 회피한 경우) 〈급여제공 이력 감점 기준(예시)〉 △ 휴폐업 이력이 3번 이상이며, 휴폐업 이전 현지조사 시 부당청구 등의 위반사실 적발 또는 평가 회피 등이 확인된 경우 : 감점 20점 △ 휴폐업 이력이 2번 이상이며, 휴폐업 이전 현지조사 시 부당청구 등의 위반사실 적발 또는 평가 회피 등이 확인된 경우 : 감점 15점 △ 휴폐업 이력이 1번 이상이며, 휴폐업 이전 현지조사 시 부당청구 등의 위반사실 적발 또는 평가 회피 등이 확인된 경우 : 감점 10점	
	ㅁ 설치 기관의 운영이념, 사업목표 등의 공익성 ㅁ 대표자 또는 시설장의 요양, 의료 등 노인복지 관련 서비스 제공 관련 전문성 ㅁ 대표자의 이전 기관 평가결과 등	
서비스 제공계획의 충실성 및 적절성 (15점)	심사자료 : 운영규정, 사업계획	
	ㅁ 운영규정, 급여제공지침 등이 노인복지법 시행규칙 등에 따라 적정하게 마련되었는지 여부 ㅁ 급여제공지침 및 운영규정 관련 직원 교육계획이 적정하게 수립되었는지 여부(예: 연 1회 이상) ㅁ 이용자 고충처리계획 마련 여부	
자원 관리의 체계성 및 적절성 (15점)	심사자료 : 사업계획, 시설 현황 등	
	ㅁ 운영위원회 구성이 사회복지사업법 등에 따라 적정하게 구성되었으며, 개최 및 활용 계획이 적정한지 여부 ㅁ 사업 계획에 따라 예산을 수립하였는지 여부 및 재무회계규칙 위반사항이 있는지 여부 ㅁ 지역사회 보건의료복지 서비스자원 연계계획 ㅁ 지역사회자원 활용 및 교류를 통한 다양한 서비스 제공 계획이 마련되었는지 여부 (예: 자원봉사자 활용 계획, 보호자 또는 지역주민이 참여하는 행사 개최 계획 등) ㅁ 시설 설치 부채비율 준수 등 재무상태가 건전하여 시설이 정상적으로 운영 가능한지	

	여부(차입금 사전신고서 상 부채상환 계획의 적정성, 등기부등본, 자산현황서 등 관련 서류 확인)	
인력 관리의 체계성 및 적절성 (15점)	심사자료 : 사업계획, 인력 현황 등	
	ㅁ 표준근로계약서 사용 등 근로계약서에 필수사항 포함 여부 및 요양보호사와 월급제로 근로계약을 체결하였는지 여부 ㅁ 장기요양요원의 4대 보험, 상해보험, 배상책임 보험가입 계획이 적정한지 여부 ㅁ 퇴직급여 제도 운영계획이 근로자 퇴직급여지급법 등에 따라 적정하게 마련되었는지 여부 ㅁ 직원의 처우개선을 위한 다양한 복지제도(포상, 휴가 제도 등)를 마련하였는지 여부 ㅁ 시설장 및 종사자 채용 절차의 투명성 확보 계획(예: 공개모집 여부 등) ㅁ 장기요양요원 추가 배치 등 인력 확보 계획 ㅁ 직원의 건강검진, 근골격계 질환 검사(연 1회 이상) 및 조치계획 등 직원의 건강관리를 위한 계획마련 여부 ㅁ 직원 의견 및 고충 처리절차 마련 여부 등	
지자체별 심사 기준		
지자체별 심사항목 등 (20점)	ㅁ 예) 소방 안전 보완장치 마련 여부 등	
※장기요양기관으로 지정하고자 하는 기관은 심사점수 평균이 80점 이상(예시)이어야 함		

사업계획서는 별도의 양식이 존재하지 않고 작성 내용도 규정되어 있지 않다. 따라서 사업계획서에 어떤 내용을 포함시킬 것인가는 작성자가 판단해야 한다. 다만, 지정심사에 유리하기 위해서는 아래와 같은 사항을 유념할 필요가 있다.

첫째, 기본적인 형식을 갖출 필요가 있다. 사업의 필요성, 목적, 사업내용, 추진방법 등이 반드시 포함되어야 하며, 그 외 필요하다고 판단되는 내용을 추가하도록 한다.

둘째, 지정심사위원들이 이해할 수 있도록 용어, 문장, 편집, 순서 등에 신경을 써야 한다. 즉, 제3자가 읽고 이해할 수 있도록 논리적이고 자연스럽게 작성할 필요가 있다.

셋째, 현실 가능한 내용으로 작성되어야 한다. 일정 부분 이상적인 사항이 포함되더라도 해당 시설의 특성과 범위 내에서 실제로 수행 가능한 내용들로 작성하는 것이 중요하다.

넷째, 사업 추진 의지를 보여주어야 한다. 즉, 사업계획서 작성에 심혈을 기울여야 한다. 사업계획서 분량이 지나치게 작을 경우 형식적으로 작성했거나 사업의지가 약하다고 평가받을 수 있다. 따라서 사업 추진에 필요하다고 생각되는 내용을 충분하게 담아낼 필요가 있다.

다섯째, 해당 사업에 대한 기본적 지식을 바탕으로 작성해야 한다. 사업계획서 내용에서 해당 사업과 관계가 없거나 관련성이 적은 내용은 포함시키지 않는 것이 좋다.

여섯째, 동종 업종의 사업계획서뿐 아니라 유사 기관의 사업계획서 등을 참고하여 부족하거나 빠진 사항은 없는지 등을 파악하여 완성도를 높일 필요가 있다. 사업계획서 작성 시 아래 사항들을 참고하면 도움이 될 것이다. 다만, 아래 제시된 내용은 표준이 아니므로 상황에 맞게 취사선택하여 작성하도록 한다.

노인요양시설
(설립) 사업계획서

급여 유형	노인요양시설
시 설 명	
사업시작일	20 년 월 일
설립 지역	

목 차

Ⅰ. 시설 운영계획
1. 사업 신청 배경
2. 시설의 미션(Mission)과 비전(Vision)
3. 사업목적
4. 시설 운영원칙
5. 사업 대상
6. 시설현황 및 시설 운영계획
   1) 시설 현황1
   2) 시설 현황2
   3) 시설 운영 방향
   4) 급여비용 수납계획
   5) 시설관리 계획
   6) 지역사회 협력 구축
   7) 홍보 계획
7. 인력 현황 및 인사관리 계획
   1) 인력 현황
   2) 업무 분장 계획
   3) 종사자 관리 계획
   4) 종사자 교육계획
   5) 외부 인력 발굴 및 활용 계획

Ⅱ. 서비스 제공계획
1. 서비스 제공 원칙
2. 일상생활지원 서비스 제공계획
3. 서비스 제공 절차
4. 사례관리 계획
5. 프로그램 제공계획
6. 보건의료서비스 제공계획
7. 물리치료 서비스 제공계획
8. 식사제공 및 영양관리 계획

Ⅲ. 세입 · 세출 예산 계획
1. 세입 예산
2. 세출 예산

I 시설 운영계획

1. 사업 신청 배경

해당 사업을 하게 된 이유를 문어체로 풀어서 설명하는 것이다. 도입 부분에서는 우리 사회가 고령화 등으로 어려움을 겪고 있는데, 이런 이유로 노인성 질환자 급증으로 노인장기요양보험제도가 실시되었다고 기술한다.

마지막 부분에서는 이미 지역사회에서 운영되고 있는 사업들의 한계 또는 보완점 등을 지적하고 본 요양원(또는 노인요양공동생활가정)을 설치함으로써 이런 한계 등을 보완하고자 함을 강조한다. 추가적으로 설치 예정 지역의 시설 및 수급자 현황을 첨부하면 본 시설의 지정 필요성이 보다 설득력을 얻게 될 것이다.

예시

- 우리 사회는 경제발전과 보건의료의 발달로 인한 평균 수명연장, 인구구조의 급속한 고령화, 보육 및 부양 부담 등으로 인한 저출산 현상, 핵가족화, 노부모에 대한 부양의식의 저하 등의 사회문제에 직면하고 있다.
- 특히, 뇌졸중 및 치매와 같은 노인성 질환 등으로 일상생활을 스스로 수행하지 못하는 환자 가족들의 돌봄에 대한 부담이 사회적 공감대를 얻고 있다. 이에 노인장기요양보험제도가 시행됨으로써 노인 돌봄의 사회적·국가적 책무가 강조되고 있다.
- 본 시설이 설치될 ○○○ 지역은 ○○개의 ○○ 요양원이 운영되고 있으나 지역의 노인요양 수요를 충족하기에 부족함이 있다고 판단된다. 우선, 노인요양서비스에 대한 수요 대비 공급이 부족하다고 판단되며, 수급자 및 보호자들의 다양한 욕구에 맞는 서비스 및 센터 고유의 특성화된 서비스 개발이 미흡하다고 판단된다. 아울러 재가노인복지센터의 고유 역할인 보호와 기능 회복을 위한 전문화된 서비스 체계 마련이 시급하다고 판단된다.

2. 시설의 미션(Mission)과 비전(Vision)

미션 또는 비전이라 하지 않고 운영이념이라고 해도 무방하다. 미션은 시설의 존재 이유로서 설치하고자 하는 시설이 더 나은 세상을 만들기 위해서 해야 하는 것, 일종의 사명감이자 본질이자 정체성이라고 할 수 있다. 미션을 정할 때 "우리 시설이 지금 이 시점에 이곳에 설치되어야 하는 이유는 무엇인가?"를 질문해야 한다. 반면, 비전은 시설의 미션을 올바르게 실현하기 위해서 달성하고자 하는 수준이나 지향점, 혹은 미래의 모습, 목표 등을 의미한다. 달리 말하면, 미션을 수행하기 위한 전략적 목표 정도로 볼 수 있다. 미션은 매우 추상적이고 이념적이라면 비전은 시설이 구체적으로 가 닿고자 하는 지점 혹은 목표가 될 수 있다. 따라서 비전을 정할 때 "우리 시설이 진정으로 되고자 희망하는 것은 무엇인가?"를 질문해야 한다.

예시

- Mission(미션) : 인생 황혼기의 Silver Happy Zone 구축
- Vision(비전) : 수급자 맞춤형 서비스 개발 및 지역사회 전문화 자원 발굴을 통한 미래지향적 노인요양시설 모델 개발

3. 사업목적 및 목표

사업목적은 노인장기요양보험제도의 목적과 사실상 동일하다고 볼 수 있다. 따라서 노인장기요양보험 홈페이지나 기타 정부 자료 등을 참고하면 작성하면 된다.

예시

3-1) 사업 목적
고령이나 노인성 질병 등의 사유로 일상생활을 혼자서 수행하기 어려운 노인에게 신체활동 또는 일상생활지원 등의 장기요양급여를 제공하여 노후의 건강증진 및 생활 안정을 도모하고 가족의 부담을 덜어줌으로써 국민의 삶의 질을 향상한다.

3-2) 사업 목표
① 노인성질환에 대한 전문케어제공
② 직원의 전문분야 교육을 통한 전문화된 서비스 제공
③ 유관기관과의 협약을 통한 욕구중심의 서비스 제공
④ 치매에 관련된 사업과 공공의료증진을 위한 사업 실시
⑤ 직원 역량강화 교육을 통한 양질의 서비스 제공
⑥ 의료서비스의 수준 및 노인의 편의를 위한 최고 서비스 제공
⑦ 퇴소 후 사회복지사의 사례관리를 통한 지역사회 안정망 구축

4. 시설 운영원칙

시설 운영원칙이란 서비스를 어떤 원칙을 가지고 제공할 것인지 또는 시설을 어떤 원칙에 따라 운영할 것인지를 의미한다. 따라서 노인요양원 운영이나 서비스 제공 시 역점을 두고자 하는 사항을 기술한다. 아래 예시를 보고 추가해야 할 사항이 있으면 추가해도 되고, 생략해도 되겠다 싶으면 생략해도 된다.

예시

① 수급자(이용자) 중심 : 수시로 수급자의 상태 및 욕구 파악하여 서비스 제공계획 수립, 수급자의 인권 강화, 수급자의 신체 및 인지능력 등을 고려한 서비스 제공
② 보호자와의 소통 강화 : 정기적인 보호자 상담 및 관리, 요구사항에 대한 모니터링, 보호자 간담회 실시
③ 지역사회 연계 강화 : 지역사회 유관기관 및 협력기관 발굴 및 서비스 연결 확대, 지역 내 장기요양기관과의 협력 및 공조 유지
④ 급여제공계획에 따른 체계적 서비스 제공
⑤ 안전사고 예방을 위한 환경 조성
⑥ 직원복지 및 직원역량 강화를 통한 전문화된 서비스 제공

5. 사업 대상

사업 대상은 요양 등급을 받은 대상자로 이미 결정되어 있지만 설치하고자 하는 시설에서 특별히 중점을 두고자 하는 대상을 기술하면 된다. 특히, 노인요양시설 대상자(1, 2등급)와 재가시설 대상자(3, 4, 5등급)를 잘 구분할 필요가 있다.

예시

① 「노인장기요양보험법」 제15조에 따른 수급자에 관한 사항
② 본 센터의 설립취지, 전문성, 지역 특성을 고려한 중점 대상 기술
예) 장기요양등급 중 중증(1, 2등급) 중심으로 서비스 제공, 특정 질환(치매, 파킨슨병 등) 또는 치매 환자에 대한 전문화된 서비스 제공, 특정 지역 거주자 또는 성별 등

6. 시설현황 및 시설운영 계획

시설 현황은 지정 신청할 시설에 대해 간략히 표로 요약해서 작성하는 것이 좋다. 시설유형, 시설명, 주소, 연락처, 정원 등뿐 아니라 시설의 내부의 각 공간을 구분하고 면적을 제시하는 것도 필요하다. 노인요양시설과 노인요양공동생활가정에 따라 시설 기준에 맞는 시설을 취사선택하여 표로 정리한다. 급여비용 수납계획은 앞에서 설명한 비용관계 서류 내용으로 대신하고, 시설관리계획에서는 시설운영위원회와 시설 안점 점검 계획을 수록하고 그 밖에 급여 유형에 따라 추가로 필요하다고 생각되는 사항은 첨가할 수 있다.

예시

1) 시설 현황1

시설유형	ㅁ 법인 ㅁ 개인	급여유형	ㅁ 시설 ㅁ 재가
시설명	ㅇㅇㅇ요양원	대표자	ㅇㅇㅇ
주소	시설 주소 :		
	대표자 주소 :		
연락처		FAX	
정원	(　　　) 명	대기자	(　　　) 명

2) 시설 현황2

구분		현황		구분		현황	
		개수	면적(m^2)			개수	면적(m^2)
사무실		(　) 개	m^2	원장실(상담실)		(　) 개	m^2
화장실	직원용	(　) 개	m^2	침실	1인실	(　) 개	m^2
	수급자	(　) 개	m^2		2인실	(　) 개	m^2
목욕실	직원용	(　) 개	m^2		3인실	(　) 개	m^2
	수급자	(　) 개	m^2		4인실	(　) 개	m^2
자원봉사자실		(　) 개	m^2	간호사실		(　) 개	m^2
요양보호사실		(　) 개	m^2	프로그램실		(　) 개	m^2
물리치료실		(　) 개	m^2	세탁실		(　) 개	m^2
식당		(　) 개	m^2	물품보관실		(　) 개	m^2
조리실		(　) 개	m^2	비상대비시설		(　) 개	m^2
기계실		(　) 개	m^2	보일러실		(　) 개	m^2
주차장(대수)		(　) 개	m^2	총 면적		m^2	

3) 시설운영 방향
- ㅇ 체계적인 직원교육을 통한 전문성 향상
- ㅇ 지역을 대표하는 노인장기요양기관으로서 모델 구축
- ㅇ 투명하고 윤리적인 시설 운영

4) 급여비용 수납계획

(1) 일일단가, 이용한도, 대상별 본인부담금(노인요양시설 기준)

등급	1일 단가	전체 이용 한도(단위: 원)		
		29일	30일	31일
1등급	81,750	2,370,750	2,452,500	2,534,250
2등급	75,840	2,199,360	2,275,200	2,351,040
3등급	71,620	2,076,980	2,148,600	2,220,220
4등급	71,620	2,076,980	2,148,600	2,220,220
5등급	71,620	2,076,980	2,148,600	2,220,220

본인부담금(단위: 원)								
일반 수급자			40% 경감 수급자			60% 경감 수급자		
29일	30일	31일	29일	30일	31일	29일	30일	31일
355,613	367,875	380,138	142,245	147,150	152,055	213,368	220,725	228,083
329,904	400,260	413,602	131,962	160,104	165,441	197,942	240,156	248,161
311,547	369,120	381,424	124,619	147,648	152,570	186,928	221,472	228,854
311,547	369,120	381,424	124,619	147,648	152,570	186,928	221,472	228,854
311,547	369,120	381,424	124,619	147,648	152,570	186,928	221,472	228,854

(2) 비급여 항목 세부기준
- ○ 기본원칙 : 비급여 항목은 식사재료비 및 실제 소요비용만 산정 그 밖의 비용은 기관에서 임의로 수납 불가
- ○ 식비 : 1일 3식 제공, 1끼 3,000원(월 평균 부담 비용 : 30일×3끼×3,000원=270,000원)
- ○ 간식비 : 1일 1회 제공 기준(1회 1,000원 : 월 평균 부담 비용 : 30일×1회×1,000원=30,000원)
- ○ 기저귀 : 수가에 포함되어 별도 수납 없음(기초생활수급권자 보건소에서 수령)
- ○ 이·미용비 : 수급자 요구에 따라 이·미용사 초빙하여 서비스 제공. 단, 시설종사자, 자원봉사자에 의해 제공되는 서비스는 비급여 항목으로 수납 불가
- ○ 손·발톱정리 등의 명목으로 별도 수납 불가

(3) 비급여 항목 외 실비 수납기준
- ○ 기본원칙 : 수급자가 개별적으로 요구하는 물품 및 용역을 시설에서 구매하여 제공할 경우 실비 수납하나 실비 이외에 추가 비용 수납 불가
- ○ 기호품 등 수급자의 희망에 의한 일상용품 구입 비용 : 일률적으로 제공되는 일상용품(휴지, 비누, 수건, 실내화 등)에 대해서는 비용수납 불가
- ○ 각종 프로그램 비용 : 프로그램 운영은 기본 서비스 범주에 해당하므로 별도 비용수납은 불가하지만 수급자의 개별적 요구에 따라 외부의 서비스 제공자가 개인 대상으로 제공할 경우 수급자가 실비 부담

5) 시설관리 계획

(1) 시설운영위원회
- ○ 사회복지사업법 제36조 제1항, 제3항에 따라 심의사항과 보고사항 운영
- ○ 위원회의 위원은 시설의 장, 시설 거주자(이용자) 대표, 시설거주자(이용자)의 보호자 대표, 시설종사자의 대표, 시·군·구 소속의 사회복지 전담 공무원, 후원자 대표 또는 지역주민, 공익단체에서 추천한 사람, 그 밖에 시설의 운영 또는 사회복지에 관하여 전문적인 지식과 경험이 풍부한 자 중에서 선임할 예정
- ○ 운영위원회 심의·의결사항
  - – 시설운영계획의 수립·평가에 관한 사항
  - – 사회복지프로그램의 개발·평가에 관한 사항
  - – 시설종사자의 근무환경 개선에 관한 사항
  - – 시설거주자의 생활환경 개선 및 고충처리 등에 관한 사항
  - – 시설 종사자와 거주자의 인권보호 및 권익증진에 관한 사항
  - – 시설과 지역사회와의 협력에 관한 사항
  - – 그 밖에 시설의 장이 운영위원회의 회의에 부치는 사항
- ○ 운영방법
  - – 분기별 1회 이상 정기회의 개최
  - – 시설운영위원회 운영규칙에 규정한 회의개최 요건에 해당할 경우(재적위원 1/3의 요청이 있을 경우 등) 수시회의 개최

(2) 시설 안전 점검
- ○ 전기 및 가스설비 안전점검 : 한국전기(가스)안전공사 또는 법적 대행업체를 통한 연 1회 점검실시, 자체점검(월 1회)
- ○ 소방시설 점검 : 작동기능점검(연 1회), 종합정밀점검(연 1회)
- ○ 야간점검 : 수급자 안정을 위한 야간(22시~06시) 시간 점검 후 일지 작성(전기, 가스, 시설전반, 수급자 상태, 특이사항)

ㅇ 방역관리 : 4월~9월(1회 이상), 10월~3월(1회 이상)
ㅇ 정화조 청소 : 단독정화조 및 오수처리시설 청소(연 1회)
ㅇ 물탱크(저수조) 청소 : 반기 1회 이상, 월 1회 이상 위생점검
ㅇ 수질검사 : 연 1회 이상 수질검사 실시
ㅇ 승강기 정기검사 : 연 1회 실시
ㅇ 일상적인 안전관리 연간 주기

점검 및 검사	1회					
	매월	격월	분기	반기	1년	수시
안전관리영역, 위험시설물안전점검	ㅇ					
옥상방수층 보수공사/외벽도색 보수공사						ㅇ
하절기 장마대책 시설점검				ㅇ		
발전시설 정기점검				ㅇ		
조경시설물 약제소독				ㅇ		
동절기 가동준비/동파지역점검					ㅇ	
동절기 화재예방 점검					ㅇ	
변압기·온수관 교체						ㅇ
냉동기 자체세관/보일러 자체 세관					ㅇ	
청소상태 수시점검	ㅇ					
보일러, 배관, 공조실 수시점검		ㅇ				
도로 및 주차장 안전점검						ㅇ
비상시 도로 확보점검						ㅇ
건물 주변 광고물교체수리						ㅇ
노후보일러교체/통신장비 교체						ㅇ
승강기 부품교체/조명등 보수 교체						ㅇ
화단보수/조형물 교체						ㅇ
청소, 경비용역 계약						ㅇ
조경, 승강기 관리용역 계약						ㅇ
건물·축대·난간 점검			ㅇ			
비상구 및 계단, 옥상 점검	ㅇ					
위험물 저장시설 점검						ㅇ

(3) 비품 관리
ㅇ 효율적 비품관리를 위해 재물조사를 실시하며 관리 및 불용비품처리를 통해 정확한 재물관리로 예산낭비 방지(연 1회 실시)

(4) 각종 위탁 업체 관리
ㅇ 급식 위탁업체 : 자체 조리 및 식사 제공 후 상황 고려하여 결정
ㅇ 세탁물 위탁처리 업체 : 전문적인 세탁물 처리 계약을 통해 어르신들의 체계적인 세탁물, 린넨 관리
ㅇ 사무기기, 정수기 등 렌탈 : 지역 내 업체 중 선별하여 계약 진행

(5) 차량 관리
ㅇ 승합차 구입 및 관리 : 9인승 차량 2대 구입 및 차량일지 관리

(6) 사무 관리
ㅇ 회계/세무 : 지역 내 세무회계사무소 선정하여 기장 의뢰
ㅇ 전산 프로그램 : 공단 전산 시스템과 호환이 유리한 유료 시스템 구입(예: 케어포, 이지케어, 하이케어 등)

6) 지역사회 협력 구축* : 지역 내 유관기관 및 노인장기요양기관의 연계활동, 협력기관 발굴 및 결연사업 등

○ 지역 내 장기요양기관협의회 가입 및 활동 : 정보 및 자원교류
○ 지역 내 보건·의료기관 협력 : 지역 의사회, 계약의사 소속 병의원, 기타 개인의원 등과 협약 및 협력체계 구축
○ 지역 내 자원봉사 단체와 협력체계 구축

구분	기관(단체)명	지역(위치)	협력 사항	비고
사회복지 기관	ㅇㅇ 노인복지관	시 동	홍보 협조 프로그램 지도/안내	
	ㅇㅇ 사회복지관	시 동		
보건의료 기관	ㅇㅇ 의원	시 동	각 과목별 진료 의료 상담 응급 시 대응	
	ㅇㅇ 의원	시 동		
	ㅇㅇ 병원	시 동		
	ㅇㅇ 병원	시 동		
봉사단체	ㅇㅇ 적십자회	시 동	행사 보조 여가프로그램 진행	
	ㅇㅇ 봉사단	시 동		
지역단체 및 마을기관	ㅇㅇ 부녀회	시 동	홍보 협조 봉사 기타	
	ㅇㅇ 새마을회	시 동		
	ㅇㅇ 경로당	시 동		
	ㅇㅇ 마을회관	시 동		
	ㅇㅇ 청년회	시 동		
	ㅇㅇ 상인회	시 동		

7) 시설 홍보 계획
(1) 온라인 홍보
○ 블로그 또는 네이버 카페 개설하여 시설 운영 및 서비스 제공 현황 수시 업데이트
○ 밴드 활용하여 보호자 관리
(2) 오프라인 홍보
○ 현수막 홍보 : 지역 내 현수막 게시판에 분기별 1회씩 게시
○ 전단지 홍보 : 전단지 제작하여 지역 내 관공서, 회사 사무실, 종교기관, 복지기관, 경로당 등 수시로 순회 홍보
(3) 홍보 일정

구분	1월	2월	3월	4월	5월	6월	7월	8월	9월	10월	11월	12월
카페 개설												
인스타 개설												
밴드 개설												
유튜브 의뢰												
현수막 설치	매월 1주일 기간 단위로 지정 게시대 설치											
전단지 배포												
버스 광고												
차량 홍보	시설 차량에 랩핑 처리하여 운행 중 자연스럽게 홍보하기											

* 지정 심사 당시까지 협력체계가 구축된 지역단체 및 기관을 표로 작성하면 더욱 좋다.

7. 인력현황 및 인사관리 계획

인력 현황은 각 직종별 인원을 표로 작성하고, 조직도를 추가할 수도 있다. 아울러 각 직종별 업무, 즉 업무 분장표를 첨부하는 것이 좋다. 직원 관리 계획은 채용,

계약, 배치, 복지 사항 등을 기록하되 운영규정의 복무규정과 일치되어야 한다.

직원채용이나 직원복지 항목은 지정 심사에서 중요하게 보는 내용이므로 포함시킨 것이다. 법인이 아닌 개인이 설치한 노인장기요양기관은 공개채용을 하지 않아도 되지만 채용의 공정성을 보여주기 위해서 첨가한 것이며, 직원복지 사항은 따로 정해진 것이 없으므로 허용 가능한 수준에서 첨가하면 될 것이다.

직원교육은 노인요양시설을 운영하면서 반드시 실시해야 하는 것들이 포함될 필요가 있다. 여기에는 법정의무교육, 운영규정 교육, 급여제공지침 교육, 신규직원 교육, 재난대응훈련 등이 해당되고, 추가적으로 직원보수교육과 치매전문교육 등이 있다.

예시

1) 인력 현황

대표	시설장	사무국장	사회복지사	계약의사	간호조무사	물리치료사	요양보호사	사무원	영양사	조리원	위생원	보조원
1명	1명	1명	명	명	명	명	명	명	명	명	명	명

2) 조직도

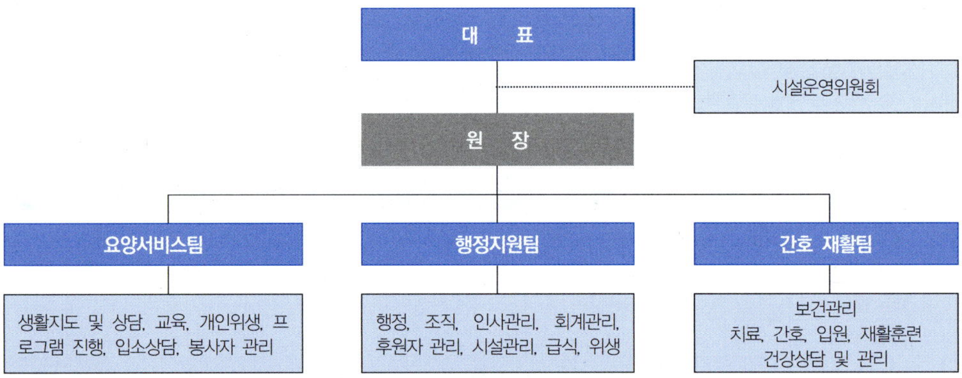

3) 업무분장 계획

직종	업무내용
원장	• 국민건강보험공단의 업무처리에 관한 사항 • 전산, 문서, 사무 등 행정관리에 관한 사항 • 인사, 보수, 회계, 구매, 노무에 관한 사항 • 인력배치 및 직원의 근무체제에 관한 사항 • 사업계획 및 업무승인 처리 • 입·퇴소 처리 및 상담관리
사무국장	• 전산, 문서, 사무 등 행정관리에 관한 사항 • 인사, 보수, 회계, 구매, 노무에 관한 사항 • 인력배치 및 직원의 근무체제에 관한 사항 • 사업계획 및 업무승인 처리

사회복지사	• 수급자 상담 및 급여계획에 관한 사항 • 프로그램계획 및 운영에 관한 사항 • 직원교육 및 자원봉사자 관리에 관한 사항 • 급여서비스 모니터링 및 급여 평가 및 변경 • 보호자 상담 및 외부연계에 관한 사항
간호(조무)사	• 수급자 간호사정 및 간호계획 수립에 관한 사항 • 투약, 욕창 등 간호 및 처치 업무 수행에 관한 사항 • 수급자의 건강상태 관리업무에 관한 사항 • 약품관리 및 점검에 관한 사항 • 예방 접종 계획 및 실시 • 의료(간호)교육에 대한 관리(수급자, 직원)
요양보호사	• 신체활동지원 서비스 및 일상생활지원 • 수급자 환경 및 미화 관리 • 프로그램 운영지원 • 식사 및 목욕서비스 지원 • 수급자 관찰 및 보고
물리(작업)치료사	• 물리(작업)치료 계획에 관한 사항 • 물리(작업)치료 및 서비스 제공에 관한 사항
사무원	• 입/퇴소 수납, 회계/세무/노무에 관한 사항 • 요양급여 및 본인부담금 청구
영양사	• 식단표 작성, 조리원 지도, 입소자 영양관리 프로그램 계획
조리원	• 식재료 관리, 주방 및 음식관련 위생소독 관리 • 조리업무와 식사 보조업무
관리인	• 시설 전반적인 수리 및 시설관리
위생원	• 세탁물 위생 처리

4) 직원 관리 계획*

(1) 직원 채용 원칙
- ㅇ 노인복지법, 사회복지사업법, 근로기준법 등 법령에 준하여 선발
- ㅇ 종교, 성별, 연령, 외모, 출신학교, 장애 등 차별 금지
- ㅇ 시설 대표자의 가족, 친인척은 직원 채용에서 배제
- ㅇ 채용공고는 워크넷, 사람인 등 구인구직사이트 외에 사회복지사협회, 간호사협회, 물리치료사협회 등 직종별 협회 사이트에 공고 실시
- ㅇ 면접 심사에 대표자 포함 2인의 시설운영위원 참여

(2) 근로계약 및 처우에 관한 사항
- ㅇ 근로계약서는 고용노동부 표준근로계약서 사용
- ㅇ 전 직원 월급제 실시, 포괄임금 지양하고 근로시간별 월급 책정
- ㅇ 전 직원 연장근로/야간근로/휴일근로 시 해당 수당 정확히 계산하여 지급하고, 근속연수에 따른 연차유급휴가 보장
- ㅇ 전 직원 퇴직연금(DC형)을 기본으로 하되 퇴직금을 희망할 경우 종사자 요구에 맞추어 진행
- ㅇ 전 직원 전문인배상책임보험 가입 의무 준수
- ㅇ 건강보험공단 '장기근속장려금'과 별도로 장기 근속자를 위한 추가수당 신설(1년마다 _____원씩 수당 지급)

(3) 직원 배치 계획
- ㅇ 근무 장소 및 시간은 종사자들의 요구를 충분히 반영하여 배치
- ㅇ 직종별 경력 및 업무 숙련도에 따라 팀장 임명

(4) 직원복지 및 포상 계획
- ㅇ 소정의 식비, 교통비 지급
- ㅇ 명절휴가비 연 2회 지급
- ㅇ 연 1회 이상 건강검진 및 근골격계 질환 검사 실시

○ 피복비 지원 : 간호(조무)사, 물리(작업)치료사 유니폼 및 요양보호사 앞치마 등 근무자에 대한 피복구입 지원
○ 연말 근무평정에 근거하여 직종별 종사자 포상 실시
- 우수직원상 : 근무평정표를 통해 성적이 우수한 자
- 장기근속상 : 근속기간 중 징계 사실이 없는 직원에 대하여 포상한다.
  - 5년 근속상
  - 10년 근속상
  - 15년 근속상
  - 20년 이상 근속상
- 공로상 : 귀빈요양원의 발전과 위상 정립에 공적이 현저한 직원(외부 포상, 수상 포함)에 대하여 포상
- 모범상
  - 활기찬 직장 분위기 조성에 모범이 되었을 때
  - 화재, 도난, 기타 재해 예방 또는 비상사태 조치가 탁월했던 자
  - 기타 이에 준하여 모범이 인정된 자

5) 포상 및 부상 지급 현황

구 분		포 상	부 상	기 타
우수 직원상	평가성적 우수직원(연간)	상장 또는 상패	현금 10만 원	특별휴가 1일 (3년 연속 시 특별승급)
장기 근속상	5년이 지난 다음 해		상품	특별휴가 1일
	10년이 지난 다음 해		현금 20만 원	특별휴가 2일
	15년이 지난 다음 해		현금 30만 원	특별휴가 3일
	20년이 지난 다음 해		현금 50만 원	

6) 직원건강관리 계획

구분	내용	실시	비고
직원건강검진	전체 근무자에 대한 건강검진 실시	연 1회	종사자 전원 일반검진필수
직원 구충제복용	입소자 구충제 복용 시 함께 실시	연 1회	종사자 전원
직원 독감예방접종	입소자 예방접종 시 함께 실시	연 1회	협력의료기관
직원 근골격계 질환검사	전체 근무자에 대한 근골격계 질환검사 실시	연 1회	종사자 전원
야간 배치전·후 특수건강검진	야간 근무자들에 한하여 야간 배치 전 1회, 6개월 후 1회, 매년 1회 실시	수시	야간 근무자 대상

7) 직원교육 계획

교육과정	교육목표	교육내용	일정	횟수/시간	방법	교육 대상자
법정의무교육	법정 의무사항 이해	1. 개인정보 보호교육	2월	연 1회 60분 이상	자체교육	전 직원
		2. 퇴직연금교육	3월		외부강사	
		3. 직장 내 성희롱 예방교육	4월		온라인	
		4. 장애인 인식개선교육	5월		온라인	
		5. 아동학대 신고의무자교육	6월		온라인	
		6. 직장 내 괴롭힘 예방교육	7월		자체교육	
		7. 응급처치 및 심폐소생술 교육	8월		외부강사	
		8. 노인학대 예방교육	9월		온라인	
		9. 노인 인권교육	10월		온라인	

구분		목적	내용	시기	횟수/시간	강사	대상
운영규정 교육		운영규정 교육을 통한 기관의 이해	1. 조직·인사·급여·회계·물품 기타 시설의 운영에 관하여 필요한 규정 2. 입소정원 및 모집방법 등에 관한 사항 3. 입소계약에 관한 사항 4. 입소보증금·이용료 등 비용에 대한 변경방법 및 절차 등에 관한 사항 5. 서비스의 내용과 그 비용의 부담에 관한 사항 6. 특별한 보호를 필요로 하는 경우에는 그 서비스기준과 비용에 관한 사항 7. 의료를 필요로 하는 경우에는 그 구체적인 처리절차 8. 시설물 사용상의 주의사항 등에 관한 사항 9. 서비스 제공자의 배상책임·면책범위에 관한 사항 10. 운영규정의 개정방법 및 절차 등에 관한 사항 11. 운영위원회의 설치·운영에 관한 사항	7월	연 1회/ 1시간	센터장	전 직원
신규직원 교육		기관 업무 빠른 숙지 및 적응	1. 운영규정 2. 급여제공지침 3. 업무분장 4. 개인정보보호 5. 근골격계질환예방	수시 (입사시)	1회/ 1시간	센터장	신규 직원
급여제공지침	종사자 윤리지침	종사자의 윤리의식 확립	1. 개인정보 보호 매뉴얼 2. 개인정보보호지침	7월	연 1회/ 30분	센터장	전 직원
급여제공지침	노인인권 보호지침	노인의 인권 이해와 학대 예방	1. 노인인권의 개념 2. 기관생활노인권리 3. 기관생활노인권리보호 4. 노인학대란? 5. 노인학대유형 6. 노인학대원인	8월	연 1회/ 30분	인터넷 강의	전 직원
급여제공지침	성폭력예방 및 대응지침	성폭력에 대한 이해와 대처 방법 숙지	1. 성폭력과 성희롱 예방 및 대처방안 숙지	9월	연 1회/ 30분	인터넷	전 직원
급여제공지침	욕창예방 및 관리지침	욕창과 낙상 발생의 원인 제거 및 대처 방법	1. 욕창의 개념 2. 욕창예방 방법	9월	연 1회/ 30분	간호(조무)사	전 직원
급여제공지침	감염예방 및 관리지침	전염병 발생 시 대처방법	1. 감염예방	10월	연 1회/ 30분	간호(조무)사	전 직원
급여제공지침	낙상예방 및 관리지침	수급자의 안전 확보	1. 낙상위험도 2. 낙상 예방	10월	연 1회/ 30분	센터장	전 직원
급여제공지침	치매예방 및 관리지침	치매에 대한 이해 확대	1. 치매란 무엇인가? 2. 치매예방은 어떻게?	11월	연 1회/ 30분	센터장	전 직원
급여제공지침	응급상황 대응지침	응급상황대응체계 이해	1. 응급상황 대처 기술	11월	연 1회/ 30분	센터장	전 직원
급여제공지침	개인정보 보호지침	개인정보보호 및 비밀 유지	1. 개인정보 보호 매뉴얼 2. 개인정보보호지침	12월	연 1회/ 30분	인터넷	전 직원
급여제공지침	근골격계 질환 예방지침	근골격계 질환 예방	1. 일반 작업 현황 2. 근골격계 질환 개요 3. 근골격계 질환의 증상	12월	연 1회/ 30분	간호(조무)사	전 직원

			4. 작업에 따른 예방 및 관리방안 5. 자기관리를 통한 예방법 6. 스트레칭 7. 근골격계 질환 초기 대처법				
	재난대응 교육 및 훈련	화재 발생시 대처 요령	1. 화재점검 관련 2. 화재, 지진, 태풍 등 재해발생에 따른 모의 대비훈련 3. 태풍 등 자연재해 대비 4. 재난상황 모의훈련 대비	8월	반기/30분	센터장	전 직원

8) 외부 인력 발굴 및 활용 계획

(1) 자원봉사자 활용 계획

- ㅇ 일반 자원봉사자 활용 : 자원봉사단체, 종교기관, 지역 공연팀 등 자원봉사자 활용
- ㅇ 대학 사회봉사자 활용(자격 획득 후 추진) : 1365자원봉사포털 및 사회봉사활동인증센터(VMS) 인증 획득 후 활용

(2) 실습생 활용 계획(자격 획득 후 추진)

- ㅇ 사회복지사 및 요양보호사 실습기관 자격 획득 후 분기별로 실습생 모집 및 활용
- ㅇ 사회복지사는 프로그램 진행 및 상담 인력으로 활용하고, 요양보호사는 요양 및 일상생활지원서비스 인력으로 활용

* 직원관리계획은 사업계획서에서는 생략하고 운영규정 중 복무규정에 포함시킬 수 있다.

II 서비스 제공계획

사업계획서에서 서비스 제공계획이라고 따로 구분한다는 원칙은 없다. 다만, 앞에서 기술한 "시설 운영계획"은 노인요양시설 운영의 전반적인 사항을 다루고, 시설에서 구체적으로 제공하는 서비스는 따로 구분하는 것이 전문성 있게 보일 수 있어서 따로 구분한 것이다. 노인요양시설에서 제공하는 서비스는 대부분 유사하지만 프로그램 부분에서 조금 차이를 두는 것이 좋다. 즉, 시설에서 강조하고 있는 프로그램을 2~3가지 정도 추가하는 것이 좋다.

1. 서비스 제공 원칙

시설 운영 및 서비스 제공 시 역점을 두고자 하는 사항을 기술하되 다음과 같은 사항을 참고할 수 있다.

예시

① 입소자 중심 : 수시로 수급자의 상태 및 욕구 파악하여 서비스 제공계획 수립, 수급자의 인권 강화, 수급자의 신체 및 인지능력 등을 고려한 서비스 제공
② 보호자와의 소통 강화 : 정기적인 보호자 상담 및 관리, 요구사항에 대한 모니터링, 보호자 간담회 실시
③ 지역사회 연계 강화 : 지역사회 유관기관 및 협력기관 발굴 및 서비스 연결 확대, 지역 내 장기요양기관과의 협력 및 공조 유지
④ 급여제공계획에 따른 체계적 서비스 제공
⑤ 안전사고 예방을 위한 시설 환경 조성
⑥ 직원복지 및 직원역량 강화를 통한 전문화된 서비스 제공

2. 서비스 제공 절차

서비스 제공 절차는 어느 시설이든지 공통적으로 이루어지고 부분으로 본 내용은 다른 시설과 크게 다르지 않을 것이지만 서비스 제공 절차에 대해 최대한 자세하게 정리했다.

예시

<table>
<tr><th>구분</th><th>방법</th></tr>
<tr><td>이용 상담 및 계약</td><td>① 급여 이용을 원하는 수급자(보호자) 전화, 내방 등을 통해 입소 관련 상담 의뢰
② 급여 이용을 원하는 수급자의 일반적인 상황 확인
– 장기요양수급자 여부(자격 및 본인 여부)
– 장기요양 인정서
– 표준장기이용계획서
– 본인부담금 감경자 여부를 확인할 수 있는 서류
③ 급여 이용을 원하는 수급자에 대한 기본 정보 수집
– 수급자 현황(성명, 수급자와의 관계, 연락처, 이용 사유 등)
– 수급자 기본사항(성별, 나이, 주소, 거주지 약도, 전화번호 등)
– 수급자 건강상태(건강·인지·신체), 현재의 문제점 및 욕구 파악
④ 급여 이용
– 이용이 가능한 경우 급여제공을 결정, 이용이 어려운 경우 타 기관 정보제공 및 의뢰
– 이용이 결정되면 이용신청 관련 서류 작성, 등록방법에 대해 설명하며 입소 관련 구비서류에 대해 보호자에게 요청
⑤ 급여 이용에 대한 계약체결
– 수급자에게 이용 결과 및 급여 수립계획을 알리고, 수급자나 그 가족과 이용을 위한 계약서 작성
– 계약서와 함께 개인정보 제공 및 활용에 관한 동의서 서명
– 계약서 작성 후, 기관과 보호자 각자 계약서 보관(반드시 수급자에게 계약서 부본 제공)</td></tr>
<tr><td>사정</td><td>① 수급자의 욕구와 문제, 현재의 기능, 장점과 잠재능력, 요구되는 서비스 등 관찰, 평가하여 기관 이용의 적합성 확보 및 수급자의 문제에 대해 원인을 규명하고 해결하거나 감소시킬 수 있는 방법에 대해 전문적인 판단 수행
② 욕구사정 및 기능상태 파악
<table>
<tr><th>구 분</th><th>내 용</th><th>추진일정</th></tr>
<tr><td>수급자 욕구 사정</td><td>수급자별 입소 직후 아래 사항 중심으로 사정 실시
○ 신체상태 욕구사정 : 일상생활동작 수행능력 등
○ 질병 욕구사정 : 과거병력, 현 진단명 등
○ 인지상태 욕구사정 : 정신상태, 감정 등
○ 의사소통 욕구사정 : 청취 능력, 발음 능력 등
○ 영양상태 욕구사정 : 체중, 음식섭취 패턴, 배설 양상 등
○ 가족 및 환경적 욕구사정 : 가족상황, 거주환경, 수발부담 등
○ 수급자(보호자)가 개별적으로 호소하는 주관적 욕구사정 등
○ 자원이용 욕구사정 : 의료기관, 종교활동 등</td><td>–1회/연
–신규입소자 14일 이내</td></tr>
<tr><td>낙상위험도 평가</td><td>입소자 대상으로 낙상위험도 파악</td><td>–1회/연
–신규입소자 14일 이내</td></tr>
<tr><td>욕창발생 위험도 평가</td><td>입소자 대상으로 욕창발생위험도 파악</td><td>–1회/연
–신규입소자 14일 이내</td></tr>
<tr><td>인지기능 평가</td><td>입소자 대상으로 치매예방 및 조기발견을 위한 인지기능검사 실시</td><td>–1회/연
–신규입소자 14일 이내</td></tr>
</table></td></tr>
<tr><td>계획 수립</td><td>① 초기 사정에서 확인된 수급자 및 보호자에게 여러 가지 문제 및 요구가 있을 때, 우선순위 결정(연 1회 실시, 신규입소자 30일 이내)
② 수급자와 보호자의 문제 및 욕구의 우선순위에 따라 수급자와 가족과 합의된 문제 해결 목표 수립
③ 목표 수립 시 수급자의 욕구 정도, 수급자의 장애, 질환의 특성 정도, 수급자 잔존 기능 정도, 보호자 및 가족의 수발 정도 고려
④ 급여 우선순위 및 목표에 따라 제공할 서비스 내용 결정
⑤ 급여내용 효과적으로 지원해줄 수 있도록 서비스 횟수, 일정결정
⑥ 급여 제공계획서 작성
⑦ 급여 제공 평가 : 수급자의 욕구사정 결과에 따라 급여를 제공했는지, 변경되었다면 그에 맞게 체계적인 급여제공이 실시되었는지 등 개별급여계획에 따른 급여제공 결과 평가(반기 1회)</td></tr>
</table>

급여 제공	① 초기 사정 및 급여계획에 따라 급여 제공 ② 노인인권에 대해 설명하고 자료 제공 ③ 급여제공과정에서 수급자의 상태변화 및 반응, 적응 정도를 반영하여 급여 제공계획을 수정·보완 ④ 제공직원이 바뀌는 경우에는 급여제공 전에 새로운 직원을 소개하고 인수인계 ⑤ 수급자의 신체·인지기능 유지 및 향상, 여가지원을 위해 프로그램을 제공하고, 심리정서적 안정을 위해 정기적으로 상담을 실시하고 그 내용을 급여제공기록지에 기재·관리 ⑥ 계약의사를 배치하거나 협약의료기관과의 협력을 통하여 수급자의 심신상태나 건강등이 악화되지 아니하도록 적절한 의료서비스를 제공하고 그 내용을 급여제공기록지에 기재·관리 ⑦ 수급자의 낙상 및 욕창 등을 예방하고 시설 내 안전사고를 방지할 수 있도록 노력하며, 화재발생 등 응급상황에 신속히 대처하기 위한 매뉴얼을 구비하고 정기적인 직원교육 실시 ⑧ 수급자의 감염병 예방 및 확산을 막기 위하여 식품 등에 대한 위생관리 및 소독관리 수행하고, 그 내용을 기재·관리
모니터링 및 재평가	① 재평가 결과 및 수급자의 욕구 변화를 반영하여 급여 제공계획을 수정·보완 ② 계획된 대로 급여가 제공되고 있는지 평가 ③ 욕구사정, 낙상위험도, 욕창위험도, 욕구사정 연 1회 평가 ④ 급여제공결과를 반기별 평가 ⑤ 정기적인 사례회의 실시
이용 종료 및 적정서비스 연계	① 급여 계약기간이 종료될 시점에서 기관은 계약종결 및 연장에 대해 수급자 혹은 보호자에게 알리고, 재계약 의사 확인 ② 수급자가 급여종결을 원할 경우 이용 종료하고 연장을 원할 경우 연장 계약서 재작성 ③ 수급자가 원하는 경우, 연계 가능한 서비스에 대해 정보를 제공하고, 적절히 연계 ④ 수급자가 전원·퇴소시 연계기록지를 작성
등급갱신/ 등급 신규 인정 관리	등급 외자의 경우 어르신 건강상태를 점검하여 신규 인정·신청 관리하고, 등급자의 경우 건강이 악화되거나 변화가 심할 경우 등급조정 신청을 하며, 갱신 일자가 도래하면 등급 갱신 신청, 기초생활수급자의 경우 갱신 신청을 대리로 하여 인정조사를 받고, 보호자가 있는 경우 보호자께 등급갱신 신청에 대한 안내 실시

3. 일상생활지원 서비스 제공 계획

일상생활지원 서비스는 노인요양원의 고유 업무에 해당된다. 사업목적은 노인성 질환 때문에 일상생활이 어려운 어르신들의 일상생활을 돕는 것으로 정리했다.

사업내용은 사업을 시작하게 되면 입소자별로 작성하게 되는 '급여제공기록지'의 뒤편에 있는 내용을 정리한 것이다. 급여제공기록지는 수급자 어르신들에게 매일매일 제공해야 할 서비스가 정리되어 있으므로 이것만큼 노인요양시설의 서비스가 잘 정리된 것이 없기 때문이다.

예시

1) 사업 목적 : 노인성 질환으로 인한 신체적, 인지적 불편함으로 일상생활이 어려운 입소자를 대상으로 생활과 관련된 활동을 지원함으로써 기본적인 생활 욕구를 해결하여 원활한 일상생활이 가능하도록 지원

2) 사업 내용

세부사업명	내 용	일정	기대효과
세면도움	세면 도움 및 지도, 지켜보기	1회/일	입소자들이 기상 후 이루어지는 세안 및 손 씻기와 식전에 손소독 서비스를 실시하여 청결한 위생 상태를 유지
몸단장	머리단장, 면도, 손발톱 깎기, 화장하기	1회/일	몸단장을 통해 청결상태를 유지관리
옷 갈아 입히기	아침 조식 후 옷 갈아입혀 드리기	1회/일	옷을 갈아입힘으로써 청결상태 유지
구강 관리	양치질, 양치 지켜보기, 가글액/물양치, 틀니 손질	3회/일	식후 양치서비스와 가글서비스를 통해 위생적인 구강 위생 상태를 유지
목욕 및 머리감기기	입욕준비, 몸 씻기, 샤워, 욕실 정리	1회/주	목욕서비스를 통해 전신의 혈액순환을 활성화하며 청결한 위생 상태를 유지
식사도움	상태별 식사 서비스, 휠체어 식사, 식탁 식사 등	3회/일	상태별 식이를 제공하여 영양밸런스를 맞추고 건강을 도모
이동도움	식사, 산책 시	수시	식사 및 산책 시 이동도움
배변 관리	화장실 이동보조, 배뇨·배변 도움, 지켜보기, 기저귀 교환, 용변 후처리, 필요물품 준비 및 정리	수시	기저귀 케어 및 배설시 청결한 상태를 유지
체위변경	체위변경, 일어나 앉기 도움 등	2시간 마다	욕창위험이 있는 입소자를 수시로 체위변경하여 욕창예방과 혈액순환 도모
침구/린넨 교환 및 정리	침구준비와 정리, 침구, 린넨 교환	1회/일	의복 교체 등 항상 청결한 상태를 유지하도록 하며 정기적인 침구류의 교체를 통해 위생적인 환경제공
세탁물 관리	세탁물 정리정돈, 사용 물품의 소독 등 (일정량은 위탁처리)	1회/일	세탁물 관리 및 팀 자체에서 이루어지는 세안수건, 자체 세탁물 등의 관리를 실시하여 청결한 환경을 구성
환경 관리	침대 주변 정리정돈, 실내 환기, 온도조절, 채광, 등과 TV 켜고 끄기, 실내청소, 세면대 소독, 쓰레기 버리기 등	4회/일	실내 환경정리 및 실내청소 및 비정기적으로 이루어지는 공동구역청소를 통해 위생적인 환경을 구성
이·미용 관리	자원봉사자를 통해 이·미용서비스 실시	1회/월	자원봉사자를 활용한 이.미용 서비스를 통해 입소자의 두발을 위생적으로 관리할 수 있고 심미적인 아름다움을 제공
물품 관리	의복관리 및 수선, 보조기구관리, 일용품 정리정돈, 용돈관리 등	1회/일	물품 관리를 통해 청결한 환경 제공 및 필요시 적시제공으로 신속한 서비스 지원
행동 변화 대처	배회, 불결행위, 폭력행위, 폭언대처격리 등 문제행동 시	수시	각종 문제행동 시 즉시 해결함으로써 사고예방 및 청결관리로 2차적 피해 예방 및 타 입소자의 생활영역 보존
외출 시 동행	은행, 관공서, 병원, 면회, 산책 등 외출 시	필요 시	입소자가 건강, 개인적 및 업무, 산책 등 외출 시 동행을 통해 안전사고 예방
의사소통 도움	책 읽기, 편지 대필, 의사전달 대행, 일상회화, 물품 제공, 콜벨 등	수시	입소자의 의사를 수렴하고 전달하여 욕구 해소

3) 입소자 일일 서비스 일정

시 간	장기요양급여제공 세부 내용
06:00~08:30	– 기상 / 기저귀 케어(수시체크, 즉시체크) – 체위변경(2시간마다 변경, 필요 시) – 위생관리/ 침구정리 – 식사 준비 및 제공 식후정리 / 개인위생관리 및 투약관리
08:30~11:00	– 근무교대 및 생활실 라운딩 – 생활실 청소 및 어르신 목욕 – 오전프로그램(건강체조, 음악감상) – 간호관리(혈압, 맥박, 체온, 혈당관리) – 물리치료 및 재활운동
11:00~12:00	– 점심식사 준비 – 식사제공 구강관리 – 투약관리
12:00~13:30	– 산책 / 휴식 (어르신 개인여가활동)
13:30~16:00	– 오후 프로그램(인지, 여가, 사회적응프로그램 등) – 물리치료 및 재활운동 – 간호관리(컨디션 수시체크)
16:00~17:00	– 식사준비 – 식사제공 및 구강관리 – 개인위생관리 및 투약관리
17:00~18:00	– 근무교대 및 생활실 라운딩
18:00~06:00	– 어르신 활동지원 및 자유시간 – 취침준비 – 생활실 수시 라운딩 실시 – 체위변경 및 기저귀 케어 – 취침상태 관찰

4. 사례관리 계획

사회복지 현장 경험이 없는 사람들은 사례관리가 생소하거나 익숙하지 않을 수 있다. 그러나 사례관리는 노인요양시설을 비롯해서 모든 사회복지시설에서 거의 의무적으로 실시되고 있는 개입 기법 중 하나이다. 따라서 노인요양시설을 운영하면서 반드시 수행하게 될 것이고 관련 기록을 유지해야 한다. 여기에서 사례관리가 무엇인지 설명하는 것은 한계가 있으므로 일반적으로 노인요양시설에서 이루어지고 있는 사례관리의 각 단계에 대해서 기술된 내용을 참고하시기 바란다.

예시

1) 사례발굴

ㅇ 목적 : 사례관리가 필요한 클라이언트 발굴, 잠재적 클라이언트 확보, 사례관리 서비스 자격 및 서비스 이용 적합 여부 판단

ㅇ 세부사업(시행시기 : 수시)
- 관할 시·군·구청, 지역 복지기관, 보건소, 행정복지센터 등 의뢰
- 기존 이용 어르신 소개, Out Reach

2) 초기 접수

ㅇ 목적 : 접수된 대상자에 대한 기본적인 정보 수집을 통해 잠재적 사례관리 대상자, 의뢰대상자, 정보제공대상자, 서비스 제외대상자 구분 및 대상자 선별

ㅇ 세부사업(시행시기 : 수시)

- 이용 신청서 접수(Intake)
- 이용자 및 가족의 권리와 의무사항 안내
- 개인정보 및 활용에 대한 동의서 및 승낙서
- 서비스 내용 및 이용방법 안내

3) 사정

ㅇ 목적 : 클라이언트의 욕구와 문제(신체적·인지적·사회적·정서적·경제적·환경적) 파악 및 개입 효과성 예측

ㅇ 세부사업(시행시기 : 수시)

- 개인, 가족, 경제, 건강, 주거, 심리, 사회적 지지망, 욕구, 강점과 지역 내의 제공 가능한 자원을 포함한 개인별 사정 실시
- 재가노인 사정기록지, RAI-HC 사정도구 활용
- 약물 처방전 분석

4) 사례회의

ㅇ 목적 : 최종적으로 보호서비스 및 개입 내용을 결정하고, 사정의 객관성 및 형평성을 확보하기 위해 클라이언트의 문제 및 보호의 목적을 명확히 하고 대상자의 서비스 적격 여부 최종 심사

ㅇ 세부사업(시행시기 : 수시)

- 대상자 선정, 서비스 제공, 재사정, 점검 등에 관한 사례회의
- 신규, 재사정, 모니터링 등에 관한 사례회의

5) 서비스 계획

ㅇ 목적 : 적절한 서비스의 유형, 보호에 필요한 시간 등에 대한 계획 수립과 목표 달성을 위한 적절한 해결방안 모색 및 개입

ㅇ 세부사업(시행시기 : 수시, 매년)

- 어르신 문제 및 욕구에 따른 서비스 계획서 수립
- 서비스의 목표 및 내용
- 목표 달성을 위해 제공되는 수단

6) 서비스 계약

ㅇ 목적 : 결정한 문제 및 욕구의 해결을 위한 계획을 구체적인 행동으로 실천하기 위해 구두 약속 또는 서면 계약서 작성

ㅇ 세부사업(시행시기 : 수시, 매년)

- 케어플랜에 대한 서비스 내용 설명 및 본인 동의
- 이용자 및 가족의 권리와 의무 안내 및 본인 동의

7) 모니터링

ㅇ 목적 : 기존의 계획에 따라 서비스 제공되었는지 여부, 클라이언트가 만족스러웠는지 여부 점검

ㅇ 세부사업(시행시기 : 반기, 수시)

- 정기 모니터링 : 서비스 모니터링(서비스 제공 일정 지키는 정도, 서비스 내용정확도 및 충실도, 수발담당자에 대한 만족도) 욕구변화 점검, 기능상태 변화, 생활환경 및 수발능력 변화, 기타 불편 사항 점검
- 수시 모니터링

8) 종결 및 의뢰

ㅇ 목적 : 종결 시 사전 안내를 통해 클라이언트가 종결에 대한 준비를 할 수 있도록 하고, 초기 접수 단계에서 타 기관 및 타 서비스가 필요로 하는 대상자이거나 이주 및 타 서비스 대상 등에 따른 종결 대상자에게 적절한 기관 연결을 통한 연속적인 사례관리 서비스 지원

ㅇ 세부사업(시행시기 : 수시)

- 대상자에 의한 종결(사망, 거주지 이전, 목표달성, 서비스 거부, 약속 불이행, 타 서비스 이용)
- 기관 및 기타 이유에 의한 종결(외부의뢰 필요 경우)

- 본인 및 보호자에게 서비스 종료 안내 및 연계
- 사례평가

9) 사후관리
- ㅇ 목적 : 종결대상자에 대한 지속적인 관리를 통해 대상자의 상태 계속 파악 및 사례관리 서비스의 연장
- ㅇ 세부사업(시행시기 : 수시)
  - 별세 후 어르신 조문
  - 등급판정 시 장기요양 시설연계
  - 거주지 이전에 따른 타기관 연결 후 만족 여부 확인

5. 프로그램 제공계획

일상생활지원 서비스는 주로 요양보호사가 담당한다면 프로그램은 사회복지사 또는 간호(조무)사들이 수행하는 경우가 많다. 프로그램은 인지 또는 신체기능 향상을 목적으로 하거나 문화적 욕구 충족을 위해서 수행되는 경우가 많다.

프로그램의 종류는 수도 없이 많기 때문에 아래 예시에 나와 있는 것이 전부라고 생각하시면 안 된다. 다만, 이런 종류의 프로그램이 많이 진행된다는 정도로 이해하면 된다.

사업계획서에서는 프로그램의 종류나 어떤 목적으로 해당 프로그램을 하는지(이유 또는 배경) 정도만 요약하면 된다.

예시

1) 프로그램 제공 원칙
- ㅇ 정기적으로 수급자의 심신 상태를 고려하여 적절한 인지기능 프로그램 및 신체활동 프로그램을 제공한다.
- ㅇ 정기적으로 가족교육 등 가족지지 및 참여프로그램을 제공하고, 반기 1회는 가족이 직접 내방하여 참여하는 프로그램을 운영한다.
- ㅇ 정기적으로 사회적응 훈련을 제공한다.
- ㅇ 5등급 수급자 대상으로 인지활동형 프로그램을 제공한다.

2) 인지 프로그램
- ㅇ 인지훈련은 집중력과 기억력 수준을 유지 및 대상자의 심리적 안정을 유지하고 센터 내에서의 생활과 참여를 이끌어낼 수 있도록 한다.
- ㅇ 대상자의 인지 수준 및 인지 평가에 따른 기반으로 맞춤형 인지 활동 제공
- ㅇ 실생활 도구를 활용한 프로그램 확대를 통해 인지훈련 접근성 높임

3) 신체 프로그램
- ㅇ 다양한 프로그램을 통해 어르신들의 삶이 즐겁고 행복할 수 있도록 한다.
- ㅇ 어르신의 신체활성화 및 기능회복 훈련
- ㅇ 정서적 안정 및 지지를 위한 미술, 만들기, 음악, 레크리에이션, 정기공연 등 프로그램 제공

4) 사회적응 프로그램
- ㅇ 사회에서 적응할 수 있는 사회참여 프로그램을 제공한다.
- ㅇ 어르신의 사회적응 및 사회참여
- ㅇ 시장보기, 세상 소식 듣기, 뉴스 보기

5) 가족 프로그램

- ㅇ 가족이 참여 가능한 프로그램을 통해 어르신과 가족의 유대관계 및 가족 지지
- ㅇ 어르신 생일잔치 시 가족 초대
- ㅇ 연말, 전체 가족과 함께하는 프로그램 진행
- ㅇ 프로그램에 대한 가족 및 어르신의 평가와 상담

6) 맞춤형 프로그램

- ㅇ 입소자의 건강수준 유지, 개선 등을 위하여 수급자 상태별 맞춤형 프로그램을 다양하게 제공
- ㅇ 맞춤형 프로그램은 관련 자격증을 소지한 외부강사가 주 2회 또는 월 8회 이상, 프로그램별 1회 60분 이상 제공한다.
- ㅇ "K-MMSE" 검사 또는 활동성을 확인하여 대상자의 인지기능 및 신체활동 수준을 파악하여 프로그램 진행

7) 프로그램 진행 절차 및 세부 프로그램

ㅇ 프로그램 대상자 구분

그룹별	구분	구분내용
가그룹	완전중증	인지기능 검사에 따라 의사소통이 불가능한 수급자 MMSE(인지기능검사) 결과 19점 이하
나그룹	중증	인지기능 검사에 따라 의사소통이 가능한 수급자 MMSE(인지기능검사) 결과 20~23점
다그룹	정상	MMSE(인지기능검사) 결과 24점 이상
라그룹	(참여거부자)	집단프로그램 참여가 어렵거나 프로그램 참여를 거부하는 대상자

ㅇ 세부 프로그램 내용

구분	프로그램명	프로그램 목적 및 효과	대상 그룹	횟수
인지기능프로그램	건강체조	신나는 음악과 함께하는 체조를 통해 협응력과 신체 기능을 강화하며 인지기능을 유지 향상	가/나/다	주 1회
	종이접기	뇌와 소근육을 자극하여 잔존기능을 극대화하고 집중력과 자존감 형성	나/다	주 1회
	미술테라피	소근육 발달에 도움이 되고 집중력 향상 및 성취감 및 자신감 향상	나/다	주 1회
	원예치료	식물의 성장 과정을 통해 예전의 기억을 회상하며 심리적 안정을 갖고 작업을 통한 자기 표현력과 인지기능유지·증진 향상	다	월 1회
	퍼즐 맞추기	두뇌 발달에 도움을 주고 기억력 향상 및 집중력 강화	나/다	주 1회
	작업치료	소근육 발달에 도움이 되고 집중력 향상 및 성취감 및 자신감 향상	나/다	주 1회
	마실이 머무는 공간	회상을 통한 장, 단기 기억력 유지 및 향상하고 작품을 통한 자아만족감 및 성취감을 주는 긍정적인 효과 달성	가/나/다	월 1회
	칼라점토	창조적인 작품활동을 통한 협응력 증진	나/다	주 1회
	추억의 영화감상	추억의 영화감상을 통해 추억을 회상하거나, 즐거운 여가시간을 가짐으로써 정서적 안정	가/나/다	주 1회
여가프로그램	노래학당	노래 부르기로 스트레스 해소하고 가사 기억으로 치매예방 및 사회성 함양 및 즐거운 생활 제공	가/나/다	주 1회
	요리조리 클래스	계절과 선호음식을 고려한 요리 활동으로 맛의 즐거움을 부여하고 도모하여 여가생활을 활성화	나/다	월 1회
	윷놀이	상호 간의 친목도모를 통해 타 수어르신과 관계형성에 도움을 주고 자존감과 사회성을 증진	나/다	월 1회
	고리 던지기	전통놀이를 통해 추억을 회상하는 기회 제공 및 주의 집중력과 신체 조절 능력 및 유연성 향상	나/다	주 1회
	가요무대 감상	옛 노래를 감상하고 따라 부르며 시각, 청각 자극을 통해 인지기능 유지	가/나/다	주 1회
	문화공연	민요, 공연 등 관람 통한 감상자극과 즐거움 제공	나/다	월 1회
	산책	답답함이 해소되고 정신, 신체적으로 유지되고 우울증 예방 및 사회성을 유지	가/나/다	주 1회

사회적응프로그램	종교활동	종교활동을 통해 영적 안정을 유지하며 정서안정 도모 및 평안한 노후생활을 제공	가/나/다/	주 1회
	흘러간 노래 듣기	흘러간 노래 듣기를 제공함으로써 정서적 심리적으로 안정을 제공하며 신체 및 정신기능의 향상을 도모	가/나/다/라	주 1회
	세상 뉴스 전하기	세상 뉴스를 접함으로써 외부와의 단절에서 오는 소외감을 최소화하며 사회의 흐름을 알 수 있는 정보 제공	가/나/다/라	주 1회
	동화 듣기	사고력을 유지시키고 긍정적이고 유쾌한 경험을 기억해 심리적 변인들에 긍정의 힘을 기대	가/나/다/라	주 1회
	세미클래식 듣기	심리적·정서적 안정을 통해 신체 및 정신기능의 향상 도모	가/나/다/라	주 1회
	해피한 데이	기분전환의 계기 및 사회공동체 형성하고 삶의 활력소를 제공 및 자신의 존재감 확립	가/나/다/라	월 1회
	계절 나들이	계절별 나들이를 통하여 다양한 경험과 계절 감각을 느끼고 즐거움 도모	나/다	계절별
	어버이날 행사	어버이날을 맞아 어르신들께 특별한 날로 의미가 되므로 행사로 인해 즐거움 도모	가/나/다/라	5월
	노인의날 행사	노인의 날을 맞아 어르신들께 특별한 날 의미가 되므로 행사로 인해 즐거움 도모	가/나/다/라	10월
	명절 행사	명절의 의미를 생각하며 시설에서 보내는 명절이 무의미하게 지나가지 않도록 정서적 지지 도모	가/나/다/라	명절
	송년 행사	한해를 즐겁고 활기차게 마무리하고 새해를 기쁘게 맞이할 수 있도록 함	가/나/다/라	12월
가족지원프로그램	가족상담	입소자 가족에게 어르신의 생활 및 시설에 관한 전반적인 알 권리를 보장하고, 어르신과 지속적으로 연계될 수 있는 토대를 마련하여 긍정적인 관계망을 유지 강화할 수 있도록 지원	전 수급자	수시 필요 시
	가족간담회	개개인에게 맞는 급여계획을 수립하여 어르신이 편안하고 안락하게 생활할 수 있도록 체계적이고 지속적인 서비스 지원 및 케어에 대한 정보교환 가족들의 욕구 파악, 시설에 대한 이해 증진 도모	전 수급자	수시 필요 시
	신뢰감 형성	만족도 조사, 가정통신문 및 가족교육을 통한 어르신과 가족 간의 지속적인 관계 유지	전 수급자	수시 필요 시

6. 보건의료서비스 제공 계획

보건의료서비스는 크게 간호(조무)사가 수행하는 서비스와 계약의사(과거에는 촉탁의사)의 방문 진료 그리고 지역 병의원에서 제공받게 되는 진료 및 치료가 해당된다.

노인요양시설은 시설 분류에서 노인의료복지시설이라고 하는데, 그 이유가 바로 이와 같은 보건의료서비스가 일부 제공되기 때문이다. 그렇지만 요양병원처럼 의사가 상주하지 않는 이상 보조적인 수준에서 서비스가 제공되고 있다.

따라서 주 서비스 제공 인력은 간호(조무)사가 될 것이므로 이 부분을 가급적 상세하게 기록해주는 것이 좋다. 노인 대상의 간호(조무)사 업무는 인터넷에서 충분하게 자료를 찾을 수 있으니 아래 예시뿐 아니라 더 좋은 자료가 있는지 찾아보기를 권한다.

예시

1) 간호 관리
- ㅇ 입소자에 대한 수시 건강을 확인하여 질병 등 조기발견하고 신속한 치료 제공
- ㅇ 기초상태 점검 : 건강상태 및 변화를 관찰하여 이상증후를 파악하여 질환 등 조기 발견하여 건강유지 도모
- ㅇ 투약 관리 : 만성질환자의 투약관리를 통해 건강을 유지하며, 투약에 따른 부작용 유무를 관찰하고 상태변화의 정보를 제공
- ㅇ 피부 및 창상 관리 : 욕창 및 창상 관리를 통해 2차 감염 및 합병증을 예방
- ㅇ 구충제 복용 : 입소자 대상으로 연 2회 구충제 복용
- ㅇ 낙상 및 욕창 예방 : 대상자의 적절한 서비스 제공으로 낙상 및 욕창 예방[기존입소자는 연 1회, 신규입소자는 입소 후 14일 이내(공휴일 포함) 실시하되, 욕창발생위험군(18점 이하)은 분기별 1회]
- ㅇ 기구 소독관리 : 의료 기구 소독함으로 욕창 및 창상 등 치료 시 2차 감염을 예방, 협력병원과 연계하여 소독 및 폐기물 관리를 하며 정기적 소독은 주 1회로 하되 필요시 수시 소독
- ㅇ 감염 검진 : 정기적인 감염 검진으로 입소자 상태와 전염병을 예방
- ㅇ 코로나 및 독감 예방 접종 : 코로나 및 독감 예방접종을 통해 상부 호흡기계 감염증상 예방 및 완화
- ㅇ 합병증 예방관리
  - 변비 예방관리 : 배변·배뇨 관리로 배설 양상 파악
  - 폐렴, 독감, 감기 예방관리 : 실내온도·습도조절, 1일 적정량의 수분섭취유도, 케어시 와상 어르신의 등 배부 마사지 실시, 적극적인 백신접종 실시
  - 혈당관리 : 주 2회 및 수시 혈당측정실시, 저혈당·고혈당 발견 시 즉각 처치시행 및 계약의 의뢰
  - 혈압관리 : 1회/1일회 활력징후 측정, 사정을 통한 투약 및 진료의뢰

2) 계약 의사 방문 진료
- ㅇ 시설 소재지를 관할하는 직역별 지역의사회에 추천 요청하여 협회를 통해 추천된 계약의사 지정
- ㅇ 계약의사 소속 병의원과 협약 체결하여 의료연계체계 구축
- ㅇ 시설을 방문한 계약의사는 입소자별로 월 2회 이상 진찰 실시하고 간호(조무)사는 의사의 간호 지시에 따라 의료기관으로의 전원 또는 투약처방 실시

3) 지역 보건의료기관 연계
- ㅇ 지역보건소(또는 보건지소)와의 협력체계 구축 및 서비스 의뢰
- ㅇ 입소자가 이용하는 지역 병의원과의 협력체계 구축을 통해 입소자별 건강 및 증상 정보 공유, 치료 계획 수립
- ㅇ 진료를 통해 합병증을 조기 발견, 입소자 건강 유지 및 증진

7. 물리치료 서비스 제공계획

입소자가 30명 이상인 노인요양시설은 물리치료사 또는 작업치료사를 1인 이상 배치해야 한다. 노인요양시설에서 물리치료사 또는 작업치료사가 제공하는 서비스는 자료가 많지 않다. 아래 예시를 그대로 사용하거나 조금 요약해도 될 것이다.

예시

1) **사업대상** : 요통, 관절염, 근육통, 디스크, 좌골신경통, 오십견, 중풍 후유증으로 인한 신경이나 근력 마비, 잘못된 자세로 인한 경부, 견관절(어깨관절), 손목, 무릎 통증 및 대부분의 만성 퇴행성 질환, 교통사고 후유증 등을 앓고 있는 입소 노인

2) 수행방법
- ① 신체물리평가
  - ㅇ 운동 장애 및 관절 제한 평가, 근력/기본동작 평가 : 입소자의 신체 좌/우측 상지와 하지 부위에 운동장애

가 있는지와 근력 여부 판단, 관절 부위의 제한 정도를 판단하여 단계별로 평가
- ㅇ 관절 가동범위 측정 : 신체 관절의 굴곡, 신전, 외전, 내·외회전의 각도 범위 측정
- ㅇ 일상생활 수행 능력 평가 : 입소자가 대소변을 잘 가리는지, 식사를 혼자서 할 수 있는지, 의복을 스스로 갖추어 입으실 수 있는지 등 판단
- ㅇ 통증 강도 위치 사정 : '통증 없음'에서 '가장 심한 통증'까지의 0~10까지 단계를 매겨 신체 관절의 통증 여부 판단
- ㅇ 균형감 및 걸음걸이 사정 : 앉고, 서고, 걸을 때의 균형 능력, 보폭과 높이, 발의 자세 등을 확인하여 보행 능력 확인

② 기능회복훈련 실시

훈련 종류	제공 내용
신체기능의 훈련	• 관절운동 • 근력증강운동 • 연하운동 • 상지기능·손가락 정교성 운동 • 조화운동 • 지구력훈련
기본동작 훈련	• 기본동작 • 뒤집기 • 일어나기 • 서 있기 • 균형 • 이동 • 보행 • 휠체어 조작 및 이동 • 보장구 장착 등 지켜보기 • 도움제공
일상생활동작 훈련	• 식사동작 • 배설 동작 • 옷 갈아입기 동작 • 목욕 동작 • 몸단장 동작 • 가사 동작

③ 만성적 통증관리
- ㅇ 온열치료 : 고온습포인 습열을 인체에 30분 적용하여 통증완화, 근긴장 감소, 순환 증진 도모
- ㅇ 전기치료 : 피부표면에 근위축을 예방하기 위해 전기자극치료, 동통을 완화하기 위한 경피적 신경자극을 주어 통증완화, 근경축, 부종감소, 순환증진 도모
- ㅇ 파라핀치료 : 경직된 관절이나 만성염좌, 관절염에 파라핀과 미네랄 오일을 섞어 사용하여 울혈감소, 통증완화, 근이완 도모
- ㅇ 테이핑 요법 : 혈액과 림프액의 순환이 증가되면서 치유를 돕는 치료법으로 근육의 안정성 확보, 혈액과 림프액의 순환 협조, 통증감소 도모
- ㅇ 공기압치료 : 근육통증 완화 및 근육운동 효과, 미세혈관 확장, 혈액순환 촉진

8. 식사제공 및 영양관리 계획

노인요양시설 입소자들에게 식사는 매우 중요함에도 사업계획서에 충분히 녹아내지 못하는 경우가 많다. 아래 예시는 노인 대상 식사 및 영양관리에 대한 기본적인 사항만 정리한 것이지만 이것마저 작성되지 않은 사업계획서가 많다. 아래 내용을 그대로 사용하거나 조금 수정해서 사용해도 된다.

예시

1) 식사 제공 원칙
- ㅇ 매일 3끼의 균형 잡힌 식사를 규칙적으로 제공하고, 식사 사이에 간식을 제공한다.
- ㅇ 입소자의 식욕저하를 막을 수 있도록 제철식품 등 다양한 식품을 제공하고, 향, 맛, 색 등에 변화를 준다.
- ㅇ 입소자의 식사능력을 고려하여 부드럽고 소화가 잘 되는 조리법을 선택하며, 개인별 치료식은 전문가의 처방에 따른다.
- ㅇ 식중독이 발생하지 않도록 음식을 취급하는 사람의 개인위생을 철저히 관리하고, 생채소의 세척과 소독, 가열온도 기준을 준수한다.
- ㅇ 식중독이 발생하지 않도록 조리실과 식사 장소를 청결하게 관리하고 소독한다.

2) 식사 제공계획
- ㅇ 외부 급식업체 활용 여부는 상황에 따라 추후 결정

ㅇ 입소 직후 24시간 내 영양상태기록과 영양상담을 통해 맞춤형 칼로리 결정
ㅇ 식습관 교정 필요 시 담당 요양보호사에게 지도교육 실시
ㅇ 식사 라운딩을 통해 영양섭취량 파악 후 개인 선택식 조사
ㅇ 기호도(연 2회) 및 선택식(월 2회) 조사 결과 식단 반영
ㅇ 월 1회 입소자들이 선호하는 음식으로 준비된 특별식 제공

3) 영양 관리

① 영양관리 프로그램 개발
  ㅇ 연령별, 질환별로 영양관리 계획 수립
  ㅇ 입소자별 식생활 관리 수립 및 시행

② 고령자 특화식 개발 및 조리 : 점도 조절용이, 삼킴장애 및 흡입성 폐렴 예방식 개발

4) 사업내용

세부 사업명	사업 계획	구체적 실천내용	기대효과
급식지원 서비스	1일 3회	– 영양성분이 균형을 이루도록 식단을 제공한다. – 다양한 식재료와 조리법의 변화를 주어 식욕향상 및 체력회복을 도모한다. – 위생과 안전관리를 철저하게 실시한다. – 어르신 신체기능별 조리법을 활용한다. – 절기 및 행사에 따른 특별식 제공 – 명절, 정월대보름, 동지, 복날, 크리스마스, 연말행사, 생신잔치 등에 맞는 절기 음식을 고려한 식사를 제공한다.	식생활 관리를 통하여 건강유지·증진 특별식의 제공으로 심리적 안정을 도모한다.
간식	1일 1회	– 질환과 영양상태를 고려한 보충식 제공 – 당뇨환자를 위한 간식 : 유제품 및 저혈당의 간식(야채류) 제공 – 선호간식 및 영양보충간식 : 우유, 유산균, 요구르트, 과일, 주스, 고구마, 단호박, 찐감자 등 제공	개인별 선호 간식 제공으로 시설생활 만족도를 향상시킨다.
식단관리	주 1회	– 영양 관리와 간식관리를 위한 식단 준비 및 예산에 맞는 식단 작성, 후원물품의 활용 어르신의 상태에 맞는 식이 제공 및 특별식 제공	식단관리를 통한 영양분 섭취의 극대화 및 섭식에 대한 만족도 향상
식수관리	월 1회	정수기 필터 교체를 통한 안전한 식수제공	안전한 식수제공
위생교육	정기 및 수시	– 조리원 연 1회 건강검진 실시 – 조리원 주 1회 위생교육 실시 – 집기류 1일 3회 소독실시	청결한 주방관리로 음식물 및 집기류로 전염되는 2차적인 감염성 질환예방

III 세입 · 세출 예산계획

1. 세입 예산

예산서를 작성할 때는 관, 항, 목에 맞추어 작성해야 하며, 사회복지시설의 회계과목은 거의 비슷하나 사회복지시설정보시스템에서 제공하는 '장기요양기관 재무회계규칙 운영매뉴얼'[4)]을 참고하는 것이 좋다. 세입 예산을 편성할 때 주의할 사항과 아래 실례로 제시한 예산서 보는 방법은 아래와 같다.

첫째, 노인요양시설의 세입은 입소자 수 및 입소일과 시간에 따라 매월 건강보험공단에 청구해서 수령하는 장기요양급여수입(80%)과 입소자 또는 보호자로부터 수령하는 본인부담금(20%)이 기본이다. 여기에 인력추가배치에 따른 가산금이 추가될 수 있으며, 비급여 항목 중 식재료비와 상급침실이용에 따른 추가요금 그리고 직원 식사 대금이 있다.

둘째, 아래 세입 예산의 실례는 입소자 49명을 기준이며, 시설 운영 첫 달의 입소자가 5명이며 매달 늘어나는 구조로 예산 편성했다. 50명이 아닌 49명으로 편성한 이유는 입소자가 50명이 되면 필수인력이 6명 이상 추가 배치되어야 하기 때문이다.[5)]

셋째, 장기요양급여비용과 본인부담금은 정원이 아닌 실입소자 수에 맞추어야 정확하다. 일반적인 예산서의 경우 시설운영 첫 달부터 정원 수에 맞추어 산출하는 오류를 범하는 경우가 많다. 이 경우 세입이 지나치게 커지게 되어 현실성 없는 예산 편성이 되고 만다. 따라서 정원이 다 차기 전까지는 매월 달라질 것이 예상되는 입소자 수를 반영하여 산출할 필요가 있다.

넷째, 장기요양급여 및 본인부담금의 산출 근거가 되는 230만 원은 1등급부터 5등급까지의 1개월간 입소자 1인당 수입의 평균을 반영한 것이다. 즉, 시설에 몇 등급의 입소자가 들어올지 예측하기 어렵기 때문에 평균치를 반영한 것이며, 실제 평균은 2,292,900원이지만 예산에 반영한 금액은 230만 원이다. 이것은 세출 예산과 인건비 지출비율을 고려하여 근사치로 조정한 금액이다. 중증 수급자(1등급과 2등급)가 조금 더 많다면 평균 금액은 높아질 것이나 경증 수급자가 더 많으면 시설의 재정은 불리해질 것이다.

---

4) 인터넷 구글에서 '장기요양기관 재무회계규칙 운영매뉴얼'로 검색해서 다운받을 수 있다.
5) 이런 원리에 대해서는 '장기요양기관 수익구조의 원리' 편에서 자세히 다루고 있다.

표 8-7 시설급여 평균 비용(2023년 기준)

<table>
<tr><th colspan="2" rowspan="2"></th><th rowspan="2">등급</th><th colspan="2">1일 단가(원)</th><th colspan="3">전체 이용 한도(원)</th></tr>
<tr><th>책정</th><th>평균</th><th>29일</th><th>30일</th><th>31일</th></tr>
<tr><td rowspan="10">노인
요양
시설</td><td rowspan="5">2.3명당
1명</td><td>1등급</td><td>81,750</td><td rowspan="5">76,430</td><td rowspan="5">2,216,470</td><td rowspan="5">2,292,900</td><td rowspan="5">2,369,330</td></tr>
<tr><td>2등급</td><td>75,840</td></tr>
<tr><td>3등급</td><td rowspan="3">71,620</td></tr>
<tr><td>4등급</td></tr>
<tr><td>5등급</td></tr>
<tr><td rowspan="5">2.5명당
1명</td><td>1등급</td><td>78,250</td><td rowspan="5">72,600</td><td rowspan="5">2,105,400</td><td rowspan="5">2,178,000</td><td rowspan="5">2,250,600</td></tr>
<tr><td>2등급</td><td>72,600</td></tr>
<tr><td>3등급</td><td rowspan="3">66,950</td></tr>
<tr><td>4등급</td></tr>
<tr><td>5등급</td></tr>
<tr><td colspan="2" rowspan="5">노인요양
공동생활
가정</td><td>1등급</td><td>68,780</td><td rowspan="5">63,810</td><td rowspan="5">1,850,490</td><td rowspan="5">1,914,300</td><td rowspan="5">1,978,110</td></tr>
<tr><td>2등급</td><td>63,820</td></tr>
<tr><td>3등급</td><td rowspan="3">58,830</td></tr>
<tr><td>4등급</td></tr>
<tr><td>5등급</td></tr>
</table>

다섯째, 가산금 수입은 사회복지사 1인을 추가 배치함에 따라 공단으로부터 받게 될 금액을 말한다.[6] 입소자 30명 초과 시 사회복지사 1명으로 행정 업무를 수행하기 어려울 것을 예상하여 편성하였다.

여섯째, 식재료비와 상급침실료 역시 월 단위로 구분한 이유는 정원이 차기 전까지 매월 단위가 달라지고, 입소자 수에 따라 종사자 중 요양보호사의 수가 달라지기 때문이다. 입소자들의 한 끼 식사는 보통 3천 원 전후이고 하루에 3끼 식사와 간식 1회 제공을 할 때 보통 하루 1만 원 수준의 식비를 수납하는 시설이 많다. 상급침실 이용에 따른 추가요금은 1인실과 2인실 이용자들에게 본인부담금 외에 추가로 받는 금액을 의미한다. 1인실 이용이 2인실에 비해 단가가 높을 수 있지만 여기에서는 편의상 월 20만 원으로 편성했다.

일곱째, 법인이 아닌 개인이 운영하는 노인장기요양기관에서 국고보조금은 입소자 중 기초생활수급자에 대한 지자체 보조금을 의미한다. 입소자 중 기초생활수급자가 몇 명이 될지는 알 수 없으나 전체 입소자의 5~10% 정도로 예상할 수 있다.

여덟째, 차입금은 시설운영에 필요한 재정을 충당하기 위해 금융기관으로부터 차

6) 인력추가배치 가산금은 '장기요양기관 수익구조의 원리' 편에서 자세히 다루고 있다.

입한 차입금 수입으로 시설운영에 사용하였다는 것이 명확하게 회계 처리되어 있어야 이를 근거로 원금상환금이나 이자 지불금으로 지출할 수 있다.

아홉째, 직원들 역시 식비를 내고 식사를 해야 하는데, 주간 근무자들은 보통 한 달에 22일 근무하고 점심 식사만 하지만, 야간 근무자(요양보호사 등)의 경우 2끼 또는 3끼 식사를 할 경우가 있다. 그러나 야간근무 시 식사 여부는 변수가 많고 도시락을 준비하는 경우도 있기 때문에 여기에서는 편성하지 않았다.

표 8-8 노인요양시설 세입 예산의 예(2023년 기준)

과목			산출 근거			비고
관	항	목				
요양급여수입	요양급여수입	장기요양급여수입	1월	5 명 × 2,300,000 원 × 80 %	9,200,000	2023년 1인당 수가 (1~5등급) 평균 반영
			2월	10 명 × 2,300,000 원 × 80 %	18,400,000	
			3월	15 명 × 2,300,000 원 × 80 %	27,600,000	
			4월	20 명 × 2,300,000 원 × 80 %	36,800,000	
			5월	25 명 × 2,300,000 원 × 80 %	46,000,000	
			6월	29 명 × 2,300,000 원 × 80 %	53,360,000	
			7월	35 명 × 2,300,000 원 × 80 %	64,400,000	
			8월	40 명 × 2,300,000 원 × 80 %	73,600,000	
			9월	45 명 × 2,300,000 원 × 80 %	82,800,000	
			10월	49 명 × 2,300,000 원 × 80 %	90,160,000	
			11월	49 명 × 2,300,000 원 × 80 %	90,160,000	
			12월	49 명 × 2,300,000 원 × 80 %	90,160,000	
		소계			682,640,000	
		가산금*	1명 × 2,502,864원 × 6개월 = 15,017,184			사회복지사
		소계			15,017,184	
요양급여수입 계					697,657,184	
입소자부담금수입	입소비용수입	본인부담금	1월	5 명 × 2,300,000 원 × 20 %	2,300,000	2023년 1인당 수가 (1~5등급) 평균 반영
			2월	10 명 × 2,300,000 원 × 20 %	4,600,000	
			3월	15 명 × 2,300,000 원 × 20 %	6,900,000	
			4월	20 명 × 2,300,000 원 × 20 %	9,200,000	
			5월	25 명 × 2,300,000 원 × 20 %	11,500,000	
			6월	29 명 × 2,300,000 원 × 20 %	13,340,000	
			7월	30 명 × 2,300,000 원 × 20 %	13,800,000	
			8월	35 명 × 2,300,000 원 × 20 %	16,100,000	
			9월	40 명 × 2,300,000 원 × 20 %	18,400,000	
			10월	44 명 × 2,300,000 원 × 20 %	20,240,000	
			11월	44 명 × 2,300,000 원 × 20 %	20,240,000	
			12월	44 명 × 2,300,000 원 × 20 %	20,240,000	
		소계			156,860,000	
		식재료비	1월	5 명 × 10,000 원 × 30 일	1,500,000	하루 3끼 =9,000원 하루 간식 1회=1,000원
			2월	10 명 × 10,000 원 × 30 일	3,000,000	
			3월	15 명 × 10,000 원 × 30 일	4,500,000	
			4월	20 명 × 10,000 원 × 30 일	6,000,000	

구분	구분	구분	월	산출내역	금액	비고
			5월	25 명 × 10,000 원 × 30 일	7,500,000	
			6월	29 명 × 10,000 원 × 30 일	8,700,000	
			7월	35 명 × 10,000 원 × 30 일	10,500,000	
			8월	40 명 × 10,000 원 × 30 일	12,000,000	
			9월	45 명 × 10,000 원 × 30 일	13,500,000	
			10월	49 명 × 10,000 원 × 30 일	14,700,000	
			11월	49 명 × 10,000 원 × 30 일	14,700,000	
			12월	49 명 × 10,000 원 × 30 일	14,700,000	
		소계			111,300,000	
		상급침실 이용 추가료	1월	2 명 × 200,000 원	400,000	상급침실 (1, 2인실)
			2월	3 명 × 200,000 원	600,000	
			3월	5 명 × 200,000 원	1,000,000	
			4월	7 명 × 200,000 원	1,400,000	
			5월	10 명 × 200,000 원	2,000,000	
			6월	10 명 × 200,000 원	2,000,000	
			7월	12 명 × 200,000 원	2,400,000	
			8월	14 명 × 200,000 원	2,800,000	
			9월	16 명 × 200,000 원	3,200,000	
			10월	16 명 × 200,000 원	3,200,000	
			11월	16 명 × 200,000 원	3,200,000	
			12월	16 명 × 200,000 원	3,200,000	
		소계			25,400,000	
입소자 부담금 수입 계					293,560,000	
보조금 수입	보조금 수입	국고보조금		6개월 × 5명 × 2,300,000원 × 20%	13,800,000	
		시도보조금		특별위로금, 월동대책비 등	3,000,000	
		소계			16,800,000	
보조금 수입 계					16,800,000	
차입금	차입금	차입금			75,000,000	금융기관 차입금
차입금 계					75,000,000	
잡수입	잡수입	예금이자			100,000	
		기타잡수입			2,000,000	
		직원 식사비	1월	6.2 명 × 4,000 원 × 22 일	543,304	(1식 4천 원) 월 22일 근무 1식 기준
			2월	8.3 명 × 4,000 원 × 22 일	734,609	
			3월	10.5 명 × 4,000 원 × 22 일	925,913	
			4월	12.7 명 × 4,000 원 × 22 일	1,117,217	
			5월	14.9 명 × 4,000 원 × 22 일	1,308,522	
			6월	16.6 명 × 4,000 원 × 22 일	1,461,565	
			7월	20.2 명 × 4,000 원 × 22 일	1,779,130	
			8월	22.4 명 × 4,000 원 × 22 일	1,970,435	
			9월	24.6 명 × 4,000 원 × 22 일	2,161,739	
			10월	26.3 명 × 4,000 원 × 22 일	2,314,783	
			11월	26.3 명 × 4,000 원 × 22 일	2,314,783	
			12월	26.3 명 × 4,000 원 × 22 일	2,314,783	
		소계			18,946,783	
잡수입 계					21,046,783	
세입 합계				1,104,063,967		

* 해당월 가산기준금액(수급자별 급여비용 합의 80%) × [사회복지사 가산점수(1.4)/입소자 수] × 노인요양시설 서비스 유형점수(1)

2. 세출 예산

세입 예산은 대부분 입소자 수입이며 입소자로부터 나오는 수입 역시 정해져 있기 때문에 재량권이 별로 없지만, 세출 예산은 시설의 재량권이 주어지지만 매우 다양한 사항을 고려해야 하고 예산에 포함시킬지 말지를 결정해야 하는 번거로움이 있다. 세출 예산을 편성할 때 주의할 사항과 실례로 제시한 예산서 보는 방법은 아래와 같다.

첫째, 인건비는 노인복지법 시행규칙 [별표 4]의 '노인의료복지시설의 설치기준 및 직원배치기준'에서 제시된 인력기준에 맞추어서 편성해야 한다. 즉, 입소자 수에 따라 채용 및 배치해야 하는 인력과 그 숫자가 달라지기 때문에 주의해서 계산해야 한다.

둘째, 요양보호사의 경우 입소자 2.3명 당 1명 또는 2.5명 당 1명을 배치해야 하는 규정에 따라 입소자와 연동시켜야 하며, 이 때문에 입소자가 정원에 도달하기까지는 매월 인력의 수가 달라지도록 예산 편성하는 것이 좋다.

셋째, 인건비에서 직접 인력은 '인건비 지출비율'에 반영되는 인력을 의미하고, 간접 인력은 반영이 되지 않는 인력이다. 이렇게 구분한 이유는 전체 장기요양수입에서 직접 인력이 차지하는 비율, 즉 '인건비 지출비율'에 맞게 예산 편성해야 하기 때문이다.

넷째, 장기요양 종사자 중에는 60세 이상자가 상당히 많기 때문에 사회보험료 계산에서 이를 반영해야 한다. 즉, 사회보험료에서 60세 이상 인력은 국민연금 보험료를 납부하지 않도록 편성해야 하며, 여기에서는 전체 직원 중 50%가 60세 이상자인 것으로 산출했다.

다섯째, 명절휴가비와 교통비는 지급 규정이 따로 없으므로 예산에 편성하지 않아도 되지만 직원복지 차원에서 권장하는 바이며, '인건비 지출비율'을 고려할 때 편성이 불가피할 수 있다.

여섯째, 업무추진비에 포함시켜야 하는 것은 분기별로 열리는 '시설운영위원회'이며, 회의에 소요되는 간식이나 식사 등을 고려하여 편성한다. 나머지는 사업만 진행할 뿐 예산에 반영하지 않아도 되지만 예산 상황을 고려하여 편성할지 말지를 결정하면 된다.

일곱째, 수용비 및 수수료에서 사무용품 구입이나 각종 렌탈료 등은 예산 편성 당시 이미 갖추어진 시설 등을 파악하여 추가로 구입 또는 렌탈이 필요할지 여부를 결정한다.

여덟째, 공공요금 및 제세공과금은 시설 규모 및 장비, 입소자 수, 업무방식, 냉난방 방식, 운행 차량 유형 등에 따라 매우 달라지기 때문에 신중을 기할 필요가 있다. 이 부분의 예산은 가급적 유사한 시설에 문의하여 추정할 필요가 있으며, 보험회사 등에 연락해서 사전에 견적을 받아볼 필요가 있다.

아홉째, 기타 운영비에서 직원 피복비는 제공 의무는 아니지만 대부분 앞치마나 티셔츠 정도로 예상하면 된다. 노무관리와 회계 및 세무 기장은 다소 비용이 들더라도 만약의 사태를 대비하기 위해서 전문가에게 의뢰하는 것이 좋다.

열째, 시설비에서 자산취득비는 예산 편성 당시 시설의 장비나 물품의 상황을 고려하여 추후 구입이 필요하다고 판단되면 견적을 뽑아 편성한다. 시설장비 유지비에서 CCTV, 방역/소독, 승강기 안전대행, 저수조 청소 등은 필수적으로 예산에 편성해야 하며, 시설에 따라서는 보안 시설을 비롯하여 추가적인 비용이 소요될 수 있다.

열한째, 생계비와 직원 식사비는 세입 예산에 편성했던 내용과 일치해야 한다. 즉, 식사재료비로 수납한 비용은 오로지 식재료에 온전히 투여되어야 하기 때문이다. 예컨대, 조리에 필요한 주방용품을 구입하거나 가스요금에 포함시키거나 조리원 인건비로 지출하면 크게 문제가 된다.

열두째, 수용기관 경비는 기저귀를 포함한 입소자 개인용품 구입비이며, 기저귀는 입소자 또는 보호자에게 별도 수납해서는 안 된다. 의료비는 상비약이나 간호조무사가 간단히 처치할 수 있는 간호 용품이 해당되며, 물리치료를 주력 사업으로 할 경우 관련 용품 구입비를 추가 편성할 필요가 있다.

열셋째, 냉난방비는 시설 규모와 구조, 단열 수준, 냉난방 방식과 연료 종류, 창구조 및 재질 등에 따라 매우 편차가 크기 때문에 예산 편성이 까다롭다. 따라서 예산 편성을 위해서는 유사 규모의 시설에 문의하거나 자체 연구가 필요한 부분이다.

열넷째, 프로그램 사업비는 프로그램 재료 구입비와 각종 행사비가 해당된다. 시설 설립 직후에는 시설 홍보 차원에서 가급적 행사를 자주하는 것을 권한다. 즉, 각종 행사 시 입소자와 직원 외에도 보호자를 비롯하여 지역 주민들이 참여할 수 있도록 하는 것이 유리하다. 이에 따라 추가적인 행사가 필요하다면 예산에 반영할 수 있다.

열다섯째, 인건비와 운영비를 지출하고 잉여(순수익)가 발생할 것으로 예상되는 범위에서 "기타전출금"으로 예산을 편성한 후 지출할 수 있으며, 지출범위에 대한 제한 규정은 없다. 이를 위해서는 반드시 '인건비 지출비율' 이상 지출할 수 있는 금액으로 인건비가 예산에 편성되어야 한다. 세출 예산이 모두 편성된 상태에서도 남은 금액이 있으면 이는 모두 기타 전출금으로 편성할 수 있으며, 이것은 사용자가 임의대로 사용할 수 있다.

마지막으로, 세입 예산과 세출 예산은 정확히 일치해야 한다.

표 8-9 노인요양시설 세출 예산의 예(2023년 기준)

과목			구분	산출근거				비고
관	항	목						
사무비	인건비	급여	간접인력	시설장		1명 × 12개월 × 2,300,000원	27,600,000	인건비 지출비율 미포함 대상
				조리원1		1명 × 12개월 × 2,050,000원	24,600,000	
				조리원2		1명 × 6개월 × 2,050,000원	12,300,000	
				위생원		1명 × 6개월 × 2,050,000원	12,300,000	
				소계			76,800,000	
			직접인력	사회복지사1		1명 × 12개월 × 2,100,000원	25,200,000	인건비 지출비율 포함 대상 매월 입소자 수가 달라지므로 매월 요양보호사 수도 달라짐
				사회복지사2		1명 × 6개월 × 2,100,000원	12,600,000	
				간호조무사1		1명 × 12개월 × 2,100,000원	25,200,000	
				간호조무사2		1명 × 6개월 × 2,100,000원	12,600,000	
				물리치료사		1명 × 6개월 × 2,300,000원	13,800,000	
				요양보호사	1월	2.2명 × 2,212,000원	4,808,696	
					2월	4.3명 × 2,212,000원	9,617,391	
					3월	6.5명 × 2,212,000원	14,426,087	
					4월	8.7명 × 2,212,000원	19,234,783	
					5월	10.9명 × 2,212,000원	24,043,478	
					6월	12.6명 × 2,212,000원	27,890,435	
					7월	15.2명 × 2,212,000원	33,660,870	
					8월	17.4명 × 2,212,000원	38,469,565	
					9월	19.6명 × 2,212,000원	43,278,261	
					10월	21.3명 × 2,212,000원	47,125,217	
					11월	21.3명 × 2,212,000원	47,125,217	
					12월	21.3명 × 2,212,000원	47,125,217	
				소계			446,205,217	
		사회보험부담금	간접인력	국민연금	60세 이상			60세 이상자 (국민연금) 전체의 50%로 반영
					60세 미만	4.5% × 76,800,000원	1,728,000	
				건강보험		3.55% × 76,800,000원	2,726,400	
				요양보험		0.454% × 76,800,000원	348,672	
				고용보험		1.15% × 76,800,000원	883,200	
				산재보험		0.76% × 76,800,000원	583,680	
				소계			6,269,952	

			직접 인력	국민연금	60세 이상			
					60세 미만	4.5% × 446,205,217원	10,039,617	
				건강보험		3.55% × 446,205,217원	15,840,285	
				요양보험		0.454% × 446,205,217원	2,025,772	
				고용보험		1.15% × 446,205,217원	5,131,360	
				산재보험		0.76% × 446,205,217	3,391,160	
				소계			**36,428,194**	
		퇴직 적립금	간접	8.33% × 76,800,000원			6,400,512	
			직접	8.33% × 446,205,217원			37,186,743	
				소계			**43,587,255**	
		각종 수당	간접 인력	명절휴가비	1월	2명 × 50,000원	200,000	
					9월	4명 × 50,000원	400,000	
			직접 인력		1월	4명 × 50,000원	400,000	
					9월	25명 × 50,000원	2,300,000	
				소계			**3,300,000**	
			간접 인력	교통비 지원	(1월~6월) 1명 × 50,000원		600,000	
					(7~12월) 3명 × 50,000원		1,200,000	
				소계			**1,800,000**	
			직접 인력	교통비 지원	1월	4.2명 × 50,000원	208,696	매월 종사자 수가 변화하므로 월별로 교통비 산출
					2월	6.3명 × 50,000원	317,391	
					3월	8.5명 × 50,000원	426,087	
					4월	11명 × 50,000원	534,783	
					5월	13명 × 50,000원	643,478	
					6월	15명 × 50,000원	730,435	
					7월	18명 × 50,000원	910,870	
					8월	20명 × 50,000원	1,019,565	
					9월	23명 × 50,000원	1,128,261	
					10월	24명 × 50,000원	1,215,217	
					11월	24명 × 50,000원	1,215,217	
					12월	24명 × 50,000원	1,215,217	
				소계			**9,565,217**	
	인건비 소계						623,955,836	
	인건비 지출비율			직접인력(532,085,372원) /총수입(854,517,184)×100			62.3%	
	업무추진비	기관운영비		시설장모임회비		20,000원 × 12개월	240,000	
		직책보조비		시설장 보조비		100,000원 × 12개월	1,200,000	
		회의비		월례회의비		100,000원 × 12개월	1,200,000	
				시설운영위원회		100,000원 × 4회	400,000	
				보호자 간담회		100,000원 × 4회	400,000	
				소계			**3,440,000**	
	업무추진비 소계						**3,440,000**	

	운영비	여비	출장 여비		50,000원 × 12개월	600,000	
			소계			**600,000**	
		수용비 및 수수료	사무용품 구입		100,000원 × 12개월	1,200,000	렌탈이 필요하지 않으면 생략
			렌탈료	복사기	30,000원 × 12개월	360,000	
				세단기	30,000원 × 12개월	360,000	
				정수기	20,000원 × 2개 × 12개월	480,000	
				청정기	30,000원 × 2개 × 12개월	720,000	
			인쇄	전단/명함	150,000원 × 2회	300,000	
				현수막	50,000원 × 3개 × 4회	600,000	
			각종 수수료		150,000원 × 12개월	1,800,000	
			기타 용품구입		200,000원 × 12개월	2,400,000	
			소계			**8,220,000**	
		공공요금 및 제세공과금	협회비		50,000원 × 6회	300,000	보험의 경우 보험사의 견적을 사전에 받아 편성
			우편/전화/팩스		100,000원 × 12개월	1,200,000	
			인터넷 사용료		50,000원 × 12개월	600,000	
			상하수도/오물수거		250,000원 × 12개월	3,000,000	
			전기요금		700,000원 × 12개월	8,400,000	
			보험	화재	500,000원	500,000	
				영업배상	800,000원	800,000	
				전문인배상	50명 × 40,000원	2,000,000	
				재정보증	40,000원 × 2명	80,000	
				자동차보험	500,000원 × 2대	1,000,000	
			자동차 세금		700,000원 × 2대 × 2회	2,800,000	
			기타 보험료 등		200,000원 × 2회	400,000	
			소계			**21,080,000**	
		차량비	주유비		100,000원 × 2대 × 12개월	2,400,000	
			차량 정비/소모품		300,000원 × 2대 × 4회	2,400,000	
			소계			**4,800,000**	
		기타 운영비	직원 피복비		30명 × 50,000원	1,500,000	
			노무관리 자문		100,000원 × 12개월	1,200,000	
			회계세무 기장		100,000원 × 12개월	1,200,000	
			소계			**3,900,000**	
	운영비 소계					38,600,000	
사무비 소계						664,692,556	
재산조성비	시설비	시설비	인테리어 공사			–	사안 발생시
			냉난방기 설치			–	
						–	
		자산취득비	사무기기 구입		1,000,000원 × 4회	4,000,000	
			주방 용품 구입		1,000,000원 × 4회	4,000,000	
			시설 내 가구		500,000원 × 4회	2,000,000	
			기타 자산 취득		1,000,000원 × 4회	4,000,000	
			소계			**14,000,000**	

		시설장비 유지비	환경조성비	100,000원 × 12개월	1,200,000	요양시설은 24시간 상주하므로 보안설비 생략함
			비품수선비	100,000원 × 12개월	1,200,000	
			CCTV 관리비	100,000원 × 12개월	1,200,000	
			건물 보안(텔레캅)			
			시설 방역/소독	100,000원 × 12개월	1,200,000	
			승강기 안전대행	200,000원 × 12개월	2,400,000	
			저수조 청소	300,000원 × 2회	600,000	
			소계		7,800,000	
재산조성비 소계					21,800,000	
사업비	운영비	생계비 (입소자 식사제공)	1월	5명 × 10,000원 × 30일	1,500,000	세입의 생계비와 동일하게 편성
			2월	10명 × 10,000원 × 30일	3,000,000	
			3월	15명 × 10,000원 × 30일	4,500,000	
			4월	20명 × 0,000원 × 30일	6,000,000	
			5월	25명 × 10,000원 × 30일	7,500,000	
			6월	29명 × 10,000원 × 30일	8,700,000	
			7월	35명 × 10,000원 × 30일	10,500,000	
			8월	40명 × 10,000원 × 30일	12,000,000	
			9월	45명 × 10,000원 × 30일	13,500,000	
			10월	49명 × 0,000원 × 30일	14,700,000	
			11월	49명 × 10,000원 × 30일	14,700,000	
			12월	49명 × 10,000원 × 30일	14,700,000	
			소계		111,300,000	
		직원 식사	1월	6.2명 × 4,000원 × 22일	543,304	세입의 직원 식사비와 동일하게 편성
			2월	8.3명 × 4,000원 × 22일	734,609	
			3월	11.5명 × 4,000원 × 22일	925,913	
			4월	12.7명 × 4,000원 × 22일	1,117,217	
			5월	14.9명 × 4,000원 × 22일	1,308,522	
			6월	16.6명 × 4,000원 × 22일	1,461,565	
			7월	20.2명 × 4,000원 × 22일	1,779,130	
			8월	22.4명 × 4,000원 × 22일	1,970,435	
			9월	24.6명 × 4,000원 × 22일	2,161,739	
			10월	26.3명 × 4,000원 × 22일	2,314,783	
			11월	26.3명 × 4,000원 × 22일	2,314,783	
			12월	26.3명 × 4,000원 × 22일	2,314,783	
			소계		18,946,783	
		수용기관 경비	1월	5명 × 50,000원	250,000	입소자 기저귀, 개인 위생용품
			2월	10명 × 50,000원	500,000	
			3월	15명 × 50,000원	750,000	
			4월	20명 × 50,000원	1,000,000	
			5월	25명 × 50,000원	1,250,000	
			6월	29명 × 50,000원	1,450,000	

관	항	목	세목	산출내역	금액	비고
			7월	35명 × 50,000원	1,750,000	
			8월	40명 × 50,000원	2,000,000	
			9월	45명 × 50,000원	2,250,000	
			10월	49명 × 50,000원	2,450,000	
			11월	49명 × 50,000원	2,450,000	
			12월	49명 × 50,000원	2,450,000	
			소계		18,550,000	
		의료비	의료용품	100,000원 × 12개월	1,200,000	
			간호기구	100,000원 × 12개월	1,200,000	
			물리치료 용품	200,000원 × 12개월	2,400,000	
			소계		4,800,000	
		연료비	난방(가스요금)	1,500,000원 × 12개월	18,000,000	
			취사(가스요금)	500,000원 × 12개월	6,000,000	
			소계		24,000,000	
	운영비 소계				179,506,000	
	프로그램사업비	프로그램 사업비	프로그램 재료구입	150,000원 × 12개월	1,800,000	
			공연팀 초청	500,000원 × 2회	1,000,000	
			생신잔치	150,000원 × 12개월	1,800,000	
			개원기념행사	1,500,000원 × 1회	1,500,000	
			어버이날 행사	500,000원 × 1회	500,000	
			노인의날 행사	500,000원 × 1회	500,000	
			성탄송년행사	500,000원 × 1회	500,000	
			봉사자 관리비	100,000원 × 12개월	1,200,000	
			소계		8,800,000	
	프로그램 소계				8,800,000	
사업비 소계					186,396,783	
전출금	전출금	기타전출금			164,000,000	
전출금 소계					164,000,000	
부채상환금	부채상환금	원금상환금			50,000,000	
		이자지불금			7,000,000	
부채상환금 소계					57,000,000	
잡지출	잡지출	잡지출			2,000,000	
잡지출 소계					2,000,000	
예비비	예비비	예비비			6,871,348	
예비비 소계					6,871,348	
세출 합계				1,104,063,966		

6) 첨부서류 4 : 소유권증명서류 및 전기안전점검확인서

‘시설을 설치할 토지 및 건물의 소유권을 증명할 수 있는 서류’는 「법인 등기사항증명서(법인인 경우만 해당)」, 「건물등기부 등본」이 해당된다. 토지와 건물의 소유 관련 서류는 해당 관청에 가서 발급받으면 된다.

다음으로 「전기안전점감확인서」도 첨부해야 한다. 건물을 준공하면 대부분 전기공사업체에서 안전점검을 실시하게 되는데, 「국가기술자격법」에 따른 전기 분야 산업기사 이상의 자격이 있는 사람이 확인을 해줘야 한다. 기존 시설을 인수하는 경우에도 전기안전점검을 받아야 하므로 기존 시설 인수의 경우 전기설비가 잘 되어 있는 곳을 인수하는 것이 좋다. 점검을 마치면 해당 업체에서 아래와 같은 확인서를 한국전기안전공사로부터 발급받아 제공해준다.

KESCO

전기안전점검 확인서

발행번호 제 호 고객번호 :

신청인	대표자 성명		전화번호	
	회사명 또는 상호			
	주소			
점검결과	점검전기설비	380.0V / 65kW		
	점검연월일	2021년 3월 2일		
	점검자	소속 경기지역본부	성명	
	판정	적합		

기타 :

「전기사업법」 제66조의2에 따라 전기안전점검을 하고 같은 법 시행규칙 제38조제3항에 따라 위와 같이 확인서를 발급합니다.

2021년 3월 2일

한국전기안전공사 사장

점검신청인 귀하

※ 이 확인서는 사무관리규정에 의하여 전자직인으로 발행되었습니다.

■ 전기사업법 시행규칙 [별지 제34호서식] <개정 2012.10.5>

전기안전점검 확인서

발행번호: 제 호

신청인	대표자 성명		전화번호	
	회사명 또는 상호			
	주소			
점검결과	점검전기설비			
	점검연월일			
	점검자	소속	성명	㊞
	판정	적합		

기타

「전기사업법」 제66조의2에 따라 전기안전점검을 하고 같은 법 시행규칙 제38조제3항에 따라 위와 같이 확인서를 발급합니다.

년 월 일

한국전기안전공사사장 직인

점검신청인 귀하

| 그림 8-4 | 전기안전점검 확인서

04 노인요양시설 장기요양기관 지정신청서

1) 장기요양기관 지정신청서 작성방법

노인복지법에 따른 「노인의료복지시설 설치신고서」 및 첨부서류를 준비했다면, 노인장기요양보험법에 따른 「장기요양기관 지정(갱신)신청서」 작성 및 첨부서류를 준비해야 한다.

「장기요양기관 지정(갱신)신청서」는 노인장기요양보험법 시행규칙 [별지 제19호 서식]을 다운받아 작성하고 첨부서류인 '일반현황 · 인력현황 및 시설현황을 적은 서류 각 1부', '사업계획서 및 운영규정 각 1부', '사업자등록증 및 고유번호증 사본 각 1부'를 작성하여 첨부해야 한다. 여기에서 '사업자등록증 및 고유번호증'은 「노인복지시설 설치신고확인증」과 「장기요양기관지정서」가 발급되지 않은 상태이므로 생략한다.[7]

7) 지정신청이 아닌 갱신신청의 경우에는 사업자등록증 및 고유번호증을 첨부한다.

표 8-10 장기요양기관 지정신청서 작성 방법

■ 노인장기요양보험법 시행규칙 [별지 제19호 서식] 〈개정 2019.9.27.〉

장기요양기관 지정신청서(시설 및 재가 공통서류)

<table>
<tr><td>접수번호</td><td colspan="2">접수일자</td><td colspan="2">처리기간 7일</td></tr>
<tr><td rowspan="2">신청인
(대표자)</td><td colspan="2">① 성명 홍 길 동</td><td colspan="2">② 주민등록번호 000010-0000000</td></tr>
<tr><td colspan="2">③ 주소 충북 청주시 청원구 ○○동
000-000</td><td colspan="2">④ 전화번호 043)000-0000</td></tr>
<tr><td>⑤ 기관명</td><td colspan="4">새희망노인요양원</td></tr>
<tr><td>⑥ 법인등록번호</td><td colspan="2">-</td><td>⑦ 법인명</td><td></td></tr>
<tr><td>⑧ 고유번호</td><td colspan="4">80-○○○-○○○</td></tr>
<tr><td>⑨ 설립 형태</td><td colspan="4">[ ]국가 [ ]지방자치단체 [ ]법인( )
[✓]개인 [ ]기타( )</td></tr>
<tr><td rowspan="3">⑩ 기관유형
(급여종류)</td><td rowspan="2">시설</td><td>노인요양시설</td><td colspan="2">[✓]노인요양시설 [ ]노인요양시설 내 치매전담실 가형
[ ]노인요양시설 내 치매전담실 나형</td></tr>
<tr><td>노인요양
공동생활가정</td><td colspan="2">[ ]노인요양공동생활가정
[ ]치매전담형 노인요양공동생활가정</td></tr>
<tr><td>재가</td><td>재가노인
복지시설</td><td colspan="2">[ ]방문요양 [ ]방문목욕 [ ]방문간호 [ ]단기보호
[ ] 주·야간보호 [ ] 치매전담형 주·야간보호</td></tr>
<tr><td rowspan="2">⑪ 소재지</td><td colspan="4">우편번호: (○○○○○) 충북 청주시 청원구 ○○동 000-000</td></tr>
<tr><td colspan="2">전화 043)000-0000</td><td>팩스번호 043)000-0000</td><td>E-mail Silver@naver.com</td></tr>
</table>

「노인장기요양보험법」 제31조 및 같은 법 시행규칙 제23조에 따라 장기요양기관 지정을 신청합니다.

2023 년 1 월 1 일

신청인(대표자) 홍 길 동 (서명 또는 인)

특별자치시장 · 특별자치도지사 · 시장 · 군수 · 구청장 귀하

첨부서류	1. 일반현황·인력현황 및 시설현황을 적은 서류 각 1부 ※ 각 서류는 이 서식 제2쪽부터 제6쪽까지의 양식에 작성하여 제출합니다. 2. 사업계획서 및 운영규정 각 1부 3. 사업자등록증 또는 고유번호증 사본 1부(특별자치시장·특별자치도지사·시장·군수·구청장이 「전자정부법」 제36조 제1항에 따른 행정정보의 공동이용을 통하여 확인할 수 있는 경우에는 그 확인으로 첨부서류를 갈음합니다)	수수료 없음

위 본인은 장기요양기관으로 지정받은 후 「노인장기요양보험법」 제34조에 따라 국민건강보험공단이 운영하는 인터넷 홈페이지(www.longtermcare.or.kr)에 장기요양기관회원으로 가입하여 장기요양급여의 내용, 시설·인력 등의 현황자료 등을 성실히 게시할 것을 서약하며, 본인이 홈페이지에 게시한 정보가 변경되었거나 사실과 다를 경우에는 공단이 이를 확인하여 직접 수정하는 것에 동의합니다.

신청인(대표자) 홍 길 동 (서명 또는 인)

2) 첨부서류 1 : 일반현황 작성방법

일반현황에서 '장기요양기관기호'는 신청자가 작성하는 것이 아니라 시 · 군 · 구 담당자가 작성하므로 생략한다. 설치신고 일자는 장기요양지정신청서에 기입된 날짜와 동일하게 작성하고, 급여 종류에는 '시설급여'로 적고 정원을 작성한다. 다만, 정원 작성 시 주의할 사항이 있다.

시설 규모에 맞추어 정원을 기입하면 그에 따라 종사자 수를 맞추어야 하고, 인력 현황에서 전체 종사자들의 주민등록번호나 자격증 번호까지 입력해야 한다. 이것이 가능하려면 시설 설치도 되기 전에 정원에 맞게 모든 입소자가 입소했다는 가정하에 종사자를 미리 채용해야 한다. 예컨대, 요양보호사는 입소자 2.3명 당 1명 또는 2.5명 당 1명을 확보해야 하는데, 정원을 50명으로 작성할 경우 요양보호사는 20명에서 22명이 필요하고 그에 맞추어 이력서와 근로계약서를 첨부해야 한다.

이 같은 상황을 고려한다면 시설 규모가 50명 입소 가능한 곳이더라도 설치 당시에는 9명 또는 그보다 조금 많게 신고한 후 입소자 증가에 맞추어 시설변경신청서를 제출하는 것이 유리할 수 있다. 마지막으로 기관 규모는 등기부등본이나 건축물대장에 기재된 면적을 작성한다.

표 8-11 첨부서류 : 일반현황

일 반 현 황 (시설 및 재가 공통서류)

<table>
<tr><td rowspan="2">① 기관명</td><td colspan="4" rowspan="2">○○노인요양원</td><td colspan="2" rowspan="7">④ 입소(이용) 정원</td><td colspan="4">급여 종류</td><td colspan="2">정 원</td></tr>
<tr><td colspan="4">총 원</td><td colspan="2">18 명</td></tr>
<tr><td rowspan="2">② 장기요양 기관기호</td><td colspan="4" rowspan="2">시 · 군 · 구에서 작성</td><td colspan="4">시설급여</td><td colspan="2">18 명</td></tr>
<tr><td colspan="4"></td><td colspan="2"></td></tr>
<tr><td rowspan="3">③ 설치신고 일자</td><td colspan="4" rowspan="3">2023년 1월 1일</td><td colspan="4"></td><td colspan="2"></td></tr>
<tr><td colspan="4"></td><td colspan="2"></td></tr>
<tr><td colspan="4"></td><td colspan="2"></td></tr>
<tr><td rowspan="3">⑤ 직원현황</td><td rowspan="2">총원</td><td rowspan="2">시설의 장 (관리책임자)</td><td colspan="9">자격(면허) 보유자</td><td rowspan="2">기타</td></tr>
<tr><td>소계</td><td>사회복지사</td><td>의사</td><td>간호사</td><td>간호조무사</td><td>치과위생사</td><td>요양보호사</td><td>물리(작업)치료사</td><td>영양사</td></tr>
<tr><td>명</td><td>1</td><td></td><td>1</td><td></td><td></td><td>1</td><td></td><td>8</td><td></td><td></td><td>1</td></tr>
<tr><td>⑥ 기관규모</td><td>대지 면적</td><td colspan="2">700㎡</td><td>건물 면적</td><td colspan="2">400㎡</td><td>소유 형태</td><td colspan="5">1. 자가 2. 임대 3. 법인소유
4. 무상임대 5. 국가소유(위탁)
6. 지자체소유(위탁)</td></tr>
<tr><td>⑦ 홈페이지 주소</td><td colspan="12">홈페이지가 있으면 작성</td></tr>
</table>

3) 첨부서류 2 : 인력현황 작성방법

인력현황은 양식 뒷면의 '작성방법 및 유의사항'을 참고하면서 작성할 필요가 있으며 작성 시 유의할 사항은 다음과 같다.

첫째, 앞서 일반현황의 ⑤ 직원현황과 일치해야 한다.

둘째, 직원들의 관련 자격증(사본)과 주민등록등본을 미리 확보해야 하고, 근로계약을 체결해야 한다.[8)]

셋째, 인력현황에 작성된 직원들이 시설 설치 이후 반드시 근로해야 하는 것은 아니다. 최초 설치신고 당시에 인력현황을 작성해서 제출했더라도 사업을 본격적으로 시작할 때 실제로 근무할 직원을 대상으로 한 번 더 인력현황 신고를 해야 한다.

넷째, 근무형태에서 전임, 겸임, 시간제 작성 시 주의해야 한다. 전임과 겸임의 기준은 요양시설과 재가기관에서 동시에 일하는지 여부를 말한다. 예컨대, 요양시설과 재가기관을 동시에 운영하는 곳에서 사회복지사, 간호사, 물리치료사, 조리원 등은 양쪽 모두에 소속되어 일하는 인력은 겸임으로 기재한다. 반면, 요양보호사는 요양시설 또는 재가기관 중 어느 한 곳에서만 소속되어 일할 수밖에 없는 구조이므로 전임으로 표기한다. 시간제의 대표적인 사례는 방문요양보호사가 있다.

다섯째, 입사일과 근무 시작일은 계약일도 함께 고려할 필요가 있다. 예를 들면, 설치신고를 위해 근로계약을 맺었다면 그날은 '계약일'이 된다. 그러나 아직 시설 지정이 되지 않았으므로 '입사일'은 지정 이후가 되어야 한다. 따라서 '입사일'은 시설 지정이 결정 난 직후로 정해야 하므로 설치신고 서류를 시 · 군 · 구에 제출한 이후 약 1개월 후로 기재하는 것이 무난하다. 또한 노인요양시설에서 근무 시작일과 입사일은 동일한 경우가 일반적이다.

---

8) 종사자 근로계약서 역시 지정 심사 서류에 포함된다.

표 8-12 첨부서류 : 인력현황

[첨부서류 2] 인력(변경) 현황 (제3쪽)

인력(변경) 현황 (시설 및 재가 공통서류)

급여 종류 및 기관 유형	구분	내용
급여 종류 및 기관 유형	노인요양시설	[✓]노인요양시설 [ ]치매전담실 가형① [ ]치매전담실 가형② [ ]치매전담실 나형① [ ]치매전담실 나형②
	노인요양 공동요양시설	[ ]노인요양공동생활가정 [ ]치매전담형 노인요양공동생활가정
	재가노인 복지시설	[ ]방문요양 [ ]방문목욕 [ ]방문간호 [ ]단기보호 [ ]주·야간보호 [ ]치매전담형 주·야간보호

연번	① 직종	② 이름	③ 주민등록번호	④ 자격종류(면허종류)	⑤ 자격번호(면허번호)	⑥ 자격증 취득일	⑦ 근무형태	⑧ 입사/퇴사/휴직/복직일	⑨ 근무시작일/근무종료일	⑩ 치매전문 교육 이수여부
1	11	심청이	○○○○○○ – ○○○○○○○	12	제2020–○○○○ ○○○호	2020. ○○. ○○	전임	2023. 02.02	2023. 02.02	×

4) 첨부서류 3 : 시설현황 작성방법

시설현황은 시설종류별 개수를 기재하면 된다. 치매전담 요양시설도 마찬가지로 시설의 개수를 기재하면 되고, 공동거실과 옥외공간 여부에 따라 ○ × 표시를 하면 된다.

표 8-13 첨부서류 : 시설현황(시설)

[첨부서류 3] 시설(변경) 현황 (제5쪽)

시설(변경) 현황(시설급여의 경우)

[✓]노인요양시설 [ ]노인요양시설 내 치매전담실 가형( ) [ ]노인요양시설 내 치매전담실 나형( )
[ ]노인요양공동생활가정 [ ]치매전담형 노인요양공동생활가정

시설 현황

구 분	침실(생활실)	사무실	의료 및 간호사실	물리(작업) 치료실	프로그램실	식당/조리실	화장실	세면장/목욕실	세탁장 건조장
개 소	13	1	1	1	1	1	6	1	1

침실 현황

구 분	1인실	2인실	3인실	4인실	특별침실	기타
개 소	4	3	2	3	1	

노인요양시설 내 치매전담실 시설 현황

※ 해당 시설의 설치 여부를 "ㅇ" 또는 "X"로 기재합니다.

구 분 / 급여형태	침실	공동거실						옥외공간
		화장실	오물처리	세면 및 간이욕실	간이주방	식사공간	간이세탁 및 수납공간	
치매전담실 가형①								
치매전담실 가형②								
치매전담실 나형①								
치매전담실 나형②								

노인요양시설 내 치매전담실 침실 현황

구 분 / 급여형태	1인실	2인실	3인실	4인실	특별침실	기타
치매전담실 가형①(개소)						
치매전담실 가형②(개소)						
치매전담실 나형①(개소)						
치매전담실 나형②(개소)						

치매전담형 노인요양공동생활가정 시설현황

※ 해당 시설의 설치 여부를 "ㅇ" 또는 "X"로 기재합니다.

구 분	공동거실	옥외공간
설치 여부	○	○

5) 첨부서류 4 : 운영규정 작성방법

시설 운영규정이란 어떠한 특정 시설을 운영하고 관리하기 위한 규칙을 정하여 효율적인 운영을 하기 위한 문서이다. 노인요양시설의 운영규정은 노인복지법 시행 규칙 [별표 5]의 '노인의료복지시설의 운영기준'에서 운영규정에 반드시 포함되어야 할 내용이 적시되어 있다. 노인요양시설의 운영규정에 포함될 사항은 아래와 같다.

표 8-14 노인의료복지시설 운영규정 포함사항

(1) 입소정원 및 모집방법 등에 관한 사항
(2) 입소계약에 관한 사항(계약기간, 계약목적, 입소보증금, 월이용료 기타 비용부담액, 신원인수인의 권리·의무, 계약의 해제, 입소보증금의 반환 등에 관한 사항을 포함한다)
(3) 입소보증금·이용료 등 비용에 대한 변경방법 및 절차 등에 관한 사항
(4) 서비스의 내용과 그 비용의 부담에 관한 사항
(5) 특별한 보호를 필요로 하는 경우에는 그 서비스기준과 비용에 관한 사항
(6) 의료를 필요로 하는 경우에는 그 구체적인 처리절차
(7) 시설물 사용상의 주의사항 등에 관한 사항
(8) 서비스 제공자의 배상책임·면책범위에 관한 사항
(9) 운영규정의 개정방법 및 절차 등에 관한 사항
(10) 운영위원회의 설치·운영에 관한 사항

운영규정은 노인장기요양기관에서만 사용되는 것이 아니라 모든 사회복지시설에서 갖추어 놓아야 할 필수 문서이다. 운영규정 작성을 위한 참고 자료는 서울시사회복지협의회에서 시설 운영의 표준 가이드라인 제시를 위해 발간한 「사회복지시설 운영규정 표준안」이 있다.

「사회복지시설 운영규정 표준안」에는 총 9개 분야(규정관리, 윤리경영, 조직관리, 인사관리, 복무관리, 문서 및 업무관리, 재무회계 관리, 시설관리, 인권보장)의 정의, 관련 법령, 규정을 수록하였고 필요한 경우 운영세칙을 제시하고 있다. 대부분 노인장기요양기관에도 공통적으로 적용할 수 있는 내용이지만 노인요양시설과 재가노인복지설의 특성 그리고 노인복지법 시행규칙 [별표 5]와 [별표 10]에서 제시한 일부 내용이 누락되어 있다.

따라서 노인요양시설 운영규정을 작성하기 위해서는 「사회복지시설 운영규정 표준안」뿐 아니라 지정 심사에 통과한 시설의 운영규정을 비교해보면서 시설 상황에 맞게 수정 · 보완하는 것이 현실적이다.[9]

---

9) 인터넷 사이트 '구글'에서 노인요양시설 운영규정으로 검색하면 현재 운영 중인 시설의 운영규정을 어렵지 않게 다운받아 사용할 수 있다.

노인요양시설
(설립) 운영규정

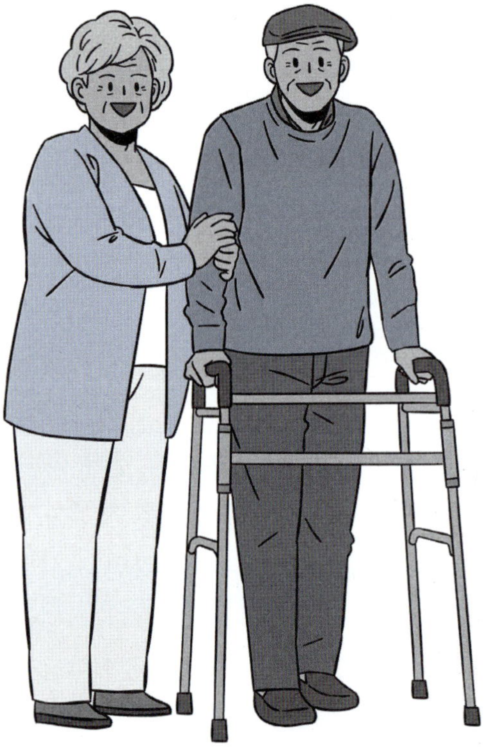

급여 유형	노인요양시설
시 설 명	
사업시작일	20 년 월 일
설립 지역	

목 차

제1장 총칙
제2장 시설 운영의 원칙
제3장 조직 및 업무분장
제4장 시설운영위원회의 설치 및 운영에 관한 사항
제5장 이용정원 및 모집방법
제6장 입소 계약에 관한 사항
제7장 이용료 등 비용 변경 방법 및 절차 등에 관한 사항
제8장 서비스의 내용과 그 비용의 부담에 관한 사항
제9장 특별한 보호가 필요한 경우 서비스 기준과 비용에 관한 사항
제10장 의료를 필요로 하는 경우 구체적인 처리절차
제11장 시설물 사용상의 주의사항 등에 관한 사항
제12장 서비스 제공자의 배상책임 및 면책범위에 관한 사항
제13장 규정의 개정 및 절차
제14장 인사규정
제15장 복무규정
제16장 보수
제17장 퇴직급여제도
제18장 안전과 보건에 관한 사항
제19장 재무 및 회계관리 규정
제20장 물품관리
제21장 시설관리

제1장 총칙

제1조 목적은 '요양기관 사업의 효율적이고 원활한 운영을 목적으로 한다'와 같이 간단히 작성해도 되지만 예시와 같이 부가 설명을 함으로써 노인요양시설의 정체성 또는 명분을 강조해서 작성할 수도 있다. 제2조에서는 시설의 명칭을 기재하고, 제3조에서는 시설의 주소를 작성한다. 제4조 사업의 내용은 앞서 작성된 '사업계획서'에 제시된 사업들의 제목만 간단히 기재한다.

예시

제1장 총칙

제1조(목적) 본 규정은 노인복지법 제34조 4항 및 노인장기요양보험법 제31조 장기요양기관 지정에 의하여 ㅇㅇ노인요양원(이하 '요양원'이라 한다)의 조직과 운영에 관한 제반 사항을 규정하여 요양원 운영의 적정성과 내실을 기하고, 중풍이나 치매 등 노인성 질환 등으로 도움이 필요한 노인에게 장기요양서비스를 원활하게 제공함으로써 지역사회 노인복지증진에 기여함을 목적으로 한다.

제2조(명칭) 본 시설의 명칭은 ㅇㅇ노인요양원(이하 "노인요양원"이라 한다.)이라 칭한다.

제3조(위치) 노인요양원의 위치는 ㅇㅇ도 ㅇㅇ시 ㅇㅇ구 ㅇ동 ㅇㅇ-ㅇㅇ 이다.

제4조(사업의 내용) 노인요양원은 노인복지법과 장기요양보험법에 의거하여 아래와 같은 노인요양서비스를 제공한다.

1. 입소자에 대한 일상생활 지원 서비스
2. 집중 돌봄 및 관리가 필요한 입소자에 대한 사례관리 서비스
3. 입소자에 대한 여가, 인지, 신체활동, 사회적응 및 가족지지 프로그램
4. 예방 및 치료를 위한 보건의료서비스
5. 통증 완화 및 기능회복을 위한 물리치료서비스
6. 입소자 맞춤형 영양관리서비스
7. 기타 장기요양기관 사업의 목적 달성에 필요한 사업

제5조(적용) ① 본 규정은 노인복지법과 노인장기요양보험법 등 노인복지사업에 관련된 제반 법규를 따르며 이에 저촉되지 않는 범위에서 요양원의 모든 운영에 적용한다.
② 본 규정에서 정하지 않은 것은 사회복지시설 관리안내(보건복지부)에 따르며, 본 규정과 대치할 경우 상위 규정을 따른다.

제2장 시설 운영의 원칙

시설 운영의 원칙은 여타 사회복지시설에서는 '윤리경영'으로 다루고 있으며, 대부분의 노인요양기관 운영규정에 포함시키지 않는 경향이 있다. 그러나 지정심사위원회 심사 기준에 따르면, "설치기관의 운영이념, 사업목표 등의 공익성"이라는 항목이 있다.

만약, 사업계획서에서 해당 내용이 수록되어 있다면 이 부분을 생략할 수도 있지만, 사업계획서는 시설 전체의 운영을 포괄하기 어렵기 때문에 대부분 빠져 있을

수밖에 없다. 그리고 시설 설치서류 어디에도 "설치기관의 운영이념, 사업목표 등의 공익성"을 피력할 수 있는 영역이 존재하지 않는다.

무엇보다도 운영규정의 목적이 시설 운영의 적정성과 내실을 기하고자 하는 것이라면 "설치기관의 운영이념, 사업목표 등의 공익성"에 관한 사항은 당연히 운영규정에 포함되어야 한다.

예시

제2장 시설 운영의 원칙

제1조(목적) 본 규정은 요양원 직원을 비롯한 이해관계 당사자들이 시설의 운영이념과 원칙을 이해함으로써 이해관계 대립 또는 윤리적 갈등 상황에서 의사결정과 행동의 판단 기준을 세우기 위함이다.

제2조(적용대상) 요양원과 관련된 내·외부 모든 체계 즉 입소자, 보호자, 직원, 협력기관, 지원집단(자원봉사자, 후원자, 실습생 등), 지역사회를 대상으로 한다.

제3조(운영이념) 요양원의 미션(Mission)은 "인생 황혼기의 Silver Happy Zone 구축"이며, 비전(Vision)은 "수급자 맞춤형 서비스 개발 및 지역사회 전문화 자원 발굴을 통한 미래지향적 노인요양시설 모델 개발"로 한다.

제4조(이용자 인권) ① 이용자에 대하여 인간으로서의 존엄성을 존중하며, 부당한 신체적 정신적 위협이나, 폭력, 고통, 강압과 부당한 영향력을 행사하지 않는다.
② 이용자에 대하여 성별, 질환, 인종, 종교, 문화, 언어, 정치적 신념 등을 이유로 부당한 차별을 하지 않고 어떠한 차별이나 불이익을 주지 않으며 공정하고 성실하게 서비스를 제공한다.
③ 이용자의 정당한 이익을 최우선 행동기준으로 하며, 항상 이용자의 이익이 보호될 수 있도록 업무 처리한다.
④ 이용자의 사생활을 존중하고 보호하며 직무수행과정에서 얻은 정보에 대해서는 철저하게 비밀을 유지한다.

제5조(이용자 만족) ① 항상 단정한 용모와 복장으로 공손하고 적극적인 태도로 이용자를 응대한다.
② 이용자의 업무를 최우선으로 처리한다.
③ 이용자를 위한 편의시설 및 서비스 공간을 쾌적하고 청결하게 유지한다.

제6조(직원 존중) ① 요양원은 직원을 독립적 인격체로서 존중하고 직원의 건강 및 복지 등 삶의 질 향상을 위하여 최선의 노력을 기울인다.
② 요양원은 직원의 자아실현의 기회와 가치를 제공하기 위한 노력을 기울인다.
③ 직원의 성별·학력·종교 등을 이유로 부당한 차별을 하지 않는다.

제7조(직원의 평가와 보상) ① 요양원은 목표와 성과에 대한 분명한 기준을 제시하고 업적과 능력에 따라 공정하게 평가한다.
② 요양원은 사업 발전에 기여한 직원에 대해서 공정하고 합리적인 보상을 한다.

제8조(직장문화와 제도 확립) ① 요양원은 정당한 방법으로 업무를 수행할 수 있도록 제도의 확립과 교육 등 조치를 강구한다.
② 요양원은 요양원의 정보를 직원과 최대한 공유한다.
③ 모든 직원이 자유롭게 제안하고 의사표현을 할 수 있는 여건을 조성한다.

제9조(근무환경 조성) 요양원은 직원이 쾌적하고 건강한 상태에서 근무할 수 있도록 근무환경을 끊임없이 개선해 나간다.

제10조(직원 간 상호존중) ① 직원 동료 간 전문적인 관계를 유지하고 상호 인격적으로 대우한다.
② 상사는 자신의 권한과 권력을 부당하게 남용하지 않는다.
③ 직원은 공동 목표를 달성하기 위해 협력을 중시하는 조직문화를 조성하고, 부서 이기주의나 불필요한 갈등이 조장되는 행위를 하지 않는다.

제11조(이해상충행위 금지) 직원은 기관과의 극단적인 이해상충 행위, 기관이 인정하지 않는 사적인 영리활동과 이권 개입을 금지한다.

제12조(금전대차 금지) 직원 상호 간에는 금전대차 행위를 하지 않으며, 이용자 및 업무상 관련 기관과 부당한 금전거래를 하거나 금전대차를 하지 아니한다.

제13조(업무관련 금품 제공 금지) 직원은 업무관련자로부터 금품, 선물 또는 향응을 받아서는 아니 된다. 부득이 접수된 금품은 상사에게 보고한다.

제14조(업무상 비밀 누설 금지) 직원은 재직기간 중 습득한 정보에 대한 비밀의 유지 관리를 철저히 하여야 하며 사전 승인 없이는 절대로 외부에 유출하지 않는다.

제15조(요양원 재산 및 경비의 사적 이용 금지) 직원은 요양원의 재산을 본인의 재산처럼 소중하게 보호하여야 하며, 사적인 목적을 위하여 이용하지 않는다.

제16조(정확한 보고) 사실을 은폐, 왜곡하고 합리화하지 않고 사업 중에 발생하는 사건, 사고를 비롯하여 자신의 업무와 관련된 모든 사항은 발생 직후 사실에 근거하여 정확하게 보고하여야 한다.

제17조(협력기관 존중) 상호 신뢰와 존중의 자세를 견지하여 협력기관과 요양원 모두의 이익이 증대되는 공동 발전을 추구하고, 협력기관 관계자를 존중한다.

제18조(평등한 기회 및 공정한 절차) 모든 기관에게 협력기관 등록과 선정에 참여할 수 있는 기회를 보장하며, 협력기관 등록과 선정은 객관적이고 공정한 심사 기준에 따라 합리적인 방법으로 수행한다.

제19조(비용전가 및 부당행위 금지) 협력기관에게 경조사 및 각종 기념일을 알리거나 경조금, 선물 등을 수수하지 않는다. 기타 협력기관에게 우월적 지위를 이용, 비용 전가를 비롯한 부당행위를 강요하지 않는다.

제20조(지역사회공헌) ① 지역사회 조직·단체와 관련된 정보 수집과 모임에 적극 참여하여 공동사업을 추진하기 위한 네트워크를 구축한다.
② 지역사회가 당면하고 있는 문제에 관심을 갖고 적극적으로 참여하여 당면문제를 해결하도록 하며 지역사회와 연대를 통한 사회공헌에 노력한다.

제21조(자원봉사자와 실습생에 대한 윤리) ① 자원봉사자와 실습생의 관리 운영 계획을 마련하고 자원봉사자와 실습생에게는 관련 직원과 슈퍼바이저가 정해져 있어야 하며, 관련 직원과 슈퍼바이저는 이들의 활동과 관련하여 지속적인 피드백을 제공한다.
② 자원봉사자와 실습생이 노인복지와 관련된 능력을 배양하여 전문 인력으로 성장 발전할 수 있도록 관련 직원들은 적극 노력한다.

제3장 조직 및 업무분장

조직 및 업무분장은 "노인장기요양기관 운영기준"에 나와 있지 않지만 운영규정에 기본적으로 수록되어야 할 내용이다. 내용은 많지 않지만 조직 운영의 기초가 되는 만큼 운영규정에 포함시켜야 한다.

예시

제3장 조직 및 업무분장

제1조(목적) 이 규정은 요양원 운영에 있어 업무 수행이 효율적으로 이루어질 수 있도록 그 조직과 기능에 관하여 필요한 사항을 규정함을 목적으로 한다.

제2조(용어정의) ① '조직'이라 함은 요양원의 설치목적을 달성하기 위하여 구성된 직제 및 직위 등 기본 형태를 말한다.
② '업무분장'이라 함은 조직 구성원에 배분된 업무의 한계를 말한다.
③ '직원'이라 함은 본 규정에 정하는 바에 따라 입사 시 '근로계약서'를 상호 교부한 후 채용되어 각 업무에 따른 보수규정에 의해 보수를 받고 해당 업무를 맡아 근무하는 자를 말한다.
④ "직제"라 함은 업무수행을 위한 조직상의 지위를 말한다.

제3조(원장 및 직원) ① 요양원에 원장을 두되 원장은 시설 대표가 겸임할 수 있다. ② 원장은 요양원을 대표하며 요양원 운영에 관한 제반업무를 관장한다.
③ 요양원의 사업수행을 위하여 노인복지법 시행규칙[별표 4]의 노인의료복지시설 설치기준에 의거하여 직원을 둔다.

제4조(조직) 조직은 목적사업의 수행 및 주민의 이용이 편리하도록 조직하되 조직 및 직제는 요양원의 특성사업에 따라 가감할 수 있다.

제5조(직제 및 기능) 요양원의 직제와 기능은 다음 각 호와 같다.
1. 요양원의 직제는 1국 2과로 구성하고 직원 정원은 입소자 수에 따라 정해진 필수배치 인력과 가산 인력 상황을 보고 결정하며, 과의 명칭은 시대의 흐름 및 용도에 따라 요양원장이 정한다.
2. 요양원의 직위는 원장, 사무국장, 사회복지사, 간호(조무)사, 물리(작업)치료사, 요양보호사, 사무원, 영양사, 조리원, 위생원, 관리인으로 한다.

제6조(직원) ① 직원이라 함은 요양원 인사규정 및 취업규칙의 절차에 따라 정식으로 채용된 자를 말한다.
② 원장은 직원에서 제외한다.

제7조(업무분장 원칙) ① 각 과는 업무분장규정에 따라 배분된 업무를 능률적으로 성실히 수행하여야 한다.
② 각 과는 업무분장규정의 한계를 이해하고 업무의 중복 및 누락 방지를 위해 타부서와 관련된 업무는 미리 원장과 협의하여 업무를 배분하며, 부서 간 업무협조에 적극 임하는 것을 원칙으로 한다.
③ 각과의 한계가 명확하지 아니한 업무는 원장이 상호 협의하여 정한다.

제8조(업무분장) ① 각 직종별 업무분장의 세부적인 사항은 매년 사업계획 수립 시 계획에 반영하여 시행한다.
② 원장은 요양원의 효율적인 업무수행을 위해 필요한 경우 각 과의 분장업무를 조정할 수 있다.

제4장 시설운영위원회의 설치 · 운영에 관한 사항

시설운영위원회는 "노인장기요양기관 운영기준"에서 운영규정에 반드시 포함시켜야 할 11가지 중 마지막 항목이다. 그리고 시설 평가에서도 매우 중요하게 다루는 항목이므로 절대로 빠뜨려서는 안 된다.

운영위원회 규정은 한국사회복지협의회에서 발간한 "사회복지시설 운영규정 표준안"에 자세하게 나와 있지만 양이 다소 많으므로 시설 상황에 맞게 발췌하여 사용하는 것이 필요하다.

예시

제4장 시설운영위원회의 설치 · 운영에 관한 사항

제1조(목적) 이 규정은 요양원 운영의 체계적, 종합적 발전 방향을 모색하기 위한 시설 운영위원회(이하 "위원회"라 한다)의 구성과 운영에 필요한 사항을 정함을 목적으로 한다.

제2조(위원회의 역할) 위원회는 요양원 운영과 관련한 다음 각호의 사항을 심의한다.
1. 시설운영계획의 수립·평가에 관한 사항
2. 사회복지 프로그램의 개발·평가에 관한 사항
3. 시설 종사자의 근무환경 개선에 관한 사항
4. 시설 거주자의 생활환경 개선 및 고충 처리 등에 관한 사항
5. 시설 종사자와 거주자의 인권보호 및 권익증진에 관한 사항
6. 시설과 지역사회의 협력에 관한 사항
7. 그 밖에 시설의 장이 운영위원회의 회의에 부치는 사항

제3조(위원회의 구성) ① 위원회는 위원장 및 시설장 각 1인을 포함하여 5인 이상 10인 이하의 위원으로 구성한다.
② 위원회의 위원은 다음 각호의 해당하는 자 중에서 원장의 추천을 받아 관할 시장, 군수, 구청장이 임명 또는 위촉한다. 다만, 제4호에 해당하는 자의 경우에는 시설의 장의 추천을 받지 아니한다.
③ 위원회는 다음 각호와 같이 구성한다.
1. 내부인사 : 시설의 장, 시설 거주자 대표, 시설 종사자의 대표
2. 외부인사 : 시설 거주자의 보호자 대표, 사회복지 공무원, 후원자 대표, 지역주민, 공익단체 추천인, 전문적인 지식과 경험이 풍부한 자

④ 위원회의 위원장은 위원 중에서 호선한다.
⑤ 위원의 임기는 3년으로 하되 연임할 수 있고, 보궐위원의 임기는 전임자의 잔임 기간에도 불구하고 3년으로 한다. 다만 공무원인 위원의 임기는 그 직의 재직기간으로 한다.
⑥ 위원회에는 부위원장 1인과 간사 1인을 두되 위원장이 임명한다.

제4조(위원장 등의 임무) ① 위원장은 위원회를 대표하고, 위원회의 임무를 총괄한다.
② 부위원장은 위원장이 부득이한 사유로 직무를 수행할 수 없을 때 그 직무를 대행한다.
③ 간사는 위원장을 보좌하고 위원회 운영에 대한 행정적 지원을 담당한다.

제5조(회의) ① 위원장은 회의를 소집하고 그 의장이 된다.
② 위원회의 회의는 다음 경우에 소집한다.
1. 정기회의 (분기별 1회)
2. 위원장의 소집 요구가 있을 때
3. 재적 위원 2/3 이상의 소집 요구가 있는 경우

③ 위원회는 재적 위원 과반수의 출석과 출석위원 과반수의 찬성으로 의결한다.
④ 회의에 외부인사는 1인 이상 반드시 참석해야 한다.
⑤ 회의를 마치면 회의록에 회의 일자, 회의내용, 참석자(서명)를 기록한다.
⑥ 운영위원회 회의 결과는 요양원 운영에 연 1회 이상 반영한다.

제6조(회의 공개의 제한) 위원장은 필요하다고 판단될 때에는 그 회의의 공개를 제한할 수 있다.

제5장 이용정원 및 모집방법

예시에서 제시한 대부분의 내용이 필요한 사항이므로 이대로 사용하시거나 모집방법을 조금 더 추가해도 될 것이다.

예시

제5장 이용정원 및 모집방법

제1조(이용정원) ① 본 요양원은 장기간 입소한 수급자에게 신체활동 지원 및 심신기능의 유지·향상을 위한 서비스를 제공하는 시설로서 관계법령에 의거하여 49명을 정원으로 한다.
② 이용정원은 시설장이 시설의 내부사정을 고려하여 조절할 수 있다.

제2조(이용 시간) 요양원의 의무 업무일은 365일 24시간 서비스를 기본으로 하되 수급자 및 보호자의 요청이 있거나, 시설장이 필요하다고 느끼는 경우에는 변경할 수 있다.

제3조(이용 대상) ① 일상생활 수행에 지장이 있는 65세 이상 노인 또는 노인성질환을 가진 65세 미만의 자로서 국민건강보험공단 등급판정위원회로부터 장기요양 등급(1~5) 판정을 받은 자 중 중증(1~2등급) 수급자
② 경증(3~5) 판정을 받은 자 중 등급판정위원회로부터 재가 돌봄이 어렵다고 판정을 받은 수급자
③ 제1항 및 제2항의 등급판정을 받지 아니하였더라도 일상생활 수행에 지장이 있는 자
④ 제1항 및 제2항에 해당하지 않더라도 관할 시·군·구에서 다음 각호의 이유로 요양원에 입소 의뢰한 대상자
1. 노인보호전문기관에서 학대피해노인으로서 입소를 의뢰한 노인
2. 기초수급자(생계급여 또는 의료급여)나 긴급조치 대상자로서 거주지가 없어져서 가정에서 생활이 불가능하거나, 부양의무자가 부양을 거부하거나 실종되는 등의 사유로 수발을 들 사람이 없는 경우

제4조(이용 제외 대상) 다음 각 호의 경우 입주 대상에서 제외한다.
1. 정신과적인 이상행동이 두드러지는 대상자
2. 전염성 질병을 보유한 대상자(결핵, 간염, 피부병 등의 기타 법정 전염성 질환)
3. 공동생활에 부적합하다고 판단되는 대상자(폭력, 통제 불능, 사고위험 가능)
4. 중증 환자로서 전문적인 의료행위 및 처치가 필요한 대상자
5. 기타 요양원에서 돌봄이 어렵다고 판단되는 대상자

제5조(이용 절차) 요양원은 다음과 같은 절차를 기본으로 서비스를 제공한다.

구분	방법
이용 상담 및 계약	① 이용(입소) 관련 상담 ② 자격 기준 확인 : 장기요양 인정서, 표준장기이용계획서 등 확인 ③ 수급자 기본 정보 수집(기본 현황, 건강상태, 욕구 파악) ④ 급여 이용 안내 및 급여 계약 체결
사정	① 수급자 욕구사정 : 신체, 인지, 질병, 의사소통, 영양상태 등 파악 ② 기능상태 파악 : 낙상 위험도, 욕창발생 위험도, 인지기능 평가
계획 수립	① 문제 및 욕구의 우선순위에 따라 서비스 내용 결정 ② 서비스 횟수, 일정 결정 ③ 급여 제공계획서 작성
급여 제공	① 초기 사정 및 급여계획에 따라 급여 제공 ② 상태변화, 적응 정도를 반영하여 급여 제공계획을 수정·보완
모니터링	① 수급자의 욕구 변화를 반영하여 급여 제공계획 수정·보완
이용 종료	① 수급자 및 보호자와 협의하여 계약 종결, 연장, 시설 전원 여부 확인 및 조치

제6조(입소 우선순위) 이용정원 등의 문제로 이용 우선순위가 필요한 경우는 다음의 각 호를 따른다.
1. 입주신청서 작성 순서를 기준으로 ㅇㅇ구·군 거주자를 우선한다.
2. 지자체로부터 의뢰받은 기초생활보장수급권자
3. 차상위계층 또는 의료급여 수급권자
4. ㅇㅇ구·군 이외 거주자

제7조(이용자 모집방법) 이용자 모집은 아래와 같은 방법으로 진행한다.
1. 장기요양보험 홈페이지, 블로그, 네이버 카페, 네이버 밴드 등 온라인 홍보
2. 요양원 전광판, 건물 벽면 현수막 등 옥외 광고
3. 현수막, 전단지, 차량 등을 활용한 지역사회 홍보
4. 지역 신문, 버스 또는 택시 등 교통수단 홍보 의뢰
5. 지역사회 주요 정보제공자 접촉을 통한 입소문 전략 수립
6. 요양원 직원의 개별 접촉, 대상자의 주변 권유 등
7. 지자체 의뢰 적극 유인(저소득 계층)

제6장 입소계약에 관한 사항

지침에는 입소계약에 관한 사항에 계약기간, 계약목적, 입소보증금, 월이용료 등 기타 비용부담액, 신원 인수인의 권리와 의무, 계약의 해제, 입소보증금의 반환 등에 관한 사항을 포함하도록 나와 있다. 그러나 개인시설의 경우 입소보증금을 받고서 운영되는 곳이 거의 없기 때문에 이 부분은 생략해도 될 것이다. 여기에서 신원 인수인은 입소자의 보호자라고 간주하면 된다.

예시

제6장 입소계약에 관한 사항

제1조(계약목적) 요양원과 대상자는 다음의 서비스 이용계약을 통해 계약 당사자가 가지는 권리와 의무의 발생 및 변경, 소멸을 명확히 함으로써 양질의 서비스 제공과 요양원의 사업 목적을 원활하게 달성하는 것을 목적으로 한다.

제2조(계약기간) ① 입소 계약기간은 원칙적으로 장기요양 인정기간으로 한다.
② 요양원과 대상자(또는 보호자)는 계약서에서 명시한 계약종료일 1개월 전까지 계약연장에 대한 의사를 표시함으로써 계약서를 새로 작성할 수 있다.
③ 새로 계약을 체결하지 않더라도 요양원과 대상자(또는 보호자) 양측이 재계약 포기(거부) 의사를 밝히지 않고, 계약서에 '계약기간 자동 연장'에 대한 항목이 명시되어 있는 경우 명시된 기간만큼 계약기간이 자동 연장되는 것으로 간주한다.
④ 계약기간이 남아 있더라도 수급자의 장기요양등급 인정서가 만료된 경우 자동으로 계약이 해지되며, 노인복지법 제34조, 노인장기요양보험법 시행령 제6조, 노인장기요양보험법 제28조 의거 이용료 등 비용 변경이 있을 경우 보호자와 협의 후 재계약함을 원칙으로 한다.

제3조(계약준수사항) ① 모든 서비스의 제공은 요양원과 대상자(또는 보호자) 사이에 체결한 계약에 의한다.
② 계약체결 시 요양원은 제공되는 서비스의 유형 및 시간, 비용 등에 대한 사항을 대상자(또는 보호자)에게 충분히 안내하여야 한다.
③ 요양원은 정당한 사유 없이 서비스 제공 요구를 거부할 수 없으며, 계획에 따른 서비스 제공에 차질이 예상될 경우 대상자(또는 보호자)와 사전 협의하여 서비스를 제공하여야 한다.
④ 계약서는 노인장기요양제도 기본규정을 포함하여 기관 별도 서식으로 제공한다. 단, 계약서에는 기간, 급여의 종류, 급여비용, 비급여, 개인정보보호, 분쟁해결, 손해배상 등을 포함한다.)

제4조(신원인수인의 의무와 권리) ① 신원인수인의 의무는 다음 각호와 같다.
1. 입소자에 관한 건강 및 기타 필요한 자료를 제공할 의무

2. 입소자의 월 이용료 등 입소비용을 부담할 의무
3. 입소자의 상태를 알릴 수 있는 연락처 제공 및 변경 시 즉각 변경된 연락처를 제공할 의무
4. 신원인수인의 신변에 변화가 있을 경우 고지할 의무(해외이주, 금치산 또는 파산선고 등으로 의무를 다하지 못할 사유발생 시)
5. 입소자가 병원 입원 시, 간호 및 간병, 입·퇴소 절차, 비용 등을 부담할 의무
6. 대상자의 서비스 제공과 관련한 자료 제공을 요양원으로부터 요청받았을 경우 이를 제공할 의무

② 신원인수인의 권리는 다음 각호와 같다.
1. 입소자와 관련된 장기요양급여 및 비급여 서비스 내역에 대하여 알 권리
2. 입소자가 서비스 제공계획에 따른 적절한 서비스를 제공받고 있는지 확인할 권리
3. 입소자의 간호와 재활치료에 관한 상세 내역을 요청할 권리
4. 입소자가 안전하고 청결한 생활환경에서 거주하고 있음을 확인할 권리
5. 이용자의 상태변화에 따른 서비스 변화 요청의 권리
6. 입소자의 처우개선을 요청할 수 있는 권리

제5조(신원인수인의 변경) ① 요양원은 입소자에 대하여 그의 신원인수인이 사망하거나 금치산 또는 준금치산의 선고를 받았을 때와 파산선고 등 신원인수인으로서의 자격이 없다고 인정될 때에는 입소자(보호자)에게 신원인수인을 변경할 것을 요구할 수 있다.
② 입소자(보호자)는 전항의 요청을 받았을 때는 즉시 요양원이 적당하다고 인정하는 신원인수인으로 변경하여야 한다.

제6조(이용료수납) ① 본 요양원의 장기요양급여비용은 노인장기요양보험법의 규정에 따라 전체 요양급여비용 중 20%(본인부담액)를 부담한다. 다만, 노인장기요양 등급을 받지 못한 자는 요양급여비용의 100%를 부담한다.
② 부양의무자로부터 적절한 부양의무를 받지 못하는 소득, 재산이 일정금액 이하인 저소득층 노인이나 시설의 직원의 가족인 경우에는 사례회의, 시설장의 동의를 거쳐 본인부담금의 일부를 감면해 줄 수 있다.
③ 이용료 수납은 매월 초 요양원의 지정 계좌에 송금하는 것으로 정한다.
④ 비용면제 및 감면대상자라도 행사비, 식대 등 실비를 징수할 수 있다.
⑤ 다음 각 항에 해당하면 이용료를 환급할 수 있다.
1. 요양원 측의 잘못된 판단이나 오류로 인해 이용료수납 후 이용 불가 승인 통보를 하였을 경우
2. 직원의 중대한 과실로 인해 이용자가 신체적·정신적 손상이 심하여 더는 요양원을 이용할 수 없을 때
⑥ 상기 4항과 관련하여 다음의 각 항에 해당하는 경우에는 이용료를 돌려주지 아니할 수 있다.
1. 시설이용 신청 시 작성한 구비서류에 거짓 사항이 판명되거나 그로 인해 이용자의 시설이용이 불가능하다고 판단되는 경우
2. 이용자 자신의 부주의로 인한 과실이나 직원의 지도에 불응하여 일어난 사고로 인해 시설 이용이 불가능한 경우
3. 시설 이용 중 사전 통보 없이 갑자기 장기간 시설을 이용하지 않는 경우
4. 이용자의 언행이나 행동이 극히 폭력적이고 공동생활에 적합하지 못한 심한 장애가 있어 단체 활동이 불가능한 경우

제7조(월 이용료 및 기타 부담액) ① 노인장기요양보험법에 따른 요양원의 일일 급여비용 및 이용 한도는 아래와 같다.

등급	1일 단가	전체 이용 한도(단위: 원)		
		29일	30일	31일
1등급	81,750	2,370,750	2,452,500	2,534,250
2등급	75,840	2,199,360	2,275,200	2,351,040
3등급	71,620	2,076,980	2,148,600	2,220,220
4등급	71,620	2,076,980	2,148,600	2,220,220
5등급	71,620	2,076,980	2,148,600	2,220,220

② 요양원을 이용하는 입소자의 월간 본인부담금은 아래 표와 같다.

본인부담금(단위: 원)								
일반 수급자			40% 경감 수급자			60% 경감 수급자		
29일	30일	31일	29일	30일	31일	29일	30일	31일
355,613	367,875	380,138	142,245	147,150	152,055	213,368	220,725	228,083
329,904	400,260	413,602	131,962	160,104	165,441	197,942	240,156	248,161
311,547	369,120	381,424	124,619	147,648	152,570	186,928	221,472	228,854
311,547	369,120	381,424	124,619	147,648	152,570	186,928	221,472	228,854
311,547	369,120	381,424	124,619	147,648	152,570	186,928	221,472	228,854

③ 요양급여 외 요양원의 월간 비급여항목은 아래와 같다.

1. 식비 및 간식비
   - ㅇ 식비 : 1일 3식 제공, 1끼 3,000원(월 평균 부담 비용 : 30일×3끼×3,000원=270,000원)
   - ㅇ 간식비 : 1일 1회 제공 기준(1회 1,000원 : 월 평균 부담 비용 : 30일×1회×1,000원=30,000원)
   - ㅇ 상급침실 추가비용 : 1인실 월 20만 원, 2인실 월 15만 원
   - ㅇ 기저귀 : 수가에 포함되어 별도 수납 없음(기초생활수급권자는 보건소에서 수령)
2. 기타 일상생활용품(무료 제공)
   - ㅇ 이동보조기구(휠체어 등), 간이용변기구 : 수급자별 필요에 따라 제공시 무료 제공
   - ㅇ 취침관련 기구(침대, 침구 등) 및 소모품, 세면(목욕포함)도구 및 소모품, 개인사물함 및 수납장 무료 제공
   - ㅇ 냉난방비 및 전기·수도 사용료 : 무료 제공
   - ㅇ 피복비 : 수급자용 생활의복 제공시 무료 제공
   - ㅇ 이미용비 : 무료 제공

제8조(이용료 및 비용 변경) 다음 각호의 요건에 해당될 경우에는 입소자나 보호자와의 상호협의를 거쳐 이용료 및 비용을 변경할 수 있다. 방법 및 절차는 상호협의한 후 재계약서 작성을 원칙으로 한다.

1. 입소비용 기준 : 이용료 산정기준은 건강보험공단 요양보험수가를 기준으로 하며 변경은 등급변경과 요양보험수가의 변경에 따른다.
2. 노인장기요양보험법 제40조 1, 3항에 의거 본인부담금의 일부를 감경받는 대상자 또는 국기법 수급권자의 감경 절차 및 감경 방법은 보건복지령에 따라 처리한다.
3. 시설은 물가 변동 즉, 급식비 등 제반 운영비용의 증감변동에 따른 비급여 항목의 금액을 개정할 수 있다.

제9조(계약자 및 당사자의 의무) 서비스 제공자와 서비스 이용자 보호자 간에 다음 각 호를 포함한 별도의 이용계약서를 체결한다.

① 서비스 제공자(이하 "갑"이라 칭함)의 의무
1. 입소자(이하 "을"이라 칭함)의 안전한 시설 생활여건 조성 및 질 높은 서비스 제공 의무
2. "을"의 신변 이상 시 보호자에게 즉시 연락 의무
3. 표준 요양서비스의 성실한 제공 의무
4. 식사 제공 및 생활 상담, 조언 및 생활 편익 제공 의무
5. 건물 및 부대시설의 청결 및 유지관리 의무
6. 기타 "을"의 안락한 노후생활에 필요한 협조 의무

② 이용자(입소자)의 의무
1. 월 이용료 납부 의무
2. 시설의 건전한 생활 분위기 조성 의무
3. 시설 내의 개인 애완동물 사육금지 등 청결 의무
4. 보호자 인적 사항 변동 시 즉시 통보 의무
5. 표준 요양서비스를 제공받아야 할 권리
6. 기타 장기요양서비스 이행 의무

③ 보호자(이하 "병"이라 칭함)의 의무
1. 입소자에 관한 건강 및 필요한 자료 제공 의무
2. 입소자의 월 이용료 입소 비용 부담 의무
3. 인적 사항 등 변경 시 즉시 통보 의무
4. 장기 출장 등으로 보호자 의무 이행이 어려울 시 대리인 선정 의무

제10조(계약의 해제) 계약 종결은 입소자와 가족의 의사를 우선으로 고려하지만 다음 각호의 요건에 해당될 경우에는 입소자 또는 보호자에게 계약을 해지할 수 있다. 다만, 해약의 통지는 14일 전에 하여야 한다.
1. 입소자의 생명이 위험하거나 사망하였을 때
2. 입소자의 건강진단 결과 법정 전염병 소지자 또는 보균자로 판정될 때
3. 3회 이상 이용료를 납부하지 아니하고 연체하였을 때
4. 시설 내에서 시설규칙이나 시설관계자의 정당한 조치에 따르지 않는 등 시설운영 또는 타 입소자의 생활에 지장을 줄 때
5. 지나친 문제행동으로 요양보호사의 신변이 위험하다고 판단되는 경우 또는 폭력성 등 심한 치매나 성격상 문제자로 타 이용자의 생활에 막대한 지장을 줄 때
6. 건강과 관련한 중요한 정보를 고의적으로 숨긴 것이 드러났을 때
7. 10일 이상 입원을 하였을 때. 단, 입소자나 보호자의 요청으로 퇴소를 유보하는 경우에 10일 초과 유보 일수에 대해(보험료 포함) 수납액 전액을 지불하는 조건으로 퇴소를 유보할 수 있다.

제7장 이용료 등 비용 변경 방법 및 절차 등에 관한 사항

여기에는 이용료 변경에 관한 서면 통지, 이용료 변경사유, 이용료 변경 안내 방법, 이용료 변경 절차 등이 포함될 필요가 있다.

이용료라 함은 입소비용과 식사비(간식 포함), 기타 비급여 항목 등이 해당된다. 입소비용은 해마다 변경되는 수가를 반영하는 것이므로 노인요양시설 대부분이 동일할 것이나 식사비나 기타 비급여 항목 등은 변경 가능성이 높기 때문에 이에 대한 안내가 제대로 이루어져야 한다.

예시

제7장 이용료 등 비용 변경 방법 및 절차 등에 관한 사항

제1조(이용료 변경에 관한 서면 통지) ① 요양원은 매년 보건복지부(국민건강보험공단을 포함한다)에서 고시한 노인장기요양보험 수가 및 본인부담금 비율 등을 변경된 당해 연도의 본인부담금 최초 월분 납입 기일 15일 전까지 입소자, 이용자 또는 보호자에게 서면으로 통지하여야 한다.
② 비급여 항목에 관한 금액은 변경 적용할 전월까지 입소자, 이용자 또는 보호자에게 반드시 서면으로 통지하여야 한다.

제2조(이용료 변경 사유) ① 장기요양등급의 변화, 입소자의 상태변화 등의 사유가 발생할 경우 계약기간 중이라도 서비스 이용 시간에 따른 비용을 변경할 수 있다. 단, 이때는 요양원 관리책임자에게 상담 및 서면으로 서비스 변경 요청을 하여야 하며, 요양원은 이를 수용하여 서비스 내용을 변경하여 적용하도록 하여야 한다.
② 다음 각 호의 요건에 해당될 경우에는 입소자가 보호자와의 협의를 거쳐 이용료 및 비용을 변경할 수 있다.
1. 노인장기요양보험 대상자의 등급이 변경되었을 경우
2. 장기요양급여비용이 변경되었을 때

3. 이용계약서의 계약기간이 만료되어 재계약을 하여야 하는 경우
4. 「노인장기요양보험법 시행규칙」 제14조에 따른 비급여비용(식사재료비, 상급침실료, 이미용비, 그 외 일상생활에 통상 필요한 것과 관련된 비용)이 변경되었을 때
5. 이용자의 건강보험 자격이 변경되었을 때

제3조(이용료 변경 안내) ① 급여비용이 변경되었을 경우에는 사전안내와 협의를 거쳐 비용을 변경하여 계약서를 수정하여 재계약서를 작성하여야 한다.
② 급여비용 변경이 발생하였을 때에는 발생 즉시 갑과 을이 상호 통보하여 장기요양서비스 제공에 지장이 없도록 한다.

제4조(이용료 변경 절차) 이용료 변경 절차는 다음과 같다.
1. 등급이 변경되었을 때에는 변경된 장기요양인정서를 제시해야 한다.
2. 장기요양등급 변경이 확인된 경우 등급에 따른 급여비용을 적용한다.
3. 본인부담금 감경이 확인된 경우 감경에 따른 본인부담금을 적용한다.
4. 「장기요양급여 제공기준 및 급여비용 산정 방법 등에 관한 고시」에 따른 장기요양급여비용이 변경되면 이용자나 보호자에게 변경 내역을 우편, 전자적 방법으로 통보 후 적용한다.
5. 비급여비용은 변경 적용할 전월까지 입소자, 이용자 또는 보호자에게 반드시 서면으로 통지하거나 비급여 비용 변경계약서를 작성한다.
6. 계약기간이 만료되었을 때에는 계약기간 만료 전에 사전 통보하여 재계약을 체결하여야 한다.

제8장 서비스의 내용과 그 비용의 부담에 관한 사항

서비스 제공 원칙은 시설 임의로 정할 수 있으나 보다 전문적인 기술을 위해서 「노인보건복지 사업안내」(p. 105)에서 발췌하였다. 따라서 해당 주제와 관련해서 어떤 시설보다 정확하게 작성되었다고 할 수 있겠다.

예시

제8장 서비스의 내용과 그 비용의 부담에 관한 사항

제1조(서비스 제공 원칙) 서비스 제공의 원칙은 다음 각호와 같다.
1. (인권보호) 성, 연령, 종교, 건강상태 및 장애, 경제상태, 종교 및 정치적 신념, 개인적 선호도 등을 이유로 서비스 과정에서 수급자를 차별 또는 학대해서는 안 되며, 존엄한 존재로 대한다.
2. (자기결정) 입소 및 퇴소, 일상생활, 사회참여, 종교생활, 서비스 이용 등 장기요양서비스 이용에 수급자의 자기결정권과 선택권을 최대한 존중한다.
3. (자립생활) 수급자의 잔존기능, 장점 및 자원을 평가하여 가능한 수급자 스스로 자신의 삶을 영위할 수 있도록 지원한다.
4. (사례관리) 수급자의 욕구, 문제, 장점과 자원에 대한 정확한 사정을 바탕으로, 개인별로 차별화된 서비스 계획을 수립하여 수급자의 욕구에 적합한 서비스를 충분히 제공한다.
5. (비밀보장) 수급자의 사생활을 존중하고 업무상 알게 된 개인정보는 철저히 비밀을 보장한다.
6. (기록 및 공개) 수급자의 생활과 장기요양서비스에 관한 모든 내용을 상세히 관찰하여 정확히 기록하고, 수급자나 가족이 요구할 경우 기록을 공개한다.
7. (사회통합) 수급자와 가족, 친구 등과의 교류를 강화하고 사회참여를 적극적으로 지원하여 수급자의 사회통합을 촉진한다.
8. (전문서비스와 효율성) 충분한 전문인력과 시설을 확보하여 수급자에게 장기요양 서비스를 제공하되, 서비스의 효율성을 제고하기 위해 노력한다.

9. (부당청구 금지) 수급자의 욕구와 문제, 기능 상태를 고려하여 적정 수준의 서비스를 제공하며, 과다 서비스 제공과 부당청구를 하지 않는다.
10. (알선행위 등의 금지) 영리를 목적으로 본인부담금을 면제하거나 할인하는 행위, 금품 등을 제공하는 등 수급자를 소개·알선·유인하는 행위 및 이를 사주하는 행위를 하지 않는다.

제2조(서비스 내용) 본 요양원의 서비스는 다음 각호와 같다.

1. 일상생활 지원서비스 : 세면 도움, 몸단장, 구강관리, 목욕 및 머리감기기, 식사도움, 이동도움, 배변관리, 체위변경, 침구관리, 세탁물 관리, 환경관리, 이미용관리, 물품관리, 행동 변화 대처, 병원 동행, 의사소통 도움 등
2. 정서지원 : 개인별 상담 및 맞춤형 사례관리
3. 기능향상 훈련 : 인지기능향상훈련, 신체기능향상훈련, 사회적응 프로그램
4. 여가활동 지원 : 맞춤형 여가프로그램, 문화공연 등
5. 가족지지 프로그램 : 보호자 상담, 가족유대강화 프로그램
6. 보건의료서비스 : 간호관리, 계약의사 방문진료, 지역보건의료기관 연계
7. 물리치료서비스 : 신체기능훈련, 기본동작훈련, 일상생활동작훈련

제3조(서비스 계획 수립) ① 연도별 사업계획을 수립하고 서비스 제공 계획에 세부 서비스 종류 및 내용, 서비스 대상 및 추진일정을 포함해야 한다.
② 사업계획에 따라 예산을 수립해야 한다.
③ 사업계획에 따라 서비스를 제공해야 한다.
④ 사업결과에 대해 평가를 실시하고, 그 결과를 차기 연도 사업계획에 반영한다.
⑤ 입소자별 급여계획을 수립하고 그에 따라 서비스를 제공해야 한다.

제4조(비용의 부담) ① 월 이용료 및 비용은 노인장기요양보험법 및 장기요양급여비용 산정 방법 등에 관한 고시에 따른다.
② 월 이용료는 장기요양급여비용의 100분의 20%와 비급여비용을 합산한 금액을 본인 부담으로 한다.
③ 본인부담금 감경대상자는 노인장기요양보험법 시행규칙 제35조의 본인부담금 감면 절차에 따라 관련 서류를 보관하고 감경 처리하고, 비급여 비용을 합산한 금액을 본인부담으로 한다.
④ 기초생활수급자의 경우 전액 지자체 지원을 받는 것으로 한다.
⑤ 노인장기요양보험 시행규칙 제14조 각 항에 의거하여 이용자의 요구가 있을 시 비급여 비용을 추가로 청구할 수 있다(비급여에 대한 사항은 장기요양급여 제공계약서에 명기).
⑥ 입소자가 개인적으로 이용하는 의료기관 이용에 따른 병원비 및 기타 비용의 발생은 본인이 지불하는 것을 원칙으로 한다.
⑦ 장기요양등급 판정을 받지 못한 입소자는 전액 자부담으로 하고 실비로 하되 이용계약을 체결한 후 급여 제공을 한다.
⑧ 본인부담금은 본 요양원이 정하는 계좌에 다음 달 20일까지 전월의 이용료를 납부(입금)해야 한다(20일이 공휴일일 경우 그 익일로 한다).

제9장 특별한 보호가 필요한 경우 서비스 기준과 비용

이 내용은 아래 예시를 보시고 예상되는 상황에 맞게 조금 변경해도 무방하다.

예시

제9장 특별한 보호가 필요한 경우 서비스 기준과 비용에 관한 사항

제1조(집중관찰 대상 보호) 집중관찰 및 의료활동에 관한 특별 조치 및 서비스 기준은 다음의 각호와 같다.

1. 상태변화를 위한 집중관찰과 집중 의료 처치를 위하여 특별침실 등 별도의 공간이나 1인용 상급침실로 옮겨 의료서비스를 제공할 수 있다.

2. 임종 케어가 필요한 경우 특별침실로 이동하여 임종 케어 서비스를 제공할 수 있다.
3. 전염성 질환과 관련하여 격리 치료가 필요할 경우, 병원 치료를 원칙으로 하며 부득이한 경우 특별침실에서 서비스를 제공할 수 있다.
4. 특별서비스 제공을 위하여 1인용 상급 침실로 이동할 경우 사전에 본인이나 가족에게 사유를 설명하고 1인용 상급 침실이용료 지급에 대한 동의를 얻는다.
5. 기타 개별적인 집중 케어를 위한 특별 의료소모품은 본인이나 보호(계약)자가 부담한다.

제2조(특별보호서비스) 보호를 위한 특별보호서비스란 신체적 제한을 의미하며, 신체적 제한에 포함되는 내용은 격리보호, 낙상예방을 위한 휠체어의 안전벨트 사용, 경관튜브 제거위험 방지를 위한 신체 일부의 구속, 욕창예방 및 치료를 위한 체위변경에 따른 신체일부의 구속 등 직접적인 보호와 관련된 서비스를 의미한다.

제3조(특별보호서비스 시기) 다음 각호에 해당하는 경우에는 특별보호서비스를 제공할 수 있다.
1. 요양원 입소자 또는 종사자 등의 생명이나 신체에 위험을 초래할 가능성이 현저하게 높을 경우
2. 대체할만한 수발 방법이 없거나, 증상 완화 목적으로 긴급하거나 어쩔 수 없는 경우 등

제4조(특별보호서비스 기준) ① 제3조에 따라 긴급하거나 어쩔 수 없는 경우에 증상 완화를 위해 일시적으로 신체를 제한할 필요가 있을 때 입소자나 보호자에게 이 사실을 통보하여 동의를 받아야 하며, 입소자의 심신상태, 신체적 제한을 가할 수밖에 없는 사유, 신체적 제한을 가한 시간 등을 자세히 기록·관리한다. 다만, 긴급하거나 불가피하게 신체를 제한할 경우 일시적으로 실시하되, 제한 사유 등을 기록하고 입소자나 보호자에게 그 사실을 알려야 한다.
② 입소자의 과잉 또는 부적절한 행동으로 다른 입소자의 피해가 예상될 경우 상급 침실 사용을 권고할 수 있으며, 이때 발생하는 상급 침실 이용료는 동의 절차를 거쳐 이용자가 부담한다.

제10장 의료를 필요로 하는 경우 구체적인 처리절차

노인요양시설은 노인의료복지시설로 분류되는 만큼 응급상황이나 의료서비스가 제공될 상황이 매우 많다. 아래 예시 내용은 노인요양시설뿐 아니라 다양한 의료기관에서 매뉴얼로 되어 있는 것 중 필요한 부분을 발췌하여 재작성한 것이다. 내용을 보고 보완이 필요하다고 판단되면 추가해도 된다.

예시

제10장 의료를 필요로 하는 경우 구체적인 처리절차

제1조(응급상황 대처) ① 입소자의 급격한 상태변화 또는 응급상황이 발생하여 병원진료가 필요하다고 판단되면 「응급상황 대응지침」에 따라 보호자에게 연락하여 신속하게 병원진료를 받을 수 있도록 한다. 이때 관리자는 "응급상황발생 기록대장"을 작성하고 관리한다.
② 응급상황 발생 시 보호자에게 연락을 취함과 동시에 119구급대에 연락하여 신속한 후송 및 응급처치를 받을 수 있도록 한다.
③ 갑작스러운 병원 후송으로 가족이나 보호자가 즉시 동행할 수 없을 경우 요양원 직원이 병원까지 동행할 수 있으나 가족이나 보호자가 병원에 도착하면 입소자를 인계한 후 요양원으로 복귀한다.

제2조(감염병 예방 및 조치) ① 모든 입소자에 대하여 결핵 검진을 포함한 건강진단을 연 1회 이상 실시한다.
② 신규 입소자는 결핵 검진을 포함한 감염병에 대한 건강진단을 급여 개시 전에 실시한다.
③ 감염병 유행 및 발생 시 대응체계를 수립하여 운영한다.
④ 감염병 유행 및 발생 시 적절한 조치를 한다.

제3조(정기적인 병원 진료) 입소자의 정기적인 병원 진료는 다음 각호와 같이 진행한다.

1. 보호자에게 정기진료에 관해 미리 통지하여 진료 협조를 요청한다.
2. 가족 또는 보호자가 병원에 내원하여 진료에 참여할 수 있도록 한다.
3. 병원 진료에 필요한 어르신의 근황과 진료에 필요한 각종 관찰기록을 가족 또는 보호자에게 제공하여 정기진료 시 진료 의사가 입소자의 상태를 정확히 파악할 수 있도록 협조한다.
4. 입소자의 병원진료(정기, 수시) 시 가족이나 보호자가 함께 동행하는 것을 원칙으로 한다.
5. 가족이나 보호자가 동행하여야 하나 부득이 동행할 수 없는 경우 직원이 동행하여 보호자의 역할을 대신할 수 있다. 다만, 진료비는 가족이나 보호자가 부담하도록 처리한다.
6. 병원 진료를 위한 이동 시 개인적 필요에 의한 병원 등을 이용할 경우 이동에 따른 차량 이용료는 본인 또는 가족이 별도로 부담한다.

제4조(협약의료기관의 진료) ① 협약의료기관의 계약의사는 월에 2회 이상 방문하여 입소자의 건강 상태를 확인한다.
② 의사의 건강상태 점검 결과에 따라 적절한 조치(처방전 발급, 간호사 업무지시, 현장에서의 직접적인 의료행위 등)를 취한다.
③ 계약의사의 진료 결과 정확한 진단 또는 정기적인 병원 진료가 필요하다고 판단할 경우 보호자에게 알리고 협조를 구한다.
④ 계약의사가 요양원을 방문하여 진료 후 처방에 따른 본인부담 의료비는 장기요양이용료 외에 본인 또는 가족이 부담한다.

제5조(전원조치) ① 입소자의 질환이 악화되어 전문적인 의료서비스가 필요하다고 판단 될 경우 원장은 본인 또는 가족과 협의하여 전원조치 할 수 있다.
② 기타 사유로 본인이나 가족이 전원 조치를 희망할 경우 원장과 협의하여 전원 할 수 있다.

제6조(간호서비스) 간호(조무)사의 역할 및 상시적인 업무는 다음 각호와 같다.
① 간호(조무)사는 매일 입소자의 건강상태를 점검하고 건강관리기록부를 작성하여 보관한다.
② 입소자의 건강상태에 따라 복용약물, 체중, 혈압, 체온, 혈당 등 입소자의 건강관리에 필요한 정보를 기록하여 계약의사가 입소자의 건강상태를 평가하는 데 도움이 되도록 적극 협력하여야 한다.
③ 간호(조무)사는 입소자의 건강관리를 위해 계약의사의 조치사항을 적극적으로 수행하여야 한다.
④ 간호(조무)사는 입소자의 상태변화 및 응급상황이 발생하였을 경우 상황에 따라 협약의료기관의 의사와 상담을 실시하여 조치하도록 한다.

제7조(정기건강검진) ① 요양원은 입소자들이 연 1회 건강검진을 실시하도록 조치한다.
② 요양원은 매월 입소자의 구강건강상태를 확인하여야 한다.
③ 건강검진에 결과가 좋지 않은 입소자의 경우 합당한 진료 및 치료를 보호자와의 상의를 통해 실시한다.

제8조(물리치료) ① 물리치료는 물리치료사, 계약의사, 공중보건의의 연계의료기관 의사의 처방에 따라 지속적으로 실시한다.
② ADL 및 IADL 훈련은 물리치료사 외에 사회복지사와 간호(조무)사가 협조하도록 한다.
③ ICT 전류 치료, 냉온치료기를 이용한 물리치료, 보행 보조기를 이용한 걷기 운동, 실내 자전거 운동, 관절구축 완화 운동, 온찜질(핫팩) 등 노인요양원 입소자의 기능 회복을 위한 훈련을 정기적으로 실시한다.

제11장 시설물 사용상의 주의사항 등에 관한 사항

시설물 사용상의 주의사항을 작성하자면 시설물 종류별로 셀 수 없이 많은 내용을 첨가해야 하나 운영규정에서는 원칙적인 내용만 간추려서 작성해도 된다. 시설물과 관련된 법령이 많고 그와 관련된 규정과 지침 등이 있기 때문에 그에 맞추어 운영하면 되기 때문이다. 여기에서는 선언적인 내용이나 원칙만 제시해도 된다.

예시

제11장 시설물 사용상의 주의사항 등에 관한 사항

제1조(시설물 사용상의 주의사항) ① 원장은 입소자 및 종사자의 생명, 신체 및 재산의 위험이나 장해가 될 수 있는 요인을 미리 제거하여 안전사고를 예방하도록 노력하여야 한다.
② 입소자는 요양원 내에서 흉기 및 자해에 이용될 수 있는 물건을 소지할 수 없으며, 위험성이 높은 물건은 직원의 관리하에 사용할 수 있다.

제2조(시설물 배상책임) ① 입소자는 요양원의 시설물에 대하여 그 본래의 용도로 사용해야 하며, 시설에 설치한 비품을 자의 및 고의로 파손하였을 경우 보호자는 그 비용 전액을 배상하여야 한다. 다만, 실수로 파손한 경우는 제외한다.
② 입소자 또는 보호자가 원상회복을 할 수 없을 때에는 본 요양원이 산출하여 제시하는 비용을 납부하여야 한다.
③ 입소자가 타 입소자의 물품을 파손한 경우 전액을 배상하여야 한다.

제3조(시설물 사용 제한) ① 원장은 입소자와 종사자의 안전 및 감염예방 등을 위하여 면회 시간, 면회 대상자 및 반입 물품 등을 제한할 수 있다.
② 입소자가 아닌 보호자 및 기타 방문객은 시설 사용을 할 수 없으며, 입소자의 요청에 따라 일시 이용이 필요할 경우 사전에 원장의 승낙을 받아야 한다.
③ 원장은 보호자에게 보건, 위생, 방범, 방화, 기타 필요한 서비스 제공을 위하여 요양원 입실을 제한하는 등 필요한 조치를 할 수 있다.
④ 입소자는 공동으로 사용하는 시설을 다른 입소자 및 요양원에서 용인하기 어려운 목적으로 이용할 수 없다.
⑤ 입소자는 요양원 내에서 반려동물이나 동물 사육을 할 수 없다.

제12장 서비스 제공자의 배상책임 · 면책범위에 관한 사항

배상책임과 면책범위에 관한 사항은 입소자들이 시설에서 생활하면서 사고를 당할 경우 어떻게 대처할 것인가에 관한 것이다. 우선적인 조치는 관련 보험을 드는 것이고, 시설과 종사자들이 어디까지 책임을 져야 하는지에 관한 기준을 세우는 것이다. 아래 예시는 이와 관련된 내용을 요약 정리한 것이다.

예시

제12장 서비스 제공자의 배상책임 · 면책범위에 관한 사항

제1조(서비스 제공자의 배상책임) 다음 각호에 해당되는 경우에는 요양원은 입소자에게 배상할 책임을 진다.
1. 요양원 종사자의 고의나 중대한 과실로 인하여 입소자를 부상케 하거나 사망에 이르게 하였을 때
2. 약을 잘못 투약하여 입소자의 건강을 상하게 하거나 사망에 이르게 하였을 때
3. 상하거나 섭취에 따른 부작용이 의심스러운 음식을 제공하였을 때

제2조(서비스 제공자의 면책범위) 다음 각호에 해당되는 경우 입소자는 요양원에게 배상을 요구할 수 없다.
1. 요양원 내에서 자연 사망하였을 때
2. 입소자가 보호자의 동의와 보호자의 책임하에 외출하여 상해를 당했거나 사망하였을 때
3. 입소자가 천재지변으로 인하여 상해를 당했거나 사망하였을 때

4. 입소자가 본인의 고의 또는 과실로 인하여 상해를 당했거나 사망하였을 때
5. 제3자의 귀책사유로 발생한 손해 또는 요양원의 귀책사유가 없이 발생한 손해에 대하여서는 배상책임을 지지 아니한다.

제3조(전문인 배상책임보험의 가입 의무) 요양원은 종사자가 급여 제공 도중 발생할 수 있는 비고의적 사고에 대비하여 요양보호사 개인별로 상해보험 보험사의 전문인 배상책임보험에 필히 가입하도록 조치한다.

제4조(종사자의 면책범위) ① 입소자가 본인의 직접적인 부주의로 인해 상해를 입었을 경우에는 종사자에게 책임을 묻지 않는다. 단, 종사자는 이러한 피해가 발생하지 않도록 평소 대상자 관리에 주의를 다하여야 한다.
② 특이질환을 가지고 있던 대상자가 갑작스러운 발작 증세로 인해 입원 또는 사망했을 경우에는 정확한 원인이 규명되기 전까지 종사자에게 책임을 묻지 않는다.

제13장 규정의 개정 및 절차

운영규정의 개정 및 절차는 노인복지법 시행규칙 [별표 5]의 '노인의료복지시설의 운영기준'에서 운영규정에 반드시 포함되어야 할 9번째 내용이다. 그럼에도 이 부분이 운영규정에서 누락되거나 매우 간단하게 취급하는 경향이 있다.

따라서 운영규정의 개정 및 절차는 운영규정에 반드시 포함시켜야 하며, 형식적으로 기술할 것이 아니라 매우 자세하고 신중하게 작성될 필요가 있다. 운영규정의 개정 및 절차를 심의하는 기구는 법인의 경우 이사회에서 최종 의결하고, 개인 시설의 경우 운영위원회가 역할을 대신할 수 있다.

아래 예시는 사회복지시설 운영규정 표준안에서 필요한 만큼 발췌하여 정리한 것으로서 다른 시설의 운영규정에 비해 내용이 정확하다.

예시

제13장 규정의 개정 및 절차

제1조(규정의 효력) ① 법령, 자치법규, 운영위원회 결의에 저촉되는 규정은 그 부분에 한하여 효력을 상실한다. ② 제규정은 규정, 세칙, 지침 순으로 상하위의 순위를 가지며 상위의 규정은 하위의 규정에 우선한다. ③ 동일 순위의 규정 중 서로 저촉되는 부분이 있는 때에는 특별규정이 일반규정에 우선하며 같은 특별규정, 일반규정 간에는 신규정이 구규정에 우선한다.

제2조(입안) ① 규정의 입안은 당해 안건의 소관부서*에서 함을 원칙으로 한다. 다만, 소관부서가 명확하지 아니하거나 2개 이상의 부서의 공통소관 사항인 경우에는 주관부서에서 입안할 부서를 지정하거나 각 부서의 협조를 받아 직접 입안할 수 있다. ② 규정을 입안하는 주관부서에서는[별지 제1호]양식에 의거하여 작성 및 입안한다.

[별지 제1호]규정입안서

1. 소관부서명:
2. 규정명:
3. 입안형태: 제정( ), 개정( ), 폐지( )
4. 입안이유: (제정·개정·폐지하고자 하는 근본적인 취지를 기재한다)
5. 주요내용
   가. ....(안 제2조)
   나. ....(안 제3조)
6. 참고사항
   가. 관계법령:
   나. 예산조치:
   다. 합의: ○○○부서장과 합의되었음
   라. 기타:

붙임 1. ○○○규정 (개정, 폐지) 규정안 1부.
   2. 신구문 대비표 1부. 끝.

제3조(심의 및 조정) ① 소관부서는 입안한 규정을 주관부서에 심의를 요청하여야 한다. ② 주관부서는 제1항의 규정에 따라 소관부서에서 제출한 규정안에 대하여 다음 사항을 검토한다.

1. 법령, 자치법규, 다른 규정과의 모순, 저촉 여부
2. 논리적 타당성 및 실효성 여부
3. 규정의 체계 및 형식에의 부합 여부
4. 관계부서와의 협의 여부
5. 기타 수정을 요하는 사항 유무 등

③ 주관부서는 심의 결과를 반영하여 규정안을 확정하며, 확정된 규정안은 시설장의 결재를 득한 후 운영위원회 부의를 위해 사무국에 송부한다.

제4조(절차) ① 규정의 제정·개정·폐지 절차는 다음 각 호와 같다.

1. 규정은 운영위원회의 의결로서 제정·개정·폐지한다.
2. 운영규정 개정은 재적위원의 3분의 1 이상 또는 시설장의 발의로 제안한다.
3. 운영규정을 개정함에 있어 근로자에게 불이익을 주게 되는 경우에는 노사협의회에서 협의한 후 운영위원회 심의를 거쳐 개정하는 것으로 한다.
4. 노사협의회 협의 시 직원 2/3 이상이 참석하여야 하고 참석자의 과반수 이상 찬성하여야 한다.
5. 노사협의회 협의 시 타결점을 찾지 못한 경우 노사협의회에서 인정한 대표자를 선출하여 협의할 수 있다.

② 주관부서는 제1항의 절차에 의거 제정·개정·폐지된 규정을 시행하여야 한다.

제5조(승인 등) 규정의 제정·개정·폐지 시 시·군·구 주무관청 허가(인가) 등 특별한 절차를 필요로 하는 경우에 시설장은 규정안에 대하여 지체없이 그 절차를 마쳐야 한다.

제6조(효력발생) 규정은 시행일로부터 효력을 발생하되 시행일이 특정되지 않은 규정은 공포일로부터 효력이 발생한다.

제5조(규정의 해석) ① 규정의 적용이나 해석은 시설장이 행한다. ② 규정의 적용·집행 시 해석상 의문이 있을 때에는 주관부서에 그 해석을 의뢰하여야 한다. 다만 그 해석에 이의가 있을 때에는 시설장이 소관부서의 장, 주관부서의 장과 합의하여 해석상의 기준을 정한다. ③ 주관부서의 장은 제1항의 규정에 의하여 확정된 규정의 해석 기준을 관련 부서 및 직원에게 신속히 통보하고 공지한다.

* 소관부서는 시설장 직속하의 부서나 팀명을 기재하거나 '총무부'나 '운영지원팀'과 같은 부서를 임의로 만들어 기재할 수 있다.

제14장 인사규정

인사규정은 운영규정에 반드시 포함되는 내용으로서 매우 간략하게 만든 운영규정이라도 이 내용은 빠지는 경우가 거의 없다. 지정 심사의 기준 중 '인력관리의 체계성 및 적절성'영역과 밀접하므로 내용 작성에 신중할 필요가 있다. 특히, 인사위원회를 두거나 직원 채용에서 투명하고 차별을 두지 않는 등의 규정이 들어가야 한다.

예시

제14장 인사규정

제1조(목적) 본 규정은 요양원 직원의 인사에 관한 사항과 그 시행에 필요한 사항을 규정함을 목적으로 한다.

제2조(적용범위) 직원의 인사에 관하여 법령과 다른 규정에서 별도로 정하는 경우를 제외하고는 이 규정이 정하는 바에 의한다.

제3조(직원의 직종, 직급 및 직명) 직원의 직종은 원장, 사무국장, 사회복지사, 계약의사, 간호사, 간호조무사, 물리치료사, 작업치료사, 요양보호사, 사무원, 영양사, 조리원, 위생원, 관리인으로 한다. 다만, 업무수행 상 부득이한 경우 임시 필요한 직원을 고용할 수 있다.

제4조(용어의 정의) 본 규정에서 사용하는 용어의 정의는 다음과 같다.

1. '직원'이라 함은 원장을 포함하여 「노인복지법 시행규칙」의 [별표 4]에서 제시한 필수배치인력으로서 취업관리 규정 절차에 따라 정식으로 채용된 자를 말한다.
2. '임용'이라 함은 신규채용, 승진, 승급, 전보, 휴직, 직위해제, 복직, 면직 등 인사관리에 관한 일체의 명령을 말한다.
3. 임면권자는 원장을 말한다.
4. '직위'라 함은 1인의 직원에게 부여할 수 있는 직무와 책임을 말한다.
5. '직종'이라 함은 직무의 전문성 및 성격에 따라 일반직, 사무직, 의료직, 관리직, 기타 직종 등으로 구분하는 것을 말한다.
6. '직책'이라 함은 일반직에 있어 기관의 효율적인 운영을 위하여 직무의 곤란성, 책임의 정도 및 재직기간 등을 고려하여 부여하는 업무상의 임무를 말한다.
7. '직급'이라 함은 일반직, 사무직, 의료직, 관리직, 기타 직종에 있어 직무의 곤란성 및 책임의 정도와 재직기간 등에 따라 1-4급으로 구분하는 것을 말한다.
8. '승진'이라 함은 현재의 직급 또는 직책 보다 상위의 직급 또는 직책에 임명하는 것을 말한다.
9. '복직'이라 함은 휴직 또는 직위해제 중에 있는 직원을 원래의 직위에 상응한 직위에 복귀시키는 것을 말한다.
10. '징계'라 함은 파면, 해임, 정직, 감봉, 근신 또는 견책 등을 말한다.

제5조(인사위원회 구성) ① 인사관리의 효율적인 운영과 공정성을 유지하기 위해 인사위원회를 둔다.
② 인사위원회는 위원장을 포함하여 5명 이상 7명 이하의 위원으로 구성한다.
③ 위원장은 원장이 되고, 위원은 운영위원회 위원 및 법률 분야 전문인을 포함하되, 요양원의 중간관리자 중에서 위원장이 추가로 위촉할 수 있다.

제5조의2(인사위원의 임기) 위원의 임기는 1년으로 하되 연임할 수 있다. 다만 위원의 유고나 결원 또는 원장이 판단하여 특별히 별도 위원회를 구성할 필요가 있는 경우에는 위원회를 따로 구성할 수 있다.

제5조의3(인사위원회 역할) 위원회는 다음 각호의 사항을 심의·의결한다.
1. 인사제도와 인사에 관한 중요 기본방침
2. 직원 신규채용, 승진, 면직에 관한 사항
3. 직원 포상 및 징계에 관한 사항
4. 직원의 근무성적평정 조정에 관한 사항
5. 기타 직원의 인사에 관한 시설장의 요구사항

제5조의4(인사위원회의 성립) 위원회는 위원장을 포함한 위원 3분의 2 이상의 출석으로 성립한다.

제5조의5(인사위원회 의결) 위원회의 심의사항을 의결할 때에는 출석위원 과반수 이상의 찬성으로 의결하되, 위원장은 표결권을 가지며 가부동수일 때는 위원장이 결정한다. 단, 위원장은 안건의 표결 전에 표결실시 여부에 대한 권한을 행사할 수 있다.

제6조(임용의 원칙) 임용의 원칙은 다음 각호와 같다.
1. 원장은 법인의 대표이사가 임명한다(법인시설의 경우)
2. 원장은 요양원 대표가 겸직할 수 있다(개인시설의 경우)
3. 직원의 채용 및 보직 등 인사에 관한 일체의 권한은 원장에게 귀속된다. 다만, 권한 행사 시 요양원의 인사 규정을 따라야 한다.
4. 직원의 임용은 남녀고용평등과 일·가정 양립지원에 관한 법률 제7조(모집과 채용), 장애인차별금지 및 권리구제 등에 관한 법률 제6조(차별금지), 고용상 연령차별금지 및 고령자 고용촉진에 관한 법률 제4조의4(모집·채용 등에서의 연령차별 금지), 채용절차 공정화에 관한 법률 제4조의3(출신지역 등 개인정보 요구 금지), 동법 제13조(입증자료·심층 심사자료의 제출 제한)에 따라 불합리한 차별이 발생하지 않도록 하여야 하며, 공정한 경쟁을 할 수 있도록 균등한 기회를 보장하여야 한다.
5. 직원이 될 자는 요양원에서 정하는 서류를 제출하고 요양원에서 실시하는 전형에 합격하여야 한다.

제6조의2(공개채용 원칙) 직원의 채용은 공개채용을 원칙으로 하며, 지자체 홈페이지, 워크넷(work.go.kr)과 복지넷(bokji.net) 및 사회복지시설정보시스템, 관련 협회 중 2곳 이상에 채용 관련 사항을 15일 이상 공고해야 한다.

제6조의3(임용의 기준) ① 채용 예정 직무에 관련한 자격증 소지자로서 자격등급, 기타 능력의 실증에 의하여 행한다.
② 직원의 채용, 승진, 포상, 업무전환, 휴직, 징계, 해고, 정년퇴직 등 인사 사항의 결정은 공정성과 객관성을 기한다.

제7조(전형방법) 신규 채용 직원의 전형은 서류심사, 면접 및 신체검사 등으로 실시하며, 전형 방법에 대한 자세한 사항은 원장이 별도로 정한다.

제8조(결격사유) 다음 각호의 어느 하나에 해당하는 사람은 직원으로 채용될 수 없다.
1. 미성년자
2. 피성년후견인 또는 피한정후견인
3. 파산선고를 받고 복권되지 아니한 자
4. 법원의 판결에 따라 자격이 상실되거나 정지된 자
5. 금고 이상의 실형을 선고받고 그 집행이 끝나거나 집행이 면제된 날로부터 3년이 지나지 아니한 자
6. 금고 이상의 형의 집행유예를 선고받고 그 유예기간 중에는 있는 자
7. 노인학대 관련 범죄 경력이 있는 사람
8. 전직 근무지에서 해고된 날로부터 2년이 경과되지 아니한 자
9. 「병역법」상의 병역의무를 기피 중인 자
10. 경력 또는 학력, 이력 사항 등을 허위로 작성하여 제출한 자
11. 기타 사회통념상 사회복지사업 수행이 곤란하다고 인정되는 자

제9조(수습채용) ① 직원을 신규 채용하는 경우에는 3개월 동안 수습직원으로 채용하고 그 기간 중 근무성적이 양호한 사람은 직원으로 채용한다.
② 수습기간 중인 직원의 근무 성적이 해당 업무를 감당하기에 부적당하다고 인정된 때에는 채용을 취소시킬 수 있다.

제10조(신규채용) 직원 채용 시에는 다음 서류를 제출하여야 한다.
1. 이력서(사진 첨부)
2. 주민등록등본
3. 최종 학력 증명서(졸업증명서)
4. 경력 증명서(해당자에 한함)
5. 자격증 사본(소지자에 한함)
6. 개인정보수집 및 활용 동의서
7. 건강진단서
8. 기타 시설에서 정하는 서류

제11조 (근로계약) ① 직원은 해당 기관과 근로계약을 체결하여야 한다.
② 근로계약 체결 시에는 근로자에 대하여 임금, 근로시간, 휴일, 연차, 유급휴가 등의 내용을 근로조건에 명시한다.
③ 직원의 근로계약의 기간은 기간의 정함이 없는 것과 일정한 사업 완료에 필요한 기간을 제외하고 계속 근무로 한다. 단, 필요에 따라 변경 체결할 수 있다.
④ 기타 상세한 근로에 대한 내용은 근로계약서에 제시한다.

제12조(승진) ① 직원의 승진은 일반승진과 특별승진으로 한다.
② 일반승진은 직종별로 하위직급에 재직하는 직원을 상위직급으로 임용하되 현직급, 근무년수, 경력, 근무성적, 포상, 징계 등을 종합 평가하여 원장이 임명한다.
③ 특별승진은 원장이 직무수행에 공적이 있다고 인정한 직원 또는 업무수행 상 필요하다고 인정된 직원에 대해서 임용할 수 있다.

제12조의2(승진 및 승급의 제한) 승진 및 승급 제한은 다음 각호와 같다.
1. 징계처분, 휴직, 직위해제 기간 중에 있는 자
2. 징계처분을 받은 직원이 그 처분의 종료일로부터 다음 각호의 기간이 경과되지 아니한 자.
   가. 정직은 18월
   나. 감봉은 12월
   다. 견책은 6월
   라. 인사고과 성적이 극히 불량한 자

제13조(징계) 원장은 직원이 과오를 저지른 때에는 징계 처분할 수 있다.

제13조의2(징계의 사유) 요양원장은 다음 각호에 해당하는 직원에게 징계처분을 행할 수 있다.
1. 요양원의 복무사항에 위반되는 행위를 한 자.
2. 정당한 이유 없이 계속하여 3일 이상 결근하거나, 지각 또는 결근이 빈번한 자
3. 근로시간 중에 도박, 음주, 사내폭행 행위를 한 자
4. 사기 또는 부정한 방법으로 채용되었음이 발견된 자
5. 정당한 이유 없이 시설이 발행한 문서, 도면, 제 증명서 및 기타 각종 서류를 위조, 변조하거나 다른 사람에게 대여, 유용하게 한 자
6. 허가 없이 시설의 문서, 시설 등을 외부에 유출하거나 관람시킨 자
7. 고의 또는 과실로 시설, 기물, 집기 등을 훼손시킨 자
8. 요양원의 공금을 유용한 자
9. 고의 또는 과실로 시설에 피해를 주거나 시설의 명예를 추락시킨 자
10. 업무상의 정당한 지휘. 명령에 불복종하거나 직장의 경영 질서를 문란하게 한 자
11. 안전 및 보건상의 의무를 위반한 자
13. 수급자를 학대(성적학대포함) 또는 구박 등으로 인권을 침해하였거나 물의를 야기한 자
14. 기타 전 각 호에 준하는 사유에 해당하는 자
15. 정관 또는 본 규정 및 다른 규정에 명시된 지시사항을 위반한 자

제13조의3(징계의 종류 및 효력) 징계의 종류 및 효력은 다음 각호와 같다.
1. 징계는 경고, 견책, 출근정지, 감봉, 정직, 파면, 면직으로 구분한다.
2. 징계의 효력은 다음의 각호와 같다.

가. 경고 : 경위서를 받고 훈계하여 경고한다.
나. 견책 : 견책은 과실에 대하여 서면(시말서)으로 훈계하여 개선하도록 한다(연 3회 시말서 제출 시 감봉 1개월).
다. 출근정지 : 3일 이내의 일정 기간에 취업을 정지시키고, 그 기간 동안에 임금을 지급하지 아니한다.
라. 감봉 : 1개월 이상 3개월 이하로 하고 이 기간 중에는 보수의 3분의 1을 감한다.
마. 정직 : 1개월 이상 3개월 이하의 기간을 정하여, 그 기간 동안에 직원으로서의 신분은 보유하나 업무에 종사하지 못하며 그 기간 중에는 기본급의 3분의 2를 감한다.
바. 파면 : 직원 신분을 박탈하고 일정 기간(5년) 직원에 임용될 수 없다.
사. 징계해고(면직) : 직원의 신분을 박탈한다.

제14조(해고사유) 다음 각호에 해당하는 직원을 해고할 수 있다.
1. 사기 및 중요한 경력을 속이거나 부정한 방법으로 채용된 자
2. 1년에 3회 이상의 견책 이상의 징계처분을 받았거나, 3일 이상 계속하여 무단결근을 한 자 또는 월간 5일 이상 무단결근한 자
3. 원장의 승인 없이 다른 사업장에 취업한 자
4. 신체 또는 정신적 장애로 담당업무를 감당할 수 없는 자
5. 요양원의 공금을 유용, 착복, 배임하거나, 시설의 물품을 무단유출 한 자
6. 업무상의 기밀을 유출하여 요양원에 손해를 끼친 자
7. 공갈, 협박 또는 폭행 등으로 업무 집행을 방해한 자
8. 상사의 정당한 업무명령에 불복종하거나 직장의 경영 질서를 문란하게 하는 자
9. 형사상의 사건으로 유죄판결을 받았거나 법률상 공민권이 정지·박탈당한 자
10. 징계에 의하여 면직이 결정된 자
11. 복직원을 제출하지 아니하고 요양원의 출근 촉구에 불응한 자
12. 수습기간 중 업무 적응이 곤란하여 채용이 부적당하다고 인정된 자
13. 고의 또는 중대한 과실로 안전보건상의 의무를 위반한 자
14. 시설 내 성희롱 행위를 한 자로서 그 정도가 중대하거나 반복하는 자
15. 기타 전 각호에 준하는 부득이한 사유가 있는 자

제14조의2(해고의 제한) 요양원은 직원의 업무상 부상 또는 질병 치료를 위한 요양에 따른 휴업 기간과 그 후 30일, 산전·후 여직원의 휴업 기간과 그 후 30일간은 해고하지 아니한다. 다만, 일시보상을 지급한 경우 사업을 계속할 수 없게 된 경우에는 그러하지 아니하다.

제14조의3(운영상의 이유에 의한 해고의 제한) ① 요양원은 운영상의 이유에 의한 직원을 해고하고자 할 경우에는 긴박한 운영상의 필요가 있어야 한다. 이 경우 운영 악화를 방지하기 위한 사업의 양도, 인수, 합병은 긴박한 운영상의 필요가 있는 것으로 본다.
② 제1항의 경우 요양원은 해고를 피하기 위한 노력을 다하여야 하며 합리적이고 공정한 해고 기준을 정하고 이에 따라 그 대상자를 선정하여야 한다.
③ 요양원은 제2항에 의한 해고를 피하기 위한 방법 및 해고의 기준 등에 관하여 근로자 과반수를 대표하는 자(근로자대표자) 등에게 해고하고자 하는 날의 60일 전까지 통보하고 성실히 협의하여야 한다.

제14조의4(해고의 예고) 직원을 해고할 때에는 30일 전에 예고한다. 다만, 예고하지 않고 해고할 경우 30일분의 통상 임금을 지급한다.

제15조(정년) ① 직원의 정년은 60세로 한다.
② 원장은 정년 초과자를 필요에 따라 1년 이하 단위로 고용할 수 있다.

제15장 복무규정

복무규정은 직원 관리와 관련된 사항으로 사업을 운영하면서 직원과의 문제를 다룰 때 없어서는 안 되는 중요한 규정이다. 여기에는 직원의 의무도 있겠지만 직원

에 대한 시설의 의무가 강조된다. 따라서 예시 내용을 보다 보면 직원에게 지나치게 배려하고 있다는 인상을 받을 수 있지만 법령에 근거하여 작성된 내용이며, 지정 심사에서 이 부분을 강조해서 보고 있다. 내용이 다소 많은 이유는 시설 상황에 맞게 생략할 수 있도록 하기 위함이다.

예시

제15장 복무규정

제1절 복무관리 규칙

제1조(목적) 본 규정은 요양원을 운영하는 데 있어 직원의 복무에 관한 사항을 규정하여 직장의 질서를 유지하며 업무 수행의 능률 향상과 직원의 복지를 증진하는 데 그 목적을 둔다.

제2조(준용규칙) 본 규정에 명시되어 있지 않은 사항은 근로기준법과 남녀차별금지법 등 관계 법령의 규정과 기타 규정 또는 통상 관례에 따르며 다른 규정에서 특별히 정한 것을 제외하고는 이 규정이 정하는 바에 의한다.

제3조(직원의 의무) 직원은 시설에서 복무 시 다음 각호의 사항을 성실히 준수할 의무를 갖는다.

1. 직원은 제 규정을 준수하고 업무를 신속하고 정확하게 처리하는 등 성실한 근무 자세를 확립한다.
2. 직원은 항상 품위를 유지하고 시설의 명예와 신용을 훼손하는 행위를 하여서는 아니 된다.
3. 직원은 업무 수행상 알게 된 비밀사항 및 시설에 불이익이 되는 사항을 누설하여서는 아니 된다.
4. 직원은 시설의 허가 없이 다른 직장, 단체 등의 임직원이 되거나 다른 사업에 종사하여서는 아니 된다.
5. 직원은 다른 직원의 업무를 방해하거나 퇴직을 강요해서는 아니 된다.
6. 직원은 시설 내에서 음주, 고성방가, 소요, 폭행, 협박, 도박, 절도 등 형사상 불법행위를 하여서는 아니 된다.
7. 직원은 시설 내에서 업무와 관계없는 집회 또는 시위 등 단체행동을 해서는 아니 된다.
8. 직원은 허가 없이 시설 내에서 정치활동 또는 유인물의 게시, 배포 및 유언비어의 날조, 유포를 하여서는 아니 된다.
9. 직원은 허가 없이 시설 내에서 기부 또는 모금행위를 하여서는 아니 된다.
10. 직원은 허가 없이 외부인을 출입시키거나 외부인에게 시설의 촬영을 하게 하여서는 아니 된다.
11. 직원은 허가 없이 시설의 명칭, 물품, 금품을 사적인 목적에 사용하지 못하며, 업무상의 권한을 남용해서는 아니 된다.
12. 직원은 허가 없이 시설의 문서, 비품 등을 시설 외로 반출하거나 업무 외에 사용 또는 다른 사람에게 대여하여서는 아니 된다.
13. 직원은 서로가 거래관계에 있는 자로부터 일체의 사례, 증여 또는 향응을 받거나 부당한 금품의 대차를 하여서는 아니 된다.
14. 직원은 근무 시간 중에 시설장의 허가 없이 자기 근무지를 이탈하여서는 아니 된다.
15. 직원은 직장의 청결, 도난, 화재의 방지를 위한 제반시설의 보호에 적극 협력하여야 한다.
16. 근무 시간 중에 사적 행위를 하여서는 아니 된다.
17. 직원이 고의 또는 중대한 과실로 복지관 시설에 손해를 끼쳤을 때에는 인사상 징계와 별도로 이를 배상하여야 한다.
18. 천재·지변 기타 업무상 불가피한 사유로 인하여 근로의 필요가 발생하였을 경우, 휴일·휴가 중이라도 시설의 비상출근 명령을 받은 자는 지시에 따라 출근하여 업무처리에 적극 협조하여야 한다.

제4조(요양원의 의무) 요양원은 종사자의 근로환경 개선과 처우개선 및 복리향상을 위해 노력해야 하며, 기본적인 근로기준법을 철저히 준수해야 한다.

1. 요양원은 복무규정에 대해 종사자가 숙지하고 이행할 수 있도록 입사 시 설명과 함께 변경 시 고지와 설명을 해야 한다.

2. 요양원은 「근로기준법」에 따라 근로계약서를 작성하고 비치해 놓아야 하며, 취업규칙을 작성하고 비치해야 하고, 고충처리위원회를 구성하고 운영해야 한다.

제5조(근무시간) ① 직원의 근무시간은 다음과 같다.
1. 주간 상주 직원의 출퇴근 시간 : 09:00~18:00까지
   가. 1일 근로시간 8시간 근무자 휴게시간 : 12:00~13:00까지
2. 요양보호사의 6일 주기 복합근무 형태
   가. 1, 2일째 주간 근무 시간 : 09:00~18:00(휴게시간 1시간)
   나. 3, 4일째 야간 근무 시간 : 18:00~익일 09:00(휴게시간 4시간)
   다. 5, 6일째 휴무일
3. 조리원 출퇴근 시간
   가. 평일조 출근 : 06:00~15:00(휴게시간 09:30~10:30)
   나. 평상시 : 09:00~18:00(휴게시간 12:00~13:00)
   다. 특근일 : 06:00~18:00(휴게시간 09:30~10:30, 15:00~15:30)
4. 시설은 전항의 근무시간의 운영을 필요시 변경하거나 조정 할 수 있다.

② 원장은 비상시 또는 사정에 의하여 근무시간을 변경·조정할 수 있으며, 이 경우 근무자는 근무시간을 인정받는다.
③ 직원의 근무시간은 휴게시간을 제외하고 주 40시간을 원칙으로 한다.
④ 전 직원은 건강보험공단 청구에 지장이 없도록 월 기준 근무시간 및 일수를 충족해야 한다.
⑤ 근무시간 부족시 대체근무로 보충해야 한다.

제6조(출근 및 결근) ① 직원은 근무 시간 전에 자신의 출근여부를 확인할 수 있도록 출·퇴근 기록기(또는 지문인식기)에 타임체크 하여야 하며, 정시까지 업무를 하고 사업장을 정리정돈 한 후에 퇴근한다.
② 직원이 질병 또는 기타 부득이한 사유로 사전 허가를 얻지 못하고 결근 한 때에는 전화 및 기타의 방법으로 우선 그 사유를 원장에게 연락하여 구두 승인을 받고 다음 날 출근하여 즉시 결근계를 제출하여야 한다.
③ 3일 이상 계속하여 결근한 경우에는 의사의 진단서 등 그 사유를 증빙하는 서류를 첨부하여야 한다.
④ 직원이 희망하는 경우에는 결근을 연차휴가사용으로 대체할 수 있다. 단, 무단결근은 제외한다.
⑤ 결근계를 제출하여 승인을 받지 못한 경우에는 무단결근으로 간주하며, 인사상 징계 및 직원 평가에 반영한다.

제7조(지각 및 조퇴) 질병 또는 기타 부득이한 사유로 조퇴하고자 할 때는 우선적으로 부분 휴가를 사용하며, 부득이한 경우에만 조퇴계를 제출하여 원장의 사전 승인을 받아야 한다.

제8조(외출) ① 직원이 사적으로 외출하는 경우에는 부분휴가를 사용한다. 부득이한 경우에만 외출계를 제출하여 원장의 사전 승인을 받아야 한다.
② 원장의 사전 승인을 받지 않은 외출은 무단외출로 간주하며, 인사상 징계 및 고과평가에 반영한다.

제9조(공휴일) 요양원의 공휴일은 국가 법정공휴일에 준한다.

제10조(주휴일) ① 시설은 1주간의 소정근로일수를 개근한 직원에 대하여 1주일에 평균 1회의 유급휴일을 준다.
② 주휴일은 주간 근무자의 경우 매주 일요일을 원칙으로 하며 복합 근무자들은 시설의 근무체제에 따라 주휴일을 신축적으로 운영할 수 있다. 다만, 1주간의 소정근로일수를 개근하지 아니한 직원에게는 무급휴일로 한다.

제11조(휴일의 중복) 주휴일과 유급휴일이 중복될 때에는 주휴일만 인정한다.

제12조(휴일의 대체) 요양원은 업무상 중대한 영향이 있거나, 기타 비상사태가 발생하였을 때에는 본 규칙에서 정한 휴일에 근무를 하고 당초 휴일로부터 7일 이내의 다른 날을 휴일로 대체할 수 있다.

제13조(공민권 행사의 보장) ① 요양원은 직원이 근무시간 중에 선거권 기타 공민권의 행사 또는 공익 직무를 집행하기 위하여 필요한 시간을 청구하는 경우에는 거부하지 못한다. 다만, 그 권리행사 또는 공의 직무(법률이 정한 공적인 성격의 직무)를 집행함에 지장이 없는 한 청구한 시간을 변경할 수 있다(근로기준법 제10조).
② 근무시간 중에 선거권 기타 공민권의 행사 또는 공의 직무를 집행하기 위하여 사용한 시간은 근로시간으로 인정한다.

제2절 휴가

제14조(연차유급휴가) 연차유급휴가에 대한 규정은 다음 각호와 같다.

1. 원장은 근로기준법 제60조에 의거하여 1년간 80퍼센트 이상 출근한 근로자에게 15일의 유급휴가를 주어야 한다.
2. 원장은 계속하여 근로한 기간이 1년 미만인 종사자 또는 1년간 80퍼센트 미만 출근한 근로자에게 1개월 개근 시 1일의 유급휴가를 주어야 한다.
3. 원장은 3년 이상 계속하여 근로한 근로자에게는 제1항에 따른 휴가에 최초 1년을 초과하는 계속 근로 연수 매 2년에 대하여 1일을 가산한 유급휴가를 주어야 한다. 이 경우 가산휴가를 포함한 총 휴가 일수는 25일을 한도로 한다.
4. 원장은 제1항부터 제3항까지의 규정에 따른 휴가를 종사자가 청구한 시기에 주어야 하고, 그 기간에 대하여는 취업규칙 등에서 정하는 통상임금 또는 평균임금을 지급하여야 한다. 다만, 종사자가 청구한 시기에 휴가를 주는 것이 사업 운영에 막대한 지장이 있는 경우에는 그 시기를 변경할 수 있다.
5. 제1항 및 제2항을 적용하는 경우 다음 각호의 어느 하나에 해당하는 기간은 출근한 것으로 본다.
   가. 근로자가 업무상의 부상 또는 질병으로 휴업한 기간
   나. 임신 중의 여성이 휴가로 휴업한 기간
   다. 「남녀고용평등과 일·가정 양립 지원에 관한 법률」 제19조 제1항에 따른 육아휴직으로 휴업한 기간
6. 제1항·제2항 및 제3항에 따른 휴가는 1년간(계속하여 근로한 기간이 1년 미만인 근로자의 제2항에 따른 유급휴가는 최초 1년의 근로가 끝날 때까지의 기간을 말한다) 행사하지 아니하면 소멸된다. 다만, 사용자의 귀책사유로 사용하지 못한 경우에는 그러하지 아니하다.

제15조(연차휴가 계획 및 허가)

1. 연차휴가를 사용하고자 하는 직원은 연차휴가 계획서를 제출하여야 하며, 이때 원장은 직무상 특별한 지장이 없는 한 이를 허가하여야 한다.
2. 연차휴가는 당해 연도에 한해 사용할 수 있으며, 4일 이상 연차휴가에 해당되는 직원은 상반기(1월~6월)와 하반기(7월~12월)로 나누어 사용하고 당해 연도에 사용하지 아니한 연차휴가를 다음 연도에 이월하여 사용할 수 없다.
3. 원장은 시설의 사정에 따라 연차휴가를 허가할 수 없는 경우에는 예산의 범위 내에서 일할 계산하여 연가일수에 해당하는 기본급(연차수당)을 지급하고 연차휴가와 갈음할 수 있다.

제16조(부분휴가) 연차유급휴가는 1일을 시간별로 나눠 사용할 수 있다. (예: 2시간 이상 시간별, 반차)

제17조(경조휴가) ① 직원이 아래 경조사별 휴가일수표의 하나에 해당하는 경조사가 발생하여 휴가를 요청하는 경우에 경조휴가를 줄 수 있다.
② 경조휴가 일수는 경조사가 발생한 날부터 토요일, 일요일을 포함하여 달력 일수로 계산한다. 다만, 요양원의 사정으로 사용하지 못한 경우에는 휴가 사용 일부터 계산한다.
③ 경조휴가를 신청할 때에는 청첩장, 초대장, 출생증명서 사본, 주민등록등본, 사망진단서 등 관련 증빙을 함께 제출한다. 다만, 사망의 경우에는 사후에 제출할 수 있다.

〈경조사별 휴가일수표〉

구분	대상	일수
결혼	본인	5
	자녀	1
	본인 및 배우자의 형제자매	1
출산	배우자	5
입양	본인	20
사망	배우자, 본인 및 배우자의 부모	5
	본인 및 배우자의 조부모·외조부모	3
	자녀와 그 자녀의 배우자	5
	본인 및 배우자의 형제자매와 그 형제자매의 배우자	1
	본인 및 배우자의 부모의 형제자매와 그 형제자매의 배우자	1

제18조(포상휴가) 요양원에 현저한 공로가 인정될 경우 원장은 인사위원회의 의결을 거쳐 5일 이내의 포상휴가를 허가할 수 있다.

제19조(병가) ① 원장은 다음 각호의 1에 해당하는 직원에 대하여는 누계 60일의 범위 안에서 병가를 허가할 수 있다.

가. 질병 또는 상해로 인하여 직무불능일 때
나. 전염병의 이환으로 인해 그 직원의 출근이 다른 직원의 건강에 영향을 미칠 우려가 있을 때

② 1항의 병가는 7일 이상 지속적인 치료를 받는 경우로 의사의 진단서를 첨부하여야 한다.

제20조(특별휴가) 특별휴가는 다음 각호에서 정하는 바에 따른다. 다만, 이 규정에서 정하지 아니하는 사항은 지방자치단체의 조례로 정하는 바에 따른다.

1. 원장은 직원이 결혼하거나 그 밖의 경조사가 있는 경우에는 해당 직원의 신청에 따라 경조사별 휴가 일수표를 기준으로 경조사 휴가를 줄 수 있다.
2. 원장은 임신 중인 직원에게 출산 전과 출산 후를 통하여 90일(한 번에 둘 이상의 자녀를 임신한 경우에는 120일)의 출산휴가를 허가하되, 출산 후의 휴가기간이 45일(한 번에 둘 이상의 자녀를 임신한 경우에는 60일) 이상이 되게 하여야 한다.
3. 임신 중인 직원으로서 임신 후 12주 이내에 있거나 임신 후 36주 이상에 해당하는 직원은 1일 2시간의 범위에서 휴식이나 병원 진료 등을 위한 모성보호시간을 받을 수 있다.
4. 생후 1년 미만의 유아를 가진 직원은 1일 1시간의 육아시간을 받을 수 있다.
5. 자녀가 있는 직원은 「영유아보육법」에 따른 어린이집, 「유아교육법」에 따른 유치원 및 「초·중등교육법」 제2조 각 호의 학교에서 공식적으로 주최하는 행사 또는 교사와의 상담에 참여할 경우 연간 2일(자녀가 셋 이상일 경우에는 3일)의 범위에서 자녀 돌봄 휴가를 받을 수 있다.

제21조(유급휴일) 유급휴일은 다음 각호에 해당된다.

1. 직원의 유급휴일은 다음 각 호에 해당하는 날로 한다.
   가. 주휴일 (1주 동안 소정 근로일수를 개근한 직원에게만 준다).
   나. 근로자의 날 (5월 1일)
   다. 관공서의 공휴일에 관한 규정에 따른 휴일
2. 주휴일과 다른 휴일이 중복되는 경우에는 주휴일 만을 인정한다.
3. 요양원의 업무 특성상 특별한 사정이 있거나 업무상 막대한 지장이 있는 등 필요한 경우에 원장은 직원의 동의를 얻어 주휴일을 일요일이 아닌 다른 요일로 변경할 수 있다.

제3절 휴직 및 복직

제22조(휴직) ① 원장은 다음 각호의 1에 해당하는 직원이 그 사유가 계속되어 업무에 복귀할 수 없을 경우에는 휴직을 명령할 수 있다.

1. 업무상 부상 또는 상병으로 요양을 필요할 때
2. 업무 외의 부상 또는 상병으로 1월 이상의 요양을 요할 때
3. 신체상 정신상의 장애로 업무수행이 곤란하다고 판정되었을 때
4. 형사사건으로 기소되었을 때
5. 기타 전 각호에 준하는 특별한 사유가 있어 휴직의 필요성이 불가피하다고 인정될 때

② 제1항의 가, 나, 다호의 경우에는 진단서를 첨부해야 한다.

제23조(휴직의 효력) ① 휴직 중인 직원의 신분은 보유하나 직무에 종사하지 못한다.
② 휴직기간 중에는 임금을 지급하지 아니한다.
③ 휴직자는 휴직기간 중에도 요양원의 규정을 준수하여야 한다.
④ 휴직자는 휴직기간 중 원장의 허락 없이 타 직에 종사할 수 없다.

제24조(복직)

1. 직원은 휴직 사유가 소멸되었을 때에는 지체 없이 복직하여야 하며, 휴직기간이 만료될 때에는 만료일 7일 전까지 복직원을 제출하여야 한다.
2. 휴직기간 중이라도 휴직사유가 소멸될 경우에는 원장이 복직 명령을 할 수 있다.

3. 직원은 부득이한 사유가 있을 경우에 시설의 승인을 얻어 휴직기간을 연장 할 수 있다.
4. 직원이 전 항의 규정에 따라 복직원을 제출하지 아니한 때에는 복직의사가 없는 것으로 간주하여 퇴직조치 할 수 있다.

제4절 퇴직

제25조(퇴직구분) 퇴직은 정년퇴직, 당연면직, 권고사직으로 구분한다.

제26조(퇴직 절차) ① 직원이 일신상의 사정으로 퇴직하고자 할 때에는 퇴직일로부터 1월 전에 퇴직 사유 및 퇴직일을 기재한 사직서를 30일 전에 제출하여야 한다.
② 사직서를 제출한 자는 요양원의 승인이 있을 때까지 종전의 업무를 계속하여 수행하여야 하며, 후임자가 업무를 원활히 할 수 있도록 인수인계서에 의한 업무 인계·인수를 철저히 하여야 한다.
③ 제출서류는 사직서, 업무 인계·인수서, 사원증이다.

제27조(정년퇴직) ① 직원의 정년은 만60세로 한다.
② 정년퇴직을 하는 자는 정년에 도달하는 달이 상반기일 경우 6월 30일자, 하반기일 경우 12월 31일 자로 정년퇴직한다.
③ 단, 요양원은 업무의 필요에 의하여 정년 퇴직자를 재고용할 수 있다.

제28조(당연면직) 직원이 다음 각호의 하나에 해당된 때에는 그 사유가 발생한 날에 자동적으로 퇴직 처리된다.
1. 사직원을 제출하고 30일이 경과되었을 때
2. 근로계약 기간이 정하여져 있을 경우, 그 계약 기간이 만료된 때
3. 사망하였을 때
4. 정년에 달한 때
5. 휴직 또는 정직 기간 종료 후 7일 이내에 복직원을 제출하지 아니하고 요양원의 출근 촉구에 불응할 때
6. 휴직사유가 해소되지 않아서 휴직 기간 종료일로부터 7일 이내에 복직이 불가능할 때
7. 형사사건으로 금고 이상의 유죄판결을 받았을 때

제29조(권고사직 등) ① 직원이 다음 각호에 해당할 때에는 원장은 퇴직을 권고할 수 있다.
가. 요양원 재정상의 어려움이 발생되었을 때
나. 직제 개편에 따른 조직의 폐지 및 축소되었을 때
다. 요양원 운영 형태의 변화에 따른 업무 형태의 변화가 있을 때
② 원장은 제1항의 규정에 의하여 퇴직을 권고할 경우 미리 해당자에게 예고하여 의견을 들어야 하며, 퇴직 전·후에 필요한 조치를 취해야 한다.

제30조(금품청산) 요양원은 직원이 퇴직한 경우에는 그 지급 사유가 발생한 날로부터 14일 이내에 임금, 보상금 기타 일체의 금품을 지급한다. 다만, 요양원의 재정형편상 지급하지 못하는 경우에는 직원과의 합의에 의하여 지급기일을 3월 이내에서 연장할 수 있다.

제5절 복리후생

제31조(복리후생 일반) 직원의 복리후생에 필요한 혜택을 무상으로 제공하거나, 소요경비를 지급할 수 있다.

제32조(복리수당) 요양원의 수행사업과 운영의 특수성을 감안하여 자체 부담으로 별도의 수당 규정을 신설하여 지급할 수 있다.

제33조(피복비 지급) 원장은 운영 및 업무상 필요하다고 판단될 때 직원에게 소정의 피복비를 지급할 수 있다.

재34조(포상) ① 근무성적이 우수하고 근무를 성실히 수행하여 타 직원의 모범이 되는 자에게는 표창장을 수여할 수 있다.
② 요양원의 발전에 지대한 공이 있고 요양원의 명예를 대외적으로 높이 선양한 직원에 대하여는 심의를 거쳐 포상할 수 있다.
③ 포상 및 표창을 받은 직원에게는 인사고과에 이를 반영토록 한다.

제34조의2(포상방법) ① 포상은 그 공로에 따라 상장, 상패, 상금으로 하며 예산의 범위 안에서 진행한다.
② 정기표창은 연말, 분기 우수직원 표창, 개원기념일 중 2회 실시한다.
③ 수시표창은 노인의 날, 시설 행사, 월례회 중 2회 실시한다.

제34조의3(포상) 요양원은 다음 각 호에 해당하는 사유가 있으면 이를 심사한 후 그 공적의 정도에 따라 단체 및 개인에게 포상하고 승진 및 승급에 반영할 수 있다.
1. 요양원의 업무 발전에 참신한 제안을 하여 성과를 가져온 자
2. 재해 및 도난을 미연에 방지했거나, 신속한 조치로 그 피해를 적게 한 자
3. 요양원 또는 직원 전체를 위하여 현저한 공적이 있는 자
4. 3년 이상 근속자로서 업무성적이 특히 우수하여 타의 모범이 되는 자

제34조(기타 복리후생) 직원 및 그의 직계 가족이 요양원에 입소할 때에 요양원은 다른 입소자에게 피해를 주지 않는 한도 내에서 비급여 비용의 전액 또는 반액 감면하여 적용할 수 있다.

제35조(교육 및 회식비) 직원의 전문적인 복지서비스 제공을 위한 교육 및 회식비를 집행할 수 있다.
1. 교육비 : 해당 직원에 한하여 해당 업무에 대한 교육비를 책정하여 집행할 수 있다.
2. 회식비 : 직원들의 단합과 사기 진작을 위하여 전체 및 과별 회식을 실시하고 그 비용을 집행할 수 있다.

제6절 직원 고충처리

제36조(직원의 고충처리) ① 근로조건과 관련한 고충이 있는 직원은 요양원에 고충 처리를 요청할 수 있다.
② 요양원은 직원의 고충이 해결될 수 있도록 성의 있는 노력을 해야 한다.
③ 요양원은 고충을 제기한 직원에 대하여 불이익이 되는 조치를 취하여서는 아니 된다.
④ 직원 또는 입소자의 권리존중과 보호를 위하여 요양원에 고충처리위원회를 둔다.
⑤ 고충처리의 내용과 절차 등에 관하여 전 직원이 숙지하고 일상적 근무 시 몸에 배도록 계도·교육하여야 한다.

제37조(위원회의 구성) ① 위원회는 원장, 직원 대표, 외부 전문가를 포함한 4명으로 구성한다.
② 위원장 및 위원은 원장이 위촉한다.
③ 위원의 임기는 3년으로 한다.

제38조(위원회의 운영) ① 위원회는 위원장을 포함 과반수의 출석으로 개회한다. 다만, 위원장이 필요하다고 인정하는 때에는 서면 심사로 회의를 대신할 수 있다.
② 위원회에 부의된 사항의 처리는 협의에 의한다.
③ 위원회는 필요하다고 인정할 때에는 신청인 또는 참고인을 출석하도록 하여 진술하게 할 수 있다.

제39조(상담원 지정운영) ① 위원회는 직원의 고충 사항을 효과적으로 처리하기 위해 상담원과 사외상담원을 둘 수 있다. 이때 사외상담원은 법률, 병무, 건강, 인생, 결혼 등 분야별 학식과 덕망이 있는 인사를 선정하여 위촉할 수 있다.
② 고충 사항이 여성 복지나 모성보호 등 여성 고유 사항일 경우에는 여성 상담원이 상담을 하여야 한다.
③ 상담원은 직원의 고충 사항 해결에 최선을 다하여야 하고, 조치 결과를 신청인 및 위원회에 통보하여야 한다.
④ 상담원은 직접 처리하기 곤란한 사항에 대해서는 즉시 위원회에 부의하여야 한다.

제40조(고충의 처리) 직원은 고충사항이 있는 경우에는 상담원, 위원, 온라인 고충상담센터에 구두 또는 서면으로 신고할 수 있다.

제41조(위원의 의무) 위원 및 상담원은 그 직무수행과 관련하여 알게 된 개인의 비밀사항을 누설하여서는 아니 된다.

제42조(대장 비치) 고충 사항의 접수 및 그 처리에 관한 대장 및 서류는 3년간 보존하여야 한다.

제43조(상담 전담 창구 운영) 직원의 고충사항을 처리하기 위하여 상담 전담 창구를 운영한다.

제44조(규정 외의 사항) 이 규정에 명시되지 아니한 사항으로서 위원회의 운영에 필요한 사항에 대하여는 법령 및 통상 관례에 따른다.

제16장 보수

보수는 운영규정에 꼭 포함시켜야 할 사항이다. 직원 보수 영역은 지정 심사위원들이 관심 있게 보는 영역이다. 즉, 직원들에게 불리하게 작성된 것은 아닌지를 보는 것이다.

예시

제16장 보수

제1조(목적) 본 규정은 요양원에 근무하는 직원의 임금관리에 관한 사항 및 임금 산정 등 세부 사항을 정함에 목적이 있다.

제2조(정의) 이 규정에서 사용하는 용어 정의는 다음과 같다.
1. "보수"라 함은 봉급과 기타 각종 수당을 합산한 금액을 말한다.
2. "월급여"라 함은 월 단위로 지급하는 월 기본급과 법정수당, 약정수당을 합산한 금액을 말한다.
3. "기본급"이라 함은 월 소정근로에 대한 기본임금을 말한다.
4. "제수당"이라 함은 직위, 직책수당, 휴일근로수당, 야간근로수당 등 법정수당을 총칭한다.
5. "임금일할정산"이라 함은 월 단위 임금의 계산식에서 월 달력 일수를 평균 30일로 하여 월 근무 일수에 대한 임금으로 산정할 때에 사용하는 임금정산방식의 용어이다.

제3조(보수지급기준 및 방법) ① 시설의 봉급 월액은 당해 연도 국민건강보험공단 수가 인상을 반영하여 월급제 임금 지급을 원칙으로 하되 일급제 및 연봉제 임금으로 결정할 수 있다.
② 보수는 본인의 금융기관에서 발행한 통장에 계좌 입금하는 것을 원칙으로 한다.
③ 보수를 지급할 때에는 다음 각 항의 1에 해당하는 금액을 원천공제한다.
1. 근로소득세, 주민세
2. 국민건강보험료
3. 국민연금보험료(60세 미만자)
4. 고용보험료
5. 기타 시설과 직원이 합의한 금액

④ 요양원은 연장, 야간, 휴일근로수당 등 법정수당을 포함하는 포괄임금 근로계약을 체결하여 지급할 수 있다. 단, 포괄임금 액수가 실제 근로한 시간에 비해 부족할 경우 부족한 액수만큼 보충하여 지급해야 한다.
⑤ 당해연도 사업결산 후 이익금 발생 시 성과급으로 지급할 수 있다. 이익금이라 하면 시설내 필요한 제반 사업비를 제외한 순수 남은 이익금이어야 한다.
⑥ 직원의 월급제 임금의 구성 항목은 기본급, 직원, 직책수당, 교통지원비, 급식지원비, 장기근속수당, 특별수당, 연장근로수당, 야근근로수당, 처우개선비, 휴일근로수당 등으로 구성된다.

제4조(기본급) 월 기본급은 월 소정근로시간에 대한 기본급을 말하며, 월 만근 시 유급 주휴수당을 합산한 임금이다.

제5조(연장·야간 및 휴일 근로) ① 요양원은 연장근로에 대하여는 통상임금의 100분의 50 이상을 가산하여 종사자에게 지급하여야 한다.
② 제1항에도 불구하고 사용자는 휴일근로에 대하여는 다음 각호의 기준에 따른 금액 이상을 가산하여 근로자에게 지급하여야 한다.
1. 8시간 이내의 휴일근로: 통상임금의 100분의 50
2. 8시간을 초과한 휴일근로: 통상임금의 100분의 100

③ 요양원은 야간근로(오후 10시부터 다음 날 오전 6시 사이의 근로)에 대하여는 통상임금의 100분의 50 이상을 가산하여 종사자에게 지급하여야 한다.

제6조(보상 휴가제) 원장은 근로자대표와의 서면 합의에 따라 연장근로·야간근로 및 휴일근로 등에 대하여 임금을 지급하는 것을 갈음하여 휴가를 줄 수 있다.

제7조(보수 계산) 보수는 특별한 규정이 있는 경우를 제외하고는 신규채용 등의 경우에 있어서 발령일을 기준으로 그 월액을 일할 계산하여 지급한다.

제8조(보수지급일) 보수는 매월 25일에 지급한다. 다만, 지급일이 공휴일인 경우에는 그 전날에 지급한다.

제9조(최저임금의 효력) 요양원에서는 최저임금의 적용을 받는 직원에 대하여 최저임금 이상의 임금을 지급하여야 한다.

제7조(근속기간 계산) 퇴직급여 계산을 위한 근속기간은 퇴직한 날의 전날까지 계산하며, 직원의 휴직 기간은 근속연수에서 제외한다. 다만, 다음 각호의 어느 하나에 해당하는 휴직 기간은 재직기간으로 본다.
1. 직무상 질병이나 부상으로 인한 휴직기간
2. 「남녀고용평등과 일·가정 양립 지원에 관한 법률」 제19조에 따른 육아휴직 기간

제8조(상여금) ① 요양원은 직원에게 상여금을 지급할 수 있으며, 그 금액은 기관의 형편에 맞게 지급할 수 있다.
② 구정, 추석 등 명절 상여금은 성과급으로 지급할 수 있다.

제9조(장기근속 장려금) ① 일정 기간 동안 본 요양원에서 하나의 직종으로 계속 근무하고 있는 다음 각호에 따른 직종의 종사자에 대하여 장기근속 장려금을 산정할 수 있다.
1. 요양보호사, 사회복지사, 간호(조무)사, 물리(작업)치료사.
2. 전량 직접 조리하여 급식을 제공할 경우에는 영양사, 조리원

② 장기근속 장려금 산정은 해당 종사자가 월 120시간 이상 계속하여 근무한 기간이 36개월 이상이어야 한다.
③ 장기근속 장려금은 다음 각호를 충족하는 종사자에게 지급하며, 계속근무기간에 따라 종사자 1인당 다음과 같이 산정한다.

계속근무기간	36개월 이상 60개월 미만	60개월 이상 84개월 미만	84개월 이상
금액(원/월)	60,000	80,000	100,000

④ 기타 장기근속 장려금에 관한 사항은 「장기요양 급여제공 기준 및 급여비용 산정방법에 관한 고시」에 따른다.

제10조(휴업수당) 요양원의 귀책사유로 휴업하는 경우에 그 기간에 대하여 평균임금의 70%를 지급한다.

제17장 퇴직연금제도

최근 들어 노인요양기관들에서 퇴직금보다는 퇴직연금을 선호하는 경향이 늘고 있다. 퇴직연금제도는 퇴직금제도와 퇴직연금제도를 통칭하는 것으로서 지정 심사에서 중요하게 보는 항목이다.

예시

제17장 퇴직연금제도

제1조(목적) 본 규정은 센터 직원의 퇴직급여 지급 및 운영에 관한 사항을 정함을 목적으로 한다.

제2조(정의) 이 규정에서 사용하는 용어의 정의는 다음과 같다.
1. "퇴직급여"라 함은 센터에서 운영하는 퇴직급여제도에 의하여 직원에게 지급되는 연금 또는 일시금을 말한다.

2. "퇴직급여제도"라 함은 「근로자 퇴직급여 보장법」 제3장에서 규정하고 있는"확정급여형 퇴직연금제도", 동법 제4장에서 규정하고 있는 "확정기여형퇴직연금제도" 및 동법 제8조에 따른 "퇴직금제도"를 말한다.
3. "퇴직연금제도"라 함은 「근로자 퇴직급여 보장법」 제3장 및 제4장에서 규정하고 있는 "확정급여형 퇴직연금제도"와 "확정기여형 퇴직연금제도"를 말한다.
4. "근속기간"이라 함은 퇴직급여 지급 대상 기간을 말한다.
5. "평균임금"이라 함은 이를 산정하여야 할 사유가 발생한 날 이전 3개월 동안임·직원에게 지급된 임금의 총액을 그 기간의 일수로 나눈 금액을 말한다.
6. "중간정산"이라 함은 일정한 근속기간에 대한 퇴직급여의 전액 또는 일부를 퇴직 전에 미리 지급하는 것을 말한다.

제3조(적용범위) 센터에서 1년 이상 근속한 직원에게 지급하는 퇴직급여와 관련하여 다른 규정에서 정한 것을 제외하고는 이 규정이 정하는 바에 의한다.

제4조(퇴직연금제도) ① 센터는 퇴직연금제도를 하나 이상 설정하여 운영할 수 있으며, 퇴직연금제도에 관한 사항은 퇴직연금사업자와 체결한 표준 규약에 의한다.
② 직원의 퇴직연금제도는 개별 직원이 선택하여 설정한다.

제5조(지급사유) 퇴직급여는 직원의 퇴직 시 지급하는 것을 원칙으로 한다.

제6조(지급기준) ① 확정급여형 퇴직연금제도에 가입한 직원의 퇴직급여 수준은 계속 근로기간 1년에 대하여 30일분의 평균임금으로 한다. 평균임금 산정 시 수습 기간, 업무상 부상·질병 기간, 출산 전 휴가기간, 육아휴직기간, 센터의 귀책사유로 인한 휴업기간, 적법한 쟁의 행위기간, 병역법 등의 의무이행기간 및 업무 외 부상·질병 기타의 사유로 인하여 승인을 얻어 휴업한 기간은 평균임금 산정 기간에서 제외하나, 대기발령·직위해제, 징계 등의 기간은 평균임금 산정 기간에 포함한다.
② 확정기여형 퇴직연금제도에 가입한 직원의 퇴직급여 수준은 연간 임금 총액의 12분의 1에 상당하는 금액으로 한다.

제7조(중간정산) ① 제5조에도 불구하고 「근로자퇴직급여 보장법」 제8조 및 제22조의 사유로 직원이 요구하는 경우에는 근속기간의 범위 내에서 퇴직급여를 미리 정산하여 지급할 수 있다. 다만, 「근로자퇴직급여 보장법」상 중간정산이 인정되지 아니하는 경우 중간정산은 제한된다.
② 중간정산은 근속기간이 1년 이상인 직원에 한하여 신청할 수 있다.
③ 퇴직급여 중간정산을 신청하고자 하는 직원은 센터에서 제시한 신청서와 서약서를 센터장에게 제출하여야 한다.
④ 퇴직급여 중간정산액은 신청월까지 계산된 금액으로 하고, 법률에 의한 변제 발생액을 공제한 나머지 금액을 익월 2주 이내에 지급한다.
⑤ 퇴직급여충당금 적립액 운용상 문제가 있거나 부득이한 경우에는 퇴직급여 중간정산 금액의 지급을 유보하거나 지급일을 연기할 수 있다.

제8조(근속기간의 계산) ① 근속기간은 직원으로 임용된 날로부터 퇴직한 날까지 월 단위로 계산하되, 월 미만의 단수가 있을 경우에는 1개월로 계산한다.
② 제7조에 의하여 퇴직급여 중간정산을 한 직원의 근속기간은 중간정산 기간 이후부터 새로이 기산한다.
③ 임기, 계약기간 또는 고용 기간 만료로 퇴직급여 청구권이 발생한 자가 재임용되어 계속 근무하게 되었을 경우에는 청구자의 선택에 따라 퇴직급여를 청구하거나 청구하지 아니하고 계속 근무연수로 산정하게 할 수 있다.
④ 당해 년도 임금 인상 이전에 중간정산 퇴직금이 지급된 경우에는 임금 인상분은 지급된 중간정산에 소급하여 적용하지 아니한다.

제9조(퇴직급여의 지급) ① 퇴직급여는 청구 시부터 14일 이내에 총액을 지급한다. 다만, 당사자 간의 합의에 의하여 지급기일을 연장할 수 있다.
② 정산 금액 등 기타 납부 의무액이 있을 경우에는 그 금액을 퇴직 정산 시 공제하고 지급한다.

제10조(사망 시의 수급 순위) 사망으로 인한 퇴직자의 퇴직급여는 근로기준법이 정하는 바에 따라 유족에게 지급한다.

제11조(권리의 시효) 퇴직급여를 지급받을 권리는 3년간 행사하지 아니하면 시효로 인하여 소멸한다.

제12조(세부 사항) 이 규정에서 정하지 아니한 사항에 대하여는 「근로자퇴직급여 보장법」 및 퇴직연금 규약에 따른다.

제18장 안전과 보건에 관한 사항

안전과 보건에 관한 사항은 보건의료 부분과 다소 중첩되는 부분이 있고, 지정 심사 기준에 "직원의 건강검진, 근골격계 질환 검사 및 조치계획 등 직원의 건강관리"가 있기 때문에 추가했다.

예시

제18장 안전과 보건에 관한 사항

제1조(안전·보건규정 준수) 요양원과 그 직원은 산업재해를 예방하고 쾌적한 업무환경 조성 및 안전과 보건을 유지하고 증진시키기 위한 노력을 하여야 한다.

제2조(시설장 의무) 사업장의 안전·보건에 관한 정보를 직원에게 제공하고, 근로조건의 개선을 통하여 적절한 작업환경을 조성함으로써 직원의 생명 보전과 안전 및 보건을 유지·증진하도록 하여야 한다.

제3조(직원의 의무) 직원은 산업재해예방을 위한 기준을 준수하여야 하며, 사업장, 기타 관계 단체에서 실시하는 산업재해의 방지에 관한 지시에 따라야 한다.

제4조(시설환경 조성) 입소자가 안전하고 쾌적한 환경에서 생활할 수 있도록 시설환경을 다음 각호와 같이 조성한다.
1. 요양원 내부의 채광 및 조명을 적정하게 유지한다.
2. 실내에 냄새가 나지 않도록 주의하고 창문 개폐 및 환기장치가 작동해야 한다.
3. 내부의 온도 및 습도가 적정해야 한다(온·습도계 비치).
4. 도색 및 도배, 바닥재 등 시설관리가 되도록 운영한다.
5. 외부 출입구 잠금장치(자동열림장치), 계단출입구 잠금장치(자동열림장치), 주방 잠금장치가 정상 작동하도록 관리한다.
6. 유리문에 충돌방지 표시한다(유리로 된 벽이나 문, 통유리 창문).
7. 요양원 내에 위험요인(세제, 칼, 가위, 개방된 콘센트 등)을 제거한다.

제5조(낙상방지 노력) 입소자의 낙상 방지를 위해 다음 각호와 같은 노력을 해야 한다.
1. 입소자의 이동 동선에 따라 안전손잡이를 설치한다.
2. 낙상 위험이 높은 공간(목욕실, 화장실 등)에 미끄럼 방지 처리를 한다.
3. 입소자가 주로 이용하는 공간(침실, 화장실 등)의 문턱을 제거한다.
4. 입소자의 이동이 편하도록 휠체어 이동공간을 확보해야 한다.

제6조(식당·조리실 위생) ① 식품 유통기한을 준수하고 주방 및 집기류 소독을 주 1회 이상 실시한다.
② 식당, 조리실, 식품 보관실, 냉장(동)고를 청결하게 관리한다.
③ 조리원의 근무 복장 및 위생 상태가 청결하게 유지되도록 한다.

제7조(감염예방) 감염병 예방을 위해 다음 각호와 같은 노력을 해야 한다.
1. 감염 환자가 발생하면 원장은 즉시 관할 건강보험공단 및 시·군·구에 발생 사실을 통보하고 격리 조치한다.
2. 감염예방을 위한 면회객 및 방문을 제한할 수 있다.
3. 종사자가 확진 또는 의심되어 격리된 경우 치료·격리 기간 동안은 출근하지 않도록 조치하고 시설 내 확진이 확인되면 유급병가로 처리한다.
4. 소독·멸균을 요하는 간호비품 사용 후에는 반드시 소독·멸균을 하여야 한다.
5. 의료폐기물은 전문업체를 통해서 배출한다.
6. 분기별 1회 이상 실내·외 소독을 실시한다.
7. 취약지역(화장실, 급수장, 쓰레기장, 하수도, 조리실, 기숙사 등)을 집중관리 한다.

8. 출입문 손잡이, 계단 난간 등 사람의 손이 상대적으로 많이 가는 부분은 소독제를 이용하여 매일 문질러 닦는다.
9. 감염병 유행 및 발생 시 대응체계를 수립하여 운영한다.

제7조의1(입소자 감염병 건강진단) ① 모든 입소자 대상으로 결핵 검진을 포함한 건강진단을 연 1회 실시한다.
② 신규 입소자는 결핵 검진을 포함한 감염병에 대한 건강진단을 급여 개시 전에 실시한다.

제8조(직원 건강진단) ① 요양원은 직원에 대하여 정기적인 건강진단을 하여야 하며, 진단의 명을 받은 직원은 이를 거부하여서는 아니 된다. 건강진단 결과 치료를 요하는 직원에 대하여는 치료를 위한 적절한 조치를 취할 수 있다.
② 요양원은 다음 각호와 같이 건강진단을 실시한다.
가. 신규채용 시 채용건강진단을 실시한다.
나. 요양원은 직원의 건강을 위하여 1년에 1회 이상의 건강진단을 시행하여야 하며 진단의 명을 받은 직원은 부득이한 경우를 제외하고는 이를 거부할 수 없다. 단, 사무직은 2년에 1회로 한다.
다. 제2항의 건강진단은 국민건강보험공단에서 시행하는 일반건강진단으로 대체할 수 있다.
라. 건강진단 결과 치료를 요하는 직원에 대하여는 치료를 위한 적절한 조치를 취하여야 한다.

제9조 (근골격계 질환 및 감염예방) 요양원은 직무교육을 통해 연 1회 이상 근골격계질환 및 감염예방, 관리에 대한 교육을 실시하고, 근골격계질환으로 의심되는 직원에 대해서는 의료기관을 연계하여 치료를 받게 한다.

제10조(질병 환자의 근로금지 및 제한) 전염병이나 정신병 또는 근로로 인하여 병세가 현저히 악화될 우려가 있는 질병에 감염된 자에 대하여 의사의 진단에 따라 근로를 금지하거나 제한할 수 있다.

제11조(직장 내 괴롭힘의 금지) 사용자 또는 근로자는 직장에서의 지위 또는 관계 등의 우위를 이용하여 업무상 적정범위를 넘어 다른 근로자에게 신체적·정신적 고통을 주거나 근무환경을 악화시키는 행위(이하 "직장 내 괴롭힘"이라 한다)를 하여서는 아니 된다.

제12조(재해보상) 요양원은 직원이 업무상 부상 또는 질병에 걸린 경우에는 산업재해보상보험법령 또는 근로기준 법령 규정에 따라 재해보상을 한다. 다만, 업무 외의 재해에 대하여는 보상을 하지 아니한다.

제13조(해석적용) 재해보상의 해석과 적용에 있어서 본 규칙에 없는 사항은 근로기준법과 산업재해보상보험법과 그 부속법령 등에 의한다.

제19장 재무회계관리

재무회계관리는 운영규정에 반드시 포함되는 내용이다. 노인요양시설은 사회복지시설로서 「사회복지법인 및 사회복지시설 재무회계규칙」과 「노인장기요양기관 재무회계규칙」을 모두 따라야 한다. 예시 내용은 대부분의 사회복지시설이 지켜야 할 재무회계 관리규정이므로 다른 시설 자료를 참고해도 된다.

예시

제19장 재무회계관리규정

제1조(관련법령) 요양원의 재무회계 관리는 「사회복지법인 및 사회복지시설 재무회계규칙」과 「노인장기요양기관 재무회계규칙」에서 정한 바에 따르며, 동 규칙에 정하지 아니한 사항은 예산회계법, 지방재정법 등 정부의 재무회계 관련 법령을 준용한다.

제2조(회계연도) 회계연도는 1.1. ~ 12.31.로 한다.

제3조(회계방법) ① 요양원의 회계는 단식부기에 의한다.
② 요양급여와 보조금 등의 수입과 지출 품의 및 결의, 장부생성 및 세무신고, 시·군·구 보고 등의 합리적이고 원활한 절차를 위하여 사회복지시설정보시스템(www.w4c.go.kr)을 활용한다.

제4조(재무회계원의 구분) ① 재무회계업무의 객관성과 효율성을 제고하기 위하여 독립된 업무를 담당하는 재무회계원을 둔다.
② 회계원은 수입원과 지출원으로 구분한다.

제5조(재무회계원의 재정보증) 재무회계직원에 대하여는 최고 5천만 원 한도의 이행보증보험에 가입하고, 보증기간은 1년으로 하되 계약만료 20일 전까지 갱신한다.

제6조(재무회계원의 책임) ① 현금 또는 물품을 담당하는 회계원은 선량한 관리자로서의 주의를 게을리하여 자신이 보관하고 있는 현금 또는 물품이 망실되거나 훼손된 경우 변상의 책임을 지며, 스스로 업무를 집행하지 아니한 것을 이유로 그 책임을 면할 수 없다.
② 위 제1항의 손해가 2인 이상 직원의 행위로 발생한 경우 각자의 행위가 손해 발생에 미친 정도에 따라 변상 범위를 정한다. 다만, 손해 발생에 미친 정도가 불분명할 때는 그 정도가 동일한 것으로 본다.

제7조(회계행위) ① 모든 수입과 지출은 수입결의서와 지출결의서에 의해서만 행하여지며, 관련 장부에 기재하지 않으면 어떠한 회계행위도 이루어질 수 없다.
② 모든 수입 및 지출결의서는 원인행위발생 즉시 개별로 작성하여 원장의 승인을 받은 후 시행한다.

제8조(회계장부의 비치) 요양원은 다음의 회계장부를 비치하여야 한다.
1. 현금출납부 : 현금출납부는 1월 1일 전기이월금부터 기장
2. 총계정원장 및 총계정원장보조부
3. 재산대장 : 토지, 건물, 유가증권, 무형고정자산 (특허권, 상표권, 영업권, 저작권 등), 기계기구류, 차량, 부채 상황 등
4. 비품관리대장

제9조(예산의 편성) ① 원장은 회계연도 개시 1개월 전까지 예산편성지침을 확정하여 회계담당 직원에게 전달한다.
② 회계담당 직원은 예산편성지침을 전달받은 후 10일 이내에 예산 초안을 작성하여 사무국장에게 제출한다.
③ 사무국장은 제출된 예산초안의 세입·세출 총액을 비교하여 수지의 균형이 맞도록 해당 과와 계수를 조정한다.
④ 계수조정이 완료되면 예산총칙을 작성하여 관장에게 보고하고 운영위원회의 심의를 거쳐 예산을 확정한다.

제10조(예산서에 첨부되어야 할 서류) 예산서에는 다음 각 항의 서류를 첨부한다.
1. 사업계획서
2. 예산총칙
3. 세입·세출명세서
4. 추정대차대조표
5. 추정수지계산서
6. 임·직원 보수일람표
7. 당해 예산을 의결한 운영위원회 회의록 사본

제11조(예산보고 및 공고) ① 예산이 운영위원회의 의결을 거쳐 확정되면 담당자는 회계연도 개시 5일 전까지 이를 관할 시청에 제출한다.
② 담당자는 관할 시청에 예산서를 제출한 후 10일 이내에 사회복지시설정보시스템 및 요양원의 홈페이지에 20일 이상 예산 내역을 공고한다.
③ 위 제2항에 따른 공고는 시설의 정기간행물에 게재하는 것으로 갈음할 수 있다.

제12조(추가경정예산) ① 예산을 집행하는 과정에서 발생된 사유(예산과목의 신설이나 예산의 증액, 항목 간 예산의 변경 등)로 인하여 본예산에 변경을 가할 필요가 있는 경우, 본예산의 편성과 동일한 절차를 통하여 추경예산을 편

성할 수 있다. 다만, 본예산을 심의하는 과정에서 삭감 또는 삭제되었던 예산은 신설하거나 증액하지 않는다.
② 요양원 회계 담당자는 적어도 당해연도 6월 말까지는 예산의 흐름을 파악하여 1차 추경 예산의 필요성을 검토하여 보고한다.
③ 추가경정예산서에서 당초예산액란에는 마지막 추가경정예산액을 기록한다.
④ 추경예산은 확정된 날로부터 7일 이내에 시청에 보고한다.

제13조(세출예산의 이월) 당해 연도 내에 지출되지 못할 것으로 예상되는 경비(명시이월)와 연도 내에 지출원인 행위는 발생했으나 불가피한 사유로 연도 내에 지출하지 못한 경비(사고 이월)는 운영위원회의 의결을 거쳐 다음 회계연도로 이월할 수 있다.

제14조(결산서의 작성) ① 당해 연도 12월 31일을 기준으로 모든 수납 및 지출원인 행위를 종료한다.
② 다음 회계연도 1월 말까지 모든 세입금의 수납과 세출금의 지출을 마감한다.

제15조(결산보고 및 공고) ① 요양원에서 작성된 세입·세출에 관한 결산보고서는 운영위원회의 의결을 거쳐 다음 연도 3월 31일까지 시·군·구청에 제출한다.
② 회계 담당자는 세입·세출 결산내역서와 후원금(품) 수입 및 사용내역을 시설의 게시판이나 홈페이지에 20일 이상 공고한다.

제16조(결산보고서에 첨부되어야 할 서류) 결산보고서에는 「사회복지법인 및 사회복지시설 재무회계규칙」 제20조에 따라 다음 각호의 서류를 첨부해야 한다.
1. 세입·세출결산서
2. 과목 전용조서
3. 예비비 사용조서
4. 정부보조금명세서
5. 후원금수입 및 사용결과보고서(전산 파일을 포함한다)
6. 후원금 전용계좌의 입출금 내역
7. 인건비명세서
8. 사업비명세서
9. 그 밖의 비용명세서(인건비 및 사업비를 제외한 비용을 말한다)

제17조(재정) 본 요양원의 재정은 요양급여수입, 본인부담금 수입, 비급여 수입, 시·군·구 보조금, 후원금, 기타 수입으로 충당한다.

제18조(수입금의 관리) ① 모든 수입금의 수납은 현금출납원(부재 시 원장이 위임한 자)이 담당하며 이외의 누구도 임의로 수납업무를 대행할 수 없다.
② 모든 수입금은 발생된 다음 날까지 요양원 명의로 금융기관에 예치한다.
③ 위 제1항과 제2항의 규정에 의한 수입금의 금융기관 거래통장은 위 제3조의 규정에 의한 회계별로 구분하여 관리한다.
④ 모든 수입금은 수입결의서를 작성하며, 납부자 또는 수입내역이 다수일 경우에는 세입(인명) 명세서를 작성하여 수입결의서에 첨부한다.
⑤ 수입금의 직접 사용은 어떠한 경우에도 허용되지 않는다.

제19조(과오납된 수입금의 처리) 과오납된 수입금은 내부결재를 득한 후 수입한 세입계정에서 은행계좌를 통하여 직접 반환하고, 당초 수입결의서의 비고란에 반환일자와 금액 및 사유를 명시한다.

제20조(수입금의 영수증 발급) ① 수납원이 수납하는 금액에 대해서는 원장 명의 영수증을 발급하여 납부자에게 1부를 주고 1부는 보관한다.
② 재발급 영수증은 새 번호를 부여하고 보관하는 영수증 원본에 재발급 사유를 기재한 후 회수된 영수증을 첨부하여 보관한다.

제21조(지출의 원칙) ① 모든 세출 예산의 집행은 지출사무를 관리하는 자 또는 그 위임을 받은 자의 명령(지출원인 행위에 대한 승인 및 지출결의서)을 받아 지출원이 행한다.

② 지출은 상용의 경비 또는 소액의 경비 지출을 제외하고는 예금통장에 의하거나 전자거래로 행하여야 한다.
③ 세출예산은 전용절차 없이 세출예산과목이 아닌 다른 항목에서 지출원인행위를 해서는 안 된다.

제22조(지출의 방법) ① 요양원 시설운영의 투명성을 확보하기 위하여 모든 예산의 지출은 신용카드(보조금의 경우는 보조금 카드)나 계좌이체를 원칙으로 한다. 다만, 도서벽지나 산간오지 등에서 신용카드 가맹점이 없는 경우, 대상 업소가 신용카드 가맹점에 가입되어 있지 않으나 부득이 그 업소를 이용하여야 하는 경우, 10,000원 이하의 소액을 지출하는 경우 등으로 현지에서 현금의 지출이 불가피한 경우에는 현금영수증이나 간이 세금영수증을 허용하되, 객관적으로 인정이 가능한 사유서를 첨부한다.
② 지출행위의 명확성을 유지하기 위하여 견적서, 사업자등록증, 세금계산서의 대표자명과 입금통장의 예금주가 반드시 일치되어야 한다.
③ 택배비, 고속도로 통행료, 주차료 등 소액의 현금지출이 요구되는 경우에는 행위자가 선지출하고 영수증을 첨부하여 요양원에 청구하면 지출원은 즉시 지출결의서를 작성하여 결재를 득한 후 해당 직원의 계좌로 입금 처리한다.
⑥ 요양원에서의 현금보관은 원칙적으로 허용하지 않는다. 다만, 당일 은행거래 종료 후에 입금된 수입금에 대해서는 다음 날 은행 입금을 위하여 일시 보관할 수 있다.

제23조(신용카드의 사용) ① 신용카드 사용자는 사용하기 전에 반드시 사용대장에 그 목적과 내용을 기재하여야 한다.
② 신용카드 사용자는 매출전표 서명란에 자신의 이름을 함께 서명한다.
③ 신용카드는 사용 종료 후 즉시 반납하며, 사용 대장에 사용내역을 기록한다.
④ 신용카드로 대금을 지불한 경우 지출원은 당일로 지출결의서를 작성하여 원장의 결재를 받은 후, 해당 금액을 카드 대금 결제 통장에 입금시켜 자동 이체한다.

제24조(지출증빙서류의 보관) ① 지출원은 다음과 같이 거래 대상자에 따라 제출해야 할 증빙서류를 확인하여 요청한다.

1. 일반과세업자의 경우 : 사업자등록증 사본, 세금계산서(무통장입금처리), 신용카드매출전표, 현금영수증 등
2. 간이과세업자의 경우 : 사업자등록증 사본, 간이영수증(금전등록기 영수증 경우에는 품명과 금액이 표시되어야 함, 무통장입금처리), 신용카드매출전표, 현금영수증 등

② 증빙서류는 원본으로 보관하되, 변조, 재사용, 바꿔치기 등을 방지하기 위하여 "지급필" 도장을 간인한다. 다만, 정산서와 함께 원본의 증빙서류를 요구하는 특수사업비의 경우에는 증빙 사본에 "원본대조필" 도장을 날인하고 결의서 여백에 그 사유를 기재한다.

제25조(후원금 영수증 교부) ① 원장은 후원금을 받은 때에는 「소득세법시행규칙」 제101조 제20호의2' 또는 「인세법 시행규칙」 제82조 제7항 제3조3'에서 정하는 기부금 영수증 양식으로 후원금 영수증을 후원자에게 즉시 교부한다.
② 금융기관 또는 체신관서의 계좌입금을 통하여 후원금을 받는 경우에는 영수증을 교부할 필요는 없으나 후원자가 원할 경우에는 교부한다.
③ 기부금 관리의 투명성 제고를 위하여 영수증 발급 또는 발급내역을 보관한다.

제26조(후원금 전용계좌의 개설) ① 금융기관 또는 체신관서의 계좌입금을 통하여 후원금을 받은 때에는 시설의 명칭이 부기된 원장 명의의 후원금 전용계좌를 개설하고 이를 시·군·구청에 보고한 후 사용한다.
② 후원금을 전용계좌로 받은 경우 후원자가 영수증 발급을 원하는 경우를 제외하고는 영수증 교부를 생략할 수 있다.

제27조(후원금의 수입 및 사용내역 통보) ① 원장은 연 1회 이상 해당 후원금의 수입 및 사용 내용을 후원한 법인·단체 또는 개인에게 통보하여야 한다. 이 경우 요양원이 발행하는 정기간행물 또는 홍보지 등을 이용하여 일괄 통보할 수 있다.
② 원장은 회계연도 종료 후 다음 연도 3월 31일까지 후원금 수입 및 사용 결과 보고서를 관할 시·군·구청장에게 제출하여야 한다.
③ 후원금(품) 수입 및 사용 내역을 시설의 게시판이나 홈페이지에 20일 이상 3개월간 공고한다.

제28조(후원금의 용도 외 사용금지) ① 원장은 후원금을 후원자가 지정한 사용 용도 외의 용도로 사용하지 못한다.
② 후원금은 예산의 편성 및 확정 절차에 따라 세입·세출 예산에 편성하여 사용하고, 가급적 적립·이월하지 않고 회계연도 내에 집행할 수 있도록 노력한다.

제20장 물품관리

물품관리는 개인이 운영하는 노인요양시설에서는 다소 소홀하게 처리하는 경우가 있다. 그러나 사회복지시설의 물품관리 규정을 별도로 만들고 그에 따라 물품을 처리 또는 관리해야 한다. 아래 예시는 사회복지시설 공통적으로 규정된 물품처리 규정이니 이를 참고하시기 바란다.

예시

제20장 물품관리

제1조(용어의 정의) 이 규정에서 사용하는 용어의 정의는 다음과 같다.

1. "물품"이라 함은 비품과 소모품을 말한다.
2. "비품"이라 함은 품질·형상이 변화하지 않고 비교적 장기간 사용할 수 있는 기계 기구, 집기 등의 유체물을 말한다. 다만 토지, 건물, 기타 시설물에 부착되거나 이에 준하는 설비물품(냉방공조, 난방, 전기, 엘리베이터 등)은 제외한다.
3. "소모품"이라 함은 그 성질이 사용됨으로써 소모되거나 훼손되는 물품을 말한다.
4. "소프트웨어"라 함은 컴퓨터 등 정보처리장치와 그 주변장치에 대하여 입력, 처리, 저장, 출력 등을 가능하게 하는 명령의 집합으로써 이를 수록한 매체를 포함한다. 소프트웨어는 비품(집기)으로 본다. 다만 취득가액이 30만 원 미만인 소프트웨어는 소모품으로 본다.

제2조(물품의 관리원) ① 물품의 관리는 원장의 명을 받아 사무원이 행한다.

② 사무원은 물품의 관리를 위하여 다음 각호의 사항을 시행하거나 각과의 장에 대하여 그 시행을 요청할 수 있다.

가. 물품의 현황 정리 및 비품의 실태조사

나. 물품의 재활용에 관한 조치

다. 화재, 도난, 훼손과 같은 사고의 예방에 필요한 조치

라. 기타 물품의 관리에 필요한 사항의 조치

제3조(물품의 반·출입) ① 요양원의 물품을 요양원 외에 반출하여서는 안 된다. 다만, 행사나 수리 등의 부득이한 사유로 반출하고자 하는 때에는 비품반출대장에 반출 내용을 기입하고 원장의 허가를 얻어 반출할 수 있다.

② 사무원은 물품이 반입된 때에는 즉시 비품 반출대장에 반입 내용을 기입해야 한다.

③ 물품의 반출입은 일과 시간 중에 행함을 원칙으로 한다. 다만 출장, 교육 등 부득이한 사유가 있을 시에는 일과 시간 외에 반출할 수 있다.

제4조(비품등기 및 등기번호) ① 물품관리원은 비품의 구입, 기증, 기타 취득행위에 기하여 검수를 통해 요양원 전산화시스템의 비품관리대장에 등기하고 비품 등기번호를 부여한다.

② 물품관리원은 등기번호가 부여된 비품에 대하여는 '비품라벨'을 요양원 전산화시스템으로부터 발행하여 해당 비품에 부착한 후 사용 관리하게 한다.

③ 종사자들은 비품을 사용 관리함에 있어 다음 각 호의 사항을 준수하여야 한다.

1. 비품을 인수받은 즉시 지정된 장소에 설치 보관하여야 한다.
2. 비품의 설치 보관 장소가 이전되거나 분리 또는 병합되어 사용 장소가 변경된 경우에는 원장에게 즉시 보고하여야 한다.

④ 비품에 부착한 비품 라벨이 분실되거나 훼손된 경우에는 이를 즉시 사무원에게 알리고 비품라벨의 재발행을 요청하여야 한다.

제5조(재물조사) ① 물품관리원은 등기된 비품에 대하여 품명, 규격, 수량, 사용상태, 설치장소 등을 파악하기 위하여 연 1회 이상 비품에 대한 실태조사를 실시하여야 하며 이를 재물조사라 하고 필요한 경우 수시로 재물조사를 실시

할 수 있다.

② 물품관리원은 재물조사 결과 비품의 감소, 분실이 발견된 경우에는 그 원인을 조사하여야 하며 그 조사결과를 관장에게 보고하여야 한다.

제6조(비품의 변상책임) ① 비품의 감소가 발견된 경우 원장은 물품 사용 관리책임자에 대하여 다음 각호의 조치를 취하여야 한다.

1. 비품을 망실하였을 때에는 동일한 비품으로 변상하게 하여야 한다.
2. 다음 각 목의 사유가 있을 때에는 물품사용 관리책임자는 원장에게 그 사유를 소명하여야 한다. 이 경우 원장은 그 판정에 따라 동일 기능의 유사비품으로 변상하게 하거나 이 규정에 규정된 변상조치율에 따른 현금 변상을 하게 할 수 있다.
   - 단종 등으로 인하여 동일비품을 구할 수 없을 경우
   - 용도가 폐지되어 더 이상 해당 비품을 사용할 필요가 없을 경우
   - 동일비품으로 변상하게 할 수 없는 부득이한 사유가 있을 경우

② 변상은 변상청구를 행한 날로부터 3개월 이내에 이행하게 한다.

③ 천재지변, 불가항력, 기타 물품사용 관리책임자의 고의 또는 중대한 과실에 기하지 않은 비품의 감소에 대하여는 그 책임을 묻지 아니한다.

④ 비품의 감소가 발생한 경우 물품사용 관리책임자에게 전항의 면책사유가 있을 때에는 물품사용 관리책임자는 그 사유를 원장에게 소명하여야 한다.

제7조(비품의 분실 등) ① 비품이 분실되거나 도난당한 때에는 물품사용 관리담당자는 즉시 그 사유를 원장에게 소명하여야 한다.

② 제1항의 신고를 접수한 물품관리원은 분실, 도난에 대한 원인조사를 실시하여야 하며 그 조사 결과를 원장에게 보고하여야 한다.

제8조(비품의 수리, 폐기) ① 종사자들은 사용 중인 비품의 수리가 필요할 때에는 결재를 득하고 수리 의뢰하거나 업무지원 요청서를 원장에게 제출하여야 한다.

② 비품을 계속하여 사용할 필요가 없거나 수리하여도 사용할 수 없다고 판단한 경우에는 물품 폐기를 위한 내부 결재를 득하고 비품대장에 근거를 기록하여야 한다.

제9조(불용품처분의 절차) 사무원은 비품이 불용품으로 결정된 때에는 비품관리 대장 등에 다음 각 항의 사항을 기록하여 보존하여야 한다.

① 불용결정 연월일

② 불용물품의 상태

③ 처분의 표시(매각, 해체, 폐기 등)

④ 처분 금액(매각 대금 등)

제10조(불용품의 매각) 사무원은 원장의 결재를 득한 후 불용품을 매각하고 그 대가를 요양원 세입 예산에 편입시켜야 한다.

제21장 시설관리

시설관리는 재난 및 재해예방이나 안전점검, 비상사태 대비 등에 관한 것이다. 시설 규모에 따라 다르겠지만 시설관리 업무는 주로 시설장이 맡는 경우가 많기 때문에 이 부분에 대한 이해가 필요하다. 아래 예시는 노인요양시설에만 해당되는 것이 아니라 사회복지시설 전반에 통용되는 사항이다.

예시

제21장 시설관리

제1조(주관부서 및 관리담당) ① 요양원의 시설물 관리에 관한 사항은 관리인이 담당하며 관리인 배치가 되지 않은 경우에는 원장이 담당하거나 시설방호 및 안전관리를 위해 종사자 중 안전 관리인을 지정하여 그 사무를 위임할 수 있다.

② 안전 관리인의 자격은 국가기술자격법에 의한 기능사(보일러, 전기, 가스 등) 이상의 자격증 중 1개 이상 소지자로 하고 안전관리와 관련된 1개 이상의 교육을 이수한 자여야 한다.

③ 원장은 '안전관리책임관'으로서 안전업무 실무를 관리하고, 안전관리 전반을 지휘·감독·지원한다.

제2조(재난 및 안전예방관리) 요양원은 재난 및 안전예방관리를 위해 다음 각호의 사항을 준수하여야 한다.

1. 시설자체 안전관리 계획 수립
2. 시설자체 안전점검 실시 및 실시결과 보고
3. 비상대비 모의훈련 실시, 비상연락망 구축
4. 시설자체 응급조치 및 사후복구체계 구축

제3조(장애인편의시설 및 안내도 설치, 관리) 「장애인, 노인, 임산부 등의 편의증진보장에 관한 법률」 제4조에 의거 공간배치 안내도와 층별 배치도를 부착하고 편의시설을 설치하여 관리한다.

제4조(시설안전점검) ① 시설물 점검을 통하여 성실하게 건물을 관리하여 모든 시설물이 항상 가동될 수 있도록 최상의 상태를 유지하여야 한다.

② 안전 관리인은 매주 시설물 안전점검을 실시하고 보고한다. 또한 매 반기별 정기 안전 점검과 필요시 수시 안전 점검을 실시하고 그 결과를 관할 시·군·구청에 보고한다.

③ 시설안전관리를 관계법령이 정하는 바에 따라 시설안전관리를 전문으로 하는 자에게 대행하도록 할 수 있다.

제5조(시설 정기검사 및 보고) 시설물의 안전을 위하여 관계법령의 기준에 의한 각호의 정기검사를 실시한다.

1. 전기안전점검 : 연 1회 이상 변전, 발전, 옥내외 배선, 누진경보시설, 환기시설 등 안전 점검
2. 가스안전점검 : 연 1회 이상 화기 사용시설, 가연성 가스시설 안전점검
3. 냉난방시설점검 : 연 1회 이상 보일러, 냉동기, 공조기, 각종배관 등 안전점검
4. 소방안전점검 : 수시 소화시설, 피난시설, 경보설비의 작동여부 및 비상구 등 소방시설에 대한 점검

제6조(보험의 가입) 건물의 안전과 관련하여 화재보험 및 가스사고배상책임보험, 영업배상보험을 가입한다.

제7조(시설물의 운영) 모든 시설물은 종사자가 최적의 상태에서 최고의 업무효과를 발휘할 수 있도록 효율적으로 운영하며 시설물 점검을 통하여 성실하게 건물을 관리하여 모든 시설물이 항상 가동될 수 있도록 최상의 상태를 유지하도록 하여야 한다.

제8조(냉난방) ① 냉난방기의 운영은 기후조건에 따라 적절히 하며 실내온도의 유지는 입소자의 건강유지 및 효율적인 업무수행을 위하여 최적온도를 일정하게 유지하여야 한다.

② 냉난방 실시기간 및 일일 냉난방 운영시간은 다음 각호와 같이 시행함을 원칙으로 한다.

1. 냉방기간 : 6월~9월(외기온도 28도 이상)
2. 난방기간 : 11월~3월(외기온도 20도 이하)

③ 일일 냉난방 운영시간은 날씨 사황 및 입소자의 상태를 기준으로 한다.

제9조(급수) ① 급수는 24시간 공급을 원칙으로 한다.

② 온수의 급수시간은 난방기간에 준하나 입소자의 상황에 따라 달리할 수 있다.

제10조(전기) 전기는 24시간 공급을 원칙으로 하나 설치 승인을 받지 아니한 전열기 사용은 금한다.

제11조(관련서류의 비치) 시설안전관리를 위해 다음의 서류를 비치, 관리하여야 한다.

1. 건축물대장
2. 방화관리 월별점검표
3. 시설물 안전점검일지
4. 소방훈련·교육실시결과기록부
5. 그 외 시설물 운영에 필요하다고 인정되는 서류

제12조(방화관리) 복지관을 출입하는 모든 자는 화재 예방을 위하여 다음 각호의 사항을 준수하여야 한다.
1. 요양원 실내에 인화성이 강한 물품의 반입 또는 보관을 금한다.
2. 사용 승인된 전열기구는 사용 후 전선코드 제거 여부를 항상 확인해야 한다.
3. 건물 내외부에서 소각행위를 금한다.

제13조(이용자 안전교육) 이용자 및 직원의 안전교육을 연 1회 이상 실시하고, 화재 등 안전사고에 대비한 모의훈련을 연 1회 이상 실시한다. 이러한 훈련에는 소화기 소화전 사용훈련, 응급조치훈련, 각 층별 이용자의 대피훈련과 화재 등 안전사고 발생 시 사고유형별 응급조치, 복구, 대피, 사후수습 계획을 실시한다.

제14조(비상사태 대비조치) ① 요양원 직원은 자체 자위소방대를 조직하여 비상연락체계 및 응급조치에 대비한다. 직원은 화재경보기, 옥내 소화전, 비상계단 등 소화 및 대피시설 위치와 사용방법 등을 평소 숙지하여 비상사태에 대비하여야 한다.

② 비상계획 등에 대한 훈련계획을 수립하고 이에 의한 훈련과 점검을 분기별 1회 이상 수행하되, 입소자는 관계당국의 지시 또는 비상계획에 의한 훈련 등 기타 특수사정에 따라 필요할 때에는 비상계획담당자의 조치에 응하여야 한다.

05 시설 지정신청 공문작성

장기요양기관 설립에 대한 법정서류를 작성했으면, 공문을 만들어야 한다. 시군구를 포함하여 외부기관과 업무에 관한 서류를 주고받을 때는 공문을 사용하기 때문이다. 물론 기관 내부에서도 내부기안 또는 내부결재라는 공문을 사용하기도 하지만 외부기관과 일할 때는 반드시 공문이 필수다.

1) 공문 작성 전 준비사항

그런데 공문 양식도 없고 직인도 없으니 공문을 만들 수 없다. 필요에 따라 기관 로고(CI)를 만들어 공문 상단에 표기하기도 한다. 일단, 쉬운 것부터 하자면 직인을 만들어야 한다. 직인은 보통 사각과 원형이 있는데, 일반적으로 정사각형을 사용하며 사업자등록에 명기된 기관명으로 제작한다. 간혹 요양시설과 재가기관을 모두 설립할 경우 직인 하나에 시설명과 재가기관명을 함께 넣는 경우가 있는데, 향후 운영을 고려할 때 별로 추천할만한 사항은 아니다.

직인 계인 결재인

| 그림 8-5 | 도장 종류

직인은 인감과 같은 역할을 하기 때문에 만들어놓고 그냥 사용하면 되는 것이 아니라 '사회복지시설정보시스템'과 '장기요양시스템'에 등록한 후 사용해야 한다. 직인을 만들면서 계인과 결재인을 함께 만드는 것이 좋다. 계인은 기관에서 발급하는 확인서(재직 · 경력증명서, 자원봉사확인서, 본인부담금 확인서 등) 등의 작성대장에 사용되는 것이다. 결재인은 결재자가 서명 대신 사용할 수 있도록 만든 도장이다. 전자직인을 만들지 말고 실제 도장을 만들어야 하며, 도장 파는 곳이나 인터넷에서 진행할 수 있다.

2) 공문 양식 만들기

공문 양식을 만들어야 한다. 인터넷에서 공문양식을 검색하면 수많은 자료를 참고할 수 있다. 그 중 적당한 것을 골라 참고하면서 한글워드로 만들면 된다.

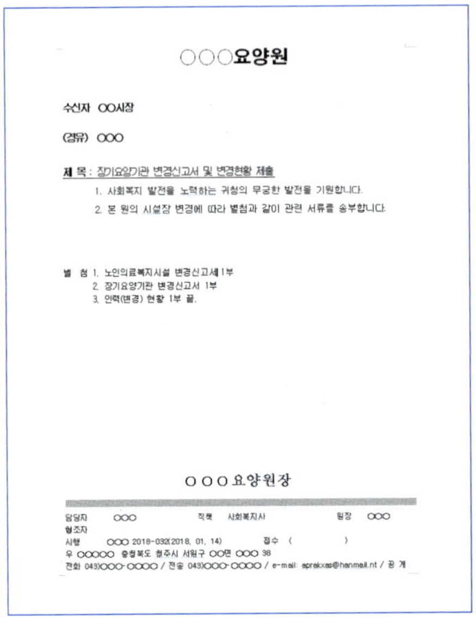

○○○요양원

수신자 OO시장

(경유) OOO

제 목 : 장기요양기관 변경신고서 및 변경현황 제출

1. 사회복지 발전을 노력하는 귀청의 무궁한 발전을 기원합니다.
2. 본 원의 시설장 변경에 따라 별첨과 같이 관련 서류를 송부합니다.

별 첨 1. 노인의료복지시설 변경신고세 1부
2. 장기요양기관 변경신고서 1부
3. 인력(변경) 현황 1부 끝.

ㅇㅇㅇ요양원장

담당자 OOO 직책 사회복지사 원장 OOO
협조자
시행 OOO 2018-032(2018. 01. 14) 접수 ( )
우 OOOOO 충청북도 청주시 서원구 OO면 OOO 38
전화 043)OOO-OOOO / 전송 043)OOO-OOOO / e-mail: aprakxas@hanmail.nt / 공 개

외부 발송용 공문

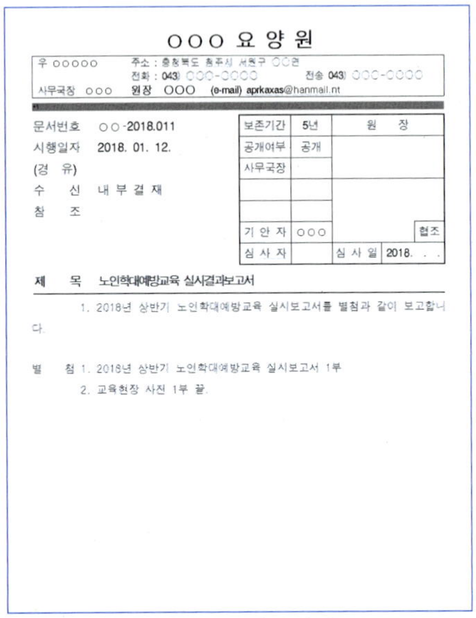

ㅇㅇㅇ 요 양 원

우 ㅇㅇㅇㅇㅇ 주소 : 충청북도 청주시 서원구 ○○면
전화 : 043) ○○○-○○○○ 전송 043) ○○○-○○○○
사무국장 ㅇㅇㅇ 원장 OOO (e-mail) aprkaxas@hanmail.nt

문서번호 ㅇㅇ-2018.011
시행일자 2018. 01. 12.
(경 유)
수 신 내 부 결 재
참 조

보존기간	5년	원 장	
공개여부	공개		
사무국장			
기 안 자	ㅇㅇㅇ		협조
심 사 자		심 사 일	2018. . .

제 목 노인학대예방교육 실시결과보고서

1. 2018년 상반기 노인학대예방교육 실시보고서를 별첨과 같이 보고합니다.

별 첨 1. 2018년 상반기 노인학대예방교육 실시보고서 1부
2. 교육현장 사진 1부 끝.

내부공문(내부기안)

| 그림 8-6 | 공문양식(외부 및 내부)

사실상 노인요양사업을 하면서 공문은 주로 전산시스템으로 처리하기는 하나 가끔씩 종이 공문이 쓰이는 경우가 있다. 공문 양식은 내부적으로 결재 처리하고 사용하면 되고 수정이 가능하지만 너무 자주 변경시키는 것은 좋지 않다.

공문 작성 요령은 크게 세 가지로 구분된다. 첫째, 간단한(형식적인) 인사말 둘째, 공문 발송 사유 셋째, 첨부서류 목록 등이다. 공문에서 중요한 부분은 날짜와 문서번호인데, 아마도 설립신청 서류의 문서번호가 1번이 될 것이다.

공문에 사용할 기관 로고를 제작하고자 한다면 별도의 비용이 들어간다. 로고는 반드시 제작해야 하는 것도 아니고 비용이 꽤 들어갈 수 있지만 기관 이미지 제고를 위해 제작하기도 한다. 소규모 기관이라면 굳이 무리해서 제작하지 않아도 무방하다. 로고는 공문에만 사용되지 않고, 명함과 홍보전단지 등 홍보물에도 사용된다. 제작할 계획이면 인터넷이 비교적 싸고, 가격은 10만 원부터 천차만별이다.

06 시군구 담당자 현지실사

시군구 담당 공무원은 기본적으로 서류 중심으로 검토한다. 예를 들어, 소방시설을 제대로 설치했는지 여부는 전문 분야가 아니기 때문에 소방서에서 발급한 '소방시설 완공검사 증명서'로 갈음한다. 소방뿐 아니라 전기, 수질 등이 여기에 해당된다. 그러나 직접 확인하기 위해 실사를 나오는 분야도 있다. 대표적인 것이 노인복지법 시행규칙 [별표4], [별표9]의 시설기준에 맞게 건물이 지어졌는지 등이다.

흔한 경우는 아니지만 소방서에서 이미 검사 증명서를 제출해서 마무리 된 경우라도 시군구 공무원이 문제를 제기하는 경우도 있다. 예컨대, 출입문 외에 비상구가 설치되어 있어야 하는데 비상구의 위치나 용도에 문제를 제기하거나 대피장소로서 적절한지 등을 살피기도 한다. 안전과 직결된 부분은 설립 인허가를 담당한 공무원의 책임이 막중하므로 매우 꼼꼼히 살펴본다.

지역마다 규정을 달리 적용하기도 한다. 예를 들어, 창문은 침실바닥 면적의 1/7 이상이 되어야 한다는 규정에서 어떤 담당자는 창틀을 면적에 포함시키지 않는 경우도 있다. 직접 줄자(또는 레이저거리측정기)로 측정하는 경우도 있지만 육안으로 대충 확인하고 넘어가는 경우도 있다. 수급자 1인당 면적이 정해져 있는 요양시설의 침실이나 주야간보호기관 생활실의 경우 칸막이 또는 벽체의 두께를 면적에 포함시켜야 하는지 논란이 되기도 한다. 화장실에 남성용 소변기를 설치하지 않았다고 문제를 제기하는 경우도 있다.

시군구 담당 공무원은 서류 중심으로 인허가를 결정하지만 규정이 다소 추상적으로 제시된 경우 자의적 해석을 하는 경우가 많다. 화장실이나 욕실 그리고 세탁실은 9인 이하 정원일 때 함께 사용하는 것이 가능하지만 크기가 넉넉한지 좁은지 등을 판단할 객관적 근거는 없다. 따라서 시군구 담당 공무원이 문제를 제기하자면 한도 끝도 없다.

담당 공무원이 문제 삼지 않게 하기 위해 사전에 뇌물 등 부정한 방법을 사용해서는 안 된다. '김영란법'이 적용되는 상황이기도 하지만 공무원의 결정에 영향을 미치려는 행위는 대부분 역효과를 내기 마련이다. 다만, 규정에 맞게 건물을 짓고 편의시설을 최대한 갖추려고 노력했다는 것을 보여주는 것이 중요하다. 특히, 몇 가지 사안을 지적받았을 때 오해가 있다면 최대한 설명해야 하겠지만 그렇지 않을 경우 최대한 빨리 시정하겠다고 하는 것이 시설 지정을 빨리 받는 지름길이다.

09

CHAPTER

재가노인시설의 설립서류 작성

01 재가노인복지시설 설치 시 주의사항

재가노인복지시설은 방문요양, 방문목욕, 방문간호와 같은 방문서비스 외에도 주야간보호와 단기보호 등 시설 형태를 가진 곳도 있다. 방문서비스는 설치기준이 까다롭지 않지만 주야간보호와 단기보호의 설치기준은 앞서 살펴본 노인요양시설과 많은 부분 유사하다. 재가노인복지시설 역시 제7장에서 살펴본 설치기준을 따라야 한다. 다만, 몇 가지 사항은 재가노인복지시설에 적용되는 만큼 정리가 필요하다.

첫째, 노인복지법 시행규칙 제29조의 규정에 의한 재가노인복지시설의 시설·인력기준과 운영기준을 준수해야 한다.

표 9-1 시설기준(방문서비스)

구분	사무실	통신설비, 집기 등 사업에 필요한 설비 및 비품	이동용 욕조 또는 이동목욕차량	혈압계, 온도계 등 방문간호에 필요한 비품
방문요양	○	○	–	–
방문목욕	○	○	○	–
방문간호	○	○	–	○

표 9-2 시설기준(주·야간, 단기)

<table>
<tr><th colspan="2">구분</th><th>생활실</th><th>침실</th><th>사무실</th><th>의료 및 간호사실</th><th>프로그램실</th><th>물리(작업)치료실</th><th>식당 및 조리실</th><th>화장실</th><th>세면장 및 목욕실</th><th>세탁장 및 건조장</th></tr>
<tr><td rowspan="2">주·야간보호</td><td>이용자 10명 이상</td><td>○</td><td></td><td colspan="2">○</td><td colspan="2">○</td><td>○</td><td>○</td><td colspan="2">○</td></tr>
<tr><td>이용자 10명 미만</td><td>○</td><td></td><td colspan="2">○</td><td colspan="2">○</td><td>○</td><td colspan="3">○</td></tr>
<tr><td rowspan="2">단기보호</td><td>이용자 10명 이상</td><td></td><td>○</td><td colspan="2">○</td><td colspan="2">○</td><td>○</td><td>○</td><td colspan="2">○</td></tr>
<tr><td>이용자 10명 미만</td><td></td><td>○</td><td colspan="2">○</td><td colspan="2">○</td><td>○</td><td colspan="3">○</td></tr>
</table>

표 9-3 인력 기준

구분		시설장	사회복지사	간호사 또는 간호조무사	물리치료사 또는 작업치료사	치과위생사	요양보호사	사무원	조리원	보조원(운전사)
방문요양		1명	1명 (수급자 15명 이상)				15명 이상 (농어촌지역 5명 이상)			
방문목욕		1명					2명 이상			
주·야간보호	이용자 10명 이상	1명	1명 이상	1명 이상			이용자 7명당 1명 이상	1명 (이용자 25명 이상)	1명	1명
	이용자 10명 미만	1명		1명 이상					1명	
단기보호	이용자 10명 이상	1명	1명 이상	이용자 30명당 1명	1명 (이용자 30명 이상)		이용자 4명당 1명 이상		1명	
	이용자 10명 미만	1명		1명					1명	
재가노인지원		1명	1명					1명		
방문간호		1명		1명 이상		1명 이상				

둘째, 재가노인복지시설 설치를 희망한다고 해서 시설부터 갖추기보다는 사전에 시·군·구의 관계 공무원에게 해당 지역에 평균 이용률 등 수용 능력을 고려하여 언제쯤 설치가 가능한지 알아봐야 한다.

셋째, 재가노인복지시설을 설치할 수 있는 건축물의 용도는 노유자시설, 단독주택 또는 공동주택이다(노인복지법 제55조). 방문서비스(방문요양, 방문목욕, 방문간호, 재가노인지원서비스)의 경우에는 건축허가권자의 판단에 따라 제1종 근린생활시설(「국토의 계획 및 이용에 관한 법률」 등 관계 법률에서 정하는 용도제한에 적합한 경우), 제2종 근린생활시설 및 업무시설에도 설치가 가능하다.

※ 관련 근거 : 국토해양부 건축기획과-7890(2011.8.26)호 「질의회신(건축물 용도 관련 질의)」
※ 공동주택의 경우 「집합건물법」 제5조에서는 각 구분 소유자에게 '공동의 이익에 반하는 행위'를 하지 못하도록 규정하고 있으므로 공동주택에 재가급여를 제공하는 장기요양기관을 설치하기 위해서는 다른 구분 소유자의 동의를 얻어야 하며, 동의비율은 관리규약에서 정한 바를 따르되, 규약에 별도로 정함이 없는 경우 관리단 집회의 결의 또는 구분소유자 5분의 4의 서면동의를 얻어야 함

넷째, 시설의 규모는 아래 사항에 맞추어야 한다.

① 방문요양, 방문목욕 및 방문간호를 제공하는 시설: 시설전용면적 16.5제곱미터 이상(연면적 기준)

② 주 · 야간보호, 단기보호를 제공하는 시설: 시설 연면적 90제곱미터 이상(이용정원이 6명 이상인 경우에는 1명당 6.6제곱미터 이상의 생활실 또는 침실 공간을 추가로 확보하여야 함). 다만, 주 · 야간보호시설 안에 치매전담실을 두는 경우에는 치매전담실 1실당 이용정원을 25명 이하로 하여야 한다.

③ 재가노인지원서비스: 시설전용면적 33제곱미터 이상(연면적 기준)

④ 복지용구를 제공하거나 대여하는 시설: 복지용구 진열 · 체험 공간 23.1제곱미터 이상 및 복지용구 세정 · 소독 · 수선 공간 56.2제곱미터 이상

다섯째, 방문서비스와 달리 주 · 야간보호와 단기보호시설은 노인요양시설과 마찬가지로 「장애인 · 노인 · 임산부 등의 편익증진보장에 관한 법률」에 의한 시설기준에 적합해야 한다. 따라서 임대로 설치하더라도 해당 법률에 의거하여 편의시설을 갖추어야 한다.

여섯째, 재가노인복지시설에는 방문요양, 방문목욕, 방문간호, 주야간보호, 단기보호, 복지용구 등 서비스 유형이 많은데, 기존에는 서비스 유형별로 각각 별도의 설치신고 또는 하나의 기관으로 설치신고 했으나 앞으로는 여러 가지 서비스를 제공하는 하나의 시설로 설치신고하는 것으로 통일되었다. 예를 들어, 방문요양과 주 · 야간보호를 병설하는 경우 시설유형은 재가노인복지시설로 하고 제공하는 서비스유형에 해당 사항을 복수 체크하면 된다.

일곱째, 시설의 명칭은 설치자의 재량사항이나 재가급여를 제공하는 기관임을 일반인이 알 수 있도록 "재가" 라는 용어를 사용하고, 하단에 제공하는 서비스의 종류를 병기하는 것이 원칙이다. 예를 들어, ㅇㅇ재가노인복지센터(방문요양, 방문목욕, 주야간보호)라고 정하는 것이 원칙이다. 그러나 많은 기관들이 ㅇㅇ노인복지센터라는 명칭을 사용하는 곳도 많다.

여덟째, 주 · 야간보호와 단기보호시설은 「화재예방, 소방시설 설치 유지 및 안전관리에 관한 법률」 시행령 제15조 [별표5]에 따라 소규모 노인복지시설(300㎡ 이하)도 화재초기진압장비인 "간이 스프링클러, 자동화재 탐지설비, 자동화재 속보설비"를 설치해야 한다.

아홉째, 주 · 야간보호와 단기보호시설은 노인요양시설과 마찬가지로 출입문 자동열림장치를 설치해야 한다.

열째, 휴게시설과 관련하여 방문요양의 경우, 산업안전보건법 시행령 제96조의 2(휴게시설 설치 · 관리기준 준수 대상 사업장의 사업주)에 요양보호사도 상시근로자에 포함됨에 따라 휴게시설을 의무 설치해야 한다. 그러나 방문목욕 또는 방문간호만 운영할 경우 종사자가 10명 넘기는 어렵기 때문에 해당 사항이 없을 가능성이 높다.

02 재가노인복지시설 설치신고서 작성방법

1) 재가노인복지시설 설치신고서

재가노인복지시설(방문요양, 방문목욕, 방문간호, 주야간보호, 단기보호, 복지용구)의 설치신고서 작성 방법은 노인요양시설과 거의 동일하다. 설치신고서 양식은 노인복지법 시행규칙 [별지 제20호 서식]을 다운받아 작성한다.

명칭은 방문요양만 제공할 경우 '방문요양센터'로 하면 되지만, 방문목욕을 함께 운영한다면 '노인복지센터'로 명명하는 경우가 많다. 지역에 따라서는 반드시 '재가'라는 용어가 들어가야 한다는 곳도 있다. 노인요양시설과 마찬가지로 설치 희망 지역 내 다른 시설의 명칭과 중복되지 않도록 노인장기요양보험 홈페이지에서 타 기관의 명칭을 확인할 필요가 있다.

첨부서류 중 위치도, 평면도 및 설비구조내역서는 방문서비스 기관(방문요양, 방문목욕, 방문간호)과 복지용구는 해당사항이 없고 주야간보호와 단기보호만 제출하면 된다.

표 9-4 재가노인복지시설 설치신고서 작성 방법

■ 노인복지법 시행규칙 [별지 제20호 서식] 〈개정 2019. 12. 12.〉

재가노인복지시설 설치신고서

(앞쪽)

<table>
<tr><td colspan="3">접수번호</td><td colspan="2">접수일</td><td>처리기간 30일</td></tr>
<tr><td rowspan="2">신고인</td><td colspan="4">성명(대표자) 이 몽 룡</td><td>법인명</td></tr>
<tr><td colspan="4">주소 충북 청주시 상당구 ○○동 300-400</td><td>전화번호 043)400-2000</td></tr>
<tr><td rowspan="16">복지
시설</td><td colspan="5">명칭 청춘노인복지센터</td></tr>
<tr><td colspan="5">주소 충북 청주시 상당구 ○○동 300-300</td></tr>
<tr><td colspan="4">시설의 장 변 학 도</td><td>주민등록번호 600010-</td></tr>
<tr><td colspan="2">제공 서비스</td><td colspan="2">제공 여부</td><td>이용 정원(명)</td></tr>
<tr><td colspan="2">방문요양서비스</td><td colspan="2">●</td><td>40</td></tr>
<tr><td colspan="2">주·야간보호서비스</td><td colspan="2"></td><td></td></tr>
<tr><td colspan="2">단기보호서비스</td><td colspan="2"></td><td></td></tr>
<tr><td colspan="2">방문목욕서비스</td><td colspan="2">●</td><td>30</td></tr>
<tr><td colspan="2">재가노인지원서비스</td><td colspan="2"></td><td></td></tr>
<tr><td colspan="2">방문간호서비스</td><td colspan="2"></td><td></td></tr>
<tr><td colspan="2">복지용구지원서비스</td><td colspan="2"></td><td></td></tr>
<tr><td colspan="2">계</td><td colspan="2"></td><td>70</td></tr>
<tr><td colspan="5">사업개시 예정일 2023년 2월 10일</td></tr>
<tr><td>직원</td><td colspan="2">총인원 30 명</td><td>자격보유자 30 명</td><td>비고</td></tr>
<tr><td>예산</td><td colspan="2">수입액 80,000천 원</td><td>지출액 50,000천 원</td><td>비고</td></tr>
</table>

「노인복지법」 제39조 제2항 및 같은 법 시행규칙 제28조제1항에 따라 위와 같이 재가노인복지시설의 설치를 신고합니다.

2023 년 1 월 1 일

신고인(담당자) 이 몽 룡 (서명 또는 인)

특별자치도지사·시장·군수·구청장 귀하

<table>
<tr><td>신고인
(대표자)
제출서류</td><td>1. 시설을 설치하려는 자가 법인인 경우에는 법인의 정관 1부
2. 위치도, 평면도 및 설비구조내역서 각 1부(주·야간보호서비스 또는 단기보호서비스를 제공하려는 경우에만 제출합니다)
3. 이용료, 그 밖에 이용자의 비용부담 관계서류 1부
4. 사업계획서(사업대상 및 서비스 내용을 포함합니다) 1부
5. 시설을 설치할 토지 및 건물의 소유권 또는 사용권을 증명할 수 있는 서류 각 1부(주·야간보호서비스 또는 단기보호서비스를 제공하려는 경우에만 제출하되, 특별자치도지사·시장·군수·구청장이 「전자정부법」 제36조 제1항에 따른 행정정보의 공동이용을 통하여 소유권 또는 사용권에 대한 정보를 확인할 수 있는 경우에는 그 확인으로 첨부서류를 갈음합니다)
6. 「전기사업법 시행규칙」 제38조 제3항에 따른 전기안전점검확인서(방문요양서비스, 방문목욕서비스, 방문간호서비스 및 복지용구지원서비스를 제공하려는 경우는 제외합니다)
7. 「의료기기법 시행규칙」 제37조 제2항에 따른 의료기기 판매(임대)업 신고증 사본 1부(복지용구지원서비스를 제공하려는 경우에만 제출합니다)</td><td rowspan="2">수수료
없음</td></tr>
<tr><td>담당공무원
확인사항</td><td>1. 법인 등기사항증명서(법인인 경우만 해당합니다)
2. 건물등기부 등본
3. 토지등기부 등본</td></tr>
</table>

2) 첨부서류 1 : 이용료 등 수급자 비용부담 관계서류

재가노인복지시설의 이용료 등 수급자 비용부담 관계 서류를 작성하려면 각 서비스별 요금을 알아야 한다. 서비스별 요금은 「장기요양 급여제공기준 및 급여비용 산정방법 등에 관한 고시」에서 각 서비스별 단가[1)]를 확인할 수 있다.

재가서비스는 월 한도액에 맞추어 서비스를 제공하며, 이 기준을 초과할 경우 초과 비용만큼 수급자가 100% 납부해야 한다.

표 9-5 재가급여 월 한도액(2023년 초 기준)

등 급	1등급	2등급	3등급	4등급	5등급	인지지원등급
월 한도액 (원)	1,885,000	1,690,000	1,417,200	1,306,200	1,121,100	624,600

2023년 각 서비스 단가별로 방문요양, 방문목욕, 방문간호, 주야간보호서비스의 수급자 비용부담 관계서류는 아래 내용을 참고하여 실정에 맞게 수정하여 사용하면 된다.

표 9-6 방문서비스 수급자 비용부담 관계서 예시(2023년)

○ 방문요양 이용료

서비스 시간	재가급여 총 비용	본인부담금(이용료)		
		일반(15%)	감경(9%)	감경(6%)
30분	16,190원	2,429원	1,457원	971원
60분	23,480원	3,522원	2,113원	1,409원
90분	31,650원	4,748원	2,849원	1,899원
120분	40,280원	6,042원	3,625원	2,417원
150분	46,970원	7,046원	4,227원	2,818원
180분	52,880원	7,932원	4,759원	3,173원
210분	58,930원	8,840원	5,304원	3,536원
240분	65,000원	9,750원	5,850원	3,900원

1) 고시는 노인장기요양보험 홈페이지 자료실 중 법령자료실에서 검색이 가능하며, 1년에 1, 2번 개정이 되고 있다.

○ 방문요양 등급별 최대 서비스 제공 가능 횟수

등급	월 한도액	1일 가능 시간	월 제공 가능 일수
1등급	1,885,000원	최대 4시간(240분) 65,000원	29일
2등급	1,690,000원		26일
3등급	1,417,200원	최대 3시간(180분) 52,880원	27일
4등급	1,306,200원		25일
5등급	1,121,100원	최소 2시간~최대 3시간	21일
인지지원등급	624,600원	주야간보호만 이용 가능(방문요양 이용 불가)	

○ 방문목욕 이용요금

구분		급여비용	본인부담금(이용료)		
			일반(15%)	감경(9%)	감경(6%)
차량 내 목욕		82,160원	12,324원	7,394원	4,930원
가정 목욕	차량이용	74,070원	11,111원	6,666원	4,444원
	가정 내	46,250원	6,938원	4,163원	2,775원

○ 방문간호 이용요금

방문당	급여비용	본인부담금(이용료)		
		본인부담(15%)	감경(9%)	감경(6%)
30분 미만	39,440원	5,916원	3,550원	2,366원
30분 이상 ~ 60분 미만	49,460원	7,419원	4,451원	2,968원
60분 이상	59,500원	8,925원	5,355원	3,570원

표 9-7 주야간보호 수급자 비용부담 관계서 예시(2023년)

분류/등급		급여비용	본인부담금(이용료)		
			본인부담(15%)	감경(9%)	감경(6%)
3시간 이상	1등급	38,630원	5,795원	3,477원	2,318원
	2등급	35,760원	5,364원	3,218원	2,146원
	3등급	33,010원	4,952원	2,971원	1,981원
	4등급	31,510원	4,727원	2,836원	1,891원
	5등급	30,000원	4,500원	2,700원	1,800원
	인지지원등급	30,000원	4,500원	2,700원	1,800원
6시간 이상	1등급	51,780원	7,767원	4,660원	3,107원
	2등급	47,960원	7,194원	4,316원	2,878원
	3등급	44,270원	6,641원	3,984원	2,656원
	4등급	42,770원	6,416원	3,849원	2,566원
	5등급	41,240원	6,186원	3,712원	2,474원
	인지지원등급	41,240원	6,186원	3,712원	2,474원

분류/등급		급여비용	본인부담금(이용료)		
			본인부담(15%)	감경(9%)	감경(6%)
8시간 이상	1등급	64,400원	9,660원	5,796원	3,864원
	2등급	59,660원	8,949원	5,369원	3,580원
	3등급	55,080원	8,262원	4,957원	3,305원
	4등급	53,580원	8,037원	4,822원	3,215원
	5등급	52,050원	7,808원	4,685원	3,123원
	인지지원등급	52,050원	7,808원	4,685원	3,123원
10시간 이상	1등급	70,950원	10,643원	6,386원	4,257원
	2등급	65,720원	9,858원	5,915원	3,943원
	3등급	60,720원	9,108원	5,465원	3,643원
	4등급	59,190원	8,879원	5,327원	3,551원
	5등급	57,690원	8,654원	5,192원	3,461원
	인지지원등급	52,050원	7,808원	4,685원	3,123원
13시간 이상	1등급	76,080원	11,412원	6,847원	4,565원
	2등급	70,480원	10,572원	6,343원	4,229원
	3등급	65,110원	9,767원	5,860원	3,907원
	4등급	63,600원	9,540원	5,724원	3,816원
	5등급	62,100원	9,315원	5,589원	3,726원
	인지지원등급	52,050원	7,808원	4,685원	3,123원

3) 첨부서류 2 : 사업계획서

재가노인복지시설의 사업계획서는 노인요양시설과 유사하지만 서비스 종류별 사업내용이 달라짐에 따라 그에 맞게 내용을 수정해야 한다. 또한, 재가노인복지시설은 종류가 다양하기 때문에 이것을 구분할 필요가 있다. 아래 사업계획서 예시에서 일부 내용은 급여 종류에 따라 불필요한 내용이거나 추가해야 할 내용을 구분해 놓았다.

재가노인복지시설
(설립) 사업계획서

급여 유형	
시 설 명	
사업시작일	20 년 월 일
설립 지역	

목 차

Ⅰ. 시설 운영계획
1. 사업 신청 배경
2. 시설의 미션(Mission)과 비전(Vision)
3. 사업목적
4. 시설 운영원칙
5. 사업 대상
6. 시설현황 및 시설 운영계획
1) 시설 현황1
2) 시설 현황2
3) 시설 운영 방향
4) 급여비용 수납계획
5) 시설관리 계획
6) 지역사회 협력 구축
7) 홍보 계획
7. 인력 현황 및 인사관리 계획
1) 인력 현황
2) 업무 분장 계획
3) 종사자 관리 계획
4) 종사자 교육계획
5) 외부 인력 발굴 및 활용 계획

Ⅱ. 서비스 제공계획
1. 서비스 제공 원칙
2. 일상생활지원 서비스 제공계획
3. 서비스 제공 절차
4. 사례관리 계획
5. 프로그램 제공계획

Ⅲ. 세입 · 세출 예산 계획
1. 방문요양 세입 · 세출 예산
1) 세입 예산
2) 세출 예산
2. 방문목욕 세입 · 세출 예산
1) 세입 예산
2) 세출 예산

I 시설 운영계획

1. 사업 신청 배경

해당 사업을 하게 된 이유를 문어체로 풀어서 설명하는 것이다. 도입 부분에서는 우리 사회가 고령화 등으로 어려움을 겪고 있는데, 이런 이유로 노인성 질환자 급증으로 노인장기요양보험제도가 실시되었다고 기술한다.

마지막 부분에서는 이미 지역사회에서 운영되고 있는 사업들의 한계 또는 보완점 등을 지적하고 본 센터를 설치함으로써 이런 한계 등을 보완하고자 함을 강조한다. 추가적으로 설치 예정 지역의 시설 및 수급자 현황을 첨부하면 본 시설의 지정 필요성이 보다 설득력을 얻게 될 것이다. 여기에서는 천안시의 사례를 활용했다.

사업 신청 배경은 방문서비스나 주야간보호 및 단기보호 공통적으로 사용 가능하다.

예시

- 우리 사회는 경제발전과 보건의료의 발달로 인한 평균 수명연장, 인구구조의 급속한 고령화, 보육 및 부양 부담 등으로 인한 저출산 현상, 핵가족화, 노부모에 대한 부양의식의 저하 등의 사회문제에 직면하고 있다.
- 특히, 뇌졸중 및 치매와 같은 노인성 질환 등으로 일상생활을 스스로 수행하지 못하는 환자 가족들의 돌봄에 대한 부담이 사회적 공감대를 얻고 있다. 이에 노인장기요양보험제도가 시행됨으로써 노인 돌봄의 사회적·국가적 책무가 강조되고 있다.
- 본 센터가 설치될 충남 천안시에는 2023년 7월 기준 노인요양시설은 62개, 노인요양공동생활가정은 23개가 운영되고 있는데, 시설의 주 대상인 1, 2등급 수급자는 1,731명에 불과하여 노인요양시설 한 곳당 평균 입소자가 25명 수준으로 과밀한 상태이다.

▼ 표 9-8 충남 천안시 장기요양기관 현황(2023년 7월)

시군구	시설급여기관			재가급여기관						
	소계	노인요양 시설	공동생활 가정	소계	방문 요양	방문 목욕	방문 간호	주야간 보호	단기 보호	복지 용구
동남구	38	28	10	145	62	36	3	30	1	13
서북구	47	34	13	184	76	52	4	39	1	12
합계	85	62	23	329	138	88	7	69	2	25

반면, 방문요양의 주 대상인 3~5등급 수급자는 7,705명이며, 이들을 대상으로 서비스를 제공하는 방문요양과 주야간보호기관이 207곳으로 평균 37명의 수급자를 관리하고 있다.[2] 방문요양의 경우, 1등급과 2등급까지 서비스 제공이 가능하므로 천안시 내 방문요양기관 1곳당 관리 가능한 수급자는 평균 40~45명일 것으로 예상된다.

표 9-9 충남 천안시 등급 판정 현황(2023년 8월)

신청자	인정자						
	계	1등급	2등급	3등급	4등급	5등급	인지등급
12,846	9,781	716	1,015	2,647	3,813	1,245	345

이는 다른 지역과 비교할 때 수요 대비 방문요양기관의 수가 비교적 적은 편임을 의미하며, 기존 기관들과의 건전한 서비스 경쟁을 통해 천안 지역 장기요양수급자들에게 보다 나은 서비스를 제공할 수 있는 여지가 있다고 판단된다.

2. 시설의 미션(Mission)과 비전(Vision)

미션 또는 비전이라 하지 않고 운영이념이라고 해도 무방하다. 미션은 시설의 존재 이유로서 설치하고자 하는 시설이 더 나은 세상을 만들기 위해서 해야 하는 것, 일종의 사명감이자 본질이자 정체성이라고 할 수 있다.

미션을 정할 때 "우리 시설이 지금 이 시점에 이곳에 설치되어야 하는 이유는 무엇인가?"를 질문해야 한다. 반면, 비전은 시설의 미션을 올바르게 실현하기 위해서 달성하고자 하는 수준이나 지향점, 혹은 미래의 모습, 목표 등을 의미한다. 달리 말하면, 미션을 수행하기 위한 전략적 목표 정도로 볼 수 있다.

미션은 매우 추상적이고 이념적이라면 비전은 시설이 구체적으로 가 닿고자 하는 지점 혹은 목표가 될 수 있다. 따라서 비전을 정할 때 "우리 시설이 진정으로 되고자 희망하는 것은 무엇인가?"를 질문해야 한다.

미션과 비전은 방문서비스나 주야간보호 및 단기보호 공통적으로 사용 가능하다.

예시

- Mission(미션) : 인생 황혼기의 Silver Happy Zone 구축
- Vision(비전) : 수급자 맞춤형 서비스 개발 및 지역사회 전문화 자원 발굴을 통한 미래지향적 재가노인복지시설 모델 개발

3. 사업목적

사업목적은 노인장기요양보험제도의 목적과 사실상 동일하다고 볼 수 있다. 따라서 노인장기요양보험 홈페이지나 기타 정부 자료 등을 참고해서 아래 예시와 같이 작성하면 된다. 사업 목적 역시 방문서비스나 주야간보호 및 단기보호 공통적으로

2) 방문목욕과 방문간호는 방문요양 대상자와 겹치기 때문에 여기에서는 방문요양과 주야간보호기관만 산출했다.

사용 가능하다.

예시

첫째, 인생 황혼기 노인들의 삶의 질을 향상시킨다. 고령이나 노인성 질병 등의 사유로 일상생활을 혼자서 수행하기 어려운 노인에게 신체활동 또는 일상생활지원 등의 장기요양급여를 제공하여 노후의 건강증진 및 생활 안정을 도모하고 가족의 부담을 완화하여 국민의 삶의 질을 향상한다.
둘째, (　　)시 노인복지서비스 공급 주체로서 지역사회에 기여한다. 재가노인복지시설은 이제 노인의 삶과 가장 가깝고 밀접한 사회복지시설로서 지역사회 노인복지서비스의 핵심 제공시설로 자리매김해 나가고 있다. 이에 여타 사회복지시설과의 서비스 경쟁에 뒤지지 않고 선도해 나갈 수 있는 지역복지 모델을 개발해 나가고자 한다.
셋째, 사회연계망 공동체 협력 모델을 구축한다. 기존 장기요양기관들과의 과도한 경쟁보다는 협력과 상생을 통한 지역사회복지 생태계 구축에 노력하고자 한다.

4. 시설 운영원칙

시설 운영원칙이란 서비스를 어떤 원칙을 가지고 제공할 것인지 또는 시설을 어떤 원칙에 따라 운영할 것인지를 의미한다. 따라서 재가센터 운영이나 서비스 제공 시 역점을 두고자 하는 사항을 기술한다.

시설 운영원칙 역시 방문서비스나 주야간보호 및 단기보호 공통적으로 사용 가능하다.

예시

① 수급자(이용자) 중심 : 수시로 수급자의 상태 및 욕구 파악하여 서비스 제공계획 수립, 수급자의 인권 강화, 수급자의 신체 및 인지능력 등을 고려한 서비스 제공
② 보호자와의 소통 강화 : 정기적인 보호자 상담 및 관리, 요구사항에 대한 모니터링, 보호자 간담회 실시
③ 지역사회 연계 강화 : 지역사회 유관기관 및 협력기관 발굴 및 서비스 연결 확대, 지역 내 장기요양기관과의 협력 및 공조 유지
④ 급여제공계획에 따른 체계적 서비스 제공
⑤ 안전사고 예방을 위한 환경 조성
⑥ 직원복지 및 직원역량 강화를 통한 전문화된 서비스 제공

5. 사업 대상

사업 대상은 요양 등급을 받은 대상자로 이미 결정되어 있지만 설치하고자 하는 시설에서 특별히 중점을 두고자 하는 대상을 기술하면 된다. 특히, 노인요양시설 대상자(1, 2등급)와 재가시설 대상자(3, 4, 5등급)를 잘 구분해야 한다.

재가노인복지시설에서도 1, 2등급 중증 수급자에게 서비스를 제공할 수는 있지만

주야간보호센터의 경우 현실적으로 4, 5등급과 인지지원등급이 주류를 이루기 때문에 이 부분을 고려하여 작성하는 것이 필요하다.

예시

1) 「노인장기요양보험법」 제15조에 따라 장기요양등급 판정을 받은 노인
2) 노인장기요양등급 중 1, 2등급은 가급적 노인요양시설로 연계하고, 3, 4, 5등급 중심으로 서비스를 제공한다.
3) 기초생활보장수급자 및 의료급여 수급자 등 지자체 의뢰 대상자를 적극 수용한다.
4) 아직 장기요양등급을 받지 않았으나 일상생활에 지장이 있는 예비 수급자를 발굴하여 서비스 자격 및 제공 절차 등을 안내하고 도움으로써 추후 등급 판정 시 본 센터의 서비스 대상자로 편입시킨다.

6. 시설현황 및 시설운영 계획

시설 현황은 지정 신청할 시설에 대해 간략히 표로 요약해서 작성하는 것이 좋다. 시설유형, 시설명, 주소, 연락처, 정원 등뿐 아니라 시설의 내부의 각 공간을 구분하고 면적을 제시하는 것도 필요하다. 급여 형태(방문요양/목욕/간호, 주야간보호, 단기보호)에 따라 시설 기준에 맞는 시설을 취사선택하여 표로 정리한다.

급여비용 수납계획은 앞에서 설명한 비용 관계 서류 내용으로 대신하면 되고, 시설관리계획에서는 시설운영위원회와 시설 안점점검 계획을 수록하고 그 밖에 급여유형에 따라 추가로 필요하다고 생각되는 사항은 첨가할 수 있다. 예컨대, 방문목욕의 경우 이동목욕 차량에 대한 부분을 추가할 수 있다.

예시

1) 시설 현황1

시설유형	ㅁ 법인 ㅁ 개인	급여유형	ㅁ 시설 ㅁ 재가
시설명	○○○재가센터	대표자	○○○
주소	시설 주소 :		
	대표자 주소 :		
연락처		FAX	
정원	( ) 명	대기자	( ) 명

2) 시설 유형별 구분

① 방문요양

구분	현황		구분	현황	
	개수	면적(m^2)		개수	면적(m^2)
사무실	( )개	m^2	센터장실(상담실)	( )개	m^2
탕비실	( )개	m^2	주차장(대수)	( )대	m^2
기 타	( )개	m^2	총 면적	m^2	

② 방문목욕(차량)

구분	욕조	이동 욕조	급수 탱크	급탕 장치	보일러 시설	샤워기 시설	리프트	입욕 장치	세탁기
목욕차량	○	X	○	○	○	○	○	○	X
일반차량	X	X	X	X	X	X	X	X	X

③ 주야간보호

구분		현황		구분		현황	
		개수	면적(m^2)			개수	면적(m^2)
사무실		(　)개	m^2	원장실(상담실)		(　)개	m^2
화장실	직원용	(　)개	m^2	침실	1인실	(　)개	m^2
	수급자	(　)개	m^2		2인실	(　)개	m^2
목욕실	직원용	(　)개	m^2		3인실	(　)개	m^2
	수급자	(　)개	m^2		4인실	(　)개	m^2
자원봉사자실		(　)개	m^2	생활실		(　)개	m^2
요양보호사실		(　)개	m^2	간호사실		(　)개	m^2
물리치료실		(　)개	m^2	프로그램실		(　)개	m^2
식당		(　)개	m^2	세탁실		(　)개	m^2
조리실		(　)개	m^2	물품보관실		(　)개	m^2
기계실		(　)개	m^2	비상대비시설		(　)개	m^2
주차장(대수)		(　)개	m^2	총 면적		(　)개	

3) 시설운영 방향

첫째, 지역을 대표하는 노인장기요양기관으로서 모델을 구축한다. 노인장기요양기관은 정부의 사회복지 시장화의 대표 주자로서 수익 창출과 더불어 사회복지 가치 실현이라는 상반된 추진 과제를 안고 있지만 지역을 기반으로 대상자에게 충실한 서비스를 제공한 결과 성공적인 성과가 달성될 수 있다는 것을 증명할 필요가 있다.

둘째, 체계적인 종사자 교육을 통해 전문성을 향상시킨다. 노인장기요양기관이 실시해야 할 법정의무교육 및 급여제공 지침 교육 등 공식화된 교육 이외에도 서비스 제공 과정에서 전문성을 인정받을 수 있는 지식, 기술, 태도 등의 전문성 향상 교육을 정기적으로 실시할 필요가 있다.

셋째, 투명하고 윤리적인 시설로 운영한다. 우선적으로 법을 지키고 윤리적인 운영 체계를 구축하고자 한다. 노인장기요양보험법 외에도 근로기준법 등 노무 관련 법을 철저히 지킴으로써 안팎으로 신뢰받는 기관 운영을 할 필요가 있다.

4) 급여비용 수납계획

① 등급별 재가급여 월 이용한도액 (2023년 기준)

1등급	2등급	3등급	4등급	5등급	인지지원등급
1,885,000원	1,690,000원	1,417,200원	1,306,200원	1,121,100원	624,600원

② 방문요양 이용료

- 방문요양서비스 이용료는 건강보험공단의 급여 제공에 관한 고시에 제시된 아래 기준에 따라 수납한다.
- 매달 서비스 제공 시간이 변경될 수 있으므로 이용료 납부는 서비스 제공 달이 지난 이후 5일 이내에 고지서를 대상자 가정으로 발송한다.

서비스 시간	재가급여 총 비용	본인부담금(이용료)		
		일반(15%)	감경(9%)	감경(6%)
30분	16,190원	2,429원	1,457원	971원
60분	23,480원	3,522원	2,113원	1,409원
90분	31,650원	4,748원	2,849원	1,899원
120분	40,280원	6,042원	3,625원	2,417원
150분	46,970원	7,046원	4,227원	2,818원
180분	52,880원	7,932원	4,759원	3,173원
210분	58,930원	8,840원	5,304원	3,536원
240분	65,000원	9,750원	5,850원	3,900원

③ 방문요양 등급별 최대 제공 가능 횟수

등급	월 한도액	1일 가능 시간	월 제공 가능 일수
1등급	1,885,000원	최대 4시간(240분) 65,000원	29일
2등급	1,690,000원		26일
3등급	1,417,200원	최대 3시간(180분) 52,880원	27일
4등급	1,306,200원		25일
5등급	1,121,100원	최소2시간~최대3시간	21일
인지지원등급	624,600원	주야간보호만 이용 가능(방문요양 이용 불가)	

④ 방문목욕 이용요금

구분		급여비용	본인부담금(이용료)		
			일반(15%)	감경(9%)	감경(6%)
차량 내 목욕		82,160원	12,324원	7,394원	4,930원
가정 목욕	차량이용	74,070원	11,111원	6,666원	4,444원
	가정 내	46,250원	6,938원	4,163원	2,775원

⑤ 방문간호 이용요금

방문당	급여비용	본인부담금(이용료)		
		본인부담(15%)	감경(9%)	감경(6%)
30분 미만	39,440원	5,916원	3,550원	2,366원
30분 이상 ~ 60분 미만	49,460원	7,419원	4,451원	2,968원
60분 이상	59,500원	8,925원	5,355원	3,570원

⑥ 주야간보호 이용요금

분류/등급		급여비용	본인부담금(이용료)		
			본인부담(15%)	감경(9%)	감경(6%)
3시간 이상	1등급	38,630원	5,795원	3,477원	2,318원
	2등급	35,760원	5,364원	3,218원	2,146원
	3등급	33,010원	4,952원	2,971원	1,981원
	4등급	31,510원	4,727원	2,836원	1,891원

	5등급	30,000원	4,500원	2,700원	1,800원
	인지등급	30,000원	4,500원	2,700원	1,800원
6시간 이상	1등급	51,780원	7,767원	4,660원	3,107원
	2등급	47,960원	7,194원	4,316원	2,878원
	3등급	44,270원	6,641원	3,984원	2,656원
	4등급	42,770원	6,416원	3,849원	2,566원
	5등급	41,240원	6,186원	3,712원	2,474원
	인지등급	41,240원	6,186원	3,712원	2,474원
8시간 이상	1등급	64,400원	9,660원	5,796원	3,864원
	2등급	59,660원	8,949원	5,369원	3,580원
	3등급	55,080원	8,262원	4,957원	3,305원
	4등급	53,580원	8,037원	4,822원	3,215원
	5등급	52,050원	7,808원	4,685원	3,123원
	인지등급	52,050원	7,808원	4,685원	3,123원
10시간 이상	1등급	70,950원	10,643원	6,386원	4,257원
	2등급	65,720원	9,858원	5,915원	3,943원
	3등급	60,720원	9,108원	5,465원	3,643원
	4등급	59,190원	8,879원	5,327원	3,551원
	5등급	57,690원	8,654원	5,192원	3,461원
	인지등급	52,050원	7,808원	4,685원	3,123원
13시간 이상	1등급	76,080원	11,412원	6,847원	4,565원
	2등급	70,480원	10,572원	6,343원	4,229원
	3등급	65,110원	9,767원	5,860원	3,907원
	4등급	63,600원	9,540원	5,724원	3,816원
	5등급	62,100원	9,315원	5,589원	3,726원
	인지등급	52,050원	7,808원	4,685원	3,123원

⑦ 비급여 항목 세부기준(주야간보호 및 단기보호에 해당됨)
- ㅇ 기본원칙 : 비급여 항목은 식사재료비 및 실제 소요비용만 산정, 그 밖의 비용은 기관에서 임의로 수납불가
- ㅇ 세부기준
  - 식사재료비 : 1식 3,000원/간식 1,000원 수납. 경관영양 유동식 및 간식도 식재료비에 포함(점심과 저녁으로 구성)
  - 이·미용비 : 수급자 요구에 따라 이·미용사 초빙하여 서비스 제공 시 비급여 가능. 단, 시설종사자, 자원봉사자에 의해 제공되는 서비스는 비급여 항목으로 수납 불가
  - 손·발톱정리 등의 명목으로 별도 수납 불가

⑧ 비급여 항목 외 실비 수납기준(주야간보호 및 단기보호에 해당됨)
- ㅇ 기본원칙 : 수급자가 개별적으로 요구하는 물품 및 용역을 시설에서 구매하여 제공할 경우 실비 수납하나 실비 이외에 추가 비용 수납 불가
- ㅇ 주야간보호 비급여 세부기준
  - 주야간보호를 이용하는 수급자의 기저귀 비용 : 사용량에 따라 실비 수납 가능 또는 수급자가 원할 경우 이용자가 직접 구입한 기저귀 이용 권장
  - 기호품 등 수급자의 희망에 의한 일상용품 구입 비용 : 일률적으로 제공되는 일상용품(휴지, 비누, 수건, 실내화 등)에 대해서는 비용수납 불가.

- 각종 프로그램 비용 : 프로그램 운영은 기본 서비스 범주에 해당하므로 별도 비용수납은 불가하지만 수급자의 개별적 요구에 따라 외부의 서비스 제공자가 개인 대상으로 제공할 경우 수급자가 실비 부담

5) 시설관리 계획

(1) 시설운영위원회

○ 사회복지사업법 제36조 제1항, 제3항에 따라 심의사항과 보고사항 운영

○ 위원회의 위원은 시설의 장, 시설 거주자(이용자) 대표, 시설거주자(이용자)의 보호자 대표, 시설종사자의 대표, 시·군·구 소속의 사회복지 전담 공무원, 후원자 대표 또는 지역주민, 공익단체에서 추천한 사람, 그 밖에 시설의 운영 또는 사회복지에 관하여 전문적인 지식과 경험이 풍부한 자 중에서 선임할 예정

○ 운영위원회 심의·의결사항
- 시설운영계획의 수립·평가에 관한 사항
- 사회복지프로그램의 개발·평가에 관한 사항
- 시설종사자의 근무환경 개선에 관한 사항
- 시설거주자의 생활환경 개선 및 고충처리 등에 관한 사항
- 시설 종사자와 거주자의 인권보호 및 권익증진에 관한 사항
- 시설과 지역사회와의 협력에 관한 사항
- 그 밖에 시설의 장이 운영위원회의 회의에 부치는 사항

○ 운영방법
- 분기별 1회 이상 정기회의 개최
- 시설운영위원회 운영규칙에 규정한 회의개최 요건에 해당할 경우(재적위원 1/3의 요청이 있을 경우 등) 수시회의 개최

(2) 시설 안전 점검(주야간보호, 단기보호만 해당됨)

○ 전기 및 가스설비 안전점검 : 한국전기(가스)안전공사 또는 법적 대행업체를 통한 연 1회 점검실시, 자체점검(월 1회)

○ 소방시설 점검 : 작동기능점검(연 1회), 종합정밀점검(연 1회)

○ 야간점검 : 수급자 안정을 위한 야간(22시~06시) 시간 점검 후 일지 작성(전기, 가스, 시설전반, 수급자 상태, 특이사항)

○ 방역관리 : 4월~9월(1회 이상), 10월~3월(1회 이상)

○ 정화조 청소 : 단독정화조 및 오수처리시설 청소(연 1회)

○ 물탱크(저수조) 청소 : 반기 1회 이상, 월 1회 이상 위생점검

○ 수질검사 : 연 1회 이상 수질검사 실시

○ 승강기 정기검사 : 연 1회 실시

○ 일상적인 안전관리 연간 주기

점검 및 검사	1회					
	매월	격월	분기	반기	1년	수시
안전관리영역, 위험시설물안전점검	○					
옥상방수층 보수공사/외벽도색 보수공사						○
하절기 장마대책 시설점검				○		
발전시설 정기점검				○		
조경시설물 약제소독				○		
동절기 가동준비/동파지역점검					○	
동절기 화재예방 점검					○	
변압기·온수관 교체						○
냉동기 자체세관/보일러 자체 세관					○	
청소상태 수시점검	○					
보일러, 배관, 공조실 수시점검		○				
도로 및 주차장 안전점검						○
비상시 도로 확보점검						○
건물 주변 광고물교체수리						○

노후보일러교체/통신장비 교체						○
승강기 부품교체/조명등 보수 교체						○
화단보수/조형물 교체						○
청소, 경비용역 계약						○
조경, 승강기 관리용역 계약						○
건물·축대·난간 점검			○			
비상구 및 계단, 옥상 점검	○					
위험물 저장시설 점검						○

(3) 비품 관리
- ○ 효율적 비품관리를 위해 재물조사를 실시하며 관리 및 불용비품처리를 통해 정확한 재물관리로 예산낭비 방지(연 1회 실시)

(4) 각종 위탁업체 관리(시설 유형별 해당 여부 확인 필요)
- ○ 급식 위탁업체 : 자체 조리 및 식사 제공 후 상황 고려하여 결정
- ○ 세탁물 위탁처리 업체 : 전문적인 세탁물 처리 계약을 통해 어르신들의 체계적인 세탁물, 린넨관리
- ○ 사무기기, 정수기 등 렌탈 : 지역 내 업체 중 선별하여 계약 진행

(5) 차량 관리
- ○ 승합차 구입 및 관리 : 9인승 차량 2대 구입 및 차량일지 관리

(6) 사무 관리
- ○ 회계/세무 : 지역 내 세무회계사무소 선정하여 기장 의뢰
- ○ 전산 프로그램 : 공단 전산 시스템과 호환이 유리한 유료 시스템 구입(예: 케어포, 이지케어, 하이케어 등)

6) 지역사회 협력 구축*
- ○ 지역 내 유관기관 및 노인장기요양기관의 연계활동, 협력기관 발굴 및 결연사업 등
- ○ 지역 내 장기요양기관협의회 가입 및 활동 : 정보 및 자원교류
- ○ 지역 내 보건·의료기관 협력 : 지역 의사회, 계약의사 소속 병의원, 기타 개인의원 등과 협약 및 협력체계 구축
- ○ 지역 내 자원봉사 단체와 협력체계 구축

구분	기관(단체)명	지역(위치)	협력 사항	비고
사회복지 기관	○○ 노인복지관	시 동	홍보 협조 프로그램 지도/안내	
	○○ 사회복지관	시 동		
보건의료 기관	○○ 의원	시 동	각 과목별 진료 의료 상담 응급 시 대응	
	○○ 의원	시 동		
	○○ 병원	시 동		
	○○ 병원	시 동		
봉사단체	○○ 적십자회	시 동	행사 보조 여가프로그램 진행	
	○○ 봉사단	시 동		
지역단체 및 마을기관	○○ 부녀회	시 동	홍보 협조 봉사 기타	
	○○ 새마을회	시 동		
	○○ 경로당	시 동		
	○○ 마을회관	시 동		
	○○ 청년회	시 동		
	○○ 상인회	시 동		

7) 홍보 계획
(1) 온라인 홍보
- ○ 블로그 또는 네이버 카페 개설하여 시설 운영 및 서비스 제공 현황 수시 업데이트
- ○ 밴드 활용하여 보호자 관리

(2) 오프라인 홍보

- ○ 현수막 홍보 : 지역 내 현수막 게시판에 분기별 1회씩 게시
- ○ 전단지 홍보 : 전단지 세작하여 지역 내 관공서, 회사 사무실, 종교기관, 복지기관, 경로당 등 수시로 순회 홍보

(3) 홍보 일정

카페 개설												
인스타 개설												
밴드 개설												
유튜브 의뢰												
현수막 설치	매월 1주일 기간 단위로 지정 게시대 설치											
전단지 배포												
버스 광고												
차량 홍보	센터 차량에 랩핑 처리하여 운행 중 자연스럽게 홍보하기											

* 지정 심사 당시까지 협력체계가 구축된 지역단체 및 기관을 표로 작성하면 더욱 좋다.

7. 인력현황 및 인사관리 계획

인력 현황은 각 직종별 인원을 표로 작성하고, 조직도를 추가할 수도 있다. 아울러 각 직종별 업무, 즉 업무 분장표를 첨부하는 것이 좋다. 직원 관리 계획은 채용, 계약, 배치, 복지 사항 등을 기록하되 운영규정의 복무규정과 일치되어야 한다. 직원교육 계획에서는 법정의무교육, 운영규정 교육, 급여제공지침 교육, 신규직원 교육, 재난대응훈련 등을 기술하고, 추가적으로 직원보수교육과 치매전문교육 등을 추가할 수 있다.

예시

1) 인력 현황

(1) 방문요양

대표	시설장	사회복지사	요양보호사
1명	1명	명	명

(2) 방문목욕

대표	시설장	사회복지사	요양보호사
1명	1명	명	명

(3) 주야간보호

대표	시설장	사회복지사	간호조무사	물리치료사	요양보호사	사무원	영양사	조리원	보조원
1명	1명	명	명	명	명	명	명	명	명

2) 업무분장 계획

(1) 방문요양

직종	업무내용
시설장	국민건강보험공단의 업무처리에 관한 사항 전산, 문서, 사무 등 행정관리에 관한 사항 인사, 보수, 회계, 구매, 노무에 관한 사항 인력배치 및 종사자의 근무체제에 관한 사항 사업계획 및 업무승인 처리 입·퇴소 처리 및 상담관리
사회복지사	수급자 상담 및 급여계획에 관한 사항 프로그램계획 및 운영에 관한 사항 종사자교육 및 자원봉사자 관리에 관한 사항 급여서비스 모니터링 및 급여 평가 및 변경 보호자 상담 및 외부연계에 관한 사항
요양보호사	신체활동지원 서비스 및 일상생활지원 수급자 환경 및 미화 관리 프로그램 운영지원 식사 및 목욕서비스 지원 수급자 관찰 및 보고

(2) 방문목욕

직종	업무내용
시설장	국민건강보험공단의 업무처리에 관한 사항 전산, 문서, 사무 등 행정관리에 관한 사항 인사, 보수, 회계, 구매, 노무에 관한 사항 인력배치 및 종사자의 근무체제에 관한 사항 사업계획 및 업무승인 처리 입·퇴소 처리 및 상담관리
사회복지사	수급자 상담 및 급여계획에 관한 사항 프로그램계획 및 운영에 관한 사항 종사자교육 및 자원봉사자 관리에 관한 사항 급여서비스 모니터링 및 급여 평가 및 변경 보호자 상담 및 외부연계에 관한 사항 차량 운행 및 점검
요양보호사	목욕 장비 및 소모품 점검 수급자 이동 도움 수급자 상태기록 목욕 수행 및 뒷정리

(3) 주야간보호

직종	업무내용
시설장	국민건강보험공단의 업무처리에 관한 사항 전산, 문서, 사무 등 행정관리에 관한 사항 인사, 보수, 회계, 구매, 노무에 관한 사항 인력배치 및 직원의 근무체제에 관한 사항 사업계획 및 업무승인 처리 입·퇴소 처리 및 상담관리
사회복지사	수급자 상담 및 급여계획에 관한 사항 프로그램계획 및 운영에 관한 사항 직원교육 및 자원봉사자 관리에 관한 사항 급여서비스 모니터링 및 급여 평가 및 변경 보호자 상담 및 외부연계에 관한 사항

간호(조무)사	수급자 간호사정 및 간호계획 수립에 관한 사항 투약, 욕창 등 간호 및 처치 업무 수행에 관한 사항 수급자의 건강상태 관리업무에 관한 사항 약품관리 및 점검에 관한 사항 예방 접종 계획 및 실시 의료(간호)교육에 대한 관리(수급자, 직원)
요양보호사	신체활동지원 서비스 및 일상생활지원 수급자 환경 및 미화 관리 프로그램 운영지원 식사 및 목욕서비스 지원 수급자 관찰 및 보고
물리(작업)치료사	물리(작업)치료 계획에 관한 사항 물리(작업)치료 및 서비스 제공에 관한 사항
사무원	입소료, 입퇴사, 회계에 관한 사항
보조원	주야간보호 송영 담당

3) 직원 관리 계획*

(1) 직원 채용 원칙

- ㅇ 노인복지법, 사회복지사업법, 근로기준법 등 법령에 준하여 선발
- ㅇ 종교, 성별, 연령, 외모, 출신학교, 장애 등 차별 금지
- ㅇ 시설 대표자의 가족, 친인척은 직원 채용에서 배제
- ㅇ 채용공고는 워크넷, 사람인 등 구인구직사이트 외에 사회복지사협의, 간호사협회, 물리치료사협회 등 직종별 협회 사이트에 공고 실시
- ㅇ 면접 심사에 대표자 포함 2인의 시설운영위원 참여

(2) 근로계약 및 처우에 관한 사항

- ㅇ 근로계약서는 고용노동부 표준근로계약서 사용
- ㅇ 근로형태
  - 방문요양 : 사회복지사(월급제), 요양보호사(시급제)
  - 방문목욕 : 요양보호사(시급제 또는 건수제)
  - 주야간보호/단기보호 : 전 직원 월급제 실시, 포괄임금 지양하고 근로시간별 월급 책정
- ㅇ 전 직원 연장근로/야간근로/휴일근로 시 해당 수당 정확히 계산하여 지급하고, 근속연수에 따른 연차유급휴가 보장
- ㅇ 전 직원 퇴직연금(DC형)을 기본으로 하되 퇴직금을 희망할 경우 종사자 요구에 맞추어 진행
- ㅇ 전 직원 전문인배상책임보험 가입 의무 준수
- ㅇ 건강보험공단 '장기근속장려금'과 별도로 장기 근속자를 위한 추가 수당 신설(매1년 마다 _____원씩 수당 지급)

(3) 직원 배치 계획

- ㅇ 근무 장소 및 시간은 종사자들의 요구를 충분히 반영하여 배치
- ㅇ 직종별 경력 및 업무 숙련도에 따라 팀장 임명

(4) 직원복지 및 포상 계획

- ㅇ 소정의 식비, 교통비 지급
- ㅇ 명절휴가비 연2회 지급
- ㅇ 연 1회 이상 건강검진 및 근골격계 질환 검사 실시
- ㅇ 피복비 지원 : 간호(조무)사, 물리(작업)치료사 유니폼 및 요양보호사 앞치마 등 근무자에 대한 피복구입 지원
- ㅇ 연말 근무평정에 근거하여 직종별 종사자 포상 실시
  - • 우수직원상 :근무평정표를 통해 성적이 우수한 자
  - • 장기근속상 : 근속기간 중 징계 사실이 없는 직원에 대하여 포상한다.
    - 5년 근속상

- 10년 근속상
- 15년 근속상
- 20년 이상 근속상

• 공로상 : 귀빈요양원의 발전과 위상 정립에 공적이 현저한 직원(외부 포상, 수상 포함)에 대하여 포상
• 모범상
- 활기찬 직장 분위기 조성에 모범이 되었을 때
- 화재, 도난, 기타 재해 예방 또는 비상사태 조치가 탁월했던 자
- 기타 이에 준하여 모범이 인정된 자

4) 포상 및 부상 지급 현황

구분		포상	부상	기타
우수 직원상	평가성적 우수직원(연간)	상장 또는 상패	현금 10만 원	특별휴가 1일 (3년연속시 특별승급)
장기 근속상	5년이 지난 다음 해		상품	특별휴가 1일
	10년이 지난 다음 해		현금 20만 원	특별휴가 2일
	15년이 지난 다음 해		현금 30만 원	특별휴가 3일
	20년이 지난 다음 해		현금 50만 원	

5) 직원건강관리 계획

구분	내용	실시	비고
직원건강검진	전체 근무자에 대한 건강검진 실시	연 1회	종사자 전원 일반검진필수
직원 구충제복용	입소자 구충제 복용 시 함께 실시	연 1회	종사자 전원
직원 독감예방접종	입소자 예방접종 시 함께 실시	연 1회	협력의료기관
직원 근골격계 질환검사	전체 근무자에 대한 근골격계 질환검사 실시	연 1회	종사자 전원
야간 배치전·후 특수건강검진	야간 근무자들에 한하여 야간 배치전 1회, 6개월 후 1회, 매년 1회 실시	수시	야간근무자 대상

6) 직원교육 계획

교육과정	교육목표	교육내용	일정	횟수/시간	방법	교육 대상자
법정 의무교육	법정 의무사항 이해	1. 개인정보 보호교육	2월	연 1회 60분 이상	자체교육	전 직원
		2. 퇴직연금교육	3월		외부강사	
		3. 직장 내 성희롱 예방교육	4월		온라인	
		4. 장애인 인식개선교육	5월		온라인	
		5. 아동학대 신고의무자교육	6월		온라인	
		6. 직장 내 괴롭힘 예방교육	7월		자체교육	
		7. 응급처치 및 심폐소생술 교육	8월		외부강사	
		8. 노인학대 예방교육	9월		온라인	
		9. 노인 인권교육	10월		온라인	
운영규정 교육	운영규정 교육을 통한 기관의 이해	1. 조직·인사·급여·회계·물품 규정 2. 입소정원 및 모집방법 등에 관한 사항 3. 입소계약에 관한 사항 4. 이용료 등 비용에 대한 변경방법 및 절차 등에 관한 사항	7월	연 1회/1시간	센터장	전 직원

		5. 서비스의 내용과 그 비용의 부담에 관한 사항 6. 특별한 보호가 필요한 경우 서비스 기준과 비용에 관한 사항 7. 의료가 필요한 경우 구체적인 처리절차 8. 시설물 사용상의 주의사항 9. 서비스 제공자의 배상책임 및 면책 범위에 관한 사항 등				
신규직원 교육	기관 업무 빠른 숙지 및 적응	1. 운영규정 2. 급여제공지침 3. 업무분장 4. 개인정보보호 5. 근골격계질환예방	수시(입사시)	1회/1시간	센터장	신규 직원
종사자 윤리지침	종사자의 윤리의식 확립	1. 개인정보 보호 매뉴얼 2. 개인정보보호지침	7월	연 1회/30분	센터장	전 직원
노인인권 보호지침	노인의 인권 이해와 학대 예방	1. 노인인권의 개념 2. 기관생활노인권리 3. 기관생활노인권리보호 4. 노인학대란? 5. 노인학대유형 6. 노인학대원인	8월	연 1회/30분	인터넷 강의	전 직원
성폭력예방 및 대응지침	성폭력에 대한 이해와 대처 방법 숙지	1. 성폭력과 성희롱 예방 및 대처방안 숙지	9월	연 1회/30분	인터넷	전 직원
욕창예방 및 관리지침	욕창과 낙상 발생의 원인 제거 및 대처 방법	1. 욕창의 개념 2. 욕창예방 방법	9월	연 1회/30분	간호(조무)사	전 직원
감염예방 및 관리지침	전염병 발생 시 대처방법	1. 감염예방	10월	연 1회/30분	간호(조무)사	전 직원
낙상예방 및 관리지침	수급자의 안전 확보	1. 낙상위험도 2. 낙상 예방	10월	연 1회/30분	센터장	전 직원
치매예방 및 관리지침	치매에 대한 이해 확대	1. 치매란 무엇인가? 2. 치매예방은 어떻게?	11월	연 1회/30분	센터장	전 직원
응급상황 대응지침	응급상황대응체계 이해	1. 응급상황 대처 기술	11월	연 1회/30분	센터장	전 직원
개인정보 보호지침	개인정보보호 및 비밀 유지	1. 개인정보 보호 매뉴얼 2. 개인정보보호지침	12월	연 1회/30분	인터넷	전 직원
근골격계 질환 예방지침	근골격계 질환 예방	1. 일반 작업 현황 2. 근골격계 질환 개요 3. 근골격계 질환의 증상 4. 작업에 따른 예방 및 관리방안 5. 자기관리를 통한 예방법 6. 스트레칭 7. 근골격계 질환 초기 대처법	12월	연 1회/30분	간호(조무)사	전 직원
재난대응 교육 및 훈련	화재 발생시 대처 요령	1. 화재점검 관련 2. 화재, 지진, 태풍 등 재해발생에 따른 모의 대비훈련 3. 태풍 등 자연재해 대비 4. 재난상황 모의훈련 대비	8월	반기/30분	센터장	전 직원

7) 외부 인력 발굴 및 활용 계획

(1) 자원봉사자 활용 계획

- ㅇ 일반 자원봉사자 활용 : 자원봉사단체, 종교기관, 지역 공연팀 등 자원봉사자 활용
- ㅇ 대학 사회봉사자 활용(자격 획득 후 추진) : 1365자원봉사포털 및 사회봉사활동인증센터(VMS) 인증 획득 후 활용

(2) 실습생 활용 계획(자격 획득 후 추진)

- ㅇ 사회복지사 및 요양보호사 실습기관 자격 획득 후 분기별로 실습생 모집 및 활용
- ㅇ 사회복지사는 프로그램 진행 및 상담 인력으로 활용하고, 요양보호사는 요양 및 일상생활지원서비스 인력으로 활용

* 직원관리계획은 사업계획서에서는 생략하고 운영규정 중 복무규정에 포함시킬 수 있다.

II 서비스 제공계획

사업계획서에서 서비스 제공계획이라고 따로 구분한다는 원칙은 없다. 다만, 앞에서 기술한 "시설 운영계획"은 노인요양시설 운영의 전반적인 사항을 다루고, 시설에서 구체적으로 제공하는 서비스는 따로 구분하는 것이 전문성 있게 보일 수 있어서 따로 구분한 것이다.

1. 서비스 제공 원칙

시설 운영 및 서비스 제공 시 역점을 두고자 하는 사항을 기술하되 다음과 같은 사항을 참고할 수 있다.

예시

① 수급자 중심 : 수시로 수급자의 상태 및 욕구 파악하여 서비스 제공계획 수립, 수급자의 인권 강화, 수급자의 신체 및 인지능력 등을 고려한 서비스 제공
② 보호자와의 소통 강화 : 정기적인 보호자 상담 및 관리, 요구사항에 대한 모니터링, 보호자 간담회 실시
③ 지역사회 연계 강화 : 지역사회 유관기관 및 협력기관 발굴 및 서비스 연결 확대, 지역 내 장기요양기관과의 협력 및 공조 유지
④ 급여제공계획에 따른 체계적 서비스 제공
⑤ 안전사고 예방을 위한 시설 환경 조성
⑥ 직원복지 및 직원역량 강화를 통한 전문화된 서비스 제공

2. 일상생활지원 서비스 제공 계획

예시

1) **사업목적** : 노인성 질환으로 인한 신체적, 인지적 불편함으로 일상생활이 어려운 수급자를 대상으로 생활과 관련된 활동을 지원함으로써 기본적인 생활 욕구를 해결하여 원활한 일상생활이 가능하도록 지원

2) **사업 내용**

(1) 방문요양

① 서비스 내용

신체활동 지원	
세면 도움	얼굴과 목, 손 씻기 등, 사용 물품 정리, 세면대까지의 이동 포함
구강청결 도움	구강청결(양치질 등), 양치 지켜보기, 가글액·물 양치, 틀니 손질, 필요 물품 준비 및 사용 물품의 정리
식사 도움	식사 차리기, 식사보조, 구토물 정리
몸단장	머리단장, 손발톱 깎기, 면도, 면도 지켜보기, 화장하기, 필요 물품 준비 및 사용 물품의 정리
옷 갈아입기 도움	의복준비(양말, 신발 포함), 지켜보기 및 지도, 겉옷 및 속옷 갈아입히기, 의복 정리

머리 감기 도움	세면대까지의 이동 보조 포함, 머리 감기, 머리 말리기, 필요 물품 준비 및 사용 물품의 정리
몸 씻기 도움	욕실 이동과 몸 씻기 준비, 입욕준비, 입욕 시 이동 보조, 몸 씻기(샤워 포함), 옷 갈아입히기, 사용 물품 정리
화장실 이용하기	화장실 이동지원, 이동 변기 사용 도움, 배뇨·배변 도움, 지켜보기, 기저귀 교환, 용변 후 처리지원, 필요 물품 준비 및 사용 물품의 정리
이동 도움	침대에서 휠체어로 옮겨 타기, 보행 도움, 보조기구(보장구)를 이용한 도움
체위변경	체위변경, 일어나 앉기 도움
신체기능의 유지·증진	관절 오그라듦 예방활동, 보행 및 서 있기 연습 보조, 기구사용 운동보조, 보장구 이용 도움, 복약 도움
인지활동 지원(인지활동형 방문요양)	
인지자극 활동	인지자극 프로그램 준비, 교재 또는 도구를 활용하여 프로그램 실행, 준비 물품 정리
일상생활 함께하기	잔존기능 유지·향상을 위한 수급자와 함께 신체활동, 개인활동 및 가사활동을 수행
인지관리 지원	
인지행동 변화관리 등	행동변화 감소 도움 및 대처, 수급자 및 수발자 안전관리 도움, 정서적 안정과 생활의욕 향상 도움, 인지기능 향상을 위한 인지활동 지원 등
정서 지원	
의사소통 도움, 말벗, 격려 등	의사소통 도움, 말벗 및 격려·위로 등 정서적 지원, 사회적 지지체계 연계와 관계망 연결, 비상연락망 준비 등 안부확인을 위한 방문 및 생활상의 문제 상담, 대화·편지·전화 등의 방법으로 수급자의 욕구 파악 및 의사전달 대행
가사 및 일상생활지원	
개인활동 지원	외출 시 동행, 장보기, 산책, 은행, 관공서, 병원 등 방문 시 부축 또는 동행(차량 이용 포함)하고 책임 귀가
식사 준비, 청소 및 주변 정돈, 세탁	수급자를 위한 음식물 조리, 설거지, 주방정리, 청소 및 주변 정리 정돈, 의복세탁 및 관리

② 서비스 제공방법

- 가사활동지원은 1회 방문당 최대 90분 범위 내에서 제공하고, 정서지원은 1회 방문당 최대 60분 범위 내에서 제공
- 최근 2년 이내 치매진료내역이 있는 수급자에게는 인지기능 악화방지 및 잔존능력 유지를 위한 인지활동형 방문요양을 주 3회 또는 월 12회 이상 제공
- 인지활동형 방문요양급여는 인지활동형 프로그램관리자(사회복지사)가 수립한 프로그램 계획에 따라 치매전문교육을 이수한 요양보호사가 수급자당 1일 1회에 한하여 1회 120분 이상 180분 이하로 제공(인지자극활동 및 잔존기능 유지·향상을 위한 일상생활 훈련)
- 프로그램관리자(사회복지사)는 매달 급여제공 전에 수급자의 개인별 특성, 욕구, 기능상태 등을 종합적으로 고려하여 프로그램 계획(내용, 일정, 횟수 등)을 수립하고, 월 1회 이상 인지활동형 방문요양 급여제공 시간 중 수급자의 가정을 방문하여 요양보호사의 급여 제공 모니터링하고 및 적정한 급여 제공방법 지도

(2) 방문목욕

① 서비스 제공방법

- 방문목욕은 요양보호사 2인 이상이 수급자의 가정을 방문하여 실시
- 차량을 이용하는 방문목욕은 차량 내에서 전적으로 목욕을 제공(차량 내 목욕)하거나, 목욕 차량의 욕조, 펌프, 호스릴 등 장비 일체와 차량 내 온수를 사용하여 가정 내에서 목욕 제공(가정 내 목욕)
- 차량을 이용하지 않은 방문목욕은 목욕차량에 부속되지 않은 이동식 욕조, 가정 내 욕조 등의 장비를 이용하거나 목욕실이 갖추어진 장기요양기관 또는 목욕설비가 갖추어진 대중목욕탕에서 제공
- 목욕서비스는 목욕준비, 입욕 시 이동보조, 몸 씻기, 머리 감기기, 옷 갈아입히기, 목욕 후 주변 정리까지가 포함되며 수급자의 안전을 위하여 입욕 시 이동보조와 몸 씻기의 과정은 2인 이상의 요양보호사가 제공
- 방문목욕 차량은 욕조, 급탕기, 물탱크, 펌프, 호스릴 등을 갖춘 차량으로 지자체에 신고한 후 차량 사용

- 방문목욕 전후 수급자의 활력 지수(혈압, 당뇨, 맥박 등) 및 피부 상태, 얼굴이나 몸 상태 등을 확인하고 별도의 일지에 기록 유지

(3) 주야간보호

① 서비스 내용

신체활동지원	
세면 도움	얼굴, 목, 손 씻기, 세면장까지의 이동 보조, 세면 동작지도, 세면 지켜보기
구강청결 도움	구강청결(양치질 등), 양치 지켜보기, 가글액·물 양치, 틀니 손질, 필요 물품 준비 및 사용 물품의 정리
머리 감기 도움	세면장까지의 이동 보조 포함, 머리 감기, 머리 말리기, 필요 물품 준비 및 사용 물품의 정리
몸단장	머리단장, 손발톱 깎기, 면도, 면도 지켜보기, 화장하기, 필요 물품 준비 및 사용 물품의 정리
옷 갈아입기 도움	의복준비(양말, 신발 포함), 지켜보기 및 지도, 속옷·겉옷 갈아입히기, 의복 정리
몸 씻기 도움	입욕준비, 입욕 시 이동 보조, 몸 씻기(샤워 포함), 지켜보기, 욕실 정리
식사도움	아침, 점심, 저녁 및 간식 포함 식사 도움, 지켜보기, 튜브 영양공급실시, 식사준비 및 정리
이동 도움	침대에서 휠체어로 옮겨 타기 등, 시설 내 보행 지켜보기, 보행 도움, 산책 시 부축 및 동행(차량 이용 포함), 병원 동행 등
신체기능의 유지 · 증진	관절 오그라듦 예방, 일어나 앉기 연습 도움, 보행, 서 있기 연습 보조, 기구사용 운동보조, 보장구 이용 도움(지켜보기 포함)
화장실 이용하기	화장실 이동 보조, 이동 변기 사용 도움, 배뇨·배변 도움, 지켜보기, 기저귀 교환, 용변 후처리, 필요 물품 준비 및 사용 물품의 정리
인지관리 및 의사소통	
인지관리지원	행동변화 감소 도움 및 대처, 수급자와 수발자 안전관리 도움, 정서적 안정과 생활의욕 향상 도움, 인지기능 향상을 위한 인지활동 지원 등
의사소통 도움 등 말벗, 격려	책 읽기, 편지 대필, 의사전달 대행, 일상회화, 물품(편지, 신문 등) 배포, 응급벨 대처, 의사소통 도움, 말벗 및 격려·위로, 정서적 지원, 사회적 지지체계 연계와 관계망 연결, 비상연락망 준비 등 안부확인을 위한 방문 및 생활상의 문제 상담, 대화·편지·전화 등의 방법으로 수급자의 욕구 파악 및 의사전달 대행
건강 및 간호관리	
관찰 및 측정	혈압, 체온, 맥박, 호흡 측정, 신장, 체중, 가슴둘레(흉위) 등 측정
건강관리	관절 오그라듦 예방, 투약관리(먹는 약 투여 및 도움·확인, 약 바르기 및 좌약 삽입, 자가주사 교육 및 관찰, 기초건강관리(관찰 및 기초건강사정, 감염간호, 치매돌봄 정보제공, 교육 및 상담, 의료기관 의뢰 등), 인지훈련(인지기능장애 완화를 위한 훈련 제공) 등
간호관리	욕창관리(욕창예방, 욕창간호 등), 영양관리[튜브영양공급, 비위관(鼻胃管, L-tube) 교환 등], 통증관리, 배설관리[소변배출관(도뇨관) 관리, 방광간호, 회음부 간호, 요루(요도샛길) 간호, 장루(창자샛길)간호, 배설간호 등], 당뇨발관리(당뇨발 간호, 상처관리 등), 호흡기간호(흡인 간호, 기관절개관 관리, 산소요법 관리 등), 투석간호, 구강간호(구강감염 예방 등)
응급서비스	의식소실, 호흡곤란, 출혈, 외상, 화상 등 응급상황에 대한 대처
기능회복훈련	
신체·인지기능 향상 프로그램	맨손체조, 타월체조, 탄성밴드 운동, 발 마사지, 회상훈련, 음악활동, 원예활동, 종이접기, 은행·관공서 등 방문, 야외 나들이, 영화감상
신체기능의 훈련	관절운동범위 평가, 근력증강운동, 삼킴 운동, 팔기능·손가락 정교성 운동, 조화운동, 지구력 훈련
기본동작 훈련	기본동작 평가, 뒤집기, 일어나기, 앉아있기, 일어서기, 서 있기, 균형, 이동, 휠체어 조작 및 이동, 보행, 보장구 장착 등 지켜보기, 도움 제공
인지활동형 프로그램	인지기능 악화방지 및 잔존기능 유지를 위해 인지활동형 프로그램관리자가 수립한 프로그램 계획에 따라 프로그램관리자, 치매전문요양보호사, 외부 강사가 제공하는 프로그램
인지기능 향상훈련	기억전략 훈련, 시간차 회상훈련, 실생활에서의 지각 기능훈련, 판단 및 집행기능훈련 등 인지기능향상을 위한 인지지원프로그램
일상생활 동작훈련	식사동작, 배설동작, 옷 갈아입기 동작, 목욕 동작, 몸단장 동작, 이동 동작, 요리 동작, 가사 동작 등 훈련

물리치료	온열치료, 전기치료, 수치료, 견인요법 등
작업치료	운동놀이, 미술활동, 놀이지도, 도구적 일상생활 수행동작 훈련, 타이핑 등

② 서비스 제공방법
- 주·야간보호기관은 08시부터 22시까지를 표준급여제공시간으로 하되 가급적 오후 6시까지 운영
- 1~4등급 치매수급자에게는 인지기능 악화방지 및 잔존능력 유지를 위한 인지활동형 프로그램을 주 3회 또는 월 12회 이상 제공
- 5등급 수급자 및 인지지원등급 수급자가 주·야간보호 급여를 이용할 때마다 인지활동형 프로그램 제공
- 인지활동형 프로그램은 인지활동형 프로그램관리자가 수립한 프로그램 계획에 따라 프로그램관리자, 치매전문 요양보호사 또는 외부 강사가 1회 60분 이상 제공
- 수급자의 영양 및 기호, 건강상태 등을 고려하여 식사를 제공하고, 제철 음식과 수급자에게 익숙한 식사와 간식으로 제공
- 수급자에게 1회 13시간을 초과하여 주·야간보호급여를 제공한 경우 급여제공기록지에 수급자 등의 동의 내용과 요청사유 기재
- 수급자 주 1회 목욕서비스 제공 : 전신 샤워를 실시할 수 있는 설비(온수, 샤워기, 목욕의자 등)가 있는 목욕실에서 요양보호사 실시

3. 서비스 제공 절차

예시

구분	방법
이용 상담 및 계약	① 급여 이용을 원하는 수급자(보호자) 전화, 내방 등을 통해 이용 관련 상담 의뢰 ② 급여 이용을 원하는 수급자의 일반적인 상황 확인 – 장기요양수급자 여부(자격 및 본인 여부) – 장기요양 인정서 – 표준장기이용계획서 – 본인부담금 감경자임을 확인할 수 있는 서류 ③ 급여 이용을 원하는 수급자에 대한 기본 정보 수집 – 수급자 현황(성명, 수급자와의 관계, 연락처, 이용사유 등) – 수급자 기본사항(성별, 나이, 주소, 거주지 약도, 전화번호 등) – 수급자 건강상태(건강·인지·신체), 현재의 문제점 및 욕구 파악 ④ 급여이용 – 이용이 가능한 경우 급여 제공을 결정, 이용이 어려운 경우 타 기관 정보제공 및 의뢰 – 이용이 결정되면 이용신청 관련 서류 작성, 등록방법에 대해 설명하며 이용 관련 구비서류에 대해 보호자에게 요청 ⑤ 급여 이용에 대한 계약 체결 – 수급자에게 이용결과 및 급여 수립계획을 알리고, 수급자나 그 가족과 이용을 위한 계약서 작성 – 계약서와 함께 개인정보 제공 및 활용에 관한 동의서 서명 – 계약서 작성 후, 기관과 이용가족 각자 계약서 보관(반드시 수급자에게 계약서 부본 제공)
사정	① 수급자의 욕구와 문제, 현재의 기능, 장점과 잠재능력, 요구되는 서비스 등 관찰, 평가하여 기관 이용의 적합성 확보 및 수급자의 문제에 대해 원인을 규명하고 해결하거나 감소시킬 수 있는 방법에 대해 전문적인 판단 수행 ② 사정을 통해 파악해야 할 내용 – 신체상태 욕구사정(일상생활동작 수행능력 등), 질병 욕구사정(과거병력, 현 진단명 등), 인지상태 욕구사정(정신상태, 감정 등), 의사소통 욕구사정(청취능력, 발음능력 등), 영양상태 욕구사정(음식섭취 패턴, 배설 양상 등) 가족 및 환경적 욕구사정(가족 상황, 거주환경, 수발부담 등), 자원이용 욕구사정(의료기관, 사회복지기관, 그 외 서비스 기관 등), 개별적으로 호소하는 주관적 욕구사정 – 낙상, 욕창, 인지기능 상태 정기적으로 파악 – 욕구사정하고, 전반에 대한 총평을 기재
계획 수립	① 초기 사정에서 확인된 수급자 및 보호자에게 여러 가지 문제 및 요구가 있을 때, 우선순위 결정(연 1회 실시, 30일 이내)

	② 수급자와 보호자의 문제 및 욕구의 우선순위에 따라 수급자와 가족과 합의된 문제 해결 목표 수립 ③ 목표 수립 시 수급자의 욕구 정도, 수급자이 장애, 질환의 특성 정도, 수급자 잔존기능 정도, 보호자 및 가족의 수발 정도 고려 ④ 급여 우선순위 및 목표에 따라 제공할 서비스 내용 결정 ⑤ 급여내용 효과적으로 지원해줄 수 있도록 서비스 횟수, 일정결정 ⑥ 급여 제공계획서 작성 ⑦ 급여제공 평가 : 수급자의 욕구사정 결과에 따라 급여를 제공했는지, 변경되었다면 그에 맞게 체계적인 급여제공이 실시되었는지 등 개별급여계획에 따른 급여제공 결과 평가(반기 1회)
급여제공	① 초기 사정 및 급여계획에 따라 급여 제공 ② 노인인권에 대해 설명하고 자료 제공 ③ 급여제공과정에서 수급자의 상태변화 및 반응, 적응 정도를 반영하여 급여 제공계획을 수정·보완 ④ 제공직원이 바뀌는 경우에는 급여제공 전에 새로운 직원을 소개하고 인수인계 ⑤ 수급자의 신체·인지기능 유지 및 향상, 여가지원을 위해 프로그램을 제공하고, 심리정서적 안정을 위해 정기적으로 상담을 실시하고 그 내용을 급여제공기록지에 기재관리 ⑥ 협약의료기관과의 협력을 통하여 수급자의 심신상태나 건강 등이 악화되지 아니하도록 적절한 의료서비스를 제공하고 그 내용을 급여제공기록지에 기재·관리 ⑦ 수급자의 낙상 및 욕창 등을 예방하고 시설 내 안전사고를 방지할 수 있도록 노력하며, 화재발생 등 응급상황에 신속히 대처하기 위한 매뉴얼을 구비하고 정기적인 직원교육 실시 ⑧ 수급자의 감염병 예방 및 확산을 막기 위하여 식품 등에 대한 위생관리 및 소독관리 수행하고, 그 내용을 기재·관리
모니터링 및 재평가	① 재평가 결과 및 수급자의 욕구 변화를 반영하여 급여 제공계획을 수정·보완 ② 계획된 대로 급여가 제공되고 있는지 평가 ③ 욕구사정, 낙상위험도, 욕창위험도, 욕구사정 연 1회 평가 ④ 급여제공결과를 반기별 평가 ⑤ 정기적인 사례회의 실시
이용 종료 및 적정서비스 연계	① 급여 계약기간이 종료될 시점에서 기관은 계약종결 및 연장에 대해 수급자 혹은 보호자에게 알리고, 재계약 의사 확인 ② 수급자가 급여종결을 원할 경우 이용 종료하고 연장을 원할 경우 연장 계약서 재작성 ③ 수급자가 원하는 경우, 연계 가능한 서비스에 대해 정보를 제공하고, 적절히 연계 ④ 수급자가 전원·퇴소 시 연계기록지를 작성
등급갱신/등급 신규 인정관리	등급외자의 경우 어르신 건강상태를 점검하여 신규 인정 신청 관리 하고, 등급자의 경우 건강이 악화되거나 변화가 심할 경우 등급조정 신청을 하며, 갱신 일자가 도래하면 등급 갱신신청, 기초생활수급자의 경우 갱신신청을 대리로 하여 인정조사를 받고, 보호자가 있는 경우 보호자께 등급갱신 신청에 대한 안내 실시

4. 사례관리 계획

사례관리는 사회복지시설이라면 기본적으로 실시해야 하며, 3년마다 실시되는 시설 평가에서 중요한 평가지표라 할 수 있다.

예시

1) 사례발굴
- ㅇ 목적 : 사례관리가 필요한 클라이언트 발굴, 잠재적 클라이언트 확보, 사례관리 서비스 자격 및 서비스 이용 적합 여부 판단
- ㅇ 세부사업(시행시기 : 수시)
  - – 관할 시 · 군 · 구청, 지역 복지기관, 보건소, 행정복지센터 등 의뢰
  - – 기존 이용 어르신 소개, Out Reach

2) 초기 접수
- ㅇ 목적 : 접수된 대상자에 대한 기본적인 정보 수집을 통해 잠재적 사례관리 대상자, 의뢰대상자, 정보제공대상자, 서비스 제외대상자 구분 및 대상자 선별
- ㅇ 세부사업(시행시기 : 수시)
  - 이용 신청서 접수(Intake)
  - 이용자 및 가족의 권리와 의무사항 안내
  - 개인정보 및 활용에 대한 동의서 및 승낙서
  - 서비스내용 및 이용방법 안내

3) 사정
- ㅇ 목적 : 클라이언트의 욕구와 문제(신체적·인지적·사회적·정서적·경제적·환경적) 파악 및 개입 효과성 예측
- ㅇ 세부사업(시행시기 : 수시)
  - 개인, 가족, 경제, 건강, 주거, 심리, 사회적 지지망, 욕구, 강점과 지역 내의 제공 가능한 자원을 포함한 개인별 사정 실시
  - 재가노인 사정기록지, RAI-HC 사정도구 활용
  - 약물 처방전 분석

4) 사례회의
- ㅇ 목적 : 최종적으로 보호서비스 및 개입 내용을 결정하고, 사정의 객관성 및 형평성을 확보하기 위해 클라이언트의 문제 및 보호의 목적을 명확히 하고 대상자의 서비스 적격 여부 최종 심사
- ㅇ 세부사업(시행시기 : 수시)
  - 대상자 선정, 서비스 제공, 재사정, 점검 등에 관한 사례회의
  - 신규, 재사정, 모니터링 등에 관한 사례회의

5) 서비스 계획
- ㅇ 목적 : 적절한 서비스의 유형, 보호에 필요한 시간 등에 대한 계획 수립과 목표 달성을 위한 적절한 해결방안 모색 및 개입
- ㅇ 세부사업(시행시기 : 수시, 매년)
  - 어르신 문제 및 욕구에 따른 서비스 계획서 수립
  - 서비스의 목표 및 내용
  - 목표 달성을 위해 제공되는 수단

6) 서비스 계약
- ㅇ 목적 : 결정한 문제 및 욕구의 해결을 위한 계획을 구체적인 행동으로 실천하기 위해 구두 약속 또는 서면 계약서 작성
- ㅇ 세부사업(시행시기 : 수시, 매년)
  - 케어플랜에 대한 서비스 내용 설명 및 본인 동의
  - 이용자 및 가족의 권리와 의무 안내 및 본인 동의

7) 모니터링
- ㅇ 목적 : 기존의 계획에 따라 서비스 제공되었는지 여부, 클라이언트가 만족스러웠는지 여부 점검
- ㅇ 세부사업(시행시기 : 반기, 수시)
  - 정기 모니터링 : 서비스 모니터링(서비스 제공 일정 지키는 정도, 서비스 내용정확도 및 충실도, 수발담당자에 대한 만족도) 욕구변화 점검, 기능상태 변화, 생활환경 및 수발능력 변화, 기타 불편 사항 점검
  - 수시 모니터링

8) 종결 및 의뢰
- ㅇ 목적 : 종결 시 사전 안내를 통해 클라이언트가 종결에 대한 준비를 할 수 있도록 하고, 초기 접수 단계에서 타기관 및 타 서비스가 필요로 하는 대상자이거나 이주 및 타 서비스 대상 등에 따른 종결 대상자에게 적절한 기관 연결을 통한 연속적인 사례관리 서비스 지원
- ㅇ 세부사업(시행시기 : 수시)
  - 대상자에 의한 종결(사망, 거주지 이전, 목표달성, 서비스 거부, 약속 불이행, 타 서비스 이용)

- 기관 및 기타 이유에 의한 종결(외부의뢰 필요경우)
- 본인 및 보호자에게 서비스 종료 안내 및 연계
- 사례평가

9) 사후관리

ㅇ 목적 : 종결대상자에 대한 지속적인 관리를 통해 대상자의 상태 계속 파악 및 사례관리 서비스의 연장

ㅇ 세부사업(시행시기 : 수시)
- 별세 후 어르신 조문
- 등급판정 시 장기요양 시설연계
- 거주지 이전에 따른 타기관 연결 후 만족 여부 확인

5. 프로그램 제공 계획

예시

1) 프로그램 제공 원칙

ㅇ 정기적으로 수급자의 심신 상태를 고려하여 적절한 인지기능 프로그램 및 신체활동 프로그램 제공

ㅇ 정기적으로 가족교육 등 가족지지 및 참여프로그램을 제공하고, 반기 1회는 가족이 직접 내방하여 참여하는 프로그램 운영

ㅇ 정기적으로 사회적응 훈련 제공

2) 인지 프로그램(방문요양 및 주야간보호 공통)

ㅇ 인지훈련은 집중력과 기억력 수준을 유지 및 대상자의 심리적 안정을 유지하고 센터 내에서의 생활과 참여를 이끌어낼 수 유도

ㅇ 대상자의 인지 수준 및 인지 평가에 따른 기반으로 맞춤형 인지 활동 제공

ㅇ 실생활 도구를 활용한 프로그램 확대를 통해 인지훈련 접근성 높임

ㅇ 방문요양 및 주야간보호의 경우 인지활동형 방문요양을 주 3회 또는 월 12회 이상 제공하고 5등급 치매 수급자는 수시로 실시

3) 신체 및 여가 프로그램(주야간보호 중심)

ㅇ 수급자(이용자)들이 쉽고 익숙하고 재미있는 프로그램 위주로 개발

ㅇ 수급자(이용자)들의 신체활성화 및 기능회복을 위한 훈련 실시(주 3회)

ㅇ 정서적 안정 및 지지를 위한 미술, 만들기, 음악, 레크리에이션, 정기공연 등 프로그램 제공(주 1회)

4) 사회적응 프로그램(주야간보호 중심)

ㅇ 사회에서 적응할 수 있는 사회참여 프로그램 제공

ㅇ 수급자(이용자)의 사회적응 및 사회참여활동(월 2회)

ㅇ 시장보기, 세상 소식 듣기, 뉴스 보기 등

5) 가족 프로그램(주야간보호 중심)

ㅇ 가족이 참여 가능한 프로그램을 통해 이용자와 가족 간 유대강화(분기 1회)

ㅇ 수급자(이용자) 생일잔치 시 가족 초대(분기 1회)

ㅇ 연말, 전체 가족과 함께하는 프로그램 진행

ㅇ 프로그램에 대한 가족 및 어르신의 평가와 상담

6) 맞춤형 프로그램(주야간보호 중심)

ㅇ 수급자의 건강수준 유지, 개선 등을 위하여 수급자 상태별 맞춤형 프로그램을 다양하게 제공

ㅇ 맞춤형 프로그램은 관련 자격증을 소지한 외부강사가 주 2회 또는 월 8회 이상, 프로그램별 1회 60분 이상 제공한다.

ㅇ "K-MMSE" 검사 또는 활동성을 확인하여 대상자의 인지기능 및 신체활동 수준을 파악하여 프로그램 진행

7) 프로그램 진행 절차 및 세부 프로그램

ㅇ 세부 프로그램 내용

구분	프로그램명	프로그램 목적 및 효과	횟수
인지기능프로그램	건강체조	신나는 음악과 함께하는 체조를 통해 협응력과 신체 기능을 강화하며 인지기능을 유지 향상	주 1회
	종이접기	뇌와 소근육을 자극하여 잔존기능을 극대화하고 집중력과 자존감 형성	주 1회
	미술테라피	소근육 발달에 도움이 되고 집중력 향상 및 성취감 및 자신감 향상	주 1회
	원예치료	식물의 성장 과정을 통해 예전의 기억을 회상하며 심리적 안정을 갖고 작업을 통한 자기 표현력과 인지기능유지·증진 향상	월 1회
	퍼즐 맞추기	두뇌 발달에 도움을 주고 기억력 향상 및 집중력 강화	주 1회
	작업치료	소근육 발달에 도움이 되고 집중력 향상 및 성취감 및 자신감 향상	주 1회
	마실이 머무는 공간	회상을 통한 장·단기 기억력 유지 및 향상하고 작품을 통한 자아만족감 및 성취감을 주는 긍정적인 효과 달성	월 1회
	칼라점토	창조적인 작품활동을 통한 협응력 증진	주 1회
	추억의 영화감상	추억의 영화감상을 통해 추억을 회상하거나, 즐거운 여가시간을 가짐으로써 정서적 안정	주 1회
여가프로그램	노래학당	노래 부르기로 스트레스 해소하고 가사 기억으로 치매예방 및 사회성 함양 및 즐거운 생활 제공	주 1회
	요리조리 클래스	계절과 선호음식을 고려한 요리 활동으로 맛의 즐거움을 부여하고 도모하여 여가생활을 활성화	월 1회
	윷놀이	상호간의 친목도모를 통해 타 수어르신과 관계 형성에 도움을 주고 자존감과 사회성을 증진	월 1회
	고리 던지기	전통놀이를 통해 추억을 회상하는 기회 제공 및 주의 집중력과 신체 조절 능력 및 유연성 향상	주 1회
	가요무대 감상	옛 노래를 감상하고 따라 부르며 시각, 청각 자극을 통해 인지기능 유지	주 1회
	문화공연	민요, 공연 등 관람 통한 감상자극과 즐거움 제공	월 1회
	산책	답답함이 해소되고 정신, 신체적으로 유지되고 우울증 예방 및 사회성을 유지	주 1회
사회적응프로그램	종교활동	종교활동을 통해 영적 안정을 유지하며 정서안정 도모 및 평안한 노후생활을 제공	주 1회
	흘러간 노래 듣기	흘러간 노래 듣기를 제공함으로써 정서적 심리적으로 안정을 제공하며 신체 및 정신기능의 향상을 도모	주 1회
	세상 뉴스 전하기	세상 뉴스를 접함으로써 외부와의 단절에서 오는 소외감을 최소화하며 사회의 흐름을 알 수 있는 정보 제공	주 1회
	동화 듣기	사고력을 유지시키고 긍정적이고 유쾌한 경험을 기억해 심리적 변인들에 긍정의 힘을 기대	주 1회
	세미클래식 듣기	심리적·정서적 안정을 통해 신체 및 정신 기능의 향상 도모	주 1회
	해피한 데이	기분전환의 계기 및 사회공동체 형성하고 삶의 활력소를 제공 및 자신의 존재감 확립	월 1회
	계절 나들이	계절별 나들이를 통하여 다양한 경험과 계절 감각을 느끼고 즐거움 도모	계절별
	어버이날 행사	어버이날을 맞아 어르신들께 특별한 날로 의미가 되므로 행사로 인해 즐거움 도모	5월
	노인의날 행사	노인의 날을 맞아 어르신들께 특별한 날 의미가 되므로 행사로 인해 즐거움 도모	10월
	명절 행사	명절의 의미를 생각하며 시설에서 보내는 명절이 무의미하게 지나가지 않도록 정서적 지지 도모	명절
	송년 행사	한해를 즐겁고 활기차게 마무리하고 새해를 기쁘게 맞이할 수 있도록 함	12월
가	가족상담	입소자 가족에게 어르신의 생활 및 시설에 관한 전반적인 알 권리를 보장하	수시

족지원프로그램		고, 어르신과 지속적으로 연계될 수 있는 토대를 마련하여 긍정적인 관계망을 유지 강화할 수 있도록 지원	필요 시
	가족간담회	개개인에게 맞는 급여계획을 수립하여 어르신이 편안하고 안락하게 생활할 수 있도록 체계적이고 지속적인 서비스 지원 및 케어에 대한 정보교환 가족들의 욕구 파악, 시설에 대한 이해 증진 도모	수시 필요 시
	신뢰감 형성	만족도조사, 가정통신문 및 가족교육을 통한 어르신과 가족 간의 지속적인 관계 유지	수시 필요 시

6. 보건의료서비스 제공 계획

노인요양시설과 달리 주·야간보호와 단기보호시설에서는 계약 의사의 진찰을 받지 않는다. 따라서 주로 간호(조무)사와 물리(작업)치료사의 서비스와 지역의 병의원 진료로 구분할 수 있다.

노인 대상의 간호(조무)사 및 물리(작업)치료사의 업무는 인터넷에서 충분하게 자료를 찾을 수 있으니 아래 예시뿐 아니라 더 좋은 자료가 있는지 찾아볼 필요가 있다.

예시

1) 간호 관리(주야간보호 중심)
- ㅇ 수급자에 대한 수시 건강을 확인하여 질병 등 조기발견하고 신속한 치료 제공
- ㅇ 기초상태 점검 : 건강상태 및 변화를 관찰하여 이상증후를 파악하여 질환 등 조기 발견하여 건강유지 도모
- ㅇ 투약관리 : 만성질환자의 투약관리를 통해 건강을 유지하며, 투약에 따른 부작용 유무를 관찰하고 상태변화의 정보를 제공
- ㅇ 피부 및 창상 관리 : 욕창 및 창상 관리를 통해 2차 감염 및 합병증을 예방
- ㅇ 혈당 체크를 통해 식이조절 및 투약조절의 기초 자료로 제공하여 효율적 간호 서비스 제공
- ㅇ 구충제 복용 : 수급자 대상으로 연 2회 구충제 복용
- ㅇ 낙상 및 욕창 예방 : 대상자의 적절한 서비스 제공으로 낙상 및 욕창 예방(기존수급자는 연 1회, 신규수급자는 입소 후 14일 이내(공휴일 포함) 실시하되, 욕창 발생 위험군(18점 이하)은 분기별 1회)
- ㅇ 기구 소독관리 : 의료 기구 소독함으로 욕창 및 창상 등 치료 시 2차 감염을 예방, 협력병원과 연계하여 소독 및 폐기물 관리를 하며 정기적 소독은 주 1회로 하되 필요 시 수시 소독
- ㅇ 감염 검진 : 정기적인 감염검진으로 수급자 상태와 전염병을 예방
- ㅇ 코로나 및 독감 예방접종 : 코로나 및 독감 예방접종을 통해 상부 호흡기계 감염증상 예방 및 완화

2) 지역 보건의료기관 연계
- ㅇ 지역보건소(또는 보건지소)와의 협력체계 구축 및 서비스 의뢰
- ㅇ 수급자가 이용하는 지역 병의원과의 협력체계 구축을 통해 수급자별 건강 및 증상 정보 공유, 치료 계획 수립
- ㅇ 진료를 통해 합병증을 조기 발견, 수급자 건강유지 및 증진

7. 물리치료 서비스 제공 계획

이용자가 30명 이상인 단기보호시설은 물리치료사 또는 작업치료사를 1인 이상 배치해야 한다. 주·야간보호 시설은 간호(조무)사 또는 물리(작업)치료사 중에서 선택

하여 배치할 수 있다.

주 · 야간보호 시설에서 물리치료사 또는 작업치료사를 채용하는 경우는 많지 않고 관련 서비스에 관한 자료가 많지 않다. 따라서 물리치료사 또는 작업치료사를 채용하는 경우에는 아래 예시를 그대로 사용하거나 조금 요약해도 될 것이다.

예시

1) **사업대상** : 요통, 관절염, 근육통, 디스크, 좌골신경통, 오십견, 중풍 후유증으로 인한 신경이나 근력 마비, 잘못된 자세로 인한 경부, 견관절(어깨관절), 손목, 무릎 통증 및 만성퇴행성 질환, 교통사고 후유증 등을 앓고 있는 입소노인

2) **수행방법**

① 초기 사정 및 평가
- ㅇ 이용자의 과거 병력 및 현재 병력 파악, 초기 평가 실시
- ㅇ 인지 정도 및 일상생활동작 범위 파악, 신체적·정신적 기능 파악
- ㅇ 관절가동범위 조사, 관절구축의 정도와 관절구축예방을 위한 운동 병행 실시
- ㅇ 근력 정도 파악 후 근력 유지 증진 계획 수립
- ㅇ 정기적 신체기능상태 확인 후 재평가, 물리치료와 재활치료 계획 및 장/단기 목표 수립

② 기능회복훈련 실시

훈련 종류	제공 내용
신체기능의 훈련	• 관절운동 • 근력증강 운동 • 연하운동 • 상지기능·손가락 정교성 운동 • 조화운동 • 지구력 훈련
기본동작 훈련	• 기본동작 • 뒤집기 • 일어나기 • 서 있기 • 균형 • 이동 • 보행 • 휠체어 조작 및 이동 • 보장구 장착 등 지켜보기 • 도움 제공
일상생활 동작 훈련	• 식사 동작 • 배설 동작 • 옷 갈아입기 동작 • 목욕 동작 • 몸단장 동작 • 가사동작

③ 만성적 통증관리
- ㅇ 온열치료 : 고온습포인 습열을 인체에 30분 적용하여 통증완화, 근긴장 감소, 순환 증진 도모
- ㅇ 전기치료 : 피부표면에 근위축을 예방하기 위해 전기자극치료, 동통을 완화하기 위한 경피적 신경자극을 주어 통증완화, 근경축, 부종감소, 순환증진 도모
- ㅇ 파라핀 치료 : 경직된 관절이나 만성염좌, 관절염에 파라핀과 미네랄 오일을 섞어 사용하여 울혈 감소, 통증완화, 근이완 도모
- ㅇ 테이핑 요법 : 혈액과 림프액의 순환이 증가되면서 치유를 돕는 치료법으로 근육의 안정성 확보, 혈액과 림프액의 순환 협조, 통증감소 도모
- ㅇ 공기압치료 : 근육통증 완화 및 근육운동 효과, 미세혈관 확장, 혈액순환 촉진

8. 식사제공 및 영양관리 계획

주 · 야간보호 및 단기보호시설에서 식사는 매우 중요함에도 사업계획서에 충분히 녹아내지 못하는 경우가 많다. 아래 예시는 노인 대상 식사 및 영양관리에 대한 기본적인 사항만 정리한 것이지만 이것마저 작성되지 않은 사업계획서가 많다. 아래 내용을 그대로 사용하거나 조금 수정해서 사용해도 좋다.

예시

1) 식사 제공 원칙

- ㅇ 매일 2끼의 균형 잡힌 식사를 규칙적으로 제공하고, 식사 사이에 간식을 제공한다.
- ㅇ 수급자의 식욕저하를 막을 수 있도록 제철 음식 등 다양한 식품을 제공하고, 향, 맛, 색 등에 변화를 준다.
- ㅇ 수급자의 식사능력을 고려하여 부드럽고 소화가 잘 되는 조리법을 선택하며, 개인별 치료식은 전문가의 처방에 따른다.
- ㅇ 식중독이 발생하지 않도록 음식을 취급하는 사람의 개인위생을 철저히 관리하고, 생채소의 세척과 소독, 가열온도 기준을 준수한다.
- ㅇ 식중독이 발생하지 않도록 조리실과 식사 장소를 청결하게 관리하고 소독한다.

2) 식사 제공 계획

- ㅇ 외부 급식업체 활용 여부는 상황에 따라 추후 결정
- ㅇ 수급자(이용자)의 영양 상태와 영양상담을 통해 맞춤형 칼로리 결정
- ㅇ 식습관 교정 필요시 담당 요양보호사에게 지도교육 실시
- ㅇ 식사 라운딩을 통해 영양섭취량 파악 후 개인 선택식 조사
- ㅇ 기호도(연 2회) 및 선택식(월 2회) 조사 결과 식단 반영
- ㅇ 월 1회 수급자들이 선호하는 음식으로 준비된 특별식 제공

3) 영양 관리

① 영양관리 프로그램 개발
- ㅇ 연령별, 질환별로 영양관리 계획 수립
- ㅇ 수급자별 식생활 관리 수립 및 시행

② 고령자 특화식 개발 및 조리 : 점도 조절용이, 삼킴장애 및 흡입성 폐렴 예방식 개발

4) 사업내용

세부 사업명	사업 계획	구체적 실천내용	기대효과
급식지원 서비스	1일 2회	– 영양성분이 균형을 이루도록 식단을 제공한다. – 다양한 식재료와 조리법의 변화를 주어 식욕향상 및 체력회복을 도모한다. – 위생과 안전관리를 철저하게 실시한다. – 어르신 신체기능별 조리법을 활용한다. – 절기 및 행사에 따른 특별식 제공 – 명절, 정월대보름, 동지, 복날, 크리스마스, 연말행사, 생신잔치 등에 맞는 절기 음식을 고려한 식사를 제공한다.	식생활 관리를 통하여 건강 유지·증진 특별식의 제공으로 심리적 안정을 도모한다.
간식	1일 1회	– 질환과 영양상태를 고려한 보충식 제공 – 당뇨환자를 위한 간식 : 유제품 및 저혈당의 간식(야채류) 제공 – 선호 간식 및 영양보충간식 : 우유, 유산균, 요구르트, 과일, 주스, 고구마, 단호박, 찐 감자 등 제공	개인별 선호 간식 제공으로 시설생활 만족도를 향상시킨다.
식단관리	주 1회	– 영양관리와 간식관리를 위한 식단 준비 및 예산에 맞는 식단 작성, 후원 물품의 활용 어르신의 상태에 맞는 식이 제공 및 특별식 제공	식단관리를 통한 영양분 섭취의 극대화 및 섭식에 대한 만족도 향상
식수관리	월 1회	정수기 필터 교체를 통한 안전한 식수제공	안전한 식수제공
위생교육	정기 및 수시	– 조리원 연 1회 건강검진 실시 – 조리원 주 1회 위생교육 실시 – 집기류 1일 3회 소독실시	청결한 주방관리로 음식물 및 집기류로 전염되는 2차적인 감염성 질환 예방

III 세입 · 세출 예산계획

1. 주 · 야간보호기관

1) 세입 예산

주 · 야간보호기관의 세입 세출 예산서는 노인요양시설과 동일한 방법으로 진행하되 서비스 특성에 따라 몇 가지 주의할 사항이 있다.

첫째, 재가노인복지시설의 세입은 수급자 수 및 이용일과 시간에 따라 매월 건강보험공단에 청구해서 수령하는 장기요양급여수입(85%)과 수급자 또는 보호자로부터 수령하는 본인부담금(15%)이 기본이다. 여기에 인력추가배치에 따른 가산금과 매주 1회씩 목욕에 따른 가산금 그리고 이동서비스 가산금이 추가될 수 있으며, 비급여 항목 중 식재료비와 직원 식사 대금이 있다.

둘째, 아래 세입 예산의 실례는 수급자 50명을 기준으로 했다.3) 실수급자 수에 맞추기 위해 매월 단위로 급여 수입과 본인부담금 수입을 산출했다.

넷째, 장기요양급여 및 본인부담금의 산출근거가 되는 1,102,390원은 주야간보호기관의 특성을 반영하여 산출했다. 주야간보호기관은 중증(1, 2등급) 수급자가 이용이 어렵고, 경증 중에서도 3등급보다는 4, 5등급 수급자가 가장 많이 이용하고 있다. 이런 점을 고려할 때 중간 등급인 4등급 수급자를 기준으로 급여 수입을 예상하는 것이 현실적이라 판단된다. 또한 하루 이용 시간이 6시간 이상 8시간 미만과 8시간 이상 10시간 미만이 섞여 있을 것이므로 평균값으로 1인당 월 요양급여를 산출했다.

표 9-10 수급자 1인당 요양급여 수입의 산출근거

구분	월 한도액	매출(6시간 이상~8시간 미만)			매출(8시간 이상~10시간 미만)		
		일 매출	주 5일 이용	주 6일 이용	일 매출	주 5일 이용	주 6일 이용
1등급	1,885,000	51,780	1,139,160	1,346,280	64,400	1,416,800	1,674,400
2등급	1,690,000	47,960	1,055,120	1,246,960	59,660	1,312,520	1,551,160
3등급	1,417,200	44,270	973,940	1,151,020	55,080	1,211,760	1,432,080
4등급	1,306,200	42,770	940,940	1,112,020	53,580	1,178,760	1,393,080
5등급	1,121,100	41,240	907,280	1,072,240	52,050	1,145,100	1,353,300

3) 노인주야간보호는 노인요양시설과 같이 이용자 10명 이상과 이하로만 구분되어 있어서 이용자가 50명이 되더라도 추가인력이 많지 않다.

구분	월 한도액	매출(6시간 이상~8시간 미만)			매출(8시간 이상~10시간 미만)		
		일 매출	주 5일 이용	주 6일 이용	일 매출	주 5일 이용	주 6일 이용
3, 4, 5등급 평균		42,760	940,720	1,111,760	53,570	1,178,540	–
시간별 평균		8시간 미만	1,026,240		8시간 이상	1,178,540	–
수급자 1인당 일일 평균 월 매출 : 1,102,390원							

다섯째, 가산금 수입은 이용자 30명일 때 사회복지사와 간호조무사 각 1인씩 추가 배치함에 따라 공단으로부터 받게 될 금액을 말한다.[4] 수급자 30명 초과 시 사회복지사 1명으로 행정 업무를 수행하기 어려울 것을 예상하여 편성하였다. 목욕 가산금은 수급자 1인당 주 1회 목욕을 실시할 때마다 3천 원의 가산금이 주어짐으로 이를 반영한 것이다.

여섯째, 식재료비는 노인요양시설과 마찬가지로 월 단위로 구분하여 산출했으며, 하루에 2끼 식사와 간식 1회 제공을 기준으로 했다. 이용자 중에는 하루 3끼 식사를 하는 경우도 있지만 여기에서는 편의상 2회로 정했다.

표 9-11 노인 주·야간보호기관 세입 예산의 예(2023년 기준)

과목: 관	항	목	산출근거			비고
요양급여수입	요양급여수입	장기요양급여수입	1월	5 명 × 1,103,000 원 × 85 %	4,687,750	2023년 1인당 수가 (4등급) 6시간과 8시간 이용 평균 반영
			2월	8 명 × 1,103,000 원 × 85 %	7,500,400	
			3월	12 명 × 1,103,000 원 × 85 %	11,250,600	
			4월	16 명 × 1,103,000 원 × 85 %	15,000,800	
			5월	20 명 × 1,103,000 원 × 85 %	18,751,000	
			6월	25 명 × 1,103,000 원 × 85 %	23,438,750	
			7월	30 명 × 1,103,000 원 × 85 %	28,126,500	
			8월	35 명 × 1,103,000 원 × 85 %	32,814,250	
			9월	40 명 × 1,103,000 원 × 85 %	37,502,000	
			10월	45 명 × 1,103,000 원 × 85 %	42,189,750	
			11월	50 명 × 1,103,000 원 × 85 %	46,877,500	
			12월	50 명 × 1,103,000 원 × 85 %	46,877,500	
		소계			315,016,800	
		가산금 - 인력*	사복	1명 × 1,968,855원 × 6개월	11,813,130	인력추가배치
			간조	1명 × 1,687,590원 × 6개월	10,125,540	
		가산금 - 목욕		매월 수급자 수 × 3,000원 × 4회	4,032,000	
		가산금 - 이동		매월 수급자 수 × 2,630원 × 23일	20,324,640	10km 미만 비용
		소계			46,295,310	
요양급여수입 계					361,312,110	

4) 인력추가배치 가산금은 '장기요양기관 수익구조의 원리' 편에서 자세히 다루고 있다.

과목 관	과목 항	과목 목	산출근거		산출근거 금액	비고
입소자 부담금 수입	입소 비용 수입	본인부담금	1월	5 명 × 1,103,000 원 × 15 %	827,250	2023년 1인당 수가(4등급) 6시간과 8시간 이용 평균 반영
			2월	8 명 × 1,103,000 원 × 15 %	1,323,600	
			3월	12 명 × 1,103,000 원 × 15 %	1,985,400	
			4월	16 명 × 1,103,000 원 × 15 %	2,647,200	
			5월	20 명 × 1,103,000 원 × 15 %	3,309,000	
			6월	25 명 × 1,103,000 원 × 15 %	4,136,250	
			7월	30 명 × 1,103,000 원 × 15 %	4,963,500	
			8월	35 명 × 1,103,000 원 × 15 %	5,790,750	
			9월	40 명 × 1,103,000 원 × 15 %	6,618,000	
			10월	45 명 × 1,103,000 원 × 15 %	7,445,250	
			11월	50 명 × 1,103,000 원 × 15 %	8,272,500	
			12월	50 명 × 1,103,000 원 × 15 %	8,272,500	
		소계			55,591,200	
		식재료비	1월	5 명 × 7,000 원 × 24 일	840,000	하루 2끼 = 6,000원 하루 간식 1회 =1,000원
			2월	8 명 × 7,000 원 × 24 일	1,344,000	
			3월	12 명 × 7,000 원 × 24 일	2,016,000	
			4월	16 명 × 7,000 원 × 24 일	2,688,000	
			5월	20 명 × 7,000 원 × 24 일	3,360,000	
			6월	25 명 × 7,000 원 × 24 일	4,200,000	
			7월	30 명 × 7,000 원 × 24 일	5,040,000	
			8월	35 명 × 7,000 원 × 24 일	5,880,000	
			9월	40 명 × 7,000 원 × 24 일	6,720,000	
			10월	45 명 × 7,000 원 × 24 일	7,560,000	
			11월	50 명 × 7,000 원 × 24 일	8,400,000	
			12월	50 명 × 7,000 원 × 24 일	8,400,000	
		소계			56,448,000	
입소자 부담금 수입 계					112,039,200	
보조금 수입	보조금 수입	국고보조금	6개월 × 5명 × 1,156,200원 × 15%		6,937,200	
		시도보조금	특별위로금, 월동대책비 등		3,000,000	
		소계			9,937,200	
보조금 수입 계					9,937,200	
금융기관 차입금					50,000,000	
전입금 계					50,000,000	
잡수입	잡수입	예금이자			100,000	
		기타 잡수입			2,000,000	
		직원식사대	1월	5 명 × 4,000 원 × 22 일	440,000	(1식 4천 원) 월 22일 근무 1식 기준
			2월	5 명 × 4,000 원 × 22 일	440,000	
			3월	7 명 × 4,000 원 × 22 일	616,000	
			4월	7 명 × 4,000 원 × 22 일	616,000	
			5월	8 명 × 4,000 원 × 22 일	704,000	
			6월	10 명 × 4,000 원 × 22 일	880,000	
			7월	12 명 × 4,000 원 × 22 일	1,056,000	
			8월	13 명 × 4,000 원 × 22 일	1,144,000	

과목			산출근거			비고
관	항	목				
			9월	14 명 × 4,000 원 × 22 일	1,232,000	
			10월	14 명 × 4,000 원 × 22 일	1,232,000	
			11월	15 명 × 4,000 원 × 22 일	1,320,000	
			12월	15 명 × 4,000 원 × 22 일	1,320,000	
		소계			11,000,000	
잡수입 계					13,100,000	
세입 합계					546,388,510	

* 해당 월 가산기준 금액(수급자별 급여비용 합의 85%) × [사회복지사 가산점수(1.4)/이용자 수] × 주·야간 보호 서비스유형 점수(1.5)

2) 세출 예산

주 · 야간보호의 세출 예산을 편성할 때 노인요양시설의 세출 예산 편성방법을 참고하고, 나머지는 주 · 야간보호의 특성을 반영하여 편성되어야 한다.

첫째, 인건비는 노인복지법 시행규칙 [별표 9]의 '재가노인복지시설의 설치기준 및 직원배치기준'에서 제시된 인력기준에 맞추어서 편성해야 한다.

둘째, 주 · 야간보호의 요양보호사는 입소자 7명 당 1명을 배치해야 하는 규정에 따라 입소자와 연동시켜야 하며, 인건비에서 직접 인력은 '인건비 지출비율'에 반영되는 인력을 의미하고, 사회보험료에서 60세 이상 인력은 국민연금 보험료를 납부하지 않도록 편성해야 하며, 여기에서는 전체 직원 중 50%가 60세 이상자인 것으로 산출했다.

셋째, 주 · 야간보호의 공공요금과 제세공과금에서는 노인요양시설에 비해서 주유비가 조금 더 배정되고, 임차료가 추가되어야 한다.

넷째, 시설비의 자산취득비는 노인요양시설에 비해 조금 줄어드는 대신 야간에 상주하는 인력이 없으므로 시설장비 유지비에서 기관 보안시설 비용이 추가되어야 한다.

다섯째, 주 · 야간보호는 24시간 돌봄이 아니므로 운영비의 수용기관 경비가 다소 줄어들고, 난방비와 취사연료 비용이 줄어들 수 있다.

여섯째, 주 · 야간보호는 요양시설에 비해 프로그램에 강점을 두어야 하므로 프로그램 사업비가 다소 상승했다.

표 9-12 노인 주·야간 보호기관 세출 예산의 예(2023년 기준)

과목: 관	과목: 항	과목: 목		산출근거			
사무비	인건비	급여	간접 인력	시설장		1명 × 12개월 × 2,200,000원	26,400,000
				조리원		1명 × 12개월 × 2,100,000원	25,200,000
				사무원		1명 × 7개월 × 2,100,000원	14,700,000
				운전보조원		1명 × 10개월 × 2,100,000원	21,000,000
				소계			66,300,000
			직접 인력	사회복지사1		1명 × 12개월 × 2,100,000원	25,200,000
				사회복지사2		1명 × 6개월 × 2,100,000원	12,600,000
				간호조무사1		1명 × 12개월 × 2,050,000원	24,600,000
				간호조무사2		1명 × 6개월 × 2,050,000원	12,300,000
				요양보호사	1월	1명 × 2,050,000원	2,050,000
					2월	1명 × 2,050,000원	2,050,000
					3월	2명 × 2,050,000원	4,100,000
					4월	2명 × 2,050,000원	4,100,000
					5월	3명 × 2,050,000원	6,150,000
					6월	4명 × 2,050,000원	8,200,000
					7월	4명 × 2,050,000원	8,200,000
					8월	5명 × 2,050,000원	10,250,000
					9월	6명 × 2,050,000원	12,300,000
					10월	6명 × 2,050,000원	12,300,000
					11월	7명 × 2,050,000원	14,350,000
					12월	7명 × 2,050,000원	14,350,000
				소계			173,100,000
		사회보험 부담금	간접 인력	국민연금	60세 이상		
					60세 미만	4.5% × 66,300,000원	1,491,750
				건강보험		3.55% × 66,300,000원	2,353,650
				요양보험		0.454% × 66,300,000원	301,002
				고용보험		1.15% × 66,300,000원	762,450
				산재보험		0.76% × 66,300,000원	503,880
				소계			5,412,732
			직접 인력	국민연금	60세 이상		
					60세 미만	4.5% × 180,600,000원	3,894,750
				건강보험		3.55% × 180,600,000원	6,145,050
				요양보험		0.454% × 180,600,000원	785,874
				고용보험		1.15% × 180,600,000원	1,990,650
				산재보험		0.76% × 180,600,000원	1,315,560
				소계			14,131,884
		퇴직 적립금	간접			8.33% × 66,300,000원(간접 인력의 급여 총액)	5,525,442
			직접			8.33% × 180,600,000원(직접 인력의 급여 총액)	14,426,154
				소계			19,951,596
		각종 수당	간접 인력	명절휴가비	1월	2명 × 100,000원	200,000
					9월	4명 × 100,000원	400,000

과목				산출근거			
관	항	목					
			직접 인력		1월	3명 × 100,000원	300,000
					9월	10명 × 100,000원	1,000,000
				소계			1,900,000
			간접 인력	교통비 지원		(1월~2월) 2개월 × 2명 × 25,000원	100,000
						(3월~5월) 3개월 × 3명 × 25,000원	2250,000
						(6월~12월) 7개월 × 4명 × 25,000원	700,000
				소계			1,025,000
			직접 인력	교통비 지원		(1월~2월) 3명 × 2개월 × 25,000원	150,000
						(3월~4월) 4명 × 2개월 × 25,000원	200,000
						(5월) 5명 × 25,000원	125,000
						(6월) 6명 × 25,000원	150,000
						(7월) 8명 × 25,000원	200,000
						(8월) 9명 × 25,000원	225,000
						(9월~10월) 10명 × 2개월 × 25,000원	500,000
						(11월~12월) 12명 × 2개월 × 25,000원	600,000
				소계			2,100,000
	인건비 소계						283,921,212
	인건비 지출비율			205,058,038(직접인건비)/416,903,310원(요양급여수입)×100			49.19
	업무추진비	기관운영비		시설장모임회비		12회 × 20,000원	240,000
		직책보조비		시설장 보조비		12회 × 50,000원	600,000
		회의비		월례회의비		12회 × 50,000원	600,000
				시설운영위원회		4회 × 50,000원	200,000
				보호자 간담회		4회 × 50,000원	200,000
				소계			1,840,000
	업무추진비 소계						1,840,000
	운영비	여비		출장 여비		12회 × 30,000원	360,000
				소계			360,000
		수용비 및 수수료		사무용품 구입		12회 × 100,000원	1,200,000
				렌탈료	복사기	12회 × 30,000원	360,000
					세단기	12회 × 30,000원	360,000
					정수기	12회 × 20,000원	240,000
					청정기	12회 × 30,000원	360,000
				인쇄	전단/명함	1회 × 150,000원	150,000
					현수막	4회 × 50,000원	200,000
				각종 수수료		12회 × 150,000원	1,800,000
				기타 용품구입		12회 × 100,000원	1,200,000
				소계			5,870,000
		공공요금 및 제세공과금		협회비		6회 × 50,000원	300,000
				우편/전화/팩스		12회 × 100,000원	1,200,000
				인터넷 사용료		12회 × 50,000원	600,000
				상하수도/오물수거		12회 × 100,000원	1,200,000
				전기요금		12회 × 300,000원	3,600,000
				보험	화재	1회 × 500,000원	500,000

과 목				산출근거			
관	항	목					
				영업배상	1회 × 800,000원	800,000
				전문인배상	50명 × 40,000원	2,000,000
				재정보증	1회 × 40,000원 × 2명	80,000
				자동차보험	1회 × 500,000원 × 2대	1,000,000
			자동차 세금		2회 × 700,000원 × 2대	2,800,000
			소계			14,080,000
		차량비	주유비		12회 × 350,000원 × 2대	8,400,000
			차량 정비/소모품		4회 × 300,000원	1,200,000
			소계			9,600,000
		임차료	센터 임대료		12회 × 3,000,000원	36,000,000
			소계			36,000,000
		기타운영비	직원 피복비		16명 × 50,000원	800,000
			회계세무 기장		12회 × 100,000원	1,200,000
			소계			2,000,000
	운영비 소계					67,910,000
사무비 소계						353,671,212
재산 조성비	시설비	자산취득비	사무기기 구입		2회 × 500,000원	1,000,000
			주방 용품 구입		2회 × 500,000원	1,000,000
			시설 내 가구		2회 × 500,000원	1,000,000
			기타 자산 취득		2회 × 500,000원	1,000,000
			소계			4,000,000
		시설장비 유지비	환경조성비		12회 × 50,000원	600,000
			비품수선비		12회 × 50,000원	600,000
			CCTV 관리비		12회 × 100,000원	1,200,000
			건물 보안(텔레캅)		12회 × 30,000원	360,000
			시설 방역/소독		12회 × 100,000원	1,200,000
			소계			3,960,000
재산조성비 소계						7,960,000
사업비	운영비	생계비 (입소자 식사제공)	1월		5명 × 7,000원 × 24일	840,000
			2월		8명 × 7,000원 × 24일	1,344,000
			3월		12명 × 7,000원 × 24일	2,016,000
			4월		16명 × 7,000원 × 24일	2,688,000
			5월		20명 × 7,000원 × 24일	3,360,000
			6월		25명 × 7,000원 × 24일	4,200,000
			7월		30명 × 7,000원 × 24일	5,040,000
			8월		35명 × 7,000원 × 24일	5,880,000
			9월		40명 × 7,000원 × 24일	6,720,000
			10월		45명 × 7,000원 × 24일	7,560,000
			11월		50명 × 7,000원 × 24일	8,400,000
			12월		50명 × 7,000원 × 24일	8,400,000
			소계			56,448,000
		직원 식사	1월		5명 × 4,000원 × 22일	440,000
			2월		5명 × 4,000원 × 22일	440,000

과 목			산출근거		
관	항	목			
			3월	7명 × 4,000원 × 22일	616,000
			4월	7명 × 4,000원 × 22일	616,000
			5월	8명 × 4,000원 × 22일	704,000
			6월	10명 × 4,000원 × 22일	880,000
			7월	12명 × 4,000원 × 22일	1,056,000
			8월	13명 × 4,000원 × 22일	1,144,000
			9월	14명 × 4,000원 × 22일	1,232,000
			10월	14명 × 4,000원 × 22일	1,232,000
			11월	15명 × 4,000원 × 22일	1,320,000
			12월	15명 × 4,000원 × 22일	1,320,000
			소계		11,000,000
		수용기관 경비	1월	5명 × 15,000원	75,000
			2월	8명 × 15,000원	120,000
			3월	12명 × 15,000원	180,000
			4월	16명 × 15,000원	240,000
			5월	20명 × 15,000원	300,000
			6월	25명 × 15,000원	375,000
			7월	30명 × 15,000원	450,000
			8월	35명 × 15,000원	525,000
			9월	40명 × 15,000원	600,000
			10월	45명 × 15,000원	675,000
			11월	50명 × 15,000원	750,000
			12월	50명 × 15,000원	750,000
			소계		5,040,000
		의료비	의료용품	50,000원 × 12개월	600,000
			간호기구	50,000원 × 12개월	600,000
			물리치료 용품	200,000원 × 12개월	2,400,000
			소계		3,600,000
		연료비	난방(가스요금)	12회 × 1,000,000원	12,000,000
			취사(가스요금)	12회 × 400,000원	4,800,000
			소계		16,800,000
	운영비 소계				92,888,000
	프로그램 사업비	프로그램 사업비	프로그램 재료구입	12월 × 150,000원	1,800,000
			공연팀 초청	4회 × 500,000원	2,000,000
			생신잔치	12월 × 150,000원	1,800,000
			개원기념행사	1회 × 1,000,000원	1,000,000
			어버이날 행사	1회 × 500,000원	500,000
			노인의날 행사	1회 × 500,000원	500,000
			성탄송년 행사	1회 × 500,000원	500,000
			봉사자 관리비	12월 × 200,000원	2,400,000
			소계		10,500,000
	프로그램 사업비 소계				10,500,000

과 목			산출근거	
관	항	목		
사업비 소계				103,388,000
전출금	전출금	기타전출금		24,000,000
전출금 소계				24,000,000
부채상환금	부채상환금	원금상환금		50,000,000
		이자지불금		7,000,000
부채상환금 소계				57,000,000
잡지출	잡지출	잡지출		–
잡지출 소계				–
예비비	예비비	예비비		369,298
예비비 소계				369,298
세출 합계			546,388,510	

2. 방문요양

1) 세입 예산

방문요양의 세입 세출 예산서는 노인요양시설이나 주·야간보호과 동일한 방법으로 진행하되 서비스 특성에 따라 몇 가지 주의할 사항이 있다.

첫째, 아래 세입 예산의 실례는 수급자 50명을 기준으로 했다. 실수급자 수에 맞추기 위해 매월 단위로 급여 수입과 본인부담금 수입을 산출했다.

둘째, 장기요양급여 및 본인부담금의 산출 근거가 되는 1,146,722원은 일반 방문요양 수입 75%를 반영하고, 가족요양 수입은 25% 반영하여 산출한 것이다. 방문요양은 중증(1, 2등급) 수급자가 이용하더라도 그 수가 많지 않고, 대부분 3, 4, 5등급 이용자가 대부분이다. 다만, 3등급이 30%, 4등급 40%, 5등급 30% 비율로 계산한 평균값을 수급자 1인당 수입으로 책정하는 것이 현실적이라 판단된다. 또한 방문요양 중 가족요양의 비율이 평균적으로 25%가 되므로 이에 대한 비율을 반영하여 최종적으로 수급자 1인당 월 수입(매출)을 산출하였다.

▼ 표 9-13 가족요양을 제외한 수급자 1인당 한 달 매출 추정치

구분		1개월분 수입	수급자 비율(%), 금액		1인당 평균 월매출
요양 수입 평균 산출	1등급	1,885,000	0	0	1,283,970원
	2등급	1,690,000	0	0	
	3등급	1,417,200	30	425,160	
	4등급	1,306,200	40	522,480	
	5등급	1,121,100	30	336,330	

▼ 표 9-14 가족요양 한 달 평균 수입(매출)

구분	1시간 수가	1개월 수입	인정비율	산정액	합산액
60분	23,480원	234,480원	30%	70,344원	734,994원
90분	31,650원	949,500원	70%	664,650원	

▼ 표 9-15 가족요양을 포함한 수급자 1인당 한 달 매출 추정치

구분	1인당 월수입	인정비율	산정액	합산액
일반 방문요양	1,283,970원	75%	962,977원	1,146,722원
가족 방문요양	734,994원	25%	183,745원	

▼ 표 9-16 방문요양 세입 예산의 예(2023년 기준)

과 목			산출근거						
관	항	목							
요양급여 수입	요양급여 수입	장기요양 급여수입	1월	5 명	×	1,150,000 원	×	85 %	4,887,500
			2월	8 명	×	1,150,000 원	×	85 %	7,820,000
			3월	12 명	×	1,150,000 원	×	85 %	11,730,000
			4월	16 명	×	1,150,000 원	×	85 %	15,640,000
			5월	20 명	×	1,150,000 원	×	85 %	19,550,000
			6월	25 명	×	1,150,000 원	×	85 %	24,437,500
			7월	30 명	×	1,150,000 원	×	85 %	29,325,000
			8월	35 명	×	1,150,000 원	×	85 %	34,212,500
			9월	40 명	×	1,150,000 원	×	85 %	39,100,000
			10월	45 명	×	1,150,000 원	×	85 %	43,987,500
			11월	50 명	×	1,150,000 원	×	85 %	48,875,000
			12월	50 명	×	1,150,000 원	×	85 %	48,875,000
		소계							328,440,000
		인력추가배치*	1명 × 2,533,680원 × 9개월						22,803,120
		소계							22,803,120
요양급여수입 계									351,243,120
입소자 부담금 수 입	입 소 비 용 수 입	본인 부담금	1월	5 명	×	1,150,000 원	×	15 %	862,500
			2월	8 명	×	1,150,000 원	×	15 %	1,380,000
			3월	12 명	×	1,150,000 원	×	15 %	2,070,000
			4월	16 명	×	1,150,000 원	×	15 %	2,760,000
			5월	20 명	×	1,150,000 원	×	15 %	3,450,000
			6월	25 명	×	1,150,000 원	×	15 %	4,312,500
			7월	30 명	×	1,150,000 원	×	15 %	5,175,000
			8월	35 명	×	1,150,000 원	×	15 %	6,037,500
			9월	40 명	×	1,150,000 원	×	15 %	6,900,000

과 목			산출근거	
관	항	목		
			10월 45 명 × 1,150,000 원 × 15 %	7,762,500
			11월 50 명 × 1,150,000 원 × 15 %	8,625,000
			12월 50 명 × 1,150,000 원 × 15 %	8,625,000
		소계		57,960,000
입소자 부담금 수입 계				57,960,000
보조금 수입	보조금 수입	국고 보조금	6개월 × 5명 × 1,150,000원 × 15%	6,900,000
		시도 보조금	특별위로금, 월동대책비 등	2,000,000
		소계		8,900,000
보조금 수입 계				8,900,000
금융기관 차입금				10,000,000
전입금 계				10,000,000
잡수입	잡수입	예금이자		100,000
		기타잡수입		2,000,000
잡수입 계				2,100,000
세입 합계			430,203,120	

* 해당월 가산기준금액(수급자별 급여비용 합의 85%) × [사회복지사 가산점수(1.8)/이용자 수] × 주·야간 보호 서비스유형 점수(1.8)

2) 세출 예산

방문요양의 세출 예산을 편성할 때 노인요양시설과 노인 주·야간보호의 세출 예산 편성 방법을 참고하고, 나머지는 방문요양의 특성을 반영하여 편성되어야 한다.

첫째, 방문요양 요양보호사는 수급자 1명 당 1명을 배치해야 하므로 수급자와 연동시켜야 한다. 또한 요양보호사 1명이 수급자 2명 또는 3명까지 서비스 제공이 가능하지만 여기에서는 편의상 수급자와 요양보호사를 1:1로 편성했다.

둘째, 방문요양 요양보호사들에게는 교통비를 별도 지급하지 않는 것으로 편성했다. 그 이유는 배정된 수급자와 요양보호사 간의 이동 거리가 매우 차이가 크고, 이동 거리가 먼 경우 공단에 교통비를 신청할 수 있기 때문이다.

셋째, 방문요양은 노인요양시설이나 주·야간보호의 공공요금과 제세공과금 그리고 주유비가 조금 낮게 편성되고, 임차료는 사무실에 대한 비용만 편성하면 된다.

넷째, 방문요양은 야간에 상주하지 않지만 사무실만 운영하기 때문에 CCTV나 보안시설 설치는 다소 무리가 있어서 생략했다.

다섯째, 방문요양은 사무실 냉·난방만 하면 되기 때문에 해당 비용이 줄어들고, 주·야간 보호에 편성된 프로그램 비용 역시 불필요하다고 판단하여 생략했다.

표 9-17 방문요양 세출 예산의 예(2023년 기준)

관	항	목	구분	항목	세부	산출근거	금액
사무비	인건비	급여	간접인력	시설장		1명 × 12개월 × 2,200,000원	26,400,000
				소계			26,400,000
			직접인력	사회복지사		1명 × 9개월 × 2,200,000원	18,900,000
				요양보호사	1월	5명 × 12,100 × 3.3시간×21일	4,192,650
					2월	8명 × 12,100 × 3.3시간×21일	6,708,240
					3월	12명 × 12,100 × 3.3시간×21일	10,062,360
					4월	16명 × 12,100 × 3.3시간×21일	13,416,480
					5월	20명 × 12,100 × 3.3시간×21일	16,770,600
					6월	25명 × 12,100 × 3.3시간×21일	20,963,250
					7월	30명 × 12,100 × 3.3시간×21일	25,155,900
					8월	35명 × 12,100 × 3.3시간×21일	29,348,550
					9월	40명 × 12,100 × 3.3시간×21일	33,541,200
					10월	45명 × 12,100 × 3.3시간×21일	37,733,850
					11월	50명 × 12,100 × 3.3시간×21일	41,926,500
					12월	50명 × 12,100 × 3.3시간×21일	41,926,500
				소계			300,646,080
		사회보험부담금	간접인력	사회보험료		1명 × 10.414% × 26,400,000원	2,749,296
				소계			2,749,296
			직접인력	국민연금	60세 이상		
					60세 미만	4.5% × 300,646,080원	6,764,537
				건강보험		3.55% × 300,646,080원	10,672,936
				요양보험		0.454% × 300,646,080원	1,364,933
				고용보험		1.15% × 300,646,080원	3,457,430
				산재보험		0.76% × 300,646,080원	2,284,910
				소계			24,544,746
		퇴직적립금	간접			8.33% × 26,400,000원	2,200,176
			직접			8.33% × 300,646,080원	25,055,844
				소계			27,256,020
		각종수당	간접인력	명절휴가비	1월	1명 × 100,000원	100,000
					9월	1명 × 100,000원	100,000
			직접인력		1월	5명 × 100,000원	500,000
					9월	41명 × 100,000원	4,100,000
				소계			4,800,000
	인건비 소계						386,396,142
	인건비 지출비율					354,846,670(직접인건비)/409,203,120(요양급여수입)×100	86.72
	업무추	기관운영비		시설장모임회비		12회×20,000원	240,000
		회의비		월례회의비		12회×50,000원	600,000

과목			산출근거			
관	항	목				
	진비		시설운영위원회		4회×50,000원	200,000
			보호자 간담회		2회×50,000원	100,000
			소계			1,140,000
	업무추진비 소계					1,140,000
	운영비	수용비 및 수수료	사무용품 구입		12회 × 100,000원	1,200,000
			인쇄	전단/명함	1회 × 150,000원	150,000
				현수막	1회 × 50,000원	50,000
			각종 수수료		12회 × 100,000원	1,200,000
			기타 용품구입		12회 × 50,000원	600,000
			소계			3,200,000
		공공요금 및 제세공과금	협회비		6회 × 50,000원	300,000
			우편/전화/팩스		12회 × 100,000원	1,200,000
			인터넷 사용료		12회 × 30,000원	360,000
			전기요금		12회 × 50,000원	600,000
			보험	영업배상	1회 × 500,000원	500,000
				전문인배상	50명 × 40,000원	2,000,000
				재정보증	1회 × 40,000원	40,000
				자동차보험	1회 × 500,000원	500,000
			자동차 세금		2회 × 700,000원	1,400,000
			소계			6,900,000
		차량비	주유비		12회 × 150,000원	1,800,000
			차량 정비/소모품		2회 × 300,000원	600,000
			소계			2,400,000
		임차료	사무실 임대료		12회 × 700,000원	8,400,000
			소계			8,400,000
		기타운영비	회계세무 기장		12회 × 100,000원	1,200,000
			소계			1,200,000
	운영비 소계					22,100,000
사무비 소계						409,636,142
재산조성비	시설비	자산취득비	사무기기 구입		2회 × 500,000원	1,000,000
			기타 자산 취득		2회 × 100,000원	200,000
			소계			1,200,000
		시설장비 유지비	비품수선비		12회 × 30,000원	360,000
			소계			360,000
재산조성비 소계						1,560,000
사업비	운영비	연료비	사무실 냉/난방비		12회 × 50,000원	600,000
			취사(가스요금)		12회 × 15,000원	180,000
			소계			780,000
	운영비 소계					780,000

과 목			산출근거		
관	항	목			
	프로그램사업비	프로그램사업비	개원기념행사	1회 × 500,000원	500,000
			노인의날 행사	1회 × 500,000원	500,000
			소계		1,000,000
	프로그램 사업비 소계				1,000,000
사업비 소계					1,780,000
전출금	전출금	기타전출금			6,000,000
전출금 소계					6,000,000
부채상환금	부채상환금	원금상환금			10,000,000
		이자지불금			1,000,000
부채상환금 소계					11,000,000
예비비	예비비	예비비			226,978
예비비 소계					226,978
세출 합계			430,203,120		

3. 방문목욕(차량목욕 기준)

1) 세입 예산

방문목욕의 세입 세출 예산서는 방문요양과 동일한 방법으로 진행하되 서비스 특성에 따라 몇 가지 주의할 사항이 있다.

첫째, 방문목욕 급여는 수급자 수가 아닌 목욕 건수로 계산했다. 왜냐하면, 한 명의 수급자가 한 달에 몇 번의 목욕서비스를 이용할지 가늠하기 어렵기 때문에 수급자 수로 계산할 경우 오류가 발생할 수밖에 없다. 여기에서 목욕 건수는 매달 늘어나도록 구성했고, 1년 후 목욕 차량 1대가 한 달 동안 최대한으로 수행할 수 있는 180건까지 달성하는 것으로 예산 편성했다.

둘째, 장기요양급여 및 본인부담금의 산출 근거가 되는 73,944원은 방문목욕을 하는 3종류 방식 중 목욕차량을 이용한 차량 내 목욕을 기준으로 하고, 1회 목욕 시 60분 이상인 경우와 40~60분 목욕에 따른 비용 차이를 감안하여 평균값으로 정했다.

표 9-18 방문목욕 1건당 수입의 산출근거(2023년 기준)

구분		1회(건수) 목욕 비용		
		60분 이상	40분~60분	평균
차량목욕	차량 내	82,160	65,728	73,944
	가정 내	74,070	59,256	66,663
차량 미이용 목욕		46,250	37,000	41,625

표 9-19 방문목욕 세입 예산(2023년 기준)

과목			산출근거		
관	항	목			
요양급여 수입	요양급여 수입	장기요양 급여수입	1월	15 건 × 73,944 원 × 85 %	942,786
			2월	30 건 × 73,944 원 × 85 %	1,885,572
			3월	45 건 × 73,944 원 × 85 %	2,828,358
			4월	60 건 × 73,944 원 × 85 %	3,771,144
			5월	75 건 × 73,944 원 × 85 %	4,713,930
			6월	90 건 × 73,944 원 × 85 %	5,656,716
			7월	115 건 × 73,944 원 × 85 %	7,228,026
			8월	130 건 × 73,944 원 × 85 %	8,170,812
			9월	145 건 × 73,944 원 × 85 %	9,113,598
			10월	160 건 × 73,944 원 × 85 %	10,056,384
			11월	175 건 × 73,944 원 × 85 %	10,999,170
			12월	180 건 × 73,944 원 × 85 %	11,313,432
		소계			76,679,928
요양급여수입 계					76,679,928
입소자 부담금 수입	입소 비용 수입	본인부담금	1월	15 건 × 73,944 원 × 15 %	166,374
			2월	30 건 × 73,944 원 × 15 %	332,748
			3월	45 건 × 73,944 원 × 15 %	499,122
			4월	60 건 × 73,944 원 × 15 %	665,496
			5월	75 건 × 73,944 원 × 15 %	831,870
			6월	90 건 × 73,944 원 × 15 %	998,244
			7월	115 건 × 73,944 원 × 15 %	1,275,534
			8월	130 건 × 73,944 원 × 15 %	1,441,908
			9월	145 건 × 73,944 원 × 15 %	1,608,282
			10월	160 건 × 73,944 원 × 15 %	1,774,656
			11월	175 건 × 73,944 원 × 15 %	1,941,030
			12월	180 건 × 73,944 원 × 15 %	1,996,488
		소계			13,531,752
입소자 부담금 수입 계					13,531,752
보조금 수입	보조금 수입	국고보조금	6월 × 15건 × 73,944원 × 15%		1,330,992
		시도보조금	특별위로금, 월동대책비 등		1,000,000
		소계			2,330,992
보조금 수입 계					2,330,992
금융기관 차입금					10,000,000
전입금 계					10,000,000
잡수입	잡수입	예금이자			50,000
		기타잡수입			1,000,000
잡수입 계					1,050,000
세입 합계			103,592,672		

2) 세출 예산

방문목욕의 세출 예산을 편성할 때 방문요양의 세출 예산 편성 방법을 참고하고, 나머지는 방문목욕의 특성을 반영하여 편성해야 한다. 특히, 방문목욕은 단독으로 사업을 하기보다는 방문요양과 병용하여 운영하는 경우가 많다. 만약 방문요양과 병용하지 않고 단독으로 방문목욕만 운영할 경우 차량 1대만으로는 지출 경비를 충당하기에는 상당한 어려움이 있다. 이에 따라 여기에서는 방문요양과 방문목욕(차량)을 병용한 것으로 가정하고 예산을 편성했다.

첫째, 방문목욕 요양보호사는 2인 1조가 되어 서비스를 제공하며, 이들의 인건비 총액은 전체 요양급여 수입의 49.8% 이상이 되어야 한다(인건비 지출비율). 방문요양의 인건비 지급 방식은 시급제이지만 대부분의 차량을 이용한 방문목욕 사업은 목욕 건수가 산출 기초가 되기 때문에 인건비 역시 건수로 계산하여 지급하고 있다.[5)]

둘째, 방문목욕 요양보호사 역시 교통비를 별도 지급하지 않는 것으로 편성했다. 방문요양과 같이 자차를 이용하여 수급자 가정으로 이동하는 것이 아니라 목욕 차량으로 이동하기 때문이다.

셋째, 차량을 이용한 방문목욕에서는 수도세가 별도 편성되어야 하고, 목욕 차량 운행 및 차량 내 보일러 가동을 위한 경유 소모가 많아 주유비를 넉넉하게 배정할 필요가 있다. 아울러, 목욕과 관련된 각종 소모품이나 용품 구입을 염두에 두고 예산을 편성해야 한다.

표 9-20 방문목욕 세출 예산(2023년 기준)

과 목			산출근거			
관	항	목				
사무비	인건비	급여	요양 보호사	1월	15건 × 15,500원 ×2명	465,000
				2월	30건 × 15,500원 ×2명	930,000
				3월	45건 × 15,500원 ×2명	1,395,000
				4월	60건 × 15,500원 ×2명	1,860,000
				5월	75건 × 15,500원 ×2명	2,325,000
				6월	90건 × 15,500원 ×2명	2,790,000
				7월	115건 × 15,500원 ×2명	3,565,000
				8월	130건 × 15,500원 ×2명	4,030,000
				9월	145건 × 15,500원 ×2명	4,495,000
				10월	160건 × 15,500원 ×2명	4,960,000
				11월	175건 × 15,500원 ×2명	5,425,000

5) 일부 방문요양 기관은 건수가 아닌 월급제로 운영하는 경우가 있는데, 이 경우 인건비 지출비율을 맞추기 어렵다.

				12월	180건 × 15,500원 ×2명	5,580,000
			소계			37,820,000
		사회보험부담금	국민연금	60세 이상		
				60세 미만	4.5% × 37,820,000원	850,950
			건강보험		3.55% × 37,820,000원	1,342,610
			요양보험		0.454% × 37,820,000원	171,703
			고용보험		1.15% × 37,820,000원	434,930
			산재보험		0.76% × 37,820,000원	287,432
			소계			3,087,625
		퇴직적립금			8.33% × 37,820,000원	3,151,919
			소계			3,151,919
		각종수당	명절휴가비	1월	2명 × 100,000원	200,000
				9월	2명 × 100,000원	200,000
			소계			400,000
			식비		2명 × 50,000원×12월	1,200,000
			소계			1,200,000
	인건비 소계					45,659,544
	인건비 지출비율				45,659,544(인건비)/90,211,680(요양급여수입)×100	50.61
	운영비	공공요금 및 제세공과금	수도요금		12회 × 20,000원	240,000
			보험	전문인배상	3명 × 40,000원	120,000
				자동차보험	1회 × 500,000원	500,000
			자동차 세금		2회 × 700,000원	1,400,000
			소계			2,260,000
		차량비	목욕차량 주유비		12회 × 500,000원	6,000,000
			차량 정비/소모품		4회 × 300,000원	1,200,000
			소계			7,200,000
	운영비 소계					9,460,000
사무비 소계						55,119,544
사업비	운영비	수용기관 경비	목욕용품 구입		12회 × 100,000원	1,200,000
			기타 물품 구입		12회 × 50,000원	600,000
			소계			1,800,000
	운영비 소계					1,800,000
사업비 소계						1,800,000
전출금	전출금	기타전출금				35,000,000
전출금 소계						35,000,000
부채상환금	부채상환금	원금상환금				10,000,000
		이자지불금				1,000,000
부채상환금 소계						11,000,000
예비비	예비비	예비비				673,128
예비비 소계						673,128
세출 합계					103,592,672	

3. 방문목욕(가정목욕 기준)

1) 세입 예산

방문목욕은 차량 목욕 외에도 가정 목욕이 있으며, 방문요양을 하고 있는 대부분의 센터에서는 가정 목욕을 하고 있기 때문에 이에 관한 세입 세출 예산이 필요하다.

장기요양급여 및 본인부담금의 산출 근거가 되는 46,250원은 방문목욕을 하는 3종류 방식 중 가정목욕을 기준으로 하고, 1회 목욕 시 60분 이상인 경우로 정했다.

표 9-21 방문목욕 1건당 수입의 산출근거(2023년 기준)

구분		1회(건수) 목욕 비용		
		60분 이상	40분~60분	평균
차량목욕	차량 내	82,160	65,728	73,944
	가정 내	74,070	59,256	66,663
차량 미이용 목욕		46,250	37,000	41,625

표 9-22 방문목욕 세입 예산(2023년 기준)

과 목			산출근거						
관	항	목							
요양급여 수입	요양급여 수입	장기요양급여 수입	1월	10 건	×	46,250 원	×	85 %	393,125
			2월	20 건	×	46,250 원	×	85 %	786,250
			3월	30 건	×	46,250 원	×	85 %	1,179,375
			4월	40 건	×	46,250 원	×	85 %	1,572,500
			5월	50 건	×	46,250 원	×	85 %	1,965,625
			6월	60 건	×	46,250 원	×	85 %	2,358,750
			7월	70 건	×	46,250 원	×	85 %	2,751,875
			8월	80 건	×	46,250 원	×	85 %	3,145,000
			9월	90 건	×	46,250 원	×	85 %	3,538,125
			10월	100 건	×	46,250 원	×	85 %	3,931,250
			11월	110 건	×	46,250 원	×	85 %	4,324,375
			12월	120 건	×	46,250 원	×	85 %	4,717,500
		소계							30,663,750
요양급여수입 계									30,663,750
입소자 부담금 수 입	입 소 비 용 수 입	본인부담금	1월	10 건	×	46,250 원	×	15 %	69,375
			2월	20 건	×	46,250 원	×	15 %	138,750
			3월	30 건	×	46,250 원	×	15 %	208,125
			4월	40 건	×	46,250 원	×	15 %	277,500

과목			산출근거	
관	항	목		
			5월 50 건 × 46,250 원 × 15 %	346,875
			6월 60 건 × 46,250 원 × 15 %	416,250
			7월 70 건 × 46,250 원 × 15 %	485,625
			8월 80 건 × 46,250 원 × 15 %	555,000
			9월 90 건 × 46,250 원 × 15 %	624,375
			10월 100 건 × 46,250 원 × 15 %	693,750
			11월 110 건 × 46,250 원 × 15 %	763,125
			12월 120 건 × 46,250 원 × 15 %	832,500
		소계		5,411,250
입소자 부담금 수입 계				5,411,250
보조금 수입	보조금 수입	국고보조금	6월×10건×46,250원×15%	555,000
		시도보조금	특별위로금, 월동대책비 등	500,000
		소계		1,055,000
보조금 수입 계				1,055,000
금융기관 차입금				2,000,000
전입금 계				2,000,000
잡수입	잡수입	예금이자		50,000
		기타잡수입		500,000
잡수입 계				550,000
세입 합계			39,680,000	

2) 세출 예산

표 9-23 방문(가정)목욕 세출 예산

과목			산출근거		
관	항	목			
사무비	인건비	급여	요양보호사	1월 10 건 × 13,000 × 2 명	260,000
				2월 20 건 × 13,000 × 2 명	520,000
				3월 30 건 × 13,000 × 2 명	780,000
				4월 40 건 × 13,000 × 2 명	1,040,000
				5월 50 건 × 13,000 × 2 명	1,300,000
				6월 60 건 × 13,000 × 2 명	1,560,000
				7월 70 건 × 13,000 × 2 명	1,820,000
				8월 80 건 × 13,000 × 2 명	2,080,000
				9월 90 건 × 13,000 × 2 명	2,340,000
				10월 100 건 × 13,000 × 2 명	2,600,000
				11월 110 건 × 13,000 × 2 명	2,860,000
				12월 120 건 × 13,000 × 2 명	3,120,000
			소계		20,280,000
		사회보험부담금	국민연금	60세 이상	
				60세 미만 4.5 % × 20,280,000 원	456,300
			건강보험	3.55 % × 20,280,000 원	719,940
			요양보험	0.454 % × 20,280,000 원	92,071
			고용보험	1.15 % × 20,280,000 원	233,220
			산재보험	0.76 % × 20,280,000 원	154,128
			소계		1,655,659
		퇴직적립금	8.33% × 20,280,000원		1,690,135
			소계		1,690,135
		각종수당	명절휴가비	1월 2 명 × 100,000 원	200,000
				9월 2 명 × 100,000 원	200,000
			소계		400,000
			식비	2명 × 50,000원 × 12월	1,200,000
			소계		1,200,000
	인건비 소계				25,225,794
	인건비 지출비율		25,225,794 / 36,075,000		69.93
	운영비	공공요금 및 제세공과금	보험	전문인 배상 명 × 50,000 원	100,000
			소계		100,000
	운영비 소계				100,000
사무비 소계					25,325,794
사업비	운영비	수용기관 경비	목욕용품 구입	12 회 × 50,000 원	600,000
			기타 물품 구입	12 회 × 50,000 원	600,000
			소계		1,200,000
	운영비 소계				1,200,000
사업비 소계					1,200,000
전출금	전출금	기타전출금			10,000,000
전출금 소계					10,000,000

과 목			산출근거	
관	항	목		
부채 상환금	부채 상환금	원금상환금		2,000,000
		이자 지불금		300,000
부채상환금 소계				2,300,000
예비비	예비비	예비비		854,206
예비비 소계				854,206
세출 합계			39,680,000	
차액			-0	

4) 첨부서류 3 : 근로계약서

재가노인복지시설 설치신고서 또는 장기요양기관 지정서의 첨부 파일에 명시되지 않았으나 지정 신청 당시 첨부해야 할 서류 중에 근로계약서가 있다. 아울러 해당 종사자의 이력서와 주민등록등본 등 채용 당시 제출하는 서류까지 첨부해야 한다.

근로계약서 양식은 고용노동부 정책자료실에서 표준 근로계약서(7종)를 검색하여 다운받은 후 7가지 양식 중 종사자에 따라 맞는 양식을 사용한다. 예를 들어, 정규직인 경우에는 '기간의 정함이 없는 경우'를 사용하고, 1년 단위로 계약을 하는 경우에는 '기간의 정함이 있는 경우'에 해당하는 양식을 사용한다.

노인장기요양보험 홈페이지에서도 표준근로계약서를 다운받을 수 있으며, 고용노동부 양식에 비해 노인장기요양기관의 특성이 조금 더 반영되어 있다.[6]

6) 노인요양보험 홈페이지 자료실 중 '서식 자료실'에서 장기요양기관 운영 관련 서식 모음집에서 다운 받을 수 있다. '공지'로 표시되어 있으니 상단에서 찾을 수 있다.

표 9-24 기간의 정함이 있는 경우 표준 근로계약서

표준근로계약서(기간의 정함이 있는 경우)

_________(이하 "사업주"라 함)과(와) ________(이하 "근로자"라 함)은 다음과 같이 근로계약을 체결한다.

1. 근로계약기간 : 　　년　월　일부터　　년　월　일까지
2. 근 무 장 소 :
3. 업무의 내용 :
4. 소정근로시간 : __시__분부터 __시__분까지 (휴게시간 : 　시　분~　시　분)
5. 근무일/휴일 : 매주 __일(또는 매일단위)근무, 주휴일 매주 __요일
6. 임　금
   - 월(일, 시간)급 : ____________원
   - 상여금 : 있음 (　　) ___________원, 없음 (　　)
   - 기타급여(제수당 등) : 있음 (　　), 없음 (　　)
     · ________________원, ________________원
     · ________________원, ________________원
   - 임금지급일 : 매월(매주 또는 매일) ____일(휴일의 경우는 전일 지급)
   - 지급방법 : 근로자에게 직접지급(　　), 근로자 명의 예금통장에 입금(　　)
7. 연차유급휴가
   - 연차유급휴가는 근로기준법에서 정하는 바에 따라 부여함
8. 사회보험 적용여부(해당란에 체크)
   □ 고용보험　□ 산재보험　□ 국민연금　□ 건강보험
9. 근로계약서 교부
   - 사업주는 근로계약을 체결함과 동시에 본 계약서를 사본하여 근로자의 교부요구와 관계없이 근로자에게 교부함 (근로기준법 제17조 이행)
10. 근로계약, 취업규칙 등의 성실한 이행의무
   - 사업주와 근로자는 각자가 근로계약, 취업규칙, 단체협약을 지키고 성실하게 이행하여야 함
11. 기　타
   - 이 계약에 정함이 없는 사항은 근로기준법령에 의함

년　　월　　일

(사업주)　사업체명 : 　　　　　　(전화 : 　　　　　)
　　　　　주　　소 :
　　　　　대 표 자 : 　　　　　　(서명)
(근로자)　주　　소 :
　　　　　연 락 처 :
　　　　　성　　명 : 　　　　　　(서명)

방문요양, 방문목욕, 방문간호, 주야간보호기관의 주간 근무자용 근로계약서는 다른 일반 직종과 차이가 거의 없기 때문에 표준 근로계약서 작성에 어려움이 없지만 방문요양 및 방문목욕을 하는 요양보호사는 시급제로 운영되는 경우가 많아서 다소 복잡하다.

요양보호사의 근로계약서는 표준 근로계약서에서 업무 특성이 반영될 수 있도록 아래 표와 같이 조금 수정하거나 추가할 수 있다.

표 9-25 방문요양 및 방문(가정)목욕 요양보호사 근로계약서 작성 예

표준근로계약서 (방문요양/목욕)

(　　　　　)센터와 (　　　)는 다음과 같이 근로계약을 체결한다.

1. **근로개시일** : 2024년 1월 1일부터 2024년 12월 31일까지

2. **근무장소** : (　　　　　)센터
   ※ (　)는 센터와 방문요양(또는 목욕) 서비스 이용계약을 맺은 (　)의 가정을 방문하여 지정된 서비스를 지정된 시간에 제공한다. 센터에서 사무실 방문에 대한 별도의 지시가 없는 한 출근은 (　　)의 가정으로 하고, 업무 종료 시 퇴근한다.

3. **근무직종 및 업무 내용**
   1) 직종 : 요양보호사
   2) 업무내용 : 「노인장기요양보험법」 및 동법 시행령, 보건복지부의 장기요양급여 제공기준 및 급여비용 산정방법 등에 관한 고시에 명시된 범위로 정한다.
   3) 급여 외 행위 : 법령에 명시되지 않은 급여 외 행위는 부당업무에 해당하므로 금지한다.
      ※ 급여 외 행위 : 수급자 가족을 위한 행위, 수급자 또는 그 가족의 생업을 지원하는 행위, 수급자의 일상생활에 지장이 없는 행위 등(예:수급자 가족을 위한 가사 지원, 명절음식 장만, 반려동물 산책 등)

4. **근로시간 및 휴게시간**
   1) 근무형태, 근무시간, 휴게시간은 다음 각호와 같다. □에 V표시하면 효력이 인정된다.
   2) 1개월 동안 근무시간은 아래 표에 표시된 1주간의 근무형태와 시간이 동일한 패턴으로 반복되는 것으로 한다.

구분		월요일	화요일	수요일	목요일	금요일	토요일
근무 형태		□ 요양 □ 목욕	□ 요양 □ 목욕	□ 요양 □ 목욕	□ 요양 □ 목욕	□ 요양 □ 목욕	□ 요양 □ 목욕
1일 근무 시간	방문 요양	□ 60분 □ 90분 □ 120분 □ 150분 □ 180분 □ 210분 □ 240분 □ 270분	□ 60분 □ 90분 □ 120분 □ 150분 □ 180분 □ 210분 □ 240분 □ 270분	□ 60분 □ 90분 □ 120분 □ 150분 □ 180분 □ 210분 □ 240분 □ 270분	□ 60분 □ 90분 □ 120분 □ 150분 □ 180분 □ 210분 □ 240분 □ 270분	□ 60분 □ 90분 □ 120분 □ 150분 □ 180분 □ 210분 □ 240분 □ 270분	□ 60분 □ 90분 □ 120분 □ 150분 □ 180분 □ 210분 □ 240분 □ 270분
		1주일 : 총_____시간 / 1개월 : 총 ________시간					

	방문 목욕	ㅁ 40분 ㅁ 60분	ㅁ 40분 ㅁ 60분	ㅁ 40분 ㅁ 60분	ㅁ 40분 ㅁ 60분	ㅁ 40분 ㅁ 60분	ㅁ 40분 ㅁ 60분
		1주일 : 총______시간 / 1개월 : 총 ________시간					
휴게시간 (1일)		ㅁ 없음 ㅁ 30분 ㅁ 60분	ㅁ 없음 ㅁ 30분 ㅁ 60분	ㅁ 없음 ㅁ 30분 ㅁ 60분	ㅁ 없음 ㅁ 30분 ㅁ 60분	ㅁ 없음 ㅁ 30분 ㅁ 60분	ㅁ 없음 ㅁ 30분 ㅁ 60분

2) 방문 요양보호사의 경우 근무 일정표에 따른다.
3) 1주간의 근로시간은 휴게시간을 제외하고 40시간을 초과할 수 없다. 단, 당사자 간의 합의에 따라 1주 12시간을 한도로 근무시간을 연장할 수 있다.

5. 근무일 및 휴일
1) 근무일 : 소정 근로일은 주 5일(월, 화, 수, 목, 금요일)로 한다.
2) 유급휴일
① 주휴일(매주 일요일)
② 근로자의 날(5.1.)
③ 근로기준법 시행령 제30조 제2항에서 정하고 있는 공휴일과 대체공휴일
3) 무급휴일 : 매주 토요일

6. 임금
1) 임금의 구성항목 및 구성 내역
(1) 기본시급 : 시간당 9,860원 (2024년 최저시급)
(2) 주휴수당 : 시간당 1,972원 (2024년 기준)
(3) 기타 급여
① 연장근로수당 : 소정 근로일이 아닌 무급휴일에 근로하거나 소정근로시간 이상 근로할 경우 근로기준법에 따라 통상임금의 50% 이상을 가산 지급한다.
② 야간근로수당 : 22시 이후 06시 이전에 급여를 제공한 경우 근로기준법에 따라 통상임금의 50% 이상을 가산 지급한다.
③ 장기근속 장려금 : 본 센터에서 근무한 기간이 36개월 이상부터 아래 표와 같이 장기근속 장려금을 지급한다.

계속근무기간	36개월 이상 60개월 미만	60개월 이상 84개월 미만	84개월 이상
금액(원/월)	60,000	80,000	100,000

※ 위 금액에는 사회보험기관부담금 및 퇴직적립금이 포함되어 있음

④ 중증 수급자 가산수당 : 1등급 또는 2등급 수급자에게 방문요양을 1회 180분 이상 제공하는 경우 수급자 1인당 일 3,000원을 가산 지급한다.
⑤ 연차수당 : 연차휴가 사용 기간 내에 사용하지 못한 경우 이를 수당으로 지급한다. 연차휴가를 사용하지 못했을 경우 아래와 같이 입사 연도에 따라 연차수당을 시급에 포함시켜 지급한다.

근속 연수	1년 차	2년 차 3년 차	4년 차 5년 차	6년 차 7년 차	8년 차 9년 차	10년 차 11년 차	12년 차 13년 차	14년 차 15년 차
연차 수	11일	15일	16일	17일	18일	19일	20일	21일
연차수당 (2024년)	416원	567원	605원	643원	681원	719원	756원	794원

2) 포괄 시급 : 기본시급, 주휴수당, 연차수당이 합산된 포괄 시급 및 연장, 야간, 휴일근로에 따른 1시간분 수당은 아래 표와 같다(2024년 기준).

근속 연수		1년 차	2년 차 3년 차	4년 차 5년 차	6년 차 7년 차	8년 차 9년 차	10년 차 11년 차	12년 차 13년 차	14년 차 15년 차
기본시급		9,860	9,860	9,860	9,860	9,860	9,860	9,860	9,860
주휴수당		1,972	1,972	1,972	1,972	1,972	1,972	1,972	1,972
연차수당		416	567	605	643	681	719	756	794
포괄시급		12,248	12,399	12,437	12,475	12,513	12,551	12,588	12,626
연장근로수당		4,930	4,930	4,930	4,930	4,930	4,930	4,930	4,930
야간근로수당		4,930	4,930	4,930	4,930	4,930	4,930	4,930	4,930
휴일	근로(○)	24,650	24,650	24,650	24,650	24,650	24,650	24,650	24,650
	근로(×)	9,860	9,860	9,860	9,860	9,860	9,860	9,860	9,860

3) 월 임금 (예시)

시급(1년 차 기준)		기본 시급	주휴수당	연차수당	합계
		9,860원	1,972원	416원	12,248원
근로시간	방문요양	1주일	1개월	808,368원 (66×12,248)	1,004,336원
		15시간	66시간		
	방문목욕	1주일	1개월	195,968원 (16×12,248)	
		4시간	16시간		
연장근로수당	무급휴일	토요일(3시간)	4회(12시간)	177,480원	236,640원
	평일	일, 일	2회(4시간)	59,160원	
야간근로수당		–	–	–	–
휴일근로수당		10월 2일, 3일	2회(6시간)	147,900원 (6×9,860×2.5)	147,900원
임금 총액(세전) : 1,388,876원					

4) 임금 지급일 : 급여는 매월 1일부터 31일까지 정산하여 익월 10일에 지급한다(휴일의 경우는 전일 또는 익일 지급)

5) 임금 지급방법 : 계좌이체(등록된 본인의 예금계좌로 입금)로 지급한다.
(은행, 계좌번호 : 예금주 ___________)

7. 연차유급휴가

1) 1년간 80퍼센트 이상 출근한 경우 15일의 유급휴가를 부여한다. 계속하여 근로한 기간이 1년 미만인 경우 또는 1년간 80퍼센트 미만 출근한 경우에는 1개월 개근 시 1일의 유급휴가를 부여한다.
2) 사용자는 근로자가 청구한 시기에 휴가를 주어야 한다. 다만, 청구한 시기에 휴가를 주는 것이 시설 운영에 막대한 지장이 있는 경우에는 그 시기를 변경할 수 있다.
3) 기타 사항은 근로기준법 및 취업규칙 등에서 정하는 바에 따른다.

8. 사회보험 적용 및 신고(해당란에 체크)

1) 사업주는 근로자에 대하여 관계법령에 따라 사회보험을 신고한다.
□ 국민연금 □ 건강보험 □ 요양보험 □ 고용보험 □ 산재보험
2) 사회보험은 1개월 동안의 소정근로시간이 60시간 이상이어야 하나 아래 조건을 고려해야 한다.
(1) 국민연금 : 만60세 이상자는 가입 제외
(2) 고용보험 : 1개월 소정근로시간이 60시간 미만이더라도 3개월 이상 계속하여 근로를 제공한 경우 의무가입 대상
(3) 건강보험, 산재보험 : 채용 즉시 가입
3) 피보험자격의 취득 또는 상실 신고는 근로개시일 또는 근로계약 종료일의 다음 달 15일까지 처리하며, 그 사유

를 사실 그대로 기재한다.

9. 퇴직급여
1) 퇴직급여제도의 종류 : 퇴직금 제도
2) 사업주는 계속근로기간이 1년 이상, 1주간 평균 15시간 이상 근무한 자가 퇴직하는 경우 그 지급 사유가 발생한 날로부터 14일 이내에 퇴직급여를 지급하여야 한다.
3) 근로자가 퇴직금을 받을 권리는 3년간 보장된다.
4) 퇴직금과 관련한 그 외 구체적인 사항은 근로자퇴직급여 보장법이 정한 바에 따른다.

10. 근로계약 해지 및 해고의 제한
단체협약, 취업규칙, 근로기준법 등 노동관계법령에 따른다.

11. 근로계약서 교부
1) 센터 대표는 근로계약을 체결함과 동시에 본 계약서를 사본하여 종사자의 교부 요구와 관계없이 종사자에게 교부한다.
2) 당사자 간의 합의에 따라 계약 내용이 변경될 경우, 고용주는 이를 반영한 근로계약서를 종사자에게 교부한다.

12. 권리와 의무
1) 사업주는 종사자에게 본인부담금 면제, 수급자 빼 오기 등 불공정 행위를 강요하거나 요구할 수 없고, 종사자는 이를 거절할 권리가 있으며 거절 행위로 인해 어떠한 불이익 처우를 받지 않을 권리가 있다.
2) 종사자가 수급자 또는 그 가족의 부당한 요구와 성적 괴롭힘 등의 문제를 겪을 경우 사업주는 문제 해결을 위한 절차를 구체적으로 제시하고 관계 법령에 명시된 고용주로서의 의무를 다한다.
3) 종사자는 수급자 또는 그 가족의 부당한 요구로 인한 분쟁이 생겼을 때 이를 이유로 어떠한 불이익 처우를 받지 않을 권리가 있다.
4) 종사자는 신의성실 원칙에 의해 사업주의 요구에 대하여 노인장기요양법과 근로기준법 범위 내에서 편성한 근무날짜와 근무시간을 준수한다. 다만, 사전 요청에 의해 근무날짜와 근무시간을 근로기준법 범위 내에서 조정할 수 있다.
5) 종사자는 업무 중 알게 된 개인정보와 비밀을 지킬 의무가 있으며, 수급자에 대하여 그 가족의 학대 행위가 의심될 경우에는 고용주에게 즉시 보고한다.
6) 사업주와 종사자는 월 1회 회의 또는 교육에 참여해야 한다.
7) 종사자는 직장을 그만두기 1개월 전에 사업주에게 이를 통보하거나 업무를 인수인계할 때까지 근무한다. 후임자가 없는 경우 사업주에게 인수인계할 수 있다.
8) 사업주는 종사자를 해고할 경우 적어도 30일 이전에 예고를 해야 하며, 30일 전에 예고하지 않을 경우 30일분의 통상임금을 지급해야 한다.
9) 사업주는 피고용인의 경력에 관한 사항을 사실대로 적은 증명서를 발급해야 한다. 증명서 발급은 고용한 적이 있는 모든 종사자를 대상으로 하며, 종사자가 요구하는 사항만을 기재한다.

12. 기타
이 계약서에 명시되지 않은 사항은 단체협약, 취업규칙, 근로기준법 등 노동관계법령에 따르며, 사업주는 근로자의 권리와 의무를 명확히 설명해야 한다.
위와 같이 근로계약을 체결합니다.

202 년 월 일

(갑) 사업체명 :
주 소 :
연 락 처 :
대 표 자 : (서명)
(을) 주 소 :
주민번호 :
연 락 처 :
성 명 : (서명)

03 재가노인복지시설 장기요양기관 지정서 작성

1) 재가노인복지시설 장기요양기관 지정서

노인복지법에 따른 「재가노인복지시설 설치신고서」 및 첨부서류를 준비했다면, 노인장기요양보험법에 따른 「장기요양기관 지정(갱신)신청서」 작성 및 첨부 서류를 준비해야 한다.

「장기요양기관 지정(갱신)신청서」는 노인장기요양보험법 시행규칙 [별지 제19호 서식]을 다운받아 작성하고 첨부서류인 '일반현황·인력현황 및 시설현황을 적은 서류 각 1부', '사업계획서 및 운영규정 각 1부', '사업자등록증 및 고유번호증 사본 각 1부'를 작성하여 첨부해야 한다. 여기에서 '사업자등록증 및 고유번호증'은 「노인복지시설 설치신고확인증」과 「장기요양기관지정서」가 발급되지 않은 상태이므로 생략한다.[7)]

「장기요양기관 지정(갱신)신청서」는 노인요양시설과 동일한 양식을 사용한다. 다만, 기관 유형에서 설치 예정인 서비스 유형에 체크해 주어야 한다.

7) 지정신청이 아닌 갱신신청의 경우에는 사업자등록증 및 고유번호증을 첨부한다.

표 9-26 장기요양기관 지정신청서 작성 방법

■ 노인장기요양보험법 시행규칙 [별지 제19호 서식] 〈개정 2019.9.27.〉

장기요양기관 지정신청서(시설 및 재가 공통서류)

접수번호	접수일자	처리기간 7일

<table>
<tr><td rowspan="2">신청인
(대표자)</td><td colspan="3">① 성명 홍 길 동</td><td>② 주민등록번호 650010–</td></tr>
<tr><td colspan="3">③ 주소 충북 청주시 서원구 ○○동 398–100</td><td>④ 전화번호 043)200–1000</td></tr>
<tr><td>⑤ 기관명</td><td colspan="4">청춘노인복지센터</td></tr>
<tr><td>⑥ 법인등록번호</td><td colspan="2">–</td><td>⑦ 법인명</td><td></td></tr>
<tr><td>⑧ 고유번호</td><td colspan="4">80–○○○–○○○</td></tr>
<tr><td>⑨ 설립 형태</td><td colspan="4">[ ]국가 [ ]지방자치단체 [ ]법인( )
[✓]개인 [ ]기타( )</td></tr>
<tr><td rowspan="3">⑩ 기관유형
(급여종류)</td><td rowspan="2">시설</td><td>노인요양시설</td><td colspan="2">[ ]노인요양시설 [ ]노인요양시설 내 치매전담실 가형
[ ]노인요양시설 내 치매전담실 나형</td></tr>
<tr><td>노인요양
공동생활가정</td><td colspan="2">[ ]노인요양공동생활가정
[ ]치매전담형 노인요양공동생활가정</td></tr>
<tr><td>재가</td><td>재가노인
복지시설</td><td colspan="2">[✓]방문요양 [✓]방문목욕 [ ]방문간호 [ ]단기보호
[✓] 주·야간보호 [ ] 치매전담형 주·야간보호</td></tr>
<tr><td rowspan="2">⑪ 소재지</td><td colspan="4">우편번호: (○○○○○) 충북 청주시 서원구 ○○동 287–300</td></tr>
<tr><td colspan="2">전화 043)200–3400</td><td colspan="1">팩스번호 043)200–3400</td><td>E–mail youth@naver.com</td></tr>
</table>

「노인장기요양보험법」 제31조 및 같은 법 시행규칙 제23조에 따라 장기요양기관 지정을 신청합니다.

2023 년 01 월 19 일

신청인(대표자) 홍 길 동 (서명 또는 인)

특별자치시장 · 특별자치도지사 · 시장 · 군수 · 구청장 귀하

<table>
<tr><td>첨부
서류</td><td>1. 일반현황·인력현황 및 시설현황을 적은 서류 각 1부
※ 각 서류는 이 서식 제2쪽부터 제6쪽까지의 양식에 작성하여 제출합니다.
2. 사업계획서 및 운영규정 각 1부
3. 사업자등록증 또는 고유번호증 사본 1부(특별자치시장·특별자치도지사·시장·군수·구청장이 「전자정부법」 제36조 제1항에 따른 행정정보의 공동이용을 통하여 확인할 수 있는 경우에는 그 확인으로 첨부서류를 갈음합니다)</td><td>수수료
없 음</td></tr>
</table>

위 본인은 장기요양기관으로 지정받은 후 「노인장기요양보험법」 제34조에 따라 국민건강보험공단이 운영하는 인터넷 홈페이지(www.longtermcare.or.kr)에 장기요양기관회원으로 가입하여 장기요양급여의 내용, 시설·인력 등의 현황자료 등을 성실히 게시할 것을 서약하며, 본인이 홈페이지에 게시한 정보가 변경되었거나 사실과 다를 경우에는 공단이 이를 확인하여 직접 수정하는 것에 동의합니다.

신청인(대표자) 홍 길 동 (서명 또는 인)

2) 첨부서류 1과 2 : 일반현황 및 인력현황

일반현황에서 '장기요양기관기호'는 신청자가 작성하는 것이 아니라 시 · 군 · 구 담당자가 작성하므로 생략한다. 설치신고 일자는 장기요양지정신청서에 기입된 날짜와 동일하게 작성하고, 급여 종류에는 '재가급여'로 적고 정원을 작성한다. 다만, 정원 작성 시 주의할 사항이 있다.

시설 규모에 맞추어 정원을 기입하면 그에 따라 종사자 수를 맞추어야 하고, 인력 현황에서는 전체 종사자들의 주민등록번호나 자격증 번호까지 입력해야 한다. 이것이 가능하게 하려면 시설 설치도 되기 전에 정원에 맞게 모든 이용자가 입소했다는 가정하에 종사자를 미리 채용해야 한다.

예컨대, 주 · 야간보호 시설의 요양보호사는 이용자 7명 당 1명을 확보해야 하는데, 정원을 30명으로 작성할 경우 요양보호사는 4명에서 5명이 필요하고 그에 맞추어 이력서와 근로계약서를 첨부해야 한다.

이 같은 상황을 고려한다면 시설 규모가 30명 입소 가능한 곳이더라도 설치 당시에는 9명 또는 그보다 조금 많게 신고한 후 이용자 증가에 맞추어 시설변경신청서를 제출하는 것이 유리할 수 있다. 마지막으로 기관 규모는 등기부등본이나 건축물대장에 기재된 면적을 작성한다.

▼ 표 9-27 첨부서류 : 일반현황

일 반 현 황 (시설 및 재가 공통서류)

<table>
<tr><td rowspan="2">① 기관명</td><td rowspan="2" colspan="3">○○노인복지센터</td><td rowspan="7" colspan="2">④ 입소
(이용)
정원</td><td colspan="4">급여 종류</td><td colspan="3">정 원</td></tr>
<tr><td colspan="4">총 원</td><td colspan="3">30 명</td></tr>
<tr><td rowspan="2">② 장기요양기관기호</td><td rowspan="2" colspan="3">시 · 군 · 구에서 작성</td><td colspan="4">재가급여</td><td colspan="3">30 명</td></tr>
<tr><td colspan="4"></td><td colspan="3"></td></tr>
<tr><td rowspan="3">③ 설치신고일자</td><td rowspan="3" colspan="3">2023년 1월 1일</td><td colspan="4"></td><td colspan="3"></td></tr>
<tr><td colspan="4"></td><td colspan="3"></td></tr>
<tr><td colspan="4"></td><td colspan="3"></td></tr>
<tr><td rowspan="3">⑤ 종사자현황</td><td rowspan="2">총원</td><td rowspan="2">시설의 장
(관리책임자)</td><td colspan="9">자격(면허) 보유자</td><td rowspan="2">기타</td></tr>
<tr><td>소계</td><td>사회복지사</td><td>의사</td><td>간호사</td><td>간호조무사</td><td>치과위생사</td><td>요양보호사</td><td>물리(작업)치료사</td><td>영양사</td></tr>
<tr><td>명</td><td>1</td><td></td><td>1</td><td></td><td></td><td>1</td><td></td><td>4</td><td></td><td></td><td>1</td></tr>
<tr><td>⑥ 기관규모</td><td>대지
면적</td><td colspan="2">700㎡</td><td>건물
면적</td><td colspan="2">400㎡</td><td>소유
형태</td><td colspan="5">1. 자가 2. 임대 3. 법인소유
4. 무상임대 5. 국가소유(위탁)
6. 지자체소유(위탁)</td></tr>
<tr><td>⑦ 홈페이지주소</td><td colspan="12">홈페이지가 있으면 작성</td></tr>
</table>

인력현황은 양식 뒷면의 '작성방법 및 유의사항'을 참고하면서 작성할 필요가 있으며 작성 시 유의할 사항은 다음과 같다.

첫째, 앞서 일반현황의 ⑤ 종사자현황과 일치해야 한다.

둘째, 종사자들의 관련 자격증(사본)과 주민등록등본을 미리 확보해야 하고, 근로계약을 체결해야 한다.8)

셋째, 인력현황에 작성된 종사자들이 시설 설치 이후 반드시 근로해야 하는 것은 아니다. 최초 설치신고 당시에 인력현황을 작성해서 제출했더라도 사업을 본격적으로 시작할 때 실제로 근무할 종사자를 대상으로 한 번 더 인력현황 신고를 해야 한다.

넷째, 근무형태에서 전임, 겸임, 시간제 작성 시 주의해야 한다. 전임과 겸임의 기준은 노인요양시설과 재가노인복지시설에서 동시에 일하는지 여부를 말한다.

예컨대, 요양시설과 재가기관을 동시에 운영하는 곳에서 사회복지사, 간호사, 물리치료사, 조리원 등은 양쪽 모두에 소속되어 일하는 인력은 겸임으로 기재한다. 반면, 요양보호사는 요양시설 또는 재가기관 중 어느 한 곳에서만 소속되어

8) 종사자 근로계약서 역시 지정 심사 서류에 포함된다.

일할 수밖에 없는 구조이므로 전임으로 표기한다. 시간제의 대표적인 사례는 방문요양보호사가 있다.

다섯째, 입사일과 근무 시작일은 계약일도 함께 고려할 필요가 있다. 예를 들면, 설치신고를 위해 근로계약을 맺었다면 그날은 '계약일'이 된다. 그러나 아직 시설 지정이 되지 않았으므로 '입사일'은 지정 이후가 되어야 한다. 따라서 '입사일'은 시설 지정이 결정 난 직후로 정해야 하므로 설치신고 서류를 시 · 군 · 구에 제출한 이후 약 1개월 후로 기재하는 것이 무난하다. 또한 노인요양시설에서 근무 시작일과 입사일은 동일한 경우가 일반적이다.

여섯째, 타 기관 근무자의 명단을 활용할 수 있는 분야는 방문서비스에 한정된다. 예를 들어, 타 기관에서 현재 방문요양보호사로 근무하고 있는 사람의 경우 한 명 또는 두 명의 이용자 가정에 방문서비스를 한 후 우리 기관에서 한 명 정도의 수급자에게 추가로 서비스를 줄 수 있다. 이것이 가능한 것은 방문서비스 요원은 반드시 한 곳의 기관에만 소속되어야 한다는 규정이 없기 때문이다.

실제 현장에서는 1명의 요양보호사가 A라는 기관에서 1명의 이용자에게 방문요양서비스를 제공하고, B라는 기관에서는 2명의 이용자에게 방문목욕서비스를 제공하고, 남는 시간을 활용해서 C라는 기관에서 1명의 장애인 활동보조서비스를 제공하는 경우가 비일비재하다. 이것으로도 시간이 남으면 시골의 경우 농사를 지어서 농산물을 시장에 내다 팔 수도 있고, 조그만 구멍가게를 동시에 운영할 수도 있다. 이처럼 방문서비스 요원은 시간을 자유롭게 사용할 수 있다는 점에서 요양시설이나 주야간보호기관에서 일하는 것을 기피하는 경우도 많다.

그래서 시 · 군 · 구에서 시설(기관)의 설치신고필증이 나오면 채용할 것을 전제로 종사자들의 관련 자격증과 주민등록증 등을 미리 확보해 놓아야 한다.

그리고 설치신고를 할 때는 함께 일하기로 했지만 생각이 바뀌었거나 상황이 맞지 않아 일하기를 포기할 수도 있을 것이다. 즉, 설치신고 당시의 인력현황과 정식으로 사업을 시작할 때의 인력현황이 같지 않아도 된다는 것이다. 따라서 최초 설치신고 당시에 인력현황을 작성해서 제출했더라도 사업을 본격적으로 시작할 때 또 한번 인력 현황 신고를 해야 한다.

인력 현황 보고를 2번이나 해야 하므로 번거롭기는 하나 이런 점이 오히려 유리할 수도 있다. 왜냐하면 시설(기관)에 대한 승인을 빨리 받아야 사업을 시작할 수 있으므로 일단 주변에 아는 사람들의 명단을 제출하여 승인을 받은 후 실제 사업을 할 때는 실제로 일할 사람들을 그때 가서 채용하면 되기 때문이다. 이런 방법은 정상적이 아니라거나 불법을 하는 것과는 다른 차원이다. 그 진위 여부는 알 수 없을뿐더러 상황이 바뀔 수 있는 것은 자연스러운 일이기 때문이다.

이런 점 때문에 가족이나 친구, 친척 중에 관련 자격증이 있는 사람을 동원하거나 해당 지역의 타 기관에서 현재 근무 중인 사람들의 명단을 올리기도 한다. 물론 요양시설이나 주야간보호, 단기보호와 같이 주 40시간 일하고 있는 사람은 시간이 중복되기 때문에 활용할 수 없다.

표 9-28 첨부서류 : 인력현황

[첨부서류 2] 인력(변경) 현황 (제3쪽)

인력(변경) **현황** (시설 및 재가 공통서류)

급여 종류 및 기관 유형	구분	유형
	노인요양시설	[ ]노인요양시설 [ ]치매전담실 가형① [ ]치매전담실 가형② [ ]치매전담실 나형① [ ]치매전담실 나형②
	노인요양 공동요양시설	[ ]노인요양공동생활가정 [ ]치매전담형 노인요양공동생활가정
	재가노인 복지시설	[✓]방문요양 [✓]방문목욕 [ ]방문간호 [ ]단기보호 [✓]주·야간보호 [ ]치매전담형 주·야간보호

연번	① 직종	② 이름	③ 주민등록번호	④ 자격종류 (면허종류)	⑤ 자격번호 (면허번호)	⑥ 자격증 취득일	⑦ 근무 형태	⑧ 입사/퇴사/휴직/복직일	⑨ 근무시작일/근무종료일	⑩ 치매전문 교육 이수여부
1	11	심청이	○○○○○○ – ○○○○○○○	12	제2020–○○○○ ○○○호	2020. ○○. ○○	전임	2023. 02.02	2023. 02.02	×

3) 첨부서류 3 : 시설현황 작성방법

방문요양과 주·야간보호는 갖추어진 시설에 ✓체크를 하면 되지만 방문목욕의 경우 다소 헷갈릴 수 있다. 아래 표에서 차량1은 방문목욕차량을 의미하고 차량2는 일반 승합차라고 했을 때, 방문목욕차량은 욕조, 급수탱크, 급탕장치, 보일러 시설, 샤워기, 리프트, 입욕장치 등이 설치된 것이어야 한다.

방문목욕차량은 시중에 완성차로 나와 있는 것이 아니라 아래 그림처럼 제작업체에서 1톤 또는 1.2톤 화물차를 구입해서 소비자가 원하는 용도에 맞게 구조 변경한 차량에 속한다. 제작업체는 대부분 영세하다 보니 화물차 구입을 소비자(사업주)에게 떠넘기는 경우도 있으나 자금력이 되는 회사는 화물차를 미리 확보하여 탑을 씌우고 내부장치를 장착한 후 마치 완성차처럼 판매하는 경우도 있다. 분명한 것은 차량 가격은 제조사(완성차)에서 출고된 화물차 비용이 해당되고, 탑을 포함한 내부장치는 개조 비용으로 분리된다는 점이다.

시설 설치 여부에서 차량1은 방문목욕용으로 제작된 것으로서 별도의 이동 욕조를 필요로 하지 않다. 이동 욕조가 필요한 경우는 차량을 이용한 목욕이 아닌 가정에서 실시하는 목욕이다. 즉, 차량이 있다면 굳이 이동 욕조가 없어도 시군구로부터 방문목욕 승인을 받을 수 있다. 반대로, 차량을 이용하지 않는 가정목욕을 할 것이라면 반드시 이동 욕조를 갖추어 놓고 있어야 한다.

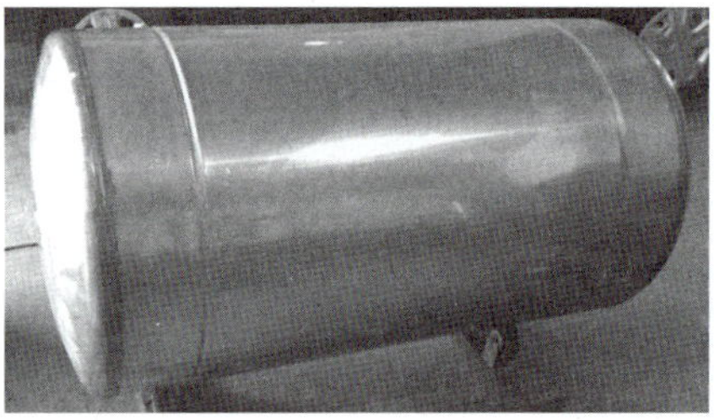

급수 탱크

급탕 장치

차량 내부

방문목욕 차량 외부

그림 9-1 방문목욕차량 장비

표 9-29 첨부서류 : 시설현황(재가)

[첨부서류 3-2] 시설(변경) 현황

시설(변경) 현황(재가급여의 경우)

[✓]방문요양 [✓]방문목욕 [ ]방문간호 [ ]단기보호 [ ]복지용구
[✓]주·야간보호 [ ]치매전담형 주·야간보호

시설 현황

구 분	침실(생활실)	사무실	의료 및 간호사실	물리(작업) 치료실	프로그램실	식당 및 조리실	화장실	세면장 및 목욕실	세탁장 건조장
개 소	1	1	1	1	1	1	2	1	1

치매전담형 주·야간보호 시설 현황

※ 해당 시설의 설치 여부를 "○" 또는 "X"로 기재합니다.

구 분	1인 생활실	옥외공간
설치 여부	(실)	

차량 현황(이송 및 방문목욕의 경우만 작성합니다)

차량 연번	차량 종류[1]	적재량	구입 연도	구입 방법[2]	차량 제조사	차량명	개조 설계	취득가(천 원)		차량 구입 지원기관	차량 번호
								차량가	개조 비용		
차량1	②	1톤	2018	②	기아	봉고3		17,000	26,000		○○
차량2	①	600kg	2018	②	현대	스타렉스		25,000			○○

1) 차량종류: ① 승합형 ② 탑형 ③ 버스 ④ 기타__________
2) 구입방법: ① 기증 ② 신규구매 ③ 중고구매 ④ 리스 ⑤ 기타__________

차량 내 장비현황 및 기타 장비 현황(방문목욕의 경우만 작성합니다)

※ 해당 시설의 설치 여부를 "○" 또는 "X"로 기재합니다.

구분	욕조	이동 욕조	급수 탱크	급탕 장치	보일러 시설	샤워기 시설	리프트	입욕 장치	세탁기	기타
차량1	○	X	○	○	○	○	○	○	X	
차량2	X	X	X	X	X	X	X	X	X	
이동용 욕조	2 개									

복지용구 소독·세정 및 그 밖의 관리 장비 보유 현황(복지용구사업의 경우만 작성합니다)

	장비명	제조사	모델명	용도	비고
신고내용*					
	총 면적	세정 및 소독 공간 등: 세정·소독 면적	살균·건조면적	조립·수리·포장면적	보관실 면적
	복지용구 세정·소독을 위탁하는 경우 위탁사업소명(사업자등록번호): 연락처:				

* 소독장비, 세정장비 또는 기타 장비의 보유 현황을 적습니다.

차량은 방문목욕 차량이든 일반 업무용 차량이든 신청서류에 '자동차등록증' 사본을 첨부해야 한다. 방문목욕 차량은 일반 화물차를 개조한 것이고, 욕조, 급수탱크, 급탕 장치, 보일러 시설, 샤워기, 리프트, 입욕 장치 등을 설치했다는 것이 증명되어야 한다.

따라서 아래 그림처럼 자동차등록증 상에 '구조 및 장치 변경사항'이 기재되어 있어야 한다. 이 내용은 방문목욕 차량을 제작한 업체에서 처리해줄 것인데, 관할 자동차 검사소에서 구조/장치 변경 합격 후 차량과 함께 확인 도장이 찍힌 자동차등록증을 건네줄 것이다. 이것을 복사한 후 시설(변경)현황과 함께 제출하면 된다.

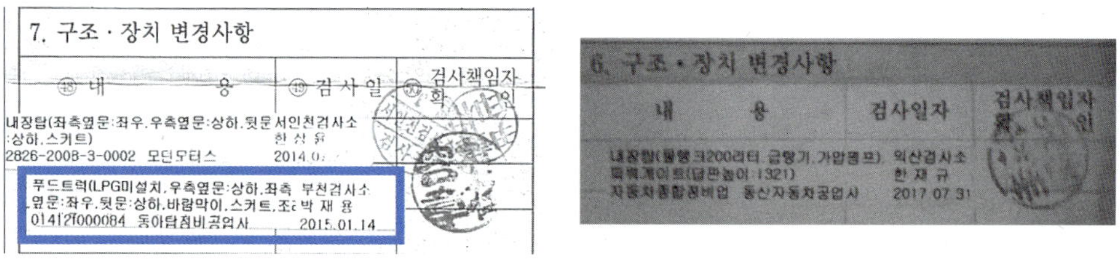

| 그림 9-2 | 자동차 등록증 : 구조/장치 변경사항

4) 첨부서류 4 : 운영규정 작성방법

재가노인복지시설의 운영규정은 노인요양시설 운영규정과 많은 부분 유사하다. 그러나 세부적인 내용에서 재가노인복지시설의 특성이 반영되어야 할 부분이 있기 때문에 구분해서 수록하지 않을 수 없다. 또한 재가노인복지시설은 방문요양 및 방문목욕과 같은 방문서비스와 주야간보호 및 단기보호를 포함하기 때문에 각 급여 유형의 특성이 반영될 필요가 있다. 특히, 단기보호시설은 사실상 노인요양시설과 유사한 형태로 운영되기 때문에 노인요양시설의 운영규정을 대부분 사용할 수 있다.

재가노인복지시설
(설립) 운영규정

급여 유형	
시 설 명	
사업시작일	20　　년　　월　　일
설립 지역	

제1장 총칙

총칙은 노인요양시설과 거의 유사하나 사업내용에서 재가노인복지설 종류별로 정리해 줄 필요가 있다.

예시

제1장 총칙

제1조(목적) 본 규정은 노인복지법 제34조 제4항 및 노인장기요양보험법 제31조 장기요양기관 지정에 의하여 ㅇㅇ노인복지센터(이하 "센터"라 한다)의 조직과 운영에 관한 제반 사항을 규정하여 센터 운영의 적정성과 내실을 기하고, 중풍이나 치매 등 노인성 질환 등으로 도움이 필요한 노인에게 장기요양서비스를 원활하게 제공함으로써 지역사회 노인복지증진에 기여함을 목적으로 한다.

제2조(명칭) 본 시설의 명칭은 ㅇㅇ노인복지센터(이하 "센터"라 한다.)라 칭한다.

제3조(위치) 센터의 위치는 ㅇㅇ도 ㅇㅇ시 ㅇㅇ구 ㅇㅇ동 ㅇㅇ-ㅇㅇ이다.

제4조(사업의 내용) 센터는 노인복지법과 장기요양보험법에 의거하여 아래와 같은 노인요양서비스를 제공한다.

1. 방문요양 : 장기요양요원이 수급자의 가정 등을 방문하여 신체활동 및 가사활동 등을 지원하는 장기요양급여
2. 방문목욕 : 장기요양요원이 목욕설비를 갖춘 장비를 이용하여 수급자의 가정 등을 방문하여 목욕을 제공하는 장기요양급여
3. 방문간호 : 장기요양요원인 간호사 등이 의사, 한의사 또는 치과의사의 지시서(이하 "방문간호지시서"라 한다)에 따라 수급자의 가정 등을 방문하여 간호, 진료의 보조, 요양에 관한 상담 또는 구강위생 등을 제공하는 장기요양급여
4. 주·야간보호 : 수급자를 하루 중 일정한 시간 동안 장기요양기관에 보호하여 목욕, 식사, 기본간호, 치매관리, 응급서비스 등 심신기능의 유지 및 향상을 위한 교육, 훈련 등을 제공하는 급여
5. 단기보호 : 수급자를 월 9일 이내 기간 동안 장기요양기관에 보호하여 신체활동 지원 및 심신기능의 유지, 향상을 위한 교육, 훈련 등을 제공하는 장기요양급여
6. 기타 지역특성 및 욕구에 따른 사업을 추진하여 복지증진을 도모하는 사업

제5조(적용) ① 본 규정은 노인복지법과 노인장기요양보험법 등 노인복지사업에 관련된 제반 법규를 따르며 이에 저촉되지 않는 범위에서 센터의 모든 운영에 적용한다.
② 본 규정에서 정하지 않은 것은 사회복지시설 관리안내(보건복지부)에 따르며, 본 규정과 대치할 경우 상위 규정을 따른다.

제2장 시설 운영의 원칙

재가노인복지시설의 원칙은 노인요양시설과 내용이 같지만 요양원을 센터로 표기했다.

예시

제2장 시설 운영의 원칙

제1조(목적) 본 규정은 센터 종사자를 비롯한 이해관계 당사자들이 시설의 운영이념과 원칙을 이해함으로써 이해관계

대립 또는 윤리적 갈등 상황에서 의사결정과 행동의 판단 기준을 세우기 위함이다.

제2조(적용대상) 센터와 관련된 내·외부 모든 체계 즉 이용자, 보호자, 종사자, 협력기관, 지원집단(자원봉사자, 후원자, 실습생 등), 지역사회를 대상으로 한다.

제3조(운영이념) 센터의 미션(Mission)은 "인생 황혼기의 Silver Happy Zone 구축"이며, 비전(Vision)은 "수급자 맞춤형 서비스 개발 및 지역사회 전문화 자원 발굴을 통한 미래지향적 노인복지센터 모델 개발"로 한다.

제4조(이용자 인권) ① 이용자에 대하여 인간으로서의 존엄성을 존중하며, 부당한 신체적 정신적 위협이나, 폭력, 고통, 강압과 부당한 영향력을 행사하지 않는다.
② 이용자에 대하여 성별, 질환, 인종, 종교, 문화, 언어, 정치적 신념 등을 이유로 부당한 차별을 하지 않고 어떠한 차별이나 불이익을 주지 않으며 공정하고 성실하게 서비스를 제공한다.
③ 이용자의 정당한 이익을 최우선 행동기준으로 하며, 항상 이용자의 이익이 보호될 수 있도록 업무 처리한다.
④ 이용자의 사생활을 존중하고 보호하며 직무수행과정에서 얻은 정보에 대해서는 철저하게 비밀을 유지한다.

제5조(이용자 만족) ① 항상 단정한 용모와 복장으로 공손하고 적극적인 태도로 이용자를 응대한다.
② 이용자에 관한 업무를 최우선으로 처리한다.
③ 이용자를 위한 편의시설 및 서비스 공간을 쾌적하고 청결하게 유지한다.

제6조(종사자 존중) ① 센터는 종사자를 독립적 인격체로서 존중하고 종사자의 건강 및 복지 등 삶의 질 향상을 위하여 최선의 노력을 기울인다.
② 센터는 종사자의 자아실현의 기회와 가치를 제공하기 위한 노력을 기울인다.
③ 종사자의 성별·학력·종교 등을 이유로 부당한 차별을 하지 않는다.

제7조(종사자의 평가와 보상) ① 센터는 목표와 성과에 대한 분명한 기준을 제시하고 업적과 능력에 따라 공정하게 평가한다.
② 센터는 사업 발전에 기여한 종사자에 대해서 공정하고 합리적인 보상을 한다.

제8조(직장문화와 제도 확립) ① 센터는 정당한 방법으로 업무를 수행할 수 있도록 제도의 확립과 교육 등 조치를 강구한다.
② 센터는 센터의 정보를 종사자와 최대한 공유한다.
③ 모든 종사자가 자유롭게 제안하고 의사표현을 할 수 있는 여건을 조성한다.

제9조(근무환경 조성) 센터는 종사자가 쾌적하고 건강한 상태에서 근무할 수 있도록 근무환경을 끊임없이 개선해 나간다.

제10조(종사자 간 상호존중) ① 종사자 간 전문적인 관계를 유지하고 상호 인격적으로 대우한다.
② 상사는 자신의 권한과 권력을 부당하게 남용하지 않는다.
③ 종사자는 공동 목표를 달성하기 위해 협력을 중시하는 조직문화를 조성하고, 부서 이기주의나 불필요한 갈등이 조장되는 행위를 하지 않는다.

제11조(이해상충 행위 금지) 종사자는 기관과의 극단적인 이해 상충 행위, 기관이 인정하지 않는 사적인 영리활동과 이권 개입을 금지한다.

제12조(금전대차 금지) 종사자 상호 간에는 금전대차 행위를 하지 않으며, 이용자 및 업무상 관련 기관과 부당한 금전거래를 하거나 금전대차를 하지 아니한다.

제13조(업무 관련 금품 제공 금지) 종사자는 업무관련자로부터 금품, 선물 또는 향응을 받아서는 아니 된다. 부득이 접수된 금품은 상사에게 보고한다.

제14조(업무상 비밀 누설 금지) 종사자는 재직기간 중 습득한 정보에 대한 비밀의 유지관리를 철저히 하여야 하며 사전 승인 없이는 절대로 외부에 유출하지 않는다.

제15조(센터 재산 및 경비의 사적 이용 금지) 종사자는 센터의 재산을 본인의 재산처럼 소중하게 보호하여야 하며, 사적인 목적을 위하여 이용하지 않는다.

제16조(정확한 보고) 사실을 은폐, 왜곡하고 합리화하지 않고 사업 중에 발생하는 사건, 사고를 비롯하여 자신의 업무와 관련된 모든 사항은 발생 직후 사실에 근거하여 정확하게 보고하여야 한다.

제17조(협력기관 존중) 상호 신뢰와 존중의 자세를 견지하여 협력기관과 센터 모두의 이익이 증대되는 공동 발전을 추구하고, 협력기관 관계자를 존중한다.

제18조(평등한 기회 및 공정한 절차) 모든 기관에게 협력기관 등록과 선정에 참여할 수 있는 기회를 보장하며, 협력기관 등록과 선정은 객관적이고 공정한 심사 기준에 따라 합리적인 방법으로 수행한다.

제19조(비용전가 및 부당행위 금지) 협력기관에 경조사 및 각종 기념일을 알리거나 경조금, 선물 등을 수수하지 않는다. 기타 협력기관에 우월적 지위를 이용, 비용 전가를 비롯한 부당행위를 강요하지 않는다.

제20조(지역사회공헌) ① 지역사회 조직·단체와 관련된 정보 수집과 모임에 적극 참여하여 공동사업을 추진하기 위한 네트워크를 구축한다.
② 지역사회가 당면하고 있는 문제에 관심을 갖고 적극적으로 참여하여 당면문제를 해결하도록 하며 지역사회와 연대를 통한 사회공헌에 노력한다.

제21조(자원봉사자와 실습생에 대한 윤리) ① 자원봉사자와 실습생의 관리 운영계획을 마련하고 자원봉사자와 실습생에게는 관련 종사자와 슈퍼바이저가 정해져 있어야 하며, 관련 종사자와 슈퍼바이저는 이들의 활동과 관련하여 지속적인 피드백을 제공한다.
② 자원봉사자와 실습생이 노인복지와 관련된 능력을 배양하여 전문 인력으로 성장 발전할 수 있도록 관련 종사자들은 적극 노력한다.

제3장 조직 및 업무분장

조직 및 업무분장은 노인요양시설과 내용이 동일하지만 중간에 직제 및 기능에서 재가노인복지시설의 유형에 따라 구분해서 작성해야 한다.

예시

제3장 조직 및 업무분장

제1조(목적) 이 규정은 센터 운영에 있어 업무수행이 효율적으로 이루어질 수 있도록 그 조직과 기능에 관하여 필요한 사항을 규정함을 목적으로 한다.

제2조(용어 정의) ① '조직'이라 함은 센터의 설치목적을 달성하기 위하여 구성된 직제 및 직위 등 기본 형태를 말한다.
② '업무분장'이라 함은 조직 구성원에 배분된 업무의 한계를 말한다.
③ '종사자'라 함은 본 규정에 정하는 바에 따라 입사 시 '근로계약서'를 상호 교부한 후 채용되어 각 업무에 따른 보수규정에 의해 보수를 받고 해당 업무를 맡아 근무하는 자를 말한다.
④ "직제"라 함은 업무수행을 위한 조직상의 지위를 말한다.

제3조(센터장 및 종사자) ① 센터에 센터장을 두되 센터장은 시설 대표가 겸임할 수 있다.
② 센터장은 센터를 대표하며 센터 운영에 관한 제반 업무를 관장한다.
③ 센터의 사업수행을 위하여 노인복지법 시행규칙 [별표 9]의 재가노인복지시설 설치기준에 의거하여 종사자를 둔다.

제4조(조직) 조직은 목적사업의 수행 및 주민의 이용이 편리하도록 조직하되 조직 및 직제는 센터의 특성 사업에 따라 가감할 수 있다.

제5조(직제 및 기능) 센터의 직제와 기능은 다음 각호와 같다.
1. 센터의 직제는 2팀으로 구성하고 종사자 정원은 이용자 수에 따라 정해진 필수배치 인력과 가산 인력 상황을 보고 결정하며, 과의 명칭은 시대의 흐름 및 용도에 따라 센터장이 정한다.
2. 〈주야간보호〉 센터의 직위는 센터장, 사회복지사, 간호(조무)사, 물리(작업)치료사, 요양보호사, 사무원, 조리원, 보조원으로 한다.
2. 〈단기보호〉 센터의 직위는 센터장, 사회복지사, 간호(조무)사, 물리(작업)치료사, 요양보호사, 조리원으로 한다.
2. 〈방문요양〉 센터의 직위는 센터장, 사회복지사, 요양보호사로 한다.
2. 〈방문목욕〉 센터의 직위는 센터장, 요양보호사로 한다.
2. 〈방문간호〉 센터의 직위는 센터장, 간호(조무)사, 치과위생사로 한다.

제6조(종사자) ① 종사자라 함은 센터 인사규정 및 취업규칙의 절차에 따라 정식으로 채용된 자를 말한다.
② 센터장은 종사자에서 제외한다.

제7조(업무분장 원칙) ① 각 과는 업무분장규정에 따라 배분된 업무를 능률적으로 성실히 수행하여야 한다.
② 각 과는 업무분장 규정의 한계를 이해하고 업무의 중복 및 누락 방지를 위해 타부서와 관련된 업무는 미리 센터장과 협의하여 업무를 배분하며, 부서 간 업무협조에 적극 임하는 것을 원칙으로 한다.
③ 각과의 한계가 명확하지 아니한 업무는 센터장이 상호 협의하여 정한다.

제8조(업무분장) ① 각 직종별 업무 분장의 세부적인 사항은 매년 사업계획 수립 시 계획에 반영하여 시행한다.
② 센터장은 센터의 효율적인 업무수행을 위해 필요한 경우 각 과의 분장업무를 조정할 수 있다.

제4장 시설운영위원회의 설치 · 운영에 관한 사항

시설운영위원회는 사회복지시설이라면 당연히 운영되어야 하는 만큼 시설 유형과 무관하다.

예시

제4장 시설운영위원회의 설치 · 운영에 관한 사항

제1조(목적) 이 규정은 센터 운영의 체계적, 종합적 발전 방향을 모색하기 위한 시설 운영위원회(이하 "위원회"라 한다)의 구성과 운영에 필요한 사항을 정함을 목적으로 한다.

제2조(위원회의 역할) 위원회는 센터 운영과 관련한 다음 각호의 사항을 심의한다.
1. 시설운영계획의 수립·평가에 관한 사항
2. 사회복지 프로그램의 개발·평가에 관한 사항
3. 시설 종사자의 근무환경 개선에 관한 사항
4. 서비스 이용자의 생활환경 개선 및 고충 처리 등에 관한 사항
5. 서비스 이용자의 인권보호 및 권익증진에 관한 사항
6. 시설과 지역사회의 협력에 관한 사항
7. 그 밖에 시설의 장이 운영위원회의 회의에 부치는 사항

제3조(위원회의 구성) ① 위원회는 센터장을 포함하여 5인 이상 10인 이하의 위원으로 구성한다.
② 위원회의 위원은 다음 각호의 해당하는 자 중에서 센터장의 추천을 받아 관할 시장, 군수, 구청장이 임명 또는 위촉한다. 다만, 제4호에 해당하는 자의 경우에는 시설의 장의 추천을 받지 아니한다.
③ 위원회는 다음 각호와 같이 구성한다.
1. 내부인사 : 시설의 장, 이용자 대표, 시설 종사자의 대표
2. 외부인사 : 이용자의 보호자 대표, 사회복지 공무원, 후원자 대표, 지역주민, 공익단체 추천인, 전문적인 지식과 경험이 풍부한 자
④ 위원회의 위원장은 위원 중에서 호선한다.
⑤ 위원의 임기는 3년으로 하되 연임할 수 있고, 보궐위원의 임기는 전임자의 잔임 기간에도 불구하고 3년으로 한다. 다만 공무원인 위원의 임기는 그 직의 재직기간으로 한다.
⑥ 위원회에는 부위원장 1인과 간사 1인을 두되 위원장이 임명한다.

제4조(위원장 등의 임무) ① 위원장은 위원회를 대표하고, 위원회의 임무를 총괄한다.
② 부위원장은 위원장이 부득이한 사유로 직무를 수행할 수 없을 때 그 직무를 대행한다.
③ 간사는 위원장을 보좌하고 위원회 운영에 대한 행정적 지원을 담당한다.

제5조(회의) ① 위원장은 회의를 소집하고 그 의장이 된다.
② 위원회의 회의는 다음 경우에 소집한다.
1. 정기회의 (분기별 1회)
2. 위원장의 소집 요구가 있을 때
3. 재적 위원 2/3 이상의 소집 요구가 있는 경우
③ 위원회는 재적 위원 과반수의 출석과 출석위원 과반수의 찬성으로 의결한다.
④ 회의에 외부인사는 1인 이상 반드시 참석해야 한다.
⑤ 회의를 마치면 회의록에 회의 일자, 회의내용, 참석자(서명)를 기록한다.
⑥ 운영위원회 회의 결과는 센터 운영에 연 1회 이상 반영한다.

제6조(회의 공개의 제한) 위원장은 필요하다고 판단될 때에는 그 회의의 공개를 제한할 수 있다.

제5장 이용정원 및 모집방법

이용정원 및 모집방법은 노인요양시설과 재가노인복지시설 유형에 따라 용어 선택을 주의해야 하고 각 시설 유형에 맞게 수정해서 작성해야 한다.

예시

제5장 이용정원 및 모집방법

제1조(이용정원) ① 본 센터는 장기간 입소한 수급자에게 신체활동 지원 및 심신기능의 유지·향상을 위한 서비스를 제공하는 시설로서 관계법령에 의거하여 (　　)명을 정원으로 한다.
② 이용정원은 시설장이 시설의 내부 사정을 고려하여 조절할 수 있다.

제2조(이용 시간) 센터의 업무시간은 (　　)시부터 (　　)시까지 서비스를 기본으로 하되 수급자 및 보호자의 요청이 있거나, 센터장이 필요하다고 느끼는 경우에는 변경할 수 있다.
※ 방문서비스는 업무시간이 특별히 의미가 없지만 야간 근로(22시부터 06시까지)의 경우 별도 가산 수당이 붙는 만큼 선택적으로 운영된다.

제3조(이용 대상) ① 일상생활 수행에 지장이 있는 65세 이상 노인 또는 노인성 질환을 가진 65세 미만의 자로서 국

민건강보험공단 등급판정위원회로부터 장기요양 등급(1~5) 판정을 받은 자
② 제1항에 해당하지 않더라도 일상생활 수행에 지장이 있는 자
※ 주야간보호의 경우 현실적으로 1~3등급 수급자는 이용이 어렵기 때문에 4, 5등급과 인지지원등급을 선택적으로 작성할 수 있다.

제4조(이용 제외 대상) 다음 각호의 경우 이용 대상에서 제외한다.
1. 정신과적인 이상행동이 두드러지는 이용자
2. 전염성 질병을 보유한 이용자(결핵, 간염, 피부병 등의 기타 법정 전염성 질환)
3. 폭력, 통제 불능, 사고위험 등으로 공동생활에 부적합하다고 판단되는 이용자
   ※ 공동생활에 관한 것이므로 방문서비스는 제외된다.
4. 중증 환자로서 전문적인 의료행위 및 처치가 필요한 이용자
5. 기타 센터에서 돌봄이 어렵다고 판단되는 이용자

제5조(이용 절차) 수급자가 이용신청서를 접수하면 센터는 자격 요건을 확인 후 수급자의 욕구사정 및 개인별 장기이용계획서의 급여서비스 내용을 참조하여 급여제공계획을 수립하고 계약 후 서비스를 이용한다.

신청접수	→	자격확인	→	서류확인	→	급여계약	→	급여제공
• 이용 신청서 • 장기요양 인정서	→	• 급여유형 확인 • 시군구 확인	→	• 개인별 장기요양 이용계획서 • 장기요양 인정서 • 복지용구급여 확인서	→	• 급여계획 • 급여 계약서	→	• 공단 통보 • 서비스 실시

제6조(우선순위) 이용정원 등의 문제로 이용 우선순위가 필요한 경우는 다음의 각 호를 따른다.
1. 입주신청서 작성 순서를 기준으로 ㅇㅇ구·군 이용자를 우선한다.
2. 지자체로부터 의뢰받은 기초생활보장수급권자
3. 차상위계층 또는 의료급여 수급권자
4. ㅇㅇ구·군 이외 이용자
   ※ 우선순위는 정해진 것이 없으므로 거주 지역을 특별히 제한하지 않아도 된다.

제7조(이용자 모집방법) 이용자 모집은 아래와 같은 방법으로 진행한다.
1. 장기요양보험제도 홈페이지 및 센터 블로그, 네이버 카페, 네이버 밴드 등 온라인 홍보
2. 센터 전광판, 건물 벽면 현수막 등 옥외 광고
3. 현수막, 전단지, 차량 등을 활용한 지역사회 홍보
4. 지역 신문, 버스 또는 택시 등 교통수단 홍보 의뢰
5. 지역사회 주요 정보제공자 접촉을 통한 입소문 전략 수립
6. 센터 종사자의 개별 접촉, 이용자의 주변 권유 등
7. 지자체 의뢰 적극 유인(저소득 계층)

제6장 이용계약에 관한 사항

지침에는 입소계약에 관한 사항에 계약기간, 계약목적, 월이용료 등 기타 비용부담액, 신원 인수인의 권리와 의무, 계약의 해제 등에 관한 사항을 포함하도록 나와 있다. 그러나 재가노인복지시설에서 입소라는 용어가 적용되는 시설은 단기보호 밖에는 없다. 따라서 '입소'라는 용어보다는 '이용'이라는 용어를 사용해도 무방하다.

그리고 제7조(월 이용료 및 기타 부담액)에서는 재가노인복지시설 유형에 따라 구분해서 작성해야 한다.

예시

제6장 이용계약에 관한 사항

제1조(계약목적) 센터와 이용자는 다음의 서비스 이용계약을 통해 계약 당사자가 가지는 권리와 의무의 발생 및 변경, 소멸을 명확히 함으로써 양질의 서비스 제공과 센터의 사업목적을 원활하게 달성하는 것을 목적으로 한다.

제2조(계약기간) ① 입소 계약기간은 원칙적으로 장기요양 인정기간으로 한다.

② 센터와 이용자(또는 보호자)는 계약서에서 명시한 계약종료일 1개월 전까지 계약연장에 대한 의사를 표시함으로써 계약서를 새로 작성할 수 있다.

③ 새로 계약을 체결하지 않더라도 센터와 이용자(또는 보호자) 양측이 재계약 포기(거부) 의사를 밝히지 않고, 계약서에 '계약기간 자동 연장'에 대한 항목이 명시되어 있는 경우 명시된 기간만큼 계약기간이 자동 연장되는 것으로 간주한다.

④ 계약기간이 남아 있더라도 수급자의 장기요양등급 인정서가 만료된 경우 자동으로 계약이 해지되며, 노인복지법 제34조, 노인장기요양보험법 시행령 제6조, 노인장기요양보험법 제28조 의거 이용료 등 비용 변경이 있을 경우 보호자와 협의 후 재계약함을 원칙으로 한다.

제3조(계약준수사항) ① 모든 서비스의 제공은 센터와 이용자(또는 보호자) 사이에 체결한 계약에 의한다.

② 계약체결 시 센터는 제공되는 서비스의 유형 및 시간, 비용 등에 대한 사항을 이용자(또는 보호자)에게 충분히 안내하여야 한다.

③ 센터는 정당한 사유 없이 서비스 제공 요구를 거부할 수 없으며, 계획에 따른 서비스 제공에 차질이 예상될 경우 이용자(또는 보호자)와 사전 협의하여 서비스를 제공하여야 한다.

④ 계약서는 노인장기요양제도 기본규정을 포함하여 기관 별도 서식으로 제공한다. 단, 계약서에는 기간, 급여의 종류, 급여비용, 비급여, 개인정보보호, 분쟁해결, 손해배상 등을 포함한다.)

제4조(신원 인수인의 의무와 권리) ① 신원 인수인의 의무는 다음 각호와 같다.

1. 이용자에 관한 건강 및 기타 필요한 자료를 제공할 의무
2. 이용자의 월 이용료 등 입소 비용을 부담할 의무
3. 이용자의 상태를 알릴 수 있는 연락처 제공 및 변경 시 즉각 변경된 연락처를 제공할 의무
4. 신원 인수인의 신변에 변화가 있을 경우 고지할 의무(해외이주, 금치산 또는 파산선고 등으로 의무를 다하지 못할 사유 발생 시)
5. 이용자가 병원 입원 시, 간호 및 간병, 입·퇴소 절차, 비용 등을 부담할 의무
6. 이용자의 서비스 제공과 관련한 자료 제공을 센터로부터 요청받았을 경우 이를 제공할 의무

② 신원 인수인의 권리는 다음 각호와 같다.

1. 이용자와 관련된 장기요양급여 및 비급여 서비스 내역에 대하여 알 권리
2. 이용자가 서비스 제공계획에 따른 적절한 서비스를 제공받고 있는지 확인할 권리
3. 이용자의 간호와 재활치료에 관한 상세 내역을 요청할 권리
4. 이용자가 안전하고 청결한 생활환경에서 거주하고 있음을 확인할 권리
5. 이용자의 상태변화에 따른 서비스 변화 요청의 권리
6. 이용자의 처우개선을 요청할 수 있는 권리

제5조(신원인수인의 변경) ① 센터는 이용자에 대하여 그의 신원인수인이 사망하거나 금치산 또는 준금치산의 선고를 받았을 때와 파산선고 등 신원인수인으로서의 자격이 없다고 인정될 때에는 이용자(보호자)에게 신원인수인을 변경할 것을 요구할 수 있다.

② 이용자(보호자)는 전항의 요청을 받았을 때는 즉시 센터가 적당하다고 인정하는 신원인수인으로 변경하여야 한다.

제6조(이용료수납) ① 본 센터의 장기요양급여비용은 노인장기요양보험법의 규정에 따라 전체 요양급여비용 중 15%(본인부담액)를 부담한다. 다만, 노인장기요양 등급을 받지 못한 자는 요양급여비용의 100%를 부담한다.

② 부양의무자로부터 적절한 부양의무를 받지 못하는 소득, 재산이 일정 금액 이하인 저소득층 노인의 경우 규정 내에서 본인부담금의 일부를 감면해 줄 수 있다.

③ 이용료 수납은 매월 초 센터의 지정 계좌에 송금하는 것으로 정한다.
④ 비용면제 및 감면이용자라도 행사비, 식대 등 실비를 징수할 수 있다.
⑤ 다음 각 항에 해당하면 이용료를 환급할 수 있다.
  1. 센터 측의 잘못된 판단이나 오류로 인해 이용료수납 후 이용 불가 승인 통보를 하였을 경우
  2. 종사자의 중대한 과실로 인해 이용자가 신체적·정신적 손상이 심하여 더는 센터를 이용할 수 없을 때
⑥ 상기 ④항과 관련하여 다음의 각 항에 해당하는 경우에는 이용료를 돌려주지 아니할 수 있다.
  1. 시설 이용 신청 시 작성한 구비서류에 거짓 사항이 판명되거나 그로 인해 이용자의 시설 이용이 불가능하다고 판단되는 경우
  2. 이용자 자신의 부주의로 인한 과실이나 종사자의 지도에 불응하여 일어난 사고로 인해 시설 이용이 불가능한 경우
  3. 이용자의 언행이나 행동이 극히 폭력적이고 공동생활에 적합하지 못한 심한 장애가 있어 단체 활동이 불가능한 경우(주야간보호 및 단기보호)

제7조(월 이용료 및 기타 부담액) ① 노인장기요양보험법에 따른 센터의 일일 급여비용 및 이용 한도는 아래와 같다.
1. 방문요양 이용료(2023년)

서비스 시간	재가급여 총 비용	본인부담금(이용료)		
		일반(15%)	감경(9%)	감경(6%)
30분	16,190원	2,429원	1,457원	971원
60분	23,480원	3,522원	2,113원	1,409원
90분	31,650원	4,748원	2,849원	1,899원
120분	40,280원	6,042원	3,625원	2,417원
150분	46,970원	7,046원	4,227원	2,818원
180분	52,880원	7,932원	4,759원	3,173원
210분	58,930원	8,840원	5,304원	3,536원
240분	65,000원	9,750원	5,850원	3,900원

2. 방문요양 등급별 최대 제공 가능 횟수(2023년)

등급	월 한도액	1일 가능 시간	월 제공 가능 일수
1등급	1,885,000원	최대 4시간(240분) 65,000원	29일
2등급	1,690,000원		26일
3등급	1,417,200원	최대 3시간(180분) 52,880원	27일
4등급	1,306,200원		25일
5등급	1,121,100원	최소 2시간~최대 3시간	21일
인지지원등급	624,600원	주야간 보호만 이용 가능	

3. 방문목욕 이용요금(2023년)

구분		급여비용	본인부담금(이용료)		
			일반(15%)	감경(9%)	감경(6%)
차량 내 목욕		82,160원	12,324원	7,394원	4,930원
가정 목욕	차량 이용	74,070원	11,111원	6,666원	4,444원
	가정 내	46,250원	6,938원	4,163원	2,775원

4. 방문간호 이용요금(2023년)

방문당	급여비용	본인부담금(이용료)		
		본인 부담(15%)	감경(9%)	감경(6%)
30분 미만	39,440원	5,916원	3,550원	2,366원
30분 이상 ~ 60분 미만	49,460원	7,419원	4,451원	2,968원
60분 이상	59,500원	8,925원	5,355원	3,570원

5. 주야간보호 이용요금(2023년)

분류/등급		급여비용	본인부담금(이용료)		
			본인 부담(15%)	감경(9%)	감경(6%)
3시간 이상	1등급	38,630원	5,795원	3,477원	2,318원
	2등급	35,760원	5,364원	3,218원	2,146원
	3등급	33,010원	4,952원	2,971원	1,981원
	4등급	31,510원	4,727원	2,836원	1,891원
	5등급	30,000원	4,500원	2,700원	1,800원
	인지지원등급	30,000원	4,500원	2,700원	1,800원
6시간 이상	1등급	51,780원	7,767원	4,660원	3,107원
	2등급	47,960원	7,194원	4,316원	2,878원
	3등급	44,270원	6,641원	3,984원	2,656원
	4등급	42,770원	6,416원	3,849원	2,566원
	5등급	41,240원	6,186원	3,712원	2,474원
	인지지원등급	41,240원	6,186원	3,712원	2,474원
8시간 이상	1등급	64,400원	9,660원	5,796원	3,864원
	2등급	59,660원	8,949원	5,369원	3,580원
	3등급	55,080원	8,262원	4,957원	3,305원
	4등급	53,580원	8,037원	4,822원	3,215원
	5등급	52,050원	7,808원	4,685원	3,123원
	인지지원등급	52,050원	7,808원	4,685원	3,123원
10시간 이상	1등급	70,950원	10,643원	6,386원	4,257원
	2등급	65,720원	9,858원	5,915원	3,943원
	3등급	60,720원	9,108원	5,465원	3,643원
	4등급	59,190원	8,879원	5,327원	3,551원
	5등급	57,690원	8,654원	5,192원	3,461원
	인지지원등급	52,050원	7,808원	4,685원	3,123원
13시간 이상	1등급	76,080원	11,412원	6,847원	4,565원
	2등급	70,480원	10,572원	6,343원	4,229원
	3등급	65,110원	9,767원	5,860원	3,907원
	4등급	63,600원	9,540원	5,724원	3,816원
	5등급	62,100원	9,315원	5,589원	3,726원
	인지지원등급	52,050원	7,808원	4,685원	3,123원

② 요양급여 외 센터의 월간 비급여항목은 아래와 같다.
※ 이 부분은 주야간보호 및 단기보호에만 해당된다.

1. 식비 및 간식비
   ㅇ 식비 : 1일 3식 제공, 1끼 3,000원(월 평균 부담 비용 : 30일×3끼×3,000원=270,000원)
   ㅇ 간식비 : 1일 1회 제공 기준(1회 1,000원 : 월 평균 부담 비용 : 30일×1회×1,000원=30,000원)
   ㅇ 기저귀 : 시장가격에 준함(기초생활수급권자는 보건소에서 수령)
2. 기타 일상생활용품(무료 제공)
   ㅇ 이동보조기구(휠체어 등), 간이용변기구 : 수급자별 필요에 따라 제공시 무료 제공
   ㅇ 취침 관련 기구(침대, 침구 등) 및 소모품, 세면(목욕포함)도구 및 소모품, 개인사물함 및 수납장 무료 제공
   ㅇ 냉난방비 및 전기·수도 사용료 : 무료 제공
   ㅇ 피복비 : 수급자용 생활의복 제공 시 무료 제공
   ㅇ 이미용비 : 무료 제공

제8조(이용료 및 비용 변경) 다음 각호의 요건에 해당될 경우에는 이용자나 보호자와의 상호협의를 거쳐 이용료 및 비용을 변경할 수 있다. 방법 및 절차는 상호협의한 후 재계약서 작성을 원칙으로 한다.
1. 이용비용 기준 : 이용료 산정기준은 건강보험공단 요양보험수가를 기준으로 하며 변경은 등급변경과 요양보험수가의 변경에 따른다.
2. 노인장기요양보험법 제40조 1, 3항에 의거 본인부담금의 일부를 감경받는 이용자 또는 국기법 수급권자의 감경 절차 및 감경 방법은 보건복지령에 따라 처리한다.
3. 시설은 물가 변동 즉, 급식비 등 제반 운영비용의 증감변동에 따른 비급여 항목의 금액을 개정할 수 있다(주야간보호 및 단기보호 해당).

제9조(계약자 및 당사자의 의무) 서비스 제공자와 서비스 이용자 보호자 간에 다음 각호를 포함한 별도의 이용계약서를 체결한다.
① 서비스 제공자(이하 "갑"이라 칭함)의 의무
   1. 이용자(이하 "을"이라 칭함)의 안전한 생활여건 조성 및 질 높은 서비스 제공 의무
   2. "을"의 신변 이상 시 보호자에게 즉시 연락 의무
   3. 개별장기요양서비스의 성실한 제공 의무
   4. 식사 제공 및 생활 상담, 조언 및 생활 편익 제공 의무
   5. 건물 및 부대시설의 청결 및 유지관리 의무(주야간보호 및 단기보호 해당)
   6. 기타 "을"의 안락한 노후생활에 필요한 협조 의무
② 이용자(보호자)의 의무
   1. 월 이용료 납부 의무
   2. 시설의 건전한 생활 분위기 조성 의무(주야간보호 및 단기보호)
   3. 시설 내의 개인 애완동물 사육금지 등 청결 의무(주야간보호 및 단기보호)
   4. 보호자 인적 사항 변동 시 즉시 통보 의무
   5. 개별장기요양서비스를 제공받아야 할 권리
   6. 기타 장기요양서비스 이행 의무
③ 보호자(이하 "병"이라 칭함)의 의무
   1. 이용자에 관한 건강 및 필요한 자료 제공 의무
   2. 이용자의 월 이용료 입소 비용 부담 의무
   3. 인적 사항 등 변경 시 즉시 통보 의무
   4. 장기 출장 등으로 보호자 의무 이행이 어려울 시 대리인 선정 의무

제10조(계약의 해제) 계약종결은 이용자와 보호자의 의사를 우선으로 고려하지만 다음 각호의 요건에 해당될 경우에는 이용자 또는 보호자에게 계약을 해지할 수 있다. 다만, 해약의 통지는 14일 전에 하여야 한다.
1. 이용자의 생명이 위험하거나 사망하였을 때
2. 이용자의 건강진단 결과 법정 전염병 소지자 또는 보균자로 판정될 때
3. 3회 이상 이용료를 납부하지 아니하고 연체하였을 때
4. 시설 내에서 시설규칙이나 시설관계자의 정당한 조치에 따르지 않는 등 시설운영 또는 타 이용자의 생활에 지

장을 줄 때(주야간보호 및 단기보호 해당)
5. 지나친 문제행동으로 요양보호사의 신변이 위험하다고 판단되는 경우 또는 폭력성 등 심한 치매나 성격상 문제자인 경우
6. 건강과 관련한 중요한 정보를 고의적으로 숨긴 것이 드러났을 때

제7장 이용료 등 비용 변경방법 및 절차 등에 관한 사항

여기에는 이용료 변경에 관한 서면 통지, 이용료 변경사유, 이용료 변경 안내 방법, 이용료 변경 절차 등이 포함될 필요가 있다.

이용료라 함은 서비스 이용비용과 식사비(간식 포함), 기타 비급여 항목 등이 해당된다. 이용비용은 해마다 변경되는 수가를 반영하는 것이므로 방문요양, 방문목욕, 주야간보호 등은 전국적으로 동일할 것이나 식사비나 기타 비급여 항목 등은 변경 가능성이 높기 때문에 이에 대한 안내가 제대로 이루어져야 한다.

예시

제7장 이용료 등 비용 변경방법 및 절차 등에 관한 사항

제1조(이용료 변경에 관한 서면 통지) ① 센터는 매년 보건복지부(국민건강보험공단을 포함한다)에서 고시한 노인장기요양보험 수가 및 본인부담금 비율 등을 변경된 당해연도의 본인부담금 최초 월분 납입 기일 15일 전까지 이용자, 이용자 또는 보호자에게 서면으로 통지하여야 한다.
② 비급여 항목에 관한 금액은 변경 적용할 전월까지 이용자 또는 보호자에게 반드시 서면으로 통지하여야 한다.

제2조(이용료 변경 사유) ① 장기요양등급의 변화, 이용자의 상태변화 등의 사유가 발생할 경우 계약기간 중이라도 서비스 이용 시간에 따른 비용을 변경할 수 있다. 단, 이때는 센터 관리책임자에게 상담 및 서면으로 서비스 변경 요청을 하여야 하며, 센터는 이를 수용하여 서비스 내용을 변경하여 적용하도록 하여야 한다.
② 다음 각호의 요건에 해당될 경우에는 이용자가 보호자와의 협의를 거쳐 이용료 및 비용을 변경할 수 있다.
1. 노인장기요양보험 이용자의 등급이 변경되었을 경우
2. 장기요양급여비용이 변경되었을 때
3. 이용계약서의 계약기간이 만료되어 재계약을 하여야 하는 경우
4. 「노인장기요양보험법 시행규칙」 제14조에 따른 비급여비용이 변경되었을 때
5. 이용자의 건강보험 자격이 변경되었을 때

제3조(이용료 변경 안내) ① 급여비용이 변경되었을 경우에는 사전안내와 협의를 거쳐 비용을 변경하여 계약서를 수정하여 재계약서를 작성하여야 한다.
② 급여비용 변경이 발생하였을 때에는 발생 즉시 갑과 을이 상호 통보하여 장기요양서비스 제공에 지장이 없도록 한다.

제4조(이용료 변경 절차) 이용료 변경 절차는 다음과 같다.
1. 등급이 변경되었을 때에는 변경된 장기요양인정서를 제시해야 한다.
2. 장기요양등급 변경이 확인된 경우 등급에 따른 급여비용을 적용한다.
3. 본인부담금 감경이 확인된 경우 감경에 따른 본인부담금을 적용한다.
4. 「장기요양급여 제공기준 및 급여비용 산정방법 등에 관한 고시」에 따른 장기요양급여비용이 변경되면 이용자나 보호자에게 변경 내역을 우편, 전자적 방법으로 통보 후 적용한다.

5. 비급여비용은 변경 적용할 전월까지 이용자, 이용자 또는 보호자에게 반드시 서면으로 통지하거나 또는 비급여비용 변경계약서를 작성한다.
6. 계약기간이 만료되었을 때에는 계약기간 만료 전에 사전 통보하여 재계약을 체결하여야 한다.

제8장 서비스의 내용과 그 비용의 부담에 관한 사항

서비스 제공 원칙은 시설 임의로 정할 수 있으나 보다 전문적인 기술을 위해서 「노인보건복지 사업안내」(p. 105)에서 발췌했다. 따라서 해당 주제와 관련해서 어떤 시설보다 정확하게 작성되었다고 할 수 있다.

예시

제8장 서비스의 내용과 그 비용의 부담에 관한 사항

제1조(서비스 제공 원칙) 서비스 제공의 원칙은 다음 각호와 같다.

1. (인권보호) 성, 연령, 종교, 건강상태 및 장애, 경제상태, 종교 및 정치적 신념, 개인적 선호도 등을 이유로 서비스 과정에서 수급자를 차별 또는 학대해서는 안 되며, 존엄한 존재로 대한다.
2. (자기결정) 입소 및 퇴소, 일상생활, 사회참여, 종교생활, 서비스 이용 등 장기요양서비스 이용에 수급자의 자기결정권과 선택권을 최대한 존중한다.
3. (자립생활) 수급자의 잔존기능, 장점 및 자원을 평가하여 가능한 수급자 스스로 자신의 삶을 영위할 수 있도록 지원한다.
4. (사례관리) 수급자의 욕구, 문제, 장점과 자원에 대한 정확한 사정을 바탕으로, 개인별로 차별화된 서비스 계획을 수립하여 수급자의 욕구에 적합한 서비스를 충분히 제공한다.
5. (비밀보장) 수급자의 사생활을 존중하고 업무상 알게 된 개인정보는 철저히 비밀을 보장한다.
6. (기록 및 공개) 수급자의 생활과 장기요양서비스에 관한 모든 내용을 상세히 관찰하여 정확히 기록하고, 수급자나 가족이 요구할 경우 기록을 공개한다.
7. (사회통합) 수급자와 가족, 친구 등과의 교류를 강화하고 사회참여를 적극적으로 지원하여 수급자의 사회통합을 촉진한다.
8. (전문서비스와 효율성) 충분한 전문인력과 시설을 확보하여 수급자에게 장기요양 서비스를 제공하되, 서비스의 효율성을 제고하기 위해 노력한다.
9. (부당청구 금지) 수급자의 욕구와 문제, 기능 상태를 고려하여 적정 수준의 서비스를 제공하며, 과다 서비스 제공과 부당청구를 하지 않는다.
10. (알선행위 등의 금지) 영리를 목적으로 본인부담금을 면제하거나 할인하는 행위, 금품 등을 제공하는 등 수급자를 소개·알선·유인하는 행위 및 이를 사주하는 행위를 하지 않는다.

제2조(서비스 내용) 본 센터의 서비스는 다음 각호와 같다. 〈주야간보호, 단기보호에 해당〉

1. 일상생활 지원서비스 : 세면 도움, 몸단장, 구강관리, 목욕 및 머리감기기, 식사 도움, 이동 도움, 배변관리, 체위변경, 침구관리, 세탁물 관리, 환경관리, 이미용 관리, 물품관리, 행동 변화 대처, 병원 동행, 의사소통 도움 등
2. 정서지원 : 개인별 상담 및 맞춤형 사례관리
3. 기능향상 훈련 : 인지기능향상훈련, 신체기능향상훈련, 사회적응 프로그램
4. 여가활동 지원 : 산책, 음악감상 및 노래 부르기, 맞춤형 프로그램
5. 가족지지 프로그램 : 보호자 상담, 가족유대강화 프로그램
6. 보건의료서비스 : 간호관리, 계약의사 방문진료, 지역보건의료기관 연계

〈방문요양〉

1. 신체활동 지원
   - 구강관리 : 구강청결(양치질 등), 양치 지켜보기, 가글액·물 양치, 틀니 손질, 필요 물품 준비 및 사용 물품의 정리
   - 일상생활 함께하기 : 잔존기능 유지·향상을 위한 수급자와 함께 신체활동, 개인활동 및 가사활동을 수행
   - 식사 도움 : 식사 보조, 구토물 정리
   - 세면 도움 : 얼굴과 목, 손 씻기 등, 사용 물품 정리, 세면대까지의 이동 포함
   - 몸단장 : 머리단장, 손발톱 깎기, 면도, 면도 지켜보기, 화장하기, 필요 물품 준비 및 사용 물품의 정리
   - 옷 갈아입히기 : 의복준비(양말, 신발 포함), 지켜보기 및 지도, 겉옷 및 속옷 갈아입히기, 의복정리
2. 인지활동 지원
   - 인지자극활동 인지자극 프로그램 준비, 교재 또는 도구를 활용하여 프로그램 실행, 준비물품 정리
3. 정서 지원
   - 말벗, 격려 : 안부확인을 위한 방문 및 생활상의 문제 상담, 대화·편지·전화 등의 방법으로 수급자의 욕구 파악 및 의사전달 대행
4. 가사 및 일상생활지원
   - 머리 감기기, 세면대까지의 이동보조 포함, 머리 감기, 머리 말리기, 필요 물품 준비 및 사용 물품의 정리
   - 외출 시 동행 : 장보기, 은행, 관공서, 병원 등 방문 시 부축 또는 동행(차량 이용 포함)하고 책임 귀가
   - 일상 업무 대행 : 수급자가 원하는 식료품 구매와 은행·관공서 업무 대행 등
   - 화장실 이용하기 : 화장실 이동지원, 배뇨·배변 도움, 지켜보기, 기저귀 교환, 용변 후처리 및 지원, 필요 물품 준비 및 사용 물품의 정리
   - 식사준비 : 수급자를 위한 식·재료의 준비, 밥 짓기, 국·반찬하기, 식탁 청소, 설거지, 행주 삶기, 음식물 쓰레기 정리 등
   - 이동도움 : 침대에서 휠체어로 옮겨 타기, 보행 도움, 산책
   - 청소 및 주변 정돈 : 수급자가 주로 거주하는 장소(방, 거실), 화장실 청소, 쓰레기 분리배출, 내부정리, 이부자리 정돈, 옷장·서랍장 등 정리
   - 체위변경 : 체위변경, 일어나 앉기 도움
   - 신체기능의 유지·증진 : 관절구축 예방활동, 보행 및 서 있기 연습 보조, 기구사용운동보조, 보장구 이용 도움
   - 세탁 : 수급자의 옷, 양말, 수건, 침구류, 걸레 등 세탁과 삶기 등

〈방문목욕〉

1. 건강상태 확인(혈압, 맥박, 체온, 호흡 등)
2. 서비스 종류
   가. 차량 이용
      - 차량 내 목욕 : 목욕 장비와 설비시설을 갖춘 "이동식 방문목욕차량" 내에서 목욕
      - 가정 내 목욕 : 이동식 방문목욕 차량의 온수, 목욕용품 등을 이용한 차량 이용
   나. 차량 미이용
      - 가정 내 (이동식) 욕조를 이용하는 방법
      - 장기요양기관에 방문하시어 목욕시설에서 이용하시는 방법
      - 대중목욕탕을 이용하시는 방법

제3조(급여 외 행위의 금지) ① 수급자 또는 장기요양기관은 장기요양급여를 제공받거나 제공할 경우 다음 각호의 행위(이하 "급여 외 행위"라 한다)를 요구하거나 제공하여서는 아니 된다. 〈방문요양에 해당〉

1. 수급자의 가족만을 위한 행위
2. 수급자 또는 그 가족의 생업을 지원하는 행위
3. 그 밖에 수급자의 일상생활에 지장이 없는 행위

제4조(서비스 계획 수립) ① 연도별 사업 계획을 수립하고 서비스 제공계획에 세부 서비스 종류 및 내용, 서비스 대상 및 추진일정을 포함해야 한다.

② 사업계획에 따라 예산을 수립해야 한다.

③ 사업계획에 따라 서비스를 제공해야 한다.
④ 사업결과에 대해 평가를 실시하고, 그 결과를 차기 연도 사업계획에 반영한다.
⑤ 이용자별 급여계획을 수립하고 그에 따라 서비스를 제공해야 한다.

제5조(비용의 부담) ① 월 이용료 및 비용은 노인장기요양보험법 및 장기요양급여비용 산정 방법 등에 관한 고시에 따른다.
② 월 이용료는 장기요양급여비용의 100분의 15%와 비급여 비용을 합산한 금액을 본인 부담으로 한다.
③ 본인부담금 감경이용자는 노인장기요양보험법 시행규칙 제35조의 본인부담금 감면 절차에 따라 관련 서류를 보관하고 감경 처리하고, 비급여 비용을 합산한 금액을 본인 부담으로 한다.
④ 기초생활수급자의 경우 전액 지자체 지원을 받는 것으로 한다.
⑤ 노인장기요양보험 시행규칙 제14조 각 항에 의거하여 이용자의 요구가 있을 시 비급여 비용을 추가로 청구할 수 있다(비급여에 대한 사항은 장기요양급여 제공계약서에 명기).
⑥ 이용자가 개인적으로 이용하는 의료기관 이용에 따른 병원비 및 기타 비용의 발생은 본인이 지불하는 것을 원칙으로 한다.
⑦ 장기요양등급 판정을 받지 못한 이용자는 전액 자부담으로 하고 실비로 하되 이용계약을 체결한 후 급여 제공을 한다.
⑧ 본인부담금은 본 센터가 정하는 계좌에 다음 달 20일까지 전월의 이용료를 납부(입금)해야 한다(20일이 공휴일일 경우 그 익일로 한다).

제9장 특별한 보호가 필요한 경우 서비스 기준과 비용

특별 보호 대상 또는 특별 보호 서비스에 관한 규정이나 지침은 존재하지 않는다. 따라서 각 시설 유형별로 일반적인 이용자와 조금 다른 특성을 가졌거나 특별히 보호가 더 필요한 대상에 관한 사항을 기술하면 된다.

예시

제9장 특별한 보호가 필요한 경우 서비스 기준과 비용에 관한 사항

제1조(집중관찰 대상 보호) 집중관찰 및 의료활동에 관한 특별 조치 및 서비스 기준은 다음의 각호와 같다. 〈단기보호에 해당〉
1. 상태변화를 위한 집중관찰과 집중 의료 처치를 위하여 특별침실 등 별도의 공간이나 1인용 상급 침실로 옮겨 의료서비스를 제공할 수 있다.
2. 전염성 질환과 관련하여 격리 치료가 필요할 경우, 병원 치료를 원칙으로 하며 부득이한 경우 특별침실에서 서비스를 제공할 수 있다.
3. 특별서비스 제공을 위하여 1인용 상급 침실로 이동할 경우 사전에 본인이나 가족에게 사유를 설명하고 1인용 상급 침실이용료 지급에 대한 동의를 얻는다.
4. 기타 개별적인 집중 케어를 위한 특별 의료소모품은 본인이나 보호(계약)자가 부담한다.

제2조(특별보호서비스) 보호를 위한 특별보호서비스란 신체적 제한을 의미하며, 신체적 제한에 포함되는 내용은 격리보호, 낙상예방을 위한 휠체어의 안전벨트 사용, 경관튜브 제거위험 방지를 위한 신체 일부의 구속, 욕창예방 및 치료를 위한 체위 변경에 따른 신체 일부의 구속 등 직접적인 보호와 관련된 서비스를 의미한다.

제3조(특별보호서비스 시기) 다음 각호에 해당하는 경우에는 특별보호서비스를 제공할 수 있다.
1. 센터 이용자 또는 종사자 등의 생명이나 신체에 위험을 초래할 가능성이 현저하게 높을 경우
2. 대체할만한 수발 방법이 없거나, 증상 완화 목적으로 긴급하거나 어쩔 수 없는 경우 등

제4조(특별보호서비스 기준) ① 제3조에 따라 긴급하거나 어쩔 수 없는 경우에 증상 완화를 위해 일시적으로 신체를

제한할 필요가 있을 때 이용자나 보호자에게 이 사실을 통보하여 동의를 받아야 하며, 이용자의 심신상태, 신체적 제한을 가할 수밖에 없는 사유, 신체적 제한을 가한 시간 등을 자세히 기록·관리한다. 다만, 긴급하거나 불가피하게 신체를 제한할 경우 일시적으로 실시하되, 제한 사유 등을 기록하고 이용자나 보호자에게 그 사실을 알려야 한다.
② 이용자의 과잉 또는 부적절한 행동으로 다른 이용자의 피해가 예상될 경우 상급 침실 사용을 권고할 수 있으며, 이때 발생하는 상급 침실 이용료는 동의 절차를 거쳐 이용자가 부담한다. 〈단기보호에 해당〉

제10장 의료를 필요로 하는 경우 구체적인 처리절차

재가노인복지시설은 중증 수급자를 대상으로 하는 노인요양시설과 달리 가정에서의 생활을 기본으로 하기 때문에 직접적인 의료서비스는 매우 제한적이다. 그러나 응급상황에 대한 대처 및 간호(조무)사 또는 물리(작업)치료사의 서비스 일부가 의료와 관련이 되므로 이에 대한 내용을 작성하면 된다.

예시

제10장 의료를 필요로 하는 경우 구체적인 처리절차

제1조(응급상황 대처) ① 이용자의 급격한 상태변화 또는 응급상황이 발생하여 병원진료가 필요하다고 판단되면 「응급상황 대응지침」에 따라 보호자에게 연락하여 신속하게 병원진료를 받을 수 있도록 한다. 이때 관리자는 "응급상황발생 기록대장"을 작성하고 관리한다.
② 응급상황 발생 시 보호자에게 연락을 취함과 동시에 119구급대에 연락하여 신속한 후송 및 응급처치를 받을 수 있도록 한다.
③ 갑작스러운 병원 후송으로 가족이나 보호자가 즉시 동행할 수 없을 경우 센터 종사자가 병원까지 동행할 수 있으나 가족이나 보호자가 병원에 도착하면 이용자를 인계한 후 센터로 복귀한다.

제2조(감염병 예방 및 조치) ① 모든 이용자에 대하여 결핵 검진을 포함한 건강진단을 연 1회 이상 실시한다.
② 신규 이용자는 결핵 검진을 포함한 감염병에 대한 건강진단을 급여 개시 전에 실시한다.
③ 감염병 유행 및 발생 시 대응체계를 수립하여 운영한다.
④ 감염병 유행 및 발생 시 적절한 조치를 한다.

제3조(정기적인 병원 진료) 이용자의 정기적인 병원 진료는 다음 각호와 같이 진행한다.
1. 보호자에게 정기진료에 관해 미리 통지하여 진료 협조를 요청한다.
2. 가족 또는 보호자가 병원에 내원하여 진료에 참여할 수 있도록 한다.
3. 병원 진료에 필요한 어르신의 근황과 진료에 필요한 각종 관찰기록을 가족 또는 보호자에게 제공하여 정기진료 시 진료 의사가 이용자의 상태를 정확히 파악할 수 있도록 협조한다.
4. 이용자의 병원진료(정기, 수시) 시 가족이나 보호자가 함께 동행하는 것을 원칙으로 한다.
5. 가족이나 보호자가 동행하여야 하나 부득이 동행할 수 없는 경우 종사자가 동행하여 보호자의 역할을 대신할 수 있다. 다만, 진료비는 가족이나 보호자가 부담하도록 처리한다.
6. 병원 진료를 위한 이동 시 개인적 필요에 의한 병원 등을 이용할 경우 이동에 따른 차량 이용료는 본인 또는 가족이 별도로 부담한다.

제4조(간호서비스) 간호(조무)사의 역할 및 상시적인 업무는 다음 각호와 같다. 〈방문요양, 방문목욕 해당 없음〉
① 간호(조무)사는 매일 이용자의 건강상태를 점검하고 건강관리기록부를 작성하여 보관한다.
② 이용자의 건강상태에 따라 복용약물, 체중, 혈압, 체온, 혈당 등 이용자의 건강관리에 필요한 정보를 기록하여

병원 진료 시 이용자의 건강상태를 평가하는 데 도움이 되도록 적극 협력하여야 한다.
③ 간호(조무)사는 이용자의 건강관리를 위해 진료 의사의 조치사항을 적극적으로 수행하여야 한다.
④ 간호(조무)사는 이용자의 상태변화 및 응급상황이 발생하였을 경우 즉각 119구급대에 연락하거나 이용자를 병원 이송해야 한다.

제7조(정기건강검진) ① 센터는 이용자들이 연 1회 건강검진을 실시하도록 조치한다.
② 센터는 매월 이용자의 구강건강 상태를 확인하여야 한다.
③ 건강검진에 결과가 좋지 않은 이용자의 경우 합당한 진료 및 치료를 보호자와의 상의를 통해 실시한다.

제8조(물리치료) ① 물리치료는 물리치료사, 공중보건의의 연계의료기관 의사의 처방에 따라 지속적으로 실시한다.
② ADL 및 IADL 훈련은 물리치료사 외에 사회복지사와 간호(조무)사가 협조하도록 한다.
③ ICT 전류 치료, 냉온치료기를 이용한 물리치료, 보행 보조기를 이용한 걷기 운동, 실내 자전거 운동, 관절구축 완화 운동, 온찜질(핫팩) 등 노인센터 이용자의 기능 회복을 위한 훈련을 정기적으로 실시한다.

제11장 시설물 사용상의 주의사항 등에 관한 사항

시설물 사용상의 주의사항을 작성하자면 시설물 종류별로 셀 수 없이 많은 내용을 첨가해야 하나 운영규정에서는 원칙적인 내용만 간추려서 작성해도 된다. 시설물과 관련된 법령이 많고 그와 관련된 규정과 지침 등이 있기 때문에 그에 맞추어 운영하면 되기 때문이다. 여기에서는 선언적인 내용이나 원칙만 제시해도 된다. 또한 방문서비스의 경우 사무실만 갖추고 있기 때문에 여기에서는 주야간보호와 단기보호가 해당된다.

예시

제11장 시설물 사용상의 주의사항 등에 관한 사항

제1조(시설물 사용상의 주의사항) ① 센터장은 이용자 및 종사자의 생명, 신체 및 재산의 위험이나 장해가 될 수 있는 요인을 미리 제거하여 안전사고를 예방하도록 노력하여야 한다.
② 이용자는 센터 내에서 흉기 및 자해에 이용될 수 있는 물건을 소지할 수 없으며, 위험성이 높은 물건은 종사자의 관리하에 사용할 수 있다.

제2조(시설물 배상책임) ① 이용자는 센터의 시설물에 대하여 그 본래의 용도로 사용해야 하며, 시설에 설치한 비품을 자의 및 고의로 파손하였을 경우 보호자는 그 비용 전액을 배상하여야 한다. 다만, 실수로 파손한 경우는 제외한다.
② 이용자 또는 보호자가 원상회복을 할 수 없을 때에는 본 센터가 산출하여 제시하는 비용을 납부하여야 한다.
③ 이용자가 타 이용자의 물품을 파손한 경우 전액을 배상하여야 한다.

제3조(시설물 사용 제한) ① 센터장은 이용자와 종사자의 안전 및 감염예방 등을 위하여 면회 시간, 면회 이용자 및 반입 물품 등을 제한할 수 있다.
② 이용자가 아닌 보호자 및 기타 방문객은 시설 사용을 할 수 없으며, 이용자의 요청에 따라 일시 이용이 필요할 경우 사전에 센터장의 승낙을 받아야 한다.
③ 센터장은 보호자에게 보건, 위생, 방범, 방화, 기타 필요한 서비스 제공을 위하여 센터 입실을 제한하는 등 필요한 조치를 할 수 있다.
④ 이용자는 공동으로 사용하는 시설을 다른 이용자 및 센터에서 용인하기 어려운 목적으로 이용할 수 없다.
⑤ 이용자는 센터 내에서 반려동물이나 동물 사육을 할 수 없다.

제12장 서비스 제공자의 배상책임 · 면책범위에 관한 사항

배상책임과 면책범위에 관한 사항은 주야간보호와 단기보호는 노인요양시설과 마찬가지로 전문인배상책임보험과 함께 화재보험 그리고 영업배상책임보험에 가입해야 하지만 방문서비스의 경우 기관기호에 따라 의무가입인 배상책임보험이 달라지게 되므로 이에 대한 사항을 구분하여 작성할 필요가 있다.

예시

제12장 서비스 제공자의 배상책임 · 면책범위에 관한 사항

제1조(서비스 제공자의 배상책임) 다음 각호에 해당되는 경우에는 센터는 이용자에게 배상할 책임을 진다.
1. 센터 종사자의 고의나 중대한 과실로 인하여 이용자를 부상케 하거나 사망에 이르게 하였을 때
2. 약을 잘못 투약하여 이용자의 건강을 상하게 하거나 사망에 이르게 하였을 때
3. 상하거나 섭취에 따른 부작용이 의심스러운 음식을 제공하였을 때

제2조(서비스 제공자의 면책범위) 다음 각호에 해당되는 경우 이용자는 센터에게 배상을 요구할 수 없다.
1. 센터 내에서 자연 사망하였을 때
2. 이용자가 보호자의 동의와 보호자의 책임하에 외출하여 상해를 당했거나 사망하였을 때
3. 이용자가 천재지변으로 인하여 상해를 당했거나 사망하였을 때
4. 이용자가 본인의 고의 또는 과실로 인하여 상해를 당했거나 사망하였을 때
5. 제3자의 귀책사유로 발생한 손해 또는 센터의 귀책사유가 없이 발생한 손해에 대하여서는 배상책임을 지지 아니한다.

제3조(전문인 배상책임보험의 가입 의무) ① 센터는 종사자가 급여 제공 도중 발생할 수 있는 비고의적 사고에 대비하여 요양보호사 개인별로 상해보험 보험사의 전문인 배상책임보험에 필히 가입하도록 조치한다.
② 센터는 「사회복지사 등의 처우 및 지위 향상을 위한 법률」 제4조에 따른 한국사회복지공제회의 다음 각호와 같은 책임공제에 가입한다.
1. 화재로 인한 손해배상책임
2. 화재 외의 안전사고로 인하여 생명 또는 신체에 피해를 입은 보호대상자에 대한 손해배상책임
③ 센터는 한국사회복지공제회의 "전문직업인 배상책임공제"에 가입한다.

제4조(종사자의 면책범위) ① 이용자가 본인의 직접적인 부주의로 인해 상해를 입었을 경우에는 종사자에게 책임을 묻지 않는다. 단, 종사자는 이러한 피해가 발생하지 않도록 평소 이용자 관리에 주의를 다하여야 한다.
② 특이 질환을 가지고 있던 이용자가 갑작스러운 발작 증세로 인해 입원 또는 사망했을 경우에는 정확한 원인이 규명되기 전까지 종사자에게 책임을 묻지 않는다.

제13장 규정의 개정 및 절차

운영규정의 개정 및 절차는 노인복지법 시행규칙 [별표 5]의 '노인의료복지시설의 운영기준'에서 운영규정에 반드시 포함되어야 할 9번째 내용이다.

예시

제13장 규정의 개정 및 절차

제1조(규정의 효력) ① 법령, 자치법규, 운영위원회 결의에 저촉되는 규정은 그 부분에 한하여 효력을 상실한다.
② 제 규정은 규정, 세칙, 지침 순으로 상·하위의 순위를 가지며 상위의 규정은 하위의 규정에 우선한다.
③ 동일 순위의 규정 중 서로 저촉되는 부분이 있는 때에는 특별규정이 일반규정에 우선하며 같은 특별규정, 일반 규정 간에는 신규정이 구규정에 우선한다.

제2조(입안) ① 규정의 입안은 당해 안건의 소관부서[9]에서 함을 원칙으로 한다. 다만, 소관부서가 명확하지 아니하거나 2개 이상의 부서의 공통소관 사항인 경우에는 주관부서에서 입안할 부서를 지정하거나 각 부서의 협조를 받아 직접 입안할 수 있다.
② 규정을 입안하는 주관부서에서는 [별지 제1호] 양식에 의거하여 작성 및 입안한다.

[별지 제1호] 규정입안서

1. 소관 부서명:
2. 규정명:
3. 입안형태: 제정( ), 개정( ), 폐지( )
4. 입안이유: (제정·개정·폐지하고자 하는 근본적인 취지를 기재한다)
5. 주요내용
   가. ....(안 제2조)
   나. ....(안 제3조)
6. 참고사항
   가. 관계법령:
   나. 예산조치:
   다. 합의: ○○○부서장과 합의되었음
   라. 기타:

붙임 1. ○○○규정 (개정, 폐지) 규정안 1부.
2. 신구문 대비표 1부. 끝.

제3조(심의 및 조정) ① 소관부서는 입안한 규정을 주관부서에 심의를 요청하여야 한다.
② 주관부서는 제1항의 규정에 따라 소관부서에서 제출한 규정안에 대하여 다음 사항을 검토한다.
1. 법령, 자치법규, 다른 규정과의 모순, 저촉 여부
2. 논리적 타당성 및 실효성 여부
3. 규정의 체계 및 형식에의 부합 여부
4. 관계부서와의 협의 여부
5. 기타 수정을 요하는 사항 유무 등

③ 주관부서는 심의 결과를 반영하여 규정안을 확정하며, 확정된 규정안은 시설장의 결재를 득한 후 운영위원회 부의를 위해 사무국에 송부한다.

제4조(절차) ① 규정의 제정·개정·폐지 절차는 다음 각호와 같다.
1. 규정은 운영위원회의 의결로서 제정·개정·폐지한다.
2. 운영규정 개정은 재적위원의 3분의 1 이상 또는 시설장의 발의로 제안한다.
3. 운영규정을 개정함에 있어 근로자에게 불이익을 주게 되는 경우에는 노사협의회에서 협의한 후 운영위원회 심의를 거쳐 개정하는 것으로 한다.
4. 노사협의회 협의 시 종사자 2/3 이상이 참석하여야 하고 참석자의 과반수 이상 찬성하여야 한다.
5. 노사협의회 협의 시 타결점을 찾지 못한 경우 노사협의회에서 인정한 대표자를 선출하여 협의할 수 있다.

② 주관부서는 제1항의 절차에 의거 제정·개정·폐지된 규정을 시행하여야 한다.

제5조(승인 등) 규정의 제정·개정·폐지 시 시·군·구 주무관청 허가(인가) 등 특별한 절차를 필요로 하는 경우에 시

설장은 규정안에 대하여 지체 없이 그 절차를 마쳐야 한다.

제6조(효력발생) 규정은 시행일로부터 효력을 발생하되 시행일이 특정되지 않은 규정은 공포일로부터 효력이 발생한다.

제5조(규정의 해석) ① 규정의 적용이나 해석은 센터장이 행한다.
② 규정의 적용·집행 시 해석상 의문이 있을 때에는 주관부서에 그 해석을 의뢰하여야 한다. 다만 그 해석에 이의가 있을 때에는 센터장이 소관부서의 장, 주관부서의 장과 합의하여 해석상의 기준을 정한다.
③ 주관부서의 장은 제1항의 규정에 의하여 확정된 규정의 해석 기준을 관련 부서 및 종사자에게 신속히 통보하고 공지한다.

제14장 인사규정

지정 심사의 기준 중 '인력관리의 체계성 및 적절성' 영역에 해당되므로 설치하고자 하는 시설 유형의 특성과 배치되는 것은 없는지 신중하게 검토하면서 작성할 필요가 있다.

예시

제14장 인사규정

제1조(목적) 본 규정은 센터 종사자의 인사에 관한 사항과 그 시행에 필요한 사항을 규정함을 목적으로 한다.

제2조(적용범위) 종사자의 인사에 관하여 법령과 다른 규정에서 별도로 정하는 경우를 제외하고는 이 규정이 정하는 바에 의한다.

제3조(종사자의 직종, 직급 및 직명) 종사자의 직종은 센터장, 사회복지사, 간호사, 간호조무사, 물리치료사, 작업치료사, 요양보호사, 사무원, 조리원, 보조원으로 한다. 다만, 업무수행 상 부득이한 경우 임시 필요한 종사자를 고용할 수 있다.
※ 급여 유형별로 작성할 것

제4조(용어의 정의) 본 규정에서 사용하는 용어의 정의는 다음과 같다.

1. '종사자'라 함은 센터장을 포함하여 「노인복지법 시행규칙」의 [별표 9]에서 제시한 필수배치인력으로서 취업관리 규정 절차에 따라 정식으로 채용된 자를 말한다.
2. '임용'이라 함은 신규채용, 승진, 승급, 전보, 휴직, 직위해제, 복직, 면직 등 인사관리에 관한 일체의 명령을 말한다.
3. 임면권자는 센터장을 말한다.
4. '직위'라 함은 1인의 종사자에게 부여할 수 있는 직무와 책임을 말한다.
5. '직종'이라 함은 직무의 전문성 및 성격에 따라 일반직, 사무직, 의료직, 관리직, 기타 직종 등으로 구분하는 것을 말한다.
6. '직책'이라 함은 일반직에 있어 기관의 효율적인 운영을 위하여 직무의 곤란성, 책임의 정도 및 재직기간 등을 고려하여 부여하는 업무상의 임무를 말한다.
7. '직급'이라 함은 일반직, 사무직, 의료직, 관리직, 기타 직종에 있어 직무의 곤란성 및 책임의 정도와 재직기간

---

9) 소관부서는 시설장 직속 하의 부서나 팀명을 기재하거나 '총무부'나 '운영지원팀'과 같은 부서를 임의로 만들어 기재할 수 있다.

등에 따라 1~4급으로 구분하는 것을 말한다.
8. '승진'이라 함은 현재의 직급 또는 직책 보다 상위의 직급 또는 직책에 임명하는 것을 말한다.
9. '복직'이라 함은 휴직 또는 직위해제 중에 있는 종사자를 원래의 직위에 상응한 직위에 복귀시키는 것을 말한다.
10. '징계'라 함은 파면, 해임, 정직, 감봉, 근신 또는 견책 등을 말한다.

제5조(인사위원회 구성) ① 인사관리의 효율적인 운영과 공정성을 유지하기 위해 인사위원회를 둔다.
② 인사위원회는 위 센터장을 포함하여 5명 이상 7명 이하의 위원으로 구성한다.
③ 위원장은 센터장이 되고, 위원은 운영위원회 위원 및 법률 분야 전문인을 포함하되, 센터의 중간관리자 중에서 위원장이 추가로 위촉할 수 있다.

제5조의2(인사위원의 임기) 위원의 임기는 1년으로 하되 연임할 수 있다. 다만 위원의 유고나 결원 또는 센터장이 판단하여 특별히 별도 위원회를 구성할 필요가 있는 경우에는 위원회를 따로 구성할 수 있다.

제5조의3(인사위원회 역할) 위원회는 다음 각호의 사항을 심의·의결한다.
1. 인사제도와 인사에 관한 중요 기본방침
2. 종사자 신규채용, 승진, 면직에 관한 사항
3. 종사자 포상 및 징계에 관한 사항
4. 종사자의 근무성적평정 조정에 관한 사항
5. 기타 종사자의 인사에 관한 시설장의 요구사항

제5조의4(인사위원회의 성립) 위원회는 위원장을 포함한 위원 3분의 2 이상의 출석으로 성립한다.

제5조의5(인사위원회 의결) 위원회의 심의사항을 의결할 때에는 출석위원 과반수 이상의 찬성으로 의결하되, 위원장은 표결권을 가지며 가부동수일 때는 위원장이 결정한다. 단, 위원장은 안건의 표결 전에 표결실시 여부에 대한 권한을 행사할 수 있다.

제6조(임용의 원칙) 임용의 원칙은 다음 각호와 같다.
1. 센터장은 법인의 대표이사가 임명한다(법인시설의 경우)
2. 센터장은 센터 대표가 겸직할 수 있다(개인시설의 경우)
3. 종사자의 채용 및 보직 등 인사에 관한 일체의 권한은 센터장에게 귀속된다. 다만, 권한 행사 시 센터의 인사규정을 따라야 한다.
4. 종사자의 임용은 남녀고용평등과 일·가정 양립지원에 관한 법률 제7조(모집과 채용), 장애인차별금지 및 권리구제 등에 관한 법률 제6조(차별금지), 고용상 연령차별금지 및 고령자 고용촉진에 관한 법률 제4조의4(모집·채용 등에서의 연령차별 금지), 채용절차 공정화에 관한 법률 제4조의3(출신 지역 등 개인정보 요구 금지), 동법 제13조(입증자료·심층 심사자료의 제출 제한)에 따라 불합리한 차별이 발생하지 않도록 하여야 하며, 공정한 경쟁을 할 수 있도록 균등한 기회를 보장하여야 한다.
5. 종사자가 될 자는 센터에서 정하는 서류를 제출하고 센터에서 실시하는 전형에 합격하여야 한다.

제6조의2(공개채용 원칙) 종사자의 채용은 공개채용을 원칙으로 하며, 지자체 홈페이지, 워크넷(work.go.kr)과 복지넷(bokji.net) 및 사회복지시설정보시스템, 관련 협회 중 2곳 이상에 채용 관련 사항을 15일 이상 공고해야 한다.

제6조의3(임용의 기준) ① 채용 예정 직무에 관련한 자격증 소지자로서 자격등급, 기타 능력의 실증에 의하여 행한다.
② 종사자의 채용, 승진, 포상, 업무전환, 휴직, 징계, 해고, 정년퇴직 등 인사 사항의 결정은 공정성과 객관성을 기한다.

제7조(전형방법) 신규 채용 종사자의 전형은 서류심사, 면접 및 신체검사 등으로 실시하며, 전형방법에 대한 자세한 사항은 센터장이 별도로 정한다.

제8조(결격사유) 다음 각호의 어느 하나에 해당하는 사람은 종사자로 채용될 수 없다.
1. 미성년자
2. 피성년후견인 또는 피한정후견인

3. 파산선고를 받고 복권되지 아니한 자
4. 법원의 판결에 따라 자격이 상실되거나 정지된 자
5. 금고 이상의 실형을 선고받고 그 집행이 끝나거나 집행이 면제된 날로부터 3년이 지나지 아니한 자
6. 금고 이상의 형의 집행유예를 선고받고 그 유예기간 중에는 있는 자
7. 노인학대관련 범죄 경력이 있는 사람
8. 전직 근무지에서 해고된 날로부터 2년이 경과되지 아니한 자
9. 「병역법」상의 병역의무를 기피 중인 자
10. 경력 또는 학력, 이력 사항 등을 허위로 작성하여 제출한 자
11. 기타 사회통념상 사회복지사업 수행이 곤란하다고 인정되는 자

제9조(수습채용) ① 종사자를 신규 채용하는 경우에는 3개월 동안 수습종사자로 채용하고 그 기간 중 근무성적이 양호한 사람은 종사자로 채용한다.
② 수습 기간 중인 종사자의 근무성적이 해당 업무를 감당하기에 부적당하다고 인정된 때에는 채용을 취소시킬 수 있다.

제10조(신규채용) 종사자 채용 시에는 다음 서류를 제출하여야 한다.
1. 이력서(사진 첨부)
2. 주민등록등본
3. 최종 학력 증명서(졸업증명서)
4. 경력 증명서(해당자에 한함)
5. 자격증 사본(소지자에 한함)
6. 개인정보수집 및 활용 동의서
7. 건강진단서
8. 기타 시설에서 정하는 서류

제11조 (근로계약) ① 종사자는 해당 기관과 근로계약을 체결하여야 한다.
② 근로계약 체결 시에는 근로자에 대하여 임금, 근로시간, 휴일, 연차, 유급휴가 등의 내용을 근로조건에 명시한다.
③ 종사자의 근로계약의 기간은 기간의 정함이 없는 것과 일정한 사업 완료에 필요한 기간을 제외하고 계속 근무로 한다. 단, 필요에 따라 변경 체결할 수 있다.
④ 기타 상세한 근로에 대한 내용은 근로계약서에 제시한다.

제12조(승진) ① 종사자의 승진은 일반승진과 특별승진으로 한다.
② 일반승진은 직종별로 하위직급에 재직하는 종사자를 상위직급으로 임용하되 현직급, 근무년수, 경력, 근무성적, 포상, 징계 등을 종합 평가하여 센터장이 임명한다.
③ 특별승진은 센터장이 직무수행에 공적이 있다고 인정한 종사자 또는 업무수행 상 필요하다고 인정된 종사자에 대해서 임용할 수 있다.

제12조의2(승진 및 승급의 제한) 승진 및 승급 제한은 다음 각호와 같다.
1. 징계처분, 휴직, 직위해제 기간 중에 있는 자.
2. 징계처분을 받은 종사자가 그 처분의 종료일로부터 다음 각호의 기간이 경과되지 아니한 자.
   가. 정직은 18월
   나. 감봉은 12월
   다. 견책은 6월
   라. 인사고과 성적이 극히 불량한 자

제13조(징계) 센터장은 종사자가 과오를 저지른 때에는 징계 처분할 수 있다.

제13조의2(징계의 사유) 센터장은 다음 각호에 해당하는 종사자에게 징계처분을 행할 수 있다.
1. 센터의 복무사항에 위반되는 행위를 한 자.
2. 정당한 이유 없이 계속하여 3일 이상 결근하거나, 지각 또는 결근이 빈번한 자.
3. 근로시간 중에 도박, 음주, 사내폭행 행위를 한 자

4. 사기 또는 부정한 방법으로 채용되었음이 발견된 자
5. 정당한 이유 없이 시설이 발행한 문서, 도면, 제 증명서 및 기타 각종 서류를 위조, 변조하거나 다른 사람에게 대여, 유용하게 한 자
6. 허가 없이 시설의 문서, 시설 등을 외부에 유출하거나 관람시킨 자
7. 고의 또는 과실로 시설, 기물, 집기 등을 훼손시킨 자
8. 센터의 공금을 유용한 자
9. 고의 또는 과실로 시설에 피해를 주거나 시설의 명예를 추락시킨 자
10. 업무상의 정당한 지휘, 명령에 불복종하거나 직장의 경영 질서를 문란하게 한 자
11. 안전 및 보건상의 의무를 위반한 자
13. 수급자를 학대(성적학대 포함) 또는 구박 등으로 인권을 침해하였거나 물의를 야기한 자
14. 기타 전 각호에 준하는 사유에 해당하는 자
15. 정관 또는 본 규정 및 다른 규정에 명시된 지시사항을 위반한 자

제13조의3(징계의 종류 및 효력) 징계의 종류 및 효력은 다음 각호와 같다.
1. 징계는 경고, 견책, 출근정지, 감봉, 정직, 파면, 면직으로 구분한다.
2. 징계의 효력은 다음의 각호와 같다.
   가. 경고 : 경위서를 받고 훈계하여 경고한다.
   나. 견책 : 견책은 과실에 대하여 서면(시말서)으로 훈계하여 개선하도록 한다(연 3회 시말서 제출 시 감봉 1개월).
   다. 출근정지 : 3일 이내의 일정 기간에 취업을 정지시키고, 그 기간 동안에 임금을 지급하지 아니한다.
   라. 감봉 : 1개월 이상 3개월 이하로 하고 이 기간 중에는 보수의 3분의 1을 감한다.
   마. 정직 : 1개월 이상 3개월 이하의 기간을 정하여, 그 기간 동안에 종사자로서의 신분은 보유하나 업무에 종사하지 못하며 그 기간 중에는 기본급의 3분의 2를 감한다.
   바. 파면 : 종사자 신분을 박탈하고 일정 기간(5년) 종사자에 임용될 수 없다.
   사. 징계해고(면직) : 종사자의 신분을 박탈한다.

제14조(해고사유) 다음 각호에 해당하는 종사자를 해고할 수 있다.
1. 사기 및 중요한 경력을 속이거나 부정한 방법으로 채용된 자
2. 1년에 3회 이상의 견책이상의 징계처분을 받았거나, 3일 이상 계속하여 무단결근을 한 자 또는 월간 5일 이상 무단결근한 자
3. 센터장의 승인 없이 다른 사업장에 취업한 자
4. 신체 또는 정신적 장애로 담당업무를 감당할 수 없는 자
5. 센터의 공금을 유용, 착복, 배임하거나, 시설의 물품을 무단유출 한 자
6. 업무상의 기밀을 유출하여 센터에 손해를 끼친 자
7. 공갈, 협박 또는 폭행 등으로 업무 집행을 방해한 자
8. 상사의 정당한 업무명령에 불복종하거나 직장의 경영 질서를 문란하게 하는 자
9. 형사상의 사건으로 유죄판결을 받았거나 법률상 공민권이 정지·박탈당한 자
10. 징계에 의하여 면직이 결정된 자
11. 복종사자를 제출하지 아니하고 센터의 출근 촉구에 불응한 자
12. 수습기간 중 업무 적응이 곤란하여 채용이 부적당하다고 인정된 자
13. 고의 또는 중대한 과실로 안전보건상의 의무를 위반한 자
14. 시설 내 성희롱 행위를 한 자로서 그 정도가 중대하거나 반복하는 자
15. 기타 전 각호에 준하는 부득이한 사유가 있는 자

제14조의2(해고의 제한) 센터는 종사자의 업무상 부상 또는 질병 치료를 위한 요양에 따른 휴업 기간과 그 후 30일, 산전·후 여종사자의 휴업 기간과 그 후 30일간은 해고하지 아니한다. 다만, 일시보상을 지급한 경우 사업을 계속할 수 없게 된 경우에는 그러하지 아니하다.

제14조의3(운영상의 이유에 의한 해고의 제한) ① 센터는 운영상의 이유에 의한 종사자를 해고하고자 할 경우에는 긴박한 운영상의 필요가 있어야 한다. 이 경우 운영 악화를 방지하기 위한 사업의 양도, 인수, 합병은 긴박한 운영상의 필요가 있는 것으로 본다.
② 제1항의 경우 센터는 해고를 피하기 위한 노력을 다하여야 하며 합리적이고 공정한 해고 기준을 정하고 이에

따라 그 이용자를 선정하여야 한다.
③ 센터는 제2항에 의한 해고를 피하기 위한 방법 및 해고의 기준 등에 관하여 근로자 과반수를 대표하는 자(근로자대표자) 등에게 해고하고자 하는 날의 60일 전까지 통보하고 성실히 협의하여야 한다.

제14조의4(해고의 예고) 종사자를 해고할 때에는 30일 전에 예고한다. 다만, 예고하지 않고 해고할 경우 30일분의 통상임금을 지급한다.

제15조(정년) ① 종사자의 정년은 60세로 한다.
② 센터장은 정년 초과자를 필요에 따라 1년 이하 단위로 고용할 수 있다.

제15장 복무규정

복무규정 역시 운영규정에 반드시 포함되어야 할 사항이므로 예시 내용을 참고하여 다소 내용이 많고 복잡할 경우 수정할 수도 있다.

예시

제15장 복무규정

제1절 복무관리 규칙

제1조(목적) 본 규정은 센터를 운영하는 데 있어 종사자의 복무에 관한 사항을 규정하여 직장의 질서를 유지하며 업무수행의 능률 향상과 종사자의 복지를 증진하는 데 그 목적을 둔다.

제2조(준용규칙) 본 규정에 명시되어 있지 않은 사항은 근로기준법과 남녀차별금지법 등 관계 법령의 규정과 기타 규정 또는 통상 관례에 따르며 다른 규정에서 특별히 정한 것을 제외하고는 이 규정이 정하는 바에 의한다.

제3조(종사자의 의무) 종사자는 시설에서 복무 시 다음 각호의 사항을 성실히 준수할 의무를 갖는다.

1. 종사자는 제 규정을 준수하고 업무를 신속하고 정확하게 처리하는 등 성실한 근무 자세를 확립한다.
2. 종사자는 항상 품위를 유지하고 시설의 명예와 신용을 훼손하는 행위를 하여서는 아니 된다.
3. 종사자는 업무 수행상 알게 된 비밀사항 및 시설에 불이익이 되는 사항을 누설하여서는 아니 된다.
4. 종사자는 시설의 허가 없이 다른 직장, 단체 등의 종사자가 되거나 다른 사업에 종사하여서는 아니 된다.
5. 종사자는 다른 종사자의 업무를 방해하거나 퇴직을 강요해서는 아니 된다.
6. 종사자는 시설 내에서 음주, 고성방가, 소요, 폭행, 협박, 도박, 절도 등 형사상 불법행위를 하여서는 아니 된다.
7. 종사자는 시설 내에서 업무와 관계없는 집회 또는 시위 등 단체행동을 해서는 아니 된다.
8. 종사자는 허가 없이 시설 내에서 정치활동 또는 유인물의 게시, 배포 및 유언비어의 날조, 유포를 하여서는 아니 된다.
9. 종사자는 허가 없이 시설 내에서 기부 또는 모금행위를 하여서는 아니 된다.
10. 종사자는 허가 없이 외부인을 출입시키거나 외부인에게 시설의 촬영을 하게 하여서는 아니 된다.
11. 종사자는 허가 없이 시설의 명칭, 물품, 금품을 사적인 목적에 사용하지 못하며, 업무상의 권한을 남용해서는 아니 된다.
12. 종사자는 허가 없이 시설의 문서, 비품 등을 시설 외로 반출하거나 업무 외에 사용 또는 다른 사람에게 대여하여서는 아니 된다.
13. 종사자는 서로가 거래관계에 있는 자로부터 일체의 사례, 증여 또는 향응을 받거나 부당한 금품의 대차를 하여서는 아니 된다.
14. 종사자는 근무 시간 중에 시설장의 허가 없이 자기 근무지를 이탈하여서는 아니 된다.
15. 종사자는 직장의 청결, 도난, 화재의 방지를 위한 제반시설의 보호에 적극 협력하여야 한다.

16. 근무 시간 중에 사적 행위를 하여서는 아니 된다.
17. 종사자가 고의 또는 중대한 과실로 복지관 시설에 손해를 끼쳤을 때에는 인사상 징계와 별도로 이를 배상하여야 한다.
18. 천재·지변 기타 업무상 불가피한 사유로 인하여 근로의 필요가 발생하였을 경우, 휴일·휴가 중이라도 시설의 비상출근 명령을 받은 자는 지시에 따라 출근하여 업무처리에 적극 협조하여야 한다.

제4조(센터의 의무) 센터는 종사자의 근로환경 개선과 처우개선 및 복리 향상을 위해 노력해야 하며, 기본적인 근로기준법을 철저히 준수해야 한다.
1. 센터는 복무규정에 대해 종사자가 숙지하고 이행할 수 있도록 입사 시 설명과 함께 변경 시 고지와 설명을 해야 한다.
2. 센터는 「근로기준법」에 따라 근로계약서를 작성하고 비치해 놓아야 하며, 취업규칙을 작성하고 비치해야 하고, 고충처리위원회를 구성하고 운영해야 한다.

제5조(근무시간) ① 종사자의 근무시간은 다음과 같다.
1. 〈주야간보호〉
   주간 상주 종사자의 출퇴근 시간 : (　)시~(　)까지
   가. 1일 근로시간 8시간 근무자 휴게시간 : (　)시~(　)까지
2. 〈단기보호〉
   요양보호사의 6일 주기 복합근무 형태
   가. 1, 2일째 주간 근무 시간 : (　)시~(　)까지(휴게시간 1시간)
   나.3, 4일째 야간 근무 시간 : (　)시~(　)까지(휴게시간 4시간)
   다. 5, 6일째 휴무일
3. 〈방문요양/목욕〉 요양보호사와 수급자의 가능 시간에 따라 편성
4. 〈주야간보호 및 단기보호〉 조리원 출퇴근 시간
   가. 평일조 출근 : (　)시~(　)까지(휴게시간 09:30~10:30)
   나. 평상시 : (　)시~(　)까지(휴게시간 12:00~13:00)
   다. 특근일 : (　)시~(　)까지(휴게시간 09:30~10:30, 15:00~15:30)
5. 시설은 전항의 근무시간 운영을 필요 시 변경하거나 조정 할 수 있다.

② 센터장은 비상시 또는 사정에 의하여 근무시간을 변경·조정할 수 있으며, 이 경우 근무자는 근무시간을 인정받는다.
③ 종사자의 근무시간은 휴게시간을 제외하고 주 40시간을 원칙으로 한다.
④ 전 종사자는 건강보험공단 청구에 지장이 없도록 월 기준 근무시간 및 일수를 충족해야 한다.
⑤ 근무시간 부족시 대체근무로 보충해야 한다.

제6조(출근 및 결근) 〈주야간보호 및 단기보호〉 ① 종사자는 근무시간 전에 자신의 출근 여부를 확인할 수 있도록 출·퇴근 기록기(또는 지문인식기)에 타임체크 하여야 하며, 정시까지 업무를 하고 사업장을 정리 정돈한 후에 퇴근한다.
② 종사자가 질병 또는 기타 부득이한 사유로 사전 허가를 얻지 못하고 결근 한 때에는 전화 및 기타의 방법으로 우선 그 사유를 센터장에게 연락하여 구두 승인을 받고 다음 날 출근하여 즉시 결근계를 제출하여야 한다.
③ 3일 이상 계속하여 결근한 경우에는 의사의 진단서 등 그 사유를 증빙하는 서류를 첨부하여야 한다.
④ 종사자가 희망하는 경우에는 결근을 연차휴가사용으로 대체할 수 있다. 단, 무단결근은 제외한다.
⑤ 결근계를 제출하여 승인을 받지 못한 경우에는 무단결근으로 간주하며, 인사상 징계 및 종사자 평가에 반영한다.

제7조(지각 및 조퇴) 질병 또는 기타 부득이한 사유로 조퇴하고자 할 때는 우선적으로 부분휴가를 사용하며, 부득이한 경우에만 조퇴계를 제출하여 센터장의 사전 승인을 받아야 한다.

제8조(외출) ① 종사자가 사적으로 외출하는 경우에는 부분휴가를 사용한다. 부득이한 경우에만 외출계를 제출하여 센터장의 사전 승인을 받아야 한다.
② 센터장의 사전 승인을 받지 않은 외출은 무단외출로 간주하며, 인사상 징계 및 고과평가에 반영한다.

제9조(공휴일) 센터의 공휴일은 국가 법정공휴일에 준한다.

제10조(주휴일) ① 시설은 1주간의 소정근로일수를 개근한 종사자에 대하여 1주일에 평균 1회의 유급휴일을 준다.
② 주휴일은 주간 근무자의 경우 매주 일요일을 원칙으로 하며 복합 근무자들은 시설의 근무체제에 따라 주휴일을 신축적으로 운영할 수 있다. 다만, 1주간의 소정근로일수를 개근하지 아니한 종사자에게는 무급휴일로 한다.

제11조(휴일의 중복) 주휴일과 유급휴일이 중복될 때에는 주휴일만 인정한다.

제12조(휴일의 대체) 센터는 업무상 중대한 영향이 있거나, 기타 비상사태가 발생하였을 때에는 본 규칙에서 정한 휴일에 근무를 하고 당초 휴일로부터 7일 이내의 다른 날을 휴일로 대체할 수 있다.

제13조(공민권 행사의 보장) ① 센터는 종사자가 근무시간 중에 선거권 기타 공민권의 행사 또는 공익 직무를 집행하기 위하여 필요한 시간을 청구하는 경우에는 거부하지 못한다. 다만, 그 권리행사 또는 공의 직무(법률이 정한 공적인 성격의 직무)를 집행함에 지장이 없는 한 청구한 시간을 변경할 수 있다(근로기준법 제10조).
② 근무시간 중에 선거권 기타 공민권의 행사 또는 공의 직무를 집행하기 위하여 사용한 시간은 근로시간으로 인정한다.

제2절 휴가

제14조(연차유급휴가) 연차유급휴가에 대한 규정은 다음 각호와 같다.

1. 센터장은 근로기준법 제60조에 의거하여 1년간 80퍼센트 이상 출근한 근로자에게 15일의 유급휴가를 주어야 한다.
2. 센터장은 계속하여 근로한 기간이 1년 미만인 종사자 또는 1년간 80퍼센트 미만 출근한 근로자에게 1개월 개근 시 1일의 유급휴가를 주어야 한다.
3. 센터장은 3년 이상 계속하여 근로한 근로자에게는 제1항에 따른 휴가에 최초 1년을 초과하는 계속 근로 연수 매 2년에 대하여 1일을 가산한 유급휴가를 주어야 한다. 이 경우 가산휴가를 포함한 총 휴가 일수는 25일을 한도로 한다.
4. 센터장은 제1항부터 제3항까지의 규정에 따른 휴가를 종사자가 청구한 시기에 주어야 하고, 그 기간에 대하여는 취업규칙 등에서 정하는 통상임금 또는 평균임금을 지급하여야 한다. 다만, 종사자가 청구한 시기에 휴가를 주는 것이 사업 운영에 막대한 지장이 있는 경우에는 그 시기를 변경할 수 있다.
5. 제1항 및 제2항을 적용하는 경우 다음 각호의 어느 하나에 해당하는 기간은 출근한 것으로 본다.
   가. 근로자가 업무상의 부상 또는 질병으로 휴업한 기간
   나. 임신 중의 여성이 휴가로 휴업한 기간
   다. 「남녀고용평등과 일·가정 양립 지원에 관한 법률」 제19조 제1항에 따른 육아휴직으로 휴업한 기간
6. 제1항·제2항 및 제3항에 따른 휴가는 1년간(계속하여 근로한 기간이 1년 미만인 근로자의 제2항에 따른 유급휴가는 최초 1년의 근로가 끝날 때까지의 기간을 말한다) 행사하지 아니하면 소멸된다. 다만, 사용자의 귀책사유로 사용하지 못한 경우에는 그러하지 아니하다.

제15조(연차휴가 계획 및 허가)

1. 연차휴가를 사용하고자 하는 종사자는 연차휴가 계획서를 제출하여야 하며, 이때 센터장은 직무상 특별한 지장이 없는 한 이를 허가하여야 한다.
2. 연차휴가는 당해 연도에 한해 사용할 수 있으며, 4일 이상 연차휴가에 해당되는 종사자는 상반기(1월~6월)와 하반기(7월~12월)로 나누어 사용하고 당해 연도에 사용하지 아니한 연차휴가를 다음 연도에 이월하여 사용할 수 없다.
3. 센터장은 시설의 사정에 따라 연차휴가를 허가할 수 없는 경우에는 예산의 범위 내에서 일할 계산하여 연가일수에 해당하는 기본급(연차수당)을 지급하고 연차휴가와 갈음할 수 있다.

제16조(부분휴가) 연차유급휴가는 1일을 시간별로 나눠 사용할 수 있다. (예: 2시간 이상 시간별, 반차)

제17조(경조휴가) ① 종사자가 아래 경조사별 휴가일수표의 하나에 해당하는 경조사가 발생하여 휴가를 요청하는 경우에 경조휴가를 줄 수 있다.
② 경조휴가 일수는 경조사가 발생한 날부터 토요일, 일요일을 포함하여 달력 일수로 계산한다. 다만, 센터의 사정으로 사용하지 못한 경우에는 휴가 사용 일부터 계산한다.
③ 경조휴가를 신청할 때에는 청첩장, 초대장, 출생증명서 사본, 주민등록등본, 사망진단서 등 관련 증빙을 함께 제출한다. 다만, 사망의 경우에는 사후에 제출할 수 있다.

〈경조사별 휴가일수표〉

구분	대 상	일수
결혼	본인	5
	자녀	1
	본인 및 배우자의 형제자매	1
출산	배우자	5
입양	본인	20
사망	배우자, 본인 및 배우자의 부모	5
	본인 및 배우자의 조부모·외조부모	3
	자녀와 그 자녀의 배우자	5
	본인 및 배우자의 형제자매와 그 형제자매의 배우자	1
	본인 및 배우자의 부모의 형제자매와 그 형제자매의 배우자	1

제18조(포상휴가) 센터에 현저한 공로가 인정될 경우 센터장은 인사위원회의 의결을 거쳐 5일 이내의 포상휴가를 허가할 수 있다.

제19조(병가) ① 센터장은 다음 각호의 1에 해당하는 종사자에 대하여는 누계 60일의 범위 안에서 병가를 허가할 수 있다.

가. 질병 또는 상해로 인하여 직무불능일 때

나. 전염병의 이환으로 인해 그 종사자의 출근이 다른 종사자의 건강에 영향을 미칠 우려가 있을 때

② 1항의 병가는 7일 이상 지속적인 치료를 받는 경우로 의사의 진단서를 첨부하여야 한다.

제20조(특별휴가) 특별휴가는 다음 각호에서 정하는 바에 따른다. 다만, 이 규정에서 정하지 아니하는 사항은 지방자치단체의 조례로 정하는 바에 따른다.

1. 센터장은 종사자가 결혼하거나 그 밖의 경조사가 있는 경우에는 해당 종사자의 신청에 따라 경조사별 휴가 일수표를 기준으로 경조사 휴가를 줄 수 있다.
2. 센터장은 임신 중인 종사자에게 출산 전과 출산 후를 통하여 90일(한 번에 둘 이상의 자녀를 임신한 경우에는 120일)의 출산휴가를 허가하되, 출산 후의 휴가기간이 45일(한 번에 둘 이상의 자녀를 임신한 경우에는 60일) 이상이 되게 하여야 한다.
3. 임신 중인 종사자로서 임신 후 12주 이내에 있거나 임신 후 36주 이상에 해당하는 종사자는 1일 2시간의 범위에서 휴식이나 병원 진료 등을 위한 모성보호시간을 받을 수 있다.
4. 생후 1년 미만의 유아를 가진 종사자는 1일 1시간의 육아시간을 받을 수 있다.
5. 자녀가 있는 종사자는 「영유아보육법」에 따른 어린이집, 「유아교육법」에 따른 유치원 및 「초·중등교육법」 제2조 각 호의 학교에서 공식적으로 주최하는 행사 또는 교사와의 상담에 참여할 경우 연간 2일(자녀가 셋 이상일 경우에는 3일)의 범위에서 자녀 돌봄 휴가를 받을 수 있다.

제21조(유급휴일) 유급휴일은 다음 각호에 해당된다.

1. 종사자의 유급휴일은 다음 각 호에 해당하는 날로 한다.
   가. 주휴일 (1주 동안 소정 근로일수를 개근한 종사자에게만 준다).
   나. 근로자의 날 (5월 1일)
   다. 관공서의 공휴일에 관한 규정에 따른 휴일
2. 주휴일과 다른 휴일이 중복되는 경우에는 주휴일만을 인정한다.
3. 센터의 업무 특성상 특별한 사정이 있거나 업무상 막대한 지장이 있는 등 필요한 경우에 센터장은 종사자의 동의를 얻어 주휴일을 일요일이 아닌 다른 요일로 변경할 수 있다.

제3절 휴직 및 복직

제22조(휴직) ① 센터장은 다음 각호의 1에 해당하는 종사자가 그 사유가 계속되어 업무에 복귀할 수 없을 경우에는 휴직을 명령할 수 있다.

1. 업무상 부상 또는 상병으로 요양을 필요할 때
2. 업무 외의 부상 또는 상병으로 1월 이상의 요양을 요할 때
3. 신체상 정신상의 장애로 업무수행이 곤란하다고 판정되었을 때
4. 형사사건으로 기소되었을 때
5. 기타 전 각호에 준하는 특별한 사유가 있어 휴직의 필요성이 불가피하다고 인정될 때

② 제1항의 가, 나, 다호의 경우에는 진단서를 첨부해야 한다.

제23조(휴직의 효력) ① 휴직 중인 종사자의 신분은 보유하나 직무에 종사하지 못한다.
② 휴직기간 중에는 임금을 지급하지 아니한다.
③ 휴직자는 휴직기간 중에도 센터의 규정을 준수하여야 한다.
④ 휴직자는 휴직기간 중 센터장의 허락 없이 타 직에 종사할 수 없다.

제24조(복직) ① 종사자는 휴직 사유가 소멸되었을 때에는 지체 없이 복직하여야 하며, 휴직기간이 만료될 때에는 만료일 7일 전까지 복종사자를 제출하여야 한다.
② 휴직기간 중이라도 휴직사유가 소멸될 경우에는 센터장이 복직 명령을 할 수 있다.
③ 종사자는 부득이한 사유가 있을 경우에 시설의 승인을 얻어 휴직기간을 연장할 수 있다.
④ 종사자가 전 항의 규정에 따라 복종사자를 제출하지 아니한 때에는 복직의사가 없는 것으로 간주하여 퇴직 조치할 수 있다.

제4절 퇴직

제25조(퇴직구분) 퇴직은 정년퇴직, 당연면직, 권고사직으로 구분한다.

제26(퇴직 절차) ① 종사자가 일신상의 사정으로 퇴직하고자 할 때에는 퇴직일로부터 1월 전에 퇴직 사유 및 퇴직일을 기재한 사직서를 30일 전에 제출하여야 한다.
② 사직서를 제출한 자는 센터의 승인이 있을 때까지 종전의 업무를 계속하여 수행하여야 하며, 후임자가 업무를 원활히 할 수 있도록 인수인계서에 의한 업무 인계·인수를 철저히 하여야 한다.
③ 제출서류는 사직서, 업무 인계·인수서, 사원증이다.

제27조(정년퇴직) ① 종사자의 정년은 만 60세로 한다.
② 정년퇴직을 하는 자는 정년에 도달하는 달이 상반기일 경우 6월 30일 자, 하반기일 경우 12월 31일 자로 정년퇴직한다.
③ 단, 센터는 업무의 필요에 의하여 정년 퇴직자를 재고용할 수 있다.

제28조(당연면직) 종사자가 다음 각호의 하나에 해당된 때에는 그 사유가 발생한 날에 자동적으로 퇴직 처리된다.
1. 사직서를 제출하고 30일이 경과되었을 때
2. 근로계약 기간이 정하여져 있을 경우, 그 계약기간이 만료된 때
3. 사망하였을 때
4. 정년에 달한 때
5. 휴직 또는 정직기간 종료 후 7일 이내에 복종사자를 제출하지 아니하고 센터의 출근 촉구에 불응할 때
6. 휴직사유가 해소되지 않아서 휴직기간 종료일로부터 7일 이내에 복직이 불가능할 때
7. 형사사건으로 금고 이상의 유죄판결을 받았을 때

제29조(권고사직 등) ① 종사자가 다음 각호에 해당할 때에는 센터장은 퇴직을 권고할 수 있다.
가. 센터 재정상의 어려움이 발생되었을 때
나. 직제 개편에 따른 조직의 폐지 및 축소되었을 때
다. 센터 운영 형태의 변화에 따른 업무 형태의 변화가 있을 때

② 센터장은 제1항의 규정에 의하여 퇴직을 권고할 경우 미리 해당자에게 예고하여 의견을 들어야 하며, 퇴직 전·후에 필요한 조치를 취해야 한다.

제30조(금품청산) 센터는 종사자가 퇴직한 경우에는 그 지급 사유가 발생한 날로부터 14일 이내에 임금, 보상금 기타 일체의 금품을 지급한다. 다만, 센터의 재정 형편상 지급하지 못하는 경우에는 종사자와의 합의에 의하여 지급기일

을 3월 이내에서 연장할 수 있다.

제5절 복리후생

제31조(복리후생 일반) 종사자의 복리후생에 필요한 혜택을 무상으로 제공하거나, 소요경비를 지급할 수 있다.

제32조(복리수당) 센터의 수행사업과 운영의 특수성을 감안하여 자체 부담으로 별도의 수당 규정을 신설하여 지급할 수 있다.

제33조(피복비 지급) 센터장은 운영 및 업무상 필요하다고 판단될 때 종사자에게 소정의 피복비를 지급할 수 있다.

재34조(포상) ① 근무성적이 우수하고 근무를 성실히 수행하여 타 종사자의 모범이 되는 자에게는 표창장을 수여할 수 있다.
② 센터의 발전에 지대한 공이 있고 센터의 명예를 대외적으로 높이 선양한 종사자에 대하여는 심의를 거쳐 포상할 수 있다.
③ 포상 및 표창을 받은 종사자에게는 인사고과에 이를 반영토록 한다.

제34조의2(포상방법) ① 포상은 그 공로에 따라 상장, 상패, 상금으로 하며 예산의 범위 안에서 진행한다.
② 정기표창은 연말, 분기 우수종사자 표창, 개원기념일 중 2회 실시한다.
③ 수시표창은 노인의 날, 시설 행사, 월례회 중 2회 실시한다.

제34조의3(포상) 센터는 다음 각 호에 해당하는 사유가 있으면 이를 심사한 후 그 공적의 정도에 따라 단체 및 개인에게 포상하고 승진 및 승급에 반영할 수 있다.
1. 센터의 업무 발전에 참신한 제안을 하여 성과를 가져온 자
2. 재해 및 도난을 미연에 방지했거나, 신속한 조치로 그 피해를 적게 한 자
3. 센터 또는 종사자 전체를 위하여 현저한 공적이 있는 자
4. 3년 이상 근속자로서 업무성적이 특히 우수하여 타의 모범이 되는 자

제34조(기타 복리후생) 종사자 및 그의 직계 가족이 센터에 입소할 때에 센터는 다른 이용자에게 피해를 주지 않는 한도 내에서 비급여 비용의 전액 또는 반액 감면하여 적용할 수 있다.

제35조(교육 및 회식비) 종사자의 전문적인 복지서비스 제공을 위한 교육 및 회식비를 집행할 수 있다.
1. 교육비 : 해당 종사자에 한하여 해당 업무에 대한 교육비를 책정하여 집행할 수 있다.
2. 회식비 : 종사자들의 단합과 사기 진작을 위하여 전체 및 과별 회식을 실시하고 그 비용을 집행할 수 있다.

제6절 종사자 고충처리

제36조(종사자의 고충처리) ① 근로조건과 관련한 고충이 있는 종사자는 센터에 고충 처리를 요청할 수 있다.
② 센터는 종사자의 고충이 해결될 수 있도록 성의 있는 노력을 해야 한다.
③ 센터는 고충을 제기한 종사자에 대하여 불이익이 되는 조치를 취하여서는 아니 된다.
④ 종사자 또는 이용자의 권리존중과 보호를 위하여 센터에 고충처리위원회를 둔다.
⑤ 고충처리의 내용과 절차 등에 관하여 전 종사자가 숙지하고 일상적 근무 시 몸에 배도록 계도·교육하여야 한다.

제37조(위원회의 구성) ① 위원회는 센터장, 종사자 대표, 외부 전문가를 포함한 4명으로 구성한다.
② 위원장 및 위원은 센터장이 위촉한다.
③ 위원의 임기는 3년으로 한다.

제38조(위원회의 운영) ① 위원회는 위 센터장을 포함 과반수의 출석으로 개회한다. 다만, 위원장이 필요하다고 인정하는 때에는 서면 심사로 회의를 대신할 수 있다.
② 위원회에 부의된 사항의 처리는 협의에 의한다.
③ 위원회는 필요하다고 인정할 때에는 신청인 또는 참고인을 출석하도록 하여 진술하게 할 수 있다.

제39조(상담원 지정운영) ① 위원회는 종사자의 고충 사항을 효과적으로 처리하기 위해 상담원과 사외상담원을 둘 수 있다. 이때 사외상담원은 법률, 병무, 건강, 인생, 결혼 등 분야별 학식과 덕망이 있는 인사를 선정하여 위촉할 수 있다.
② 고충 사항이 여성 복지나 모성보호 등 여성 고유 사항일 경우에는 여성 상담원이 상담을 하여야 한다.
③ 상담원은 종사자의 고충 사항 해결에 최선을 다하여야 하고, 조치 결과를 신청인 및 위원회에 통보하여야 한다.
④ 상담원은 직접 처리하기 곤란한 사항에 대해서는 즉시 위원회에 부의하여야 한다.

제40조(고충의 처리) 종사자는 고충사항이 있는 경우에는 상담원, 위원, 온라인 고충상담센터에 구두 또는 서면으로 신고할 수 있다.

제41조(위원의 의무) 위원 및 상담원은 그 직무수행과 관련하여 지득하게 된 개인의 비밀사항을 누설하여서는 아니 된다.

제42조(대장 비치) 고충 사항의 접수 및 그 처리에 관한 대장 및 서류는 3년간 보존하여야 한다.

제43조(상담 전담 창구 운영) 종사자의 고충사항을 처리하기 위하여 상담 전담 창구를 운영한다.

제44조(규정 외의 사항) 이 규정에 명시되지 아니한 사항으로서 위원회의 운영에 필요한 사항에 대하여는 법령 및 통상 관례에 따른다.

제16장 보수

보수는 운영규정에 꼭 포함시켜야 할 사항이며 종사자 보수 영역은 지정 심사위원들이 관심 있게 보는 영역이다. 즉, 종사자들에게 불리하게 작성된 것은 아닌지를 보는 것이다.

예시

제16장 보수

제1조(목적) 본 규정은 센터에 근무하는 종사자의 임금관리에 관한 사항 및 임금 산정 등 세부 사항을 정함에 목적이 있다.

제2조(정의) 이 규정에서 사용하는 용어 정의는 다음과 같다.
1. "보수"라 함은 봉급과 기타 각종 수당을 합산한 금액을 말한다.
2. "월급여"라 함은 월 단위로 지급하는 월 기본급과 법정수당, 약정수당을 합산한 금액을 말한다.
3. "기본급"이라 함은 월 소정근로에 대한 기본임금을 말한다.
4. "제수당"이라 함은 직위, 직책수당, 휴일근로수당, 야간근로수당 등 법정수당을 총칭한다.
5. "임금일할정산"이라 함은 월 단위 임금의 계산식에서 월 달력 일수를 평균 30일로 하여 월 근무 일수에 대한 임금으로 산정할 때에 사용하는 임금정산방식의 용어이다.

제3조(보수지급기준 및 방법) ① 시설의 봉급 월액은 당해 연도 국민건강보험공단 수가 인상을 반영하여 월급제 임금 지급을 원칙으로 하되 일급제 및 연봉제 임금으로 결정할 수 있다. 〈주야간보호 및 단기보호〉
① 시설의 봉급 월액은 당해 연도 국민건강보험공단 수가 인상을 반영하여 시급제 임금 지급을 원칙으로 하되 월급제 및 연봉제 임금으로 결정할 수 있다. 〈방문서비스〉
② 보수는 본인의 금융기관에서 발행한 통장에 계좌 입금하는 것을 원칙으로 한다.
③ 보수를 지급할 때에는 다음 각 항의 1에 해당하는 금액을 원천공제한다.
1. 근로소득세, 주민세

2. 국민건강보험료
3. 국민연금보험료(60세 미만자)
4. 고용보험료
5. 기타 시설과 종사자가 합의한 금액

④ 센터는 연장, 야간, 휴일근로수당 등 법정수당을 포함하는 포괄임금 근로계약을 체결하여 지급할 수 있다. 단, 포괄임금 액수가 실제 근로한 시간에 비해 부족할 경우 부족한 액수만큼 보충하여 지급해야 한다.
⑤ 당해연도 사업결산 후 이익금 발생 시 성과급으로 지급할 수 있다. 이익금이라 하면 시설내 필요한 제반 사업비를 제외한 순수 남은 이익금이어야 한다.
⑥ 종사자의 월급제 임금의 구성 항목은 기본급, 종사자, 직책수당, 교통지원비, 급식지원비, 장기근속수당, 특별수당, 연장근로수당, 야근근로수당, 처우개선비, 휴일근로수당 등으로 구성된다.

제4조(기본급) 월 기본급은 월 소정근로시간에 대한 기본급을 말하며, 월 만근 시 유급 주휴수당을 합산한 임금이다.

제5조(연장 · 야간 및 휴일 근로) ① 센터는 연장근로에 대하여는 통상임금의 100분의 50 이상을 가산하여 종사자에게 지급하여야 한다.
② 제1항에도 불구하고 사용자는 휴일근로에 대하여는 다음 각호의 기준에 따른 금액 이상을 가산하여 근로자에게 지급하여야 한다.
1. 8시간 이내의 휴일근로: 통상임금의 100분의 50
2. 8시간을 초과한 휴일근로: 통상임금의 100분의 100

③ 센터는 야간근로(오후 10시부터 다음 날 오전 6시 사이의 근로)에 대하여는 통상임금의 100분의 50 이상을 가산하여 종사자에게 지급하여야 한다.

제6조(보상 휴가제) 센터장은 근로자 대표와의 서면 합의에 따라 연장근로·야간근로 및 휴일근로 등에 대하여 임금을 지급하는 것을 갈음하여 휴가를 줄 수 있다.

제7조(보수 계산) 보수는 특별한 규정이 있는 경우를 제외하고는 신규채용 등의 경우에 있어서 발령일을 기준으로 그 월액을 일할계산하여 지급한다.

제8조(보수지급일) 보수는 매월 25일에 지급한다. 다만, 지급일이 공휴일인 경우에는 그 전날에 지급한다.

제9조(최저임금의 효력) 센터에서는 최저임금의 적용을 받는 종사자에 대하여 최저임금 이상의 임금을 지급하여야 한다.

제7조(근속기간 계산) 퇴직급여 계산을 위한 근속기간은 퇴직한 날의 전날까지 계산하며, 종사자의 휴직 기간은 근속연수에서 제외한다. 다만, 다음 각호의 어느 하나에 해당하는 휴직 기간은 재직기간으로 본다.
1. 직무상 질병이나 부상으로 인한 휴직기간
2. 「남녀고용평등과 일·가정 양립 지원에 관한 법률」 제19조에 따른 육아휴직 기간

제8조(상여금) ① 센터 은 종사자에게 상여금을 지급할 수 있으며, 그 금액은 기관의 형편에 맞게 지급할 수 있다.
② 구정, 추석 등 명절 상여금은 성과급으로 지급할 수 있다.

제9조(장기근속 장려금) ① 일정기간 동안 본 센터에서 하나의 직종으로 계속 근무하고 있는 다음 각호에 따른 직종의 종사자에 대하여 장기근속 장려금을 산정할 수 있다.
1. 요양보호사, 사회복지사, 간호(조무)사, 물리(작업)치료사
2. 전량 직접 조리하여 급식을 제공할 경우에는 영양사, 조리원

② 장기근속 장려금 산정은 해당 종사자가 월 120시간 이상 계속하여 근무한 기간이 36개월 이상이어야 한다.
③ 장기근속 장려금은 다음 각호를 충족하는 종사자에게 지급하며, 계속근무기간에 따라 종사자 1인당 다음과 같이 산정한다.

계속근무기간	36개월 이상 60개월 미만	60개월 이상 84개월 미만	84개월 이상
금액(원/월)	60,000	80,000	100,000

④ 기타 장기근속 장려금에 관한 사항은 「장기요양 급여제공 기준 및 급여비용 산정방법에 관한 고시」에 따른다.

제10조(휴업수당) 센터의 귀책사유로 휴업하는 경우에 그 기간에 대하여 평균임금의 70%를 지급한다.

제17장 퇴직급여제도

운영규정에서는 보통 보수와 퇴직급여제도를 함께 다루고 있지만 여기에서 구분한 이유는 지정 심사위원들이 관심 있게 살펴보는 내용이기 때문에 강조하기 위함이다.

예시

제17장 퇴직급여제도

제1조(목적) 본 규정은 센터 직원의 퇴직급여 지급 및 운영에 관한 사항을 정함을 목적으로 한다.

제2조(정의) 이 규정에서 사용하는 용어의 정의는 다음과 같다.
1. "퇴직급여"라 함은 센터에서 운영하는 퇴직급여제도에 의하여 직원에게 지급되는 연금 또는 일시금을 말한다.
2. "퇴직급여제도"라 함은 「근로자 퇴직급여 보장법」 제3장에서 규정하고 있는 "확정급여형 퇴직연금제도", 동법 제4장에서 규정하고 있는 "확정기여형퇴직연금제도" 및 동법 제8조에 따른 "퇴직금제도"를 말한다.
3. "퇴직연금제도"라 함은 「근로자 퇴직급여 보장법」 제3장 및 제4장에서 규정하고 있는 "확정급여형 퇴직연금제도"와 "확정기여형 퇴직연금제도"를 말한다.
4. "근속기간"이라 함은 퇴직급여 지급 대상 기간을 말한다.
5. "평균임금"이라 함은 이를 산정하여야 할 사유가 발생한 날 이전 3개월 동안임·직원에게 지급된 임금의 총액을 그 기간의 일수로 나눈 금액을 말한다.
6. "중간정산"이라 함은 일정한 근속기간에 대한 퇴직급여의 전액 또는 일부를 퇴직 전에 미리 지급하는 것을 말한다.

제3조(적용범위) 센터에서 1년 이상 근속한 직원에게 지급하는 퇴직급여와 관련하여 다른 규정에서 정한 것을 제외하고는 이 규정이 정하는 바에 의한다.

제4조(퇴직연금제도) ① 센터는 퇴직연금제도를 하나 이상 설정하여 운영할 수 있으며, 퇴직연금제도에 관한 사항은 퇴직연금사업자와 체결한 표준 규약에 의한다.
② 직원의 퇴직연금제도는 개별 직원이 선택하여 설정한다.

제5조(지급사유) 퇴직급여는 직원의 퇴직 시 지급하는 것을 원칙으로 한다.

제6조(지급기준) ① 확정급여형 퇴직연금제도에 가입한 직원의 퇴직급여 수준은 계속 근로기간 1년에 대하여 30일분의 평균임금으로 한다. 평균임금 산정 시 수습 기간, 업무상 부상·질병 기간, 출산 전 휴가기간, 육아휴직기간, 센터의 귀책사유로 인한 휴업기간, 적법한 쟁의 행위기간, 병역법 등의 의무이행기간 및 업무 외 부상·질병 기타의 사유로 인하여 승인을 얻어 휴업한 기간은 평균임금 산정 기간에서 제외하나, 대기발령·직위해제, 징계 등의 기간은 평균임금 산정 기간에 포함한다.
② 확정기여형 퇴직연금제도에 가입한 직원의 퇴직급여 수준은 연간 임금 총액의 12분의 1에 상당하는 금액으로 한다.

제7조(중간정산) ① 제5조에도 불구하고 「근로자퇴직급여 보장법」 제8조 및 제22조의 사유로 직원이 요구하는 경우에는 근속기간의 범위 내에서 퇴직급여를 미리 정산하여 지급할 수 있다. 다만, 「근로자퇴직급여 보장법」상 중간정산이 인정되지 아니하는 경우 중간정산은 제한된다.
② 중간정산은 근속기간이 1년 이상인 직원에 한하여 신청할 수 있다.
③ 퇴직급여 중간정산을 신청하고자 하는 직원은 센터에서 제시한 신청서와 서약서를 센터장에게 제출하여야 한다.
④ 퇴직급여 중간정산액은 신청 월까지 계산된 금액으로 하고, 법률에 의한 변제 발생액을 공제한 나머지 금액을 익월 2주 이내에 지급한다.
⑤ 퇴직급여충당금 적립액 운용상 문제가 있거나 부득이한 경우에는 퇴직급여 중간정산 금액의 지급을 유보하거나

지급일을 연기할 수 있다.

제8조(근속기간의 계산) ① 근속기간은 직원으로 임용된 날로부터 퇴직한 날까지 월 단위로 계산하되, 월 미만의 단수가 있을 경우에는 1개월로 계산한다.
② 제7조에 의하여 퇴직급여 중간정산을 한 직원의 근속기간은 중간정산 기간 이후부터 새로이 기산한다.
③ 임기, 계약기간 또는 고용 기간 만료로 퇴직급여 청구권이 발생한 자가 재임용되어 계속 근무하게 되었을 경우에는 청구자의 선택에 따라 퇴직급여를 청구하거나 청구하지 아니하고 계속 근무연수로 산정하게 할 수 있다.
④ 당해 년도 임금 인상 이전에 중간정산 퇴직금이 지급된 경우에는 임금 인상분은 지급된 중간정산에 소급하여 적용하지 아니한다.

제9조(퇴직급여의 지급) ① 퇴직급여는 청구 시부터 14일 이내에 총액을 지급한다. 다만, 당사자 간의 합의에 의하여 지급기일을 연장할 수 있다.
② 정산 금액 등 기타 납부 의무액이 있을 경우에는 그 금액을 퇴직 정산 시 공제하고 지급한다.

제10조(사망 시의 수급 순위) 사망으로 인한 퇴직자의 퇴직급여는 근로기준법이 정하는 바에 따라 유족에게 지급한다.

제11조(권리의 시효) 퇴직급여를 지급받을 권리는 3년간 행사하지 아니하면 시효로 인하여 소멸한다.

제12조(세부 사항) 이 규정에서 정하지 아니한 사항에 대하여는 「근로자퇴직급여 보장법」 및 퇴직연금 규약에 따른다.

제18장 안전과 보건에 관한 사항

안전과 보건에 관한 사항은 지정 심사 기준에 "종사자의 건강검진, 근골격계 질환 검사 및 조치계획 등 종사자의 건강관리"가 있기 때문에 강조할 필요가 있다.

예시

제18장 안전과 보건에 관한 사항

제1조(안전·보건규정 준수) 센터와 그 종사자는 산업재해를 예방하고 쾌적한 업무환경 조성 및 안전과 보건을 유지하고 증진시키기 위한 노력을 하여야 한다.

제2조(시설장 의무) 사업장의 안전·보건에 관한 정보를 종사자에게 제공하고, 근로조건의 개선을 통하여 적절한 작업환경을 조성함으로써 종사자의 생명 보전과 안전 및 보건을 유지·증진하도록 하여야 한다.

제3조(종사자의 의무) 종사자는 산업재해예방을 위한 기준을 준수하여야 하며, 사업장, 기타 관계 단체에서 실시하는 산업재해의 방지에 관한 지시에 따라야 한다.

제4조(시설환경 조성) 이용자가 안전하고 쾌적한 환경에서 생활할 수 있도록 시설환경을 다음 각호와 같이 조성한다.
〈주야간보호 및 단기보호에 해당〉
1. 센터 내부의 채광 및 조명을 적정하게 유지한다.
2. 실내에 냄새가 나지 않도록 주의하고 창문 개폐 및 환기장치가 작동해야 한다.
3. 내부의 온도 및 습도가 적정해야 한다(온·습도계 비치).
4. 도색 및 도배, 바닥재 등 시설관리가 되도록 운영한다.
5. 외부출입구 잠금장치(자동열림장치), 계단 출입구 잠금장치(자동열림장치), 주방 잠금장치가 정상 작동하도록 관리한다.
6. 유리문에 충돌방지 표시한다(유리로 된 벽이나 문, 통유리 창문).

7. 센터 내에 위험요인(세제, 칼, 가위, 개방된 콘센트 등)을 제거한다.

제5조(낙상방지 노력) 이용자의 낙상 방지를 위해 다음 각호와 같은 노력을 해야 한다. 〈주야간보호 및 단기보호에 해당〉

1. 이용자의 이동 동선에 따라 안전손잡이를 설치한다.
2. 낙상 위험이 높은 공간(목욕실, 화장실 등)에 미끄럼 방지 처리를 한다.
3. 이용자가 주로 이용하는 공간(침실, 화장실 등)의 문턱을 제거한다.
4. 이용자의 이동이 편하도록 휠체어 이동공간을 확보해야 한다.

제6조(식당·조리실 위생) ① 식품 유통기한을 준수하고 주방 및 집기류 소독을 주 1회 이상 실시한다.
② 식당, 조리실, 식품 보관실, 냉장(동)고를 청결하게 관리한다.
③ 조리원의 근무 복장 및 위생 상태가 청결하게 유지되도록 한다. 〈주야간보호 및 단기보호에 해당〉

제7조(감염예방) 감염병 예방을 위해 다음 각호와 같은 노력을 해야 한다. 〈주야간보호 및 단기보호에 해당〉

1. 감염 환자가 발생하면 센터장은 즉시 관할 건강보험공단 및 시·군·구에 발생 사실을 통보하고 격리 조치한다.
2. 감염예방을 위한 면회객 및 방문을 제한할 수 있다.
3. 종사자가 확진 또는 의심되어 격리된 경우 치료·격리 기간 동안은 출근하지 않도록 조치하고 시설 내 확진이 확인되면 유급병가로 처리한다.
4. 소독·멸균을 요하는 간호비품 사용 후에는 반드시 소독·멸균을 하여야 한다.
5. 의료폐기물은 전문업체를 통해서 배출한다.
6. 분기별 1회 이상 실내·외 소독을 실시한다.
7. 취약지역(화장실, 급수장, 쓰레기장, 하수도, 조리실, 기숙사 등)을 집중관리 한다.
8. 출입문 손잡이, 계단 난간 등 사람의 손이 상대적으로 많이 가는 부분은 소독제를 이용하여 매일 문질러 닦는다.
9. 감염병 유행 및 발생 시 대응체계를 수립하여 운영한다.

제7조의1(이용자 감염병 건강진단) ① 모든 이용자 대상으로 결핵 검진을 포함한 건강진단을 연 1회 실시한다.
② 신규 이용자는 결핵 검진을 포함한 감염병에 대한 건강진단을 급여 개시 전에 실시한다.

제8조(종사자 건강진단) ① 센터는 종사자에 대하여 정기적인 건강진단을 하여야 하며, 진단의 명을 받은 종사자는 이를 거부하여서는 아니 된다. 건강진단 결과 치료를 요하는 종사자에 대하여는 치료를 위한 적절한 조치를 취할 수 있다.
② 센터는 다음 각호와 같이 건강진단을 실시한다.
가. 신규채용 시 채용건강진단을 실시한다.
나. 센터는 종사자의 건강을 위하여 1년에 1회 이상의 건강진단을 시행하여야 하며 진단의 명을 받은 종사자는 부득이한 경우를 제외하고는 이를 거부할 수 없다. 단, 사무직은 2년에 1회로 한다.
다. 제2항의 건강진단은 국민건강보험공단에서 시행하는 일반건강진단으로 대체할 수 있다.
라. 건강진단 결과 치료를 요하는 종사자에 대하여는 치료를 위한 적절한 조치를 취하여야 한다.

제9조(근골격계 질환 및 감염예방) 센터는 직무교육을 통해 연 1회 이상 근골격계질환 및 감염예방, 관리에 대한 교육을 실시하고, 근골격계질환으로 의심되는 종사자에 대해서는 의료기관을 연계하여 치료를 받게 한다.

제10조(질병 환자의 근로금지 및 제한) 전염병이나 정신병 또는 근로로 인하여 병세가 현저히 악화될 우려가 있는 질병에 감염된 자에 대하여 의사의 진단에 따라 근로를 금지하거나 제한할 수 있다.

제11조(직장 내 괴롭힘의 금지) 사용자 또는 근로자는 직장에서의 지위 또는 관계 등의 우위를 이용하여 업무상 적정범위를 넘어 다른 근로자에게 신체적·정신적 고통을 주거나 근무환경을 악화시키는 행위(이하 "직장 내 괴롭힘"이라 한다)를 하여서는 아니 된다.

제12조(재해보상) 센터는 종사자가 업무상 부상 또는 질병에 걸린 경우에는 산업재해보상보험법령 또는 근로기준법령 규정에 따라 재해보상을 한다. 다만, 업무 외의 재해에 대하여는 보상을 하지 아니한다.

제13조(해석적용) 재해보상의 해석과 적용에 있어서 본 규칙에 없는 사항은 근로기준법과 산업재해보상보험법과 그 부속법령 등에 의한다.

제19장 재무회계관리

재무회계관리는 운영규정에 반드시 포함되는 내용이다.

예시

제19장 재무회계관리규정

제1조(관련 법령) 센터의 재무회계 관리는 「사회복지법인 및 사회복지시설 재무회계규칙」과 「노인장기요양기관 재무회계규칙」에서 정한 바에 따르며, 동 규칙에 정하지 아니한 사항은 예산회계법, 지방재정법 등 정부의 재무회계 관련 법령을 준용한다.

제2조(회계연도) 회계연도는 1.1. ~ 12. 31.로 한다.

제3조(회계방법) ① 센터의 회계는 단식부기에 의한다.
② 요양급여와 보조금 등의 수입과 지출 품의 및 결의, 장부생성 및 세무신고, 시군구 보고 등의 합리적이고 원활한 절차를 위하여 사회복지시설정보시스템(www.w4c.go.kr)을 활용한다.

제4조(재무회계원의 구분) ① 재무회계업무의 객관성과 효율성을 제고하기 위하여 독립된 업무를 담당하는 재무회계원을 둔다.
② 회계원은 수입원과 지출원으로 구분한다.

제5조(재무회계원의 재정보증) 재무회계종사자에 대하여는 최고 5천만 원 한도의 이행보증보험에 가입하고, 보증기간은 1년으로 하되 계약만료 20일 전까지 갱신한다.

제6조(재무회계원의 책임) ① 현금 또는 물품을 담당하는 회계원은 선량한 관리자로서의 주의를 게을리하여 자신이 보관하고 있는 현금 또는 물품이 망실되거나 훼손된 경우 변상의 책임을 지며, 스스로 업무를 집행하지 아니한 것을 이유로 그 책임을 면할 수 없다.
② 위 제1항의 손해가 2인 이상 종사자의 행위로 발생한 경우 각자의 행위가 손해 발생에 미친 정도에 따라 변상범위를 정한다. 다만, 손해 발생에 미친 정도가 불분명할 때는 그 정도가 동일한 것으로 본다.

제7조(회계행위) ① 모든 수입과 지출은 수입결의서와 지출결의서에 의해서만 행하여지며, 관련 장부에 기재하지 않으면 어떠한 회계행위도 이루어질 수 없다.
② 모든 수입 및 지출결의서는 원인행위 발생 즉시 개별로 작성하여 센터장의 승인을 받은 후 시행한다.

제8조(회계장부의 비치) 센터는 다음의 회계장부를 비치하여야 한다.
1. 현금출납부 : 현금출납부는 1월 1일 전기이월금부터 기장
2. 총계정센터장 및 총계정센터장보조부
3. 재산대장 : 토지, 건물, 유가증권, 무형고정자산 (특허권, 상표권, 영업권, 저작권 등), 기계기구류, 차량, 부채상황 등
4. 비품관리대장

제9조(예산의 편성) ① 센터장은 회계연도 개시 1개월 전까지 예산편성지침을 확정하여 회계담당 종사자에게 전달한다.
② 회계담당 종사자는 예산편성지침을 전달받은 후 10일 이내에 예산 초안을 작성하여 사무국장에게 제출한다.
③ 사무국장은 제출된 예산초안의 세입·세출 총액을 비교하여 수지의 균형이 맞도록 해당 과와 계수를 조정한다.
④ 계수조정이 완료되면 예산총칙을 작성하여 관장에게 보고하고 운영위원회의 심의를 거쳐 예산을 확정한다.

제10조(예산서에 첨부되어야 할 서류) 예산서에는 다음 각 항의 서류를 첨부한다.
1. 사업계획서

2. 예산총칙
3. 세입·세출명세서
4. 추정대차대조표
5. 추정수지계산서
6. 임·종사자 보수일람표
7. 당해 예산을 의결한 운영위원회 회의록 사본

제11조(예산보고 및 공고) ① 예산이 운영위원회의 의결을 거쳐 확정되면 담당자는 회계연도 개시 5일 전까지 이를 관할 시청에 제출한다.
② 담당자는 관할 시청에 예산서를 제출한 후 10일 이내에 사회복지시설정보시스템 및 센터의 홈페이지에 20일 이상 예산 내역을 공고한다.
③ 위 제2항에 따른 공고는 시설의 정기간행물에 게재하는 것으로 갈음할 수 있다.

제12조(추가경정예산) ① 예산을 집행하는 과정에서 발생된 사유(예산과목의 신설이나 예산의 증액, 항목 간 예산의 변경 등)로 인하여 본예산에 변경을 가할 필요가 있는 경우, 본예산의 편성과 동일한 절차를 통하여 추경예산을 편성할 수 있다. 다만, 본예산을 심의하는 과정에서 삭감 또는 삭제되었던 예산은 신설하거나 증액하지 않는다.
② 센터 회계 담당자는 적어도 당해 연도 6월 말까지는 예산의 흐름을 파악하여 1차 추경예산의 필요성을 검토하여 보고한다.
③ 추가경정예산서에서 당초예산액란에는 마지막 추가경정예산액을 기록한다.
④ 추경예산은 확정된 날로부터 7일 이내에 시청에 보고한다.

제13조(세출예산의 이월) 당해 연도 내에 지출되지 못할 것으로 예상되는 경비(명시이월)와 연도 내에 지출원인 행위는 발생했으나 불가피한 사유로 연도 내에 지출하지 못한 경비(사고 이월)는 운영위원회의 의결을 거쳐 다음 회계연도로 이월할 수 있다.

제14조(결산서의 작성) ① 당해 연도 12월 31일을 기준으로 모든 수납 및 지출원인 행위를 종료한다.
② 다음 회계연도 1월 말까지 모든 세입금의 수납과 세출금의 지출을 마감한다.

제15조(결산보고 및 공고) ① 센터에서 작성된 세입·세출에 관한 결산보고서는 운영위원회의 의결을 거쳐 다음 연도 3월 31일까지 시·군·구청에 제출한다.
② 회계 담당자는 세입·세출 결산내역서와 후원금(품) 수입 및 사용내역을 시설의 게시판이나 홈페이지에 20일 이상 공고한다.

제16조(결산보고서에 첨부되어야 할 서류) 결산보고서에는 「사회복지법인 및 사회복지시설 재무회계규칙」 제20조에 따라 다음 각호의 서류를 첨부해야 한다.
1. 세입·세출결산서
2. 과목 전용조서
3. 예비비 사용조서
4. 정부보조금명세서
5. 후원금수입 및 사용결과보고서(전산파일을 포함한다)
6. 후원금 전용계좌의 입출금내역
7. 인건비명세서
8. 사업비명세서
9. 그 밖의 비용명세서(인건비 및 사업비를 제외한 비용을 말한다)

제17조(재정) 본 센터의 재정은 요양급여수입, 본인부담금 수입, 비급여 수입, 시·군·구 보조금, 후원금, 기타 수입으로 충당한다.

제18조(수입금의 관리) ① 모든 수입금의 수납은 현금출납원(부재 시 센터장이 위임한 자)이 담당하며 이외의 누구도 임의로 수납업무를 대행할 수 없다.
② 모든 수입금은 발생된 다음 날까지 센터 명의로 금융기관에 예치한다.
③ 위 제1항과 제2항의 규정에 의한 수입금의 금융기관 거래통장은 위 제3조의 규정에 의한 회계별로 구분하여

관리한다.

④ 모든 수입금은 수입결의서를 작성하며, 납부자 또는 수입내역이 다수일 경우에는 세입(인명) 명세서를 작성하여 수입결의서에 첨부한다.

⑤ 수입금의 직접 사용은 어떠한 경우에도 허용되지 않는다.

제19조(과오납된 수입금의 처리) 과오납된 수입금은 내부결재를 득한 후 수입한 세입계정에서 은행계좌를 통하여 직접 반환하고, 당초 수입결의서의 비고란에 반환 일자와 금액 및 사유를 명시한다.

제20조(수입금의 영수증 발급) ① 수납원이 수납하는 금액에 대해서는 센터장 명의 영수증을 발급하여 납부자에게 1부를 주고 1부는 보관한다.

② 재발급 영수증은 새 번호를 부여하고 보관하는 영수증 원본에 재발급 사유를 기재한 후 회수된 영수증을 첨부하여 보관한다.

제21조(지출의 원칙) ① 모든 세출 예산의 집행은 지출사무를 관리하는 자 또는 그 위임을 받은 자의 명령(지출원인행위에 대한 승인 및 지출결의서)을 받아 지출원이 행한다.

② 지출은 상용의 경비 또는 소액의 경비 지출을 제외하고는 예금통장에 의하거나 전자거래로 행하여야 한다.

③ 세출예산은 전용절차 없이 세출예산과목이 아닌 다른 항목에서 지출원인행위를 해서는 안 된다.

제22조(지출의 방법) ① 센터 시설 운영의 투명성을 확보하기 위하여 모든 예산의 지출은 신용카드(보조금의 경우는 보조금 카드)나 계좌이체를 원칙으로 한다. 다만, 도서벽지나 산간오지 등에서 신용카드 가맹점이 없는 경우, 대상 업소가 신용카드 가맹점에 가입되어 있지 않으나 부득이 그 업소를 이용하여야 하는 경우, 10,000원 이하의 소액을 지출하는 경우 등으로 현지에서 현금의 지출이 불가피한 경우에는 현금영수증이나 간이 세금영수증을 허용하되, 객관적으로 인정이 가능한 사유서를 첨부한다.

② 지출행위의 명확성을 유지하기 위하여 견적서, 사업자등록증, 세금계산서의 대표자명과 입금통장의 예금주가 반드시 일치되어야 한다.

③ 택배비, 고속도로 통행료, 주차료 등 소액의 현금지출이 요구되는 경우에는 행위자가 선지출하고 영수증을 첨부하여 센터에 청구하면 지출원은 즉시 지출결의서를 작성하여 결재를 득한 후 해당 종사자의 계좌로 입금 처리한다.

⑥ 센터에서의 현금보관은 원칙적으로 허용하지 않는다. 다만, 당일 은행거래 종료 후에 입금된 수입금에 대해서는 다음 날 은행 입금을 위하여 일시 보관할 수 있다.

제23조(신용카드의 사용) ① 신용카드 사용자는 사용하기 전에 반드시 사용대장에 그 목적과 내용을 기재하여야 한다.

② 신용카드 사용자는 매출전표 서명란에 자신의 이름을 함께 서명한다.

③ 신용카드는 사용 종료 후 즉시 반납하며, 사용대장에 사용 내역을 기록한다.

④ 신용카드로 대금을 지불한 경우 지출원은 당일로 지출결의서를 작성하여 센터장의 결재를 받은 후, 해당 금액을 카드 대금결제 통장에 입금시켜 자동 이체한다.

제24조(지출증빙서류의 보관) ① 지출원은 다음과 같이 거래 이용자에 따라 제출해야 할 증빙서류를 확인하여 요청한다.

1. 일반과세업자의 경우 : 사업자등록증 사본, 세금계산서(무통장입금처리), 신용카드매출전표, 현금영수증 등
2. 간이과세업자의 경우 : 사업자등록증 사본, 간이영수증(금전등록기 영수증 경우에는 품명과 금액이 표시되어야 함, 무통장입금처리), 신용카드매출전표, 현금영수증 등

② 증빙서류는 원본으로 보관하되, 변조, 재사용, 바꿔치기 등을 방지하기 위하여 "지급필" 도장을 간인한다. 다만, 정산서와 함께 원본의 증빙서류를 요구하는 특수사업비의 경우에는 증빙 사본에 "원본대조필" 도장을 날인하고 결의서 여백에 그 사유를 기재한다.

제25조(후원금 영수증 교부) ① 센터장은 후원금을 받은 때에는 「소득세법시행규칙」 제101조 제20호의2' 또는 「인세법시행규칙」 제82조 제7항 제3조3'에서 정하는 기부금 영수증 양식으로 후원금 영수증을 후원자에게 즉시 교부한다.

② 금융기관 또는 체신관서의 계좌입금을 통하여 후원금을 받는 경우에는 영수증을 교부할 필요는 없으나 후원자가 원할 경우에는 교부한다.

③ 기부금 관리의 투명성제고를 위하여 영수증 발급 또는 발급내역을 보관한다.

제26조(후원금 전용계좌의 개설) ① 금융기관 또는 체신관서의 계좌입금을 통하여 후원금을 받은 때에는 시설의 명칭이 부기된 센터장 명의의 후원금 전용계좌를 개설하고 이를 시·군·구청에 보고한 후 사용한다.
② 후원금을 전용계좌로 받은 경우 후원자가 영수증 발급을 원하는 경우를 제외하고는 영수증 교부를 생략할 수 있다.

제27조(후원금의 수입 및 사용내역 통보) ① 센터장은 연 1회 이상 해당 후원금의 수입 및 사용 내용을 후원한 법인·단체 또는 개인에게 통보하여야 한다. 이 경우 센터가 발행하는 정기간행물 또는 홍보지 등을 이용하여 일괄 통보할 수 있다.
② 센터장은 회계연도 종료 후 다음 연도 3월 31일까지 후원금 수입 및 사용 결과 보고서를 관할 시·군·구청장에게 제출하여야 한다.
③ 후원금(품) 수입 및 사용 내역을 시설의 게시판이나 홈페이지에 20일 이상 3개월간 공고한다.

제28조(후원금의 용도 외 사용금지) ① 센터장은 후원금을 후원자가 지정한 사용 용도 외의 용도로 사용하지 못한다.
② 후원금은 예산의 편성 및 확정 절차에 따라 세입·세출 예산에 편성하여 사용하고, 가급적 적립·이월하지 않고 회계연도 내에 집행할 수 있도록 노력한다.

제20장 물품관리

물품관리는 주야간보호나 단기보호와 같이 사용 물품이 많은 경우에 해당되고, 방문서비스는 현실적으로 적용이 쉽지 않지만 사회복지시설의 운영규정에 물품관리는 거의 빠지지 않기 때문에 운영규정에 포함시키는 것이 필요할 것으로 보인다.

예시

제20장 물품관리

제1조(용어의 정의) 이 규정에서 사용하는 용어의 정의는 다음과 같다.
1. "물품"이라 함은 비품과 소모품을 말한다.
2. "비품"이라 함은 품질·형상이 변화하지 않고 비교적 장기간 사용할 수 있는 기계 기구, 집기 등의 유체물을 말한다. 다만 토지, 건물, 기타 시설물에 부착되거나 이에 준하는 설비물품(냉방공조, 난방, 전기, 엘리베이터 등)은 제외한다.
3. "소모품"이라 함은 그 성질이 사용됨으로써 소모되거나 훼손되는 물품을 말한다.
4. "소프트웨어"라 함은 컴퓨터 등 정보처리장치와 그 주변장치에 대하여 입력, 처리, 저장, 출력 등을 가능하게 하는 명령의 집합으로써 이를 수록한 매체를 포함한다. 소프트웨어는 비품(집기)으로 본다. 다만 취득가액이 30만원 미만인 소프트웨어는 소모품으로 본다.

제2조(물품의 관리원) ① 물품의 관리는 센터장의 명을 받아 사무원이 행한다.
② 사무원은 물품의 관리를 위하여 다음 각호의 사항을 시행하거나 각과의 장에 대하여 그 시행을 요청할 수 있다.
가. 물품의 현황 정리 및 비품의 실태조사
나. 물품의 재활용에 관한 조치
다. 화재, 도난, 훼손과 같은 사고의 예방에 필요한 조치
라. 기타 물품의 관리에 필요한 사항의 조치

제3조(물품의 반·출입) ① 센터의 물품을 센터 외에 반출하여서는 안 된다. 다만, 행사나 수리 등의 부득이한 사유로 반출하고자 하는 때에는 비품반출대장에 반출 내용을 기입하고 센터장의 허가를 얻어 반출할 수 있다.
② 사무원은 물품이 반입된 때에는 즉시 비품 반출대장에 반입 내용을 기입해야 한다.
③ 물품의 반출입은 일과 시간 중에 행함을 원칙으로 한다. 다만 출장, 교육 등 부득이한 사유가 있을 시에는 일과

시간 외에 반출할 수 있다.

제4조(비품등기 및 등기번호) ① 물품관리원은 비품의 구입, 기증, 기타 취득행위에 기하여 검수를 통해 센터 전산화 시스템의 비품관리대장에 등기하고 비품 등기번호를 부여한다.
② 물품관리원은 등기번호가 부여된 비품에 대하여는 '비품라벨'을 센터 전산화시스템으로부터 발행하여 해당 비품에 부착한 후 사용 관리하게 한다.
③ 종사자들은 비품을 사용 관리함에 있어 다음 각 호의 사항을 준수하여야 한다.
1. 비품을 인수받은 즉시 지정된 장소에 설치 보관하여야 한다.
2. 비품의 설치 보관 장소가 이전되거나 분리 또는 병합되어 사용 장소가 변경된 경우에는 센터장에게 즉시 보고하여야 한다.
④ 비품에 부착한 비품 라벨이 분실되거나 훼손된 경우에는 이를 즉시 사무원에게 알리고 비품라벨의 재발행을 요청하여야 한다.

제5조(재물조사) ① 물품관리원은 등기된 비품에 대하여 품명, 규격, 수량, 사용상태, 설치장소 등을 파악하기 위하여 년 1회 이상 비품에 대한 실태조사를 실시하여야 하며 이를 재물조사라 하고 필요한 경우 수시로 재물조사를 실시할 수 있다.
② 물품관리원은 재물조사 결과 비품의 감소, 분실이 발견된 경우에는 그 원인을 조사하여야 하며 그 조사결과를 관장에게 보고하여야 한다.

제6조(비품의 변상책임) ① 비품의 감소가 발견된 경우 센터장은 물품 사용 관리책임자에 대하여 다음 각호의 조치를 취하여야 한다.
1. 비품을 망실하였을 때에는 동일한 비품으로 변상하게 하여야 한다.
2. 다음 각 목의 사유가 있을 때에는 물품사용 관리책임자는 센터장에게 그 사유를 소명하여야 한다. 이 경우 센터장은 그 판정에 따라 동일 기능의 유사비품으로 변상하게 하거나 이 규정에 규정된 변상조치율에 따른 현금변상을 하게 할 수 있다.
- 단종 등으로 인하여 동일비품을 구할 수 없을 경우
- 용도가 폐지되어 더 이상 해당 비품을 사용할 필요가 없을 경우
- 동일비품으로 변상하게 할 수 없는 부득이한 사유가 있을 경우

② 변상은 변상청구를 행한 날로부터 3개월 이내에 이행하게 한다.
③ 천재지변, 불가항력, 기타 물품사용 관리책임자의 고의 또는 중대한 과실에 기하지 않은 비품의 감소에 대하여는 그 책임을 묻지 아니한다.
④ 비품의 감소가 발생한 경우 물품사용 관리책임자에게 전항의 면책사유가 있을 때에는 물품사용 관리책임자는 그 사유를 센터장에게 소명하여야 한다.

제7조(비품의 분실 등) ① 비품이 분실되거나 도난당한 때에는 물품사용 관리담당자는 즉시 그 사유를 센터장에게 소명하여야 한다.
② 제1항의 신고를 접수한 물품관리원은 분실, 도난에 대한 원인조사를 실시하여야 하며 그 조사 결과를 센터장에게 보고하여야 한다.

제8조(비품의 수리, 폐기) ① 종사자들은 사용 중인 비품의 수리가 필요할 때에는 결재를 득하고 수리 의뢰하거나 업무지원 요청서를 센터장에게 제출하여야 한다.
② 비품을 계속하여 사용할 필요가 없거나 수리하여도 사용할 수 없다고 판단한 경우에는 물품 폐기를 위한 내부결재를 득하고 비품대장에 근거를 기록하여야 한다.

제9조(불용품처분의 절차) 사무원은 비품이 불용품으로 결정된 때에는 비품관리 대장 등에 다음 각 항의 사항을 기록하여 보존하여야 한다.
① 불용결정 연월일
② 불용물품의 상태
③ 처분의 표시(매각, 해체, 폐기 등)
④ 처분 금액(매각 대금 등)

제10조(불용품의 매각) 사무원은 센터장의 결재를 득한 후 불용품을 매각하고 그 대가를 센터 세입 예산에 편입시켜야 한다.

제21장 시설관리

시설관리는 방문서비스는 해당 사항이 없고, 주야간보호와 단기보호에 적용되는 규정이다.

예시

제21장 시설관리

제1조(주관부서 및 관리담당) ① 센터의 시설물 관리에 관한 사항은 관리인이 담당하며 관리인 배치가 되지 않은 경우에는 센터장이 담당하거나 시설방호 및 안전관리를 위해 종사자 중 안전 관리인을 지정하여 그 사무를 위임할 수 있다.

② 안전 관리인의 자격은 국가기술자격법에 의한 기능사(보일러, 전기, 가스 등) 이상의 자격증 중 1개 이상 소지자로 하고 안전관리와 관련된 1개 이상의 교육을 이수한 자여야 한다.

③ 센터장은 '안전관리책임관'으로서 안전업무 실무를 관리하고, 안전관리 전반을 지휘·감독·지원한다.

제2조(재난 및 안전예방관리) 센터는 재난 및 안전예방관리를 위해 다음 각호의 사항을 준수하여야 한다.

1. 시설 자체 안전관리 계획 수립
2. 시설 자체 안전점검 실시 및 실시결과 보고
3. 비상대비 모의훈련 실시, 비상연락망 구축
4. 시설 자체 응급조치 및 사후복구체계 구축

제3조(장애인편의시설 및 안내도 설치, 관리) 「장애인, 노인, 임산부 등의 편의증진보장에 관한 법률」 제4조에 의거 공간배치 안내도와 층별 배치도를 부착하고 편의시설을 설치하여 관리한다.

제4조(시설안전점검) ① 시설물 점검을 통하여 성실하게 건물을 관리하여 모든 시설물이 항상 가동될 수 있도록 최상의 상태를 유지하여야 한다.

② 안전 관리인은 매주 시설물 안전점검을 실시하고 보고한다. 또한 매 반기별 정기 안전점검과 필요 시 수시 안전점검을 실시하고 그 결과를 관할 시·군·구청에 보고한다.

③ 시설안전관리를 관계 법령이 정하는 바에 따라 시설안전관리를 전문으로 하는 자에게 대행하도록 할 수 있다.

제5조(시설 정기검사 및 보고) 시설물의 안전을 위하여 관계 법령의 기준에 의한 각호의 정기검사를 실시한다.

1. 전기안전점검 : 연 1회 이상 변전, 발전, 옥내외 배선, 누진경보시설, 환기시설 등 안전점검
2. 가스안전점검 : 연 1회 이상 화기 사용시설, 가연성 가스시설 안전점검
3. 냉난방시설점검 : 연 1회 이상 보일러, 냉동기, 공조기, 각종 배관 등 안전점검
4. 소방안전점검 : 수시 소화시설, 피난시설, 경보설비의 작동 여부 및 비상구 등 소방시설에 대한 점검

제6조(보험의 가입) 건물의 안전과 관련하여 화재보험 및 가스사고배상책임보험, 영업배상보험을 가입한다.

제7조(시설물의 운영) 모든 시설물은 종사자가 최적의 상태에서 최고의 업무효과를 발휘할 수 있도록 효율적으로 운영하며 시설물 점검을 통하여 성실하게 건물을 관리하여 모든 시설물이 항상 가동될 수 있도록 최상의 상태를 유지하도록 하여야 한다.

제8조(냉난방) ① 냉난방기의 운영은 기후조건에 따라 적절히 하며 실내온도의 유지는 이용자의 건강유지 및 효율적인 업무수행을 위하여 최적 온도를 일정하게 유지하여야 한다.

② 냉난방 실시 기간 및 일일 냉난방 운영시간은 다음 각호와 같이 시행함을 원칙으로 한다.

1. 냉방기간 : 6월~9월(외기온도 28도 이상)
2. 난방기간 : 11월~3월(외기온도 20도 이하)

③ 냉난방 운영시간은 날씨 상황과 이용자의 상태를 고려한다.

제9조(급수) ① 급수는 24시간 공급을 원칙으로 한다.
② 온수의 급수시간은 난방기간에 준하나 이용자의 상황에 따라 달리할 수 있다.

제10조(전기) 전기는 24시간 공급을 원칙으로 하나 설치 승인을 받지 아니한 전열기 사용은 금한다.

제11조(관련 서류의 비치) 시설안전관리를 위해 다음의 서류를 비치, 관리하여야 한다.
1. 건축물대장
2. 방화관리 월별점검표
3. 시설물 안전점검일지
4. 소방훈련·교육실시결과기록부
5. 그 외 시설물 운영에 필요하다고 인정되는 서류

제12조(방화관리) 복지관을 출입하는 모든 자는 화재 예방을 위하여 다음 각호의 사항을 준수하여야 한다.
1. 센터 실내에 인화성이 강한 물품의 반입 또는 보관을 금한다.
2. 사용 승인된 전열기구는 사용 후 전선코드 제거 여부를 항상 확인해야 한다.
3. 건물 내외부에서 소각행위를 금한다.

제13조(이용자 안전교육) 이용자 및 종사자의 안전교육을 연 1회 이상 실시하고, 화재 등 안전사고에 대비한 모의훈련을 연 1회 이상 실시한다. 이러한 훈련에는 소화기 소화전 사용훈련, 응급조치훈련, 각 층별 이용자의 대피훈련과 화재 등 안전사고 발생 시 사고유형별 응급조치, 복구, 대피, 사후수습 계획을 실시한다.

제14조(비상사태 대비조치) ① 센터 종사자는 자체 자위소방대를 조직하여 비상연락체계 및 응급조치에 대비한다. 종사자는 화재경보기, 옥내 소화전, 비상계단 등 소화 및 대피시설 위치와 사용방법 등을 평소 숙지하여 비상사태에 대비하여야 한다.
② 비상계획 등에 대한 훈련계획을 수립하고 이에 의한 훈련과 점검을 분기별 1회 이상 수행하되, 이용자는 관계당국의 지시 또는 비상계획에 의한 훈련 등 기타 특수사정에 따라 필요할 때에는 비상계획담당자의 조치에 응하여야 한다.

10

CHAPTER

시설 지정받은 직후 필수업무

01 공인인증서 및 시설 코드 등록

1) 공인인증서 등록

노인장기요양기관은 두 가지의 전산시스템을 알아야 한다. 현재 국내 사회복지시설은 시설 유형과 상관없이 '사회복지시설정보시스템(W4C)'으로 업무를 보아야 하며, 노인장기요양기관은 추가적으로 '장기요양정보시스템(Long-term care Insurance)'를 사용해야 한다. W4C는 시군구와 업무 연락을 할 때 사용하며, Long-term은 건강보험공단과의 업무에 사용된다.

본격적인 전산시스템을 다루기에 앞서 전산시스템에 들어갈 수 있는 Key, 즉 열쇠가 되는 공인인증서를 컴퓨터에 세팅해야 한다. 인터넷뱅킹 또는 스마트뱅킹을 이용해본 사람이라면 공인인증서가 무엇인지 알고 있을 것이다. 마치 현관문 번호 키(key)를 누르고 집에 들어가는 것과 같이 자신의 은행계좌에 들어가기 위한 비밀번호라고 할 수 있다. 현관문 번호 키와 다른 것은 입금 및 송금할 때도 이 비밀번호가 있어야 하고, 컴퓨터 파일 형태로 컴퓨터나 스마트폰 내부에 저장된다는 점이다.

공인인증서는 개인용과 기관용(또는 법인용)으로 나뉘며, 사회복지시설정보시스템(W4C)에서는 개인용 공인인증서를 사용하고 장기요양정보시스템(Long-term)은 기관용이 사용된다. 개인용 공인인증서는 시중 은행에서 만들어야 한다.1) 가장 가까운 은행 창구를 방문하여 인터넷뱅킹을 신청하면 동시에 공인인증서를 만들 수 있다. 은행에서는 공인인증서를 만들어주는 것이 아니다. 기존에 사용하던 통장을 인터넷뱅킹에 연동시키거나 신규로 통장을 개설하여 인터넷뱅킹을 신청하는 것이다.

신청서를 작성할 때 주의할 점은 비밀번호 종류가 총 세 가지이므로 잘 구분해야 한다. 통장 비밀번호(4자리), 이체 비밀번호(6자리), 공인인증서 비밀번호로 구분되고 자신이 만든 비밀번호 중 기호(*, %, @, # 등)와 영문의 대문자와 소문자를 구분해야 한다. 은행에서는 신청서를 작성하고 공인인증서 비밀번호만 인증하는 것

1) 인터넷 뱅킹용이 아닌 신용카드용, 전자입찰, 전자거래용, 무역거래용 등의 인증서도 사용이 가능하다.

이지 공인인증서 자체를 받아오는 것은 아니다. 공인인증서를 사무실 컴퓨터에 저장하는 일은 은행이 대신해주지 않으니 자체적으로 해야 한다.

인터넷에서 공인인증서를 발급받는 방법은 다소 복잡하다. 농협을 예를 들어보자면, 우선 포털사이트에 농협을 검색하고, NH농협 하단의 '개인인터넷뱅킹'과 '기업인터넷뱅킹' 중 개인인터넷뱅킹을 선택한다. 화면이 바뀐 후 '인터넷뱅킹 보안프로그램 설치안내'가 뜨는데 이때 하단의 '통합설치페이지 이동'으로 가서 '전체설치'를 클릭하면 된다. 프로그램이 모두 깔렸다는 메시지가 뜨면 이제 공인인증서를 컴퓨터에 심을 준비가 된 것이다.

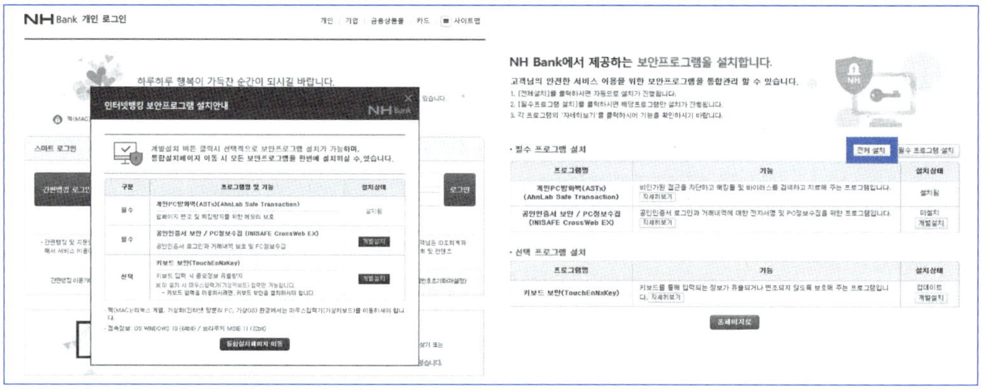

그림 10-1 보안프로그램 설치

다음으로 할 일은 '공인인증센터'로 들어가면 되는데, 홈 화면의 '로그인' 바로 오른쪽에 '공인인증센터'를 클릭하면 아래와 같이 공인인증서 화면이 나온다. 여기에서 인터넷뱅킹을 처음 하는 사람은 '공인인증서 발급/재발급'으로 들어가고, 기존에 인터넷뱅킹을 하고 있고 공인인증서를 갖고 있으면 '타행/타기관 인증서 등록'으로 들어가면 된다.

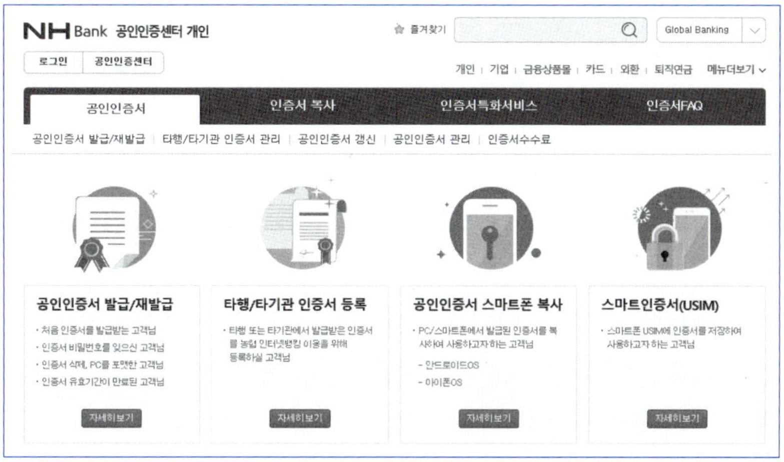

| 그림 10-2 | 공인인증센터

이미 인터넷뱅킹을 하고 있고 사람은 공인인증서를 갖고 있으므로 '타행/타기관 인증서 등록'으로 진행하자면 아래 그림과 같이 '본인확인' 절차를 거친 후 '타행/타기관 인증서 조회'로 넘어간다. 타행/타기관 공인인증서가 저장된 곳이 컴퓨터인지 USB인지 선택한 후 비밀번호를 입력하면 조회가 이루어진다.

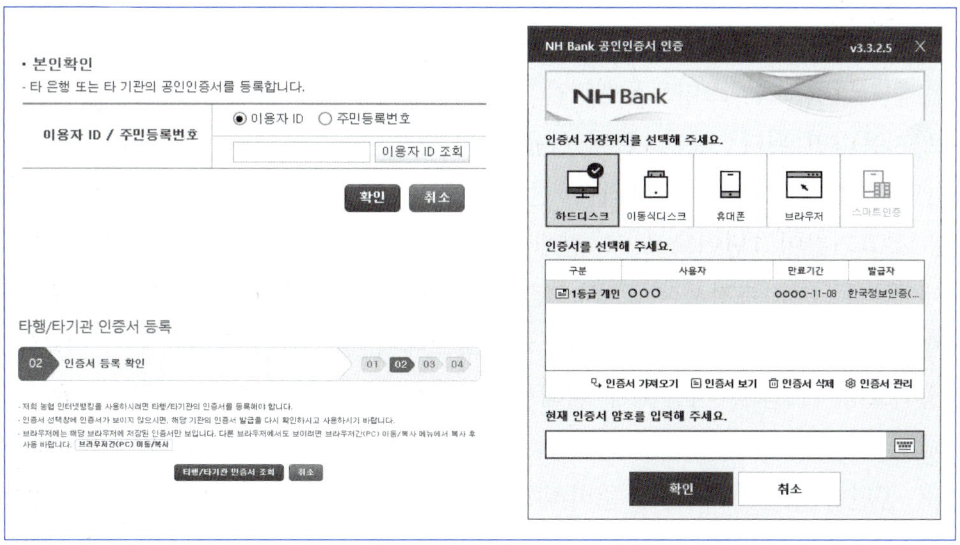

| 그림 10-3 | 공인인증서 조회

처음으로 인터넷뱅킹을 하는 사람은 공인인증센터에서 '공인인증서 발급/재발급'을 선택해야 한다. 공인인증서 암호는 은행에서 신청서 작성 당시 본인이 만든 암호이므로 신청서를 확인한 후 입력한다. 이후부터는 순서대로 진행하면 된다. 공인인증서는 은행/보험용과 범용이 있는데, 주식을 하거나 대부업 대출을 받지 않는 한 무료인 은행/보험용을 등록하면 된다.

공인인증서는 컴퓨터 하드디스크 C 또는 D 드라이브 어디든 저장할 수 있고, USB에 추가로 저장할 수도 있다. 또한 다른 컴퓨터에서도 사용할 수 있게 복사해서 옮겨 놓을 수 있다. 다른 컴퓨터 또는 USB에 공인인증서를 복사하는 방법은 두 가지가 있는데, 은행 사이트에서 공인인증서 저장 작업을 반복하거나 최초 공인인증서를 다운받은 컴퓨터에서 파일을 찾아 복사하는 방법이 있다.

컴퓨터에 저장된 공인인증서 파일 이름은 항상 'NPKI'이다. 국민은행이건 신한은행이건 농협이건 상관없이 항상 파일명이 'NPKI'이다. 한 컴퓨터에서 두 사람 이상이 인터넷뱅킹을 한다면 각각 공인인증서를 발급받게 되는데, 이용자가 다르더라도 파일명은 'NPKI'로 동일하다. 같은 이름의 파일을 저장하려고 하면 기존 것은 없어지고 새로운 것만 살아남기 때문에 여러 명이 동시에 공인인증서를 사용할 수 없다. 이때는 저장 위치를 달리하면 된다. 철수는 C 드라이브에 영희는 D 드라이브에 만수는 USB에 담으면 된다. 그리고 파일명이 같아서 어떤 것이 누구 것인지 모를 때가 있다. 이때는 'NPKI'를 클릭해보면 어떤 사람의 공인인증서인지 확인해볼 수 있다.

현재 인터넷 또는 스마트폰뱅킹을 하는 사람이라면 사용 중인 공인인증서를 그대로 사용하면 된다. 다만, 현재 사용 중인 공인인증서 유효기간이 얼마 남지 않았다면 기간 만료 전에 갱신해야 한다는 점을 꼭 기억해야 한다. 공인인증서는 보통 유효기간이 1년이므로 그 전에 갱신해야 한다. 공인인증서가 발급되었다고 해서 곧바로 사회복지시설정보시스템을 사용할 수는 없다. 바로 '시설코드'가 있어야 등록이 가능하므로 이 부분은 시설코드에서 설명되어 있다.

'장기요양시스템'을 사용하기 위해서는 개인용이 아닌 기관용 공인인증서를 사용해야 하는데 이것은 은행이 아니라 해당 지역 관할 '건강보험공단'을 찾아가야 한다. 공단을 방문하기 전에 준비해야 할 서류는 사업자등록증 사본 1부, 대표자 주민등록증 앞뒤 복사본 1부(원본 지참), 인감도장이다.

서류를 갖고 공단 지사를 방문해서 '장기요양 공인인증서' 발급 신청하러 왔다고 하면 해당 부서로 안내를 해줄 것이다. 현장에서 공인인증서 발급신청서를 작성하고 인감 날인해서 제출하면 접수증(등록번호)을 줄 것이다. 개인 공인인증서의 경우와 마찬가지로 건강보험공단에서 공인인증서를 만들어주는 것이 아니라 인터넷에 등록할 수 있는 번호만 받아오는 것이다.

만약, 대표자(사업주)가 직접 방문이 어려울 때는 대리인을 선임해야 하는데, 이때는 대표자 인감증명서(법인인 경우 법인 인감증명서)를 가지고 가야 한다. 대리인을 선임하면 대개 '위임장'이 필요하지만 아직 사업 시작 전이라 이것까지 요구하지는 않는다.

개인용 공인인증서는 은행 홈페이지에서 등록했다면, 기관용은 은행이 아닌 '한국정보인증(https://www.signgate.com)'에서 등록한다. 한국정보인증 사이트의 공인인증서 신청에서 개인이 아니라 사업자를 선택해야 한다. 그런데 공인인증서 종류가 너무 많고, 비용도 상당히 비싸다. 공인인증서 몇 개를 클릭해서 사용 용도를 보면, '전자계약, 전자입찰, 전자세금계산서' 등에 사용된다고 표기되어 있다. 즉, 유료 공인인증서들은 노인요양사업과 관계가 없다.

▎그림 10-4 ▎한국정보인증 홈 화면

장기요양기관에서 사용하게 될 공인인증서는 유료가 아니라 무료여야 한다. 그래서 '개인/법인사업자' 부분을 클릭하면 아래 그림과 같은 새로운 창이 나오고 화면 가장 아래쪽에 '보건복지전용'이라는 글씨가 보일 것이다. 이것은 보건복지

분야 서비스 기관에 사용되는 것으로서 무료라고 표시되어 있다. 노인장기요양기관은 바로 이것을 받으면 된다. '바로 신청'을 누르고, 약관 모두에 동의한 후, 업체명과 사업자등록번호를 입력하면, 신청정보를 입력하는 화면이 보인다. 기관에 관한 상세 내역을 입력한 후 안내 절차를 따라 하면 기관용 공인인증서를 컴퓨터에 저장할 수 있게 된다. 저장 방법은 개인용과 동일하다.

| 그림 10-5 | 보건복지부 전용 공인인증서(무료) 발급 방법

| 그림 10-6 | 공인인증서 종류

| 그림 10-7 | 공인인증서 등록

2) 시설코드 및 기관기호

대한민국 국민은 자신을 증명하기 위해 주민등록번호가 있어야 한다. 이뿐 아니라 각종 소유권, 증명서 등 수많은 코드에 얽매여서 살고 있다. 머릿속에 담아둘 수 없을 만큼 그 수가 많다. 한 개인에게 부여된 기호, 코드, 일련번호도 수십 가지가 있듯이 노인장기요양기관도 이와 유사한 기능을 하는 것이 있다.

사회복지시설정보시스템을 사용하기 위해서는 시설코드를 부여받아야 하고, 장기요양정보시스템은 기관기호가 있어야 한다. 기관기호는 별도로 신청하지 않아도 시설설치신고를 하고 나면 자동으로 부여해준다. 노인요양시설은 '장기요양기관지정서'에 있고, 재가노인복지시설은 '재가장기요양기관 설치신고증명서'에 기재되어 있다.

시군구와 관계되는 업무는 사회복지시설정보시스템으로 한다. 사회복지시설정보시스템은 보육시설, 청소년수련시설을 제외한 대부분의 사회복지시설이 의무적으로 사용해야 하는 시스템이다. 이것을 사용하려면 시설코드가 있어야 하고, 노인요양시설과 재가노인복지시설을 동시에 운영한다면 각각의 시설코드를 발급받아야 한다.

우선, 보건복지부 사회복지시설정보시스템 홈페이지로 들어가서 상단 메뉴 중 '소개'를 클릭한다. 다음으로 '시스템 사용안내'를 열어보면, '시스템 사용신청'이 보일 것이다. 들어가 보면 '사회복지시설, 장기요양기관, 재가장기요양기관, 사회복지법인' 이렇게 4가지 유형이 제시된다.

노인요양사업과 관련된 유형은 '장기요양기관'과 '재가장기요양기관'인데, 요양시설이나 요양공동생활가정은 '장기요양기관'이 해당되고, 방문요양 · 목욕 · 간호 · 주야간 · 단기 · 복지용구는 '재가장기요양기관'을 선택한다.

다음으로 '시설인허가번호', 즉 시설설치신고필증 또는 설치신고증명서에 기재된 번호를 입력하여 기관조회를 마친 후 기관 정보를 입력하면 된다. 이후 시스템 사용신청을 하고 나면 오후 5시경에 담당자 휴대폰에 시설코드(5자리)와 임시 아이디 및 비밀번호가 전송된다. 첫 글자는 영문자(대문자)이고 나머지 4자리를 숫자로 구성되어 있다. 다시 사회복지시설정보시스템 홈페이지 홈으로 돌아와서 발급받은 시설코드와 아이디로 공인인증서를 등록해야 한다. 등록이 끝나면 임시 아이디와 비밀번호를 버리고 실제 사용할 것으로 수정해야 한다.

| 그림 10-8 | 시스템 사용안내

02 장기요양기관 정보 게시

전산으로 업무를 처리하다 보면 편할 때도 있지만 그 전에 모든 정보를 입력해야 하는 번거로움이 있다. 기관 정보에서부터 직원, 입소자, 기타 등등 모든 정보를 다 입력해야 한다. 전산화하는 것은 업무 편의성 때문이지만 최초 사용할 때는 이것저것 정보를 입력해줘야 할 것들이 많다.

노인장기요양보험법 제34조, 시행규칙 제26조에 의하면 기관정보를 홈페이지에 반드시 게시하라고 되어 있다. 기관 정보를 게시하지 않으면 법을 위반하는 것이 되어서 공단으로부터 지속적인 요구를 받을 것이고 평가 시 불리하게 작용하게 된다.[2)]

기관 정보를 게시하려면 우선, 장기요양정보시스템에 회원가입부터 해야 한다. 포털사이트에서 '노인장기요양보험'이라고 검색하거나 홈페이지(www.longtermcare.or.kr)에 접속한다. 맨 위에 있는 메뉴 중 '회원가입'을 클릭한다. 장기요양기관 회원을 선택하고 약관 동의한 후 기본사항을 입력한다. 사용자 아이디는 기억하기 쉬운 것으로, 비밀번호 역시 좀 길더라도 기억하기 쉬운 것으로 하는 것이 좋다.

회원가입이 끝났으면 '로그인'을 한다. 개인 로그인이 아니라 장기요양기관 로그인에 기관기호[3)]를 입력한 후 법인(기관) 공인인증서 비밀번호를 입력한다.

로그인은 이처럼 항상 2단계로 진행되며, 법인(기관) 인증서는 기관용 공인인증서를 의미하고 저장 위치가 C 또는 D 드라이브인지 USB와 같은 이동식 디스크인지 잘 구분해야 한다.

당초 기관용 공인인증서를 발급받을 때 저장해둔 위치를 기억하고 있어야 한다. 인증서 비밀번호를 입력할 때 대문자와 소문자를 잘 구분해야 하고, 비밀번호 만들 당시 소문자였다면 컴퓨터 자판에서 'Caps lock'이 켜지지 않도록 주의할 필요가 있다.

---

2) 노인장기요양보험법 시행규칙 제26조에 따르면 공단 홈페이지에 기관에 관한 상세한 정보를 게시하도록 되어 있다.

3) 노인복지시설 신고필증에 나와 있다.

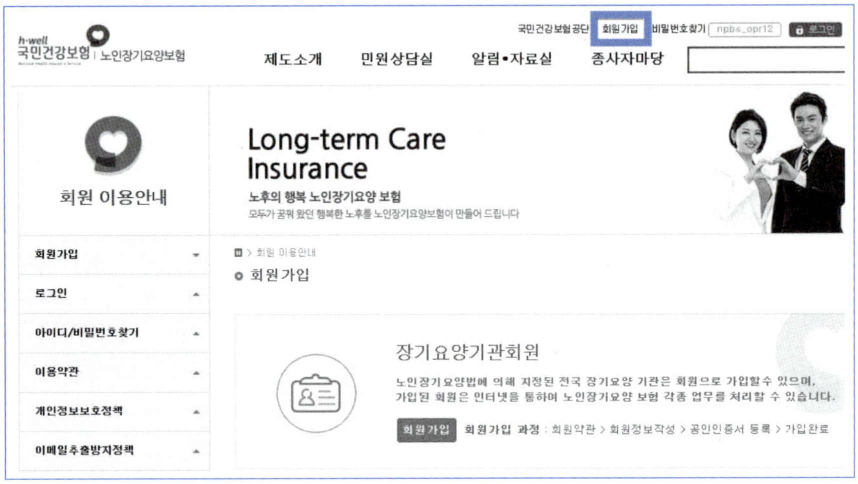

| 그림 10-9 | 장기요양보험 홈페이지 회원가입

법령에는 게시해야 할 기관 정보로 아래와 같은 사항을 제시하고 있다.

- 시설 구조, 설비 상태 및 건물 전경 등 사진
- 장기요양기관 주소, 약도, 전화번호 및 홈페이지 주소
- 장기요양기관에 소속된 인력 종류별 종사자 수 및 입소(이용)정원, 현재 입소(이용)인원
- 장기요양기관에서 제공하고 있는 급여 종류
- 장기요양급여 이용계약에 관한 사항
- 비급여 대상 항목별 금액(식사재료비, 상급침실 이용에 따른 추가비용, 이·미용비, 그 외 보건복지부장관이 고시한 비용)

로그인을 한 후 왼편 메뉴창의 빨간색 음영이 된 '기관회원 서비스'를 클릭해야 장기요양정보시스템이 구동된다.

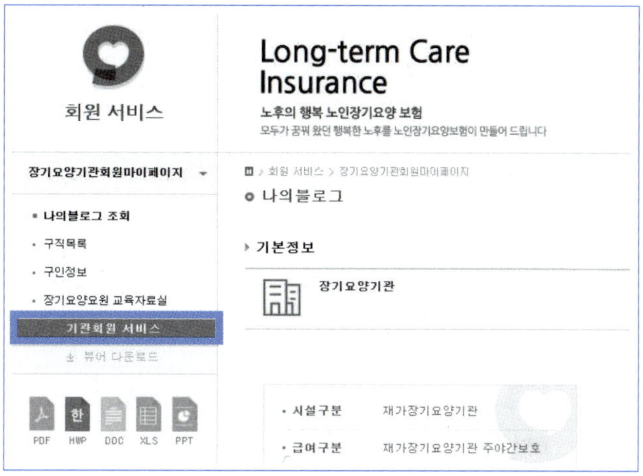

▎그림 10-10 ▎시스템 구동 방법

시스템이 구동되었으면 왼쪽 메뉴 중 가장 위에 요양자원 → 장기요양기관 관리 → 장기요양기관정보 등록을 클릭한다. 교통편 · 주차시설부터 차례대로 입력하면 된다. 비급여 항목과 프로그램 입력에서는 오른쪽에 행추가를 한 후 하단에 비급여 종류에서 선택(∨) 표시를 건드려서 입력하면 된다.

▎그림 10-11 ▎장기요양기관 관리

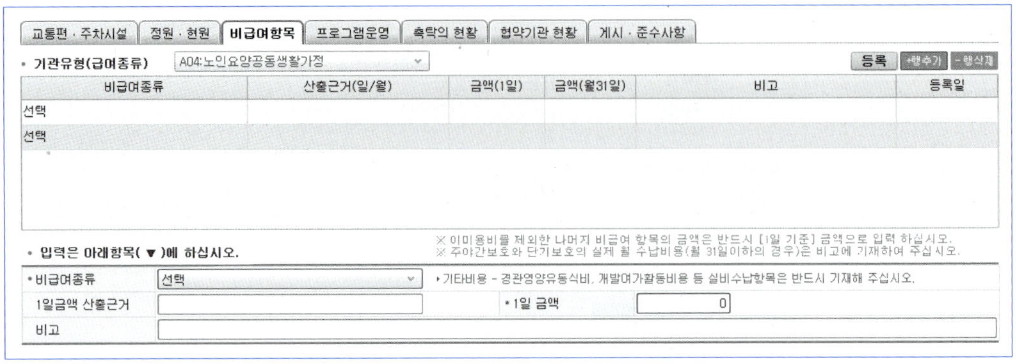

| 그림 10-12 | 기관 정보 게시 내용

03 업무용 통장 만들기

업무용 통장은 건강보험공단에 보고해야 하고, 공단 홈페이지에도 게시해야 한다. 노인요양사업을 하면서 기본적으로 개설해야 하는 통장은 '공단 부담금 수령용, 본인부담금 및 비급여 항목 수령용, 병원비나 약값 등 수령용' 이렇게 3개가 필수이다. 그런데 이 중에서 공단에 보고해야 할 통장은 '공단부담금 수령용' 통장 하나뿐이다. 기관에서 그동안 일한 대가를 공단에 청구하면 공단에서는 입금해줄 기관 통장계좌가 있어야 한다.

보고 방법은 노인장기요양보험법 시행규칙 하단의 [별표 27]의 '장기요양기관 현황통보서'를 다운받아 작성한 뒤 공단 지사에 제출하면 된다. 현황통보서는 아래 표처럼 작성이 어렵지 않다.

다만, 기억해야 할 사항은 이 서류는 팩스 전송이 아닌 직접 방문하여 제출해야 하고, 대표자(사업주)가 자신의 인감과 인감증명서를 들고 가야 한다는 점이다. 공단은 기관에서 청구한 금액을 해당 계좌에 입금해줘야 하는데 행정 착오로 엉뚱한 계좌로 입금한다면 심각한 문제가 아닐 수 없다. 그래서 대표자 여부를 꼭 확인하는 것이다.

표 10-1 업무용 통장 신고

<table>
<tr><th colspan="6">장기요양기관 현황통보서</th></tr>
<tr><td>① 장기요양기관명</td><td colspan="2">○○요양원</td><td>② 장기요양기관 기호</td><td colspan="2">1-44760-○○○○○</td></tr>
<tr><td>③ 기관의 장(대표자)</td><td>성명</td><td>홍 길 동</td><td>생년월일</td><td colspan="2">63.10.11</td></tr>
<tr><td rowspan="2">④ 장기요양기관 주소</td><td colspan="3" rowspan="2">충북 청주시 서원구 산남동 ○○-○</td><td colspan="2">전화번호) 043-○○○-○○○○</td></tr>
<tr><td colspan="2">팩스번호) 043-○○○-○○○○</td></tr>
<tr><td rowspan="2">⑤ 기관의 장(대표자) 집주소</td><td colspan="3" rowspan="2">충북 청주시 청원구 내덕동 ○○-○</td><td colspan="2">전화번호) 043-○○○-○○○○</td></tr>
<tr><td colspan="2">휴대전화)</td></tr>
<tr><td>⑥ 사업자등록번호</td><td colspan="5">○○-80-○○○○○</td></tr>
<tr><td rowspan="2">⑦ 장기요양 급여비용 수령금융기관</td><td>금융기관명</td><td colspan="2">예금주</td><td colspan="2">계좌번호</td></tr>
<tr><td>농협</td><td colspan="2">홍길동</td><td colspan="2">351-○○○○-○○○○-○○</td></tr>
</table>

장기요양 공단부담금을 수령하는 통장을 부득이 변경해야 할 경우가 있을 수 있다. 이때는 현황통보서가 아니라 '장기요양기관 변경사항통보서'를 작성해야 한다. 노인장기요양보험법 시행규칙 하단의 [별표 28]을 다운받아 작성하면 된다. 이 경우에도 반드시 대표자가 직접 인감도장과 인감증명서를 들고 공단 지사에 제출해야 계좌 변경이 가능하다.

표 10-2 업무용 통장 변경 신고

<table>
<tr><th colspan="4">장기요양기관 변경사항통보서</th></tr>
<tr><td colspan="4">(앞 쪽)</td></tr>
<tr><td>① 장기요양기관명</td><td>○○요양원</td><td>② 장기요양기관기호</td><td>1-44760-○○○○○</td></tr>
<tr><td>③ 기관의 장(대표자)</td><td>홍 길 동</td><td>④ 생년월일</td><td>63.10.11</td></tr>
<tr><td>⑤ 소재지</td><td colspan="3">충북 청주시 서원구 산남동 ○○-○</td></tr>
<tr><td>⑥ 전화번호</td><td colspan="3">043-802-3927</td></tr>
<tr><td colspan="4">⑦ 변경사항</td></tr>
<tr><td>구분</td><td>변경 전</td><td>변경 후</td><td>변경일</td></tr>
<tr><td>▪ 장기요양급여비용 수령계좌번호</td><td>농협 351-○○○○-○○○-○○
(홍 길 동)</td><td>농협 351-○○○○-○○○-○○
(○○요양원)</td><td>2018.08.23</td></tr>
<tr><td>▪ 사업자등록번호</td><td></td><td></td><td></td></tr>
</table>

공단부담금 수령 통장은 수령만 하는 것이 아니라 운영자금을 지출하는 용도로도 쓰인다. 어떤 곳에서는 3개의 통장으로 분산 입금된 내역을 하나의 통장으로 이체한 후 지출 관리하는 것이 편하다고 하는 주장도 있지만 이는 별로 바람직하

지 않다.

예산을 수립할 때 지출은 어떤 수입영역에서 할 것인지 '상대계정'을 잡아줘야 한다. 공단부담금은 정부에서 나오는 돈이므로 지출상황이 투명해야 한다. 따라서 다른 통장으로 이체하면 지출 경로가 불투명해지므로 공단에 보고했던 통장에 지출상황이 기록되게끔 해야 한다.

병원비나 약값 입금용 통장은 굳이 개설하지 않아도 되나 보호자들의 요청에 따라 시설에서 병원비나 약값을 대신 납부한 경우 다시 수령하기 위해서 필요하다.

통장을 개설할 때 개인 명의가 아닌 기관(법인) 명의로 하는 것이 좋다. 법인이라면 고민할 필요 없이 법인명으로 하면 되겠지만 개인 시설의 경우 법인이 아니라서 개인용 통장을 개설하는 경향이 있다. 개인으로 할 경우 세금 문제 등이 다소 복잡해지고, '차입금' 등의 회계처리가 어려워질 수 있다.

대외적으로도 개인보다는 기관 명의의 통장이 공신력이 있어 보일 것이다. 은행에서 통장을 개설할 때 처음부터 기업용으로 만들어 달라고 하면 된다. 그러자면 은행에 사업자등록증 사본과 대표자 인감 및 인감증명서 등을 챙겨가야 한다. 처음에 개인용으로 만들었다가 기업용 또는 기관(법인)용으로 바꿀 수는 있지만 은행 업무도 시간이 많이 걸리고 무엇보다도 회계처리가 복잡해진다.

통장 개설할 때 놓치기 쉬운 부분이 있다. 바로 체크카드를 만들고 인터넷뱅킹을 신청하는 것이다. 체크카드를 만들어 사용하면 회당 지출상황이 통장에 고스란히 기록된다. 비누 하나를 구입했더라도 통장에 찍힌다. 회계처리는 투명하고 확실해야 하므로 차라리 세세한 지출상황까지 통장에 기록되는 것이 좋다. 이렇게 해야 나중에 각종 전표 작성에도 편하고 지출보고서 작성 시에도 매우 유용하다. 단, 영수증을 잃어버렸을 때 통장과 맞지 않아 고생을 좀 할 수 있으니 영수증을 잘 챙겨야 한다.

인터넷 뱅킹이 생소하거나 서툴다고 신청하지 않으면 일하는 데 지장이 있다. 물품을 구입하려고 할 때 인터넷 구매가 비교적 싸고 좋거나 인터넷이 아니면 구입할 수 없는 경우가 있다. 인터넷으로 물건을 구입하더라도 영수증을 출력할 수도 있다. 직원 월급을 지급할 때도 인터넷 뱅킹은 매우 편하고 신속한 일 처리가 가능하다. 앞서 설명한 개인용 공인인증서를 컴퓨터에 저장했다면 인터넷 뱅킹을 바로 사용할 수 있다.

인터넷보다 스마트뱅킹을 사용하고자 한다면 컴퓨터에 있는 공인인증서를 복사해서 스마트폰에 저장해야 한다. 스마트뱅킹의 장점은 해킹당할 확률이 줄어든다는 점이지만 영수증을 출력할 수 없다는 단점도 있다.

04 인력(변경) 신고

시설 지정을 받고 나면 실제 일할 직원을 '사회복지시설정보시스템'에서 신고 절차를 밟아야 한다. '사회복지시설정보시스템'은 요양시설(요양공동생활가정 포함)과 재가기관(방문요양/목욕/간호, 주야간보호, 단기보호, 복지용구)이 분리되어 있다. 공인인증서는 동일한 것을 사용하더라도 시설코드가 달라서 작업창이 다르다.

노인요양시설용 시스템은 메뉴가 매우 복잡하고 많지만 재가노인복지시설은 상대적으로 단순하다. 노인요양시설용 시스템은 메뉴가 매우 많지만 모든 메뉴를 다 사용할 필요는 없다. 한글이나 엑셀 프로그램을 불편함 없이 사용하는 사람들도 모든 메뉴를 다 알고 쓰는 것이 아니듯 필수적인 몇 가지만 익혀도 된다.

우선 '사회복지시설정보시스템' 사용방법에 대한 교육교재(매뉴얼)부터 다운받는다. 사회복지시설정보시스템 홈페이지 상단에 보면 '알림'이 있고 하위 메뉴에 '자료실'이 보일 것이다. 자료실 검색란에 '사회복지시설정보시스템'이라고 입력하고 검색을 누르면 아래 그림과 같이 최신 자료부터 목록이 나오게 된다. 가장 최근 것으로 다운받으면 되는데, 세 가지 영역으로 구분되어 있을 것이다. 인사/급여/세무/자산과정과 회계과정은 장기요양기관과 관련이 있으니 다운받아 놓을 필요가 있고, 후원관리과정은 법인시설이 아니라면 사용할 일이 별로 없을 것이다.

전산업무를 해본 적 있거나 컴퓨터에 익숙한 사람이라면 교재만 보고도 업무를 익힐 수 있지만 이런 업무에 어려움을 느끼는 사람이 있기 마련이다. 이런 사람들은 교재에서 설명하는 대로 동영상 교육을 받으면 도움이 될 수 있다.

동영상을 보더라도 모르겠다면, 실제 업무를 하다가 사회보장정보원의 상담원들에게 전화해서 원격으로 업무를 지원해달라고 요청하면 그들이 여러분의 컴퓨터에 접속해서 업무를 처리해준다.

| 그림 10-13 | 사회복지시설정보시스템 교육교재 검색 방법

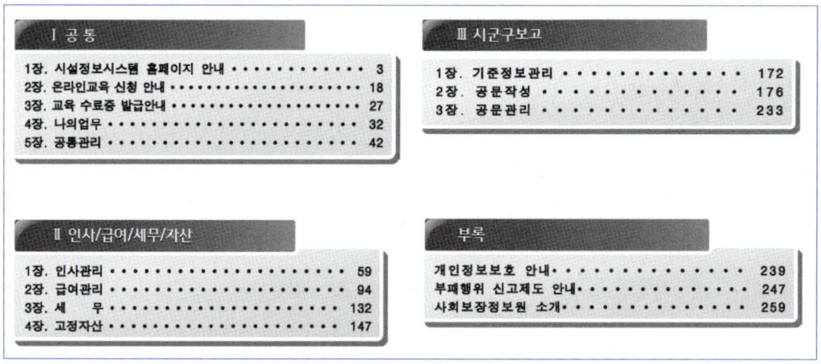

| 그림 10-14 | 사회복지시설정보시스템 교육교재 목차

1) 노인요양시설 종사자 보고

먼저 노인요양시설용 시스템부터 살펴보자면, '사회복지시설정보시스템'에서 로그인하면 그 옆에 '사회복지정보시스템 업무시작'을 클릭해야 시스템이 구동된다. 인력신고를 하려면 먼저 상단 메뉴 중 '인사/급여/세무/자산'에서 인사관리를 클릭한다. 인력신고를 하려면 기초코드관리, 부서관리가 먼저 되어야 하는데, 이 부

분은 교재를 보면서 작업이 가능하므로 설명을 생략하고 '인사카드관리'로 넘어가겠다.

첫째, 신규 버튼을 누른다. 화면에 주황색의 ✓표시가 있는 것이 있고 없는 것도 있다. 주황색의 ✓표시는 반드시 입력해야 한다는 의미이고, 표시가 없으면 선택사항이다. 직원번호는 1부터 시작해도 되고 기호를 붙여 T1, JK01 이렇게 해도 상관없다. 호봉은 호봉제로 급여를 주는 것이 아닌 한 1호봉으로 기록해도 무방하다.

둘째, 화면 아래를 보면 기본사항, 신상명세서, 학력사항 등 입력해야 할 것이 상당히 많다. 사실상 직원으로부터 확보한 정보가 많지 않아 다 입력하기는 어렵다. 핵심적인 것은 '기본사항'과 '자격면허'이다. 기본사항에는 주황색의 ✓표시가 하나밖에 없지만 입사 구분, 전화, 주소 등은 입력해두는 것이 업무에 도움이 된다.

셋째, 자격 면허는 규정과 밀접하고 나중에 공단 청구에서 환수될 수도 있는 중요 사항이므로 반드시 기재해야 한다. 자격 면허를 입력하려면 '행 추가'를 해야 한다. 자격 면허 입력 시 주의할 사항은 '자격, 면허코드'에서 요양보호사는 1급과 2급 중 2급을 선택하면 나중에 청구할 때 문제가 되므로 1급을 선택한다. 그리고 자격증을 파일로 첨부하는 부분이 있는데, 자격번호 등을 입력했으므로 파일첨부를 하지 않아도 된다. 굳이 첨부하고자 하면 자격증 파일이 PDF이면 첨부가 안 되고 JPG(JPEG)로 변환해야 한다.

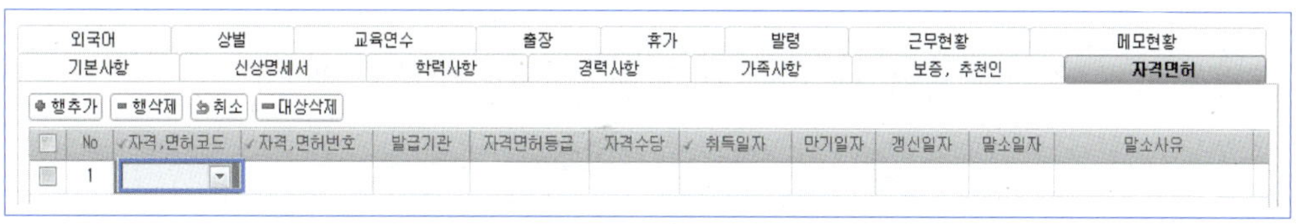

| 그림 10-15 | 자격면허 입력 방법

지금까지는 종사자 신고를 위한 사전 작업이었다면 이제부터는 공문 작성방법을 알아야 한다. 상단메뉴 '시군구 공문'에서 '공문 작성'을 누르면 왼쪽의 많은 메뉴 중 '종사자'와 '장기요양기관'이 보일 것이다.

노인요양시설 인력변경공문은 2개를 작성해야 한다. 왜냐하면 노인요양시설(노인요양공동생활가정 포함)은 노인복지법상 노인의료복지시설이면서 동시에 장기요양기관이기 때문이다.[4]

첫째, 노인의료복지시설 공문에 해당하는 '종사자' 공문부터 살펴보자. '입퇴사보고 조회'를 클릭하면 화면에 아무것도 없어서 이상하게 생각되지만 오른쪽에 입사보고와 퇴사보고가 보인다. 최초로 인력 신고하는 것이니 입사보고를 선택해야 하는데, 간혹 실수로 퇴사보고를 눌러놓고 헤매는 경우가 있다.

둘째, 공문 작성하는 화면이 보일 것인데, 공문 → 입 · 퇴사자명부 → 자격증명부 순서로 작업을 한다. 시군구 의견은 전송된 공문에 대해 시군구 담당자가 특별히 코멘트 할 사항이 있을 때 보내주는 것이니 신경 쓰지 않아도 된다. 수신자는 시군구 지자체장(예: ㅇㅇ구청장, 보조기관은 시군구 담당자가 속한 부서장(예: ㅇㅇ복지과장 또는 ㅇㅇ실장), 경유는 담당 공무원 이름을 적는다. 제목은 간략하게 'ㅇㅇ요양원 입사자 보고' 등으로 작성하면 된다. 제목에 해당 기관 이름을 적어주면 담당 공무원이 업무 처리하는 데 도움이 된다고 한다.

셋째, 공문의 본문 작성방법은 기관마다 약간씩 차이가 있으니 아래 표와 같이 기본적인 사항을 참고해서 작성하면 된다. 별첨에 기재된 사항 중 근로계약서와 자격증 사본은 필히 파일 첨부해야 한다. 전산으로 공문을 작성하기 때문에 첨부서류는 모두 스캔을 받아 컴퓨터에 저장해 두고 파일 첨부할 때 꺼내 써야 한다. 공문 작성을 마쳤으면 하단의 문서번호를 입력해야 하는데, 보통 기관명을 쓴 뒤 일련번호를 기입한다(예: ㅇㅇ-2016001). 문서번호까지 마쳤으면 '저장'을 꼭 눌러야 한다.

표 10-3 입사자 보고 공문 내용

1. 지역발전을 위해 노력하는 귀 청의 무궁한 발전을 기원합니다.
2. 본 원(또는 센터)의 입사자 현황을 아래와 같이 보고합니다.

– 아 래 –

이름	직책	주민등록번호	입사일
홍길동	시설장	******_******	2018년 12월 1일
성춘향	간호조무사	******_******	2018년 12월 2일
심청이	사회복지사	******_******	2018년 12월 3일

별첨 1. 입·퇴사명부 1부
2. 자격증명부 1부
3. 근로계약서 사본 3부
4. 자격증 사본 3부 끝.

4) 재가기관의 경우 역시 노인복지법상 '재가노인복지시설'이면서 '장기요양기관'인데 인력변경공문을 1개만 작성한다. 행정상의 통일성이 다소 떨어지는 부분이 아닐 수 없다. 어떤 이유에서건 전산을 통한 업무의 목적은 편의성과 효율성이므로 하루빨리 개선될 필요가 있을 것이다.

넷째, 다음으로 입퇴사자 명부를 선택해서 작업을 진행한다. 주의할 점은 '기간'에서 입사로 되어있는지 퇴사로 되어있는지, 입사기간이 적절한지도 확인해야 한다. 입사 기간이 맞지 않으면 해당 직원이 보이지 않아서 계속 진행할 수 없다. 입사 기간에 해당되는 직원들이 일렬로 보일 것이다. 보고할 인력을 선택한 후 하단의 ∨표시를 누르면 위쪽 박스에 있던 직원 이름이 아래 박스로 넘어온다. 해당 직원을 체크(∨)하고 저장을 누른다.

다섯째, 자격증 명부는 이미 인사카드관리에서 입력해놓은 것이 있으므로 자동으로 화면에 뜰 것이다. 바로 저장만 하면 된다.

여섯째, 다시 '공문'으로 돌아와서 제대로 작성되었는지 살펴본다. 특히 오타나 띄어쓰기 등이 잘못되었는지도 확인이 필요하다. 검토가 끝났으면 상단의 '결재'를 클릭한다. 외부공문을 내부 결재자가 결재했음을 확인하는 것이다.

일곱째, 공문 작성도 끝났고 결재까지 했으면 다 끝난 것 같지만, 마지막으로 '출력'을 해야 한다. '출력'은 단순히 프린트만 하는 것이 아니라 작성된 공문을 볼 수 있는 형태로 전환(생성)하는 단계이다. '생성'해야 할 것과 그냥 출력이 가능한 것이 있는데, 생성을 누르고 약 3~5초 정도 기다리면 PDF 파일로 된 공문이 화면에 보인다.

여덟째, 문서를 출력했으면 '시군구 전송'을 클릭한다. '시군구 전송'을 누르지 않는 실수는 빈번하게 발생한다. 출력물을 서류철에 보관하는 작업을 하느라 깜박 잊는 경우가 허다하기 때문이다. 시군구 전송을 누르지 않으면 담당 공무원이 해당 공문을 확인할 길이 없다. '공문관리'에서 공문작성 및 전송 현황을 보면 시간 간격을 두고 '시군구 전송중 → 시군구 접수 → 시군구승인 또는 반려' 순으로 변한다. 공문 전송 이후 1시간만 지나면 바로 접수가 되지만 승인이 떨어지려면 공무원이 문서를 검토한 후 처리하는 것이므로 정해진 시간이 없다. 승인이 떨어졌으면 '종사자' 공문 작성 및 전송 업무는 끝난 것이다.

2) 노인요양시설 인력변경공문

'인사카드관리'에 직원 정보가 입력되었고 '종사자' 공문을 완료했어도 '인력변경공문'을 한 번 더 작성해야 한다.

첫째, '종사자' 공문 전에 인사카드관리에 입력했던 것처럼 '인력변경공문'을 작성하려면 '인력변경관리'를 먼저 해야 한다. 이것은 인사관리가 아니라 '시군구 공문'에서 작업을 한다. '공문 작성'을 클릭하면 왼쪽 메뉴가 너무 많아서 혼란스럽겠지만 차분하게 메뉴 하단을 훑어보면 '장기요양기관' 하위항목에 '인력변경관리'가 보일 것이다. '인력변경관리'로 들어가서 오른쪽 '행 추가'를 눌러보면 '인사카드관리'에서 입력한 직원이 나타난다.

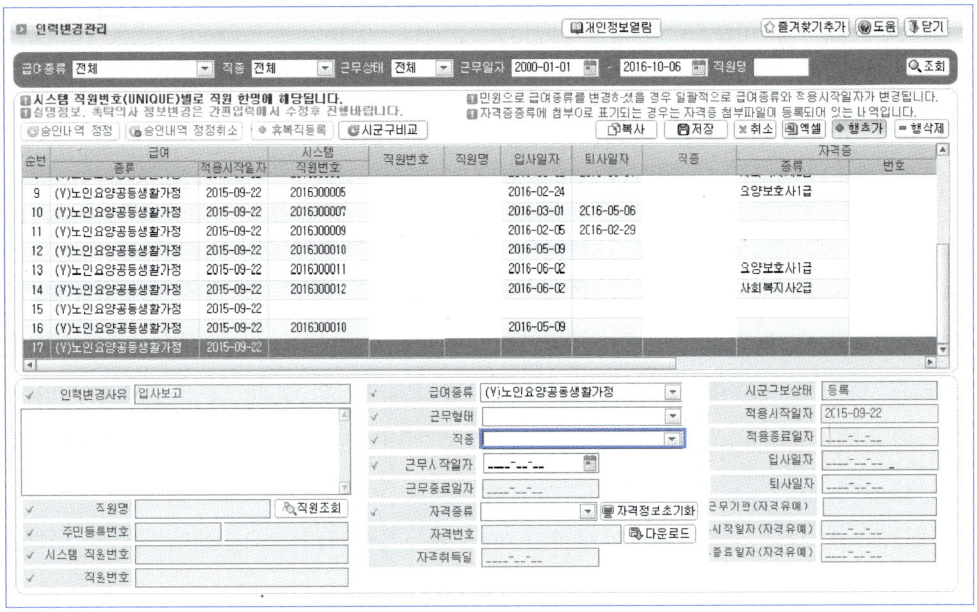

| 그림 10-16 | 인력변경관리

해당 직원을 선택하면 기본적인 것은 입력되어 있지만 추가로 입력할 사항이 있는데, 여기에서 실수가 많은 편이다. 바로 근무형태가 문제인데, 전임과 겸임 그리고 시간제 중 어떤 것을 선택하는가에 따라 나중에 청구할 때 '가산'을 받지 못할 수도 있다.

인력배치 규정을 초과하여 직원을 채용했다면 가산을 받을 수 있는데 가산을 받고자 한다면 반드시 '전임'을 선택해야 한다. 예를 들어, 기존에 '겸임'으로 되어 있는 간호조무사 외에 추가로 간호조무사를 채용했다면 추가인력은 가산을 받아야 하므로 '겸임'이 아닌 '전임'을 선택해야 한다. 즉, 추가 직원은 '전임'으로 처리하면 된다. 자주 하는 실수이니 꼭 기억해야 한다. 노인요양시설에서 시간제 직원은 많지 않지만 근로계약서 상에 시간제로 되어있으면 근무형태를 '시간제'로 선택한다. 근무시작 일자는 실제 첫 출근한 날짜를 선택한다.

둘째, 인력변경관리를 마쳤으면 '인력변경공문'을 클릭한 후 '신규'를 선택한다. 공문 작성 화면이 나타나면 앞서 '종사자' 공문 작성 방법과 동일하게 진행하면 된다. 그런데 여기에서 '종사자' 공문과 특별히 다르게 작성할 이유가 없으므로 '종사자' 공문에 작성된 내용을 복사해서 붙이기 하면 시간을 절약할 수 있다. 파일 첨부하고 문서번호 기재한 후 다음 단계(변경신고서)로 넘어간다.

셋째, 변경신고서는 '종사자' 공문에는 없던 것이지만 작성방법은 단순하다. 변경 내용에 '입사자 발생' 또는 '입사자 보고' 등 간단히 적고, 변경 전에 직원이 몇 명이었는지 숫자를 입력하고, 변경 후는 현재 보고 중인 한 사람을 추가한 숫자를 입력한다. 변경 일자는 현재 공문 작성일로 하지 말고 실제 근무 시작일을 선택한다.

넷째, 인력변경 현황은 앞서 '인력변경관리'에서 작업했기 때문에 해당 직원이 목록에 제시될 것이다. 해당 직원을 더블 클릭하면 위쪽 박스에서 아래쪽으로 이동한다.

다섯째, 이제 작성할 내용은 모두 마쳤으니 '종사자' 공문 때처럼 결재 → 출력 → 시군구 전송하면 공문 작업은 모두 끝났다.

3) 재가노인복지시설 사회복지시설정보시스템

재가노인복지시설 시스템은 메뉴가 '시군구보고, 간편입력, 공통관리' 이렇게 세 가지 밖에 없다. 시스템을 구동시키려면 시설코드를 재가기관용으로 선택해서 로그인한다. 노인요양시설에서는 똑같은 공문을 '종사자'와 '인력변경공문' 이렇게 2개 작성해야 했지만 재가노인복지시설은 '인력변경공문'만 작성하면 된다.

재가기관의 '인력변경공문' 작성은 요양시설과 기본적으로 동일하다. 다만, 인력에 관한 기본 정보를 입력하는 방법에서 차이가 있다.

첫째, 직원의 기본사항 입력은 상단 메뉴 중 '시군구 공문'이 아니라 '간편입력'에서 작업한다. '간편입력'은 요양시설에서 '인사관리카드'를 입력하는 기능을 한다. 화면을 열어 '신규'를 클릭하고 공란에 정보를 입력하여 저장하면 된다.

둘째, '간편입력'을 마쳤으면 '시군구 공문'으로 돌아와서 '인력변경관리'에 기본사항을 입력해주어야 한다. '인력변경관리'에서 하는 작업은 요양시설에서 살펴본 방법대로 진행하면 된다.

셋째, '인력변경공문' 역시 요양시설에서 살펴본 방법으로 진행하면 된다.

05 전문직업인 배상책임보험 가입

장기요양급여 제공기준 및 급여비용 산정방법 등에 관한 고시 제10조에 따르면, '장기요양기관은 종사자가 장기요양급여를 제공하는 과정에서 발생할 수 있는 수급자의 상해 등에 대비하여 법률상 배상해야 하는 손해를 보상하는 보험(이하 "전문인 배상책임보험"이라 한다)에 가입하여야 한다'고 되어있다. 따라서 배상책임보험을 가입하지 않으면 많은 불이익을 감수해야 한다.

방문요양의 경우, 보험에 가입하지 않은 종사자가 제공한 서비스 단가는 90%로 떨어지고(감산 적용), 요양시설이나 주·야간보호 및 단기보호센터 역시 미가입 일수를 따져서 97%, 95%, 90%로 점차 떨어뜨린다. 그보다 심각한 것은 보험 가입을 안 하면 추가인력에 대한 가산도 받을 수 없게 된다.

전문직업인 배상책임보험은 주로 의사, 약사, 회계사, 세무사, 감리사, 변호사, 법무사, 변리사와 같은 소위 '전문직'들이 가입했던 보험이다. '피보험자가 전문인 자격으로 업무수행 상 과실로 인해 제3자 또는 고객에게 손해를 끼친 결과에 대해 부담하는 법률상의 손해배상책임을 보상해주는 보험'을 말한다. 쉽게 설명하면, 전문적인 업무에 따르는 사고나 업무상의 부주의, 태만 또는 실수로 타인에게 입힌 피해를 보상해 주는 것이다.

1) 방문요양, 방문목욕, 방문간호

방문서비스의 경우, 요양보호사 등이 서비스수급자를 돌보는 중 상해가 발생하는 경우 수급자의 치료비용을 지불해주므로 직원은 안심하고 일할 수 있고, 기관의 부담을 해소해줄 수 있다. 신체 또는 재물손해를 입힘으로써 법률상 배상하여야 할 책임 있는 손해를 보험회사에서 보상해주는 것이다.

일반 배상책임보험에서는 변호사 비용, 소송비용 등 부대비용을 보상한도액과 별도로 설정하는 반면, 전문직업인 배상책임보험은 이런 비용까지 보상한도액에 포함시켜 놓고 있다. 전문인의 과실은 사고 일자를 정확히 파악하기 어렵기 때문에 배상청구일자를 기준으로 적용하는 것이 일반적이다. 언제 사고가 발생했는지 정확히 모를 때가 많기 때문이다. 특히 요양 서비스는 사고 시점을 파악하는 것이 더욱 어렵다.

전문직업인 배상책임보험은 크게 전문인의 과실, 태만, 실수 등을 담보하는 보험과 신체손해를 배상해주는 의료과실 배상책임보험 등으로 구분된다. 의료과실 배상책임보험은 통상적으로 일반 배상책임보험과 함께 가입해서 사고의 원인이 모호한 경우까지 보험에서 보상이 가능하도록 하고 있다.

가입일, 즉 보험 시작일은 방문서비스의 경우 요양보호사 또는 간호사 등이 수급자 가정에 첫 출근하는 날부터이고, 요양시설과 주야간 및 단기보호는 사업 시작일이 된다. 보험 계약을 하자면 청약서 등 서류를 팩스로 주고받아야 하고 보험금 납입도 해야 하므로 최소 하루 전까지는 가입해 두어야 서비스 비용을 청구할 수 있다.

방문 요양보호사 등이 퇴사 또는 입사할 경우 가입명단 양식에 해당 보험사에 변경된 사항을 작성해서 팩스 전송해야 한다. 요양보호사가 많은 기관은 가입된 요양보호사 명단이 바뀔 때마다 서류 변경하는 것을 '배서'라고 하는데, 사안 발생 시마다 보험사에 연락해서 가입명단을 조정하는 것이다. 기관 입장에서는 당연한 것이지만 보험사 입장에서는 매우 번거로운 업무이다 보니 1년 단위로 계약하는 사례가 많다.

그런데 아무리 소규모 기관이더라도 1년 동안 입·퇴사자가 발생하지 않을 리 없고 계약 직후 1개월 이내 퇴사한 사람이 많다면 보험료 손해를 보는 것이다. 또한 1년 중 서비스수급자가 없어서 대기만 하는 요양보호사 보험료를 계속 납부하기도 어렵다. 보험은 가입해야겠고 변수는 상당히 많아서 예상되는 직원 수에 맞춰 가입한 뒤 퇴사자가 발생하고 입사자가 생기면 명단만 교체하는 방식을 사용한다. 이 부분은 보험사와 협의하면서 기관 실정에 맞게 처리하는 것이 현실적인데, 보험을 가입하지 않은 상태에서 방문서비스 하는 날이 발생하지 않게 하는 것이 핵심이다.

다른 기관에서도 일하고 있고 그 기관에서 전문직업인 배상책임보험에 가입되어 있는 요양보호사라면 우리 기관에서 굳이 보험을 들지 않아도 될 것 같은데 그렇지 않다. 서비스수급자가 서로 다르기 때문에 별도로 보험 가입해야 한다.

방문서비스의 연간 1인당 보험료는 액수가 크지 않지만[5] 인원이 많아지면 기관 입장에서 부담이 아닐 수 없다. 그래서 일부 기관에서는 보험료를 요양보호사에게 100% 또는 50% 부담시키는 경우가 있다는데 이는 별로 권장할만한 일이 아니다.

요양서비스 제공 중 사고가 발생하면 그 책임이 해당 요양보호사에게만 있는 것이 아니라 교육 등을 제대로 시키지 못한 기관 책임이 더 클 수도 있다. 기관 차원의 대응이 불가피할 경우 각종 의료비, 손해배상비용, 소송비용 등을 다 감당할 수 없기에 요양보호사보다는 기관 차원에서 더욱 배상책임보험이 필요할 수 있는 것이다.

또한 요양보호사에게 보험료까지 부담시킨다는 좋지 않은 소문이 퍼진다면 이후에 요양보호사 수급에도 차질이 발생할 수 있다.

2) 노인요양시설, 주야간보호, 단기보호

사회복지사업법 제34조의3에 의하면, 노인복지법에 따른 사회복지시설은 화재로 인한 손해배상책임과 안전사고로 인하여 생명 · 신체에 피해를 입은 수급자에 대한 손해배상책임 보험에 가입하도록 하고 있다. 이에 따라 요양시설, 주야간 및 단기보호기관은 '전문직업인 배상책임보험' 외에도 '시설소유자 배상책임보험' 및 기타 책임보험에 가입해야 한다.

시설소유 및 운영과 관계된 책임보험에는 화재보험, 시설소유자 배상책임보험, 음식물 배상책임보험, 가스사고 배상책임보험, 주차장 배상책임보험, 자동차보험 등 상당히 많다. 이 중에서 어떤 배상책임보험에 가입해야 하는 것일까? 법에는 수급자에 대한 손해를 배상할 수 있어야 한다고 했으니 시설에 해당되는 것은 모두 가입하는 것이 맞다.

이처럼 가입해야 할 책임보험이 많다 보니 각종 보험회사들에서는 몇 가지 보험을 묶어서 종합보험 형태로 판매하는 것이 일반적이다. 장기요양기관들에서 비교적 저렴하다는 평을 받는 한국사회복지공제회의 경우 '전문직업인, 시설소유자, 음식물, 가스사고 배상책임'을 패키지로 묶어놓았다. 보험회사 또는 기관의 요청에 따라 보장내용이 약간씩 달라지기는 하지만 보통 법에 저촉되지 않은 범위에

5) 2016년 7월 한국재가노인복지협회에 따르면, 1청구(사고)당 한도가 대인(75,000,000원), 대물(2,000,000원)의 경우 1인당 연간보험료가 26,700원으로 밝혔다.

서, 요양시설의 특성을 감안해서 구성된다. 보장 기간이 대부분 1년이고 화재보험만 3년인 보험 상품이 많았는데, 최근에는 한 번 가입으로 15년까지 보장해주는 것도 나오고 있다.

노인요양시설, 주야간 및 단기보호기관의 배상책임보험은 직원 수가 아닌 입소자 수로 보험료를 산정한다. 그것도 현재 입소자 수가 아니라 정원을 기준으로 한다. 일반 상식과는 다소 거리가 있는 방식이지만 거의 모든 보험사들이 이렇게 하고 있다.

표 10-4 고시 제10조 : 배상책임보험 가입 대상

제10조(전문인배상책임보험 가입) 장기요양기관은 법 제35조의5에 따라 종사자가 장기요양급여를 제공하는 과정에서 발생할 수 있는 수급자의 상해 등에 대비하여 다음 각 호에 따라 법률상 배상하여야 하는 손해를 보상하는 보험(이하 "전문인 배상책임보험"이라 한다)에 가입하여야 한다.

1. 시설급여기관, 주·야간보호 및 단기보호기관은 퇴소자와 외박자(제32조제3항에 따른 수급자 포함)를 제외한 수급자 전원에 대하여 적용되는 전문인 배상책임보험에 가입하여야 한다.
2. 가정방문급여를 제공하는 기관은 급여를 제공하는 종사자를 기준으로 전문인 배상책임보험에 가입하여야 한다.

보험료 산출방식은 예측되는 손해를 합리적이고도 객관적으로 측정할 수 있어야 한다. 그런데 현인원은 계속적으로 변경되는데 이런 사실을 시설에서 제때 알려주지 않으면 계약사항을 변경할 수 없다. 현실적으로 현원이 변경될 때마다 수시로 보험회사에 통보하는 것은 쉽지 않다. 일시적으로 정원이 초과되었는데 고지를 안 했다면, 사고가 발생하더라도 보험금을 못 받는 사태가 발생할 수 있다.

설사 제때 알려주더라도 수시로 보험료를 정산하고 계약내용을 변경해야 하는 보험회사 입장도 난처하다. 그러다 보면 사업비 증가에 따른 보험료 상승은 불가피해질 뿐 아니라 보험사업의 원활한 운영에 제약이 따른다. 이런 배경하에 현원이 아닌 정원을 기준으로 보험료가 산출된다고 한다.

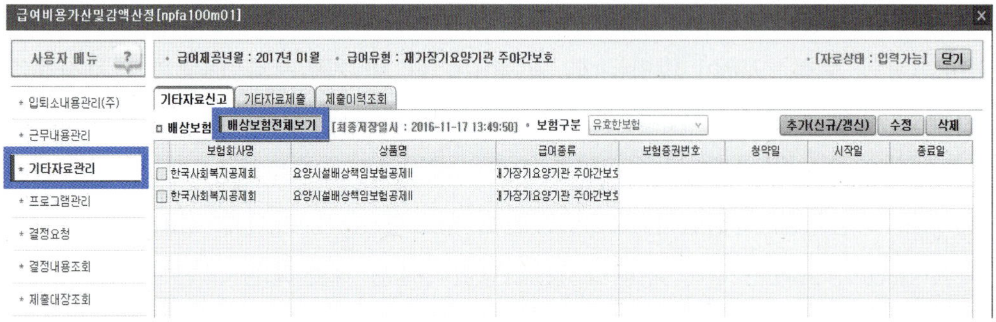

그림 10-17 배상책임보험 종류 찾기

어떤 시설은 20인 규모로 건물을 지어놓고 설치신고는 9명 정원으로 신고하는 곳이 있다. 가장 큰 이유는 정원이 9명일 때와 그 이상일 때 직원 규정이 달라지기 때문이지만 배상책임보험 보험료를 정원에 따라 지급해야 하는 것도 한 이유이다. 사실 설립 직후 입소자가 1명도 없는데 보험료는 정원에 맞춰 지급해야 하므로 가능한 한 신고 정원을 줄이는 것이다.

어떤 보험사를 선택해서 보험에 들어야 할지 막막할 수 있다. 그렇다면 '요양시스템'에서 가산 및 감액산정 → 수가가산 및 산정비율 → 당월운영 → 기타자료관리 → 배상보험 전체 보기를 열어서 참고하면 된다.

배상책임보험 목록은 보험약관 등에 장기요양급여제공기준 및 급여비용 산정기준 등에 관한 고시에서 명시한 요양보호사, 사회복지사, 간호인력, 물리치료사 등 전문직업의 직종이 명시된 보험만 게시된다.

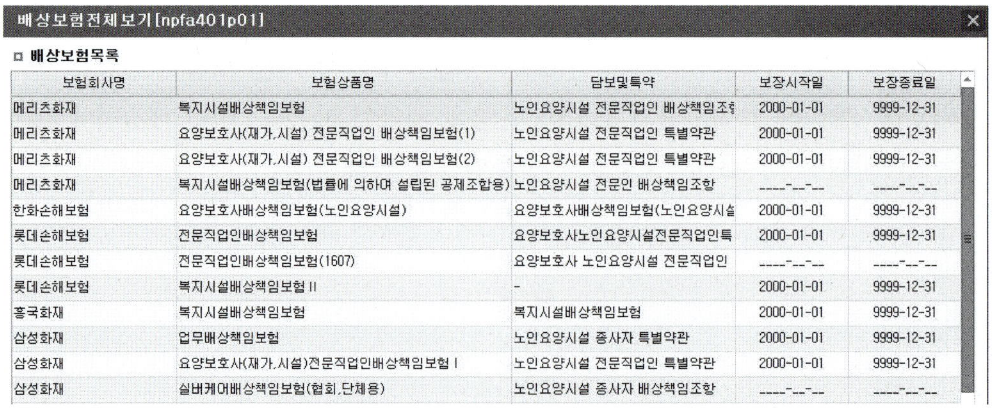
배상보험전체보기[npfa401p01]

□ 배상보험목록

보험회사명	보험상품명	담보및특약	보장시작일	보장종료일
메리츠화재	복지시설배상책임보험	노인요양시설 전문직업인 배상책임조항	2000-01-01	9999-12-31
메리츠화재	요양보호사(재가,시설) 전문직업인 배상책임보험(1)	노인요양시설 전문직업인 특별약관	2000-01-01	9999-12-31
메리츠화재	요양보호사(재가,시설) 전문직업인 배상책임보험(2)	노인요양시설 전문직업인 특별약관	2000-01-01	9999-12-31
메리츠화재	복지시설배상책임보험(법률에 의하여 설립된 공제조합용)	노인요양시설 전문인 배상책임조항	----\-\--\-\--	----\-\--\-\--
한화손해보험	요양보호사배상책임보험(노인요양시설)	요양보호사배상책임보험(노인요양시설	2000-01-01	9999-12-31
롯데손해보험	전문직업인배상책임보험	요양보호사노인요양시설전문직업인특	2000-01-01	9999-12-31
롯데손해보험	전문직업인배상책임보험(1607)	요양보호사 노인요양시설 전문직업인	----\-\--\-\--	----\-\--\-\--
롯데손해보험	복지시설배상책임보험 II	-	2000-01-01	9999-12-31
흥국화재	복지시설배상책임보험	복지시설배상책임보험	2000-01-01	9999-12-31
삼성화재	업무배상책임보험	노인요양시설 종사자 특별약관	2000-01-01	9999-12-31
삼성화재	요양보호사(재가,시설)전문직업인배상책임보험 I	노인요양시설 전문직업인 특별약관	2000-01-01	9999-12-31
삼성화재	실버케어배상책임보험(협회,단체용)	노인요양시설 종사자 배상책임조항	----\-\--\-\--	----\-\--\-\--

그림 10-18 배상책임보험 목록

보험에 가입했으면 '장기요양시스템'에 등록해야 하는데, 보험 상품 목록을 확인하는 절차를 따라가다가 기타 자료관리 오른쪽에 추가(신규/갱신) 버튼을 클릭한다. '배상보험가입내용신고' 창이 열리면 '자율개선제에 따른 등록'을 열어서 내용을 읽어본 후 확인을 누른다. 그리고 보험사부터 특약 사항까지 작성한 후 저장하면 등록이 완료된다.

마지막으로 보험사 중에는 팩스로 주고받은 청약서나 보험증권 외에 실제 보험증권을 발송해주지 않는 경우가 있으니 반드시 증권을 보내달라고 요청하는 것이 좋다.

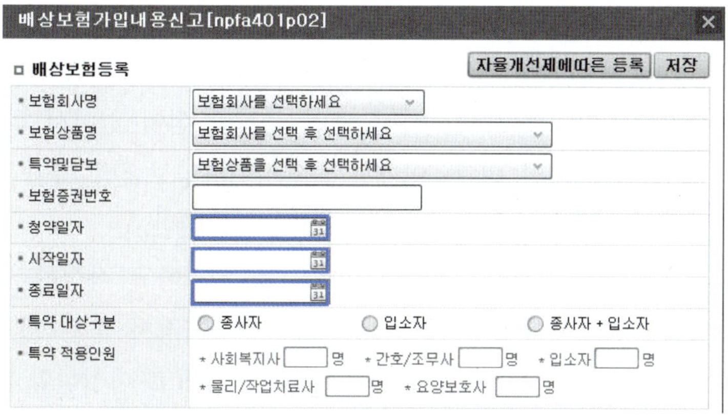

| 그림 10-19 | 배상책임보험 등록

06 이동서비스를 위한 차량등록

노인요양시설을 운영하려면 최소한 1, 2대의 차량은 필요하다. 방문서비스 역시 가정방문을 하자면 차 없이는 불가능하다. 어떤 시설이든 차는 필수적일 것이고 몇 대를 운행하건 문제될 것이 없다. 그러나 일반 업무용 차량으로 서비스수급자를 탑승시키는 것은 조금 다른 개념이다.

일반 업무용이라면 대표자 명의의 차량을 얼마든지 사용할 수 있지만 서비스수급자를 태울 수는 없다. 서비스수급자를 태우고 다니다가 사고가 발생할 수 있기 때문이다. 개인보험 특약에 그런 조항이 있는지 몰라도 시설 설립과 운영을 책임지고 있는 지자체 입장에서는 결코 허용할 수 없는 일이다.

그러나 주야간보호서비스는 공식적으로 서비스수급자를 태우고 다닐 수 있게 허용해 주고 있다. 바로 수급자 집에서 기관까지 또는 기관에서 집까지 모셔다 드리는 송영서비스(이동서비스)가 이에 해당된다.

1) 시군구 차량등록

수급자를 태우고 다니다가 사고가 발생하면 책임소재 등의 문제 때문에 시군구에 등록되지 않은 차량은 일반 업무용밖에는 사용할 수 없다. 시군구 차량등록은 시설설치신고 당시 제출했던 서류 중 '시설현황'에 이미 작성해서 제출된 상태일 것이다.

그러나 설치신고 당시에는 어떤 차량을 사용할지 충분히 생각하지 못했거나 막상 신고된 차량으로 송영서비스를 하다 보면 불편한 점이 있어서 차량 변경(또는 추가)을 해야 할 상황이 되곤 한다. 이때는 노인장기요양보험법 시행규칙 [별지 제23호 서식]인 '장기요양기관 변경신고서'를 작성해야 한다.

서식에서 변경사항 체크하는 란에 '시설현황'을 체크하고 작성하면 된다. 해당 서류를 제출할 때 첨부해야 할 서류는 장기요양기관지정서 또는 재가장기요양기관 설치신고증명서, 자동차등록증, 자동차종합보험 그리고 시설현황 등이다. 시설현황은 시설설치신고 당시 제출했던 '장기요양기관 지정신청서(별지 제19호)'에 첨부자료로 이어져 있던 서류를 말한다.

모든 서류 작성 및 준비가 끝나면 시군구 담당자에게 제출하고 담당자가 검토 후 승인해줄 것이며, 하루 정도 지나 '장기요양시스템'의 장기요양기관 자원 부분을 확인해보면 변경된 사항이 반영되어 있을 것이다.

표 10-5 변경신고서 작성방법

■ 노인장기요양보험법 시행규칙 [별지 제23호 서식] 〈개정 2019. 10. 24.〉

장기요양기관 변경신고서

접수번호	접수일자	처리기간 7일

장기요양 기관의 장	① 성명 홍 길 동	② 생년월일 64.06.17
	③ 주소 충북 청주시 서원구 산남동 ○○○번지 (전화번호: 043-○○○-○○○○)	

④ 장기요양기관명	⑤ 장기요양기관기호	⑥ 전화번호
○○노인복지센터	3-44340-00056	043-○○○-○○○○

⑦ 변경사항	[ ]장기요양급여의 종류 [ ]장기요양급여의 형태 [ ]장기요양기관의 명칭·소재지 [ ]법인대표자 [ ]입소(이용)정원 [✓]시설현황 [ ]인력현황

⑧ 변경내역	변경 전	변경 후	변경 일자
차량 변경	모닝 36루○○○○ 총 1대	승합차(스타렉스) 38나○○○○ 승용차(아반떼) 750‌야○○○○ 총 2대	2018.06.30

주야간서비스 수급자가 늘어나거나 행선지 방향이 서로 맞지 않아서 1대의 차량만으로는 도저히 송영을 할 수 없을 때 어떻게 해야 할까? 차량을 추가하고 운전할 직원을 더 채용하면 될 것이나 그러자면 비용 문제가 걸린다. 이럴 때 취할 수 있는 방법은 직원 차량을 적절히 사용하는 것이다. 앞서 등록되지 않은 차량으로는 송영서비스를 할 수 없다고 했다. 그렇다면 직원 차량도 등록하면 문제될 것이 없다.

문제는 직원 차량의 소유주가 기관 또는 대표자가 아니므로 등록할 수 없다는 데 있다. 이런 점 때문에 일부 사업주 중에는 중고차 몇 대를 자기 명의로 구입하고 차량 등록한 뒤 직원들의 출퇴근 및 송영서비스 용도로 사용하기도 한다. 직원 입장에서는 출퇴근용 차량이 생김과 동시에 기름값 지원을 받게 되는 셈이다.[6] 사업주 입장에서는 주유비도 부담해야 하고 자동차보험도 가입해야 하는 부담이 있다. 그나마 송영(이동)서비스에 따른 주유비 지원이 있으니 어느 정도 비용 감면 효과가 있다.

6) 송영서비스를 하면 주유비가 지원되기 때문에 기름값을 지원할 수 있는 여지가 생긴다.

표 10-6 송영(이동)서비스 비용(고시 제34조)

분류번호	거리	금액(원)
러-1	5km 미만	830
러-2	5km 이상~10km 미만	2,630
러-3	10km 이상~20km 미만	5,230
러-4	20km 이상	8,630

2) 직원차량 임대계약 체결

직원 차를 활용하는 방법은 기관과 직원이 차량 임대계약을 체결하는 것이다. 기관은 빌리는 쪽이고 직원은 빌려주는 입장이 된다. 그러나 자기 차를 다른 사람이 운전하도록 허용한다는 것이 말처럼 쉬운 일이 아니다. 그래서 임대한 차량을 굳이 다른 사람에게 맡기는 것이 아니라 빌려준 차량 소유주인 직원이 정상적으로 운전하게 하고 주유비를 지원하면서 송영서비스 역할을 맡기는 것이다. 이때 송영 범위를 넓히지 않고 해당 직원의 출퇴근 노선과 가까운 곳만 담당하게 하면 직원 입장에서도 부담이 줄어든다.

차량임대 계약서는 규정도 없고 공단 권장 서식에도 나와 있지 않다. 그러나 '구글' 등 포털사이트에서 검색해보면 생각보다 쉽게 양식을 다운 받을 수 있다. 물론 노인요양사업용은 아니지만 계약 내용을 일부 수정해서 사용해도 무방하다.

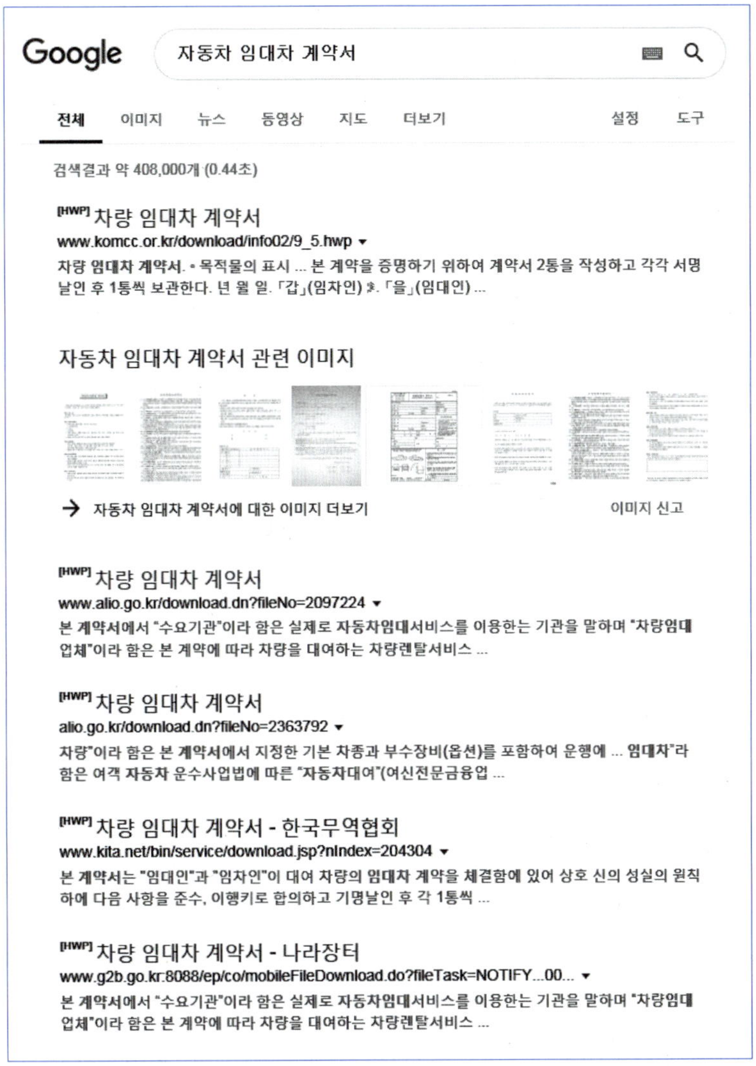

| 그림 10-20 | 차량 임대차 계약서 찾는 방법

인터넷을 이용하지 않더라도 임의대로 계약서를 쓸 수 있는데, 임대인, 임차인, 계약기간, 임대료 등이 기재되어 있으면 된다. 직원과 차량임대계약을 했으면 앞서 설명한 차량등록 방법에 따라 진행하되 임대계약서를 서류 첨부해서 시군구 담당자에게 제출하면 된다.

3) 송영 시 동승자 규정

기관 입장에서 주야간보호 송영 시 애매하고 골치 아픈 것 중 하나가 동승자 여부이다. 서비스수급자를 차량에 태우고 이동할 때는 항상 주의가 필요하다. 특히 수급자 집에서 기관까지 또는 기관에서 집까지 모셔다드리는 주야간 '송영서비스'는 매일 진행되기 때문에 더욱 안전에 신경을 써야 한다.

상식적으로 생각할 때 운전자는 운전에 신경 써야 하므로 좌석에 앉아 있는 수급자를 돌볼 사람이 필요하다. 안전벨트가 매여져 있더라도 노인은 스스로 몸을 가누지 못해 옆으로 쓰러지거나 급정차 시 충격을 받기 쉽기 때문이다. 치매 환자 중에는 얌전한 분도 있지만 차량 내부에서 통제가 어려운 상황이 되기도 한다. 이 때문에 운전자 외 동승자가 있어야 한다는 것은 다 아는 사실이다. 동승자는 서비스수급자의 승하차 시 안전한 부축과 동행 그리고 수급자의 신체 및 심리상태를 알고 편안한 이동이 되도록 돕는 역할이다. 대개 요양보호사 또는 간호조무사가 이 역할을 주로 한다.

문제는 동승자 규정은 법령뿐 아니라 '고시'에서도 찾아볼 수가 없다. 공단 수가 청구할 때조차 동승자에 대한 사항은 나타나 있지 않다. 그렇다면 운전자 혼자 노인을 태우고 이동해도 된다는 것인가? 실제로 주야간보호기관에서 동승자 없이 운전자 혼자 송영을 하는 사례는 상당히 많다. 등록된 운전원(또는 보조원) 혼자 수많은 수급자를 동시에 송영할 수 없기에 운전 가능한 직원들이 업무 분담해주는 것이다. 물론 차량은 등록된 것이어야 하지만 운전한 직원이 등록된 운전원(또는 보조원)일 필요는 없다.

법이나 규정에는 없지만 동승자 여부를 따지는 경우가 없지는 않다. 바로 평가지표에 나타나 있다. 수급자가 안전한 이동서비스를 받았는지에 관한 사항으로서 운전자 외 동승 직원이 있으면 1점을 받지만 그렇지 않으면 0.5점을 받게 된다. 생각보다 불이익이 적은 편이다. 평가에서 좋은 점수를 받자면 동승자를 두겠지만 대부분 기관에서는 0.5점을 얻는 대신 효율적인 송영을 선택할 가능성이 높다.

제대로 된 송영(이동)서비스를 위해서는 동승자를 두었으면 좋겠지만 가뜩이나 일이 많은데 규정에도 없는 동승자를 투입할 것인지, 또는 사회복지 하는 사람으로서 동승자를 두는 것이 양심적이라고 생각할 수도 있다. 어떤 것을 선택하더라도 그 책임은 사업주가 지는 것이므로 신중하게 결정을 내려야 한다.

동승자 여부에 대한 '국민신문고'의 질의와 답변 내용을 참고해보자면, "주야간 보호 차량 이동서비스 제공 시 보조인력 동승, 승·하차 시 발판 사용, 비상봉 비치 등 안전을 위한 조치 또한 필요하다. 이에 재가장기요양기관 급여제공 매뉴얼에서는 안전관리를 위해 운전자 외 보조자가 함께 탑승하여 차량 이용 시 안전을 도모하도록 할 것을 권장한다."

한마디로 동승자를 둘 것을 권장하지만 의무는 아니라는 것이다. 동승자뿐 아니라 승·하차 시 발판까지 권장하고 있는데, 이는 기관의 필요에 따라 규정이나 권장사항과 관계없이 설치할 수밖에 없는 시설물이다. 어르신들을 모시는 과정에서 아무래도 신경이 쓰이니 필요하다면 동승자도 태우고 발판도 설치하는 등의 조치가 뒤따를 수밖에 없을 것이다.

기관에서 송영(이동)서비스를 할 때 대상 노인이 몸을 잘 가누지 못한다고 판단되면 동승자를 태우는 것이 맞지만 혼자서도 승하차가 자유로운 노인을 모실 때는 굳이 동승자를 태울 필요가 없을 것이다. 결국 상황에 맞추어 대응하는 수밖에 없다.

참고문헌

김윤희(2018). 「2018~2027년 노인장기요양보험 재정전망」. 국회예산정책처.
국민건강보험공단(2021). 『2021년 장기요양기관 시설급여 평가매뉴얼』.
국민건강보험공단(2021). 『2021년 장기요양기관 재가급여 평가매뉴얼』.
국민건강보험공단(2022). 『노인장기요양보험 통계연보』.
국민건강보험공단(2023). 『장기요양급여 제공기준 및 급여비용 산정방법 등에 관한 고시』.
국민건강보험공단(2023). 『2018 장기요양기관 업무안내』.
고용노동부(2022). 『8월 18일부터 휴게시설 설치는 모든 사업주의 의무』, 고용노동부 보도자료.
고용노동부(2023). 『휴게시설 설치비용 지원사업 시행 안내』, 고용노동부 보도자료.
보건복지부(2019). 『장기요양기관 지정제 강화 및 지정갱신제 운영안내』, 보건복지부 보도자료.
보건복지부(2019). 『앞으로 부실한 장기요양기관 개설 어려워진다』, 보건복지부 보도자료.
보건복지부(2017). 『2018-2022 제2차 장기요양 기본계획(안)』.
보건복지부(2021). 『제5차 국민건강증진 종합계획』.
보건복지부(2021). 『장기요양기관에 대한 사회복지시설 재무회계규칙』.
보건복지부(2022). 『노인장기요양보험 통계연보』.
보건복지부(2023). 『노인보건복지 사업안내』(Ⅰ, Ⅱ).
보건복지부(2023). 『사회복지시설 관리안내』.
보건복지부(2023). 『제3차 장기요양기본계획』.
서대석(2020). "노인장기요양기관의 수익 구조 분석 연구". 한국인간복지실천연구, 25, 63-80.
서대석(2021). "노인장기요양기관의 잉여금 사용에 대한 고찰". 한국인간복지실천연구, 26, 53-67.
서대석(2021). "노인방문요양서비스의 매출 및 수익 분석 연구". 사회과학리뷰, 6(2), 85-103.
서대석(2022). "노인장기요양기관 설립편". 정민사.
서대석(2022). "노인장기요양기관 운영편". 정민사.
서대석 · 오봉욱(2022). "방문요양보호사의 임금 분석을 통한 처우개선방안 연구". 사회과학리뷰, 7(2), 109-124.
서대석(2023). "직무환경이 노인요양시설 요양보호사의 이직 의도에 미치는 영향", 사회과학리뷰, 8(3), 257-272.
수원도시공사(2023). 『2023년 장기요양 노동자를 위한 노동권리안내서』.
임은정 외(2021). "노인장기요양제도에서 가족요양 선택이유와 관련 요인 연구", 사회복지연구, 52(4), 131-164.
통계청(2016). 『치매역학조사』, 통계청 장래인구추계.

〈인터넷 사이트〉
노인장기요양보험(http://www.longtermcare.or.kr)
KOSIS 국가통계포털(https://kosis.kr/search/search.do)

저자소개

서대석

(현) 충북 지역 대학교 강의
(현) 유튜브 “노인요양365tv” 운영(구독자 2만2천명)
(현) 노인요양원 및 재가노인복지시설 컨설팅
(현) 노인장기요양기관 및 장애인시설 평가위원
(현) 사회복지법인 굿헨즈 이사
(현) 충북어울림사회봉사재단 이사
(전) 청주 서부지사 등급판정위원회 위원
(전) 청주서원노인복지관 관장
(전) 국민연금공단 기초연금실 연구위원
(전) 국제사이버대학교 겸임교수
(전) 미션노인요양원 원장
(전) 정원노인복지센터 사무국장
(전) 한국가정봉사원 교육훈련원 사무국장
(전) 한국자살예방협회 사무과장
(전) 한국생명의전화, 군자종합사회복지관 사회복지사

노인장기요양기관 설립입문서
노인요양사업
성공창업전략

초판 1쇄 인쇄 / 2024년 1월 10일
초판 1쇄 발행 / 2024년 1월 15일

•

저 자 / 서 대 석
발행인 / 이 중 수
발행처 / **동 문 사**

•

서울특별시 서대문구 홍제원 1길 12
(홍제동 137-8)
Tel: 02)736-3718(대), 736-3710, 3720
Fax: 02)736-3719
등록번호: 1974.04.27. 제9-17호
가격: 35,000원

•

ISBN: 979-11-6328-555-7 (93330)
E-mail: dong736@naver.com
www.dongmunsa.com